L$_m^3$ 431

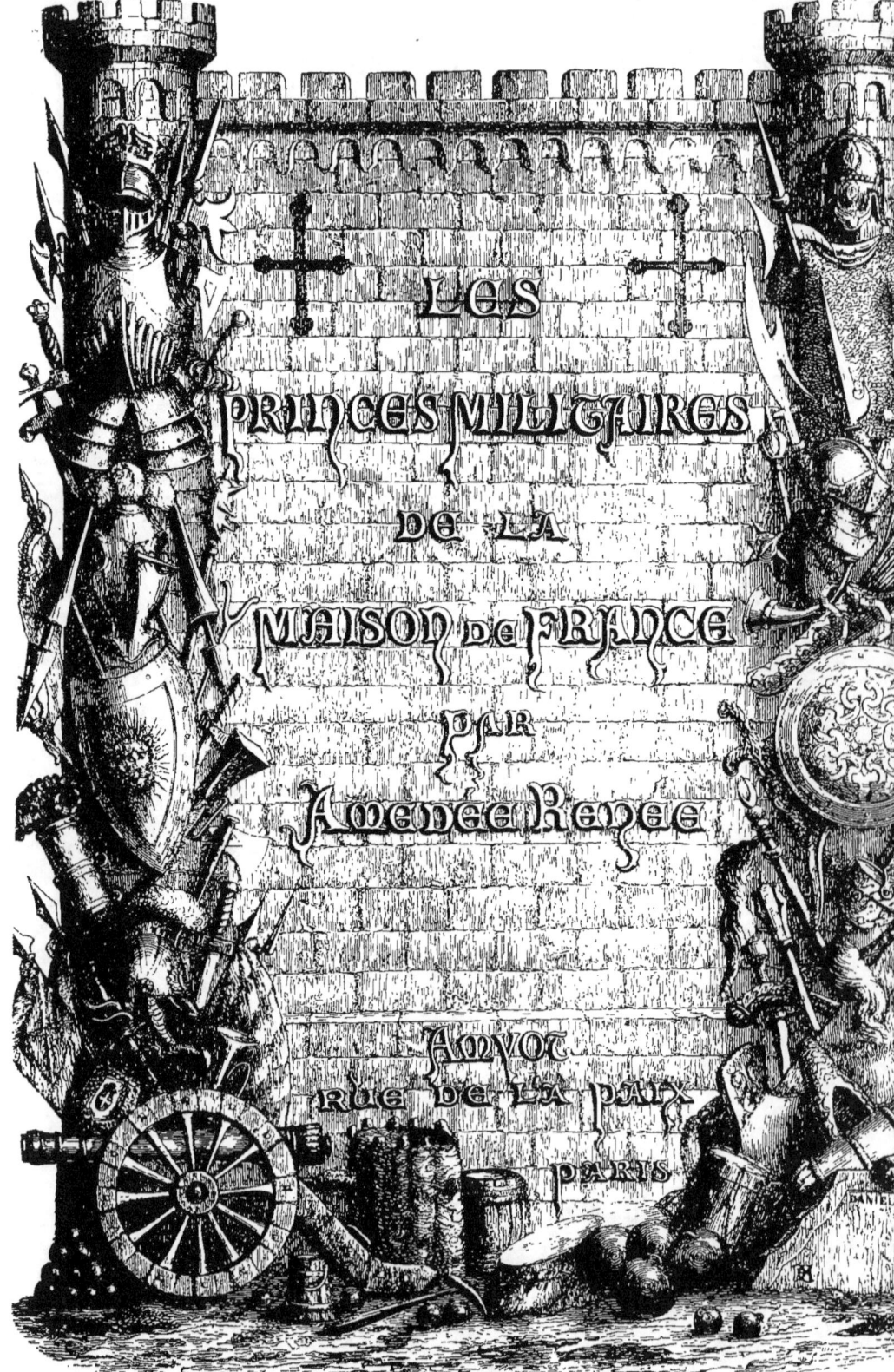

LES

PRINCES MILITAIRES

DE LA

MAISON DE FRANCE

PARIS — IMPRIMERIE CLAYE ET TAILLEFER
RUE SAINT-BENOIT, 7.

LES
PRINCES MILITAIRES

DE LA
MAISON DE FRANCE

CONTENANT

LES ÉTATS DE SERVICES ET LES BIOGRAPHIES

DE PRÈS DE 300 PRINCES

L'HISTOIRE GÉNÉALOGIQUE ET HÉRALDIQUE

DES DIVERSES BRANCHES

DE LA DYNASTIE CAPÉTIENNE

DEPUIS ROBERT-LE-FORT JUSQU'A LA RÉVOLUTION FRANÇAISE

PAR

M. AMÉDÉE RENÉE

Continuateur de l'*Histoire des Français*, de Sismondi

PARIS : AMYOT, RUE DE LA PAIX

1848

PRÉFACE

Le caractère militaire de la maison de France est un des traits frappants de notre histoire. Plusieurs de ses princes comptent parmi les grands capitaines, beaucoup ont été d'excellents généraux, presque tous ont possédé cette brillante valeur chevaleresque qui donna l'élan et décida longtemps les succès. Pas une expédition, pas une bataille, pour ainsi dire (ce travail en fait foi), dans laquelle le sang capétien n'ait coulé. C'était au reste la renommée commune de ces princes entre tous leurs contemporains, dès le milieu du moyen âge ; les étrangers en fournissent mille témoignages : un pape du treizième siècle disait en parlant de Charles d'Anjou, frère de saint Louis : « A la vaillance de la maison de France, il joint la prudence de la maison d'Espagne, etc. »

L'histoire devait à cette grande famille militaire de recueillir ses titres glorieux, et d'en présenter l'ensemble. Un intérêt de plus s'attache à l'origine de ce livre : un prince que toutes les gloires de son pays préoccupèrent, en a conçu le premier la pensée : feu Mgr le duc d'Orléans forma le plan de ce travail dont il daigna me charger de préparer les matériaux sous ses yeux : en reconstituant d'abord, d'après les sources authentiques, les états de services de tous les princes capétiens, en marquant avec exactitude les accidents de guerre particuliers à chacun d'eux. L'ensemble de ces recherches fut rassemblé en un vaste tableau, comprenant les états de services de plus de trois cents princes, dont quarante sont morts sur le champ de bataille. Mais il est dans la nature d'un tel travail de ne pouvoir jamais être complet. Les sources en sont nombreuses, dispersées, souvent confuses ou contradictoires. L'histoire n'a pu accorder à tant de personnages une égale part d'attention ; elle les a traités en proportion du rôle qu'ils ont joué, elle n'a mis en relief que les principales figures; elle a eu peu de souvenirs pour l'héroïsme obscur ; aussi y a-t-il dans les services de toutes les branches subalternes des lacunes irréparables; c'est à peine si les chroniques, si les histoires des villes ou des provinces nomment de temps à autre, et comme par hasard, un Dreux ou un Courtenay. Tel d'entre eux qui n'a pas un seul fait militaire sous son nom, a peut-être pris part à toutes les guerres de son temps, confondu dans la foule des seigneurs bannerets ou des simples chevaliers ; mais ici les inductions ne peuvent tenir lieu de faits positifs, et l'on n'a pu recueillir que ce que l'histoire a conservé.

Ce livre est le fruit de nouvelles recherches entreprises pour compléter le premier travail. Les états de services y sont accompagnés d'une biographie qui indique l'origine et le but de chaque expédition. On a ajouté aux faits militaires, les traits curieux et caractéristiques propres à faire ressortir la physionomie historique des princes les plus importants. Pour les rois surtout, il convenait de tracer le cadre des événements auxquels ont pris part leurs contemporains.

Ce travail ayant été tiré des sources mêmes, on a pu extraire des chroniqueurs ou des mémoires de ces derniers siècles, les passages propres ou à constater des services, ou à montrer les divers aspects et les progrès de la guerre selon les temps. Notre histoire presque entière marchant avec chaque groupe de princes, repassera ainsi sous les yeux du lecteur, animée de détails individuels et de particularités peu connues. Figuré par ce jeu continuel des hommes, personnifié, pour ainsi dire, à chaque événement, le passé pourra laisser une trace plus vive dans le souvenir. C'est l'histoire prise dans l'individualité.

J'ai cru rendre encore quelques services aux études historiques, en ajoutant à ce travail, l'histoire généalogique des diverses branches de la dynastie capétienne. Il est permis d'affirmer qu'elle est généralement peu connue, et qu'il en résulte parfois pour la lecture de nos annales, une fâcheuse confusion. On a peine à suivre et à retenir à travers les faits entremêlés de l'histoire générale, l'individualité de bien des princes qui vont se perdre tous sous le titre commun. Le fils succédant au père se confond avec lui. Il en résulte une sorte de personnage vague et sans physionomie qui traverse les siècles sous le titre : duc de Bourbon, duc d'Alençon, duc d'Anjou.

Beaucoup d'événements demandent en outre pour être compris, la connaissance de l'origine des maisons et de leurs droits : ainsi les procès de Robert d'Artois, les prétentions de Charles-le-Mauvais, etc.

Cette dernière partie du travail a été tirée principalement de l'*Histoire généalogique de la maison de France* du P. Anselme. J'ai cherché seulement à y apporter un peu plus de clarté ; j'ai, dans ce but, renvoyé en note et dans un caractère différent tous les cadets qui n'ont point fait de branche; ils se trouvent ainsi détachés de l'ordre de succession ; tandis qu'ils y sont entremêlés, et qu'ils obstruent la filiation directe dans le savant recueil du P. Anselme. J'ai cru remédier, par ce moyen, à la complication qui rend ce livre d'un maniement difficile pour tous ceux à qui l'usage n'en est point familier. J'ai rectifié, en outre, avec l'*Art de vérifier les dates*, l'*Histoire des Français de Sismondi*, ou les historiens des provinces et des villes, les erreurs chronologiques dans lesquelles le P. Anselme est tombé (*). Son *Histoire généalogique* s'arrête au mariage de Louis XV, 1725, ce travail a été continué jusqu'à la révolution, 1789.

J'ai ajouté enfin comme accessoire curieux, quelquefois utile à consulter pour l'histoire, les armes particulières de chaque maison, avec l'explication de ces armoiries, les devises connues, etc.

L'histoire nationale revendique tout ce qui a fait la force ou la gloire du pays. La guerre a été la passion de la France, et l'un des premiers essors de son génie; la guerre a commencé son unité et sa grandeur ; nos grands hommes populaires sont surtout des guerriers. Les princes, dont ce livre rassemble les services, ont reflété avec éclat le caractère national.

QUELQUES MOTS SUR LES DISPOSITIONS DE L'OUVRAGE.

Les diverses branches de la famille capétienne y sont placées dans l'ordre généalogique, selon le rang de primogéniture et le droit de succession au trône. D'abord les rois de la première branche capétienne jusqu'à Charles-le-Bel, le dernier de la ligne directe ; les rois des maisons de Valois et de Bourbon succèdent immédiatement : c'est la méthode suivie par les généalogistes, qui placent d'abord toute la série des rois, quelles que soient les branches dont ils sortent : à partir de leur avénement au trône, ils sont détachés de leurs maisons particulières et portés à la suite des rois : ainsi Henri IV suit Henri III; et les Bourbons dont Henri IV est issu, se trouvent placés après lui, selon l'ordre de primogéniture des Bourbons, dans la famille capétienne. Ils y sont

(*) L'année ne commençant autrefois qu'à Pâques, il arrive que les dates des historiens modernes ne correspondent point avec celles des chroniqueurs; le P. Anselme n'établit point toujours de différence entre l'ancien et le nouveau style, et il en résulte chez lui beaucoup d'erreurs; il place la bataille de Brignais en 1361, c'est 1362 ; la mort de la reine Anne de Bretagne en janvier 1513, au lieu de 1514 ; celle de Louis XII au 1er janvier 1514, au lieu de 1515 ; le sacre de François Ier au 25 janvier 1514, etc. Comme on le voit, dans les dates qui précèdent Pâques, il ne calcule point la différence de l'ancien et du nouveau style. On sait que ce fut une ordonnance de Charles IX, de janvier 1564, que l'on comptait encore 1563, qui fixa le commencement de l'année au 1er janvier.

précédés par les maisons d'Anjou, de Bourgogne, d'Alençon, d'Évreux, etc., plus rapprochées qu'eux du trône, mais qui s'étant éteintes avant les Valois, laissèrent l'héritage de la couronne aux Bourbons.

C'est d'après cette méthode que les Condé, issus des premiers ducs de Vendôme, avant l'avénement des Bourbons, ne se trouvent point placés après la maison d'Orléans, qui étant issue de Louis XIII, devait suivre les rois. Les Condé, les Conti, quoiqu'ils aient été les plus rapprochés du trône, après la branche d'Orléans, sont mis à la suite de leurs ancêtres. Tel est l'ordre tracé par le P. Anselme et ses prédécesseurs.

Les bâtards des diverses branches capétiennes, ainsi que les maisons venues d'eux, ont été mentionnés avec soin dans ce livre; mais il n'y a que les *légitimés* dont les services militaires figurent ici. Une difficulté s'est présentée quant à la place à assigner à ces branches : les ducs du Maine et de Penthièvre, issus de Louis XIV, les ducs de Vendôme, issus de Henri IV; les ducs de Longueville, issus, par Dunois, de Louis, duc d'Orléans, ont joui du rang et des honneurs des princes du sang, sans avoir été reconnus habiles à succéder à la couronne. Cependant le P. Anselme a rangé ces princes *légitimés* parmi les véritables princes du sang, selon l'ordre naturel de leur filiation. Quoique irrégulière et de pure convention, cette place leur est conservée ici

Comme ce travail s'arrête à 1789, les princes dont les services sont postérieurs n'y sont point compris. Quant à ceux qui ont servi avant et après 1789, il est fait mention de tous leurs faits de guerre indistinctement.

Les généalogistes attribuent aux rois de Portugal une origine capétienne; ils ont donné pour fondateur à cette maison royale Henri de Bourgogne, petit-fils de Robert de France, duc de Bourgogne. Cette origine longtemps controversée a été admise par Saint-Marthe, le P. Anselme et divers auteurs portugais. Sans contester cette opinion, j'ai considéré la maison de Portugal comme en dehors de ce travail. Son histoire ne touche presque en rien la nôtre, à laquelle ce hors-d'œuvre n'eût été d'aucune utilité. Les services militaires de cette maison, qui sont nombreux, demanderaient pour être bien compris, beaucoup de détails et d'éclaircissements : ce ne peut être l'objet que d'un ouvrage à part.

Ce travail perdant de son importance là où les sources historiques viennent à tarir, j'ai renfermé en petit caractère, formant *appendice*, à la fin du volume, les maisons de Dreux, de Courtenay et de Bourgogne (ancien), dont la plupart des biographies se réduisent à de maigres traits.

Les additions et corrections qui terminent l'ouvrage (page 500) portent particulièrement sur les services des rois. Cette locution habituelle aux historiens : « le roi prit telle ville, livra tel combat, » laisse bien souvent en doute si le roi s'y trouvait personnellement. C'est là ce qu'on ne voit pas toujours d'une manière explicite et ce qu'il a fallu démêler.

Il eût été à peu près impossible de citer toujours les sources, vu l'innombrable quantité de faits qui remplissent cet ouvrage; chaque ligne alors eût nécessité des renvois de note. Quant aux dates et événements sur lesquels les historiens ne s'accordent pas, j'ai comparé les témoignages et j'ai suivi les meilleurs.

J'ai fait entrer ici divers extraits des biographies de François I*er*, Henri II, Henri III, Henri IV, Louis XII, Louis XIII, Louis XV, que j'ai publiées dans l'Encyclopédie des gens du monde, ainsi que des notices sur les maisons de Bourgogne, de Bretagne, de Condé et de Conti, que j'ai données au Dictionnaire de l'Histoire de France de M. Ph. Le Bas.

LISTE

DES

PRINCES TUÉS ET BLESSÉS SUR LE CHAMP DE BATAILLE.

           Pages.

1. ROBERT-LE-FORT, duc de France, *blessé* dans un combat contre les Normands en 862, *tué* à la bataille de Brissarte, 866.   1

2. ROBERT, roi de France, *tué* à la bataille de Soissons, 923.   7

3. LOUIS VI, dit le Gros, *blessé* au siège d'Amiens, 1115, et au siège d'Ivry, 1129   21

4. PHILIPPE-AUGUSTE, *blessé* à la bataille de Bouvines, 1214.   27

5. PHILIPPE IV, le Bel, *blessé* à la bataille de Mons-en-Puelle, 1304   43

6. PHILIPPE VI DE VALOIS, *blessé* deux fois à la bataille de Crécy, 1346   47

7. JEAN II, le Bon, *blessé* deux fois à la bataille de Poitiers, 1356   50

8. FRANÇOIS Ier, *blessé* deux fois à Pavie, 1525.   73

9. HENRI IV, *blessé* au combat d'Aumale, 1592.   90

10. PHILIPPE D'ORLÉANS, régent, *blessé* à la bataille de Steinkerque, 1693, et *blessé* deux fois au siège de Turin, 1706   143

11. LOUIS-AUGUSTE DE BOURBON, prince de Dombes, *blessé* à la bataille de Dettingen, 1743.   156

12. LOUIS-CHARLES DE BOURBON, comte d'Eu, *blessé* à la bataille de Dettingen, 1743.   157

13. LOUIS-ALEXANDRE DE BOURBON, comte

           Pages.

de Toulouse, *blessé* au siège de Namur, 1692, et *blessé* au combat naval près Malaga, 1704.   158

14. FRANÇOIS DE VENDÔME, duc de Beaufort, *tué* à Candie, 1669.   164

15. LOUIS, duc et cardinal de Vendôme, *blessé* au siège d'Arras, 1640.   165

16. LOUIS-JOSEPH, duc de Vendôme, *blessé* au combat d'Altenheim, 1676   166

17. PHILIPPE DE VENDOME, grand prieur de France, *blessé* à la bataille de la Marsaille, 1693   173

18. CHARLES D'ORLÉANS-VALOIS, duc d'Orléans, *blessé* à la bataille d'Azincourt, 1415   179

19. JEAN, bâtard d'Orléans, comte de Dunois, *blessé* au combat des Harengs, 1429, *blessé* à la défense d'Orléans, 1429   183

20. CLAUDE D'ORLÉANS, duc de Longueville, *tué* au siège de Pavie, 1524.   192

21. LÉONOR D'ORLÉANS, duc de Fronsac, *tué* au siège de Montpellier, 1622.   195

22. CHARLES-PARIS D'ORLÉANS, duc de Longueville, *tué* au passage du Rhin, 1672.   198

23. LOUIS DE FRANCE, duc d'Anjou, roi de Sicile, *blessé* au combat de Barletle, 1384   199

24. RENÉ D'ANJOU, roi de Sicile, *blessé*

LISTE DES PRINCES TUÉS OU BLESSÉS.

trois fois à la bataille de Bullegnéville, 1431 207

25. CHARLES D'ANJOU, comte du Maine, blessé au siège de Pontoise, 1441... 220

26. PHILIPPE-LE-HARDI, duc de Bourgogne, blessé à la bataille de Poitiers, 1356 223

27. CHARLES-LE-TÉMÉRAIRE, duc de Bourgogne, blessé à la bataille de Gavre, 1453, blessé à la bataille de Montlhéry, 1465, et tué à la bataille de Nancy, 1477 242-243

28. ANTOINE DE BOURGOGNE, duc de Brabant, tué à Azincourt, 1415. 250

29. PHILIPPE DE BOURGOGNE, comte de Nevers, tué à Azincourt, 1415....... 254

30. CHARLES II, comte d'Alençon, blessé à Cassel, 1328, tué à Crécy, 1346.... 266

31. PIERRE II, comte d'Alençon, blessé à Hennebon, 1373.............. 269

32. JEAN Ier, comte d'Alençon, tué à Azincourt, 1415................. 271

33. JEAN II, comte d'Alençon, blessé à la bataille de Verneuil, 1424....... 273

34. PHILIPPE III D'ÉVREUX, roi de Navarre, blessé au siége d'Algésiras, 1343.... 281

35. PIERRE Ier, duc de Bourbon, blessé à Crécy, 1346, tué à Poitiers, 1356.... 293

36. FRANÇOIS DE BOURBON, duc de Châtellerault, tué à Marignan, 1515..... 323

37. CHARLES II DE BOURBON, connétable, tué à l'assaut de Rome, 1527...... 324

38. JACQUES Ier DE BOURBON, comte de La Marche, blessé à Crécy, 1346, blessé à Poitiers, 1356, tué à Brignais, 1362.. 330

39. PIERRE DE BOURBON, tué à Brignais, 1362 332

40. FRANÇOIS DE BOURBON, comte de Saint-Pol, blessé à Pavie, 1525......... 340

41. JEAN DE BOURBON, comte de Soissons, tué à Saint-Quentin, 1557........ 344

42. ANTOINE DE BOURBON, blessé mortellement à la prise de Rouen, 1562... 345

43. LOUIS Ier DE BOURBON, prince de Condé, blessé à Dreux, 1562, tué à Jarnac, 1569. 348

44. HENRI Ier DE BOURBON, prince de Condé, blessé à Coutras, 1587.......... 354

45. LOUIS II DE BOURBON, le Grand-Condé, blessé deux fois à Nordlingen, 1645; blessé à la prise de Mardick, 1646; blessé à Lens, 1648; blessé à la reprise de Furnes, 1648; blessé au passage du Rhin, 1672........... 359

46. HENRI III DE BOURBON, prince de Condé, blessé à Senef, 1674..... 374

47. LOUIS-HENRI, duc de Bourbon, blessé au siége de Gibraltar, 1782; blessé à Bersthein, 1793............. 383

48. FRANÇOIS-LOUIS DE BOURBON, prince de Conti, blessé à Nerviden, 1693.. 387

49. LOUIS DE BOURBON, comte de Soissons, tué à la Marfée, 1641 396

50. HENRI DE BOURBON, duc de Montpensier, blessé à la prise de Dreux, 1593. 401

51. BERTRAND DE BOURBON, prince de Carency, tué à Marignan 409

52. ROBERT DE FRANCE, comte d'Artois, tué à la Massoure, 1250 412

53. ROBERT II, comte d'Artois, tué à la bataille de Courtrai, 1302........ 414

54. PHILIPPE D'ARTOIS, blessé mortellement à Furnes, 1297.......... 417

55. ROBERT III D'ARTOIS, blessé mortellement dans Vannes, 1342 418

56. PIERRE D'ANJOU, dit Tempête, tué à Montécatini, 1315............ 436

57. PHILIPPE D'ANJOU, prince de Tarente, blessé à Falconara, 1299........ 452

58. CHARLES D'ANJOU, prince d'Achaïe, tué à Montécatini, 1315......... 453

59. ROBERT D'ANJOU-DURAZ, tué à la bataille de Poitiers, 1356......... 457

60. PIERRE MAUCLERC, duc de Bretagne, blessé à la Massoure, 1250 458

61. JEAN III, duc de Bretagne, blessé à Cassel, 1328................ 464

LISTE DES PRINCES TUÉS OU BLESSÉS.

62. **Arthur III**, duc de Bretagne, connétable, *blessé* à Azincourt, 1415.... 473
63. **Robert de Dreux**, seigneur du Château-du-Loir, *tué* à Courtrai, 1302 .. 482
64. **Jean de Dreux**, seigneur de Houlbec, *tué* à Azincourt, 1415........... 484
65. **Gauvain de Dreux**, baron d'Esneval, *tué* à Azincourt, 1415 484
66. **Gilles de Dreux**, seigneur de Bonnetot, *tué* au siége de Rouen, 1562. 484
67. **Jean de Dreux**, seigneur de Morainville, *blessé mortellement* au siége de Verneuil, 1590 485
68. **Pierre de Courtenay**, seigneur de Conches, *tué* à la Massoure, 1250... 487
69. **René Ier de Courtenay**, seigneur de La Ferté-Loupière, *tué* au siége de Bourges, 1562............... 489
70. **Jacques II de Courtenay**, seigneur de Chevillon, *blessé* au siége de La Fère, 1580 490
71. **Jean-Armand de Courtenay**, *tué* au siége de Cambrai, 1677 490
72. **Louis-Charles**, prince de Courtenay, *blessé* à la prise de Douai, 1667 ... 491
73. **Louis-Gaston**, prince de Courtenay, *tué* à la prise de Mons, 1691..... 491
74. **Pierre de Courtenay-Tanlay**, *tué* au siége de Bruckbourg, 1383..... 492
75. **Hugues de France**, comte de Vermandois, *blessé mortellement* dans un combat sur les bords de l'Halis, 1102. . 495
76. **Raoul Ier**, comte de Vermandois, *blessé* au siége de Livry. 490
77. **Eudes IV**, duc de Bourgogne, *blessé* à Cassel, 1338 499
78. **Claude de Montagu**, seigneur de Couches, *tué* au combat de Bussi, 1471. 502

TABLE

DES

DIFFÉRENTES BRANCHES DE LA DYNASTIE CAPÉTIENNE.

	Pages
Rois Capétiens de la branche directe.	1
Rois de la branche de Valois	47
Rois Orléans-Valois	69
Rois de la branche de Bourbon	90
Bourbons d'Espagne	129
Bourbons des Deux-Siciles et de Parme.	130
Maison royale d'Orléans	140
Ducs du Maine et de Penthièvre (*légitimés*).	154
Derniers ducs de Vendôme (*légitimés*).	162
Ducs d'Orléans, comtes d'Angoulême.	174
Ducs de Longueville (*légitimés*).	183
Seconde maison d'Anjou-Sicile	199
Seconde maison de Bourgogne	222
Ducs de Bourgogne	ibid.
Ducs de Brabant	250
Comtes de Nevers	254
Seigneurs de Beveren et de la Vère	259
Branche de Valois-Alençon	263
Comtes d'Évreux, rois de Navarre	279
Maison de Bourbon	289
Ducs de Bourbon	ibid.
Comtes de Montpensier	321
Comtes de la Marche	330
Comtes et ducs de Vendôme	336
Princes de Condé	348
Princes de Conti	384
Comtes de Soissons	394
Ducs de Montpensier	398
Seigneurs de Carency	406
Seigneurs de Préaux	409

	Pages.
Maison d'Artois	412
Première maison d'Anjou-Sicile	426
Rois de Sicile	426
Rois de Hongrie	446
Princes de Tarente	452
Ducs de Duraz	456
Maison de Dreux, ducs de Bretagne	458

APPENDICE.

Comtes de Dreux	480
Seigneurs de Beu	483
Seigneurs de Beaussart	ibid.
Seigneurs de Morainville	484
Maison de Courtenay	485
Seigneurs de Courtenay et empereurs de Constantinople	ibid.
Seigneurs de Champignelles	486
Seigneurs de Bléneau	488
Derniers seigneurs de la Ferté-Loupière	489
Seigneurs de Chevillon et princes de Courtenay	490
Seigneurs de Bontin	491
Seigneurs d'Arrablay	ibid.
Anciens seigneurs de la Ferté-Loupière	492
Seigneurs de Tanlay	ibid.
Seigneurs d'Yerre	493
Seigneurs de Bondoufle	494
Comtes de Vermandois	495
Seigneurs de Chaumont	ibid.
Ancienne maison de Bourgogne	496
Seigneurs de Montagu	500
Seigneurs de Sombernon	501
Seigneurs de Couches	501
Dauphins de Viennois	502

CAPÉTIENS

DE LA BRANCHE DIRECTE.

La branche directe des Capétiens a régné jusqu'à la mort de Charles IV, en 1328. La couronne alors passa à la branche cadette des Valois, par application de l'une des coutumes de la loi salique à la succession au trône. La couronne de France prit depuis pour légende ces mots de l'Écriture : « Lilia non laborant neque nent. » Les princes qui ont jeté le plus d'éclat sur cette première branche, sont : Louis-le-Gros, dont l'épée chevaleresque fraya la route à la royauté; Philippe-Auguste, qui créa l'État par la politique et par la conquête; Louis IX, qui fit briller au-dessus du trône une auréole de gloire pure et de sainteté.

I.

𝕽𝔬𝔟𝔢𝔯𝔱=𝔩𝔢=𝔉𝔬𝔯𝔱

COMTE D'ANJOU, DUC DE FRANCE.

SERVICES.

Combat contre les Normands........ 862	Bataille de Brissarte.............. 866
(*Il y fut blessé.*)	(*Il y fut tué.*)

La plus grande lignée qui occupe l'histoire descend de Robert-le-Fort. L'origine de ce personnage est restée longtemps douteuse. On a construit divers systèmes pour le rattacher à Charlemagne ou à Clovis. Une découverte récente a renversé ces hypothèses. Un manuscrit du xe siècle, qui vient d'être publié, la *Chronique* de Richer, dit que Robert-le-Fort était fils d'un étranger d'origine germanique, du nom de Witikind, qui passa le Rhin et se fixa en Gaule dans la première moitié du ixe siècle. Ce Witikind était-il de la race du célèbre duc des Saxons? Richer n'en parle pas; et c'est ce que son silence semble contredire. Mais Richer était le fils d'un homme de guerre dévoué aux Carlovingiens; lui-même, très-attaché à leur souvenir, est peu disposé à glorifier leurs successeurs (*). C'était, du reste, une opinion conservée en Allemagne, que les Capétiens descendaient de Witikind-le-Grand ; elle y fut soutenue, au XIIIe siècle, par Conrad d'Usperg. Divers auteurs, au XVIe siècle, Lazius, Onuphre Panvini, Fauchet, etc., l'adoptèrent pareillement.

Robert-le-Fort, comme Richer l'affirme, était de sang germain. Mais n'était-il qu'un étranger sans nom, ce puissant feudataire de France ? Une grande origine jointe à de grands services ne serait pas de trop pour expliquer sa fortune.

La vie de Robert est peu connue ; c'est en vain qu'on voudrait la suivre dans les ténèbres de son temps ; la *Chronique* de Richer n'ajoute rien à sa biographie. C'est le fort, le vaillant de la tradition : on l'aperçoit debout auprès du trône ; il est le bras droit du souverain, c'est là ce qui le distingue entre les autres feudataires. Robert combat les Barbares, surtout les Normands ; il fait rentrer dans le devoir le jeune Louis révolté contre son père. Sa vie fut toute militaire ; il fut le gardien du pays qui l'adopta ; mais on sait peu de détails sur ses nombreux combats. L'aïeul des Capétiens inaugura bien le berceau de sa race guerrière : il mourut sur le champ de bataille en 866.

Il eut pour femme, selon les chroniques : ADÉLAÏDE, veuve de Conrad, comte de Paris.

Enfants : 1. EUDES (qui suit) ; — 2. ROBERT (qui suivra) ; — 3. RICHILDE, mariée à RICHARD, comte de Troyes.

(*) Richer, *Histoire de son temps*, avec traduction française, notice et commentaire, par M. J. Guadet, publié par la Société de l'*Histoire de France* : Jules Renouard, 1845.

Le manuscrit de la *Chronique de Richer* a été découvert à Bamberg, en 1833, par M. Henri Pertz. Ce monument original, dont la découverte a beaucoup préoccupé le monde savant, porte quelque lumière sur la seconde moitié du Xe siècle, l'une des époques les plus confuses de l'histoire. Richer fait mieux comprendre qu'on ne l'a pu faire jusqu'à ce jour, la révolution qui fit passer la couronne des descendants de Charlemagne aux Capétiens. On voit que Richer avait cultivé toutes les sciences alors connues : son livre abonde en termes techniques. Il apporte beaucoup de détails dans ses récits de batailles, dans la description des sièges et des machines. Ainsi, le siège de Laon, où Louis d'Outre-mer employa une machine qui avait la forme d'une maison, et contenait douze hommes qui la faisaient mouvoir ; celui de Senlis, où les habitants se défendirent avec l'arbalète, arme alors toute nouvelle, et qui produisit un grand effet ; celui de Soissons, que fit Hugues-le-Grand, et dans lequel il employa les javelots enflammés, etc.; il y avait, dit-il, des hommes qui manœuvraient des balistes avec tant d'adresse, qu'ils atteignaient avec certitude les oiseaux au vol. Il décrit de même un bélier que Hugues-Capet fit construire pour assiéger Laon où était enfermé son compétiteur, Charles de Lorraine. Richer affecte la précision stratégique, en racontant les dispositions et les manœuvres des armées, comme on le verra dans la campagne du roi Eudes, en Aquitaine, contre les Normands, etc. Richer était fils d'un homme de guerre, Odon, l'un des chefs du parti carlovingien, de qui il tenait sans doute le récit et l'intelligence de ces détails militaires.

II.

Eudes

COMTE DE PARIS, ROI DE FRANCE.

SERVICES.

Défense de Paris contre les Normands..	885	
Combat du 27 novembre...............	885	
Nombreuses sorties et combats postérieurs..................................	885-886	
Bataille de Montfaucon, en Argonne....	888	
Sept combats dans la Neustrie contre les Normands......................	886-890	
Combat en Vermandois contre les barbares...............................	890	
Bataille de Clermont, vers............	893	
Guerre civile contre Charles-le-Simple..	893-896	
Prise de Laon......................	893	
Siéges, combats contre les comtes de Melun, de Vermandois, etc.........	893-896	

Si ce fils de Robert-le-Fort, premier duc de France, fit un pas de plus et atteignit jusqu'au trône déjà ébranlé des Carlovingiens, il ne le dut pas au seul titre des exploits de son père. Eudes couronna l'œuvre par des faits de guerre et des services plus éclatants. Les Normands, à la suite d'une victoire remportée sur les Francs, accoururent devant Paris, en novembre 885. Cette ville, qui avait subi sous les Carlovingiens une sorte de déchéance, était renfermée tout entière dans l'île de la Cité; elle communiquait à de chétifs faubourgs, ouverts comme des villages, par deux ponts de bois défendus par des tours. Les Normands attaquèrent avec acharnement ces tours. Le comte Eudes, à la tête des plus courageux, reçut les Barbares avec vigueur; tous se comportèrent si bien que les assaillants rentrèrent plus d'une fois en grand tumulte dans leurs barques, laissant morts et blessés derrière eux; mais ils revenaient à la charge, cherchant à miner, à incendier les tours; il fallait faire tête à ces ennemis infatigables.

Henri, duc de Saxe et de Lorraine, appelé au secours de Paris par l'évêque Gozlin, parut avec une troupe de cavaliers exténués de fatigue et dont la plupart avaient laissé leurs chevaux dans les fondrières des chemins. Eudes joignit les bourgeois de la ville à ces Allemands, et eut quelques engagements avec les Barbares, mais sans succès décisifs; le duc de Saxe le seconda mal; il pilla les campagnes autant que l'ennemi et fit une honteuse retraite.

La ville abandonnée du dehors éprouva bientôt une horrible famine; les provinces, accablées, frappées aussi par l'invasion, n'envoyaient pas de secours. L'évêque Gozlin mourut; Eudes restait le seul espoir de Paris. Il implora l'empereur Charles-le-Gros, qui était à Metz. L'héritier de Charlemagne ne se pressa pas, et Eudes, n'espérant plus rien ni de ses messages ni de ses prières, prit le parti d'aller en personne trouver l'Empereur. Ce fut au grand désespoir des Parisiens qu'il s'éloigna; et son retour dut leur sembler miraculeux. Les Normands crurent lui barrer le chemin en faisant bonne garde devant la tour d'entrée; mais Eudes, lançant son cheval à pleine course et s'ouvrant la route avec son épée, passa au milieu de leurs rangs.

L'armée impériale parut enfin (octobre 886); l'empereur envoya en avant le duc d'Austrasie pour reconnaître les positions de l'ennemi; ce duc, par malheur, fit une chute dans un fossé du camp et y fut tué. Charles-le-Gros s'avança, mais ce fut pour négocier au lieu de combattre; il laissa les pirates remonter la Seine, leur donnant la Bourgogne à piller en échange de Paris.

Ce traité couvrit le prince carlovingien d'ignominie, et la diète de Tribur le déposa l'année d'après. A son neveu Arnould échut la couronne de Germanie, et celle de France au brave comte de Paris. La postérité de Charlemagne finissait comme celle de Clovis; elle touchait à un déclin pareil; l'opprobre même des Carlovingiens s'apercevait mieux; il était plus personnel, et, si on l'ose dire, plus éclatant; leur légitimité d'ailleurs était depuis longtemps suspecte. Le jeune Charles, fils posthume de Louis-le-Bègue, âgé de huit ans, donnait peu d'espérances; des doutes s'étaient élevés sur sa naissance; il fut oublié et promptement écarté par les nécessités du temps.

Après la déposition de Charles-le-Gros, la France se trouva sans roi; Eudes convoqua une diète à Compiègne et y fut couronné; deux prétendants lui disputèrent les suffrages; mais une nouvelle victoire qu'il remporta à propos sur les Normands, près de Montfaucon en Argonne, décida la diète en sa faveur (888); c'était faire choix du plus digne et obéir au vœu des populations. Eudes avait un grand prestige à leurs yeux.

« Sa naissance, dit le chroniqueur, était illustre, son courage éprouvé ; il était de haute taille, beau, de fière apparence, d'une prudence, d'une sagesse consommée. »

Eudes se fit sacrer par l'archevêque de Sens, fit hommage au nouvel empereur Arnould et continua son œuvre militaire. Il courut aux Normands, qui ravageaient la Picardie, la Champagne, la Lorraine. « Sept fois dans la Neustrie, dit le chroniqueur Richer, il combattit et défit les pirates ; neuf fois il les mit en fuite dans l'espace de cinq années. » En 890, il attaqua un corps qui était venu de nouveau faire le siège de Paris. Le roi Eudes ne connut que la guerre ; pendant dix ans de règne, il fit tête à des ennemis toujours attachés au cœur de ses États, courant d'une province à l'autre sitôt qu'une horde s'y jetait ; ce qu'il avait de troupes ne suffisait pas pour purger le pays entier de ces bandes qui épiaient tous les rivages, se glissaient par tous les fleuves, et disparaissaient pour toujours revenir. Le sentiment guerrier qu'il avait réveillé autour de lui avait peine à se répandre, et plus d'une fois sa noblesse le servit mal : dans l'année 890, au moment où l'empereur Arnould gagnait en Belgique une grande bataille sur les Normands, grâce à la valeur de ses troupes d'Allemagne, le roi Eudes, mal secondé, essuya dans le Vermandois une déroute complète, qui eut pour conséquence la prise et le pillage des villes de Troyes et de Verdun, etc.

La Neustrie et le nord avaient tant souffert que les pirates ne trouvaient plus à piller ni à vivre sur cette terre saccagée ; ils s'éloignèrent, et Eudes alla prendre ses quartiers au delà de la Loire pour y refaire son armée et ramener quelques récalcitrants à son autorité. L'Aquitaine, moins que la Neustrie, avait souffert des invasions normandes : les pirates y apparaissaient cependant, et leurs hordes s'étaient frayé un chemin jusqu'au fond de l'Auvergne. Eudes retrouva ses adversaires constants au midi de la Loire, et leur livra près de Clermont une bataille sanglante, que le chroniqueur Richer nous raconte avec des détails précis : « Eudes, dit-il, réunit un corps de dix mille cavaliers et de six mille fantassins ; il exalta l'ardeur de sa troupe par une allocution guerrière ; puis il marcha sur les Barbares enseignes déployées. Il place en avant son infanterie et lui fait engager l'attaque ; lui-même la suit avec la cavalerie, attendant l'issue du premier choc... Les Barbares n'avaient pas employé moins de soin à disposer leurs forces, et ils se préparaient à recevoir leurs adversaires avec ensemble. L'infanterie royale engage le combat par une décharge de flèches, puis serre les rangs, et la lance à la main fond sur l'ennemi... Après l'attaque de l'infanterie vint celle des cavaliers, qui, fondant avec impétuosité sur les pirates débandés par le premier choc, étendirent, dit-on, treize mille hommes sur la place, un petit nombre seulement ayant pu fuir... Le roi se hâtait de jouir de la victoire et de s'emparer des dépouilles des vaincus, lorsque quatre mille Barbares, qui s'étaient placés en embuscade, arrivèrent à l'improviste par des chemins détournés; toutefois, comme ils approchaient à pas lents, l'éclat de leurs armes donna l'éveil aux sentinelles, qui les signalèrent, et l'armée se remit en bataille... Comme on demandait qui porterait l'enseigne du roi, parce que de tant de nobles il n'y en avait pas un qui fût sans blessures, Ingon s'élance du milieu de tous et dit avec assurance : « Je suis d'un rang « obscur, palefrenier du roi; mais si ce n'est pas ternir l'honneur des « grands, je porterai l'enseigne royale dans les rangs ennemis; les « hasards de la guerre ne m'épouvantent pas, car je sais que je dois « mourir une fois. » Le roi Eudes lui dit alors : « Par notre grâce et « par la volonté des grands, sois porte-enseigne. » Ingon reçoit donc le drapeau, et s'avance au milieu de l'armée pressée autour de lui; placé au sommet du coin militaire, il se précipite furieux sur l'ennemi; les Barbares sont culbutés et perdent courage : l'armée du roi revient à la charge, fond sur eux et les écrase, puis enfin les attaque une troisième fois et les anéantit presque tous ([1]). »

Le séjour du roi Eudes en Aquitaine fut une occasion pour plusieurs des comtes et des évêques de Neustrie de tramer un complot en faveur du prétendant carlovingien; ils le firent venir d'Angleterre et l'élirent pour roi à Rheims, où l'archevêque le couronna (28 janvier 893).

Le comte Valgaire prit le premier les armes et s'empara de Laon; Eudes courut l'y assiéger, le saisit et le fit mettre à mort. Trois ans se passèrent en poursuites, en négociations de peu d'importance. Cette guerre civile ne donna lieu à aucun combat mémorable, et le récit en est plein

---

1. *Hist* de Richer, p. 23.

de confusion; la plupart des seigneurs passèrent tour à tour d'un camp dans l'autre. Eudes eut affaire à plusieurs d'entre eux; il attaqua dans leurs châteaux les comtes de Vermandois, de Melun, et l'archevêque de Rheims.

Enfin le fils de Robert-le-Fort, soit qu'il doutât de la légitimité de son droit, soit qu'il aimât mieux s'assurer une portion du royaume que d'avoir tout à disputer, fit, en 896, une transaction avec Charles-le-Simple : il lui céda une partie des pays de la Seine à la Meuse, selon la vague indication des chroniques. Eudes mourut au château de La Fère, le 3 janvier 898, à l'âge de quarante ans.

EUDES *eut pour femme* : THÉODRUDE. — *Fils* : RAOUL, qui eut le titre de roi d'Aquitaine.

II.

Robert

COMTE DE PARIS, ROI DE FRANCE.

SERVICES.

Défense de Paris contre les Normands.	885-886	
Bataille contre Rollon, en Neustrie...	920	
Prise de Laon....................	922	
Bataille de Soissons. (*Il y fut tué.*).....	923	

Eudes, devenu roi, avait investi son frère Robert du comté de Paris et du gouvernement des pays situés entre la Seine et la Loire; Charles-le-Simple lui laissa ce riche apanage, quand, à la mort de son copartageant, il se trouva seul roi de France. Robert avait, comme son frère, passé sa vie à poursuivre les hommes du Nord; plein de courage et d'ambition, il se disait sans doute que si Eudes avait porté la couronne, lui aussi pouvait y prétendre; le gouvernement de Charles-le-Simple était bien de nature à lui donner des espérances. Il se comporta toutefois avec prudence et contint plusieurs années sa patiente ambition; il attira à lui la plus grande partie des seigneurs de France : leur mépris pour le roi était extrême; Charles était le jouet d'un obscur favori : il dépassait en mollesse, en ineptie, tous les Carlovingiens ses prédécesseurs, tandis que Robert commandait des armées, contenait les Barbares et rappelait aux peuples de Gaule le bras d'Eudes et de Robert-le-Fort. « Le Normand Rollon, dit le chroniqueur, avait fait une irruption subite en Neustrie ; les Barbares avaient déjà traversé la Loire sur leur flotte... Le duc venait de rassembler des troupes ; il en avait tiré de l'Aquitaine, il avait aussi quatre cohortes de Belgique envoyées par le roi... Les légions d'Aquitaine marchaient sous Dalmate ; Robert dirigeait les Neustriens. L'armée entière du duc s'élevait à quarante mille chevaux. Il plaça au premier rang Dalmate avec ses Aquitains ; les Belges vinrent ensuite ; il disposa les Neustriens en corps de réserve. Quant à lui, il parcourait les légions, appelait les principaux par leurs noms, et les exhortait à se rappeler leur courage et leur noblesse. De son côté l'ennemi disposait son plan de bataille : son armée, forte de cinquante mille hommes, se présentait en bon ordre : les légions des pirates s'étaient développées sur une longue ligne courbée en forme de croissant, afin que ceux des leurs qui se trouvaient placés sur chaque flanc pussent prendre l'ennemi par derrière et l'écraser comme un troupeau... Les deux armées s'avancent enseignes déployées : Robert avec les Neustriens, Dalmate avec les Aquitains, enfoncent les légions des pirates ; mais bientôt ils sont assaillis sur leurs derrières. Dans cette mêlée, les Aquitains, qu'entouraient les Barbares, étant parvenus à mettre en fuite ceux qu'ils combattaient, firent volte face... Les pirates vaincus, jettent leurs armes et demandent la vie à grands cris. »

Cette grande fortune militaire servit tous les projets du duc Robert ; il avait pour lui les plus puissants feudataires ; bientôt il se saisit de la ville de Laon. Charles, hors d'état de faire face à cet ennemi, se réfugia au delà de la Meuse ; et pour que rien ne manquât à ses disgrâces, Herbert, comte de Vermandois, qui s'était montré son appui, déserta sa cause, et s'unit aux révoltés. L'entreprise fut consommée, les grands s'assemblèrent en 920, déposèrent le faible Charles, et donnèrent la couronne à Robert, qui fut sacré à Rheims le 20 juin 922.

Robert ne jouit qu'un an du pouvoir ; le parti de Charles rassembla des troupes, repassa la Meuse, et vint livrer, le 15 juin 923, une bataille à son compétiteur, près de Soissons. « Lorsque les deux armées, dit le chroniqueur Richer, se virent rapprochées, elles s'élancèrent l'une sur l'autre en poussant de grands cris; elles se joignirent, et la terre se joncha de morts. On ne savait où combattait le roi, mais les conjurés, voyant un guerrier frapper de tous côtés avec fureur, lui demandent s'il est Robert; aussitôt il découvre fièrement sa barbe, et se fait connaître aussi par les vigoureux coups qu'il porte au comte Fulbert; il le blesse mortellement, le renverse sur le côté droit, et, par le défaut de sa cuirasse, lui porte dans le flanc un grand coup de lance qui lui traverse le foie, le poumon et pénètre jusqu'au bouclier; mais lui-même, assailli par d'autres guerriers, est percé *de sept coups de lance et tombe raide mort.* Fulbert aussi, bientôt épuisé par le sang qu'il perd, tombe également en combattant encore. » La bataille était indécise encore, quand le jeune comte Hugues, fils de Robert, ramena les troupes à la charge et mit en fuite Charles et ses Lorrains.

D'après le témoignage formel de Richer, il reste hors de doute que Charles-le-Simple ne tua pas de sa main le roi Robert, comme la plupart des historiens l'ont répété, puisqu'il ne combattit même pas. « Charles, dit le chroniqueur, son partisan, monta, pour attendre l'issue du combat, sur une butte placée en face du champ de bataille, avec les évêques et les ecclésiastiques présents. » Robert, dit un autre chroniqueur, fut tué par le porte-étendard du comte Fulbert.

Il eut pour femme : Béatrix, fille de Pépin Ier, comte de Vermandois.

Enfants : 1. Hugues-le-Grand (qui suit); — 2. Emma, femme de Rodolphe, duc de Bourgogne et roi de France. Elle mourut en 935; — 3. Hildebrande, mariée à Herbert II, comte de Vermandois.

III.

Hugues-le-Grand

COMTE DE PARIS, DUC DE FRANCE.

SERVICES.

Bataille de Soissons	923	Combat de Château-Porcien	942
Combat contre le comte Boson	930	Campagne en Normandie	943
Prise de châteaux au comte de Vermandois	930	Siége de Rheims	947
Prise de Langres	936	Siége de Poitiers	955
Prise de Rheims	941	Prise du château de Sainte-Radegonde	955
Siége de Laon	941	Victoire près de Poitiers	955

Hugues, surnommé le Grand ou le Blanc, se trouva fort jeune maître de Paris et du duché de France; il ne tenait qu'à lui de se faire couronner roi après le combat de Soissons. Charles s'était enfui chargé de honte, abandonné de tous. La succession du roi Robert passait à son fils sans obstacles; il refusa cependant; ce fut de sa part une singulière marque de modération ou un calcul politique. Hugues fit couronner dans son camp Rodolphe, duc de Bourgogne, son beau-frère, qui se contenta du titre et abandonna à Hugues l'influence et le gouvernement. Des querelles sans nombre, des guerres privées dont le motif se démêle assez peu, occupèrent l'inquiète activité du comte Hugues; il attaqua, en 927, le comte Boson, frère de Rodolphe, pour une contestation d'héritage; en 930, ce fut le comte Herbert qu'il combattit; il lui enleva plusieurs châteaux. Il aida Rodolphe contre les Normands. La mort de ce roi, en 936, offrit au puissant comte Hugues l'occasion de refuser encore cette couronne placée toujours à portée de sa main; il en disposa de nouveau, et, par un retour étrange, il remit sur le trône un Carlovingien. Le sort de son père le frappa peut-être de quelque appréhension superstitieuse; il était ambitieux, fort avide d'augmenter ses fiefs et ses domaines héréditaires, ce qu'il estimait mieux sans doute qu'un titre électif et contesté. Disposant d'un suzerain pour confirmer ses futures conquêtes, il pouvait travailler plus à l'aise, sans donner droit de plainte à ses rivaux. Hugues rappela donc d'Angleterre le jeune Louis, fils de Charles-le-

Simple. L'exilé se montra reconnaissant; il laissa le pouvoir à Hugues, lui donna les comtés de Nevers, d'Autun, et une partie de la Bourgogne où le duc conduisit le jeune roi; là ils prirent d'assaut la ville de Langres. Mais Louis d'Outre-mer se trouva être trop actif, trop résolu pour les projets de Hugues, il voulut agir et gouverner. Le roi et le duc, en conséquence, s'accordèrent mal; celui-ci se réconcilia avec le comte de Vermandois, gagna les ducs de Normandie et de Lorraine et s'assura les secours de l'empereur Othon Ier, son beau-frère. Profitant donc du moment où Louis était en Lorraine à recevoir les hommages de cette province qui, lassée de la domination allemande, offrait de se soumettre à lui, Hugues et Herbert prirent les armes et s'emparèrent de Rheims. A cette nouvelle, Louis revient en hâte; Hugues et Herbert pressaient vigoureusement depuis sept semaines la ville de Laon. Les deux comtes marchèrent à la rencontre du roi et mirent son armée en déroute au bord de l'Aisne, à Château-Porcien. Un traité de paix, conclu en 942, par l'entremise de l'Empereur et du pape Etienne VIII, à qui Louis avait eu recours, mit fin pour un moment à la guerre civile.

Le roi, toujours impatient d'agir, voulut enlever la Normandie au petit-fils de Rollon, Richard. Hugues, que le traité de paix avait investi de toute la Bourgogne, se piqua de fidélité à son suzerain, et fournit un secours pour l'expédition. Le roi, il est vrai, lui avait fait espérer une part dans la conquête; mais la défiance se mit de nouveau entre eux, le duc retira ses troupes et s'en revint fort courroucé.

Un parti se forma en Normandie dans le but d'en chasser les troupes de Louis; Hugues, dont la colère n'était point apaisée, s'y associa; puis les Danois envoyèrent des secours à leurs frères Normands. Louis accourut, mais il fut mis en déroute près de Lisieux et resta prisonnier. Hugues le racheta des Normands à condition qu'il donnerait au jeune Richard l'investiture du duché de son père, et ne le mit en liberté qu'après lui avoir arraché la ville et le comté de Laon, le dernier domaine, la dernière forteresse qui restaient sous le pouvoir immédiat du roi.

Louis, voulant se soustraire à tout prix à l'oppression d'un vassal qui lui faisait la loi, chercha des alliés pour le réduire. L'empereur Othon, Conrad de Bourgogne, se joignirent à lui; les trois princes formèrent une armée de près de deux cent mille hommes, selon les chroniques; mais ces forces considérables ne firent point ce qu'on aurait pu en attendre : elles échouèrent à Cambrai et se rabattirent sur Rheims, dont elles s'emparèrent ; de là, les confédérés se montrèrent aux environs de Paris, et après avoir impitoyablement ravagé le duché de France, entrèrent en Normandie pour venir échouer devant Rouen. La division s'étant mise entre eux, le comte de Flandre s'en retourna dans ses domaines, l'empereur s'achemina vers le Rhin, et le roi de France, resté seul, ne fut plus en état de se porter plus loin. L'avortement d'une si grande entreprise rehaussa la puissance et le crédit de Hugues-le-Grand, qui continua vivement la guerre. L'autorité ecclésiastique intervint alors : deux conciles se constituèrent juges des démêlés de Louis et de son vassal ; par une double sentence, Hugues fut excommunié. Les foudres de l'Église n'effrayaient ni le duc ni ses partisans, et ils continuèrent d'agir en ennemis. Enfin l'empereur Othon se fit médiateur d'un nouveau traité, qui se conclut en 950. Le fier duc de France fit sa soumission au roi, lui rendit hommage et lui remit la ville de Laon.

A la mort de Louis d'Outre-mer, en 954, Hugues eut encore à subir la tentation de s'élever au rang suprême ; mais les conseils de politique prudente qui avaient déjà triomphé en lui l'emportèrent une troisième fois ; il fit couronner Lothaire, fils aîné du roi défunt. Hugues, en retour, joignit à ses duchés l'investiture de l'Aquitaine ; mais cette province était à la maison de Poitiers, et le don royal avait besoin d'être appuyé par les armes. Hugues mena son jeune roi assiéger Poitiers : ils y échouèrent après deux mois d'attaques, prirent le château de Sainte-Radegonde, puis ils battirent en campagne le comte Guillaume, dit *Tête d'étoupes*, qui les attaqua. Néanmoins cette expédition ne donna pas l'Aquitaine à Hugues ; il l'eût renouvelée sans doute, mais il mourut l'année suivante au château de Dourdan, en 956.

Il eut pour femmes : 1. JUDITH, tante de Charles-le-Simple ; — 2. ETHILE ou EADHILDE, fille d'Édouard-le-Vieux, roi d'Angleterre, mariée vers 927 ; — 3. HEDWIGE, fille d'Henri-l'Oiseleur, mariée en 938, dont il eut :

1. HUGUES CAPET (qui suit) ; — 2. OTHON, duc de Bourgogne, mort jeune, en 965 ; — 3. HENRI-LE-GRAND, duc de Bourgogne, mort en 1002, sans enfants légitimes ; — 4. BÉATRIX, qui épousa Frédéric, duc de Lorraine ; — 5. EMMA, femme de Richard Ier, duc de Normandie.

Fils naturel : HÉRIBERT, *évêque d'Auxerre.*

IV.

Hugues Capet

ROI DE FRANCE.

SERVICES.

Bataille sur l'Aisne.... 979	Siége de Laon.................... 990
Siége de Poitiers................. 988	Divers combats contre les grands
Bataille près de la Loire............ 988	vassaux...................... 990-996

Ce fils du puissant comte Hugues n'avait que dix ans quand mourut son père; il succéda au comté de Paris et au duché de France. Le roi et le comte étaient enfants, environ de même âge; leurs mères, qui étaient sœurs, les élevèrent en commun, et une période de repos suivit la rivalité de leurs pères. La jeunesse de Hugues Capet passa sans rien d'éclatant, et il n'est guère de vies de princes plus ignorées que celle de ce fondateur de dynastie avant son avénement au trône; tout ce qui s'y découvre, c'est qu'il vécut avec docilité sous la tutelle de sa mère, qu'il donna de bonne heure de la jalousie au roi son parent, et qu'il épousa, en 970, à l'âge de ving-cinq ans, une sœur du comte de Poitiers. Les récits des contemporains s'interrompent, et le plus grand silence se fait dans l'histoire à cette époque. Hugues, il est vrai, semble s'être attaché lui-même à faire peu de bruit; il se tient dans l'ombre et il attend, n'inquiétant personne par ce besoin d'agrandir ses fiefs qui avait travaillé son père; mêlé sans doute à beaucoup d'intrigues obscures sous ces derniers règnes carlovingiens, il assura de loin des appuis à sa cause; il sut se rendre agréable, par exemple, à l'empereur Othon II, son parent, en l'accompagnant, vers 980, en Italie. Les choses étaient ainsi préparées quand Louis V *le fainéant*, fils de Lothaire, mourut. Hugues Capet fut salué roi à Noyon par les grands vassaux et l'armée, puis sacré à Rheims, le 3 juillet 987.

Une ère nouvelle s'ouvrit alors : d'abord le régime féodal, qui acheva de se déployer, semble avoir anéanti la puissance royale; en y regardant mieux, on reconnaît que l'avénement des Capétiens fut le salut de la royauté; elle entra dans le système féodal, jusqu'à n'y plus figurer qu'un grand fief; mais le roi, comme premier des vassaux, obtint, à ce titre, quand il sut agir et gouverner, plus de services et d'obéissance qu'au nom de la couronne elle-même; la loi féodale, la seule obligation alors respectée, fut la source à laquelle la royauté se retrempa. Les Carlovingiens, dépouillés, n'ayant plus ni villes ni forteresses sous leur domination immédiate, détachés de la nation par leurs habitudes germaniques, furent remplacés par une race nationale et populaire, qui, possédant en fief le cœur de la France, apporta ses domaines comme base de la reconstitution de l'État.

Le dernier représentant de la maison de Charlemagne était Charles, duc de Basse-Lorraine; il fit valoir ses droits, et, appuyé de quelques seigneurs, s'empara de Laon et de Rheims. Avant d'attaquer son rival, Hugues assiégea Poitiers, et battit sur la Loire, dans une sanglante affaire, le comte Guillaume, l'un de ses vassaux récalcitrants; puis il marcha contre Charles et l'assiégea. A la tête d'un corps de chevaliers fidèles à sa fortune, le prétendant fit d'impétueuses sorties et brûla le camp de Hugues, qui fut réduit à s'éloigner. Charles, livré plus tard à son rival, mourut prisonnier à Orléans. La biographie du roi Hugues n'offre que lacunes et obscurités; son caractère, sa politique, sont aussi difficiles à démêler que ses actions militaires; il est vaguement rapporté qu'il eut à combattre la plupart des grands qui avaient aidé à son élévation; mais les détails manquent; on ne sait ni le nom ni la date de ces combats. Hugues résida toujours à Paris, où il mourut vers 996.

Il eut pour femme : ADÉLAÏDE, d'une famille contestée.

Enfants : 1. ROBERT (qui suit), — 2. ADWIGE qui épousa : 1. Régnier IV, comte de Hainault, et 2. Hugues III, comte de Dasbourg; — 3. GIZÈLE, mariée à Hugues Ier, seigneur d'Abbeville.

GOZLIN, *fils naturel.*

V.

Robert II

ROI DE FRANCE.

SERVICES.

Siége de Melun	1000	Prise d'Auxerre	1005
Siége d'Auxerre	1003	Siége de Valenciennes	1007
Siége de Dijon	1005	Campagne contre ses fils en Bourgogne	1027-1030
Prise d'Avallon	1005		

Fils unique de Hugues Capet, né en 970, Robert succéda au trône sans élection et en vertu du principe d'hérédité ; mais la puissance royale, tant déchue, se réduisait à peu près à des prérogatives d'honneur. Les domaines propres du roi étaient, comme le reste du royaume, inféodés à des vassaux qui laissaient peu de part au suzerain dans l'administration locale de leurs fiefs. Robert n'était point un de ces princes faits pour relever le principe qu'il représentait ; faible et pieux à l'excès, il n'avait de goût que pour les cloîtres et la vie monastique. Robert néanmoins paya son tribut aux coutumes guerrières de son temps : en 1002, à la mort de son oncle Henri, duc de Bourgogne, qui ne laissait point d'héritier, le roi revendiqua ce grand fief qui retournait de droit à la couronne ; mais les chefs bourguignons s'emparèrent de vive force des villes et des domaines ducaux. Robert marcha contre eux ; secondé par Richard II, duc de Normandie, en 1003, il entra en Bourgogne et assiégea Auxerre ; mais, frappé de terreurs superstitieuses, il abandonna l'entreprise. En 1005, Robert renouvela sa tentative : il assiégea Dijon et se retira, encore effrayé de s'être attiré la colère des moines. Il réussit mieux contre le château d'Avallon, dont il s'empara après trois mois de siége ; puis il attaqua Auxerre de nouveau, et on ne saurait dire avec certitude s'il fut plus heureux. Après d'autres entreprises dont le détail est oublié, le roi Robert abandonna la Bourgogne et retira peu de fruits de ces deux campagnes ; plus tard, il joignit ses armes à celles du roi de Germanie, Henri II, pour arracher au comte de Flandre la ville de Valenciennes dont il s'était saisi; mais les deux rois y furent repoussés.

Des dissensions de famille forcèrent encore le doux et pacifique Robert à reprendre les armes sur ses derniers jours; sa vie fut un long enchaînement de troubles et de chagrins domestiques. Excommunié pour son mariage avec Berthe, sa parente, il épousa Constance, femme impérieuse et altière, qui mit sa patience aux plus dures épreuves. Il perdit son fils aîné Hugues à l'âge de dix-huit ans; Eudes, le second, que les historiens nomment à peine, était imbécile et incapable de régner. Robert associa à la couronne, en 1027, Henri, son troisième fils, qu'il avait investi déjà du duché de Bourgogne; mais la reine, opposée à ce choix, préférant couronner Robert, le quatrième, excita les deux princes contre leur père; l'un et l'autre s'emparèrent de ses villes et de ses châteaux, et forcèrent le vieux roi d'entrer en campagne. Après un siége et quelques ravages dans la Bourgogne, ils firent la paix. Le roi Robert mourut en 1031.

Il eut pour femmes : 1. BERTHE, qu'il épousa en 995 et répudia en 998; — 2. CONSTANCE, fille de Guillaume Ier, comte de Provence.

Enfants : 1. HUGUES, mort en 1026; — 2. HENRI Ier (qui suit); — 3. ROBERT Ier, duc de Bourgogne, souche de la 1re branche des ducs de Bourgogne (*Voir cette maison*); — 4. EUDES, mort sans postérité; — 5. ADÉLAÏDE, mariée à Renaud Ier, comte de Nevers; — 6. ADÈLE, mariée 1° à Richard III, duc de Normandie, et 2° à Baudouin, comte de Flandre.

VI.

Henri IER

ROI DE FRANCE.

SERVICES.

Prise de Dreux....................	1031	Siége de Nesle, en Anjou.........	1046
Prise de Poissy...................	1031	Combat du Val des Dunes.........	1046
Prise du Puiset...................	1031	Expédition de Normandie.........	1054
Trois combats contre le comte de Champagne.....................	1031	Combat de Mortemer.............	1054
Prise de Gournay.................	1031	Prise de Tillières................	1058
Siége de Sens....................	1031	Prise d'Argentan................	1058
Siége de Sens....................	1033	Combat de Varville..............	1058
		Combat de Villeneuve-Saint-Georges.	

Ce prince, né en 1005, qui à l'instigation de sa mère, Constance, avait porté les armes en Bourgogne, contre son père, eut à lutter aussi contre elle dès qu'il fut roi. La reine, voulant porter au trône Robert, son plus jeune fils, le poussa à la révolte et attira dans son parti plusieurs des grands feudataires. Cette ligue fut bientôt maîtresse des meilleures places du duché de France; mais le duc de Normandie, Robert-le-Magnifique, le plus puissant des vassaux, demeura fidèle au roi. Henri partit à cheval avec douze de ses chevaliers, rassembla des forces, et, appuyé par les Normands, attaqua rapidement les villes et les châteaux tombés aux mains de ses adversaires; il reprit successivement Dreux, Poissy, le Puiset, etc. Les autres places lui furent ouvertes d'après un traité qui assura à Robert le duché de Bourgogne. L'activité militaire du roi Henri se ralentit après cette campagne; dans une contestation avec Eudes II, comte de Champagne, Henri attaqua deux fois, et sans succès, la ville de Sens, vers les années 1133 et 1134.

Les seigneurs de la Lorraine offrirent au roi de France la suzeraineté de cette province, enlevée par les empereurs d'Allemagne à ses prédécesseurs; il manqua par son indécision l'entreprise et laissa échapper l'occasion. Rendant service pour service à la maison de Normandie, il protégea la minorité de Guillaume-le-Bâtard lorsqu'un compétiteur, soutenu par les seigneurs normands, lui disputa son héritage. Le roi joignit le jeune duc; tous deux rencontrèrent l'ennemi au Val-des-Dunes, entre Caen et Argentan; il s'y donna un sanglant combat, et selon le chroniqueur Guillaume de Malmesbury ([1]) le roi de France y courut risque de la vie : un chevalier nommé Haymon l'ayant reconnu dans la mêlée, fondit sur lui à la tête de sa troupe, et d'un vigoureux coup de lance le précipita de son cheval. Ce chevalier tomba à son tour sous les coups des hommes d'armes accourus pour dégager le roi. Ce chroniqueur ajoute que Henri, après la bataille, fit enterrer son adversaire avec beaucoup de pompe et d'honneurs. Mais les deux princes se brouillèrent plus tard; Henri, dont les troupes avaient déjà essuyé une défaite, voulut venger cet affront; il s'avança contre Guillaume : une partie de son armée fut battue à Mortemer (1054). Dans une autre campagne qu'il fit en Normandie, vers 1058, il y assiégea le château de Tillières, mais une partie de ses troupes donna en revenant dans une embuscade que lui tendirent les Normands, à la chaussée de Varville : l'historien Daniel assure toutefois que le roi, ayant pris un autre chemin, attaqua les lignes ennemies et les força. On trouve du reste beaucoup de confusion dans les détails et les dates de ces dernières affaires.

« Le roi Henri, dit Guillaume de Jumiéges, fut très-militaire, *d'une grande valeur et d'une grande piété.* » Il mourut en 1060; sa vie domestique est demeurée fort obscure.

Il eut pour femme : ANNE de Russie, dont il eut :

1. PHILIPPE Ier (qui suit); — 2. ROBERT, mort jeune, en 1060; — 3. HUGUES-LE-GRAND, comte de Vermandois, *tige de la* 2e *branche des comtes de Vermandois* (*Voy. cette maison*).

(1) Livre III, ch. VII.

VII.

Philippe I{ᴱᴿ}

ROI DE FRANCE.

SERVICES.

Bataille de Cassel............	1071	Secours au château de Dol.......	1076
Siége de Saint-Omer...........	1072	Siége du château du Puiset......	1078

Philippe naquit en 1053 ; son sacre précéda de peu de temps la mort de son père, et il lui succéda à l'âge de sept ans. Baudouin, comte de Flandre, son oncle, gouverna durant son enfance. Ce roi, dont le règne fut marqué par les plus grands événements du moyen âge, n'y participa que médiocrement. Les croisades, les conquêtes d'Angleterre et de Sicile par les Normands, la grande querelle de l'empire et du sacerdoce, Philippe y fut presque étranger. Dans une époque d'activité chevaleresque, il vécut longtemps sédentaire, occupé de querelles domestiques et de plaisirs obscurs.

Les premiers rois capétiens jetèrent peu d'éclat sur les commencements de cette dynastie. Philippe ne tenta qu'un petit nombre de fois la fortune des armes ; dans sa première épreuve il n'y fut point heureux. Le jeune comte de Flandre, Baudouin II, implora son assistance contre Robert-le-Frison, son oncle. Philippe se mit en campagne et fut vaincu près de Cassel. Il fit l'année suivante un nouvel armement, prit d'assaut Saint-Omer, et fit bientôt retraite devant l'ennemi.

La jalousie que lui inspira la gloire de son vassal Guillaume-le-Conquérant lui donna encore quelques velléités guerrières. Cette rivalité des deux princes fut marquée par des engagements fréquents et des ravages sur les frontièrrs où il ne paraît pas que le roi de France ait agi beaucoup personnellement. Une chronique rapporte néanmoins que dans les dissensions qui s'élevèrent entre Guillaume-le-Bâtard et son fils Robert Courte-Heuse, le roi de France força en personne le roi d'Angleterre à lever le siége du château de Dol; mais cet exploit n'est point mentionné dans le récit contemporain d'Orderic Vital. Nous retrouvons encore quelques faits d'armes de ce prince : vers 1075, il dévasta les terres de Crépy en Valois; en 1078, il attaqua le château du Puiset, dont les seigneurs se faisaient redouter par leurs brigandages; mais le roi ne parvint pas à le réduire. Ce fut le terme de ses services militaires; à peine arrivé à l'âge de trente ans, il céda à son indolence, à son goût pour les plaisirs sensuels, et laissa déchoir encore le rôle déjà restreint de la royauté. Ses contemporains, l'empereur Henri IV et Guillaume-le-Normand, parcouraient sans cesse leurs États, frappaient les peuples par leur présence et rappelaient qu'ils étaient rois à leurs vassaux les plus éloignés. Les premiers Capétiens furent moins actifs et moins tourmentés de la passion des conquêtes. Philippe ne quittait Paris que pour visiter quelques maisons de plaisance du voisinage.

Il épousa Berthe, fille du comte de Hollande, et la répudia, après treize ans de mariage, sous prétexte de parenté, pour épouser Bertrade, comtesse d'Anjou. Cette union attira à Philippe une excommunication et remplit le royaume de désordres et de malheurs.

Il eut pour femme: BERTHE, fille du comte de Hollande, répudiée en 1091, morte en 1093, et dont il eut :

1. LOUIS VI (qui suit); — 2. HENRI, mort jeune; — 3. CHARLES, mort jeune; — 4. CONSTANCE, mariée à Hugues, comte de Troyes, puis à Boémond, prince d'Antioche.

Enfants naturels de Philippe et de Bertrade : 1. PHILIPPE, *comte de Mantes, qui épousa en* 1104 *Élisabeth, fille du seigneur de Montléry; il se révolta contre Louis VI, vers l'an* 1123, *et fut contraint de se soumettre;* — 2. FLORE ou FLEURY *qui épousa l'héritière de Nangis;* — 3. CÉCILE, *mariée à Tancrède, prince de Tabarie.*

VIII.

Louis VI, dit le Gros

ROI DE FRANCE.

SERVICES.

Divers combats contre le roi d'Angleterre, en Vexin, en Normandie.	1097 1098
Prise du château de Montmorency..	1100
Prise du château de Mouchy-le-Châtel	1100
Prise du château de Luzarches.....	1100
Siége et Combat de Chambly......	1100
Prise de Moûn..................	1100
Prise de Montaigu...............	1100
Siége et Combat de Gournay......	1102
Prise de Saint-Sevère...........	1102
Prise de Mantes................	1108
Prise de Montlhéry.............	1108
Prise de Corbeil................	1108
Combat de Neaufle, près Gisors....	1109
Combat et Prise du Puiset........	1111
Combat près de Meaux..........	1111
Combat près Pompone..........	1111
Combat de Thoury.............	1112
Prise du château de Crécy........	1115
Prise de la tour d'Amiens (*blessé*)..	1115
Prise du château de Germigny.....	1117
Prise d'Andely..................	1118
Prise de Gué-Nicaise.............	1118
Prise du château Malassis........	1118
Guerre contre le roi d'Angleterre...	1119
Bataille de Brenneville...........	1119
(*Le roi fut renversé de cheval.*)	
Prise de Jury...................	1119
Prise du château de Clermont-Ferrand...................	1126
Prise du château d'Ivry (*blessé*)....	1129
Siége du château de Coucy.......	1130
Siége de Cosne.................	1130
Prise de Bonneval...............	1131
Prise de Château-Renard.........	1131
Siége de Lafère................	1132
Prise de Saint-Briçon-sur-Loire....	1133

Louis VI, surnommé le Batailleur et le Gros, fils de Philippe et de Berthe, né en 1077, fut élevé les armes à la main; il livra plus de combats pour conserver son patrimoine que d'autres héros de son siècle pour conquérir de grands royaumes. Ce patrimoine alors était modeste : il se composait nominalement de la haute suzeraineté sur les provinces du royaume, et se réduisait en réalité à la souveraineté du duché de France et d'une partie du comté d'Orléans; encore son autorité n'y était-elle bien assise que dans les villes, car le reste du pays était tenu en fiefs par des barons turbulents et pillards, confinés dans des châteaux-forts, peu soucieux des devoirs du vasselage s'ils n'y étaient contraints par la force ou la terreur, occupés de brigandages, de guerres privées, ligués souvent contre leur suzerain, osant même le défier seuls pour peu qu'ils comptassent quelques centaines de chevaliers sous leur bannière.

Ainsi les villes du roi étaient sans communication entre elles, et pour aller de Paris à Orléans, le prince était forcé de mettre une armée en campagne. Au milieu de cette anarchie, Louis VI passa sa vie à cheval;

toujours en haleine, prompt à attaquer, à briser les ligues, à forcer l'ennemi intérieur dans ses hautes tours, à défendre sa frontière contre celui du dehors ; enfin, s'évertuant par l'épée à faire un peu d'ordre dans le chaos où aimaient vivre des hommes sans discipline et sans loi.

Ce règne est plein de détails, de faits obscurs ; ces guerres ont toutes une physionomie pareille : toujours de courtes et rapides expéditions ; une poignée d'hommes couverts d'impénétrables armures, montés sur de rudes chevaux bardés de fer, se rencontrent, se heurtent, puis se séparent après quelques chutes d'hommes et beaucoup de bruit. Ailleurs la lourde cavalerie met pied à terre auprès d'une forteresse, l'enlève par surprise, appelle le paysan pour la démolir, puis se remet en selle et rentre dans ses donjons. Voilà ce que sont, avec le ravage des champs, l'incendie des récoltes et le pillage, les guerres de château à château dans le moyen âge. Parlons seulement des plus importantes.

Ce fut contre l'étranger que Louis VI fit ses premières armes. Guillaume-le-Roux, roi d'Angleterre, tenait la Normandie et le Maine en nantissement d'une somme qu'il avait prêtée à Robert, son frère, pour aller en Terre-Sainte. Guillaume fit des courses dans le Vexin, et tenta de surprendre les villes de Mantes et de Pontoise. Louis défendit ces villes acquises à la couronne par son père ; il repoussa les Normands, fit lui-même des invasions en Normandie ; ces hostilités, peu interrompues, durèrent jusqu'à la mort de Guillaume en 1100.

Un comte de Corbeil, Burchard II, promit à la comtesse sa femme de lui rapporter, comme roi de France, l'épée qu'il recevait d'elle comme noble baron. Louis, secondé d'Étienne, comte de Blois, battit le présomptueux vassal, qu'Étienne tua lui-même d'un coup de lance au milieu de la mêlée.

Un autre Burchard, seigneur de Montmorency, un comte de Beaumont-le-Roger et un seigneur de Mouchy-le-Châtel, tous trois effrénés pillards, mirent à merci les religieux de Saint-Denis. Louis joignit à sa troupe les hommes d'armes de l'abbaye, et parut devant la tour de Montmorency ; il effraya Burchard, qui fit sa soumission. De là, le roi chevalier courut à Mouchi-le-Châtel qu'il brûla ; mais moins heureux contre le troisième comte, il se fit battre auprès de Chambly.

Une longue suite d'événements pareils, mêlés d'alternatives diverses, remplit toute la vie de ce prince actif et brave; mais ces petits combats tournèrent à bien presque toujours et profitèrent à la couronne.

Les causes de tant de collisions varient aussi peu que leur physionomie militaire; c'est toujours l'avidité, la ruse du chef barbare, et ce besoin continuel d'agir qui le fait sortir de son donjon. Les querelles du roi avec les seigneurs de Coucy, de Montlhéry, de Rochefort et autres dont les faits d'armes sont inscrits parmi ses services, n'ont pas d'autre mobile. Louis n'était pas étranger à ces rudes passions d'un siècle barbare; il était violent, remuant, querelleur comme ses vassaux; mais le rôle de protection chevaleresque qu'il exerçait, l'ordre qu'il personnifiait confusément, la cause de l'Église dont il était le champion, l'élevaient de beaucoup au-dessus de ses rivaux. C'est ainsi qu'il prit la défense du jeune Cliton, duc de Normandie, orphelin, contre les usurpations du roi d'Angleterre, son oncle. Les différends se réveillent de ce côté : le combat de Brenneville en fut le principal événement. A la tête de quatre cents chevaliers, Louis fondit sur son rival, dont la troupe s'élevait à cinq cents hommes : l'engagement fut court et peu meurtrier. « Je me suis assuré, dit le chroniqueur, qu'il n'y avait eu que trois chevaliers tués »; en effet, ils étaient de toutes parts bardés de fer. Le roi Louis fut contraint de laisser cent quarante des siens aux mains de l'ennemi.

L'âge ne refroidit pas l'ardeur du roi; il continua jusqu'à la fin de sa vie cette sorte de police militaire contre les petits seigneurs indociles à l'ordre qu'il voulait fonder; il continua, malgré son embonpoint extrême, d'agir en soldat. Les fatigues qu'il se donna, en assiégeant le château de Saint-Briçon-sur-Loire, aggravèrent une maladie dont il languit et mourut peu d'années après en 1137. Louis fut *blessé deux* fois, aux siéges d'Amiens en 1115, et d'Ivry en 1129.

Il eut pour femme : ADELAIS, fille de Humbert II, comte de Savoie, dont il eut :

1. PHILIPPE, né en 1116, mort en 1131; — 2. LOUIS VII qui suit; — 3. HENRI, archevêque de Rheims en 1161, qui mourut en 1175; — 4. HUGUES, mort enfant; — 5. ROBERT, *chef de la maison de Dreux;* — 6. PHILIPPE, évêque de Paris, mort en 1161; — 7. PIERRE, sieur de Courtenay, *souche de la branche des Courtenay;* — 8. CONSTANCE, qui épousa en 1140 Eustache de Blois : veuve en 1153, elle se remaria à Raymond IV, comte de Toulouse.

IX.

Louis VII, dit le Jeune

ROI DE FRANCE.

SERVICES.

Prise de Montjay..............	1138	Combat près de Laodicée..........	1148
Siége de Toulouse.............	1141	Siége de Damas..................	1148
Prise de Vitry.................	1142	Campagne de Normandie..........	1173
Croisade.....................	1147	Siége et Combat de Verneuil.......	1173
Combat sur les bords du Méandre..:	1148	Siége de Rouen..................	1174

Armes : D'azur semé de fleurs de lys d'or. (1).

Louis VII, né en 1120, succéda, en 1137, à son père Louis-le-Gros; il venait d'épouser Éléonore, fille héritière de Guillaume d'Aquitaine, dont la dot égalait au moins le domaine royal.

Louis, duc d'Aquitaine du chef de sa femme, fit une expédition vers le midi ; elle eut peu de succès ; il assiégea vainement Toulouse.

Les troubles qui régnaient en Angleterre et en Allemagne assuraient la tranquillité de la France ; mais les rois avaient au dehors un compé-

---

(1) Louis VII et ses successeurs immédiats sont les premiers rois dont les sceaux portent les fleurs de lys. Ces signes, comme le remarque le père Anselme, avaient déjà paru aux couronnes et aux sceptres antérieurement.

titeur plus entreprenant encore que tous les princes voisins, malgré sa mission de paix et de charité, c'était le pape ; l'élection à l'archevêché de Bourges s'était faite sans le consentement du roi de France. Louis, fort irrité, ordonna une nouvelle élection. Innocent II prit fait et cause pour le prélat chassé de son siége, excommunia Louis VII, et mit ses États en interdit. Louis fit tomber sa colère sur Thibaut, comte de Champagne, qui avait donné asile à l'archevêque dépossédé. Il entre à main armée sur les terres du comte ; assiége Vitry, la livre au pillage et à l'incendie ; treize cents habitants réfugiés dans une église y périrent au milieu des flammes.

La colère satisfaite, le repentir suivit de près ; Louis demanda le pardon et la paix au pontife ; mais sa conscience ne retrouva pas le repos ; pour expier sa faute, il prit le parti d'aller en Terre-Sainte. Il reçut la *croix* à Vézelai, des mains de l'abbé de Clairvaux, et partit, le 11 juin 1147, à la tête de deux cent mille hommes, laissant le gouvernement du royaume au comte de Vermandois et à Suger. Ce dernier devançait son siècle : ce pieux politique pressentit les résultats d'une nouvelle croisade, et s'y opposa de tout son pouvoir ; mais l'influence du pape, de saint Bernard, et la conscience bourrelée du prince eurent le dessus.

Le roi partit ; il passa à Constantinople, et arriva en Asie Mineure. Bientôt les mêmes causes qui avaient perdu la première croisade se retrouvèrent, et firent prévoir, dès le début, l'issue de l'expédition. Cependant Louis battit les Sarrasins au passage du Méandre, et fit preuve dans le combat d'une grande valeur. Arrivée près de Laodicée, l'armée fut surprise ; le roi demeura presque seul sur le champ de bataille, enveloppé d'ennemis. Retranché sur une éminence, adossé à un arbre, il se comporta en vrai chevalier, et tua de sa main les Sarrasins qui l'approchèrent. Protégé par la nuit, qui l'empêcha d'être reconnu, Louis erra quelque temps, trouva un cheval, et parvint enfin à rejoindre son avant-garde. Des attaques répétées, le froid, la faim, la perfidie des Grecs, achevèrent de décimer l'armée, et quand Louis entra dans Antioche, il était réduit à une poignée de soldats. Il joignit l'empereur Conrad pour assiéger Damas ; mais l'entreprise échoua, mal secondée par les Francs de Syrie, et traversée par la rivalité des deux souverains. Louis reprit la route de France. On dit qu'il fut pris sur mer par les vaisseaux des Grecs, et délivré ensuite par l'amiral de Roger, roi de Sicile.

Il revint en France irrité contre la reine qui l'avait suivi en Orient; l'humeur des deux époux concordait mal : tous deux souhaitaient le divorce, mais si la femme méritait d'être répudiée, la délivrance du prince allait être une calamité pour l'État. Aucune considération de politique ne balança la débonnaire loyauté du roi : en renvoyant Éléonore, il lui restitua sa dot, qui n'était rien moins que la moitié du royaume (1153). Deux mois après, Éléonore épousait Henri, duc de Normandie, qui fut depuis roi d'Angleterre, et lui portait trois belles provinces de France.

La fin du règne de Louis VII fut remplie des querelles de famille des Plantagenets; les fils d'Henri II et d'Éléonore vécurent en révolte contre leur père. Louis intervint; il accueillit Henri, surnommé *Court-Mantel*, et il prit à tâche de lui faire recouvrer la Normandie. Dans cette campagne, ils assiégèrent Verneuil; une bataille se livra près de là; l'année suivante, Louis fit encore le siége de Rouen. Il y avait déjà entre l'Anglais et lui plus d'une occasion de querelle : Henri avait pied sur la terre de France, et ne cherchait qu'à y prendre terrain davantage; aussi était-ce de sa part une continuelle alternative de démonstrations hostiles et de bons procédés, de prises d'armes et de trèves. Enfin, en 1176, l'entremise d'un légat mit fin à ces conflits, et la paix fut conclue.

Louis mourut d'apoplexie le 18 septembre 1180; ce fut un prince d'un génie médiocre, mais de grande loyauté et de grande valeur; il méritait d'être regretté. Assez juste pour faire justice contre son intérêt, assez brave pour ne pas craindre la guerre, assez prudent pour ne pas l'appeler, il commit cependant deux grandes fautes : l'une fut celle de son époque; l'autre fut le tort de sa dignité et de sa justice. Il alla verser sans fruit en Palestine l'or et le sang de ses sujets; il répudia Éléonore et lui rendit sa dot, qui fit la force et la grandeur de l'Angleterre, et qui, en la mettant en contact avec la France, attira sur nous quatre siècles de guerres et de calamités.

Louis VII eut pour femmes : 1. ÉLÉONORE, fille de Guillaume, duc d'Aquitaine, répudiée en 1152; — 2. CONSTANCE, fille d'Alphonse VIII, roi de Castille, morte en 1160; — 3. ALIX, fille de Thibaud IV, comte de Champagne.

Il eut de sa première femme : 1. Marie, qui épousa Henri Ier, comte de Champagne ; — 2. Alix, mariée à Thibaud, comte de Blois.

De sa deuxième femme : 1. Marguerite, d'abord mariée à Henri Court-Mantel, puis à Béla III, roi de Hongrie, — 2. Alix, morte jeune.

De sa troisième femme : 1. Philippe II (qui suit) ; — 2. Alix, femme de Guillaume II, comte de Ponthieu ; — 3. Agnès, mariée à Alexis Comnène, puis à Andronic Comnène, et qui épousa ensuite Théodore Branas.

X.

Philippe II, ou Philippe-Auguste

ROI DE FRANCE.

SERVICES.

Guerre contre les vassaux	1181
Siége de Châtillon-sur-Cher	1181
Expéditions dans le Berry, en Champagne et en Bourgogne	1181
Guerre contre le comte de Flandre	1183
Siége du château de Boves	1183
Secours à Vergy	1185
Prise de Châtillon-sur-Seine	1186
Prise de Graçay	1187
Prise d'Issoudun	1187
Siége de Châteauroux	1187
Prise du Mans	1189
Prise de Tours	1189
Croisade	1191
Prise de Saint-Jean-d'Acre	1191
Expédition de Normandie	1193
Prise d'Évreux	1193
Prise de Neubourg	1193
Prise de Vaudreuil	1193
Siége de Rouen	1193
Prise de Lions	1193
Prise de Beaumont-le-Roger	1193
Prise d'Ivry-sur-Eure	1193
Siége de Verneuil	1194
Combat de Fretteval	1194
Combat de Gisors	1198
Combat contre le comte de Flandre	1198
Prise du château de Balun	1199
Prise de Gavardin	1199
Prise de Tillières	1202
Prise de Boutavent	1202
Prise des châteaux de Longchamp, de Mortemer, de La Ferté, de Lions	1202
Prise de Gournay	1202
Siége d'Arques	1202
Prise de Tours	1202
Guerre en Guienne	1203
Conquête de la Normandie	1203
Prise de Conches	1203
Prise de Radepont	1204
Prise d'Andely	1203
Prise de Château-Gaillard	1204
Prise de Falaise	1204
Prise de Rouen	1204
Prise de Poitiers	1204
Prise de Loches et de Chinon	1205
Expédition de Flandre	1213
Prise de Cassel et d'Ypres	1213
Prise de Courtray et de Douai	1213
Prise de Bruges	1213
Siége de Gand	1213
Combat de Damme	1213
Prise de Lille	1213
Bataille de Bouvines (*blessé, et son cheval tué sous lui*)	1214

Armes : D'azur semé de fleurs de lys d'or. *V. pag.* 24.

Philippe II, né en 1165, succéda à la couronne en 1180 ; Philippe d'Alsace, comte de Flandre, fut régent du royaume jusqu'à la majorité du jeune roi. Il eut bientôt l'occasion de faire usage de sa précoce fermeté : le lendemain de son avénement, Philippe vit éclater une de ces conspirations féodales dirigées inévitablement contre la couronne dès qu'elle tombait sur la tête d'un enfant. Mais l'enfant ne laissa à personne le soin de défendre son droit menacé; il marcha contre les rebelles (1181), assiégea Châtillon-sur-Cher, traversa en vainqueur le Berry, la Champagne, la Bourgogne, et en peu de temps il eut raison de ces ambitions, qui se trouvèrent déconcertées par sa vigueur. Le comte de Sancerre et le duc de Bourgogne, les plus audacieux et les plus puissants, demandèrent pardon à genoux. En partant pour l'expédition, le jeune Philippe avait déclaré sa résolution de n'admettre aucune atteinte à ses droits : « *Se à Dieu plest*, avait-il dit, *ils affobloieront et envieilliront, et je croistrai en force et en pouvoir.* » Cet orgueil inné de sa mission, heureusement appuyé par une capacité précoce, devait changer la confédération féodale en monarchie. « Philippe, dit M. de Sismondi, se regardait comme le représentant et le successeur des grands rois carlovingiens qui avaient illustré la France, et il les connaissait par les romans et les contes populaires bien plus que par l'histoire; il croyait que tout lui était permis, que tout lui était possible. » Sa seule volonté décida de son mariage : il épousa Isabelle, héritière du Vermandois, apanage qu'il s'assura plus tard, après quelques conflits avec le comte de Flandre.

Philippe, après cette paix, s'appliqua au gouvernement intérieur; son zèle pour l'orthodoxie tenait de l'instinct ardent qu'il avait de l'autorité; il chassa les Juifs, objet de l'animadversion publique; il vint en aide aux provinces ravagées par les aventuriers qu'on appelait Brabançons; il embellit de monuments sa capitale, fortifia Vincennes, etc. Mais un nouveau différend s'éleva entre lui et le roi d'Angleterre : les terres données en dot à Marguerite de France, épouse de Henri Court-Mantel, mort sans enfants, devaient revenir à la France. Henri ne se pressant pas de remplir cette clause, Philippe entra à main armée dans le Berry (1187), enleva quelques forteresses et mit le siége devant Châteauroux. Henri accourut au secours de la place, et une bataille allait décider de la querelle, quand l'intervention des légats du pape imposa une trêve aux deux rois. Ce n'était pas la paix que voulaient les envoyés de Rome, mais bien une expédition militaire plus importante. De tristes nouvelles arrivaient de Palestine : la croisade fut prêchée de nouveau; Philippe et Henri *prirent la croix;* toutefois cette résolution commune ne mit pas fin à leurs différends. Richard, fils de Henri, attaqua le comte de Toulouse; Philippe prit en main la cause de son vassal; tout à coup Richard, changeant d'intérêts, et laissant son père soutenir seul le fardeau de l'entreprise, va se mettre aux pieds de Philippe, lui fait hommage, et se retire à sa cour. Henri II est poursuivi de château en château par son fils rebelle et par Philippe, qui s'empare du Mans, assiége Tours et la prend par escalade. Le chroniqueur dit que le roi de France, près de passer la Loire avec son armée, y découvrit un gué avec sa lance. Henri II, accablé, lui demanda la paix.

Le vieux roi étant mort, son héritier, Richard, partait l'année suivante avec Philippe II pour *la croisade.* Philippe laissa la régence à sa mère et à l'archevêque de Rheims. Les deux rois passèrent l'hiver en Sicile; l'humeur impétueuse et violente de Richard mit la discorde entre eux. Philippe partit de Messine, et arriva devant Saint-Jean-d'Acre, assiégée depuis deux ans par les croisés; grâce au renfort du roi de France, la ville fut emportée d'assaut. Au lieu de profiter de ce premier succès, Philippe attendit Richard, et le temps perdu ne se répara pas. Richard arriva, et la discorde avec lui. Conrad de Montferrat et Lusignan se disputaient la couronne de Jérusalem, qui était encore aux mains de l'infidèle. Philippe prit parti pour le premier, Richard pour le second; ces querelles s'envenimèrent, et Philippe, plus politique en cette occasion que chevalier, jugea prudent de regagner son royaume, tandis que le roi d'Angleterre, son ennemi, userait ses forces dans une guerre inutile, dans de vaines discussions, et se ferait, par sa violence, des ennemis qui seraient autant d'alliés pour la France. L'événement réussit au delà des vœux de Philippe, car on sait que Richard, revenant de Palestine, et passant sur les terres d'Autriche, fut arrêté par ordre du duc Léopold, et retenu prisonnier. On prétend que Philippe n'y fut pas étranger; en tous cas, il en profita; il s'aboucha avec Jean-sans-Terre, frère de Richard; tous deux s'adjugèrent les dépouilles du prisonnier : l'Angleterre à Jean; à Philippe, la Normandie et autres provinces.

La résolution prise, ils se mirent à l'œuvre précipitamment. Philippe fit irruption sur la Normandie, prit Évreux, assiégea Rouen; mais il éprouva là un échec : il alla chercher ailleurs des conquêtes plus promptes et plus faciles. L'année suivante il continua d'agir; mais il y avait plus à faire qu'à combattre des vassaux sans chef, chancelants dans leur fidélité; le lion était déchaîné, comme l'écrivait Philippe à son allié Jean-sans-Terre. Richard, rendu à la liberté, était déjà en face de son ennemi. Bientôt Philippe fut surpris entre Blois et Fretteval; il y perdit ses bagages, son trésor, ses archives, que les rois, à cette époque, faisaient porter avec eux; il faillit être pris lui-même. La guerre continua jusqu'en mai 1195; il semblait que le hasard aussi conspirât contre la paix entre ces deux hommes amis de la guerre. Philippe et Richard conféraient à la tête de leurs armées, quand un serpent s'avança vers eux; tous deux mirent l'épée à la main; les troupes virent dans ce mouvement le commencement d'un combat singulier, et s'ébranlèrent pour en venir aux mains; peu s'en fallut qu'une bataille s'ensuivît.

Cette paix, au reste, ne dura pas longtemps : la guerre rallumée en 1197, Philippe et Richard se rencontrèrent fortuitement, près de Gisors, avec leurs gens; le Français était fort inférieur en nombre, et Philippe, conseillé de faire retraite, dit qu'il ne reculera pas devant son vassal; il pique droit à l'ennemi, l'enfonce, s'ouvre un passage l'épée à la main, et entre dans Gisors. Ce politique, qui aimait à savoir son rival occupé en Terre-Sainte ou captif dans une tour, ne tremblait pas toutefois quand il l'avait en face, et savait attaquer avec audace aussi bien que calculer avec prudence.

Le comte de Flandre, allié de Richard, assiégeait, en 1198, le château d'Arras : Philippe accourt, met l'ennemi en fuite et le poursuit; tout à coup son armée se trouve enfermée par les eaux des écluses que le comte avait lâchées; pour sortir, Philippe se trouva forcé de promettre la paix et la restitution des places qu'il avait prises. Revenu à Paris, Philippe ne se tint pas pour lié par cet engagement de la nécessité. Il rentre en campagne : un nouveau combat se livre près de Gisors, théâtre prédestiné des plus chevaleresques coups d'épée de Philippe : il y court encore risque de la vie, et ne doit son salut qu'à son courage et à son sang-froid : un pont sur lequel il passait se rompit, il fut précipité dans l'Epte. L'année suivante, Philippe remporta encore quelques avantages, mais un plus grand coup de fortune lui était échu : Richard fut blessé à mort en assiégeant un château près de Limoges; le lion d'Angleterre trouva dans la tombe une prison d'où il ne devait pas sortir.

Jean-sans-Terre fut pour Philippe un adversaire moins terrible que l'autre : ils se maintinrent quelque temps dans des alternatives de paix et de guerre ; Philippe prit quelques places sur les frontières de son ennemi ; mais ces petits faits d'armes ne furent que les préludes d'un événement plus décisif. En 1303, Jean, accusé de meurtre sur son neveu, le jeune Arthur, fut cité à comparaître devant la cour des pairs. Il ne parut point, et fut déclaré coupable de parricide ; les pairs prononcèrent la confiscation de ses domaines de France, et Philippe se chargea de l'exécution. Il marche d'abord sur la Guyenne, de là en Normandie ; en deux campagnes le pays entier fut conquis : le Maine, le Poitou, la Touraine, l'Anjou (1204-1205), reprirent leur ancienne place sous l'autorité immédiate de la couronne. La Guyenne seule resta anglaise. Jean n'en fut pas quitte pour la perte des provinces de France : en 1313, le pape lança une bulle contre lui, l'excommunia, et adjugea l'Angleterre à Philippe ; celui-ci, qui avait repoussé et bravé, à l'occasion de son divorce, les foudres romaines, ne disputa plus au saint-père le droit de disposer des choses temporelles. Pour l'exécution de ce nouveau jugement, il rassembla des troupes, équipa une flotte de dix-sept cents voiles, la première armée navale qui apparaisse sous la troisième race. Il allait mettre à la voile quand l'Anglais prit un parti qui le sauva, il se déclara vassal et tributaire du pape qui venait de l'excommunier. La cour de Rome aussitôt somma Philippe de renoncer à ses projets. Le conquérant désappointé fit tomber sa colère sur son voisin, le comte de Flandre, entré dans une ligue contre lui. Il fit servir de ce côté les grands préparatifs de guerre qu'il avait faits. Entré en Flandre, il assiégeait Gand lorsqu'il apprit que sa flotte, surprise par les flottes anglaise et flamande, venait d'essuyer de grands dommages ; ce qui restait était bloqué. Philippe fut réduit à faire incendier ses vaisseaux pour les enlever à l'ennemi ; puis sa vengeance tomba sur les villes flamandes.

Les conquêtes répétées de Philippe, ses accroissements de territoire et d'influence, enfin ce vaste déploiement de forces qu'il venait de montrer, inquiétèrent ses voisins. Une ligue se forma, à l'instigation du roi Jean ; et les armées ennemies se réunirent à Bouvines, entre Lille et Tournai.

Philippe avait cinquante mille hommes; l'empereur Othon, le comte de Flandre et le comte de Boulogne en commandaient cent quarante mille, selon les récits du temps. Attaqué au nord par cette ligue formidable, il l'était en même temps au midi par les Anglais; il marcha sur la Flandre. Avant le combat, Philippe, incertain des dispositions de quelques barons, déposa sa couronne sur l'autel où la messe venait d'être célébrée devant les troupes : « S'il en est un parmi vous, dit-il, qui soit plus digne que moi de porter cette couronne, qu'il s'avance : je jure de lui obéir. Si au contraire vous m'en trouvez le plus digne, jurez de combattre fidèlement pour votre roi et votre pays. » Philippe commanda lui-même le centre de sa ligne de bataille, et c'est là que se portèrent tous les efforts de l'ennemi. Après avoir parlé en roi à ses troupes et fait ses dispositions en habile général, il combattit en chevalier; son *cheval fut tué* dans la mêlée : il fut *blessé à la gorge*, renversé et foulé aux pieds des chevaux; on dit que des fantassins, armés de crochets, se disputèrent à terre cette précieuse capture; mais le roi dut son salut aux chevaliers qui l'entouraient, et surtout à un seigneur de la maison d'Estaing, qui obtint pour ce service de porter les armes de France. Enfin la victoire fut aux Français. Othon prit la fuite, laissant trente mille morts, nombre exagéré sans doute par les chroniqueurs. Les comtes de Flandre et de Boulogne furent au nombre des prisonniers.

Bouvines fut une des grandes victoires et des plus nationales de notre histoire; la gloire en revient principalement aux dispositions et à la valeur personnelle du roi, puis aux braves milices de nos communes du nord. Cette bataille fait époque dans l'art militaire : elle fut en effet la première où la mêlée conserva une espèce d'ordre et ne fut pas une suite de combats singuliers, où l'on comprit enfin le parti qu'on pouvait tirer de masses habilement dirigées.

Philippe termina par ce grand succès sa carrière militaire; il avait commandé lui-même ses armées; il s'en reposa depuis sur ses lieutenants. Un règne rempli comme le sien dispense d'insister davantage sur des qualités qui furent en tout celles d'un roi, et surtout celles d'un roi de son temps. Il laissa dix provinces de plus à l'État; il fut le plus grand ouvrier de la carte de France. Philippe mourut en 1223.

Philippe II eut pour femmes : 1. Isabelle, fille du comte de Hainaut ; — 2. Ingeburge de Danemark ; — 3. Agnès de Méranie.

Il eut de la première : Louis VIII (qui suit) ;

De la troisième : 1. Philippe, dit Hurepel, comte de Clermont (1) ; — 2. Marie qui épousa, en 1206, Philippe de Hainaut, marquis de Namur, et, en 1213, Henri Ier, duc de Brabant. — *Fils naturel :* Pierre Charlot, évêque de Noyon.

---

(1)   PHILIPPE, DIT HUREPEL OU LE RUDE, COMTE DE CLERMONT.

SERVICES.

| Croisade contre les Albigeois........ | 1226 | Guerre pendant la minorité de Louis IX.. | 1229 |

Armes : Semé de France au lambel de gueules de trois pièces.

Né en 1200, il prit part à la croisade des Albigeois en 1226 ; il embrassa la cause des seigneurs mécontents pendant la minorité de Louis IX, en 1229. Il périt dans un tournoi à Corbie, en 1233.

Femme : Mahaut, comtesse de Boulogne, dont il eut Jeanne, comtesse de Clermont.

XI

Louis VIII

ROI DE FRANCE.

SERVICES.

Expédition de Flandre...........	1213	Expédition en Guienne et en Poitou......................	1221
Combat de la Roche-aux-Moines...	1214	Conquête du Poitou............	1224
Prise d'Angers.................	1214	Prise de Niort................	1224
Croisade contre les Albigeois.....	1214	Prise de Saint-Jean-d'Angely....	1224
Expédition d'Angleterre..........	1217	Prise de La Rochelle...........	1224
Siége de Douvres...............	1217	Conquête du Limousin..........	1224
Prise de Hereford..............	1217	Conquête du Périgord...........	1224
Prise de Marmande.............	1219	Prise d'Avignon................	1226
Siége de Toulouse..............	1219		

Armes : D'azur semé de fleurs de lys d'or. *V. pag.* 24.

L'héritier de Philippe-Auguste, né en septembre 1187, eut de son père le courage et le goût de la guerre, mais il manqua de génie pour gouverner. Il était de la grande expédition de Flandre (1213), lorsqu'on apprit que Jean-sans-Terre tentait une diversion dans l'Anjou et le Poitou. Louis y fut envoyé : il arriva au moment où Jean passait la Loire ; à son approche, les Anglais traversèrent le fleuve en désordre, laissant tentes, bagages, machines de guerre ; leur arrière-garde seule fut taillée en pièces ou noyée. Louis se montra fort brave dans cette affaire de la Roche-aux-Moines, livrée à peu d'intervalle de la bataille de Bouvines, sinon le jour même, comme on l'a dit pour y donner plus d'éclat. Le prince profita du succès pour s'emparer d'Angers; après quoi, une trêve de cinq ans s'étant conclue, Louis se laissa enrôler, à l'appel de l'Église, dans la triste guerre des Albigeois.

Le roi Jean s'était rendu si odieux à ses sujets, que les barons anglais offrirent sa couronne à Louis de France; il accepta, passa la mer avec une armée (1217), assiégea Douvres, prit Hereford, et entra victorieux dans Londres. Mais la mort de Jean, qui survint, changea les dispositions du pays qui se rallia tout entier à la cause du jeune Henri III. Louis, n'ayant plus que des adversaires, fut contraint de repasser la mer, renonçant à tout. Il retourna en Languedoc continuer la guerre contre les Albigeois; il assiégeait Toulouse (1219) quand son père malade le rappela près de lui. Il fit encore une expédition dans la Guienne et le Poitou en 1221.

Louis étant devenu roi, Henri III fut convié à son sacre comme duc de Guyenne et pair de France; mais, au lieu d'y paraître, il envoya sommer Louis de lui rendre la Normandie. Louis, pour réponse, fit publier la confiscation prononcée par son père de tous les fiefs de la couronne de France possédés par les Anglais. L'année suivante il ouvrit la campagne, assembla son armée à Tours, passa la Loire et entra dans le Poitou où il défit Savari de Mauléon, un des plus habiles capitaines de ce temps. Il s'empara des meilleures places, entre autres de la Rochelle, malgré les efforts de Mauléon qui s'y était jeté. Le Poitou conquis, il soumit le Limousin, le Périgord, et tout ce qui appartenait aux Anglais en deçà de la Garonne. Louis VIII allait pousser plus loin ses conquêtes, lorsque, sur les instances du pape, il tourna de nouveau ses armes contre les Albigeois. Une trêve de trois ans fut conclue avec l'Angleterre.

Louis descendit le Rhône avec une nombreuse armée qui comptait cinquante mille cavaliers. Il mit le siége devant Avignon, qui refusa d'ouvrir ses portes, et il s'en empara après quatre mois de rudes travaux. De là il passa dans le Languedoc; mais il fut atteint d'une épidémie qui régnait parmi ses troupes, et mourut en novembre 1226.

Philippe-Auguste, connaissant son fils et jusqu'où l'entraînerait son zèle ardent pour l'Église, avait prédit, dit-on, que la guerre des Albigeois lui serait funeste, et que le royaume, peu de temps après lui, tomberait aux mains d'une femme et d'un enfant. Sa prédiction se réalisa.

Louis eut pour femme : Blanche, fille d'Alphonse IX, roi de Castille, dont il eut :

1. Philippe, mort en 1218 ; — 2. Louis IX (qui suit) ; — 3. Robert, comte d'Artois, *tige de cette maison ;* — 4. Philippe, mort enfant ; — 5. Jean, né en 1219, mort jeune ; — 6. Alphonse (1) ; — 7. Philippe, né en 1221, mort jeune ; — 8. Étienne, *id.* ; — 9. Charles, comte d'Anjou et roi de Naples, *chef de la première maison d'Anjou-Sicile ;* — 10. Isabelle, abbesse de Longchamps.

---

(1) **ALPHONSE, COMTE DE POITIERS.**

SERVICES.

Siége de Fontenay (blessé)......... 12	Retraite sur Damiette............ 1250
Croisade..................... 1249	Prise d'Avignon................ 1251
Bataille de la Massoure........... 1250	

Armes : Semé de France, parti de gueules à six châteaux, posés 3, 2, 1.

Ce prince, provoqué par son vassal, le comte de la Marche, assiégea Fontenai, et *y fut blessé*. Il rejoignit Louis IX, son frère, *à la Croisade*, débarqua à Damiette avec l'arrière-garde de l'expédition. Il fut de ceux qui soutinrent le projet de marcher sur le Caire ; il combattit vaillamment au passage du Nil, et resta *prisonnier* quelques instants ; mais il fut délivré, dit le chroniqueur, par les bouchers et les vivandiers de l'armée. Fait prisonnier de nouveau dans la retraite, il servit d'otage à la rançon du roi. Il prit part à la *seconde Croisade* de Louis IX, fut atteint de la peste près de Tunis, et mourut à Sienne, en revenant d'Afrique, en 1271.

Femme : Élisabeth, fille de Jacques, comte de la Marche, dont il n'eut point d'enfants.

XII

Louis IX

ROI DE FRANCE.

SERVICES.

Prise du fort de Bellesme..........	1229	Bataille de Saintes..............	1242
Prise d'Angers................	1230	Croisade.....................	1249
Prise d'Ancenis................	1230	Débarquement en Égypte.........	1249
Prise d'Oudon et de Châteauceaux...	1230	Prise de Damiette..............	1249
Campagne dans le Bas-Poitou......	1242	Passage du Nil................	1250
Prise de Montreuil..............	1242	Bataille près de la Massoure......	1250
Prise de Beruge................	1242	Retraite sur Damiette...........	1250
Prise de Fontenay..............	1242	(*Il y fut fait prisonnier.*)	
Prise du château de Mouvent......	1242	Prise du château de Carthage.....	1270
Combat du pont de Taillebourg.....	1242	Siége de Tunis................	1270

Armes : D'azur semé de fleurs de lys d'or. *V. page* 24.

Ce prince naquit en 1215, et monta sur le trône, en 1224, sous la régence et la tutelle de la reine Blanche, sa mère. L'anarchie et les révoltes féodales remplirent cette minorité comme les précédentes. Les comtes de Toulouse et de Champagne en furent les principaux acteurs. Louis fit son apprentissage militaire bien jeune encore, dans l'armée qui marcha contre eux. Cerné par les rebelles, le jeune prince se réfugia dans la tour de Montlhéry; ce commencement de revers se termina par une victoire : les Parisiens, en apprenant le danger du jeune roi, s'y portèrent en armes, et le ramenèrent en triomphe. La ligue des seigneurs eut le dessous; le comte Raymond, abandonné par Thibaut devenu romanesquement amoureux de Blanche, y perdit une portion de ses domaines. Louis IX, marié en 1234 à Marguerite de Provence, fut déclaré majeur en 1236, ce qui n'enleva rien à l'influence de sa mère.

A la suite de la cour plénière surnommée la Non-pareille, qu'il tint à Saumur en 1241, le jeune roi investit son frère Alphonse du comté de Poitou, de l'Auvergne et de l'Albigeois, dépouilles du comte de Toulouse; mais le comte de la Marche refusa de rendre hommage à son nouveau suzerain; le roi eut à l'y contraindre par les armes. Le rebelle appela le roi d'Angleterre à son secours. Henri III, en effet, débarqué en Guienne, descendit les bords de la Charente. Louis marcha contre lui, l'attaqua en Poitou, sous les murs de Taillebourg, et mit son adversaire en fuite; il s'élança lui-même, l'épée à la main, au plus chaud de la mêlée, rapporte Joinville, poussa les Anglais hors du pont et s'en rendit le maître. Il ne se contenta pas de cette victoire, et atteignit l'ennemi à Saintes le lendemain. Le combat se livra dans un terrain difficile, embarrassé de vignobles, plein de défilés, et ce fut moins une bataille régulière qu'une suite de petits combats séparés. Le roi, présent partout, bien secondé de sa noblesse, se montra le plus intrépide et le plus vaillant. Henri III s'enfuit jusqu'à Blaye. Le comte de la Marche vint au camp implorer le pardon de Louis IX qui le reçut en grâce; et pourtant la femme de ce comte avait tenté de l'empoisonner. Tant de bonté après tant de courage lui concilia le cœur de ses grands vassaux. La guerre, vigoureusement poussée après ces victoires, devait amener l'expulsion totale des Anglais. Malheureusement le roi fut pris de la contagion qui ravageait son armée, et il fallut consentir à une trêve.

Depuis quarante ans l'esprit des croisades semblait presque éteint; ces pieuses entreprises avaient épuisé la Chrétienté, mais les événements de la Palestine venaient retentir par intervalle, et réveiller les imaginations. On apprit le sac et la ruine de Jérusalem par les Mogols. Louis, dans une maladie qui faillit l'emporter, fit vœu, s'il guérissait, de prendre la croix. En vain l'évêque de Paris, les deux reines, voulurent détourner le pieux roi de cette résolution, il fut inébranlable. Il ordonna de prêcher la croisade malgré les entraves que le pape lui-même y apporta.

Après des préparatifs qui durèrent quatre ans, le 12 juin 1248, le roi partit, accompagné de la reine, de ses frères; sa mère reprit la régence. « Ce n'était pas une simple guerre, une expédition, dit un « historien, que saint Louis projetait, mais la fondation d'une grande « colonie en Égypte. On pensait alors, non sans vraisemblance, que « pour conquérir et posséder la Terre-Sainte, il fallait avoir l'Égypte « pour point d'appui; aussi il avait emporté une grande quantité d'in- « struments de labourage et d'outils de toute espèce. Pour faciliter les « communications régulières, il voulut avoir un port à lui sur la Médi- « terranée; ceux de Provence étaient à son frère Charles d'Anjou : il fit « creuser celui d'Aigues-Mortes. »

Louis IX prit la mer à Aigues-Mortes le 25 août, passa l'hiver à Chypre, puis au printemps sa flotte cingla vers Damiette. Louis, dans son ardeur, n'attendit pas que son navire eût touché le rivage, il se jeta dans la mer, ayant de l'eau jusqu'aux épaules, et l'épée à la main, aborda la plage avec ses chevaliers les plus braves. Les infidèles, n'osant défendre Damiette, la brûlèrent, et la laissèrent aux mains des chrétiens.

Pour profiter de l'effroi des Sarrasins, il eût fallu marcher sans retard sur le Caire; mais on attendit les renforts qu'amenait le comte de Poitiers, frère du roi. Damiette fut une Capoue pour l'armée française. Enfin le renfort arriva, et l'armée des croisés marcha sur le Caire, sans cesse harcelée par une nuée d'ennemis; aucun chevalier ne fit plus de sa personne que le pieux héros de la croisade. « Là où j'étois à pied avec « mes chevaliers, dit Joinville, vint le roi avec toute sa bataille, avec « grand bruit et grande noise de trompes, de nacaires, et il s'arrêta sur « un chemin levé; mais oncques si bel homme armé ne vis, car il parois- « soit dessus toute sa gent dès les épaules en haut, un heaume d'or à son « chef, une épée d'Allemagne en sa main. »

Une grande affaire s'engagea au passage de l'une des branches du Nil.

Le roi, courant partout où était le danger, s'élança au secours de son autre frère, le comte d'Anjou, enveloppé par les Musulmans, et accablé de feux grégeois; le roi, en le délivrant, en fut couvert lui-même. Chaque jour c'était de nouveaux combats; mais ces victoires coûtaient l'élite des troupes. La disette et les maladies vinrent encore assaillir l'armée chrétienne; force fut de faire la retraite. Louis, quoique attaqué du mal, fit embarquer les blessés sur le Nil, et se mit à l'arrière-garde. « Je suis « venu avec eux, disait-il ; je veux me sauver ou mourir avec eux ». — Un historien arabe dit aussi : « Le roi eût pu échapper aux mains des « Égyptiens, soit à cheval, soit dans un bateau, mais ce prince géné- « reux ne voulut jamais abandonner ses troupes. » Louis, presque mourant, fut pris, chargé de chaînes, et conduit à la Massoure. Dans son malheur, il se conduisit en roi et en chrétien; les Sarrasins eux-mêmes se prirent de respect et d'admiration pour ses vertus. Damiette fut sa rançon ; huit mille besants d'or (sept millions) rachetèrent le reste des prisonniers. Ramené à Damiette avec les autres captifs, le roi n'abandonna pas l'entreprise, traversée, dès le début, par un si grand désastre : il conduisit en Palestine les débris d'une armée, qui, de trente-cinq mille hommes, se trouvait réduite à six mille. Il renvoya ses deux frères en France, et passa trois ans et demi en Terre-Sainte à combattre, à restaurer les villes et les forteresses, à mettre la paix parmi les chrétiens, attendant d'Europe des secours qui ne devaient point venir. A la nouvelle de la mort de sa mère, il abandonna en soupirant la Palestine et regagna les rivages de France.

Plus que jamais inquiété par sa conscience, trop scrupuleux en affaires d'État, on le vit rendre au roi d'Angleterre le Quercy, le Limousin, l'Agenois et une partie de la Saintonge, afin, dit Joinville, de mettre amour entre leurs enfants. Le roi d'Angleterre reconnut, il est vrai, sa suzeraineté pour ces provinces et se soumit aux appels. Était-ce une compensation?

Tout entier aux affaires de l'intérieur pendant quinze années, ce roi, idolâtre de justice, réalisa tout ce que son temps et son État pouvaient comporter de progrès; en portant la main sur la loi féodale, il fit une meilleure part à la royauté et à l'intérêt public : l'ordre administratif date de son règne; il refondit, en l'épurant, la vieille législation dans un recueil connu sous le nom d'*Établissements de Saint Louis*. Louis IX fut aussi le restaurateur des lettres; montrant pour les livres et les hommes de savoir un goût qui s'était perdu depuis Charlemagne, il fonda une bibliothèque, voulant imiter les princes arabes. Souvent ferme politique, avec la piété des saints, il sut résister aux empiétements de Rome, comme il fit reculer la féodalité devant lui. Les bienfaits de cet admirable règne se seraient prolongés et affermis davantage, si ce prince, supérieur à son temps, n'eût succombé une seconde fois à la passion déjà vieille du moyen âge. L'idée d'une seconde croisade le travaillait depuis longtemps, lorsqu'en 1267 le bruit vint que le sultan des Mamelucks saccageait la Palestine et menaçait de détruire les colonies chrétiennes. Louis convoqua un parlement, s'y présenta tenant entre ses mains la couronne d'épines, et reçut la croix des mains du légat; il s'embarqua de nouveau à Aigues-Mortes, le 1er juillet, avec ses trois fils et soixante mille hommes de troupes, sur une flotte de dix-huit cents vaisseaux. Charles d'Anjou, roi de Naples, devait réunir ses forces à celles de la France; tout occupé de ses propres affaires et n'ayant qu'un but politique dans la croisade, Charles persuada au roi de cingler d'abord vers Tunis, dont l'Égypte, assurait-il, tirait de grands secours, et dont les pirates troublaient déjà le commerce et la navigation des chrétiens. Saint Louis céda à son frère et aux instances des Génois, qui avaient prêté leurs vaisseaux à l'expédition. Le débarquement se fit sans obstacle près de Carthage; après huit jours de siége, le château fut emporté; mais il fallut ralentir les opérations pour attendre l'arrivée de Charles d'Anjou, avant de marcher sur Tunis. La peste éclata au milieu de cette armée, campée sans eau et sans abri sous le soleil d'Afrique; le roi fut frappé du fléau; il était déjà mourant quand on lui apprit la mort du plus cher de ses fils. Il se fit porter sur un lit de cendres, et, les bras en croix, il expira le 25 août 1270.

Le jour même de la mort du roi, Charles d'Anjou arriva devant Carthage, et après quelques succès fit la paix avec le roi de Tunis.

Le corps de saint Louis, rapporté en France, fut d'abord déposé à Notre-Dame, puis, en grande pompe, le roi Philippe-le-Hardi le porta sur ses épaules jusqu'à Saint-Denis.

Tous les historiens ont loué et admiré saint Louis. Voici le jugement

de Voltaire, qui n'est point suspect en louant un saint : « Louis IX,
« dit-il, paraissait un prince destiné à réformer l'Europe, si elle avait
« pu l'être, à rendre la France triomphante et policée, et il a été en
« tout le modèle des hommes. Sa piété, qui était celle d'un anachorète,
« ne lui ôta point les vertus royales ; sa libéralité ne déroba rien à une
« sage économie. Il sut accorder une piété profonde avec une justice
« exacte, et peut-être est-il le seul souverain qui mérite cette louange;
« prudent et ferme dans le conseil, intrépide dans les combats sans être
« emporté, compatissant comme s'il n'avait jamais été que malheureux.
« Il n'est guère donné à l'homme de porter plus loin la vertu. »

Louis IX eut pour femme : MARGUERITE, fille de Raymond-Béranger, comte de Provence, dont il eut :

1. LOUIS, mort en 1259; — 2. PHILIPPE III (qui suit); — 3. JEAN, mort enfant; — 4. JEAN, comte de Valois (1); — 5. PIERRE, comte d'Alençon (2); — 6. ROBERT, comte de Clermont, *chef de la maison de Bourbon;* — 7. BLANCHE, morte enfant; — 8. ISABELLE, mariée à Thibaud II, roi de Navarre; — 9. BLANCHE, femme de Ferdinand de Castille; — 10. MARGUERITE, mariée à Jean Ier, duc de Brabant; — 11. AGNÈS, femme de Robert II, duc de Bourgogne.

---

(1)   **JEAN TRISTAN, COMTE DE VALOIS.**

SERVICES.

Croisade.................. 1270 | Siège de Tunis................ 1270

ARMES : Semé de France à la bordure de gueules.

Ce prince naquit à Damiette, en 1250, pendant la captivité de son père. Ces douloureuses circonstances lui firent donner le nom de *Tristan*. Il accompagna saint Louis dans sa dernière *croisade*, et mourut, sans laisser de postérité, devant Tunis, en 1270.

Femme : IOLANDE DE BOURGOGNE, comtesse de Nevers.

---

(2)   **PIERRE, COMTE D'ALENÇON.**

SERVICES.

Siège de Tunis................ 1270 | Combat de la Canina............ 1283
Expédition de Naples et de Sicile...... 1282

ARMES : Semé de France à la bordure de gueules.

Il accompagna le roi son père à la *croisade* d'Afrique : il combattit au siège de Tunis. En 1282, après les Vêpres Siciliennes, Pierre alla au secours de Charles Ier, roi de Naples, son oncle. L'année suivante, il prit part au combat de la Canina. Il mourut à Salerne, en 1284.

Femme : JEANNE DE CHATILLON, dont il eut LOUIS et PHILIPPE, morts en bas âge.

XIII.

Philippe III, dit le Hardi

ROI DE FRANCE

SERVICES.

Croisade	1270	Prise de Pampelune	1276
Siége de Tunis	1270	Prise de Perpignan	1282
Combat contre les Sarrasins	1270	Prise d'Elne	1282
Siége du château de Foix	1272	Prise de Girone	1283

ARMES : D'azur semé de fleurs de lys d'or. V. *page* 24.

L'héritier de Louis IX fut proclamé roi de France devant Tunis ; il était aussi atteint du mal qui ravageait l'armée. Philippe continua cependant le siége de Tunis avec le roi de Naples son oncle. Les Sarrasins hurlant, selon l'expression de Nangis, je ne sais quoi de terrible, pressaient les croisés de toutes parts, les harcelant de flèches, et enlevant tous les soldats qui s'éloignaient des palissades. Le roi de Sicile les attaqua et leur tua cinq mille hommes ; peu de jours après cette affaire, une grande bataille se donna, l'oriflamme déployée ; les Maures furent complétement battus, leurs richesses et leurs provisions incendiées. Le roi des Maures demanda la paix ; il eut une trêve de dix ans, à condition qu'il donnerait la franchise du port de Tunis et paierait cent dix mille onces d'or pour les frais de l'expédition. Philippe s'embarqua, mais avant d'atteindre la Sicile, il perdit dans une tempête cinq mille hommes et tout l'argent qu'il avait tiré des Sarrasins.

Le comte de Toulouse venait de laisser sa succession vacante (1271) : le roi, se portant héritier, s'avança pour prendre possession, mais le comte de Foix prit les devants, et emporta d'assaut le château de Sompuy, où flottait la bannière royale. Gagnant le midi à marches forcées, le roi répondit bientôt par le siége du château de Foix ; cette forteresse, bâtie sur un roc, passait pour imprenable ; mais Philippe fit tailler un chemin dans le rocher, força la place, et emmena le comte chargé de chaînes.

Une autre guerre éclata bientôt à la nouvelle des Vêpres Siciliennes ;

la catastrophe tournait au profit de don Pèdre d'Aragon. L'Église, intervenant au nom de la maison d'Anjou, prononça la déchéance de don Pèdre, et Philippe accepta pour son fils, le comte de Valois, l'investiture des royaumes d'Aragon, de Valence et du comté de Barcelone.

On prêcha une croisade en France pour l'expédition d'Aragon, et Philippe partit de Narbonne avec quatre-vingt mille hommes et vingt mille chevaux; il avait équipé une flotte de cent vingt vaisseaux et galères. Il marcha sur le Roussillon; Perpignan ouvrit ses portes; Elne fut prise d'assaut et rasée. Don Jayme, roi de Mayorque, dépossédé par son frère, don Pèdre, se joignit aux Français; mais il fallait passer les Pyrénées. Repoussé au col de Panissar, Philippe hésitait à poursuivre l'entreprise, quand le Bâtard de Roussillon lui procura un passage facile. Tandis que le gros de l'armée campait sur un vaste front au pied de la montagne, le roi, à la tête d'un corps d'élite, gagna, par un sentier détourné, le sommet du col, et tomba à l'improviste sur les Espagnols. Don Pèdre fut obligé de faire retraite; Philippe s'empara de Figuières, de Castillon; mais Girone fut l'écueil des croisés : la place combattit à outrance et tint deux mois. Don Pèdre y fut blessé mortellement en harcelant l'armée française. Le roi, qui avait juré de prendre Girone ou d'y périr, s'en vit maître enfin; il y mit garnison et repassa les Pyrénées. Mais la retraite fut désastreuse : la disette ruina l'armée. Les Aragonais, maîtres des passages, la décimèrent cruellement; la flotte française fut anéantie par Doria dans le port de Roses; enfin la maladie vint s'ajouter à tant de revers : Philippe lui-même fut atteint du mal, et transporté dans une litière à Perpignan. Il y mourut le 5 octobre 1285.

Philippe III eut pour femmes: 1. Isabelle, fille de Jacques Ier, roi d'Aragon; — 2. Marie, fille de Henri III, duc de Brabant.

Il eut de sa première femme: 1. Louis, mort jeune en 1270; — 2. Philippe IV (qui suit); — 3. Charles, comte de Valois, *souche de la branche royale de Valois* (V. *maison d'Alençon*); — 4. Robert, mort en bas âge.

De sa seconde femme: 1. Louis, comte d'Évreux, *qui a fait la branche des rois de Navarre;* — 2. Marguerite, deuxième femme d'Édouard Ier, roi d'Angleterre; — 3. Blanche, mariée à Rodolphe III, roi de Bohême.

XIV.

Philippe IV, dit le Bel

ROI DE FRANCE ET DE NAVARRE

SERVICES.

Campagne de Catalogne	1285	Prise de Courtray	1297
Prise de Figuières	1285	Prise de Douai	1297
Prise de Lille	1297	Combat de Pont-à-Vendin	1304
Prise de Furnes	1297	Prise d'Orchies	1304
Prise de Cassel	1297	Bataille de Mons-en-Puelle	1304

ARMES : Écartelé au 1 et 4, semé de France, au 2 et 3 de gueules aux chaines d'or posées en orle, en croix et en sautoir pour Navarre.

Philippe IV, né en 1268, couronné en 1285, joignit au titre de roi de France celui de roi de Navarre, ayant épousé Jeanne, héritière de ce petit royaume. Ce jeune prince accompagna son père dans la croisade d'Aragon, et se trouva à la prise de Figuières; il ramena l'armée en France : ainsi, quand ses vassaux le saluèrent roi, ils le virent le casque en tête et l'épée au côté, circonstance dont il ne faudrait pas tirer un indice de son caractère et un présage pour son règne; Philippe fut autre que son père et ses prédécesseurs. Dans ces temps où la force faisait le droit, et où l'épée armait mieux que le sceptre, les princes étaient forcés de régner à cheval, et Philippe dut se conformer aux mœurs de son temps ; il fit donc la guerre, mais la guerre ne fut pour lui qu'une nécessité ; il s'y comporta avec courage, mais il préféra toujours les calculs de la politique aux hasards des combats.

Les Anglais étaient descendus en Guienne à la fin de 1294. Tandis que Charles de Valois, frère de Philippe, puis Robert, comte d'Artois, son oncle, y soutenaient la guerre avec succès, Philippe lui-même se porta en Flandre, pour punir le comte Gui de son alliance avec l'Anglais. Robert d'Artois quitta la Gascogne, joignit le roi, et les Flamands furent battus à Furnes. Les villes de Flandre, Lille, Furnes, Cassel, ouvrirent leurs portes ; une trêve de deux ans suspendit la guerre, qui recommença, et finit, grâce à l'habileté peu scrupuleuse de Philippe, par la réunion de la Flandre à la couronne.

Mais, comme la plupart des ambitieux, Philippe manquait d'une qualité précieuse : s'il savait atteindre à son but, il ne savait pas s'y arrêter ; sa passion le dépassait. Au lieu de ménager ses nouveaux sujets, il fit ou laissa peser trop durement sur eux son autorité mal établie : une révolte éclata l'an 1302, et les Flamands remportèrent, à Courtray, une victoire désastreuse pour les Français ; plus de vingt mille hommes y périrent. Aussitôt Philippe assembla le ban et l'arrière-ban, leva force impôts, se débarrassa des Anglais en abandonnant la Guienne, et marcha en personne contre les révoltés.

La première affaire eut lieu à Pont-à-Vendin, et n'amena pas de grands résultats. Philippe prit Orchies, et alla camper à Mons-en-Puelle, entre Lille et Douai. L'armée flamande, n'osant se risquer en plaine contre la cavalerie, s'enferma dans un retranchement composé de chariots ; investie, et manquant de vivres, elle se précipita à l'improviste sur le camp des Français. Cette brusque attaque surprit l'armée sans défense ; l'ennemi pénétra jusqu'à la tente du roi. Philippe alors s'élança sur un cheval, chargea l'ennemi avec courage, vit plusieurs seigneurs tomber à ses côtés, et se défendit jusqu'à ce que son frère lui vînt en aide. Bientôt l'action devint générale, et jamais combat n'offrit plus de confusion. On dit que Philippe s'élança au-devant de ses chevaliers qui fuyaient, leur fit honte, les ramena à la charge, et décida par là la victoire. Mais les Flamands défaits ne se découragèrent pas :

Jean de Namur réunit soixante mille hommes, et tandis que Philippe pressait Lille, des hérauts vinrent lui demander une paix honorable ou le défier à la bataille. Philippe reprit alors son caractère : « N'aurons-nous jamais fait? s'écria-t-il; je crois qu'il pleut des Flamands. » La paix se conclut bientôt.

Tels furent les exploits guerriers de Philippe IV : ils tiennent dans son règne une place bien étroite, si l'on met en face des faits accomplis sur le champ de bataille les résultats obtenus par d'autres voies; on voit percer sa répugnance pour les querelles qui se vident l'épée à la main; ainsi il défend la guerre entre les vassaux et l'envoi des gages de bataille : chacun dut poursuivre son droit en justice et non par le duel; les tournois eux-mêmes furent prohibés. Philippe refusa formellement, et à plusieurs reprises, d'aller à la croisade, où le pape le poussait. Il détruisit avec une politique impitoyable l'ordre des Templiers, religion armée, dont la trinité était l'orgueil, la rapacité et la guerre. Ainsi la principale affaire de son règne fut sa querelle avec Boniface VIII, querelle qui eut pour arme la parole, et où les légistes remplacèrent les chevaliers.

Philippe-le-Bel périt d'une chute de cheval, le 29 novembre 1314.

Il eut pour femme : JEANNE, fille de Henri Ier, roi de Navarre, dont il eut :

1. LOUIS X (qui suit); — 2. PHILIPPE V (1); — 3. CHARLES IV (2); — 4. ROBERT, mort enfant; — 5. MARGUERITE; — 6. ISABELLE, mariée à Édouard II, roi d'Angleterre; — 7. BLANCHE, morte jeune.

---

(1)   **PHILIPPE V, DIT LE LONG, ROI DE FRANCE.**

Ce prince, né en 1293, monta sur le trône à la mort de son frère Louis. Il ne prit part à aucune expédition militaire, et mourut en 1321, après un règne de cinq ans, au moment où il faisait des préparatifs pour une expédition en Terre-Sainte.

Femme : JEANNE DE BOURGOGNE, dont il eut : 1. LOUIS, mort enfant; 2. JEANNE, qui épousa Eude IV, duc de Bourgogne; 3. MARGUERITE, mariée à Louis II, comte de Flandre; 4. ISABELLE, femme de Guigues VIII, dauphin de Viennois; 5. BLANCHE, religieuse à l'abbaye de Longchamps.

---

(2)   **CHARLES IV, DIT LE BEL, ROI DE FRANCE.**

CHARLES, né en 1294, fut un prince d'aussi peu de capacité que ses frères. Il mourut en 1328, et termina obscurément la branche directe des Capétiens qui avait jeté tant d'éclat sur la couronne de France.

Femmes : 1. BLANCHE DE BOURGOGNE, qu'il répudia en 1323; 2. MARIE, fille de Henri VII, empereur, et comte de Luxembourg, morte en 1324; 3 JEANNE D'ÉVREUX.

Enfants : Il eut de sa première femme PHILIPPE et JEANNE, tous deux morts en bas âge; de sa troisième femme, 1. JEANNE, morte enfant; 2. MARIE, morte en 1341; 3. BLANCHE, mariée à Philippe, duc d'Orléans.

XV.

Louis X, dit le Hutin

ROI DE FRANCE.

SERVICES.

Expédition de Flandre............ 1315	Siége de Courtray............... 1315
Tentative sur la Lys............. 1315	

ARMES : De France et de Navarre. *V. pag.* 43.

Louis X, né en 1287, succéda au trône en novembre 1314; il avait épousé, en 1305, Marguerite de Bourgogne. On sait le renom de cette princesse, ses adultères et sa mort tragique.

La biographie de Louis X ne justifie pas trop ce surnom de Hutin, qui veut dire mutin en vieux langage; son caractère était faible, son esprit borné : il se laissa arracher un arrêt de mort contre son ministre, Enguerrand de Marigny, que l'histoire a vengé depuis longtemps. Louis X, dit un historien du temps, « était volentif, mais n'était pas bien entendif en ce qu'au royaume il falloit. »

Ce règne si court ne fut marqué que par une seule guerre : les Flamands s'étant soulevés (1315), le roi marcha contre eux, et se dirigea sur Marquète, que les rebelles tenaient assiégée; ils prirent la fuite, et allèrent se renfermer dans Courtray, où ils furent bientôt vivement pressés; mais des pluies abondantes forcèrent les Français à lever le siége; les vivres d'ailleurs leur manquaient; ils reprirent le chemin de la France, laissant dans les boues de Flandre leurs bagages, dont ils brûlèrent tout ce qu'ils purent. Les Flamands néanmoins demandèrent la paix, effrayés par la menace que faisait le roi de France de revenir l'été suivant. Louis X mourut en juin 1316.

Il eut pour femmes : 1. MARGUERITE, fille de Robert II, duc de Bourgogne; — 2. CLÉMENCE, fille de Charles Ier, roi de Hongrie.

Il eut de la première : JEANNE II, reine de Navarre, mariée à Philippe, comte d'Évreux, roi de Navarre.

De la seconde : JEAN, mort peu de jours après sa naissance.

BRANCHE DES VALOIS.

Cette branche parvint au trône avec Philippe de Valois, en 1328, et régna jusqu'à la mort de Henri III, en 1589 : longue période remplie de guerres et de sanglants désordres : guerres anglaises, qui se prolongèrent plus d'un siècle au dedans, avec leurs péripéties de gloires et de revers ; expéditions d'Italie qui se succédèrent et se renouvelèrent avec éclat mais sans profit sous trois rois : guerres religieuses au milieu desquelles s'éteignit cette maison qui avait traversé tant d'orages.

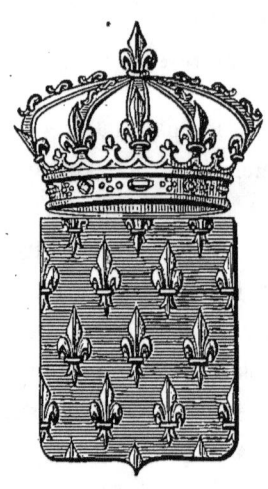

XV.

Philippe VI de Valois

ROI DE FRANCE

SERVICES.

Expédition de Guyenne	1324	Prise du château d'Escandœuvre	1340
Prise de La Réole	1324	Siège de Thin-l'Évêque	1340
Bataille de Cassel	1328	Bataille de Crécy. (*Blessé deux fois*)	1340

ARMES : D'azur semé de fleurs de lys d'or.

A la mort de Charles IV, Philippe, fils de Charles, comte de Valois, troisième fils de Philippe-le-Hardi, fut institué régent à l'exclusion d'Édouard III, roi d'Angleterre. Bientôt la reine veuve mit au monde une fille, et Philippe fut salué roi par les États, en vertu de l'interprétation donnée à l'antique loi salique. Le chef des Valois avait déjà fait ses preuves en Guienne : il avait pris des villes aux Anglais, les avait ardemment combattus, comme s'il eût pressenti tout ce que ces ennemis acharnés lui réservaient plus tard.

Philippe inaugura glorieusement son règne : les Flamands, qu'il avait déjà maltraités dans les précédentes guerres, vinrent à se révolter une fois de plus contre leur comte. Philippe était son parent, et il marcha à son secours. Il rencontra les Flamands près de Cassel ; les révoltés avaient mis sur leur drapeau un coq avec cette devise :

> Quand ce coq icy chantera,
> Le roi *trouvé* cy entrera.

Le chef des Flamands, déguisé en marchand de poisson, pénétra dans le camp français, mal surveillé, dit Froissard : « Les grands seigneurs « alèrent d'une tente en l'autre... pour eux déduire en leurs belles robes... « si feirent trois grosses batailles, les Flamands ; et veindre avalant le « mont au grand pas devers l'ost du roi, et passèrent tout outre sans cry « ne noise. » Ils pénétrèrent dans la tente royale au moment même où le roi était à table ; Philippe, surpris, s'arma en hâte, et ne dut qu'à sa valeur son salut et le succès de la bataille.

Cette victoire affermit la nouvelle royauté ; Philippe reçut après la campagne l'hommage d'Édouard, qui s'agenouilla, la rage au cœur, devant son suzerain ; mais sa vengeance ne tarda pas à éclater. En 1336, au moment où Philippe, entraîné par le pape, préparait une entreprise en Palestine, les Anglais prirent les armes à la fois en Guyenne et en Flandre ; Philippe les atteignit au nord, il attaqua des villes ennemies. Édouard, de son côté, en fit autant, et remporta sur la flotte française la grande victoire de l'Écluse. Après un échec essuyé à son tour devant Tournay, Édouard, furieux, envoya un cartel au roi de France, qui le refusa, le défi étant non avenu du vassal au seigneur ; il ajouta cependant que si le roi d'Angleterre voulait mettre sa couronne pour enjeu du combat, et jouer en champ-clos royaume contre royaume, lui, Philippe, roi de France, accepterait la partie proposée ; sinon, non.

La guerre bientôt eut pour théâtre la Bretagne, que se disputaient

Charles de Blois et Jean de Montfort ; le premier soutenu par Philippe, le second par Édouard. Après deux ans de trêve, Philippe tenta un grand coup sur la Guyenne, où Édouard accourut avec sa flotte ; mais les vents et les conseils d'un Français transfuge lui firent, selon Froissard, prendre terre en Normandie ; il la saccagea, et arriva jusqu'à deux lieues de Paris ; à l'approche de son adversaire, il se retira vers la Picardie. Le roi de France, le serrant de près, l'atteignit à Créci ; heureux si sa marche avait été plus lente ou celle des Anglais plus rapide ! Avec une armée de trente mille hommes, Édouard défit plus de cent mille Français. Ce grand désastre vint de l'ardeur désordonnée de la chevalerie féodale, de la fuite des mercenaires génois, et du trouble que jeta l'artillerie, dont les Anglais se servirent pour la première fois. Philippe, *blessé au cou et à la cuisse*, combattit l'un des derniers ; un de ses barons prit la bride de son cheval et l'entraîna. « Il alla, dit le chroniqueur, frapper la nuit au château d'Arbois, disant : Ouvrez, c'est la fortune de la France. » Édouard fit, après sa victoire, le siége de Calais ; le roi Philippe forma une nouvelle armée, s'approcha de Calais, mais ne put passer à travers les marais et les dunes qui servaient de boulevard aux Anglais.

Philippe de Valois, à la fin de son règne, réussit mieux dans les négociations que dans les combats ; il acquit et laissa à la couronne le Dauphiné et Montpellier. Il mourut en août 1350.

Philippe VI eut pour femmes : 1. Jeanne, fille de Robert II, duc de Bourgogne ; — 2. Blanche de Navarre.

Il eut de sa première femme : 1. Jean II (qui suit) ; — 2. Louis, mort enfant en 1328 ; — 3. Louis, *id.* en 1330 ; — 4. Jean, *id.* en 1333 ; — 5. Philippe (1) ; — 6. Marie, mariée à Jean III, duc de Brabant.

De sa deuxième femme : Jeanne dite Blanche, morte jeune en 1371.

---

(1)   **PHILIPPE, DUC D'ORLÉANS.**

SERVICES.

Bataille de Poitiers............ 1356

Armes : Semé de France au lambel à trois pendants componné d'argent et de gueules.

Ce prince, né en 1336, commandait la première division à la bataille de Poitiers ; il fut entraîné dans la déroute des premiers rangs ; il se réfugia, dit la chronique, derrière la division du roi. Il assista aux États-Généraux pendant la captivité du roi Jean, et mourut en 1375 sans postérité légitime.

Enfants naturels : 1. N...., *dit le Bâtard d'Orléans, mort en* 1380 ; — 2. Louis d'Orléans, *évêque de Beauvais*.

XVI.

Jean II, dit le Bon

ROI DE FRANCE

SERVICES.

Expédition en Hainaut	1340		Délivrance de Rennes	1343
Prise du château d'Escandœuvre	1340		Siége d'Aiguillon	1346
Prise de Thin-l'Évêque	1340		Siége de Fillières	1356
Siége du Quesnoy	1340		Prise de Breteuil	1356
Prise de Châteauceaux	1341		Bataille de Poitiers. (*Il reçut deux*	
Délivrance de Nantes	1343		*blessures et fut fait prisonnier*).	1356

ARMES : D'azur semé de fleurs de lys d'or. V. page 47.

Jean II, né en avril 1319, succéda, en 1350, au roi Philippe, son père. Durant le règne militaire de son prédécesseur, il avait déployé une grande valeur; il avait commandé dans l'expédition du Hainaut et suivi le roi aux siéges de Flandre. En 1343, il défendit contre Édouard d'Angleterre Nantes et Rennes, et deux fois il força les Anglais à lever le siége. En 1346, quand Édouard opéra sa fatale descente en Normandie, le prince était occupé au siége d'Aiguillon.

Lorsque Jean devint roi, la trêve, conclue avec les Anglais en 1349, durait encore; mais les hostilités n'en continuaient pas moins. Nos armes n'étaient point heureuses : les Anglais prirent Guines, et faillirent s'emparer de Saint-Omer par trahison. Le prince de Galles, l'an 1355, débarqua à Bordeaux et ravagea tout le pays jusqu'aux portes de Toulouse, tandis que le roi son père saccageait au nord la Picardie et l'Artois.

Un autre ennemi, Charles-le-Mauvais, roi de Navarre, donnait au roi de nouveaux embarras : en 1354, il fit assassiner le connétable de la Cerda, et Jean se trouva dans l'impuissance de punir; sa vengeance différée tomba enfin sur le roi de Navarre. Jean le surprit dans le château de Rouen, le saisit lui-même, et fit décapiter le même jour cinq de ses convives accusés comme lui de trahison.

JEAN II.

Les Anglais allaient gagnant du terrain en Aquitaine; ils avaient déjà pénétré dans le Berri. Jean quitte la Normandie, met sur pied toutes ses forces, et passe la Loire pour arrêter leurs progrès. Il assiége Fillières, prend Breteuil, et joint l'ennemi à Maupertuis, à deux lieues de Poitiers. Le prince de Galles, surpris, entouré, malgré la forte position qu'il avait prise, offrit, pour se tirer du péril, une trêve, de l'argent et tous ses prisonniers. Jean, qui pouvait attendre que la famine lui livrât son ennemi, prit la fatale résolution de livrer bataille : il engagea l'action sans plan, sans tactique, à la manière chevaleresque, ne sachant que donner tête baissée sur l'ennemi, comme à Créci. « Il se mit, dit le chroniqueur, devant tous les siens, une hache de guerre entre les mains, et fit passer avant ses bannières, au nom de Dieu et de saint Denis. » Il commandait en personne la troisième division de l'armée où se trouvait la fleur de la noblesse ; les deux premières avaient déjà plié. Les Anglais, inférieurs en nombre, vainquirent, grâce à leur discipline et au coup d'œil militaire de leur chef. La principale noblesse de France périt ou se fit prendre. Jean combattit vaillamment, sa hache d'armes à la main, *il reçut deux blessures au visage*, ainsi que l'atteste une lettre du comte d'Armagnac, citée par Daniel ; enfin il fut obligé de *rendre son épée*.

La captivité du roi Jean en Angleterre dura jusqu'en 1360 ; pendant ce temps, le dauphin, régent du royaume, eut fort à faire avec la Jacquerie et le roi de Navarre. Le désastreux traité de Brétigny rendit à Jean sa liberté au grand dommage du royaume, que tous les fléaux ruinèrent à la fois ; une peste effroyable l'avait dépeuplé en 1345 ; il était en proie à des troupes de bandits formées de l'écume des armées. Jean envoya contre elles le comte de la Marche, qui fut vaincu à Brignais.

Le duc d'Anjou, fils du roi Jean, était resté en otage à Londres ; il s'enfuit en 1364. Jean fut fidèle à sa maxime que *la bonne foi, si elle disparaissait de la terre, devrait se retrouver dans le cœur des rois*. Il alla se remettre aux mains des Anglais, à la place de son fils ; mais il n'y arriva que pour y mourir. Cette mort, sur la terre étrangère, termina assez noblement une vie, dont chaque jour avait presque été marqué soit par une faute, soit par un malheur.

Jean eut pour femmes : 1. BONNE, fille de Jean de Luxembourg, roi de Bohême ; — 2. JEANNE Ire, comtesse d'Auvergne et de Boulogne.

Il eut de sa première femme : 1. Charles V (qui suit) ; — 2. Louis, duc d'Anjou, chef de la deuxième branche des rois de Naples et de Sicile ; — 3. Jean, duc de Berri (1) ; — 4. Philippe, tige de la deuxième maison des ducs de Bourgogne ; — 5. Jeanne, qui épousa Charles-le-Mauvais, roi de Navarre ; — 6. Marie, femme de Robert Ier, duc de Bar ; — 7. Agnès, morte en bas âge ; — 8. Marguerite, id. ; — 9. Isabelle, mariée à Jean Galéas Visconti, duc de Milan.

---

(1) **JEAN, DUC DE BERRI.**

SERVICES.

Bataille de Poitiers........ 1356	Siége et Combat de Revel....... 1381
Siége de Limoges.......... 1370	Bataille de Rosebecq.......... 1382
Prise de Montmorillon....... 1372	Guerre contre les Tuchins d'Auvergne.... 1384
Prise de Lussac........... 1372	Défense de Bourges.......... 1412
Prise de Sainte-Sévère...... 1372	Prise de La Rochelle.......... 1372

Armes : Semé de France à la bordure engrelée de gueules. — Devise : Oursine le temps vinra.

Ce prince, né en 1340, se trouva à la bataille de Poitiers, en 1356, dans la deuxième division, que le dauphin commandait. Il resta à Londres comme otage de la rançon du roi Jean. Il servit Charles V par d'heureuses expéditions en Guyenne et en Poitou ; mais il troubla l'État, sous Charles VI, par sa turbulence et ses déprédations ; il prit part à la guerre de Flandre et à la bataille de Rosebecq. L'histoire l'accuse d'avoir fait manquer le projet de descente en Angleterre, par les retards qu'il mit à joindre l'expédition. (Voy. Charles VI.) Le duc de Berri, gouverneur du Languedoc, se rendit odieux au Midi par sa rapacité ; membre du gouvernement durant la démence de Charles VI, son esprit brouillon et incapable contribua au bouleversement de l'État : il flotta entre les deux factions d'Orléans et de Bourgogne, et finit par porter le chaperon blanc des Cabochiens. Pendant ces temps de trouble, le duc de Berri, capitaine-général de Paris, fut l'instrument des factions ; il n'avait ni la capacité, ni la force de caractère, propres à les réprimer. Il mourut à Paris, en 1416.
Femme : Jeanne d'Armagnac, qui mourut en 1386.
Enfants : 1. Charles de Berri, comte de Montpensier, mort vers 1382 ; — 2. Jean de Berri, comte de Montpensier, mort sans lignée ; — 3. Louis de Berri, *id.* ; — 4. Bonne de Berri, mariée à Amédée VII, comte de Savoie, morte en 1435 ; — 5. Marie de Berri, mariée en troisièmes noces à Jean Ier, duc de Bourbon, morte en 1434.

XVII.

Charles V

ROI DE FRANCE

SERVICES.

Bataille de Poitiers......... 1356	Siége de Melun........... 1359
Blocus de Paris........... 1357	

Armes : D'azur semé de fleurs de lys d'or. V. page 47.

Charles V, fils de Jean, né en 1337, lui succéda en avril 1364. Ce prince, un de nos meilleurs et de nos plus heureux politiques, n'était point né pour les champs de bataille; toujours souffrant et malade, il fit la guerre du fond de son cabinet. On a mal parlé de sa conduite à Poitiers; il est à croire que le roi, présumant mal de l'issue de la bataille, ordonna d'éloigner le dauphin, de crainte qu'il ne fût pris avec lui. Pendant les troubles de sa régence, on le vit en personne à quelques siéges, puis il se contenta de bien choisir ses capitaines et de diriger l'épée de son connétable Bertrand Du Guesclin. Trois jours avant son avénement, Du Guesclin, pour *estrennes de sa noble royauté,* défit à Cocherel, entre Évreux et Vernon, les Anglais et les Navarrais, et s'empara de leur chef, le Captal de Buch; mais le noble Breton lui-même fut bientôt fait prisonnier à la bataille d'Auray, par l'Anglais Jean Chandos. Remis en liberté moyennant une rançon de cent mille livres, Du Guesclin délivra la France du fléau des Grandes Compagnies, dont il entraîna les restes en Espagne.

Les peuples d'Aquitaine, écrasés d'impôts, élevaient la voix et portaient leurs plaintes au roi de France. Le prince de Galles, assigné devant la cour des Pairs, répondit qu'il n'irait à Paris que le bassinet en tête et avec soixante mille hommes pour compagnie. Le Ponthieu fut envahi, conquis, et force Anglais y restèrent prisonniers. Dans l'Aquitaine, où commandait le duc d'Anjou, gouverneur du Languedoc, les progrès furent également rapides. Cependant le duc de Lancastre prit terre à Calais et ravagea la Picardie. Le duc de Bourgogne fut chargé de le tenir en échec sans combattre. Du Guesclin, rappelé d'Espagne, rejoignit l'armée du duc d'Anjou, et les succès continuèrent au Midi; mais la guerre était aux deux extrémités du royaume en même temps. L'Anglais Robert Knolles, avec trente-cinq mille hommes, ravageait la Picardie et la Champagne; il parut aux portes de Paris et ne trouva pas à livrer bataille. Telle était la tactique de Charles V; les grandes batailles que l'héroïsme ignorant avait fait perdre lui servaient d'enseignement; longtemps il laissa murmurer la chevalerie, sachant différer la guerre pour la faire mieux, plus sûr de sa politique et de l'aide du temps que des grands coups d'épée de ses paladins. Il attendit que l'Anglais eût fait retraite vers le Maine, et lança Du Guesclin sur ses traces : le connétable atteignit l'ennemi divisé à Pont-Vallain et le tailla en pièces; de là il courut vers les autres corps, et les enleva en détail avec le même bonheur. Sur mer, les Anglais ne furent pas plus heureux: en 1371, la flotte de Pembroke fut battue par la flotte castillane, et Pembroke fut fait prisonnier. Le connétable, avec le duc de Bourgogne, le comte d'Alençon et l'élite de la chevalerie française, passa la Loire en 1372, et les villes et les châteaux d'Aquitaine se rendirent en foule ou furent promptement emportés. Les affaires des Anglais allaient déclinant toujours; la Bretagne leur servait encore de point d'appui. Du Guesclin y passa, et la soumit presque entière en 1273; il était devant Brest qu'il assiégeait, lorsqu'on le rappela pour l'opposer au duc de Lancastre qui débarquait avec trente mille hommes à Calais. Le connétable rencontra cette armée près de Troyes, et la harcela si bien jusqu'en Guyenne qu'elle arriva à Bordeaux réduite à six mille hommes. Édouard III le Conquérant mourut dans toute l'amertume de ses revers; il avait vu s'éteindre avant lui son héritier, le brillant prince de Galles. L'occasion était belle pour Charles V: il envoya une flotte de trente-cinq vaisseaux de ligne, sous les ordres de Jean de Vienne, pour désoler les côtes britanniques. Le duc de Bourgogne entra en Picardie, le duc d'Anjou et le connétable fondirent sur la Guyenne et Olivier Clisson sur la Bretagne, qu'il acheva de soumettre. Le roi de Navarre, l'allié des Anglais, vit saisir ses châteaux et ses places de Normandie; on l'accusait de beaucoup de crimes, et, entre autres, d'avoir voulu empoisonner le roi.

Charles V mourut en septembre 1380; il commença son règne au milieu de tous les revers, et le conduisit, par degrés, au dénouement le plus prospère. Il fut un de ces politiques dont le génie persévérant et sûr finit à la longue par rallier la fortune; Charles V fut habile et il devint heureux.

Il eut pour femme: Jeanne, fille de Pierre Ier, duc de Bourbon, dont il eut:

1. Charles VI (qui suit); — 2. Louis, duc d'Orléans, *qui a fait la branche royale d'Orléans;* (*Voy.*) — 3. Jean, mort en bas âge; — 4. Jeanne, *id.*; — 5. Bonne, *id.*; — 6. Jeanne, *id.*; — 7. Marie, *id.*; — 8. Isabelle, *id.*; — 9. Catherine, mariée au comte de Montpensier.

XVIII.

Charles VI

ROI DE FRANCE

SERVICES.

Bataille de Rosebecq	1382	Prise de Soissons	1414
Prise de Bergues	1383	Prise de Bapaume	1414
Prise de Bruckbourg	1383	Siége d'Arras	1414
Prise de Damme	1385	Siége de Senlis	1417
Prise de Fontenay	1412	Prise de Sens	1420
Prise de Dun-le-Roi	1412	Prise de Montereau	1420
Siége de Bourges	1412	Prise de Melun	1420
Prise de Compiègne	1414	Prise de Meaux	1422
Prise de Noyon	1414		

Armes : D'azur à trois fleurs de lys d'or.

Le fils de Charles V, né en 1368, arrivé au trône en 1380, fut déclaré majeur ayant à peine treize ans. Le pouvoir de fait appartint à ses trois oncles, rivaux d'ambition et d'avarice, qui pillèrent et bouleversèrent l'État. Ce trop long règne fut un enchaînement de discordes et de déchirements qui rouvrirent le royaume à l'invasion étrangère. Ainsi ce grand ouvrage de Charles V ne resta pas longtemps debout. Cette seconde crise, cette rechute fut effroyable; l'État, solidement réédifié, fut mis en pièces et sembla s'écrouler de fond en comble et pour jamais. Charles VI commença cependant son règne sous des auspices heureux : enfant, il avait déjà le goût ardent de la guerre, et ne demandait que l'occasion de combattre; il la trouva dès le début de son règne. Le comte de Flandre, chassé encore en 1382, implora secours, selon l'usage, et le jeune roi partit avec les ducs, ses oncles, et Clisson, qu'il avait fait connétable, suivant la volonté du feu roi. Il livra bataille à Rosebecq, et défit les Flamands, qui laissèrent sur le terrain vingt-cinq mille hommes et Philippe d'Arteveldt leur chef. Mais la défaite ne changea pas l'humeur des hommes de Gand; ils appelèrent les Anglais et s'emparèrent de plusieurs places de Flandre. Le roi leva une nouvelle armée de deux cent mille hommes, assure-t-on, et l'expédition fut encore heureuse.

La guerre entre l'Angleterre et la France s'était fort ralentie depuis la mort d'Édouard III, mais les sentiments, toujours aigris de part et d'autre, engendraient des conflits fréquents. A l'instigation de son oncle le duc de Bourgogne, Charles VI résolut une invasion en Angleterre; douze cent quatre-vingt-sept navires furent réunis au port de l'Écluse; une autre flotte encore était concentrée à Tréguier en Bretagne. Ce ne fut pas tout, on fabriqua une ville en bois, dont toutes les pièces pouvaient s'assembler sur-le-champ, et qui devait servir à loger l'armée à la descente. Le roi voulut prendre l'oriflamme à Saint-Denis et se rendit au port de l'Écluse. « Chaque jour, dit le chroniqueur, il allait visiter son vaisseau, et disait : « J'ai grande envie de partir, et je crois que je serai bon marin, car la « mer ne me fait point de mal. » Mais le duc de Berri, soit inertie, soit trahison, fit manquer cette grande entreprise; il arriva trop tard; la saison favorable était passée; le mauvais temps dispersa cette marine immense achetée à grands frais chez tous les peuples voisins.

Tandis qu'on réparait la flotte pour tenter l'expédition, le roi fit une pointe en Bretagne, où s'était réfugié le meurtrier du connétable Clisson; chevauchant à travers une forêt, sous un soleil brûlant, ce prince, dont la tête s'était déjà troublée, devint tout à coup furieux : il fondit sur ses pages et en tua quatre de son épée. Sa démence, par malheur, ne fut pas continue, il eut des lueurs de raison, et ce fut la perte de son royaume; car on n'institua pas de régent, et il resta roi. Les rivalités des princes, l'anarchie armée, l'invasion enfin mirent la France en lambeaux. L'Angleterre à son tour s'était relevée; un nouvel Édouard profita des déchirements de la France. Henri V de Lancastre rompit la trêve, descendit avec cinquante mille hommes et emporta Harfleur, qui se défendit héroïquement. Les maladies ravageant son armée, il fut forcé de s'arrêter et de prendre le chemin de Calais ; mais on l'obligea de livrer bataille près d'Azincourt (Voy. Jean Ier, duc de Bourbon, p. 308). L'armée française se perdit encore par la bravoure indocile, l'indiscipline de sa chevalerie et les rivalités de ses chefs ; la victoire fut au plus habile ; Henri V sut prendre quelques dispositions, et il vint à bout de cette armée de princes, de barons, de gentilshommes, qui avait refusé le renfort des bourgeois de Paris, et qui allait à la guerre comme à un tournoi. Huit mille chevaliers, sept princes, cent vingt seigneurs portant bannière, restèrent sur le terrain ; il y eut quatorze mille prisonniers.

Après les défaites, les guerres civiles : la reine se révolte et se fait régente ; le roi d'Angleterre revient, fait une descente nouvelle en Normandie, met le siège devant Rouen et le force à capituler. Bientôt Henri de Lancastre trouve des auxiliaires en France qui lui épargnent la fatigue de conquérir : la reine Isabelle et Philippe de Bourgogne lui livrèrent le royaume. Signataire docile de leurs arrangements, le pauvre roi, conduit à Troyes, ratifia, l'an 1420, un traité qui donna à son ennemi sa fille Catherine, le déclara régent et héritier de la couronne de France. Le dauphin protesta, Charles VI se joignit aux Anglais pour le réduire ; ils lui enlevèrent force places et arrivèrent à Paris. Henri se fit remettre le Louvre, la Bastille et Vincennes ; le parlement déclara le dauphin incapable de succéder et le bannit ; mais il se maintint dans les provinces d'outre-Loire (Voy. Charles VII, p. 59). La mort de Henri V sauva la France, Charles VI mourut peu après, en 1422.

Ce roi eut pour femme : ISABELLE, fille d'Étienne II, duc de Bavière, dont il eut :

1. CHARLES, dauphin, mort en 1386 ; — 2. CHARLES, dauphin, né en 1391, mort en 1400 ; — 3. LOUIS, dauphin, duc de Guyenne (qui suit) ; — 4. JEAN, duc de Touraine, puis dauphin, né en 1398, mort en 1416, sans postérité de sa femme, Jacqueline de Bavière ; — 5. CHARLES VII (qui suit) ; — 6 PHILIPPE, mort enfant ; — 7. JEANNE, *id.* ; — 8. ISABELLE, qui, veuve de Richard II, roi d'Angleterre, épousa ensuite Charles, comte d'Angoulême ; — 9. JEANNE, mariée à Jean VI, duc de Bretagne ; — 10. MARIE, religieuse à Poissy ; — 11. MICHELLE, femme de Philippe-le-Bon, duc de Bourgogne ; — 12. CATHERINE, qui épousa Henri V, roi d'Angleterre, et à sa mort Owen Tudor.

XIX.

Louis de France
DUC DE GUYENNE, DAUPHIN.

SERVICES.

Guerre contre les Armagnacs.... 1411	Siège de Bourges............... 1412
Prise de Corbeil................ 1411	Guerre contre le duc de Bourgogne. 1414
Prise de la Bretonnière......... 1411	Prise de Compiègne............. 1414
Prise d'Étampes................ 1411	Prise de Noyon................. 1414
Prise de Dourdan............... 1411	Prise de Soissons............... 1414
Prise de Fontenay-le-Comte..... 1412	Prise de Bapaume.............. 1414
Prise de Dun-le-Roi............. 1412	Siège d'Arras................... 1414

ARMES : Écartelé 1 et 4 de France, 2 et 3 d'or au dauphin d'azur.

Ce prince, né en 1396, devint dauphin à la mort de son frère ; gendre de Jean-sans-Peur, il fit ses premières armes sous son influence et le suivit dans sa campagne contre les Armagnacs. Il lui fallut changer de drapeau quand les princes entraînèrent le roi contre le Bourguignon, (1414) ; il fit, comme les autres, cette campagne contre son beau-père. Louis exerça le pouvoir royal au milieu des troubles et des factions : harcelé par sa mère, par le duc de Bourgogne, par ses favoris, par les Cabochiens même, il s'allia et se brouilla avec tous les partis tour à tour. Le rôle de médiateur et de pacificateur était au-dessus de ses forces et de sa capacité. Le chroniqueur nous parle de ses dérèglements et de ses orgies nocturnes. « Il soupait, dit-il, à minuit, et s'allait coucher au soleil levant. » Il mourut en 1415 sans lignée.

Il eut pour femme : MARGUERITE DE BOURGOGNE, et ne laissa point d'enfants.

XIX.

Charles VII

ROI DE FRANCE

SERVICES.

Siége de Tours	1418	Siége de Creil	1441
Siége de Pont-Saint-Esprit	1418	Prise de Pontoise	1441
Siége de Chartres	1421	Prise de Saint-Sever	1442
Prise de Bourges	1425	Prise de Dax	1442
Prise de Troyes	1429	Siége du Château-Gaillard	1443
Prise de Montereau	1437	Siége de Metz	1444
Prise de Saint-Maixent	1440	Prise de Rouen	1449
Prise de Vichy	1440	Prise de Harfleur	1450
Prise de Saint-Haon-le-Chastel	1440	Prise de Caen	1450

ARMES : D'azur à trois fleurs de lys d'or.

Charles, né en 1402, fut proclamé roi en 1422 et se fit sacrer à Poitiers; les provinces du centre, le tiers du royaume au plus, lui demeuraient fidèles; le reste était aux mains de l'Anglais et du Bourguignon, son allié. Ses affaires donnaient peu de confiance; il semblait s'abandonner lui-même; il craignait la guerre et se plongeait dans une voluptueuse paresse, tandis qu'une poignée de braves disputaient pied à pied ses dernières provinces aux Anglais. La bataille de Verneuil acheva de ruiner ses dernières espérances en deçà de la Loire; le comte de Narbonne y périt avec cinq mille hommes des meilleurs. Charles VII dès lors ne fut plus, pour ses insolents vainqueurs, que le roi de Bourges. Cette cause désespérée trouva cependant des amis que la fortune lui envoya, tels que le duc de Bretagne et son frère, le comte de Richemont, que Charles VII fit connétable. Cette guerre de siéges et de coups de main aventureux eut ses héros; les plus marquants furent le comte de Dunois, La Hire, Xaintrailles, etc.

Les Anglais n'avaient point encore entamé nos provinces méridionales. Bedford, enfin, osant y pénétrer, envoya le comte de Salisbury tenter la conquête d'Orléans. La résistance fut longue, les femmes même secondèrent la garnison; trois mille hommes allèrent attaquer dans la plaine un convoi de harengs qu'on amenait aux Anglais, et mirent en déroute la troupe qui l'escortait. Cependant Orléans aurait sans doute succombé sans le secours prodigieux et inespéré de Jeanne d'Arc; elle partit de Blois avec six mille hommes, et entra avec un convoi dans la place; elle fit de rudes sorties contre l'ennemi, emporta ses bastilles et le força enfin de lever le siége. L'héroïne alors sort d'Orléans avec l'armée, commandée par le duc d'Alençon, prend d'assaut Jargeau, où le comte de Suffolk est fait prisonnier, enlève Meun et Beaugency. Une bataille, livrée près de Patay en Beauce, ouvrit au roi le chemin de Rheims. Charles était encore au delà de la Loire; il rejoignit l'armée à Gien; Troyes, Châlons, furent emportées en passant, et le roi fit, le 16 juillet, son entrée à Rheims où il fut sacré. C'était le but de la mission de Jeanne. Plusieurs villes se soumirent, mais Paris, attaqué, resta aux Anglais; la guerre continua et fut heureuse pour le parti de France : le duc de Bourgogne se détacha enfin de l'alliance anglaise, et, le 13 avril 1436, le connétable et Dunois prirent possession de Paris.

Cependant Charles VII n'avait pas encore revu sa capitale; il voulut la mériter par quelque action éclatante; ce fut dans ce dessein qu'il entreprit le siége de Montereau. Montereau était une ville très-forte; elle assurait aux Anglais le cours de la Seine. Le roi en personne y mit le siége. « Au moment de l'assaut, il fit son devoir aussi bien et mieux que les « autres, se jeta tout des premiers dans le fossé ayant de l'eau par« dessus la ceinture et tenant son épée au poing. Il arriva à l'échelle, et

« y monta, lorsqu'il n'y avait encore que quelques-uns de ses gens, car
« c'était un vaillant prince malgré son indolence ([1]). » La ville, après une
vigoureuse défense, fut emporté d'assaut, et le château se rendit à composition; de là le roi marcha sur Saint-Denis, d'où il fit son entrée à
Paris.

Insouciant dans la mauvaise fortune, Charles VII devint actif et brave
en proportion qu'il devint heureux; aussitôt qu'il tint Paris sous sa main,
son ardeur fut extrême d'en sortir et de reconquérir le reste de ses provinces. Les Anglais, se repliant à mesure, concentrèrent leurs forces
dans leurs meilleures places : Pontoise était de ce nombre; ils l'avaient
reprise par stratagème en 1437 et en avaient fait la plus forte de leurs
positions. Le roi entreprit ce grand siége qui dura trois mois. « Chaque
« jour, dit l'historien, il se rendait à l'attaque, faisant lui-même ajuster
« les couleuvrines et les bombardes, s'avançant des premiers parmi les
« travailleurs dans les tranchées; il bravait sans cesse les plus grands
« périls. » Le jour de l'assaut, le roi commandait la première division,
le dauphin la deuxième; l'assaut fut rude et dura longtemps; plus d'une
bannière fut renversée de la muraille après y avoir été plantée... Enfin
la brèche attaquée par le roi fut emportée la première.

Il porta la guerre en Languedoc et en Gascogne (1442). Le royaume,
livré depuis tant d'années aux brigandages de l'étranger, à la férocité des
gens de guerre, était épuisé de ressources; la France et l'Angleterre
sentaient également le besoin d'une trêve, elle fut conclue à Tours, en
1444, et prolongée jusqu'en 1449; mais, en 1448, les Anglais la violèrent par la prise de Fougères en Bretagne. La guerre se ralluma : les
villes de Normandie, même Rouen, redevinrent françaises; le roi en prit
possession après qu'on eut forcé les Anglais réfugiés dans les forts. Il fit
après le siége d'Harfleur, cette première conquête de l'heureux Henri V;
les temps étaient bien changés. Charles VII termina en un an et six jours
la conquête de la Normandie par la prise de Cherbourg. En Guyenne,
où il porta ensuite ses armes, les progrès furent aussi rapides. Les Français, après avoir chassé les Anglais de presque toutes les places de
France, s'enhardirent jusqu'à faire, en 1457, une descente au port de
Sandwich; ils mirent cette ville à sac et en rapportèrent un riche butin.

---

1. Barante : *Ducs de Bourgogne*, tome 6.

Charles VII mourut au château de Mehun-sur-Yeivre près de Bourges en 1461.

Ce prince, qu'on avait vu livré pendant ses disgrâces à la dangereuse influence d'un favori (La Trémoille), une fois affermi sur le trône, sut gouverner et choisir les plus capables pour ses ministres. Il fonda l'administration militaire, fit de grandes réformes, constitua le corps des francs-archers, l'artillerie, etc.; Charles VII créa le premier noyau des armées permanentes.

Il eut pour femme : MARIE D'ANJOU, fille de Louis II, roi de Sicile, dont il eut :

1. LOUIS XI (qui suit); — 2. JACQUES, mort en bas âge; — 3. PHILIPPE, *id.*; — 4. CHARLES, duc de Berri (1); — 5. RADÉGONDE, morte jeune; — 6. CATHERINE, première femme de Charles-le-Téméraire; — 7. IOLANDE, mariée à Amé IX, duc de Savoie; — 8. JEANNE, mariée à Jean II, duc de Bourbon; — 9. MARGUERITE, morte en bas âge, — 10 et 11. JEANNE et MARIE, sœurs jumelles, *id.*; — 12. MADELEINE, mariée à Gaston de Foix.

Il laissa trois filles naturelles d'Agnès Sorel, dont une épousa Jacques de Brézé, grand sénéchal de Normandie.

---

(1)   **CHARLES, DUC DE BERRI.**

SERVICES.

| Guerre du Bien public............ | 1465 | Blocus de Paris.................. | 1465 |

ARMES : De France à la bordure engrelée de gueules.

Charles naquit en 1446; il n'avait que seize ans quand Louis XI monta sur le trône, et devint, dans les mains des feudataires mécontents, une arme constamment dirigée contre le roi; ce fut l'unique rôle qu'il remplit. Attiré dans la ligue du *Bien public*, il marcha contre son frère, et prit part au blocus de Paris. Ses alliés, dans le traité de Conflans, lui firent céder la Normandie; Louis XI y vit un péril, et lui donna la Guienne en échange. Faible et vacillant de caractère, Charles se laissa gagner par son frère à plusieurs reprises, et recommença ses intrigues contre lui. Lorsque Charles le Téméraire envahit la Picardie, ce prince était à l'armée du roi; il fit promettre au duc, par ses messagers, de passer à lui, à la condition qu'il lui donnerait sa fille. Il armait pour attaquer son frère en 1472, de concert avec ses ennemis, lorsqu'il mourut empoisonné, dit-on, par une pêche que lui avait fait partager la dame de Montsoreau. Cette mort servit trop bien la politique de Louis XI pour que le crime ne lui fût pas imputé. Comines dit de ce prince, que « c'étoit un homme qui peu ou rien ne faisoit de lui, mais en toutes choses étoit « manié et conduit par autrui. »

XX.

Louis XI
ROI DE FRANCE.

SERVICES.

Guerre de la Praguerie	1440		Défense de Paris	1465
Guerre contre les Anglais	1441		Prise de Liége	1468
Prise de Creil	1441		Guerre en Bretagne	1472
Prise de Pontoise	1441		Prise de la Guerche	1472
Prise de Dax	1442		Prise d'Ancenis	1472
Prise de Saint-Sever	1442		Prise de Machecoul	1472
Délivrance de Dieppe	1443		Guerre en Picardie	1475
Expédition contre le comte d'Armagnac	1443		Prise d'assaut du Tronquoi	1475
Prise de Rhodez	1443		Prise de Montdidier	1475
P. du chât. de Lille-en-Jourdain	1444		Prise de Roye	1475
Prise de Sévérac	1444		Prise de Corbie	1475
Prise de Capdenac	1444		Guerre en Artois et en Flandre	1477
Guerre contre les Suisses	1444		Prise de Hesdin	1477
Bataille de Saint-Jacob	1444		Prise de Boulogne	1477
Guerre du Bien public	1465		Prise d'Arras	1477
Camp. contre le duc de Bourbon	1465		Prise de Bouchain	1477
Prise de Gannat	1465		Prise du Quesnoy	1477
Siége de Riom	1465		Prise d'Avesnes	1477
Bataille de Montlhéry	1465		Siége de Saint-Omer	1477
			Prise de Condé	1478

ARMES : D'azur à trois fleurs de lys d'or. (*V. page* 59.)

Ce fils de Charles VII, né en 1423, succéda en 1461. La politique domina tout le règne de ce prince, qui, bien que brave, préféra aux armes la voie des intrigues et des négociations. Toutefois, Louis XI fut plus militaire qu'il ne le semble à la tournure très-peu chevaleresque de son génie. Ardent à l'action comme aux projets, impatient, avide, il met la main à toutes ses expéditions. Dès sa première campagne (c'était contre les Anglais), il monte en chevalier à l'assaut de Pontoise ; il fait une rude guerre au comte d'Armagnac, puis aux Suisses. Devenu roi, il prévient la ligue du Bien public, surprend le duc de Bourbon, combat bravement à Montlhéry. Bientôt relevé, il fond sur la Bretagne et réduit le duc par la terreur. A peine Charles-le-Téméraire est-il aux prises avec les Suisses que Louis paraît en Picardie, prend ses villes et ses châteaux. Au premier bruit de la mort du Bourguignon, l'autre, déjà vieux, malade, se ranime et s'élance sur l'Artois et sur la Flandre : Tanneguy-Duchâtel y fut tué devant Bouchain, au moment où le roi était appuyé sur son épaule.

Louis XI offre une figure à part parmi les rois de sa race ; il se distingue d'eux par son type extérieur, ses mœurs bourgeoises, et aussi par son génie façonné à la politique savante et immorale des princes de l'Italie. « On l'aurait cru étranger, dit un écrivain, à la nation française et à la race royale. » Charles VII s'effraya des instincts de ce fils ; dès l'âge de dix-sept ans, il s'était mêlé aux révoltes de cette soldatesque que le roi cherchait à réprimer, et qu'on appela la Praguerie. Retiré dans le Dauphiné, son apanage, il alarma de nouveau par ses menées le roi et son conseil, qui armèrent pour le prévenir. Louis s'enfuit à la cour de Bourgogne à l'approche de son père. Il y resta cinq ans. La mort de Charles VII le tira de l'exil et le mit sur le trône.

La pensée politique de Louis XI ne s'écartait pas des traditions de ses ancêtres ; comme eux il continua le grand travail de la royauté et son agrandissement aux dépens de l'état féodal. Mais Louis XI s'y employa avec une âpreté inquiète et avide, une ardeur effrénée d'agrandissement qui démasqua trop le but auquel il tendait. Les grands qu'il voulait détruire prirent les armes et formèrent la ligue dite du Bien public (1465).

Louis XI voulut écraser d'abord le duc de Bourbon, et s'engagea sans hésiter au cœur du royaume. Puis il revint à marches forcées sur Paris ; il parut à temps pour empêcher la jonction des armées de Bourgogne et de Bretagne. Il atteignit Charles-le-Téméraire à Monthléry. Pierre de Brezé, chef de son avant-garde, fut tué dès le premier choc, le comte du Maine lâcha pied et les dispositions du roi manquèrent. Mais tandis que le Bourguignon donnait la chasse aux fuyards, Louis mit en déroute l'aile gauche de son adversaire. A vrai dire, ce fut moins une bataille qu'un choc de troupes débandées, donnant au hasard et n'obéissant plus. Il y périt quatre mille hommes. Le désordre était tel, qu'on y vit les cavaliers bourguignons charger leur infanterie. Les deux princes, fourvoyés dans cette mêlée, manquèrent d'être pris. Louis se défiant de son entourage, quitta le champ de bataille la nuit et fit retraite sur Paris, où la ligue réunit cinquante mille hommes et l'assiégea. Le péril était grand ; il s'en tira par le traité de Conflans. Sa politique mit tout en jeu pour se relever de ce dur échec ; il s'attaqua surtout au Bourguignon : il achetait ses conseillers, il poussait ses villes flamandes à la révolte. Pour surprendre sa confiance et l'endormir, ce grand joueur politique risqua jusqu'à sa liberté et sa vie : il se rendit à Péronne, chez le duc, au moment où il travaillait à soulever sa ville de Liége ; par malheur, l'événement éclata trop tôt, et surprit le roi chez son hôte. Louis XI, pris sur le fait, plia la tête : la plus dure sans contredit, la plus honteuse, fut celle que lui infligea le duc, de l'accompagner au siége de Liége et de l'aider à châtier cette ville pour une révolte qu'il avait attisée.

La lutte continua, tantôt sourde, tantôt ouverte, entre Louis XI et les chefs féodaux; le frère du roi y joua un rôle au profit des seigneurs. Une ligue nouvelle, dont le Bourguignon fut le chef et le plus violent acteur, entreprit d'abattre Louis XI. Charles dévasta tout et pénétra jusqu'à Beauvais; mais sa violence, son ambition sans suite et sans frein firent manquer l'entreprise. A sa mort, Louis XI fit surprendre par ses généraux les deux Bourgognes, la Picardie, l'Artois; chanceux autant qu'habile, il réunit en outre la Provence par l'extinction de la maison d'Anjou.

Louis XI fut sans doute un éminent politique, mais il abusa de ses talents en matière d'intrigues; plus d'une fois il se prit dans ses propres piéges. Il s'était fait de la ruse un art quotidien, au point que, en mainte occasion, ce fut moins pour lui une nécessité d'affaire qu'un plaisir d'artiste, une vocation; il s'y abandonnait de gaieté de cœur.

La politique de Louis XI, comme ses goûts et ses mœurs, le mirent en contact avec les classes bourgeoises; il se servit du peuple contre la noblesse; il le flatta par sa familiarité et ses propos. Au dehors, il s'aboucha avec les grandes communes; à l'intérieur, il organisa les milices, assembla les États-Généraux, etc.; mais, tout en travaillant pour lui-même, il servit et agrandit l'État. Louis XI mourut au Plessis-lez-Tours en 1483, moins résolu devant la mort qu'il ne l'avait été naguère devant l'ennemi.

Louis XI eut pour femmes : 1. MARGUERITE, fille de Jacques Ier, roi d'Écosse; — 2. CHARLOTTE, fille du duc de Savoie, dont il eut :

1. JOACHIM, mort en bas âge; — 2. CHARLES VIII (qui suit); — 3. FRANÇOIS, duc de Berry, mort enfant; — LOUISE, *id.*; — 5. ANNE, mariée à Pierre, seigneur de Beaujeu, duc de Bourbon; — 6 JEANNE, mariée à Louis, duc d'Orléans.

Il laissa plusieurs filles naturelles dont une, Jeanne, fille de Marguerite de Sassenage, fut légitimée en 1465, et épousa Louis, bâtard de Bourbon.

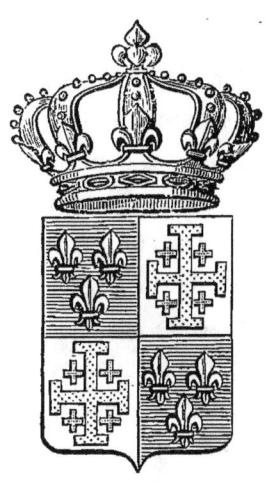

XX.

Charles VIII

ROI DE FRANCE

SERVICES.

Guerre contre le duc de Clèves et le comte de Nassau.... 1487	Prise de Monte-Fortino........ 1495
Expédition de Naples.......... 1495	Prise de Monte-San-Giovani..... 1495
Prise de Sarsanne............. 1495	Bataille de Fornoue............ 1495

ARMES : Au 1 et 4 de France. Au 2 et 3 d'argent à la croix potencée d'or, cantonnés de 4 croisettes de même pour Jérusalem. — DEVISE : *Plus qu'autre.*

Né en 1470, le fils de Louis XI lui succéda en 1483. Anne de Beaujeu, sa sœur, fut chargée par le feu roi de sa tutelle et du gouvernement. Le duc d'Orléans, premier prince du sang, prétendait à cet emploi; il prit les armes et fut secondé par le comte de Dunois. Le duc d'Orléans gagna la Bretagne; les comtes d'Angoulême et Dunois soulevèrent la Guyenne. Charles fut conduit par la régente dans les provinces où la guerre avait éclaté.

En Bretagne, l'armée royale emporta Ploërmel, Vannes, puis attaqua Nantes, où les ducs d'Orléans et de Bretagne firent une si belle défense que force fut de lever le siége.

Louis II de la Trémoille, que Guichardin appelle le plus grand capitaine du monde, fut envoyé pour venger cet échec; les princes s'avancèrent, et vers Saint-Aubin-du-Cormier ils en vinrent aux mains et furent vaincus. Anne, héritière de Bretagne, tenta de continuer la guerre; Charles VIII la termina par un moyen hardi : il rendit la liberté au duc d'Orléans, et bien que le sachant aimé de la princesse bretonne, il le chargea d'aller lui offrir la main du roi de France. Le duc d'Orléans s'acquitta loyalement et avec fruit de cette négociation; mais Maximilien d'Autriche prétendait aussi à cette riche héritière; il prit Arras et Saint-Omer, et finit par consentir à la paix.

Charles VIII n'avait nul trait de ressemblance avec Louis XI; c'était un esprit tout chevaleresque et un cœur compatissant et généreux; la lecture des romans de chevalerie en vogue alors avait été le fond de son éducation; il rêvait les exploits de Roland et de l'Amadis; c'est dans le but d'imiter leurs prouesses qu'il songea à faire revivre les droits de la maison d'Anjou sur le royaume de Naples. Il partit avec trente mille hommes; son imagination aventureuse rêvait au bout de l'Italie la conquête de Constantinople et de l'empire d'Orient. Son artillerie, la meilleure de l'Europe, était sa principale force; mais ce jeune prince s'abandonna tout à la fortune. Les historiens lui reprochent de s'être engagé à l'aventure, sans argent, sans vivres, sans réserve. Il fut heureux, et justifia son imprudence par le succès; il entra à Milan en allié; Pise lui ouvrit ses portes; à Florence, il parut en conquérant, la lance sur la cuisse; puis il marcha sur Rome, où il entra aux flambeaux; enfin il atteignit Naples, où il fit son entrée dans le costume des empereurs.

Tandis qu'il achevait la soumission de son nouveau royaume, derrière lui le pape, l'empereur, les Vénitiens et le duc de Milan concluaient une ligue pour lui fermer passage au retour. Il partit avec une armée réduite à neuf mille hommes; car il en avait laissé une partie pour garder sa conquête. Ce fut une retraite incroyable par les difficultés et les fatigues inouïes; l'artillerie si pesante de ce temps fut traînée à bras au travers de l'Apennin. Quarante mille italiens attendaient cette armée harassée de fatigues et lui barrèrent le chemin près du village de Fornoue : il fallut se frayer un passage à travers ces rangs épais; emportée par son ardeur, l'avant-garde française laissa loin derrière elle le corps de bataille arrêté au passage du Taro, et se trouva seule en face du camp vénitien prête à se voir coupée et taillée en pièces. L'arrière-garde ne suivit pas mieux les lois de la guerre et resta également isolée. La bravoure heureusement, *la furie française* suppléèrent à tout. « En avançant, dit l'historien, les « Français hachaient leurs ennemis devant eux, tandis que les Italiens « indécis, précautionneux, étonnés d'un si grand massacre, ne combat- « taient qu'à regret des hommes qui ne faisaient point de prisonniers. Ils « s'avançaient régulièrement, mais sans ardeur, comme à la parade ; après « chaque charge, ils reculaient à une grande distance pour se reformer. »

Les mercenaires vénitiens ayant aperçu de loin les bagages qui cheminaient dans la montagne, s'élancèrent au pillage, abandonnant le combat. Le roi profita de ce mouvement pour se précipiter sur l'ennemi déconcerté : une brillante charge de la gendarmerie française décida la journée. Le roi, monté sur un vieux cheval borgne, paya grandement de sa personne. « Ce petit roi, dit Commines, n'était plus reconnaissable, tant « il était grand, ferme, audacieux. »

« La bataille n'avait pas duré plus d'une heure, mais elle avait causé « une perte prodigieuse aux Italiens ; ils étaient couverts d'une armure « beaucoup plus lourde que les Français, tandis que leurs chevaux étaient « beaucoup moins forts, aussi, dans le choc, ils étaient presque tous « renversés. Tandis que les gendarmes français poursuivaient les fuyards, « les valets qui les suivaient tuaient à coups de hache ceux qu'ils trouvaient « étendus par terre. Les fantassins italiens, séparés de leur cavalerie, « furent hachés en pièces par les Suisses ; en sorte que la journée de For- « noue, qui ne coûta que 200 hommes aux vainqueurs, en coûta 3,500 « aux vaincus. »

Charles songeait à faire une nouvelle expédition quand il mourut, au château d'Amboise, en 1498. Le fils de Louis XI annonçait peu de talents pour gouverner ; il était en tout point l'opposé de son père, aussi généreux que brave. « La plus humaine et douce parole d'homme qui « fut jamais était la sienne, dit Commines. »

Charles eut pour femme : ANNE, fille de François II, duc de Bretagne, dont il eut :

1. CHARLES, dauphin, mort enfant en 1495 ; — 2. CHARLES, dauphin, mort en 1496 ; — 3. FRANÇOIS, qui ne vécut que peu de jours ; — 4. ANNE, morte enfant.

XX

Louis XII

ROI DE FRANCE

SERVICES.

Défense de Nantes....................	1487	Bataille d'Aignadel................	1509
Bataille de Saint-Aubin-du-Cormier..	1488	Prise de Bergame.................	1509
Expédition de Naples..............	1495	Prise de Caravagio................	1509
Bataille près de Gênes.............	1495	Prise de Peschiera................	1509
Prise de Novarre...................	1495	Prise de Crémone.................	1509
Défense de Novarre................	1495		

Armes : D'azur à trois fleurs de lys d'or.

Emblèmes et devises : *Un roi des abeilles*, avec ces mots : Non utitur aculeo rex cui paremus.
Le *porc-épic* : Cominus et eminus.

Une réaction était inévitable contre la politique antiféodale de Louis XI; les plus grandes têtes de l'aristocratie qu'il avait pris à tâche de courber se relevèrent, et le duc d'Orléans, poussé par ses rancunes contre la régente Anne de Beaujeu, qui l'avait supplanté, se jeta dans leurs rangs.

Après une longue suite d'intrigues, habilement déjouées par la fille de Louis XI, le duc d'Orléans, poursuivi en Bretagne par la régente elle-même, fut battu et fait *prisonnier* au combat de Saint-Aubin-du-Cormier; trois ans d'une captivité fort dure furent le châtiment de sa rébellion. Anne de France traita son prisonnier selon les usages du règne précédent : elle le traîna de cachot en cachot, et alla, pour s'assurer de lui pendant la nuit, jusqu'à l'enfermer dans une cage de fer; réminiscence trop fidèle de la justice de Louis XI. Remis en liberté par le jeune roi qui alla le délivrer en personne dans la grosse tour du château de Bourges où il était détenu, le duc d'Orléans accompagna ce prince dans son expédition d'Italie (1488), et s'y comporta avec valeur.

Héritier à la fois de la couronne et des projets de Charles VIII, le duc d'Orléans, né en 1462, recourut au divorce pour épouser sa veuve, Anne de Bretagne, et que ce grand fief n'échappât point à la couronne de France. Il tourna après ses vues du côté de l'Italie, convoitant Naples comme son prédécesseur, et prétendant de plus au duché de Milan, du chef de Valentine Visconti, son aïeule. Le Milanais fut attaqué le premier et conquis en peu de temps. Louis XII fit son entrée à Milan, et crut d'une bonne politique d'y laisser pour gouverneur l'Italien Trivulzio, chef de l'expédition. Mais ce choix réussit mal; le gouverneur se fit détester par sa hauteur et sa rudesse. Le duc Ludovic Sforza, expulsé par les Français, épia l'occasion de reparaître, surprit Milan, où le peuple se souleva pour lui, et attaqua avec fureur les Français, dont un petit nombre put se replier vers les Alpes; ils y attendirent des renforts et rétablirent leurs affaires sans tirer l'épée; car, au moment d'en venir aux mains, les Suisses que Sforza avait enrôlés lâchèrent pied et le livrèrent à l'ennemi. L'Italie, à cette époque, était le jouet de tant d'intrigues, la politique s'y montre si capricieuse et si mobile, les intérêts y sont si égoïstes et si confus, qu'on démêle à grand' peine les causes passagères qui y forment des alliances presque aussitôt rompues que contractées. Louis XII, pour sa part, se montra peu scrupuleux dans les siennes : ses alliés les plus étroits et les plus réels en Italie furent les Borgia; il avait investi le fils du pape, César Borgia, du duché de Valentinois, et le pape, en retour, avait prêté les mains à son divorce avec Jeanne de France, sa première femme. Maître du Milanais, Louis aida César Borgia à se saisir, l'une après l'autre, des villes de la Romagne.

Pour réaliser à moins de frais ses projets sur Naples, Louis XII conclut avec Ferdinand-le-Catholique, roi d'Aragon, un traité de partage de ce royaume, qu'ils s'engagèrent à conquérir en commun. Les deux rois alliés entrèrent en campagne et réussirent sans grande difficulté ; mais Ferdinand n'avait voulu que tendre un piége à Louis XII. Plus d'un sujet de contestation s'éleva bientôt entre les conquérants : ils en vinrent aux mains, et les Français eurent les premiers avantages; mais Ferdinand amusa son ancien allié par des offres d'arrangement ; il envoya son gendre à Paris pour traiter, tandis qu'il faisait passer à Naples de l'argent et des renforts. Les Français, surpris, furent écrasés à Cérignolles, le 23 avril 1503, et chassés de Naples au moment où Louis croyait avoir étendu et affermi sa conquête. Cette lourde méprise ne fut pas la seule où tomba la politique du roi de France ; ses plus utiles alliés en Italie étaient les Suisses et les Vénitiens : il s'aliéna les premiers en chicanant sur quelques sommes qu'ils réclamaient pour prix de leurs services; quant aux Vénitiens, dont les richesses et les acquisitions croissantes excitaient l'envie de tous les princes, une coalition se forma et réunit contre eux la plupart des états de l'Europe. Louis XII, qui s'était aidé de cette république pour s'installer en Italie, se jeta dans cette alliance contre l'intérêt de sa position; il signa la ligue de Cambrai (1508); c'était travailler pour le compte de l'empereur en Italie. Le plus impatient des coalisés, il prit les devants et porta tout le poids de la guerre; il marcha en personne à la tête de trente mille hommes et joignit à Agnadel, sur les bords de l'Adda, l'armée vénitienne qui en comptait au delà de quarante mille ; ceux-ci furent complètement battus. Louis XII paya de sa personne dans cette bataille, dont il ne recueillit aucun avantage ; ses alliés, qui n'avaient pas tiré l'épée, se jetèrent de toutes parts sur les dépouilles de Venise et se partagèrent tous ses états du continent. Le pape Jules II, satisfait d'avoir ressaisi pour sa part les villes de la Romagne que Venise avait en son pouvoir, changea de conduite aussitôt, se rapprocha de cette république, et mit tout en œuvre pour tourner la coalition contre les Français ; l'audace, l'activité que déploya le pape contre Louis XII décidèrent en effet une ligue formidable contre lui. Les Suisses, les Vénitiens à leur tour, le roi d'Aragon, y entrèrent. Les Français, attaqués de toutes parts en Lombardie, sans alliés, s'y défendirent et gagnèrent du terrain, ruinèrent les possessions vénitiennes et battirent le pape qui avait endossé la cuirasse; mais les scrupules religieux du roi de France le firent hésiter un instant, et il manqua l'occasion de s'emparer du pontife-soldat, dont l'acharnement s'augmenta par sa défaite. Le Saint-Père suscita à la France de nouveaux ennemis et fit prendre à la coalition le nom de Sainte-ligue. La France ne comptait pas un seul allié; elle avait sur les bras les principales puissances de l'Europe et se trouvait attaquée sur toutes ses frontières en même temps. Ferdinand s'emparait de la Navarre, Henri VIII entrait dans la Guienne, les Suisses menaçaient la Bourgogne et descendaient en Lombardie; Marguerite d'Autriche, gouvernante des Pays-Bas, se préparait à une invasion en Picardie.

Ce que la prudence la plus ordinaire conseillait en face d'un danger si pressant et si terrible, c'était d'abandonner le Milanais, de se replier en toute hâte et de ne plus songer qu'à la France; mais Louis XII n'en fit rien; tant de déboires ne le dégoûtaient pas de l'Italie; aussi a-t-on dit avec quelque raison qu'il se montra plutôt duc de Milan que roi de France. La campagne, toutefois, s'ouvrit en Italie avec un bonheur et un succès inespérés pour les Français: le jeune Gaston de Foix, neveu de Louis XII, était gouverneur du Milanais et chargé du commandement; serré à la fois par plusieurs armées, il voulut frapper de grands coups; mais après plusieurs succès rapides, sa courte et brillante carrière se termina à Ravenne au milieu d'une victoire (1512). Cette bataille meurtrière n'avait point ruiné les forces des alliés; ils se remirent bientôt de leur stupeur à la voix du pape, qui, tout en levant de nouvelles troupes, mettait le royaume de France en interdit. Les Français furent attaqués à Novarre par les Suisses, qui les écrasèrent, s'emparèrent de leur artillerie, et rejetèrent au delà des Alpes les derniers débris de l'expédition française en Italie. Restait donc la France à défendre; les affaires de ce côté n'étaient pas en meilleur chemin. La Navarre était déjà au pouvoir du perfide roi d'Aragon. Henri VIII débarqua à Calais et mit le siège devant Térouanne. Si l'on juge par les derniers faits d'armes de cette guerre de l'état moral des troupes françaises à cet instant, il faut reconnaître que le royaume était réduit à de fâcheuses extrémités et courait de grands risques au milieu de tant d'ennemis. La honteuse déroute de Guinegate, appelée par dérision la journée des éperons, ouvrit le royaume aux rois alliés; mais leur mésintelligence en arrêta les suites et mit fin à la guerre. L'Empereur et le Pape prêtèrent l'oreille aux offres de Louis XII, qui renonça au Milanais. Le roi d'Angleterre signa le dernier la paix, et donna à Louis la main de sa jeune sœur Marie. La princesse avait seize ans, le roi touchait à la vieillesse ; il n'avait consulté ni son âge ni sa chétive santé, et il mourut après quelques semaines, le 1er janvier 1515.

Ce règne, qui, par ses expéditions désastreuses et ses fautes politiques, semble avoir été si pesant à la nation, laissa le royaume dans une situation singulièrement florissante : il fut laborieux et paternel. Aucun de nos rois, depuis saint Louis, n'obtint de son vivant autant de popularité que Louis XII.

Louis XII eut pour femmes : 1. JEANNE DE FRANCE, fille de Louis XI ; — 2. ANNE, duchesse de Bretagne, veuve de Charles VIII ; — 3. MARIE D'ANGLETERRE, fille de Henri VII. *Il eut de la seconde* : 1. CLAUDE DE FRANCE, mariée à François Ier, roi de France ; — 2. RENÉE, qui épousa Hercule d'Est, duc de Ferrare.

XXI.

François Ier

ROI DE FRANCE.

SERVICES.

Campagne en Navarre	1512	Bataille de Pavie	1525
Siége de Pampelune	1512	(*Deux blessures et prisonnier.*)	
Guerre en Italie	1515	Prise de Hesdin	1537
Bataille de Marignan	1515	Prise de Saint-Venant	1537
(*Un cheval tué sous lui.*)		Conquête du Luxembourg	1543
Guerres contre Charles-Quint	1521	Prise de Vireton	1543
Prise de Hesdin	1521	Prise d'Arlon	1543
Expédition dans le Milanais	1524	Prise de Luxembourg	1543
Prise d'un chât. au bord du Tésin	1524	Secours à Landrecies	1543
Siége de Pavie	1524-1525		

ARMES : D'azur à trois fleurs de lys d'or. (*V. page* 69.)
EMBLÈME ET DEVISE : *La Salamandre dans les flammes* : Nutrisco et extinguo.

Ce prince, fils de Charles d'Angoulême, naquit en 1494; il épousa Claude de France, fille de Louis XII, dont il était le plus proche héritier. Arrière-petit-fils de Valentine Visconti, comme son prédécesseur, il reprit ses projets sur Milan avec cet esprit aventureux, tradition tardive du moyen âge qui tenait à la vogue des romans de chevalerie; sa première pensée fut donc d'organiser une expédition.

Il nomme sa mère régente, et part, à la tête de trente-cinq mille hommes, franchit les Alpes (*voy*. le connétable de Bourbon, p. 324), et débouche à l'improviste dans les plaines de Milan gardées par les Suisses, les héros des dernières guerres et les soldats les plus renommés du temps; ils sortirent trente mille de Milan, en carrés épais, tout hérissés de longues piques; ils s'avancèrent sur Marignan, où campait le roi, par une chaussée flanquée de fossés profonds, sous un feu terrible d'artillerie. C'était un champ de bataille étroit, peu favorable aux Français : cinq cents gendarmes pouvaient à peine y donner à la fois, forcés de se replier après la charge, pour faire place à d'autres, ou pour laisser jouer l'artillerie. Les fossés cependant furent comblés, et les lansquenets s'élancèrent sur les flancs des Suisses. « Je vous assure, madame, écrivit le roi à sa mère, « que j'ai vu les lansquenets mesurer la pique aux Suisses, et la lance « aux gendarmes; et ne dira-t-on plus que les gendarmes sont lièvres « armés, car ce sont eux qui ont fait l'exécution; et ne penserois point « mentir, que par cinq cents et par cinq cents, il n'ait été fait trente « belles charges avant que la bataille fût gagnée. » Le combat, commencé tard, dura jusqu'au coucher de la lune, vers minuit; l'obscurité l'interrompit, et le roi passa la nuit à quelques pas d'un bataillon suisse (¹). Il avait chargé à la tête de sa garde, et avait eu son *cheval tué* sous lui.

La bataille recommença dès le point du jour; mais les Suisses manquaient d'artillerie; celle des Français portait le ravage dans leurs carrés. Ils se retirèrent fièrement vers huit heures du côté de Milan, et le lendemain ils regagnèrent leurs montagnes, laissant aux Français l'honneur de cette journée, qui fut appelée *combat des géants*. Le roi voulut recevoir sur le champ de bataille l'accolade de la main de Bayard.

La conquête du Milanais s'acheva sans obstacle; et François, s'arrêtant au milieu de sa haute fortune, signa le traité de Noyon (1516), qui donna la paix à l'Europe étonnée de sa rapide grandeur et de sa modération.

Une ère nouvelle s'ouvrait devant la royauté : la réunion des grands fiefs avait porté un rude coup à la féodalité; toutes les forces rivales avaient été

---

(1) Fleuranges dit dans ses *Mémoires*, page 298, que le roi ayant demandé un peu d'eau pour se rafraîchir, celle qu'on lui apporta était mêlée de sang. On lit encore que François Iᵉʳ passa la nuit sur l'affût d'un canon; cependant on lit dans la lettre qu'il écrivit à sa mère, après la bataille : « Toute la nuit demeurâmes sur la selle, la lance au poing, l'armet sur la tête... et pour ce que j'étois le plus près de nos ennemis, il m'a fallu faire le guet, de sorte qu'ils ne nous ont point surpris au matin... Et croyez, Madame, que nous avons été vingt-huit heures à cheval sans boire ni manger... Depuis deux mille ans ça n'a point été vue une si fière et si cruelle bataille, ainsi que disent ceux de Ravennes que ce ne fut auprès qu'un tiercelet. »

absorbées; le roi de France semblait donc appelé au premier rôle parmi les princes de l'Europe.

Cependant un rival se montrait déjà : c'était l'héritier de quatre dynasties, le fils de Philippe d'Autriche et de Jeanne-la-Folle. Déjà maître des Pays-Bas et de l'Espagne, il se présentait encore au suffrage des électeurs de l'Empire, vacant par la mort de Maximilien. François Ier se porta aussi comme concurrent; sa puissance et sa gloire récente étaient sans doute d'assez beaux titres; mais ni les gages de la protection qu'il offrait à l'Allemagne, ni les mulets chargés d'or qu'il y envoya à l'appui de ces titres chevaleresques, ne balancèrent les raisons politiques de son compétiteur, dont les États héréditaires confinaient à la Turquie, et qui se présentait ainsi comme le défenseur naturel de l'Allemagne que faisait trembler Soliman. Aigri par cet affront et par tant de dépenses perdues, François arma contre ce rival encore sans renommée, et qui allait se trouver à la tête d'un empire presque égal en étendue à celui de Charlemagne. Tous deux s'étaient juré de rester en paix quelle que fût l'issue de l'élection; mais les prétextes ne manquèrent de part ni d'autre pour vider par les armes cette querelle d'ambition. Charles avait promis de restituer la Navarre à Henri d'Albret; il ne se hâtait point de remplir sa promesse ni de faire hommage, comme il était dû, pour les comtés de Flandre et d'Artois. Bientôt la guerre éclata de toutes parts; une armée française prend et perd la Navarre (1522-1523); François, par trop de lenteur, avait laissé échapper l'occasion de soutenir la révolte des communes espagnoles. Les Impériaux, d'abord vainqueurs dans le nord de la France, avaient été défaits par Bayard devant Mézières (1521).

Mais l'Italie était le principal théâtre de la lutte; le brave Lautrec, gouverneur du Milanais, s'en voyait repoussé pied à pied, faute d'argent pour s'y maintenir; les Suisses qu'il avait à sa solde désertaient, demandant bataille ou congé; ils se laissèrent battre à la Bicoque, et le Milanais fut perdu. Le roi, cependant, avait donné des ordres pour que des fonds parvinssent à l'armée, mais sa mère les avait détournés.

La lutte une fois engagée, les deux rivaux ne pouvaient manquer d'y entraîner l'Europe; c'était une question capitale que celle des alliances; il en était une surtout qui semblait devoir être décisive: c'était celle du roi d'Angleterre, Henri VIII. Les deux compétiteurs se l'étaient disputée par des moyens divers et qui les caractérisent assez. François convie le monarque anglais à une entrevue au milieu des cours réunies, l'éclipse au Camp du drap d'or par un luxe malencontreux, lutte avec lui corps à corps et le jette sur l'arène, puis le quitte croyant les affaires fort avancées. Charles V, pendant ce temps, agissait en secret sur le ministre Wolsey, lui promettait la tiare, puis débarquait incognito en Angleterre. Bientôt l'Europe presque entière était tournée contre la France; mais, après tant d'inhabileté politique, François reprit son vrai rôle et fit noblement face au danger. La ligue était formidable : le Pape, l'Empereur, l'Angleterre, l'Italie, étaient réunis; il avait à défendre à la fois toutes ses frontières, et il repoussa de tous côtés l'invasion; mais il rêvait encore la possession de l'Italie. Il y envoya Bonnivet qui n'y trouva que des revers (1523), et y perdit Bayard, le plus brave et le plus populaire des chefs de l'armée (1524).

Une armée anglaise attaque alors la Picardie; les Impériaux pénètrent dans la Provence, brûlant, ravageant villes et campagnes (1524); mais ils perdent quarante jours devant Marseille et s'éloignent au bruit de l'approche du roi. Enhardi par ses rapides succès, le prince franchit les Alpes encore une fois et poursuit les ennemis à travers la Lombardie. Sa fortune était relevée; l'armée de l'Empereur, manquant de vivres et d'argent, était désunie et presque ruinée; il avait, lui, des troupes belles et pleines d'ardeur. Il fallait bien des fautes pour compromettre une telle position; il en fait une première en divisant ses forces : il envoie quatre mille hommes à Gênes, dix mille vers Naples; puis il assiége Pavie, et y consume un temps précieux. Le connétable de Bourbon (V.) en profite pour tirer des troupes fraîches d'Allemagne; il repasse les Alpes, rejoint Pescaire et Lannoi, deux habiles généraux de l'Empereur, et, de concert, ils marchent sur Pavie. François pouvait les attendre dans ses retranchements, c'était l'avis de son conseil; il jugea plus digne d'un roi de se porter au-devant des ennemis. La rencontre eut lieu le 24 février 1525, non loin de Pavie; l'armée française avait encore pour elle, comme à Marignan, la supériorité de l'artillerie, qui semblait appelée à décider la bataille; longtemps elle maintint l'avantage du côté des Français, quand une faute du roi perdit tout subitement : voulant enlever la victoire par une charge brillante, il s'élance à la tête de ses gens d'armes et se jette en aveugle à la bouche de ses canons qu'il réduit ainsi à l'inaction ; tout l'effort de la gendarmerie et les coups d'épée du *roi-soldat* ne purent réparer cette faute ; les troupes mercenaires lâchèrent pied, et les Français furent écrasés sur tous les points. Le roi se défendit longtemps, à pied, l'épée à la main, *blessé* à la jambe, ayant son armure criblée de coups de feu, son cheval avait été *tué* sous lui; enfin, enveloppé de toutes parts, il se rendit. Le vice-roi de Naples reçut son épée à genoux. On sait ce qu'il écrivait le soir à sa mère : « Tout est « perdu, Madame, fors l'honneur et la vie qui est sauve. »

Toute l'Europe prit l'alarme à cette nouvelle : l'indépendance des petits États était menacée; la puissance de l'Empereur n'avait plus de contre-poids ; Rome, Venise, Florence, Gênes, le roi d'Angleterre, se détachèrent successivement de l'alliance et réclamèrent à grands cris la délivrance du roi ; il était prisonnier à Madrid. Charles, pour dompter un caractère qui n'était pas à l'épreuve des longues infortunes et pour le soumettre à ses dures conditions, mettait le comble aux ennuis de sa prison; voyant cependant son captif malade, et craignant que la mort n'acquittât sa rançon, il lui fit signer un traité par lequel François abandonnait le Milanais, la Bourgogne, et livrait en otages ses deux fils.

Mais il avait sans doute réfléchi durant sa captivité; il avait pu reconnaître que l'esprit chevaleresque avait fait son temps; il avait pris de son rival quelques leçons de politique; aussi, quand Charles-Quint lui rappela ses engagements, François, le frère d'armes de Bayard, osa lui répondre qu'il en avait menti par la gorge, et il le défia à un combat singulier.

Cependant sa position était redevenue forte et belle; il avait recouvré toutes ses alliances; il formait avec les Vénitiens, les Florentins et le duc de Milan même, une ligue qui prit le nom de *sainte*, car les armées impériales, commandées par le connétable de Bourbon (V.), désolaient l'Italie et venaient de faire le sac de Rome. Le pape était dans leurs mains. Les rois de France et d'Angleterre s'entendirent pour délivrer le pontife; puis François dirige coup sur coup sur Naples deux armées, qui sont battues et que la peste achève de détruire; il les avait encore laissé manquer d'argent. Par une faute semblable, il perd son amiral; le Génois Doria passe à l'Empereur avec ses flottes.

Ces guerres continuelles ruinaient également les deux États. Charles-Quint et François I*er*, épuisés d'hommes et d'argent, se virent réduits à faire la paix ; mais elle fut toute au bénéfice de l'Empereur. Louise de Savoie et Marguerite d'Autriche la négocièrent à Cambrai, en 1529 : on l'appela la *paix des dames*. François, en acquiesçant à ce traité, sembla renoncer sérieusement à tout retour sur l'Italie, où il livrait sans générosité ses alliés, Venise, Florence, au ressentiment de l'Empereur. Tels étaient son imprévoyance et son peu de souci de l'avenir ; il conservait pourtant des arrière-pensées qui se montrèrent assez quand on le vit solliciter pour l'un de ses fils la main de Catherine de Médicis, nièce du pape Clément VII, qui donnait à entendre qu'on ferait entrer dans la dot Gênes et Milan. Milan avait été rendu à prix d'or à Maximilien Sforza, mais l'Empereur faisait peser sur lui le joug le plus dur. François profite du mécontentement du duc, intrigue auprès de lui, et le pousse à la révolte en l'absence de l'Empereur. Une armée française tombe sur la Savoie et s'empare de Turin (1535). Charles-Quint, en ce moment, bombardait Tunis et réprimait la piraterie barbaresque ; tout à coup il reparaît en Europe, victorieux, ramenant, aux acclamations de la chrétienté, vingt mille captifs dont il avait brisé les fers ; sa puissance s'augmenta de sa gloire, et il eut toute l'Europe pour lui.

La France se vit attaquée sur tous les points à la fois : le roi d'Angleterre pressait la Picardie, les Impériaux couvraient la Champagne ; Charles-Quint lui-même entrait en Provence ; il avait déjà distribué autour de lui les domaines et les grandes charges du royaume, mais il ne trouva devant lui qu'un désert et point d'armée ; son canon foudroyait en vain les murs de Marseille, ses troupes dépérissaient sur une terre rasée et sans abri ; c'était là le système de défense auquel on s'était vu réduit, et Montmorency l'avait exécuté sans ménagement. Il réussit ; Charles-Quint, épuisé, regagna l'Italie. On sait que Pasquin promettait récompense à qui dirait des nouvelles de l'armée de l'Empereur. Le duc de Guise en même temps sauvait la France au nord.

Une trêve de dix ans fut signée en 1538, sous le nom de traité de Nice ; les deux rivaux se virent à Aigues-Mortes, s'embrassèrent et se donnèrent tous les témoignages d'une réconciliation qui ne fut pas de longue durée.

Charles, appelé en Flandre par une révolte des Gantois, demande un passage à travers la France, offrant pour le second fils du roi l'investiture du Milanais. François épuise son trésor pour recevoir dignement son hôte, qui, une fois hors de France, oublie ses promesses et investit du Milanais son propre fils. François, furieux, renoue son alliance avec les Turcs ; il envahit le Luxembourg, tandis que l'amiral Barberousse bombarde inutilement le château de Nice, mais se venge de cet échec en ravageant les côtes de l'Italie. Alors Charles reprend le commandement de son armée, entre en Champagne, pendant que Henri VIII attaque la Picardie. Les Français gagnaient en Piémont la brillante bataille de Cérisoles (*voy.* François de Bourbon, comte d'Enghien, page 343). Mais l'ennemi au nord, maître de la Marne, s'avançait sur Paris ; heureusement la discorde, le manque de vivres, forcèrent Charles-Quint à s'arrêter encore, au moment où le royaume semblait perdu. Le traité de Crespy termina la guerre avec l'empereur en 1544 ; la paix se fit avec l'Angleterre deux ans après.

François Ier, dupé encore par Charles-Quint, préparait de nouveaux embarras à son rival, à la France peut-être de nouveaux désastres, quand il mourut le 31 mars 1547.

Le tableau de sa vie privée mérite peu de trouver place ici ; jamais roi de France n'avait autant donné le scandale de mœurs dissolues et livré ses vices à un plus grand jour ; ses passions influèrent constamment sur sa politique ; on dit que la guerre et l'ambition n'étaient pas les seuls mobiles qui l'entraînaient vers l'Italie.

François Ier était doué d'un esprit vif, naturel ; il est resté de lui quelques vers, des lettres et un traité sur la discipline militaire. Il avait rapporté de l'Italie la passion des arts ; il s'efforça de les attirer vers lui ; il s'entoura de peintres, d'architectes, d'élégants esprits qu'il gagnait par ses largesses et la bonne grâce familière dont il usait avec eux.

François Ier, pour sa gloire et pour le bien de l'État, eût dû s'en tenir à son premier rôle, celui de brave chevalier ; mais, aigri par ses revers, il crut, en voyant faire Charles-Quint, qu'il n'y avait qu'à ruser pour réussir ; mais il ne sut pas prendre à son rival son application infatigable, sa dextérité et ses grands desseins. Il ternit aux yeux du monde sa considération de chevalier, et ses combinaisons politiques ne l'en dédommagèrent point. Il joua plusieurs fois le sort de la France, qu'il eût perdue peut-être, si sa chute pouvait dépendre des fautes d'un souverain.

François Ier eut pour femme : 1. Claude de France, fille de Louis XII, morte en 1524; — 2. Éléonore d'Autriche, sœur de Charles-Quint.

Il eut de la première : 1. François, dauphin et duc de Bretagne, né en 1517, mort en 1536; — 2. Henri II (qui suit); — 3. Charles, duc d'Orléans (1); — 4. Louise, morte en bas âge; — 5. Charlotte, *id ;* — 6. Madeleine, mariée à Jacques V, roi d'Écosse; — 7. Marguerite, qui épousa Emmanuel-Philibert, duc de Savoie.

---

(1)   CHARLES DE FRANCE, DUC D'ORLÉANS.

SERVICES.

Conquêtes du Luxembourg... 1542	Prise de Vireton.... 1543
Prise de Damvillers... 1542	Prise d'Arlon... 1543
Prise d'Ivoy... 1542	Prise de Luxembourg... 1543
Prise d'Arlon... 1542	Secours à Landrecies... 1543
Prise de Luxembourg... 1542	

Plein d'ambition et d'amour de la guerre, ce jeune prince gagna si bien les bonnes grâces de son père, qu'à la mort du premier dauphin, François Ier rêva de lui donner un trône ainsi qu'à son frère Henri. Il eut en 1542 le commandement de l'armée du Nord, sous la direction du duc de Guise, tandis que le dauphin commandait dans le Midi. Après de rapides succès, après s'être emparé en deux mois de toutes les villes importantes du Luxembourg, à l'exception de Thionville, le duc d'Orléans licencia subitement son armée, perdant tous les avantages de cette campagne pour aller rejoindre le dauphin, tant il craignait de voir son frère s'illustrer seul par quelque victoire. « Il y avait entre les deux frères, dit Sismondi, une émulation de gloire et de bravoure, et une rivalité qui n'allait pas néanmoins jusqu'à l'inimitié. » La mort du duc d'Orléans vint bientôt renverser tous ces plans. Le dauphin faisait le siége de Perpignan. Mais les opérations furent interrompues de ce côté, et le duc d'Orléans s'arrêta à Béziers près du roi, n'ayant plus l'espérance d'une bataille au pied des Pyrénées. L'année suivante, 1543, le duc d'Orléans fit avec le roi une nouvelle campagne dans le Luxembourg, que son départ précipité avait fait retomber au pouvoir de l'Empereur. Charles-Quint, par le traité de Crespy, s'engagea à donner au duc d'Orléans ou sa fille aînée, avec l'héritage de l'ancienne maison de Bourgogne dans la Flandre et la Franche-Comté, ou bien une de ses nièces, avec le duché de Milan. « La mort du duc d'Orléans vint bientôt renverser tous ces plans : il mourut de la peste, dit Ferronius (Arnoldi Ferronii, t. IX, p. 237), à Forêt-Moutiers, près d'Abbeville, où il était avec le roi. « Le duc d'Orléans, dit-il, entra avec son frère Henri dans la maison d'un paysan, encore qu'on lui eût dit qu'elle était infectée; il plaisantait avec son frère sur cette peste dont on le menaçait, et de son épée coupant les coussins, il poussait sur le dauphin les plumes dont le lit était rempli. Dès ce moment, on assure qu'il fut infecté de la peste. Il fut vivement regretté; il était ardent à toutes les études militaires, aucun prince n'était entouré de meilleurs capitaines; aucun n'accueillait mieux les chevaliers étrangers; aucun, lorsqu'il en était besoin, ne montrait plus de patience dans les travaux, de largesse dans les dons; il savait s'attacher les soldats par son amitié, les garantir par sa protection contre les influences de cour; il avait si bien gagné l'amour du roi son père, et de ceux qui plaisaient à son père, qu'on ne savait jusqu'où il pourrait arriver; et sa puissance, déjà très-grande, semblait s'accroître chaque jour. Il était né en 1522 et mourut en 1545.

XXII.

Henri II

ROI DE FRANCE

SERVICES.

Combat du Pas de Suze.........	1537	Campagne du Luxembourg.......	1552
Prise de Rivoles................	1537	Prise de Damvillers...........	1552
Prise de Montcallier............	1537	Prise d'Ivoy...................	1552
Siége de Perpignan.............	1542	Prise de Montmédi.............	1552
Prise d'Aimerie................	1543	Siége de Renty................	1553
Prise de Maubeuge.............	1543	Combat de Renty..............	1553
Prise de Carlemont............	1543		

ARMES : D'azur à trois fleurs de lys d'or. (*V. page* 60.)-
EMBLÈME ET DEVISE : *Le Croissant :* Donec totum impleat orbem.

Ce fils de François Ier et de Claude de France naquit en 1518; son avénement à la couronne (1547) eut pour résultat immédiat un brusque changement dans la politique. Le premier soin de Henri II fut de visiter ses provinces. Il possédait quelque chose des brillantes qualités de son père. Il s'était montré avec grand honneur dans les dernières campagnes. Il acquit de la popularité; il en avait besoin, si l'on songe qu'il avait à lutter contre l'ascendant encore redoutable de Charles-Quint, et à comprimer des ambitions remuantes autour de lui.

En 1549, la guerre est déclarée à l'Angleterre, qui refusait de livrer Boulogne, dont elle avait consenti la remise dans un traité signé sous François Ier; et, après quelques actes d'hostilité, Boulogne est rendue à la France. Mais, en 1551, une guerre sérieuse s'engage en Italie. Henri II réclamait et voulait arracher au Pape les duchés de Parme et de Plaisance. Le Pape invoque le secours de Charles-Quint, et Henri II fait avancer simultanément, dans le Piémont et le Parmesan, ses armées, conduites par deux habiles généraux, le duc de Brissac et le maréchal de Termes. Malgré leurs brillants succès, comme la guerre n'était pas encore déclarée entre le Pape et l'Empereur, ils s'arrêtent et consentent à une suspension d'armes; mais la ligue des princes protestants, menacée par Charles-Quint, donne aussitôt à cette guerre un nouvel intérêt, un champ plus étendu. Henri se déclare le protecteur de la ligue, marche au-devant des princes, prend (1552) Toul, Metz et Verdun, entre en Lorraine, en Alsace, occupe Metz, tente un coup de main sur Strasbourg, s'empare du duché de Luxembourg et du duché de Bouillon. Abandonné tour à tour par ses alliés, qui traitent séparément avec l'Empereur, Henri est réduit à lutter seul contre toutes les forces de l'Empereur. A la tête de son armée, Charles met le siége devant Metz, place mal fortifiée alors, mais qui était défendue par François de Guise avec l'élite de la noblesse française; grâce à sa bravoure, à son habileté, l'Empereur est forcé de lever le siége, et, de dépit, va piller la Picardie. En représailles de ces cruautés, les Français mettent à feu et à sang le Brabant, le Hainaut et le Cambrésis. Une rencontre a lieu sous les murs de Renty, où les Impériaux sont de nouveau battus. En Italie, l'armée française était moins heureuse; malgré les efforts de Montluc et son habile défense de Sienne, elle avait perdu la Toscane, et ses communications étaient interceptées. En Picardie, le vieux connétable de Montmorency s'était avancé et devait faire lever le siége de Saint-Quentin, que pressait vivement le duc de Savoie, Emmanuel-Philibert; sous les murs de cette ville, une bataille fut livrée, dont l'issue fut désastreuse à la France (1557); les pertes furent considérables: les gentilshommes les plus illustres, le duc d'Enghien, le comte de Montpensier et le maréchal de Saint-André y furent blessés ou faits prisonniers. Charles-Quint, à la nouvelle de cette victoire, demanda, du fond de son couvent, si les Espagnols n'étaient pas à Paris. Pour réparer les fautes du vieux connétable, François de Guise, rappelé d'Italie, marche en Picardie, assiége Calais et s'en empare en huit jours, prend Guines et la forteresse de Ham; et, en moins d'un mois, au milieu de l'hiver le plus rigoureux, il expulse entièrement l'armée anglaise; tandis que, ailleurs, en Piémont, en Lorraine, le duc de Brissac, le duc de Nevers et le maréchal de Termes se maintenaient avec avantage. Mais, peu après la prise de Dunkerque, celui-ci perdit la bataille de Gravelines (13 juillet 1558); cet événement détermina la paix, signée à Cateau-Cambrésis, en 1559. Calais, Toul, Metz et Verdun restèrent à la France. Deux mariages durent cimenter cette paix: Philippe II épousa Élisabeth, fille du roi; l'autre, Marguerite, sa sœur, s'unit au duc de Savoie. C'est au milieu des fêtes de ces mariages que

Henri II fut blessé, dans un tournoi donné rue Saint-Antoine, par la lance du comte de Montgommery, capitaine de la garde écossaise; le roi mourut des suites de sa blessure, le 10 juillet 1559; il était âgé de 41 ans.

Henri II eut pour femme : CATHERINE, fille de Laurent de Médicis, née en 1519, morte en 1589, dont il eut :

1. FRANÇOIS II, roi de France et d'Écosse, qui naquit en 1543 et mourut en 1560, après un règne d'un an et quelques mois, ne laissant point d'enfants de sa femme Marie Stuart; — 2. LOUIS, duc d'Orléans, mort enfant; — 3. CHARLES IX (qui suit); — 4. HENRI III (qui suivra); — 5. FRANÇOIS, duc d'Alençon (1); — 6. ÉLISABETH, mariée à Philippe II, roi d'Espagne; — 7. CLAUDE, qui épousa Charles II, duc de Lorraine; — 8. MARGUERITE, mariée à Henri, roi de Navarre; — 9 et 10. VICTOIRE et JEANNE, sœurs jumelles, mortes en bas âge.

DIANE, légitimée, duchesse d'Angoulême; elle épousa 1° Horace Farnèse, duc de Castres, et 2° François, duc de Montmorency; elle mourut sans postérité en 1619.

Fils naturel : HENRI D'ANGOULÊME, *grand prieur de France et gouverneur de Provence, qui mourut en* 1586.

---

(1) FRANÇOIS, DUC D'ALENÇON.

SERVICES.

Siége de La Rochelle	1573		Prise de Binch	1578
Prise de La Charité-sur-Loire	1577		Prise de Cateau-Cambrésis	1581
Prise d'Issoire	1577		Siége d'Anvers	1583

ARMES : De France à la bordure de gueules.

Ce prince, le plus jeune des fils de Catherine, se ressentit comme ses frères de la triste école où il avait grandi; dans cette longue et violente lutte des partis, il se jeta dans beaucoup d'intrigues. Il fit ses premières armes au siége de La Rochelle. Après avoir fait la guerre avec les huguenots il fit la paix avec Henri III, signa la Ligue, et prit les armes contre ses anciens amis. Nommé lieutenant général de l'armée catholique, il s'empara de La Charité et d'Issoire, dont il fit massacrer les habitants. Appelé, en 1568, par les États de Flandre contre les Espagnols, il conduisit une armée dans les Pays-Bas et s'empara de Binch; cette expédition n'eut aucun résultat important. Mais en 1581, après la prise de Cambrai et de Cateau-Cambrésis, il fut nommé duc de Brabant. Il tenta de s'emparer de quelques places, et échoua devant Anvers. Il mourut en 1584, n'ayant point été marié.

XXIII.

Charles IX

ROI DE FRANCE

SERVICES.

Prise de Bourges.............. 1562	Prise du Hâvre................. 1563
Prise de Rouen................ 1562	Prise de Saint-Jean-d'Angely... 1569

Armes : D'azur semé de fleurs de lys d'or. (*V. pag.* 69.)
Emblème et devise : *Deux colonnes :* Pietate et justitia.

Charles, né en 1550, succéda, en 1560, à François II, son frère aîné. L'heure approchait où les passions religieuses, provoquées par la réforme, allaient ouvrir en France et en Allemagne une nouvelle période de guerres acharnées. Le massacre de Vassy, où les gens du duc de Guise firent main basse sur une poignée de huguenots, fut le signal attendu pour engager la lutte. Les réformés prirent Orléans, puis appelèrent les Anglais, leurs coreligionnaires, et leur livrèrent le Hâvre. Après ce premier pas, les Anglais pouvaient être tentés de ressaisir la Normandie, leur ancienne conquête; la guerre intérieure pouvait leur en frayer le chemin. La cour, pour parer au danger, entreprit le siége de Rouen; le jeune roi y fut conduit, et après un grand déploiement d'efforts, la ville fut emportée. L'année suivante, il fut conduit de même au siége du Hâvre que le comte de Warwick fut forcé de rendre au maréchal de Montmorency. La guerre des deux cultes, quelque temps apaisée, recommença (1567). Condé et Coligny faillirent enlever le roi; ils reprirent Orléans, s'approchèrent de Paris. Le connétable de Montmorency leur livra, dans la plaine de Saint-Denis, une bataille, dont le résultat fut indécis et où il trouva la mort. Une nouvelle paix se conclut; on l'appela la Paix fourrée; elle dura à peine un mois. En effet, le prince de Condé, averti des desseins de la cour, reprend tout à coup les armes et entre dans La Rochelle. Les huguenots, secourus par l'Angleterre et l'Allemagne, s'avancent et engagent l'action à Jarnac, sur la Charente. Coligny, vaincu, se fit encore battre à Moncontour; poursuivi, il était perdu, mais ayant eu le temps de réparer ses pertes, il entra en Bourgogne, et força le roi à traiter, pour la troisième fois (paix de Saint-Germain), et à accorder aux protestants des conditions et des places de sûreté.

Charles, d'un caractère ardent et brusque, commençait à trouver gênante la tutelle de sa mère; il était brave, il avait des goûts militaires; sa mère les contrariait; la gloire de son frère, le duc d'Anjou (Voy.), lui portait ombrage. Après la paix, Coligny vint à la cour et fit goûter au jeune prince le projet de porter la guerre dans les Pays-Bas, insurgés alors contre l'Espagne; l'amiral gagna ou crut gagner sa confiance. Charles IX trama-t-il de si loin la perte des protestants et l'horrible catastrophe de la Saint-Barthélemi? Rien ne l'établit suffisamment; mais ce prince était irascible et changeant, livré à de frénétiques humeurs, enclin aux mouvements les plus extrêmes; et sa mère, quand cet expédient atroce fut résolu, vint à bout de ses perplexités; il consentit à cette boucherie qui ternira à jamais son nom. On dit qu'il y participa jusqu'à arquebuser ses sujets, du haut d'une fenêtre du Louvre, dans cette nuit de massacre; c'est une tradition restée populaire; mais la saine critique historique ne la confirme pas.

Charles aimait passionnément la chasse et les exercices violents; il y joignait l'amour des lettres et de la poésie; on a de lui des vers célèbres à juste titre. Il composa en outre un livre intitulé : *La Chasse royale*, ouvrage encore estimé; il est divisé en vingt-neuf chapitres que sa mort prématurée interrompit. Il expira, bourrelé de remords, dit-on, le 31 mai 1574.

Charles IX eut pour femme : ÉLISABETH, fille de Maximilien II, empereur d'Autriche, dont il eut :

MARIE-ÉLISABETH, morte enfant en 1578.

Fils naturel : CHARLES, *bâtard de Valois, tige des derniers ducs d'Angoulême.*

XXIII.

Henri III

ROI DE FRANCE.

Bataille de Jarnac............ 1569	Bataille de Moncontour. *Un cheval tué* 1569
Combat de la Roche-Abeille...... 1569	Prise de Saint-Jean-d'Angely...... 1569
Siége de Châtellerault........... 1569	Siége de La Rochelle............ 1573

ARMES : Deux écus accolés, le 1 de France, le 2 de gueules à l'aigle d'argent, couronné, membré et becqué d'or, qui est de Pologne ; parti de gueules à un cavalier armé d'argent, tenant une épée nue en sa main dextre, et en l'autre un écu d'azur à une double croix d'or ; le cheval bardé d'argent, houssé d'azur et cloué d'or, Lithuanie.

EMBLÈME ET DEVISE : *Trois couronnes* : Manet ultima cœlo.

Henri III, roi de France et de Pologne, troisième fils de Henri II et de Catherine de Médicis, naquit à Fontainebleau en 1551. Le duc d'Anjou (il porta ce titre avant d'être roi) était le favori de sa mère, dont l'influence était plus complète encore sur lui que sur ses frères ; élevé comme eux à une triste école, dans toute la licence des pratiques italiennes en fait de mœurs et de gouvernement, il résista peu à cette contagion. Il s'annonçait pourtant avec des qualités brillantes : il avait le propos piquant, une vive conception, que sa mère sut tourner à l'intrigue, et un goût fort décidé pour la guerre ; il était plein de grâce et d'adresse ; Catherine aimait à l'opposer au jeune roi Charles IX pour contenir ou ramener, par la crainte, un caractère impétueux qui lui échappait souvent. Après la mort du connétable de Montmorency, Catherine, pour éviter que Guise ou quelque autre chef influent ne s'emparât de l'armée, mit à sa tête le duc d'Anjou. Il n'avait que seize ans; sa première campagne fut marquée par deux victoires complètes. Les batailles jusqu'alors étaient restées à peu près indécises entre les catholiques et les protestants, mais Jarnac et Moncontour (1569) assurèrent aux premiers un avantage éclatant; il en faut assurément renvoyer le principal honneur aux maréchaux de Cossé et de Tavannes qui dirigèrent le duc d'Anjou; mais le prince s'y comporta avec une bravoure qui lui valut une grande popularité; il eut *son cheval tué sous lui* à Moncontour; il fallut le retenir pour l'empêcher de s'élancer à la poursuite de l'armée vaincue, et ce fut peut-être une faute qui laissa aux ennemis le temps de rapprocher leurs débris et de réparer leurs pertes. La gloire du duc d'Anjou dut porter ombrage au roi, son frère, et lui-même, la paix faite avec les protestants (1570), vit, de son côté, avec jalousie, l'influence et la faveur passer du côté de ceux qu'il avait vaincus. Il continua de recevoir ses inspirations de sa mère; il assista, la veille de la Saint-Barthélemi, au conseil où fut décidé le massacre des chefs protestants; Catherine dirigea sa conduite pendant l'événement.

Cette reine négocia, l'année suivante, pour faire élire son fils au trône de Pologne; elle y travailla avec ardeur et réussit (1573). Quand la nouvelle en vint à la cour de France, le prince assiégeait La Rochelle, où le protestantisme s'était concentré. Il eut hâte d'en finir, donna brusquement plusieurs attaques inutiles, y perdit deux mille quatre cents hommes, et faillit être tué d'un coup de mousquet qui traversa sa fraise; pressé de partir, il aima mieux traiter avec désavantage que de laisser à un autre le commandement.

Le nouveau roi de Pologne fut vite désenchanté de cette couronne qu'il était si impatient de saisir; l'humeur indépendante et rude de la noblesse polonaise trouvait à redire à toutes ses habitudes. La vue du vainqueur de Moncontour y avait un peu surpris sans doute : sa paresse, ses langueurs, ses caresses de femme à ses favoris, scandalisèrent une cour qui n'était pour lui qu'un camp de barbares. Il eût mieux aimé, disait-il, vivre prisonnier en France que maître en Pologne. A la nouvelle de la mort de son frère, il gagna à bride abattue les terres de l'Empereur, serré de fort près par un gros de cavaliers envoyés à sa poursuite.

Henri III, en mettant le pied dans le royaume et au sortir des fêtes vénitiennes, se persuada qu'il n'y avait qu'à déployer un luxe exagéré de dehors religieux, qu'à donner dans le raffinement de dévotion des confréries pour compenser le scandale de ses orgies et balancer la popularité de Guise. Il ne s'y épargna pas ; mais ce double excès ne lui rapporta que haine et mépris ; les processions de Saint-Germain-l'Auxerrois, où il se montrait couvert d'un sac, le chapelet et le cilice à la main, ne lui firent pas pardonner les mascarades et les profanes mystères du Louvre. « Il perdoit ses peines à aller à pied, dit le *Journal de l'Estoile*, par les églises de Paris, tenant en sa main de grosses patenôtres, les disant et marmottant par les rues ; on disoit que ce faisoit-il par le conseil de sa mère, afin de faire croire au peuple qu'il étoit fort dévot et catholique. » On cria à l'hypocrisie.

Henri III épousa, en 1575, Louise de Vaudemont, la cousine des Guise, qu'il rapprocha du trône sans les gagner davantage au roi. Henri de Guise, l'âme de la Ligue, devenait chaque jour plus populaire et plus puissant.

Henri III négociait pour faire épouser à Élisabeth d'Angleterre son frère, le duc d'Anjou (d'Alençon), et se débarrasser de ses intrigues qui compliquaient encore ses embarras. Il n'osa accepter ouvertement les Pays-Bas qui s'offraient à lui, de peur de fournir à l'Espagne un prétexte de l'attaquer ; mais il donna les mains à la tentative qu'y fit son frère, dont l'entreprise avorta. Entraîné par la Ligue, il accéda au traité de Nemours qu'elle lui imposa ; c'était la guerre encore ; il fallut prendre de nouveau les armes (1585).

Le duc d'Anjou venait de mourir (1584). Henri III n'ayant pas d'enfants, le roi de Navarre devenait l'héritier de la couronne, et la Ligue s'agita plus fort que jamais. Henri mit sur pied quatre corps d'armée (1586), espérant lasser l'humeur guerroyante de la Ligue en l'écrasant du poids de la guerre. Joyeuse, l'un des favoris de Henri III, attaqua le roi de Navarre à Coutras ; il y perdit la bataille et la vie (1587). La Ligue s'en prenait au roi de ses revers. Bientôt le peuple courut aux armes, tendit les chaînes à travers les rues, et Henri n'eut que le temps de monter à cheval et de fuir (1588) ; il gagna Chartres, tandis que sa mère endormait le duc de Guise dans une conférence qu'elle traînait en longueur. Henri III avait fait serment, en se retournant vers Paris, de n'y rentrer que par la brèche. Il comptait sur les États-Généraux ; il les réunit à Blois ; mais le royaume n'envoya que des Ligueurs. Contrecarré dans toutes ses demandes, admonesté, rudoyé par les trois ordres, Henri imputait tout au duc de Guise. Il avait quitté sa vie frivole, il était devenu sérieux et sombre ; sa haine pour le duc s'irritait encore par l'impuissance où il était d'en faire haute et bonne justice ; la résolution seule lui avait manqué. Le moment vint où il lui sembla que sa vengeance servirait sa politique, et il fit massacrer le duc par ses gardes, à la porte de son cabinet ; mais l'événement trompa ses espérances, s'il avait cru tuer la Ligue avec son chef. Paris lui répondit par un acte de déchéance, et la France catholique le rejeta. Les protestants alors s'offrirent à lui ; il hésita longtemps avant d'accepter leurs secours ; les Ligueurs déjà l'appelaient hérétique ; c'était donner gain de cause à leur révolte. Enfin, après de longues perplexités, des négociations sans fruit avec Mayenne, il vit le roi de Navarre à Tours, s'entendit avec lui, appela des Suisses, et les deux rois, après quelques siéges, marchèrent sur Paris. Tout le parti protestant s'était réveillé et rentrait en campagne ; quinze mille Suisses venaient d'arriver ; la noblesse accourait des provinces. Cette armée forma bientôt quarante-deux mille hommes. Henri III avait repris son ancienne activité et son humeur guerrière ; il investit Paris au nord de la Seine, tandis que le roi de Navarre occupait la rive gauche. L'attaque était formidable. La Ligue allait sans doute succomber, quand elle eut recours à l'expédient tragique que Valois lui-même avait enseigné. Le dominicain Jacques Clément le poignarda à son quartier de Saint-Cloud, en lui remettant des lettres. Il expira le 1er mai 1589.

La maison de Valois s'éteignit avec ce prince ; n'espérant pas d'héritiers, il eut peu de souci de ce que deviendraient après lui la royauté et l'État.

Henri III eut pour femme : Louise, fille de Nicolas, duc de Lorraine, qui mourut en 1601.

BRANCHE ROYALE DE BOURBON.

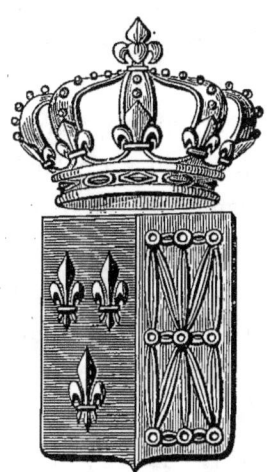

XXII.

Henri IV

ROI DE FRANCE ET DE NAVARRE.

SERVICES.

Guerres de religion	1569	Prise d'Étampes et de Vendôme	1589
Siége de Poitiers	1569	Prise du Mans	1589
Combat d'Arnai-le-Duc	1570	Prise de Falaise	1589
Siége de La Rochelle	1573	Siége de Honfleur	1590
Prise d'Eause	1576	Délivrance de Meulan	1590
Siége de Marmande	1577	Siége de Dreux	1590
Surprise de Fleurance	1579	Bataille d'Ivry	1590
Guerre des Amoureux	1580	Prise de Melun	1590
Prise de Cahors	1580	Blocus de Paris	1590
Combat près de Marmande	1580	Combat près de Laon	1590
Guerres de religion	1583	Prise de Saint-Denis	1590
Prise de Mont-de-Marsan	1583	Prise d'assaut des faub. de Paris	1590
Combat près Nérac	1585	Prise de Corbie	1590
Défense de Marans	1586	Prise de Chartres	1591
Prise de Chizai et de Saint-Maixant	1586	Prise de Noyon	1591
Prise de Fontenay et de Mauléon	1586	Siége de Rouen	1591-92
Bataille de Coutras	1587	Combat de Folleville	1592
Prise de Marans et de Beauvoir	1588	Combat d'Aumale. (*Blessé.*)	1592
Guerre contre la Ligue	1489	Prise d'Épernay	1592
Prise de Poissy et de Pontoise	1589	Prise de Dreux	1593
Siége de Paris	1589	Prise de Laon	1594
Prise de Gournai et de Neufchâtel	1589	Bataille de Fontaine-Française	1595
Prise d'Eu et du Tréport	1589	Prise de La Fère	1596
Siége de Darnetal	1589	Reprise d'Amiens	1597
Combats d'Arques	1589	Guerre contre le duc de Savoie	1600
Prise d'assaut des faub. de Paris	1589	Prise du fort Sainte-Catherine	1600

ARMES : Parti de France et de gueules aux chaînes d'or posées en orle, en croix et en sautoir qui est Navarre.

EMBLÈMES ET DEVISES : *Une épée nue* : Deus dedit et dabit uti. — *Deux couronnes* : Duas protegit unus.

Henri, fils d'Antoine de Bourbon et de Jeanne d'Albret, naquit à Pau, le 13 décembre 1553; et fut élevé, dans le château de Coarasse, dans toute la rudesse et la liberté des enfants de la montagne. Son grand-père, Henri d'Albret, l'avait recommandé ainsi; on dit même qu'il avait voulu que sa fille accouchât en chantant « afin qu'elle ne lui fît pas un enfant pleureur et rechigné. » Le jeune prince fut mené à Paris dans l'année 1561; mais sa mère reprit le chemin de son petit royaume à la mort de son mari (1562). C'était un enfant d'une vive intelligence; sa mère, calviniste austère, comprit sa vocation, et le conduisit, dès 1569, au milieu de l'armée protestante. La troisième guerre religieuse commençait : il fut témoin des batailles de Jarnac et de Moncontour et y signala, selon quelques écrits, avec une précoce intelligence de la guerre, les fautes du prince de Condé, son oncle, et du vieux Coligny; il avait alors quinze ans. Le parti, épuisé par ses défaites, gagna le Midi et s'y releva par une petite guerre active; le jeune prince fit avec succès cette guerre de détail, de petits siéges et de coups de main. Sa bravoure, sa pénétration prompte, promirent un chef capable de ramener la fortune. La paix de Saint-Germain finit la campagne en 1570; le prince se retira dans le Béarn. La réconciliation apparente des partis amena bientôt son mariage avec Marguerite de Valois, sœur de Charles IX; les protestants, après plusieurs paix aussitôt défaites que conclues, se livrèrent en aveugles aux illusions de toutes sortes que cette alliance leur permettait : Coligny se croyait maître de l'esprit de Charles IX. Appelés à Paris par les fêtes nuptiales du prince de Béarn, ils pensaient y prendre aux affaires une grande part d'influence; la Saint-Barthélemy les surprit, la fête à peine terminée; Henri, enfermé dans le Louvre, entendit les cris des siens qu'on égorgeait; on délibérait dans la chambre du roi, son beau-frère, si on le livrerait, comme eux tous, aux bourreaux.

Retenu captif et surveillé de fort près, il réussit, grâce à son esprit délié, à son humeur sociable et enjouée, à vivre en grande intimité avec tous ces princes, prenant volontiers sa part dans leurs jeux et dans leurs intrigues; il se lia plus étroitement surtout avec les Guise, au point, dit d'Aubigné, « qu'ils couchaient, buvaient et mangeaient ensemble; faisant de même leurs mascarades, ballets et carrousels. » Catherine de Médicis tira son parti ordinaire des défauts du prince : elle attaqua par ses côtés faibles et corruptibles ce naturel généreux; elle entoura le mari de sa fille de tous ces piéges charmants qu'elle dressait à ses propres fils, et le roi de Navarre n'y résistait guère. C'est à cette triste école qu'il faut rapporter ces incurables goûts de galanterie, cette sensualité effrénée qui le posséda toujours et qui troubla tristement cette haute existence.

Henri suivit à contre-cœur le duc d'Anjou au siége de La Rochelle (1573). Les protestants reprirent les armes en 1576, et le prince, las de sa vie oisive, animé de courage et d'ambition, s'évada de la cour et rentra dans son ancien parti, dont il pouvait craindre qu'un autre ne saisît le commandement. Un changement de politique de la reine Catherine, qui souhaitait la guerre, avait favorisé sa fuite; le roi de Navarre alla tenir sa petite cour à Nérac, selon les traditions du Louvre; il avait d'abord résidé à Agen, ville que la licence de ses fêtes lui fit perdre. Cette campagne de 1577 eût écrasé le parti protestant; mais Catherine, qui ne voulait la guerre que pour avoir des affaires, et non pour en sortir, l'arrêta à temps, fit conclure une nouvelle paix et alla visiter son gendre à Nérac, avec sa fille Marguerite. Les deux reines nouèrent mille intrigues autour de lui: Catherine détachait, jusque sous ses yeux, les chefs influents de son parti; au milieu d'un bal que lui donnait Catherine, le Béarnais apprit la perte d'une ville dont les intrigues de la vieille reine avaient gagné le gouverneur; il quitta la fête sans bruit, réunit ses gentilshommes et alla s'emparer d'une autre place pendant la nuit. La guerre qui suivit (1580), et que l'on désigne du nom de guerre des Amoureux, mit le parti huguenot à deux doigts de sa perte; l'infatigable bravoure, l'activité, le feu militaire que Henri de Navarre y déploya, le sauvèrent encore une fois. Parmi les faits d'armes les plus audacieux de ce temps, il faut citer la prise de Cahors; Henri se précipita dans la ville, lui septième; assailli de toutes parts, sous une grêle de pierres et de tuiles, il combattait, adossé à une boutique, les pieds en sang et couvert de contusions; les siens le suppliaient de faire retraite, la garnison venait de recevoir des renforts : « Non, dit-il, une retraite hors de cette ville sera celle de mon âme hors de mon corps. » Il ne fut maître de la ville qu'après cinq jours de pareils combats, où il eut à faire le siége de chaque maison.

Après quelques années de lassitude, la guerre reprit en 1584. Henri, investi dans Nérac par toutes les forces de Mayenne, enfonce les lignes ennemies, reprend en courant les villes qu'il avait perdues, et se dirige sur La Rochelle avec sa petite armée de trois mille hommes environ. Il se porte au-devant des troupes que l'Allemagne lui envoie ; mais l'une des armées royales, commandée par Joyeuse, se jette à sa rencontre et l'arrête à Coutras. Une victoire complète, dont il fut redevable à ses bonnes dispositions, fit sa réputation comme général; il avait fait d'ailleurs, et comme toujours, son métier de soldat : il reçut des coups de feu dans ses armes et fit des prisonniers de sa main. Au moment d'engager l'action, il dit, s'adressant aux princes ses cousins : « Vous êtes Bourbons; « mais, vive Dieu ! je vous montrerai que je suis votre aîné. » Quelques-uns voulant le couvrir, il s'écria : « A quartier, je vous prie; ne m'of- « fusquez pas ! »

Mais la victoire de Coutras ne fut pas chaudement poursuivie ; cette armée de huguenots se débanda. Henri avait hâte de revoir le Midi, où l'attirait le plaisir, et d'utiliser sa gloire récente par des conquêtes d'une autre sorte. Les gentilshommes, sans paie le plus souvent, harassés de fatigues et de besoins, regagnaient leurs châteaux ; à peine en obtenait-on une campagne ; toute opération sérieuse était interrompue. Bourbon, de son côté, n'osait pousser à bout Henri III, qui bientôt n'eut plus pour ressource que de se joindre à son beau-frère; les souvenirs de la Saint-Barthélemy s'effacèrent : ils réunirent leurs forces et marchèrent sur Paris.

La mort du duc d'Alençon ouvrait au roi de Navarre la perspective du trône de France : en se faisant le vengeur de la majesté royale, en prenant en main le droit du trône, en s'installant ainsi au cœur du royaume, il allait se trouver plus à même de recueillir ce grand héritage, qui ne tarda pas à lui échoir. Henri de Valois, quand il fut près d'expirer, désigna Henri de Bourbon comme son successeur, et exhorta les siens à le reconnaître ; mais le pape l'avait excommunié ; la Ligue se fortifiait de jour en jour et couvrait le royaume ; des divisions éclatèrent autour du Béarnais ; les chefs de l'armée royale refusaient pour la plupart de reconnaître un prince hérétique.

« On les voyoit, dit d'Aubigné, comme gens forcenés, enfonçant leurs chapeaux, les jetant par terre, fermant les poings, complotant, se touchant la main, formant des vœux, des promesses dont on oyoit pour conclusion : Plutôt mourir de mille morts ! » Ils déclarèrent enfin au roi de Navarre qu'ils ne le reconnaîtraient roi de France qu'après sa conversion.

L'autorité royale, après de si lentes et si laborieuses conquêtes, était exposée à tout perdre en un instant : ce qu'elle avait gagné sous les Valois ne semblait pas devoir leur survivre. Ce grand travail de l'unité de la France se trouvait exposé à périr dans la crise; comme la chute des Carlovingiens, celle des Valois pouvait livrer la France morcelée à une nouvelle féodalité ; c'est là ce que rêvaient sans doute ces gentilshommes protestants ou catholiques, chacun tirant à soi villes ou provinces, avec l'espoir de s'y faire indépendants sous un roi qui courait la fortune au milieu d'eux. Henri lui-même délibéra de se retirer au delà de la Loire, de s'en tenir au Midi, abandonnant à la Ligue la France du nord. Des quarante mille hommes qui assiégeaient Paris, dix mille à peine étaient à lui : il attendait cependant un secours d'Angleterre, et, pour le joindre, il descendit en Normandie. Mayenne l'y poursuivit avec trente mille hommes, se faisant fort de l'investir et de ne lui laisser pour ressource, disait-il, que de se rendre ou de sauter dans la mer. Henri, sûrement retranché et occupant le château d'Arques, repoussa ses attaques et lui fit essuyer des pertes qui le décidèrent à s'éloigner. Avec un corps anglais de quatre mille hommes qui venait de débarquer, Henri osa reprendre l'offensive et marcha sur Paris; il espérait, grâce à quelques intelligences, qu'un coup de main suffirait pour l'en rendre maître; mais il ne réussit qu'à prendre les faubourgs; il lui fallut se retirer à l'approche de Mayenne. Le cours de ses opérations était sans cesse arrêté par le manque d'argent, ce qui le réduisait à un système de guerre qui n'avançait pas beaucoup ses affaires; comme ses gentilshommes faisaient campagne à peu près à leurs dépens, ils ne restaient à l'armée que quelques mois, prenant congé sitôt que leurs ressources étaient épuisées, pour aller chercher de quoi fournir à une nouvelle campagne.

Henri, en s'éloignant de Paris, s'était porté de nouveau sur la Normandie, quarante places tombèrent en son pouvoir. Il poussait avec vigueur le siége de Dreux, quand Mayenne se mit en marche et l'atteignit au bord de l'Eure, auprès du bourg d'Ivry. Cette bataille (1590) est l'œuvre capitale de la vie militaire de Henri IV, celle où il apporta le plus de prévoyance et de sang-froid, gardant le coup d'œil du commandement au milieu de ses prouesses de chevalier (1). Il fit marcher ses troupes en ordre de combat, et écrivit de sa main les instructions à ses principaux officiers; arrivée dans la plaine d'Ivry, resserrée entre l'Ithon et l'Eure, son armée se trouva la première en bataille; la cavalerie formait sept corps, coupés par des divisions d'infanterie (2). Le roi prit le commandement de l'aile droite, confia la gauche au maréchal d'Aumont, et plaça derrière le centre une forte réserve aux ordres du maréchal Biron. Mayenne copia les dispositions du roi, mais ne forma pas de réserve; ce fut la cause de sa défaite. Henri profita des replis du terrain pour se mettre à couvert du canon de l'ennemi. Son artillerie, au contraire, commandée par le comte de Guiche, porta en plein sur les Ligueurs. D'Egmont, avec sa cavalerie, se précipita pour l'enlever; il toucha de son cheval la batterie royale, mais il fut repoussé par Biron. Bientôt l'aile droite du roi, engagée contre Mayenne et ses meilleures troupes, eut à soutenir un furieux choc. Enveloppé par un escadron qu'il avait traversé, le roi faillit y périr. Biron, à la tête de sa réserve, prompt à tout voir, accourut à temps pour le sauver. Mais un moment de désordre compromit tout : le cornette royal qui portait un panache blanc comme son maître, fut blessé près de lui, et on le prit pour le roi; Henri accourut au milieu des rangs, et les troupes, exaltées en le revoyant paraître, firent une dernière charge qui écrasa les Ligueurs. Les Suisses et les lansquenets demandèrent quartier (3). La Ligue, selon Davila, laissa six mille hommes dans la plaine d'Ivry.

Cette victoire livrait Paris au roi. « La Ligue, dit l'Estoile, démontée de tous points, lui en eût ouvert les portes, » mais l'indiscipline de sa petite armée, qui fondait après chaque victoire, ne le laissait plus maître du

(1) On connaît l'allocution qu'il fit à ses troupes : « Mes compagnons, si vous courez aujourd'hui ma fortune, je cours aussi la vôtre... Gardez-bien vos rangs, je vous prie; si vous perdez vos enseignes, cornettes et guidons, ne perdez point de vue mon panache blanc, vous le trouverez toujours au chemin de l'honneur et de la victoire. »

(2) Selon Davila, l'armée de la Ligue, après avoir rallié le comte d'Egmont et ses escadrons flamands, s'élevait à quatre mille cinq cents chevaux et vingt mille fantassins. Henri n'avait à opposer à Mayenne que trois mille cavaliers et huit mille hommes de pied. D'Aubigni fait les deux armées moins nombreuses, et ne donne à la Ligue que douze mille fantassins.

(3) Henri, humain et généreux d'habitude, fut sans pitié pour les mercenaires à Ivry. « Sauvez les Français, dit-il, main basse sur l'étranger. » Il se rappelait que des lansquenets l'avaient trahi à Arques, et qu'une partie de ceux qui avaient été engagés pour lui avaient passé à ses ennemis.

lendemain; il jugea plus prudent de s'assurer des places voisines, d'intercepter routes et rivières pour mettre le blocus devant Paris. Pendant quatre mois, l'exaltation religieuse soutint cette population réduite à brouter l'herbe des fossés, à dévorer les animaux immondes et à faire du pain avec les os des morts; on voyait de ces spectres affamés s'élancer du haut des murailles. Henri ne tint pas au spectacle de tant de maux. « Il ne faut point, disait-il, que Paris soit un cimetière; je ne veux point régner sur des morts. » La compassion gagna ses troupes, qui firent passer des vivres par-dessus les murailles; ce généreux oubli des lois de la guerre et de l'intérêt du siége devait plus tard porter ses fruits en lui ramenant les cœurs; mais il alimenta la résistance, et donna au duc de Parme et à Mayenne le temps d'arriver. Henri s'éloigna, de peur d'être pris entre deux feux. La ville une fois délivrée et pourvue de vivres, le duc de Parme refusa la bataille et se retira; Henri s'approcha encore de la capitale et tenta deux coups de main sans succès.

Ainsi tout le fruit de cette guerre lui échappait, l'issue de son entreprise redevenait plus douteuse qu'au premier jour; les divisions se multipliaient autour de lui, le découragement l'atteignit lui-même; « Il se trouva réduit, dit Sully, en de grandes fâcheries et perplexités, à cause du grand éclat des heureux succès de ses ennemis. » Jusque-là, il n'avait pas fallu moins que ses ressources d'esprit, la gaieté de son humeur, l'impulsion de sa bravoure et sa confiance dans sa fortune, pour arrêter à chaque pas la dissolution de son parti. Il fallut ajourner de nouveau les grandes opérations et les coups décisifs, recommencer la guerre de siéges et de petits combats à grand renfort de prouesses et d'aventures; il obtint des secours et investit Rouen. Mais le retour des Espagnols de Flandre fit manquer l'entreprise; vainement le vaillant roi s'élança, avec une poignée de gentilshommes, à la rencontre d'une armée; il faillit payer cher cet audacieux coup de tête : il fut *blessé* près d'Aumale et ne sortit de la mêlée qu'à grand'peine. Cette faute, qu'il appelait lui-même « l'erreur d'Aumale », lui valut un mot sévère du duc de Parme : « Je croyais, dit le grand tacticien, trouver un général, et je n'ai vu qu'un capitaine de chevau-légers. » Henri s'en vengea cependant, et manœuvra si bien qu'il enferma son rival au bord de la Seine; mais Farnèse y répondit par une retraite savante, et setira, comme par enchantement, des mains de Henri, qui déclara cette fuite plus glorieuse que le gain de deux batailles.

avait reçue en France. Les catholiques modérés aspiraient de plus en plus vers l'ordre et la réconciliation. Mais la conversion de Henri IV en était la condition inévitable : il l'avait compris d'abord et n'attendait que l'heure de consommer l'acte avec sûreté comme avec honneur. On peut assurément, sans lui contester tout sentiment religieux, comme on l'a fait, admettre que son esprit ouvert, sympathique, incliné aux sentiments populaires, convenait mal à l'austérité protestante; d'ailleurs, l'exemple de ses parents qu'il avait vus changer de culte, ses rapports continuels avec des gens de toute secte, avaient dû le rendre accommodant quant aux formes religieuses; il se décida donc à faire, comme il le disait assez lestement, le saut périlleux. Il fit une trêve avec Mayenne, se rendit à Saint-Denis, entendit quelques conférences au préalable, et abjura. C'était là un coup mortel porté à la Ligue; il enlevait tout prétexte à la rébellion; restaient les ambitions, et il fallut bon gré mal gré capituler avec chacune. Henri eut à subir, dans plus d'un cas, de dures conditions, non moins onéreuses à ses coffres vides que préjudiciables à sa couronne. Le comte de Brissac, à qui Mayenne avait confié Paris, songea à traiter pendant qu'il en était temps encore; il endormit la garnison espagnole et ce qui restait de ligueurs intraitables; puis, de concert avec le prévôt et les échevins, livra une des portes pendant la nuit. L'occupation de la ville se fit sans bruit et presque sans résistance; le temps était noir et pluvieux, et ce ne fut qu'au jour que les habitants surent l'événement (22 mars 1593). La réussite tenait du miracle et la tentative était périlleuse : la Ligue avait sur pied de quoi opposer une résistance terrible et faire tourner la partie contre ce joueur si hardi. Les Espagnols firent leurs conditions; on les laissa sortir; le roi les alla voir défiler de la Porte Saint-Denis, et leur dit en leur rendant le salut : « Adieu, Messieurs, recommandez-moi bien à votre maître; allez-vous en, à la bonne heure, mais n'y revenez plus! » Le soir, il fit sa partie de cartes au Louvre avec la duchesse de Montpensier, cette sœur des Guise, l'héroïne de tous les grands coups de la Ligue, qui avait peut-être cherché pour le Béarnais un autre Jacques Clément.

Cependant Mayenne tenait encore; les Espagnols s'étaient réunis à lui; la Champagne et la Picardie restaient dans leurs mains. L'Espagne ne semblait pas tendre à la paix; il fallut de nouveau se mettre en campagne. Le jeune duc de Guise livra Reims et se soumit; la Picardie fut rapidement enlevée. Prenant de vive force d'un côté, négociant de l'autre, Henri fit reculer Mayenne jusque dans son gouvernement de Bourgogne, où il ne se maintenait que par la terreur. « Il avait résolu, dit Sully, de se réduire dans cette province, d'en obtenir la cession du roi d'Espagne et de la faire ériger en royaume. » C'était l'Espagne qui, sous son nom, continuait la guerre. Le connétable de Castille descendit du Piémont pour se joindre à lui; le roi de France se jeta à sa rencontre avec quinze cents hommes, et recommença, à Fontaine-Française, l'erreur d'Aumale; il donnait volontiers dans ces glorieuses rechutes. Il entraîna cent cavaliers sur d'épais escadrons qu'il enfonça; l'Espagnol, étourdi du choc, se retira et laissa la Bourgogne au roi; mais tandis qu'il acquérait une province, une autre échappait de ses mains : le gouverneur des Pays-Bas, passant la frontière, avait fondu à l'improviste sur la Picardie; Ham, Doulens et d'autres places fortes furent emportées après des combats meurtriers. La Bretagne et le Languedoc restaient encore à soumettre; la Ligue pouvait encore se réveiller, car le saint-siége n'avait pas pardonné; c'était une rigueur impolitique et qui, trop prolongée, pouvait enlever la France, comme l'Angleterre, à la communion romaine. L'Italie avait besoin que la France balançât la puissance espagnole; Mayenne, au plus mal avec les Espagnols, et ne sachant plus vers quel appui se tourner, fut trop heureux de vendre assez cher encore ce qui s'échappait de ses mains.

Mais la guerre déclarée à l'Espagne donnait de vives inquiétudes; ses succès continuaient en Picardie; Lafère, Calais, venaient de succomber. Le royaume était épuisé; c'était partout un désordre inouï; le peuple, écrasé, ne payait plus, tous les revenus publics étaient grevés de pensions. La rapacité des ligueurs avait absorbé trente-sept millions; on en devait le double aux étrangers; le roi lui-même manquait souvent du nécessaire, et la guerre était arrêtée faute d'argent. Henri écrivait à Sully, pendant le siége de Lafère : « Je n'ai pas quasi un cheval sur lequel je puisse combattre, ni un harnois complet que je puisse endosser : mes chemises sont toutes déchirées, mes pourpoints troués au coude; ma marmite est souvent renversée, et depuis deux jours je dîne et soupe chez les uns et chez les autres. » Henri, dans sa détresse, recourut au remède ordinaire des cas désespérés : il réunit à Rouen une assemblée d'États. Le roi y parla, en termes pleins de franchise et d'effusion, de son grand désir de rendre la paix à l'État, invita l'assemblée à délibérer en toute liberté. Des mesures d'ordre et d'administration furent arrêtées sous l'inspiration de Sully, qui prit la haute main sur les affaires de l'intérieur. Après une dernière campagne du roi en Picardie, marquée surtout par la reprise d'Amiens, la paix fut signée avec l'Espagne, et le traité de Vervins (1598) vint clore cette longue période de guerres religieuses qui laissait à sa suite tant de ruines à relever.

Mais le brave et spirituel prince, avec les habitudes que la guerre et le plaisir lui avaient faites, avait-il de quoi faire face à cette œuvre de patience et d'application? Non, peut-être; mais son heureux instinct le servit bien. Il sut mettre la main sur l'homme le mieux fait qui fut jamais pour de telles difficultés; il chercha dans Sully ce qui lui manquait encore à lui-même. C'était une guerre d'une nouvelle sorte qui restait à faire, guerre infatigable à tant d'abus ruineux, aux rapines, au désordre universel; c'était un terrain nouveau où le vainqueur d'Ivry eût trébuché à chaque pas. Il y fallait les lumières, l'ordre, la probité inexorable de son ami. Sully raviva tout, commerce, agriculture, finances, toutes les sources de revenus, taries ou détournées des coffres de l'État. Sans vouloir prédire de point en point ce que fût devenu Henri IV sans le secours d'un tel homme, on peut pressentir une partie des fautes où le devaient conduire ses faiblesses galantes, ce besoin incurable de plaisir qui le poursuivait à travers les perplexités de sa vie militaire. Mais l'influence de Sully balança toujours ses penchants; il les modéra du moins, sauva le roi de plus d'une chute, et peut-être de cet affaissement total où tomba son prédécesseur, qui avait été brave et spirituel aussi.

Henri IV se forma aux affaires à l'école de ce grand travailleur; on aime à lire dans les Œconomies royales ce que Sully rapporte de leurs fréquentes controverses, de ces tête-à-tête prolongés où ces deux hommes, si préoccupés du bonheur et de l'accroissement de l'État, disputaient de tout ce qui tient à la fortune publique, commerce, finances, manufactures, crédit, et arrêtaient les bases de la véritable administration. Des ponts, des places, des travaux de tout genre, métamorphosèrent Paris en quelques années. Un ambassadeur d'Espagne, qui avait vu cette ville pendant la Ligue, s'émerveillait du changement. « C'est qu'alors le père de famille n'y était pas, répondit le roi, et aujourd'hui qu'il a soin de ses enfants, ils prospèrent. »

Les relations de la France au dehors se ressentirent promptement de cette prospérité; son influence redevint souveraine en Europe; son intervention mit fin à la guerre des Pays-Bas et de l'Espagne. La France, si longtemps et si complétement annulée au dehors, y retrouva l'autorité morale qu'elle avait perdue depuis saint Louis. Une rapide et courte campagne contre le duc de Savoie, que le roi fit en personne, avait valu à la France la Bresse et le Bugey (1600); son union avec Marie de Médicis ranima l'influence française en Italie; il n'avait pas eu d'enfants de Marguerite de Valois et vivait séparé d'elle depuis quinze ans.

Cependant toutes les résistances n'étaient pas vaincues; l'ordre moral n'était pas si prompt à rétablir que la paix extérieure; un vieux levain de la Ligue fermentait encore dans une partie du peuple et du clergé. Ce que le roi avait accordé aux protestants par l'édit de Nantes (1598), liberté de conscience, égalité de charges et d'honneurs, des places de sûreté, etc., entretenait une opposition haineuse parmi les catholiques ardents; ils élevaient des doutes sur sa sincérité religieuse; ils lui prêtaient des arrière-pensées et l'intention de rétablir le culte protestant. Des attentats répétés menaçaient sa vie; des complots, suscités par d'autres passions, se formaient autour de lui; plusieurs de ses anciens compagnons d'armes rêvaient encore aux petites souverainetés qu'ils avaient cru saisir un instant. Pour obtenir un lambeau dans le démembrement du royaume, Biron traita avec l'étranger; Henri ne voulait qu'un repentir pour faire grâce; mais l'orgueil du coupable le révolta : il céda à la nécessité de faire un exemple, et il ordonna d'exécuter l'arrêt (1602).

Cependant, au travers de ces embarras cuisants, Henri poursuivait l'œuvre capitale de son règne; il avait dans sa tête le plus vaste des projets; il en faut croire à cet égard Sully, le dépositaire de sa pensée, et qui seul en devait faire confidence à l'avenir : c'était une refonte complète du système politique de l'Europe, un équilibre nouveau. Les dangers que la maison d'Autriche avait fait courir, à deux reprises, à tous les États chrétiens n'étaient point oubliés; elle avait touché de près à la monarchie européenne ; Henri IV opposait un partage pondéré de l'Europe, unie en gouvernement fédéral, aux progrès de la Turquie conquérante comme aux envahissements possibles de la maison d'Autriche.

Henri avait fait goûter en secret son grand projet à ses alliés, Venise, le Pape, plusieurs princes d'Allemagne qui, tous, devaient bénéficier à cette croisade contre l'Autriche ; tout était préparé pour l'entreprise : quarante mille hommes étaient sur pied, prêts à partir, et soldés pour trois mois ; cinquante millions étaient en réserve, toutes les places garnies ; un prétexte s'offrait pour commencer la guerre ; mais l'Autriche fut trop bien servie, sauvée peut-être, par le coup tragique qui finit les jours du roi.

Le vendredi 14 mai 1610, le roi atteint, dit le chroniqueur l'Estoile, d'un vague malaise et d'une tristesse inaccoutumée, monta en carrosse pour se distraire et prit la route de l'Arsenal qu'habitait le duc de Sully. En traversant la rue de la Féronnerie, qui longeait le cimetière des Saints-Innocents, le carrosse s'arrêta, d'autres voitures faisant embarras ; un homme alors s'élança sur une des roues et frappa le roi d'un couteau ; un premier coup atteignit le prince entre les côtes, un second lui traversa le cœur.

La mort de Henri IV consterna la France et l'Europe ; la douleur, dans Paris, alla jusqu'au délire ; plusieurs en moururent ou en perdirent la raison. On commença à le connaître alors, comme il l'avait prédit.

Une contradiction tranchante s'attache en ce temps-ci à la plupart des jugements que la tradition historique avait consacrés, et certains historiens du jour sont allés, il nous semble, jusqu'à l'injustice à l'égard de Henri IV et de Sully. Laissons donc au moins au premier, à côté de ses défauts, les magnifiques vertus que la sévère d'Aubigné leur oppose ; ses glorieuses batailles le placent au moins à la tête des chevaliers ; son amour du peuple, ses travaux utiles, ses grandes vues politiques le maintiennent au premier rang des rois.

Henri IV eut pour femmes : 1. MARGUERITE DE VALOIS, fille de Henri II, qu'il répudia en 1599, — 2. MARIE DE MÉDICIS, fille de François, grand duc de Toscane, née en 1574, morte en 1642, dont il eut :

1. LOUIS XIII (qui suit) ; — 2. N .., duc d'Orléans, né en 1607, mort en 1611 ; —

3. Gaston, duc d'Orléans (1) ; — 4. Élisabeth, mariée à Philippe IV, roi d'Espagne ; — 5. Chrétienne, femme de Victor-Amédée, duc de Savoie ; — 6. Henriette-Marie, qui épousa Charles Ier, roi d'Angleterre.

Enfants naturels légitimés de Henri IV : 1. César, duc de Vendôme, *chef de la branche des derniers ducs de Vendôme ;* — 2. Alexandre, chevalier de Vendôme, né en 1598, fils de Gabrielle d'Estrées, grand prieur de France et général des galères de Malte, mort en 1629 ; — 3. Henri, duc de Verneuil, fils de Henriette de Balzac, né en 1601, mort en 1682, sans postérité ; — 4. Antoine, comte de Moret, *tué* au combat de Castelnaudary en 1632 ; — 5. Catherine, fille de Gabrielle d'Estrées, mariée à Charles II de Lorraine, duc d'Elbeuf ; — 6. Gabrielle, fille de Henriette de Balzac, qui épousa le duc d'Épernon ; — 7. Jeanne, fille de Charlotte des Essarts, qui fut abbesse de Fontevrault ; — 8. Marie, *id.*, abbesse de Chelles.

---

(1)   **GASTON, DUC D'ORLÉANS.**

SERVICES.

Siége de La Rochelle............... 1628	Prise de Cassel.................... 1635
Expédition de Picardie 1636	Prise de Béthune................... 1645
Prise de Gravelines................. 1644	Prise de Menin..................... 1645
Prise de Mardick................... 1645	Prise de Courtray.................. 1646
Prise de Bourbourg................. 1645	Prise de Bergues................... 1646
Prise de Geneck.................... 1645	Prise de Mardick................... 1646

Armes : De France au lambel d'argent à trois pendants.

Emblème et devise : Une colombe avec l'olivier : Rediens fert omina pacis.

Ce fils d'Henri IV, né en 1608, lui ressembla moins encore que son aîné : par le caractère comme par l'intelligence, il fut au-dessous de Louis XIII. Les deux pâles figures des fils d'Henri IV reçoivent cependant comme un reflet de la gloire militaire de leur père. Gaston, sans nulle des qualités d'un chef de parti, intrigua ou conspira toute sa vie contre le roi ou plutôt contre Richelieu ; en cas d'échec, il faisait sa paix en dénonçant ses amis. Il trempa dans la révolte des comtes de Soissons et de Bouillon, dans le complot de Cinq-Mars ; ses succès militaires heureusement rachetèrent quelque peu ses honteux défauts de caractère. Lieutenant général du royaume après la mort du roi, il eut le commandement de l'armée des Pays-Bas ; c'était le lendemain de la bataille de Rocroi, et, tandis que Condé poursuivait ses belles opérations en Allemagne, le duc d'Orléans fit au nord les deux campagnes de 1644 et 1645 avec valeur et succès. De concert avec le prince d'Orange, il attaqua la Flandre espagnole ; il força les difficiles barrières qui fermaient l'entrée de la Flandre, fit passer à son armée les marais et les canaux et fit capituler plusieurs places d'importance. (Voy.) Les plus grands seigneurs du royaume servaient en volontaires dans l'armée du prince. L'année suivante, grâce au concours du prince de Condé, les opérations furent plus brillantes encore : ils poursuivirent les Espagnols sans pouvoir les décider à livrer bataille, et s'en vengèrent sur maintes places qu'ils firent capituler.

La conduite de Gaston pendant la Fronde fut aussi mobile et aussi capricieuse qu'elle l'avait toujours été ; il fut tour à tour du parti de la régente et de celui des princes. Il mourut en 1660.

Femmes : 1. Marie, fille de Henri de Bourbon, duc de Montpensier ; — 2. Marguerite, fille de François de Lorraine, née en 1627, qui se rendit à la Bastille et fit tirer le canon sur l'armée du roi en 1652.

Enfants : Il eut de la première : Anne, duchesse de Montpensier.

De la seconde : 1. Jean, duc de Valois, né en 1650, mort en 1652 ; — 2. Marguerite, mariée à Côme III, grand-duc de Toscane ; — 3. Élisabeth, mariée à Louis, duc de Guise ; — 4. Françoise, mariée à Charles-Emmanuel, duc de Savoie ; — 5. Marie-Anne, morte enfant.

Fils naturel : Louis, *bâtard d'Orléans, comte de Charny, s'établit en Espagne, où il se signala dans la guerre contre le Portugal, devint général et gouverneur d'Oran en 1684 ; il mourut en 1692, laissant un fils naturel,* Louis, *comte de Charny, qui se signala en Catalogne avant la paix de Riswick ; il servit fidèlement Philippe V et se conduisit avec gloire à la bataille d'Almanza.*

XXIII.

Louis XIII

ROI DE FRANCE

SERVICES.

Prise de Caen...............	1620	Prise de Sommières..........	1622
Prise de Saumur.............	1620	Siége de Privas..............	1628
Prise de Saint-Jean-d'Angély...	1621	Prise de La Rochelle..........	1628
Prise de Clérac...............	1621	Combat du Pas-de-Suze.......	1629
Siége de Montauban...........	1621	Siége de Nancy..............	1633
Combat et Prise de l'île de Rhé.	1622		

ARMES : D'azur semé de fleurs de lys d'or. *V. page* 90.

EMBLÈME ET DEVISE : *Une massue entre les deux écussons de France et de Navarre :* Erit hæc quoque cognita monstris.

Louis XIII avait neuf ans à la mort de son père; la reine, qui, selon le mot du président Hénault, ne se montra ni assez surprise ni assez affligée de la mort du roi son mari, profita de la stupeur qui suivit l'événement pour se saisir de la régence. Le duc d'Épernon, sans perdre un instant, alla la réclamer en son nom au parlement, la menace à la bouche et la main sur la garde de son épée. Sully et les principaux conseillers du feu roi s'éloignèrent, et les affaires subirent au dedans comme au dehors un revirement complet; la régente rassura l'Autriche et l'Espagne en fiançant le jeune roi avec l'infante Anne d'Autriche. Le pouvoir à l'intérieur devint en peu de temps aussi faible, aussi disputé qu'il avait été calme et fort dans les années précédentes. Aux causes de réaction inévitable vinrent s'ajouter des mécontentements légitimes; Marie de Médicis, aussi médiocre qu'ambitieuse, était livrée à des favoris dont l'élévation était déjà un scandale. Le Florentin Concini, dont la femme était sœur de lait de la reine et avait sur elle un empire absolu, fut créé maréchal sans avoir jamais tiré l'épée. Ces étrangers régnèrent en France pendant la minorité de Louis XIII; leur despotisme, assez insolent pour aigrir, mais trop faible pour comprimer, réveilla les prétentions de l'aristocratie. Les princes de Condé, de Conti, de Bouillon, et d'autres grands personnages quittèrent la cour, prêts à entrer en campagne ; il fallut céder et traiter avec eux aux dépens de la fortune publique et de l'État.

Le jeune roi venait d'atteindre sa majorité : le joug des favoris de sa mère, universellement détestés, commençait à lui peser; mais, lui aussi, ce fut par l'impulsion d'un favori, et au profit de ce personnage, qu'il se décida à user de sa volonté royale contre l'Italien Concini; il n'eut qu'un signe à faire pour que ses gardes portassent la main sur cet homme alors tout-puissant; peut-être outre-passèrent-ils ses ordres en le tuant sur place, comme ils le firent; mais le faible du roi eut son tour : il donna les dépouilles du maréchal au jeune de Luynes, qu'il éleva plus haut encore, le faisant duc et pair, connétable et chancelier.

L'occasion s'offrait plus belle que jamais de traverser un gouvernement ainsi dirigé; les intrigants de cour d'un côté, les huguenots de l'autre et ceux qui cachaient d'autres vues sous le prétexte religieux, se soulevèrent. Le roi et son connétable se mirent à la tête des troupes et enlevèrent aux protestants plusieurs de leurs positions. (V.) Louis XIII, sans avoir le génie de la guerre, était propre du moins au métier de soldat; il payait de sa personne et s'exposait au feu le plus meurtrier; c'était là seulement que se reconnaissait le fils de Henri IV. Les protestants n'avaient plus que La Rochelle et Montauban ; mais le roi échoua devant cette dernière place. La guerre continuant, Louis XIII ne s'y épargna pas : il alla attaquer Soubise, à minuit, dans l'île de Rhé, à la tête de ses gardes, et l'en débusqua (1622); il ne se montra pas moins résolu au siége de Royan, en Saintonge. La lutte cessa pour quelque temps par la confirmation de l'édit de Nantes.

Marie de Médicis essayait de tous les moyens pour recouvrer le pouvoir qu'elle avait perdu; son fils était prévenu contre elle; tous deux avaient besoin de favoris, et ils ne s'entendaient pas sur le choix. Louis XIII venait de perdre le sien, le duc de Luynes, qui, en quatre ans, avait mis plus de biens et de charges dans sa maison que le maréchal d'Ancre, contre lequel on avait tant crié. Les pourparlers et les négociations auxquels donnèrent lieu les bouderies et les rapprochements du roi et de sa mère eurent du moins ce bon résultat qu'ils servirent à faire percer Richelieu. Tous les grands travaux et les faits marquants de ce règne se rattachent véritablement à ce nom.

Richelieu mena de front trois grandes entreprises : l'abaissement de la maison d'Autriche, l'affaiblissement du protestantisme en France, et l'abaissement de l'aristocratie. Louis XIII, sur les deux premiers projets, adhérait pleinement aux vues de son ministre ; s'il ne possédait rien de la vive intelligence de son père, il avait comme lui dans le cœur l'amour de l'État, il avait l'instinct des intérêts de la France et la haine de la maison d'Autriche, son ennemie. L'occasion de se mesurer contre elle s'offrit bientôt : la Valteline était un passage entre l'Autriche et l'Espagne que cette maison convoitait ; il importait à la France de lui fermer cette voie, en rendant cette province à la Suisse. Louis XIII y marcha en personne (1629) ; il y avait à forcer le célèbre Pas-de-Suse, où se rencontrèrent de tels obstacles, que le cardinal, n'étant pas d'avis d'y exposer l'armée, n'épargna rien pour dégoûter le roi ; mais le prince courut tout le pays à cheval pendant plusieurs jours et fit seul toutes les dispositions de l'attaque. « J'ai ouï conter à mon père, dit le duc de Saint-Simon, qui fut toujours auprès de sa personne, qu'il mena lui-même ses troupes aux retranchements et qu'il les franchit à leur tête, l'épée à la main, et poussé par les épaules pour escalader sur des roches, sur les tonneaux et sur les parapets. »

Louis XIII ne se ménagea pas davantage dans la guerre contre les protestants, recommencée en 1625 ; au siége de La Rochelle, il s'exposa constamment, se tenant toujours à une batterie principale, où plus de trois mille boulets passèrent par-dessus sa tête. Comme le siége dura plus d'une année (1627-1628), c'était mettre la constance du roi à une bien longue épreuve ; ses irrésolutions, plus d'une fois, faillirent faire manquer l'entreprise ; aussi le cardinal disait-il qu'il avait pris La Rochelle malgré trois rois : le roi d'Espagne, le roi d'Angleterre et le roi de France. Saint-Simon, que la reconnaissance, toutefois, a pu rendre partial en faveur de Louis XIII, assure que l'idée de la fameuse digue vint du roi lui-même.

L'empire absolu dont Richelieu s'était saisi tenait cependant aux caprices et aux indécisions du roi, qui souffrait du rôle auquel le cardinal l'avait réduit ; mais il était pénétré de la grande valeur de l'homme et de l'impossibilité de le remplacer pour le service de l'État. Tant d'ennemis, que la politique impitoyable du cardinal lui avait suscités, assiégeaient le prince, épiaient le moment de quelque plainte ou de quelque froideur passagère entre le roi et le ministre, pour travailler à perdre ce dernier. Plusieurs assauts de ce genre faillirent triompher des considérations souveraines qui faisaient supporter à Louis XIII un joug qu'il détestait; mais on connaît le dénouement de la Journée des Dupes et de plusieurs circonstances semblables où les ennemis du cardinal le croyaient déjà renversé; il s'en relevait mieux affermi et plus terrible.

Louis XIII avait réussi à remettre Mantoue aux mains d'un prince français et à arracher la Valteline aux Espagnols; en Allemagne, la maison d'Autriche était en guerre avec les princes protestants; Gustave-Adolphe y remportait sur les troupes impériales de prodigieux succès qui venaient en aide à Richelieu dans sa lutte contre l'Autriche. Mais la mort du monarque suédois laissa la France aux prises avec toutes les forces de l'Espagne et de l'Empire. Toutes nos frontières sont envahies à la fois; l'ennemi fait une descente en Provence, pénètre jusqu'en Picardie; la prise du Catelet et de Corbie jette l'effroi dans Paris. Toutes les ressources étaient épuisées, et le cardinal, pris lui-même de découragement, parla d'abandonner le pouvoir; il proposa au roi de se mettre à l'abri derrière la Seine. Les Espagnols étaient maîtres du pays jusqu'à Compiègne, le danger était imminent. Louis XIII le regarda d'un œil moins troublé que son ministre; il ne désespéra pas de la fortune de la France; cela suffit à la gloire de sa vie, puisque, dans un pareil moment, il eut l'esprit plus ferme et le cœur plus haut que Richelieu. Le roi marcha sur Corbie avec ce qu'il avait autour de lui de forces disponibles; « On peut voir, par l'histoire et les mémoires de ce temps-là, dit Saint-Simon, que ce hardi parti fut le salut de l'État. Le cardinal, tout grand homme qu'il était, en trembla jusqu'à ce que les premières apparences de fortune l'engagèrent à suivre le roi. » Cette guerre, poussée avec une vigueur extrême, avait donné pour résultats, à la mort de Louis XIII, la conquête de l'Artois et de la Lorraine, de l'Alsace, du Roussillon et plusieurs places importantes au dehors. Si quelques années de plus eussent été comptées à Louis XIII et à Richelieu, il y a toute apparence que la carte de France y eût gagné plusieurs provinces; le royaume serait sorti de cette longue lutte avec des frontières plus fortes et mieux assises que celles qui lui furent assignées, à quelques années de là, par le traité de Westphalie.

La vie privée de Louis XIII fut sans grandeur et sans éclat : la chasse et des lectures dévotes étaient ses uniques passe-temps; son caractère était triste et morose; il avait besoin d'une amitié confiante et discrète pour épancher ses plaintes, tantôt contre l'ascendant impérieux du cardinal, tantôt contre les intrigues et les tracasseries de sa mère, de sa femme et de son frère Gaston. Il vécut la plupart du temps dans les rapports les plus froids avec la reine, dont il n'eut d'héritiers qu'au bout de vingt-deux ans de mariage, et grâce à un rapprochement fortuit, s'il faut en croire les dires du temps. Ce besoin qu'avait Louis XIII de porter quelque part sa confiance et son affection, au milieu du vide et des ennuis de sa vie, se fixa, après la mort du duc de Luynes, sur mademoiselle de Lafayette, madame d'Hautefort, etc.; mais le jeune Cinq-Mars, que Richelieu lui avait donné, fut le plus célèbre de ses favoris. Les meilleurs témoignages affirment qu'il n'était pas moins chaste que pieux. Louis XIII mourut à Saint-Germain-en-Laye, quelques mois après Richelieu, le 14 mai 1643.

Il eut pour femme : ANNE D'AUTRICHE, fille de Philippe III, roi d'Espagne, née en 1601, régente de France en 1643, morte en 1666, dont il eut :

1. LOUIS XIV (qui suit); — 2. PHILIPPE, duc d'Orléans, *chef de la maison royale d'Orléans.* (*Voy.*)

XXIV.

Louis XIV

ROI DE FRANCE

SERVICES.

Combat du faubourg Saint-Antoine.	1652	Prise d'Orsoy................	1672
Siége de Sainte-Menehould......	1653	Prise de Rhinberg............	1672
Prince de Saint-Guilhain........	1655	Prise de Doesbourg...........	1672
Prise de Marsal................	1663	Prise de Maestricht............	1673
Campagne de Flandre...........	1667	Prise de Besançon............	1674
Prise de Tournai...............	1667	Prise de Dole................	1674
Prise de Douai.................	1667	Prise de Condé...............	1676
Prise d'Oudenarde.............	1667	Prise de Valenciennes..........	1677
Prise de Lille..................	1667	Prise de Cambrai.............	1677
Combat près de Lille............	1667	Prise de Gand................	1678
Campagne de Franche-Comté....	1668	Prise d'Ypres................	1678
Prise de Dole..................	1668	Siége de Luxembourg..........	1684
Prise de Gray.................	1668	Prise de Mons................	1691
Campagne de Hollande..........	1672	Prise de Namur...............	1692

ARMES : Parti de France et de Navarre. — EMBLÈME ET DEVISE : *Le soleil :* Nec pluribus impar.

A peine pouvons-nous effleurer ici les grands événements de ce règne, sous lequel le génie de la France atteignit son glorieux apogée; il s'y déploya à la fois dans la guerre, la politique, l'industrie, les lettres et les beaux-arts.

Louis XIV naquit à Saint-Germain, le 5 septembre 1638; il succéda à la couronne le 14 mai 1643. La reine-mère, comme Marie de Médicis, obtint la régence; et la bataille de Rocroi fut comme le joyeux avénement de ce règne; cette victoire, couronnée par des prises de villes non moins glorieuses, fut suivie des batailles de Fribourg, de Nordlingue et de Lens, qui mirent le sceau à la réputation de Condé. Cette gloire, rapide et éclatante, fit naître l'envie de l'égaler; le duc d'Orléans dans les Pays-Bas, Turenne en Allemagne, du Plessis-Praslin en Italie, le duc de Brézé sur mer, firent reculer la vaste ligue conjurée contre le royaume. La récompense de tant de combats fut le traité de Westphalie (24 octobre 1648), qui fonda glorieusement le droit public de l'Europe.

Pendant que la France déployait ses forces au dehors, les troubles civils éclataient au dedans : la guerre était à Paris comme dans les Pays-Bas, comme en Allemagne, comme en Espagne, et les partis aux prises levaient le même étendard, invoquaient le même nom, le nom de l'enfant assis sur le trône de Louis XIII.

Dans ce bouleversement des intérêts et des consciences, l'histoire rappelle bien des chutes; les plus illustres faillirent : Turenne et Condé, qui avaient tant combattu ensemble pour la France menacée, passèrent sous les drapeaux ennemis tour à tour.

La guerre continuait avec l'Espagne ; le roi fut conduit en Bourgogne, où le duc d'Épernon venait de prendre Bellegarde, où Turenne prenait Réthel et Mouzon. Louis fut présent au siége de Sainte-Menehould, et l'année suivante il prit Stenai. Les succès continuèrent en 1655 : le roi assista aux opérations de l'armée que Turenne commandait dans les Pays-Bas; la tranchée fut ouverte en sa présence. Ainsi les premières campagnes du roi s'accomplissaient sous d'heureux auspices; on ne pouvait choisir une meilleure école que ces guerres de siéges, peu décisives dans leurs résultats, mais admirables dans leurs opérations; Condé d'un côté, Turenne de l'autre, le plus merveilleux jugement contre la valeur la plus inspirée, l'habileté courageuse contre le courage habilement dirigé. Dans cette lutte d'un grand capitaine contre un héros, toutes les chances militaires se balançaient tellement que la victoire semble n'avoir obéi qu'à des causes purement morales; on l'observe avec bonheur : partout où ces deux grands hommes de guerre se sont rencontrés ennemis, le succès a été pour celui qui servait la bonne cause; tous deux n'ont connu la défaite que sous le drapeau de l'étranger.

Après deux dernières campagnes (1657-1658), qui furent pour la France une suite de succès, la paix des Pyrénées (7 novembre 1659) mit fin à vingt-cinq ans de guerre. Louis XIV épousa Marie-Thérèse, fille aînée du roi catholique.

Louis avait été élevé au milieu des troubles civils, et son éducation en avait souffert; son esprit était resté sans culture, il n'était roi que par la beauté et les grâces extérieures; Mazarin le dispensait trop bien de toute application aux affaires; mais le jour même où mourut le cardinal (mars 1661), un des ministres dit au jeune monarque : « A qui nous adresserons-nous maintenant? — A moi », répondit Louis XIV. Il voulut être le maître, il le fut. Grâce à cette force d'âme qui s'exerça pendant cinquante-six ans sans faiblesse, Louis XIV domina constamment son siècle ; c'est par ce seul don qu'entouré d'hommes d'une capacité plus haute que la sienne, il resta leur maître et sut faire tourner à sa gloire le talent et le génie dépensés à son service. Avec des facultés ordinaires, il s'est imposé à l'opinion de son temps et au jugement de l'avenir ; sa grande personnalité a couvert tout son règne, s'est associée à tous les événements ; elle est entrée en partage de toutes les œuvres : Turenne et Condé, Colbert et Louvois, Molière et Bossuet ont semé, et le maître a eu sa part de la récolte. Cette réflexion servira à faire apprécier la grandeur militaire de Louis XIV ; peut-être le respect enthousiaste dont il se sentait l'objet l'empêcha-t-il de déployer le courage personnel dont ceux de sa race ont donné tant de marques ; sa valeur resta le plus souvent enchaînée au rivage ; il dérogea pourtant en quelques occasions mémorables à cette étiquette trop orientale : on se rappellera surtout la tranchée de Mons où il brava le feu de la place.

Mais jetons un rapide coup d'œil sur les guerres du grand roi.

Le duc de Créquy, ambassadeur de France à Rome, y avait été insulté par la garde corse ; ce roi saisit en représailles Avignon et le comtat Venaissin (1663) ; en même temps, il recouvrait Dunkerque ; la possession de ce port tirait son importance des desseins que formait Louis XIV pour disputer bientôt la suprématie de la mer. Le duc de Beaufort, en attendant, fut chargé d'essayer contre les Algériens ce que pouvait notre marine naissante.

La guerre continuait en Lorraine : Louis entra à Marshal, dont il avait fait le siége en personne. En 1667, la paix fut signée à Bréda entre la France, l'Angleterre et le Danemark.

Mais la mort de Philippe IV, roi d'Espagne, ralluma la guerre. Gendre du roi défunt, Louis mit en avant les droits de Marie-Thérèse sur les Pays-Bas espagnols, et il fit en personne cette brillante et facile campagne. Tout pliait devant l'armée du roi ; il prit les villes au passage. (V.) Lille seule se défendit ; une armée vint au secours de la place ; il fallut livrer bataille, et la victoire resta aux troupes du roi.

La campagne suivante se fit en Bourgogne, où Louis se rendit en plein hiver ; il assista aux siéges de Dole, de Gray. Cette campagne ajouta à la gloire de Condé qui en fut le héros. En dix-sept jours, la Franche-Comté fut subjuguée; ce rapide et foudroyant succès consterna le gouvernement espagnol et décida la paix conclue à Aix-la-Chapelle (1668).

Louis se reposa de sa gloire au milieu des fêtes, des magnificences d'une cour qu'il rendit sans égale en Europe; ses mœurs rappelèrent trop celles de Henri IV, seul trait de ressemblance qu'il y eût peut-être entre le Béarnais et son petit-fils. La paix ne fut à peine troublée que par quelques armements contre les Algériens et une expédition contre la Lorraine, que le maréchal de Créquy réduisit en quelques semaines (1670).

Ce coup hardi que Louis venait de frapper sous les yeux de l'Europe y avait jeté l'alarme; ce n'était plus l'Autriche abaissée, c'était la maison de France qui se montrait menaçante à son tour; par un revirement prompt de politique, les États du Nord, nos alliés contre l'Autriche, se mirent en garde contre la France et formèrent la triple alliance. Louis en eut un ressentiment profond, et garda surtout rancune à la Hollande, qui l'avait arrêté dans ses conquêtes de Flandre; il se prépara à attaquer cette république coupable d'avoir offensé son orgueil. Le 6 avril 1672 la guerre est déclarée; le roi se met en marche pour les Pays-Bas, à la tête de cent mille hommes, divisés en plusieurs corps, sous les ordres de Monsieur, du prince de Condé, et des maréchaux de Turenne et de Luxembourg; la conquête des places fut rapide. (Voy.) Le 12 juin, l'avant-garde passe le Rhin à la nage et sous le feu de l'ennemi, qui lâche pied et demande quartier. Les villes de Hollande ouvrent leurs portes devant le vainqueur : Louis reçoit à Utrecht les propositions des États, en impose de plus dures que la Hollande ose rejeter. La guerre continue et donne de nouveaux succès; Louis paraît en vainqueur jusqu'aux portes d'Amsterdam; là un parti désespéré sauva la Hollande : Amsterdam lâcha ses écluses, inonda tout son territoire.

Les États de l'Europe cependant s'inquiétaient davantage devant cette impétueuse conquête; une ligue contre la France éclata : l'Empereur, l'Espagne, l'électeur de Brandebourg, vinrent en aide à la Hollande. L'armée du roi tint tête à tous ces ennemis; Ruyter combattit vainement notre flotte, et Turenne battit l'électeur de Brandebourg (1673).

Le roi, après le siége de quelques places (Voy.), laissa ses généraux continuer les opérations avec des succès divers.

En 1674, la guerre était sur toutes les frontières; la France n'avait plus un seul allié; toutes les puissances, la Suède exceptée, avaient armé contre elle. De tous côtés elle soutint ce grand assaut; le roi se rendit en Franche-Comté et assiégea Besançon, qui tomba après huit jours de tranchée. Pour la deuxième fois, la province est enlevée à l'Espagne. Le prince de Condé, opposé en Flandre au prince d'Orange, lui livre la sanglante bataille de Senef; Turenne lutte en Allemagne contre le comte Palatin et l'électeur de Brandebourg, brûle le Palatinat, gagne les batailles d'Ensheim, de Mulhausen, de Turkeim, et rejette l'ennemi au delà du Rhin (1675); l'ayant traversé lui-même, il fatigue Montecuculli par ses savantes manœuvres; il croyait le tenir à merci quand un boulet enleva à la France ce grand capitaine.

Le roi ouvrit la campagne de 1676 par le siége de Condé; il attaqua et enleva de même d'autres places importantes. Le duc d'Orléans et le maréchal de Créquy continuèrent avec éclat les opérations, le premier dans les Pays-Bas, le second en Allemagne.

Ce fut encore le roi qui ouvrit la campagne de 1678; l'attaque des places était le seul des travaux de la guerre dans lequel il eût l'ambition d'exceller. Enfin le traité de Nimègue vint consacrer une partie de ses conquêtes et élever la monarchie française à un degré de puissance et de gloire qu'elle n'avait point atteint et qu'elle ne devait pas dépasser sous ce règne.

L'orgueil que tant de succès avaient inspiré à Louis XIV, le faste triomphal avec lequel il consacra ses victoires dans ses palais, certaines infractions qu'il fit aux traités dans l'enivrement de sa toute-puissance, ces causes réunies soulevèrent l'Europe contre lui une seconde fois. Une révolution venait de mettre sur le trône d'Angleterre son plus constant ennemi, Guillaume d'Orange.

La ligue d'Augsbourg, de 1688 à 1696, enveloppa toutes nos frontières; les grands maîtres de l'art avaient disparu, mais leur école survivait: Luxembourg, Catinat remplaçaient Turenne et Condé; le premier vainquit à Fleurus, à Steinkerque, à Nerwinden; le second à Staffarde et à Marsaille. Le roi commandait en personne et reprit ses opérations favorites; il fit le siége de Mons et s'y exposa très-vaillamment au feu de la tranchée.

La guerre rallumée contre nous était presque devenue une guerre religieuse; la révocation de l'édit de Nantes et les violences qui l'avaient suivie avaient compté parmi ces causes; aussi la guerre y prit-elle un caractère marqué de férocité et de représailles terribles : le Palatinat fut incendié une seconde fois et le Piémont effroyablement dévasté. L'Europe entière était aux abois, et la paix se fit de lassitude; elle se fit à Riswick (1697), et n'eut de résultat que des victoires sans conquêtes et un épuisement général.

Assez de combats avaient rempli le règne de Louis XIV pour qu'on pût espérer que sa vieillesse serait pacifique et tranquille, mais ce vœu de tous les peuples ne fut pas exaucé. La guerre de la succession d'Espagne suivit de près le traité de Riswick. Charles II, par testament, désigna pour son successeur le deuxième des petits-fils de Louis XIV, le duc d'Anjou. L'Europe entière s'unit contre l'héritier et forma la *grande alliance* (1701). Louis, pour appuyer les droits de son petit-fils, eut à recommencer la guerre contre les puissances; Luxembourg n'était plus; il restait Catinat, Villars et Vendôme; mais ceux-ci, quels que fussent leurs talents, n'étaient pas les égaux de leurs maîtres, et ils trouvaient pour adversaires des hommes supérieurs à ceux qu'avaient combattus Turenne et Condé. Marlborough commandait les Anglais, Eugène de Savoie les Impériaux. La France, pour comble de maux, vit des favoris sans talents diriger ses armées; aussi cette longue guerre, qui clôt le règne de Louis XIV, fut-elle un mélange de succès et de revers, où les revers finirent par effacer les succès. (Voy. le duc d'Orléans et Vendôme.)

Louis, vieilli, mais non accablé par tant de désastres, ne songea plus à commander en personne; mais il porta jusqu'au bout ses longs malheurs avec une force d'âme plus rare peut-être que la bravoure. Quel contraste entre les belles années de ce règne et cette fin triste et désastreuse! Après les batailles de Turenne et de Condé et les villes emportées par le roi, quels noms que ceux de Hochstett, de Ramillies, de Malplaquet, de Turin! Ainsi après les fêtes enivrantes, les carrousels, apparaissent l'oratoire et les mornes tête-à-tête, et les royales existences qui s'éteignent une à une autour du vieux monarque.

Un accident heureux de politique et de guerre sauva la France déjà entamée et le trône de Louis tout près de s'abîmer : en confiant à Villars sa dernière armée, « Si vous êtes vaincu, lui dit le vieux roi, je mar-
« cherai à l'ennemi à la tête de ma maison et je m'ensevelirai avec vous
« sous les ruines de la monarchie. »

Louis XIV mourut le 14 février 1715, après soixante-douze années d'un règne dont la vaste gloire a voilé les fautes et les revers.

Louis XIV eut pour femme : MARIE-THÉRÈSE, fille unique de Philippe IV, roi d'Espagne, née en 1638, morte en 1683, dont il eut :

1. LOUIS, dauphin (qui suit); — 2. PHILIPPE, duc d'Anjou, né en 1688, mort en 1671; — 3. LOUIS-FRANÇOIS, duc d'Anjou, né et mort en 1772; — 4. ANNE-ÉLISABETH, morte en bas âge; — 5. MARIE-ANNE, *id.*; — 6. MARIE-THÉRÈSE, *id.*

Enfants naturels légitimés de Louis XIV : 1. LOUIS DE BOURBON, mort enfant en 1666; — 2. LOUIS, comte de Vermandois, fils de madame de La Vallière, amiral de France, né en 1667, mourut en 1683, à Courtrai, au retour de sa première campagne; — 3. MARIE-ANNE DE BOURBON, née en 1666, épousa le prince de Conti et mourut sans enfants; — 4. LOUIS-AUGUSTE, duc du Maine, fils de madame de Montespan. (Voy. sa branche.) — 5. LOUIS-CÉSAR, comte du Vexin, né en 1672, mort en 1683; — 6. LOUIS-ALEXANDRE, comte de Toulouse; (Voy.) — 7. LOUISE-FRANÇOISE, née en 1673, mariée en 1685 au duc de Bourbon; — 8. LOUISE-MARIE, morte enfant; — 9. FRANÇOISE-MARIE, née en 1677, mariée en 1692 à Philippe, duc d'Orléans; — 10 et 11. Deux autres fils morts en bas âge.

XXV.

Louis de France

DAUPHIN

SERVICES.

Campagne d'Alsace	1681		Prise de Frankendal	1688
Siége de Luxembourg	1684		Campagne du Rhin	1690
Prise de Philipsbourg	1688		Prise de Mons	1691
Prise de Worms	1688		Prise de Namur	1692
Prise de Spire	1688		Campagne des Pays-Bas	1693
Prise de Neustadt	1688		Prise de la ville d'Huy	1693
Prise de Mayence	1688		Campagne en Allemagne	1693
Prise de Manheim	1688		Campagne de Flandre	1694

Armes : Écartelé 1 et 4 de France, 2 et 3 d'or au dauphin d'azur.

Ce prince, qui avait suivi le roi à l'armée en 1684, joua un rôle plus important dans la guerre de 1688. Il commanda l'armée d'Allemagne, assisté de Vauban ; il fit preuve d'une grande valeur à la prise de Philipsbourg. « Le dauphin, dit Sismondi, s'était hasardé dans tous les « combats avec une ardeur qui lui fit donner par les soldats le surnom de « Louis-le-Hardi. » En 1690, Louis commanda l'armée du Rhin, assisté du maréchal de Lorges ; cette campagne fut marquée par de cruelles exécutions dans le Palatinat. Le dauphin joignit le roi en Flandre (1691), au siége de Mons, où tous les princes présents firent assaut de valeur ; le dauphin y fut remarqué comme au siége de Namur l'année d'après. Il suivit encore le roi en Flandre (1698) et eut le commandement de l'armée en 1694.

Le fils de Louis XIV, quoique élevé par Bossuet, était d'une capacité médiocre et vécut sans nulle influence dans le gouvernement de son père; livré à quelques cabales et à d'obscures intrigues, il mourut en 1711, âgé de cinquante ans.

Il eut pour femme : MARIE-ANNE, fille de Ferdinand, duc de Bavière, morte en 1690, dont il eut :

1. LOUIS, duc de Bourgogne et dauphin (qui suit); — 2. PHILIPPE, duc d'Anjou et roi d'Espagne; (Voy. cette branche.) — 3. CHARLES, duc de Berry (1).

---

(1)   CHARLES DE FRANCE, DUC DE BERRY.

SERVICES.

Combat d'Oudenarde.............. 1708

ARMES : De France à la bordure engrêlée de gueules.

Ce prince, frère cadet du duc de Bourgogne, né en 1686, servit comme volontaire à l'armée de Flandre, et se trouva au combat d'Oudenarde. « Il était singulièrement bon et timide, avec un esprit médiocre », dit Saint-Simon. Le duc de Berry mourut peu de temps après son aîné, en 1714.

Femme : MARIE-LOUISE D'ORLÉANS, dont il eut : 1. CHARLES, duc d'Alençon, mort peu de mois après sa naissance; 2. MARIE, née posthume, et qui ne vécut que deux jours.

XXVI.

Louis de France

DUC DE BOURGOGNE, DAUPHIN.

SERVICES.

Campagne de Flandre......... 1702	Campagne de Flandre......... 1708
Combat de Nimègue.......... 1702	Combat d'Oudenarde......... 1708
Campagne du Rhin........... 1702	Secours à Lille.............. 1708
Prise de Brissach............. 1703	

ARMES : Écartelé 1 et 4 de France, 2 et 3 d'or au dauphin d'azur. (*V. page* 145.)

Ce petit-fils de Louis XIV, dont la mort prématurée laissa tant de regrets, unissait à de rares vertus beaucoup d'application et de capacité;

il était né en 1682; Fénelon, son instituteur, l'avait formé pour la France. Il eût sans doute été le Louis IX d'un siècle plus mûr et plus éclairé; comme Louis IX, ce sage prince montra de la valeur, mais il ne marqua point par des faits de guerre heureux; il servit au temps des revers et des désastres du grand roi. Il commanda, sous le maréchal de Boufflers, en 1702, l'armée de Flandre qui se maintint sur la défensive devant l'habile et heureux Marlborough. Il fut envoyé sur le Rhin en 1703 et fit le siége de Brissac que Vauban dirigea. « M. le duc de Bourgogne, dit le duc de Saint-Simon, s'y acquit beaucoup d'honneur par son application, son assiduité aux travaux, avec une valeur simple et naturelle qui n'affecte rien, et qui va partout où il convient et qui ne s'aperçoit pas du danger. » Les deux premières campagnes du prince avaient fait concevoir de lui de grandes espérances, la troisième lui devint funeste : une cabale s'était formée à la cour contre l'élève de Fénelon; le duc de Vendôme, qui trempait dans cette intrigue, fut placé sous ses ordres à l'armée de Flandre en 1703; la mésintelligence éclata bientôt entre ces deux princes, et des opérations manquées en furent le résultat; ils éprouvèrent un échec à Oudenarde et ne surent pas secourir Lille, assiégée par Marlborough. La mort du duc de Bourgogne, arrivée en 1712, fut un deuil pour la France.

Le duc de Bourgogne eut pour femme : MARIE-ADÉLAÏDE de Savoie, fille de Victor-Amédée II, née en 1685, morte en 1712, dont il eut :

1. N..., duc de Bretagne, né en 1704, mort enfant; — 2. Louis, duc de Bretagne, puis dauphin, qui naquit en 1707 et mourut en 1712; — 3. Louis XV (qui suit).

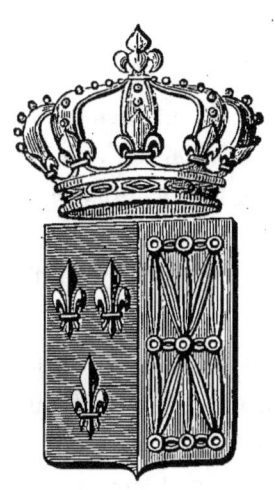

XXVII.

Louis XV

ROI DE FRANCE

SERVICES.

Campagne de Flandre	1744		Bataille de Fontenoy	1745
Prise de Menin	1744		Prise de Tournai	1746
Prise d'Ypres	1744		Prise d'Ostende	1747
Prise de Furnes	1744		Prise d'Anvers	1747
Prise du fort de Knoque	1744		Bataille de Lawfeld	1747
Prise de Fribourg	1744			

Armes : Parti de France et de Navarre.

Ce prince, arrière-petit-fils de Louis XIV, naquit le 15 février 1710; il avait cinq ans lorsqu'il hérita de la couronne, faible et dernier rejeton d'une maison florissante qu'une fatalité étrange avait frappée coup sur coup. La régence échut au duc d'Orléans.

Après la mort de ce dernier, un autre prince du sang, le duc de Bourbon, devint premier ministre; l'acte le plus important de ce ministre, médiocre et déprédateur, fut la rupture du mariage de Louis XV avec une fille d'Espagne : le duc de Bourbon, par une politique capricieuse, renvoya l'infante et maria le prince à Marie Leczinska, fille de

Stanislas, roi de Pologne détrôné. Mais le duc de Bourbon avait auprès du roi un rival redoutable et qui cachait sous les apparences d'une vieillesse tranquille une ambition qu'une longue attente n'avait pas refroidie : c'était l'évêque de Fréjus, Fleury, précepteur du roi. Le duc commençait à en prendre de l'ombrage et tenta brutalement de l'écarter; mais le prince du sang succomba dans la lutte : le précepteur du roi régna sous son nom (1726).

Le cardinal Fleury avait atteint le résultat qu'il ambitionnait surtout dans l'éducation de Louis XV; les lumières, les qualités propres au gouvernement de l'État, il s'inquiétait peu de les communiquer à son élève, mais il n'avait rien épargné pour gagner sa confiance et son affection. Fleury conserva toute sa vie, et jusqu'à l'âge de quatre-vingt-dix ans, cette faveur et ce pouvoir vers lequel il s'était acheminé si doucement et si tard. Louis XV ne semblait pas tourmenté de ce besoin de gloire et d'agrandissement qui avait armé son aïeul Louis XIV contre la plupart de ses voisins; son ministre mettait toute son adresse à l'entretenir dans sa timidité et sa paresse, à l'éloigner des affaires, à ne lui laisser voir ni ses troupes, ni ses places de guerre, ni ses provinces; la paix semblait si bien affermie et si conforme aux vues du ministre dirigeant, qu'on ne regardait pas comme possible qu'une guerre éclatât de son vivant. Les événements cependant se trouvèrent plus forts que sa volonté, et une partie de l'Europe prit les armes (1734). Le roi de Pologne, Auguste de Saxe, étant mort, le beau-père de Louis XV, Stanislas, voulut remonter sur le trône d'où il était tombé : il obtint dans la diète la majorité des suffrages, mais il eut le sort qu'avait éprouvé, dans le siècle précédent, le prince de Conti, et ne se trouva pas assez fort pour faire triompher ses droits. L'Empereur et la Russie prirent parti contre lui, l'assiégèrent dans les murs de Dantzig, et la France, après quelques hésitations, fut entraînée à soutenir le beau-père de son roi. Mais sa cause était déjà perdue, et Louis XV, en intervenant trop tard, ne put atteindre l'objet en vue duquel il avait armé. Cette guerre fut glorieuse cependant, et eut pour la France des résultats solides : ses armées eurent des succès signalés sur le Rhin; toutefois l'Italie fut le principal théâtre de la lutte. L'Empereur s'y vit attaqué à la fois par trois puissances, la France, l'Espagne et la Savoie. Le maréchal de Villars, et après lui le duc de Coigny, y firent de belles et heureuses campagnes, qui valurent à la France et à ses alliés de conclure une paix toute à leur avantage. Naples et la Sicile furent érigés en royaume séparé au profit de don Carlos, l'un des fils du roi d'Espagne. François de Lorraine, époux de l'archiduchesse d'Autriche, Marie-Thérèse, obtint la Toscane en renonçant à la Lorraine, dont on fit une souveraineté viagère pour le roi Stanislas, et que la France devait posséder à sa mort; c'était là un important résultat après une guerre de peu de durée, et qui reporta un instant la France à ce degré d'influence et de considération d'où elle était descendue depuis les revers de Louis XIV.

Mais à peine eut-on déposé les armes que l'occasion s'offrit de les reprendre : l'empereur Charles VI mourut, et son vaste héritage fut convoité par divers compétiteurs; il n'avait d'autre héritier que sa fille Marie-Thérèse, qui voulait placer la couronne impériale sur la tête de François de Lorraine, son mari. La France lui opposa l'électeur de Bavière et envoya une armée jusqu'au cœur de l'Allemagne (1741); c'était pour le petit-fils de Louis XIV une occasion unique de s'agrandir aux dépens de l'Autriche; Marie-Thérèse, attaquée par la France et la Prusse à la fois, semblait incapable de retenir longtemps sous sa main l'immense héritage qu'elle entreprenait de défendre : une seule bataille donne la Silésie au roi Frédéric. L'armée française s'empare de Prague et de la Bohême, et fait couronner à Francfort l'électeur de Bavière; mais la France perdit en peu de temps tout le terrain qu'elle avait gagné. Le cardinal s'était laissé entraîner à contre-cœur dans cette nouvelle guerre, et il fit échouer l'entreprise par sa mollesse et ses tergiversations. Les troupes françaises, mal pourvues, se désorganisèrent en Bohême; l'active et courageuse reine de Hongrie en profita, contraignit l'armée française à faire retraite, et rejeta la guerre du Danube sur le Rhin (1743). Le cardinal Fleury mourut au moment de ces défaites, et Louis XV, affranchi du joug qu'il avait porté jusque-là en disciple soumis, déclara que désormais il entendait gouverner et agir; il partit en effet pour se mettre à la tête de l'armée.

Écarté des affaires par l'ambition de son vieux précepteur, Louis XV avait fini par céder à des tentations de plaisir contre lesquelles sa vie inoccupée le défendait mal. La duchesse de Châteauroux, sa maîtresse, avait de l'ambition, des vues hardies : elle porta le prince à sortir de son inaction, à donner de l'éclat à son règne. Ce fut par son influence que la France s'engagea dans la guerre de la succession d'Autriche; elle décida le roi à se montrer à la tête de l'armée, elle l'accompagna. La présence du prince y ramena un instant la fortune; mais l'Alsace fut envahie, et le roi s'y portait pour la secourir quand il tomba malade à Metz.

Louis XV retourna en Flandre (février 1745) après avoir passé le Rhin l'année précédente et réussi à s'emparer de Fribourg. Le maréchal Maurice de Saxe commandait l'armée de Flandre; il était fort inférieur en forces aux Anglais et aux Autrichiens qu'il avait à combattre. Le roi assiégea Tournay, et l'ennemi tenta le sort d'une bataille pour délivrer la ville. Louis XV, accompagné du dauphin, alla reconnaître la veille le terrain où les deux armées devaient se rencontrer; la bataille, qui se donna près de Fontenoy, fut longtemps indécise et sembla même un moment perdue pour les Français. Le roi, séparé de son fils par les fuyards, fut en danger un instant d'avoir la retraite coupée; mais il tint bon et refusa de s'éloigner. Les dispositions du maréchal de Saxe, appuyées par la fermeté du roi, changèrent ce commencement de défaite en victoire. La guerre se poursuivit en Flandre sous les yeux de Louis XV; elle fut signalée surtout par les siéges mémorables de Berg-op-Zoom et de Maëstricht. Mais, tandis que l'armée de Flandre obtenait tant de succès brillants, les chances de la guerre tournaient d'un autre côté contre la France et ses alliés : l'Italie était encore le théâtre d'une lutte acharnée; le gardien des Alpes, le roi de Savoie, dont la politique mobile inclinait, selon l'intérêt du moment, tantôt vers l'Autriche, tantôt vers la France, avait pris parti contre la dernière.

Louis XV, maître des Pays-Bas, offrit de rendre toutes ses conquêtes, et fit, en 1748, la paix d'Aix-la-Chapelle, qui n'apporta rien à la France en compensation des pertes énormes qu'elle avait essuyées.

Louis XV usa peu de la liberté que la mort du cardinal lui avait rendue : il était incapable de volonté persévérante et surtout d'activité; son sort fut d'être toujours gouverné, et ses mœurs firent aux femmes une part de plus en plus large dans la conduite des affaires de l'État. La duchesse de Châteauroux avait à peu près décidé la guerre de 1740; une autre favorite, la marquise de Pompadour, précipita la France, à peine rentrée dans le repos, au milieu d'une conflagration nouvelle. La guerre de 1755, ou la *Guerre de sept-ans*, fut infidèle aux traditions constantes de la politique. La France s'unit à l'Autriche contre le roi de Prusse, qu'il fallait sauver de la puissance autrichienne; quelques épigrammes du roi Frédéric sur madame de Pompadour et Louis XV firent sacrifier les intérêts évidents de l'État à un puéril besoin de vengeance. Cette guerre, que le duc de Richelieu commença heureusement, n'amena ensuite que de honteuses défaites: Rosbach (1757), Crevel (1758), Minden (1759), et ruina de nouveau le commerce maritime. L'Angleterre, changeant également ses habitudes d'alliance, s'unit à la Prusse, et trouva l'occasion de détruire de fond en comble la puissance française dans l'Inde, de s'emparer du Canada et de nos meilleures colonies des Antilles. La paix de Paris (1763), qui mit fin à la *Guerre de sept-ans*, porta un grand coup à l'honneur et à la considération de la France dans le monde, et la fit tomber un instant du rang qu'elle avait pris depuis la fin du XVIe siècle. Une main habile, cependant, n'eut besoin que de quelques années de paix pour refaire une armée et relever la marine; mais le duc de Choiseul, nonobstant de pareils services, ne put lutter contre le crédit d'une courtisane: la comtesse Dubarry lui donna des successeurs, et les dernières années de ce règne descendirent successivement tous les degrés de la déconsidération et de l'opprobre. Des guerres ruineuses, des efforts répétés pour rétablir les flottes et les armées, et par-dessus tout les prodigalités royales, avaient tout épuisé et creusé dans les finances un énorme déficit.

Les mœurs du roi, dont le cynisme croissant bravait le grand jour, ternissaient le prestige de la royauté. Un mouvement extraordinaire poussait les esprits vers les découvertes de la science, vers les innovations en tout genre; le besoin de tout connaître et de tout expliquer livrait aux hardiesses du raisonnement les croyances qui avaient fait la base de l'ancienne société; ceux qui avaient le plus d'intérêt à la soutenir semblaient avoir pris à tâche d'en hâter la ruine. Louis XV, pour sa part, y travailla constamment; et ce fut en connaissance de cause, car il n'avait pour excuse ni le défaut de lumières ni l'incapacité. Il avait conscience de la chute inévitable qu'il préparait à ses héritiers;

peu de princes furent doués de plus de pénétration naturelle et se montrèrent plus habiles à l'œuvre dans les rares instants où il se trouva capable d'un effort de travail et de volonté; il n'était ni méchant ni cruel; élevé par Fénelon, Louis XV eût peut-être rappelé son père, le duc de Bourgogne, mais l'insouciance et l'égoïsme, fruit d'une mauvaise éducation, éteignirent à la longue ses meilleurs instincts. Il avait coutume de dire : « La monarchie durera bien autant que moi; Berry s'en tirera comme il pourra ; après moi le déluge. » Louis XV mourut en 1774.

Il épousa en 1725 : MARIE LECZINSKA, née en 1703, morte en 1768, dont il eut :

1. LOUIS, dauphin (qui suit); — 2. N... de France, duc d'Anjou, né en 1730, mort en 1733. — 3. LOUISE-ÉLISABETH, née en 1727, qui épousa don Philippe, duc de Parme, et mourut en 1759 ; — 4. ANNE-HENRIETTE, sœur jumelle de la précédente, morte en 1752 ; — 5. LOUISE-MARIE, née en 1728, morte en 1733 ; — 6. ADÉLAÏDE, née en 1732, morte dans l'émigration en 1800 ; — 7. VICTOIRE, née en 1733, morte en 1799 ; — 8. SOPHIE, née en 1734, morte en 1782 ; — 9. THÉRÈSE-FÉLICITÉ, née en 1736, morte en 1744 ; — LOUISE, née en 1737, qui prit le voile aux Carmélites et mourut en 1787.

XXVIII.

Louis de France

DAUPHIN.

SERVICE.

Bataille de Fontenoy...... 1745

Armes: Écartelé 1 et 4 de France, 2 et 3 d'or au dauphin d'azur.

Ce prince, fils de Louis XV, naquit en 1729 ; il fit preuve à Fontenoy, aux côtés de son père, de beaucoup de courage au moment où ils furent sur le point d'avoir la retraite coupée. « Ce jeune prince, dit Sismondi, brûlait de s'élancer à la tête des combattants ; son père ne le voulut pas permettre ; celui-ci ne montrait ni le feu du courage, ni le trouble de la crainte. » Le dauphin, avec ses goûts austères, sa vie irréprochable, offrit un parfait contraste avec son père ; tous deux vécurent en mésintelligence, et le prince raillé pour ses mœurs et sa piété par les courtisanes qui décidaient de la politique et dirigeaient la guerre, demanda, mais en vain, à commander les armées. Il mourut en 1765.

Il eut pour femmes : 1. Marie-Thérèse d'Espagne, mariée en 1745, morte en 1746 ; — 2. Marie-Josèphe de Saxe, mariée en 1747, morte en 1767.

Il eut de la première : Marie-Thérèse, née en 1746, morte en 1748.

De la seconde : 1. Marie-Zéphirine, morte en 1755; — 2. Louis-Xavier, duc de Bourgogne, né en 1751, mort en 1761; — 3. Xavier-Marie, duc d'Aquitaine, né en 1753, mort en 1754; — 4. Louis XVI (1); — 5. Louis XVIII (2); — 6. Charles X (qui suit); — 7. Marie-Clotilde, née en 1759, mariée au prince de Piémont, Charles-Emmanuel, morte le 7 mars 1802; — 8. Élisabeth (3).

---

(1)   LOUIS XVI, ROI DE FRANCE.

Louis XVI, né en 1754, succéda à son aïeul en 1774. Il n'y a point de faits d'armes à enregistrer après le nom de ce prince; la seule guerre de son temps fut une guerre maritime : elle fut glorieuse pour ses flottes. La marine seule jeta quelque éclat sur son règne agité; Louis XVI lui donna des soins intelligents : il aimait la géographie et les sciences qui tiennent à la navigation. Ce malheureux prince porta tout le poids des fautes de la monarchie, et fut écrasé par une révolution qu'il n'était pas de force à diriger. Il périt avec courage et une pieuse résignation sur l'échafaud révolutionnaire le 21 janvier 1793.

Louis XVI eut pour femme : Marie-Antoinette-d'Autriche, fille de Marie-Thérèse, née en 1755 Cette princesse déploya plus de fierté de caractère que de prudence dans les luttes de la Révolution; mais elle fut à la hauteur de son infortune, et se montra grande dans la souffrance et dans la mort. Elle périt le 16 octobre 1793.

Enfants : 1. Marie-Thérèse, née en 1778, épousa Louis-Antoine, duc d'Angoulême; 2. Louis-Joseph, premier dauphin, né en 1781, mort en 1789; 3. Louis XVII, né en 1785, mourut en 1795, pendant la Révolution, des barbares traitements que lui fit subir l'homme chargé de l'élever; 4. Sophie-Hélène, née en 1786, morte en 1787.

---

(2)   LOUIS XVIII, ROI DE FRANCE.

Il naquit en 1756. Plus politique que militaire, voué par sa constitution comme par ses goûts aux exercices sédentaires de l'esprit, ce prince dirigea les affaires de l'émigration sans tirer l'épée; son courage, sans s'appliquer à la guerre, était réel cependant, et venait d'un caractère soutenu : on raconte qu'un coup de feu tiré par un meurtrier lui ayant effleuré la tête à Dillingen, il dit tranquillement : « Quelques lignes plus bas, et le roi de France s'appelait Charles X. » Assez éclairé pour profiter des leçons de l'exil et des enseignements de l'expérience, Louis XVIII, remonté sur le trône de ses aïeux, tenta de concilier l'ancien et le nouveau régime. Néanmoins il entreprit en 1823 la guerre d'Espagne, contre les idées libérales que ce monarque avait d'abord assez protégées. Louis XVIII mourut en 1824 sans postérité.

Femme : Marie-Joséphine de Savoie, décédée en Angleterre en 1810.

---

(3) Élisabeth de France naquit en 1764; cette noble et belle princesse vécut étrangère à toutes les intrigues de cour. Son courage fut admirable comme ses vertus : tendrement attachée à Louis XVI, son frère, elle voulut partager sa destinée, et refusa d'émigrer avec les tantes du roi. Dans la journée du 20 juin, où le peuple fit irruption dans le château des Tuileries, madame Élisabeth laissa croire qu'elle était la reine, et assuma le péril pour sauver sa belle-sœur. Elle périt sur l'échafaud le 10 mai 1794 : sa mort, tranquille et sereine, fut digne de sa vie. Cette princesse fut la plus pure et la plus sainte victime de la Révolution.

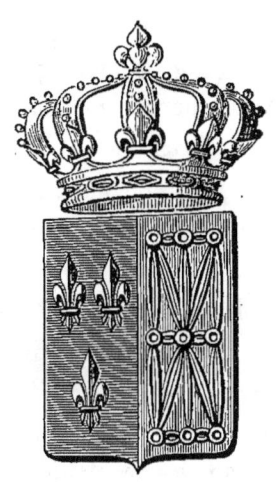

XXIX.

Charles X

ROI DE FRANCE.

SERVICES.

Siége de Gibraltar.................. 1782

Armes : Parti de France et de Navarre.

Charles, comte d'Artois, né en 1757, devint roi en 1824 sous le nom de Charles X. Comme ce prince porta les armes avant 1789, il a droit à une place dans ce livre. Il a peu servi toutefois; il se rendit comme volontaire au camp de Saint-Roch devant Gibraltar, en 1782. Les fêtes de Madrid l'occupèrent plus que les opérations de ce long siége, d'où il s'éloigna au bout de quelque temps.

Le comte d'Artois, qui s'était montré fort opposé aux principes de 1789, quitta la France et donna le signal de l'émigration. Après s'être rendu en Savoie, puis à Mantoue, il gagna la frontière d'Allemagne et suivit avec un corps d'émigrés l'invasion des Prussiens en Lorraine.

Après la mort de Louis XVI, le comte d'Artois eut le titre de lieutenant général du royaume; il partit alors pour Saint-Pétersbourg, où il reçut de l'impératrice Catherine une riche épée; « J'espère, lui dit-elle, que vous vous en servirez pour la gloire et le rétablissement de votre maison. » Catherine offrit de plus au prince émigré un corps de vingt mille hommes, que l'Angleterre promettait de solder et de porter en Vendée; mais cette puissance éluda sa promesse, et ce fut seulement en septembre 1795 que le comte d'Artois parut sur les côtes de France. Là, embarqué sur l'escadre de l'amiral Warren, il fut spectateur du désordre de Quiberon, et prit terre à l'Ile-Dieu où il resta vingt jours sans rien entreprendre. Il regagna l'Angleterre après cette tentative avortée, et habita quelques années le château d'Holyrood en Écosse. Appelé au quartier général de l'armée autrichienne, le comte d'Artois partit en 1799; mais la bataille de Zurich vint, sur ces entrefaites, frapper de terreur la coalition, et le prince regagna l'Angleterre où il vécut jusqu'en 1814. A la fin de mars, il pénétra en Franche-Comté; et reprit le titre de lieutenant général du royaume. Louis XVIII condamna, dit-on, la précipitation fatale que son frère mit à signer le traité qui enleva à la France cinquante trois places fortes, douze mille bouches à feu et trente-un vaisseaux.

Les sentiments du comte d'Artois avaient peu varié dans l'exil; il resta le champion des idées et des souvenirs de l'ancien régime. A la nouvelle du débarquement de Cannes, il partit pour Lyon : mais Napoléon parut, et le prince ne trouva qu'un garde national pour l'escorter dans sa retraite. Citons un trait qui est à l'honneur du comte d'Artois : quand la chambre des pairs voulut voter au duc d'Angoulême, après le retour de Gand, des remerciments pour sa campagne du midi, le comte d'Artois s'y opposa. « C'était, dit-il, contre des Français qu'il s'était vu contraint de combattre. »

Mais Monsieur, sous le gouvernement de son frère, reprit son rôle d'autrefois; il disait aux royalistes groupés autour de son drapeau : « Résignez-vous pour le présent, je vous réponds de l'avenir. » Monsieur devint roi le 16 septembre 1824, et Charles X garda les sentiments et les promesses du comte d'Artois. Des lois en désaccord avec les mœurs et l'esprit du temps furent présentées et tombèrent devant la réprobation publique ; de nouvelles élections forcèrent le roi de changer un instant sa politique ; il accepta un ministère nouveau, mais son parti était pris de jouer sa couronne. « Il voulait en finir, disait-il. » Le 25 juillet 1830 parurent les ordonnances destinées à réformer la Charte, et tout Paris bientôt fut en insurrection. Après trois jours de combat, les troupes maltraitées se replièrent sur Saint-Cloud, et Charles X fit sa retraite sur Rambouillet. Le 2 août le roi et le dauphin abdiquèrent en faveur du duc de Bordeaux, mais la déchéance était déjà prononcée, et ces actes furent regardés par les chambres comme de nul effet.

Charles X et sa famille se décidèrent alors à quitter le royaume ; ils se dirigèrent sur Cherbourg, où un bâtiment les conduisit en Angleterre ; le château d'Holyrood leur servit encore d'asile : mais la famille exilée alla bientôt habiter la Bohême, puis Goritz, en Styrie, où Charles X est mort le 6 novembre 1836, à 79 ans.

Deux expéditions mémorables honorent le règne de Charles X : l'une contribua à la délivrance et à la régénération de la Grèce en 1828 ; l'autre fit tomber Alger au pouvoir de la France au moment où ce malheureux roi préparait sa propre chute.

Ce prince épousa en 1773 : Marie-Thérèse de Savoie, morte en Angleterre le 2 juin 1805 ; dont il eut :

1. Une fille, morte en bas âge ; – 2 Louis-Antoine, duc d'Angoulême, né en 1775, épousa Marie-Thérèse de France, fille de Louis XVI. Ce prince a porté les armes pendant l'émigration, et a commandé l'armée française en Espagne, en 1823 ; mais comme ceux de tous les princes qui n'ont servi que postérieurement à 1789, les services du duc d'Angoulême n'entrent pas dans le plan de ce travail. Il est mort à Goritz en 1845 ; – 3. Charles-Ferdinand, duc de Berry, né en 1778, a porté les armes pendant l'émigration ; il est mort sous le poignard d'un meurtrier fanatique, en 1820. Il avait épousé Caroline-Ferdinande, fille aînée de François Ier, roi des Deux-Siciles.

BRANCHE DES BOURBONS D'ESPAGNE.

Appelée à régner en Espagne par le testament de Charles II, en 1700, cette branche, qui eut pour fondateur l'un des petits-fils de Louis XIV, le duc d'Anjou, devait occuper plusieurs trônes; la branche aînée eut celui d'Espagne; la cadette, issue de Charles III, hérita du trône des Deux-Siciles et y fonda une seconde dynastie; enfin la couronne ducale de Parme et de Plaisance échut, en 1735, à l'infant don Philippe, frère cadet de Charles III, et mit dans cette maison une troisième souveraineté.

XXVI.

Philippe de France

DUC D'ANJOU, ROI D'ESPAGNE

SERVICES.

Combat de Luzzara	1702	Siége de Barcelone	1706
Campagne de Portugal	1704	Prise de Brihuega	1710
Prise de Salvaterra	1704	Bataille de Villaviciosa	1710
Prise de Portalègre	1704	Réduction de l'Aragon	1711
Prise de Castel-de-Vide	1704	Prise de Girone	1711
Prise de Montalvan	1704		

ARMES: Écartelé, au 1 quartier, contre-écartelé, 1 et 4 de gueules au château d'or, sommé de trois tours de même qui est Castille, 2 et 3 d'argent au lion de gueules qui est Léon; en pointe de ce quartier d'or à la grenade de gueules tigée et feuillée de sinople qui est Grenade. Au 2 quartier, d'or à quatre pals de gueules qui est Aragon, parti d'Aragon-Sicile qui est de même flanqué d'argent à deux aigles de sable. Au 3 quartier, de gueules à la face d'argent qui est Autriche, soutenu et bandé d'or et d'azur de six pièces qui est Bourgogne ancien. Au 4 quartier, semé de France à la bordure componée d'argent et de gueules qui est Bourgogne moderne, soutenu de sable au lion d'or lampassé et armé de gueules qui est Brabant. A la pointe de ces 2 quartiers, d'or au lion de sable armé et lampassé de gueules, qui est Flandre, parti d'argent à l'aigle de gueules couronné, becqué et membré d'or, chargé sur la poitrine d'un croissant de même, qui est Tyrol. Sur le tout de France à la bordure de gueules, qui est Anjou.

Philippe V naquit à Versailles en 1683. Il était fils de Louis, dauphin de France, et porta d'abord le titre de duc d'Anjou. En 1700, le testament de Charles II, dernier roi de la branche autrichienne, l'appela au trône d'Espagne. La cour de Versailles hésita un instant à accepter ce legs périlleux le lendemain d'une longue guerre qui avait épuisé le royaume; mais l'intérêt politique l'emporta, et le duc d'Anjou fit son entrée à Madrid. Une forte opposition éclata dans plusieurs provinces contre le prince français; des mesures vigoureuses déjouèrent les efforts de l'Autriche, et le nouveau trône parut consolidé en peu de temps; mais à peine le danger était-il conjuré au dedans qu'il éclata plus terrible au dehors : l'empereur Léopold se ligua avec l'Angleterre et la Hollande contre le jeune roi d'Espagne et le vieux roi de France.

Philippe visitait alors ses États d'Italie; il partit de Naples, gagna Gênes, traversa le Milanais, et rallia l'armée française dès les premières hostilités. Vendôme était aux prises avec l'ennemi quand le roi hâta sa marche, laissa sa cavalerie derrière lui pour arriver plus vite au feu qu'il entendait. Cet engagement fut le prélude de la bataille de Luzzara (1702). Philippe V y donna la mesure de son courage : « il se tint longtemps au plus grand feu, dit Saint-Simon, avec une tranquillité parfaite ». On combattit d'abord pour chasser les Impériaux de l'Italie; mais les alliés bientôt menacèrent l'Espagne; le roi hâta son retour à Madrid. Les Anglais et les Hollandais attaquaient l'Andalousie; le duc d'Ormond faisait invasion dans la Galice et s'emparait, dans le port de Vigo, de vingt-trois vaisseaux et d'un immense butin.

La guerre de la succession d'Espagne était déjà commencée lorsque l'archiduc Charles partit d'Angleterre, en 1704, pour aller soutenir ses droits dans la Péninsule; il débarqua en Portugal, et Philippe, appuyé par une armée française, se mit en mouvement pour l'attaquer. Il prit successivement Salvaterra, Portalègre. Les Anglais échouèrent devant Barcelone et Cadix, mais ils réussirent à enlever Gibraltar, et Philippe essuya deux échecs successifs contre cette place. De ce moment, la fortune tourna le dos au roi d'Espagne : les revers refroidirent et détachèrent une partie de la nation; et l'abandon engendra de nouveaux revers. Philippe perdit ses conquêtes de Portugal (1705). Le royaume de Valence se déclara pour l'archiduc; Barcelone lui ouvrit ses portes, et il y fut proclamé roi. Son rival parut devant Barcelone, mais la ville fut secourue par mer, et il fut contraint de battre en retraite jusqu'à Perpignan. Philippe V déploya, sinon de grands talents, du moins une constance et une fermeté remarquables dans cette longue période d'adversités. Soutenu par les seuls Castillans, qui lui restèrent fidèles, il déclara qu'il régnerait ou mourrait sur la terre espagnole. La paix lui fut offerte à la condition de se joindre aux alliés contre la France; il rejeta ce moyen de salut au moment même où, chassé de sa capitale, il était à bout d'espoir. Pourtant ce monarque, « presque radicalement détruit, dit Saint-Simon, errant, fugitif, sans argent, sans troupes, sans subsistances, se releva comme par miracle. » Le maréchal de Berwick et le duc d'Orléans lui ramenèrent la fortune; il se soutint jusqu'en 1710, époque où Vendôme acheva de faire triompher sa cause. Grâce à ce général, Philippe prit Brihuega, et livra la bataille de Villaviciosa; il s'y conduisit avec courage et eut un *cheval tué sous lui*. Il profita de sa victoire pour réduire l'Aragon, et s'empara de Girone. Ses affaires étaient complétement rétablies lorsque la paix fut signée à Utrecht (1713).

Dès lors la carrière militaire de Philippe V fut terminée; il laissa à ses généraux la tâche de soutenir les plans aventureux de son ministre Albéroni.

Philippe V abdiqua, en 1724, en faveur de l'infant Louis, son fils aîné; mais à la mort du jeune monarque, Philippe reprit le gouvernement. Son ministre Riperda donna quelque grandeur à cette seconde partie de son règne. La paix fut conclue avec l'Empire, les Maures furent vaincus jusqu'en Afrique; l'infant don Carlos conquit le royaume de Naples; enfin l'Espagne joua un rôle dans la guerre de la succession d'Autriche. Philippe V mourut en 1746.

Philippe V eut pour femmes : 1. MARIE-LOUISE DE SAVOIE, née en 1688, morte en 1714; — 2. ÉLISABETH FARNÈSE, morte en 1766.

Il eut de la première : 1. LOUIS Iᵉʳ, roi d'Espagne, né en 1707, mort en 1724, après sept mois de règne, sans avoir porté les armes et sans laisser de postérité de sa femme

Louise-Élisabeth d'Orléans; — 2. PHILIPPE, né en 1709, mort au bout de quelques jours; — 3. PHILIPPE-PIERRE, né en 1712, mort en 1719; — 4. FERDINAND VI (1).

Il eut de la seconde : 1. CHARLES III (qui suit); — 2. FRANÇOIS, né en 1717, mort la même année; — 3. PHILIPPE, duc de Parme, (qui suivra); — 4. LOUIS-ANTOINE, né en 1725, mort en 1776, épousa Maria Vallabriga, dont il eut : LOUIS, cardinal, archevêque de Tolède, et deux filles, dont l'une épousa le prince de la Paix; — 5. MARIE-ANNE, née en 1718, fiancée d'abord à Louis XV, épousa le roi de Portugal, et mourut en 1681; — 6. MARIE-THÉRÈSE, née en 1726, épousa Louis, dauphin, fils de Louis XV, et mourut en 1746; — 7. MARIE-ANTOINETTE, née en 1729, épousa le duc de Savoie.

---

(1)   FERDINAND VI, ROI D'ESPAGNE.

Ce prince, né en 1713, succéda à Philippe V, en 1746. D'une santé très faible, d'une humeur solitaire, mélancolique, qui finit par dégénérer en démence, ce prince n'entreprit rien au dehors; aucun fait de guerre ne s'attache à son nom. Il mourut en 1759, et ne laissa point d'enfants de sa femme MARIE-BARBE DE PORTUGAL.

XXVII.

Charles III

ROI D'ESPAGNE

SERVICES.

Conquête du royaume de Naples.... 1734	Prise de Trapani................. 1734
Prise de Gaëte................. 1734	Campagne de Savoie............ 1742
Prise de Cortone............... 1734	Siège de Parme................. 1742
Prise de Capoue................ 1734	Combat de Velletry............. 1744
Bataille de Bitonto............. 1734	

ARMES : *V. page* 129.

DEVISE : Primero Carlos que rey.

Ce prince, né à Madrid en 1716, commença brillamment sa longue carrière sous le nom de don Carlos, et porta successivement les couronnes de Sicile et d'Espagne. La politique d'Élisabeth Farnèse, sa mère, avait eu pour but invariable de créer à ses fils des souverainetés en Italie. Les traités de Vienne et de Séville assurèrent à don Carlos l'hérédité des duchés de Toscane, de Parme et de Plaisance. L'infant, âgé de seize ans, débarqua à Livourne ; mais un nouveau traité fut signé à Turin, par lequel don Carlos renonça, en faveur de son frère, don Philippe, aux duchés de Toscane et de Parme, pour entreprendre la conquête des Deux-Siciles qui seraient érigées pour lui en royaume indépendant. Le prince, proclamé généralissime de l'armée espagnole, partit de Parme et marcha sur Naples ; les forteresses capitulèrent, et l'infant y fit son entrée en vainqueur. « Ainsi, dit Sismondi, un arrière-« petit-fils de Louis XIV recommençait en Italie, sous le nom de « Charles IV, une nouvelle dynastie indépendante. Il réalisait les espé-« rances du grand roi lorsqu'il avait accepté l'héritage d'Espagne, mais « d'une manière plus avantageuse pour les peuples et pour l'équilibre de « l'Europe. Doué d'une belle figure, d'un bon cœur, d'un jugement « supérieur à son âge, de politesse dans ses discours, de tempérance, « d'amour, de pitié pour ses nouveaux sujets, il rappelait, sous plus d'un « rapport, les espérances de grandeur qu'avait données son aïeul. » Mais il fallut payer par la victoire la possession d'un royaume, et le jeune roi acheva par sa bravoure de gagner la faveur de ses nouveaux sujets. Il assista à plusieurs siéges, et surtout à la bataille de Bitonto, qu'il gagna sur les Autrichiens ; il passa aussitôt en Sicile, où de rapides progrès ne tardèrent pas à asseoir la domination des Bourbons. Don Carlos fut reconnu roi des Deux-Siciles par le traité de Vienne (1735), sous le nom de Charles IV ; son règne marqua par des institutions utiles, il assura au pays une prospérité qu'il n'avait pas connue depuis longtemps.

La guerre de la succession d'Autriche éclata, et Charles IV allait agir de concert avec l'Espagne et la France, quand une flotte anglaise parut devant Naples, menaçant de brûler cette capitale si le roi ne renonçait à l'alliance contractée. L'amiral anglais déclara, en mettant sa montre sur le tillac, qu'il n'attendrait que deux heures la réponse à son message. Naples était sans défense du côté de la mer, il fallut céder, et le roi rappela ses troupes. Mais attaqué plus tard par l'Autriche et ses alliés, il mit toutes ses côtes sur un pied de défense, y organisa une résistance vigoureuse contre les flottes anglaises, et alla se joindre aux armées espagnoles contre les troupes autrichiennes. Il traversa les Marais-Pontins et alla établir son quartier général à Velletri (juin 1744) ; il attaqua les

Allemands et enleva leurs avant-postes. Surpris la nuit pendant le sommeil, il vit l'ennemi un instant maître de la ville, mais il revint bientôt à la charge, reprit du terrain, et chassa les Autrichiens, qui furent mis en pleine déroute. Le traité d'Aix-la-Chapelle (1748) assura la succession du trône des Deux-Siciles à la lignée de Charles, si ce prince venait à être appelé au trône d'Espagne à la mort de son frère Ferdinand. Cette prévision se réalisa en effet en 1759, et Charles IV alla bientôt recueillir ce grand héritage, désignant comme successeur au trône des Deux-Siciles son troisième fils Ferdinand. Devenu roi d'Espagne sous le nom de Charles III, ce petit-fils de Louis XIV, tant regretté des Napolitains, se rendit également cher aux Espagnols : ami de la justice, du bien public, des sages réformes, prince éclairé, actif, courageux, Charles III fut l'honneur des Bourbons d'Espagne et l'un des princes les plus marquants du xviii° siècle. Il signa, en août 1761, le Pacte de famille, par lequel les rois de France, d'Espagne, des Deux-Siciles, et l'Infant, duc de Parme, s'unirent étroitement. Plein de ressentiment contre les Anglais depuis l'insulte qu'il avait reçue de leur marine, il leur déclara la guerre (1762) et il envahit le Portugal, leur allié; mais l'Espagne, comme la France, essuya dans la guerre maritime de cruels désastres. Charles III, secondé par des ministres capables, redoubla d'efforts pour relever l'armée et la marine; il introduisit dans la première la discipline et la tactique savante du grand Frédéric. Il se préparait à demander raison aux Anglais d'anciens et de nouveaux outrages, mais l'indolence de Louis XV après la chute de Choiseul fit échouer ses desseins. Il envoya une flotte, à deux reprises, pour châtier les Algériens; il offrit à la France sa coopération pour secourir la Pologne; il chassa les Jésuites de ses États. Pendant la guerre de l'indépendance américaine, Charles III joignit ses flottes à celles de la France, et partagea les revers et les succès de son alliée.

La mort d'un de ses fils, le prince Gabriel, qui était doué de qualités éminentes, remplit d'amertume ses derniers jours. Il mourut en 1788, après un règne actif et fécond de cinquante-cinq années.

Charles III épousa MARIE-AMÉLIE DE SAXE, dont il eut :

1. PHILIPPE-PASCAL, né en 1757, mort en 1777; — 2. CHARLES IV (1); — 3. FER-

dinand, roi des Deux-Sicilés (*Voir cette branche*); — 4. Gabriel, né en 1752, épousa Dona Maria de Portugal, et tous deux moururent peu de jours avant Charles III; il laissa un seul enfant, don Pédro, qui épousa Marie-Thérèse, infante de Portugal, de laquelle il a un fils; — 5. Pedro, mort avant son père; — 6. Antonio, *id.*; — 7. Francisco-Xavier, *id.*; — 8. Maria-Josepha, née en 1744, morte en 1804; — 9. Maria-Louisa, née en 1745, qui épousa Léopold, grand-duc de Toscane et depuis empereur; elle mourut en 1792. — Quatre autres enfants morts en bas âge.

On a regardé comme fils naturel de Charles III l'amiral de Gravina, qui commanda la flotte espagnole et conduisit l'escadre de réserve à la bataille de Trafalgar. Cet illustre marin y lutta héroïquement sur son vaisseau, le Prince des Asturies; *enveloppé par des vaisseaux anglais, pressé de toutes parts, il refusa de se rendre et reçut une blessure mortelle à la fin du combat*

XXVIII.

CHARLES IV, ROI D'ESPAGNE.

Ce prince, né en 1748, succéda en 1788 à Charles III. Son règne fut sans éclat; il était faible de caractère et fort peu appliqué aux affaires de son royaume. Un favori tout puissant, le prince de la Paix, fut le véritable maître de l'Espagne pendant le règne de Charles IV. Après avoir uni ses armes à celles de la France contre les Anglais, pendant les guerres du Consulat et de l'Empire, ce prince vit son alliée envahir l'Espagne; il abdiqua d'abord en faveur de son fils Ferdinand; ensuite il souscrivit à l'abandon de sa couronne à la dynastie de Napoléon.

Charles IV épousa, en 1765, Marie-Louise, fille de don Philippe, duc de Parme; il eut d'elle :

1. Ferdinand VII, né en 1784, qui régna sur l'Espagne, et mourut en 1833;

Il avait épousé : 1. Marie-Antoinette, fille de Ferdinand Ier, roi des Deux-Siciles, morte en 1806; 2. sa nièce, Isabelle-Marie de Portugal, fille de Jean VI, morte en 1818; 3. Marie-Josèphe de Saxe; 4. Marie-Christine, fille de François Ier, roi des Deux-Siciles, née en 1806.

2. Don Carlos, né en 1788;

Marié : 1. à sa nièce, Marie-Françoise de Portugal, fille de Jean VI, morte en 1834; 2. à Marie-Thérèse de Portugal, sœur aînée de la précédente, et veuve de l'infant don Pedro, petit-fils de Charles III.

3. Don François de Paule, né en 1794;

Qui a épousé Louise-Charlotte, fille de François Ier, roi des Deux-Siciles, morte en 1844.

4. Charlotte, née en 1775, mariée, en 1785, à Jean VI, roi de Portugal; — 5. Marie-Louise, née en 1782, mariée à Louis, duc de Parme, roi d'Étrurie; — 6. Marie-Isabelle, née en 1789, seconde femme de François Ier, roi des Deux-Siciles.

BOURBONS DES DEUX-SICILES ET DE PARME.

Charles, fils de Philippe V, roi d'Espagne, et d'Élisabeth de Farnèse, fut maintenu en possession du trône des Deux-Siciles, qu'il avait conquis par le traité de Vienne, en 1735. Il y régna, sous le nom de Charles IV, jusqu'en 1759. La mort de son frère, Ferdinand VI, l'ayant appelé alors au trône d'Espagne, il eut pour son successeur à Naples son troisième fils Ferdinand, dont les descendants occupent aujourd'hui le trône des Deux-Siciles.

XXVIII.

FERDINAND Ier, ROI DES DEUX-SICILES.

Armes : Écartelé, au 1 et 4 de Naples, au 2, contre-écartelé de Castille et de Léon, parti d'Aragon-Sicile; au 3, de Portugal, parti de Bourgogne ancien; enté, demi-arrondi de Flandre, senestré de Toscane.

Ce prince, troisième fils de Charles III, roi d'Espagne, né en 1751, vit son règne violemment agité par les guerres de la Révolution française et de l'Empire; il fut dépouillé d'une portion de ses États; mais comme il ne porta pas les armes en personne, nous n'avons pas à retracer ici ces événements. Ferdinand Ier mourut en 1825.

Il avait épousé en 1799 : Marie-Caroline, fille de l'empereur François Ier et de Marie-Thérèse, morte en 1814; il eut d'elle :

1. François Ier, roi des Deux-Siciles, né en 1777, qui mourut en 1832.

Il avait épousé : 1. Marie-Clémentine, archiduchesse d'Autriche; 2. Marie-Isabelle, infante d'Espagne.

2. Léopold-Joseph, prince de Salerne, né en 1790.

Qui épousa, en 1816, Marie-Christine-Josèphe,

archiduchesse d'Autriche ; — 3. Marie-Christine, née en 1779, mariée à Charles-Félix, roi de Sardaigne ; — 4. Marie-Amélie, née en 1782, mariée, le 25 novembre 1809, à Louis-Philippe, duc d'Orléans, depuis roi des Français ; — 5. Marie-Thérèse, mariée à François II, empereur d'Autriche, morte en 1807 ; — 6. Marie-Antoinette, première femme de Ferdinand VII, roi d'Espagne, née en 1784, morte en 1806.

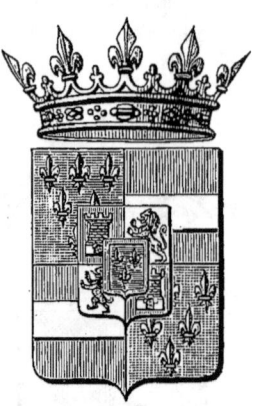

XXVII

Philippe de Bourbon

INFANT D'ESPAGNE, DUC DE PARME

∘∞∘∞∘∞∘∞∘

SERVICES.

Campagne de Savoie	1742		Siége de Parme	1745
Prise du château de Nice	1744		Siége de Pavie	1745
Prise de Château-Dauphin	1744		Siége du château de Milan	1745
Prise de Demonte	1744		Bataille de Plaisance	1746
Siége de Novi	1745		Retraite au delà du Pô	1746
Siége de Serravalle	1745			

Armes : Écartelé au 1 et 4 d'or à six fleurs d'azur ; aux 2 et 3 d'Autriche, pour le duché de Parme ; sur le tout, contre-écartelé de Castille et de Léon, comme infant d'Espagne ; et sur le tout du tout, d'Anjou pour la maison de Bourbon-Anjou.

Philippe, troisième fils de Philippe V et d'Élisabeth Farnèse, naquit en 1720. Les duchés de Parme et de Plaisance passèrent aux mains de l'Autriche après l'avénement de don Carlos au trône des Deux-Siciles ; mais ils n'y restèrent pas longtemps. La guerre de la succession éclata, et l'Espagne, alliée de la France, eut l'ambition de fonder un nouvel État en faveur de don Philippe. L'Infant partit avec trente mille Espagnols et fit invasion en Savoie (1742); après de rapides succès, il perdit du terrain et fut contraint de recommencer sa conquête; mais il tenta vainement de s'ouvrir un passage de Savoie en Piémont. Associé aux opérations du prince de Conti dans la campagne de 1744, il fit de concert avec lui les siéges meurtriers de Nice, de Demonte, où l'Infant déploya de la valeur. Il commandait vingt mille Espagnols; l'autre prince avait sous ses ordres vingt mille Français. Le succès de leur campagne eût été plus grand, s'il eût régné plus d'accord dans leurs opérations; mais l'unité de vues manquait aux généraux, et la bonne intelligence aux soldats. Conti marcha sur Nice contre le désir du prince espagnol impatient de gagner le Piémont et de s'emparer de Parme, qui était l'objet de son ambition. Une épouvantable tempête, des débordements de rivières, séparèrent les deux armées devant Nice, et leur firent subir d'énormes pertes. Des combats meurtriers furent livrés devant les forts de Château-Dauphin et de Demonte. Les populations des montagnes s'étaient soulevées et disputaient le pays avec acharnement aux Espagnols et aux Français; des femmes mêmes réussirent à brûler, devant Demonte, les quartiers de cavalerie des assiégeants.

Secondé par le maréchal de Maillebois dans la campagne suivante, don Philippe réussit enfin à pénétrer dans le Piémont; les Français l'aidèrent à se rendre maître des villes de Parme et de Plaisance, et le peuple y salua avec transport ce dernier descendant des Farnèse. Les Espagnols, de là, marchèrent sur Milan, où don Philippe fit son entrée en souverain (1745); mais tandis qu'il assiégeait le château de cette ville, l'Autriche fit passer des renforts en Italie, et la bataille de Plaisance, longtemps disputée, fut fatale aux Espagnols et aux Français; l'ordre vint aux généraux de repasser le Pô, et ils firent leur retraite sur Nice, malgré les représentations de l'Infant « qui laissait éclater son désespoir, dit un « historien, de ce qu'on abandonnait si lâchement l'Italie. » Il tenta de conserver la Savoie pour apanage, mais les Autrichiens gagnèrent du terrain et pénétrèrent jusqu'en Provence. La paix d'Aix-la-Chapelle mit fin à cette guerre, et, grâce aux victoires des Français dans le nord, assura à l'Infant don Philippe la souveraineté de Parme, de Plaisance et de Guastalla ; il y régna paisiblement, et mourut d'une chute de cheval en 1765.

Il eut pour femme : Louise-Élisabeth de France, fille de Louis XV, dont il eut :

1. Ferdinand (qui suit) ; — 2. Isabelle, née en 1741, première femme de l'empereur Joseph II, morte en 1765 ; — 3. Marie-Louise, née en 1751, femme de Charles IV, roi d'Espagne.

XXVIII

DON FERDINAND, GRAND DUC DE PARME, INFANT D'ESPAGNE

Armes : Écartelé au 1 et 4 d'or à six fleurs d'azur ; aux 2 et 3 d'Autriche, pour le duché de Parme ; sur le tout, contre-écartelé de Castille et de Léon, comme infant d'Espagne ; et sur le tout du tout, d'Anjou pour la maison de Bourbon-Anjou.

Ce prince naquit en 1751. Il vit ses États héréditaires menacés par les Français dans les campagnes d'Italie ; il fut fait prisonnier, mais sans avoir porté les armes. Il mourut en 1802.

Ferdinand épousa en 1769 : Marie-Amélie d'Autriche, fille de François Ier et de Marie-Thérèse, morte en 1804 ; il eut d'elle :

1. Louis Ier, prince de Parme, né en 1773, qui fut créé roi d'Étrurie en 1801, et mourut en 1803, laissant des enfants de sa femme Marie-Louise, fille de Charles IV, roi d'Espagne ; — 2. Caroline, née en 1770, mariée, en 1792, à Maximilien de Saxe ; — 3. Marie-Antoinette, née en 1774 ; — 4. Charlotte-Marie, née en 1777, religieuse ; — 5. Marie-Louise, née en 1787.

BRANCHE ROYALE D'ORLÉANS.

Cette maison, issue de Louis XIII, s'est comportée dans la guerre avec éclat.

Il est un fait curieux à remarquer, c'est que l'avenir de cette branche, pendant les quatre premières générations, n'a reposé que sur une seule tête. Elle s'est développée tout à coup à l'heure où ses destinées allaient grandir, par l'avénement au trône de Louis-Philippe Ier.

XXIV.

Philippe de France
DUC D'ORLÉANS

SERVICES.

Campagne de Flandre	1667		Prise de Condé	1675
Prise de Tournay	1667		Prise de Bouchain	1676
Prise de Doesbourg	1667		Prise de Saint-Omer	1677
Campagne de Franche-Comté	1668		Bataille de Cassel. (*Il eut un cheval tué sous lui et reçut un coup de feu dans ses armes.*)	1677
Campagne de Hollande	1672			
Prise d'Orzoy	1672			
Prise de Zutphen	1672		Prise de Gand	1678
Prise de Maëstricht	1673		Prise d'Ypres	1678
Prise de Besançon	1674		Prise de Mons	1691
Siége de Dôle	1674		Prise de Namur	1692
Prise de Limbourg	1675			

ARMES : De France au lambel d'argent à trois pendants.
EMBLÈME ET DEVISE : *Une grenade qui éclate :* Alter post fulmina terror.

Philippe de France, frère de Louis XIV, naquit le 21 septembre 1640. Enfant, il porta le titre de duc d'Anjou, et à la mort de Gaston il devint duc d'Orléans. Dans ces temps de troubles où l'humeur et l'ambition des princes agitait si souvent le royaume, on travailla moins à fortifier qu'à engourdir le caractère et les dispositions vives du cadet de Louis XIV. La politique sacrifia le frère du roi; on l'éleva pour la parure, les fêtes, les cérémonies de cour.

Cependant, malgré tant d'efforts dépensés pour endormir son courage, ce prince demanda à servir aussitôt que la guerre éclata. En 1667, il accompagna le roi dans les Pays-Bas; il assista aux siéges de Tournay et de Doesbourg, et s'y montra très-résolu dans la tranchée. En 1668, il fit l'expédition de Franche-Comté. En 1672, il servit en Hollande, il fut chargé des siéges d'Orzoy, de Zutphen, dont il s'empara. L'année suivante, il commandait un quartier de l'armée du roi au siége de Maëstricht; il était aux siéges de Besançon et de Dôle, en 1674; à ceux de Limbourg, en 1675, et de Condé, en 1676. Bientôt le roi détacha le duc d'Orléans de son armée et l'envoya investir Bouchain. « Ce prince ne s'en chargea qu'à la condition qu'il rejoindrait l'armée du roi en cas d'une action générale (¹). Il marcha à la hâte sur cette place, et la fit capituler au bout de peu de jours. « Les travaux furent poussés, dit l'historien, par les soins infatigables que se donnait Monsieur, qui visitait sans cesse les gardes, les tranchées. »

Au début de la campagne suivante, le roi, faisant le siége de Cambray, détacha le duc d'Orléans pour attaquer Saint-Omer. Ce prince avait commencé ses opérations et venait d'enlever un des forts de la place, quand le prince d'Orange s'avança à la tête de trente mille hommes. Après avoir mis ses lignes en état de défense, le duc d'Orléans alla au-devant de l'ennemi; il avait sous ses ordres les maréchaux de Luxembourg et d'Humières, qui commandaient ses deux ailes; mais le plus grand effort des ennemis fut dirigé sur le centre, où commandait le duc d'Orléans, qui se comporta avec une valeur et une présence d'esprit admirables. « Une brigade et deux bataillons, après avoir battu l'infanterie
« qui leur avait disputé le passage d'un ruisseau, furent mis en désordre
« par la cavalerie des ennemis; mais Monsieur, ayant fait avancer en
« diligence quelques bataillons de la seconde ligne, il les mena lui-

---

1. *Hist. milit. de Louis XIV*, par Quincy.

« même à la charge pour rétablir le désavantage ; sa présence fit renou-
« veler le combat en ce lieu avec tant de chaleur, et Son Altesse Royale
« s'y exposa de manière qu'elle reçut deux coups dans ses armes; le che-
« valier de Lorraine fut blessé à ses côtés ; le chevalier de Silly, un de
« ses chambellans, y fut tué, et plusieurs de ses domestiques furent
« blessés assez près de sa personne ([1]). » Le prince eut *un cheval tué
sous lui.* « Monsieur, dit le duc de Saint-Simon, qui, avec beaucoup de
« valeur avait gagné la bataille de Cassel, en avait toujours montré une
« fort naturelle à tous les siéges où il s'était trouvé. » Quelques jours
après, Saint-Omer se rendit au duc d'Orléans.

En apprenant la victoire de Cassel, Louis XIV écrivait au prince de
Condé : « Si j'avais gagné cette bataille en personne, je n'en serais pas
« plus touché, soit pour la grandeur de l'action, ou pour l'importance de
« la conjoncture, surtout pour l'honneur de mon frère... Et cependant
« dès ce moment, dit Saint-Simon, la résolution fut prise, et depuis
« bien tenue, de ne donner jamais d'armée à commander à Monsieur. »

Le prince rentra donc dans sa vie molle et oisive, partageant son
temps entre la galanterie et la dévotion. Cependant Louis XIV lui permit
de l'accompagner quelquefois aux armées, ne lui confiant plus rien d'important, ou se flattant sans doute que la gloire fraternelle pâlirait, placée
à côté de la sienne. Philippe assista, en 1678, à la prise de Gand et
d'Ypres. En 1691, il se trouvait au siége de Mons, où il se distingua.
Enfin, en 1692, il avait sa tente parmi celles qui entouraient Namur.
Ce prince mourut en 1701.

Philippe était né sans aucun doute avec de grandes qualités militaires,
puisque les vices de son éducation ne purent que les engourdir, et qu'elles
se réveillèrent au premier bruit des combats. Mais il lui resta toujours un
grand fonds de mollesse et d'antipathie pour tout ce qui était fatigue et
mouvement; hors les cas où il s'agissait de combattre, c'est à peine s'il
pouvait se résoudre à monter à cheval. Les soldats disaient de lui : « Il
« craint plus le soleil et le hâle que la poudre et les mousquets ; » mot
caractéristique qui peint d'un seul trait Philippe d'Orléans.

Philippe d'Orléans épousa : 1. Henriette-Anne, fille de Charles Ier, roi d'Angleterre, et d'Henriette-Marie de France, née en 1644, morte en 1670 ; — 2. Élisabeth-

---

1. *Hist. milit. de Louis XIV*, par Quincy, tome I, p. 535.

CHARLOTTE, fille de Charles-Louis de Bavière, prince palatin du Rhin et électeur, née en 1652, morte en 1722.

Il eut de la première : 1. PHILIPPE-CHARLES D'ORLÉANS, duc de Valois, né en 1664, mort en 1666 ; — 2. MARIE-LOUISE, née en 1662, mariée à Charles II, roi d'Espagne, morte en 1689 ; — 3. N...., fille morte à sa naissance ; — 4. ANNE-MARIE, née en 1669, femme de Victor-Amédée, duc de Savoie.

Il eut de la seconde : 1. ALEXANDRE-LOUIS D'ORLÉANS, duc de Valois, né en 1673, mort en 1676 ; — 2. PHILIPPE D'ORLÉANS, duc d'Orléans (qui suit); - 3. ÉLISABETH-CHARLOTTE, née en 1676, qui épousa, en 1698, Léopold-Charles, duc de Lorraine et de Bar.

XXV.

Philippe d'Orléans

DUC D'ORLÉANS. RÉGENT

SERVICES.

Prise de Mons................	1691	reçut deux blessures.)............	1706
Combat de Leuze.............	1691	Campagne d'Espagne...........	1706
Prise de Namur..............	1692	Prise de Valence..............	1707
Bataille de Steinkerque. (*Blessé.*).	1693	Conquête de l'Aragon..........	1707
Bataille de Nerwinde..........	1692	Prise de Sarragosse............	1707
Campagne d'Italie............	1706	Prise de Lérida...............	1707
Siége et bataille de Turin. (*Il y*		Prise de Tortose..............	1708

ARMES : De France au lambel d'argent à trois pendants. *V. page* 140.

Philippe naquit en 1674, et reçut le titre de duc de Chartres. Il ne se rencontra jamais de plus vive et de plus précoce intelligence : arts, sciences, il essaya tout, et dans tout il réussit; sa pénétration devançait l'étude. Aussi quand l'abbé Dubois fut chargé de son éducation, le maître trouvant l'élève plus savant que lui, n'eut guère à lui apprendre que ses vices. Tel était pourtant l'heureux naturel du jeune prince, qu'il ne perdit pas à cette école son application et ses talents. Son goût le portait surtout d'une manière décidée vers les arts de la guerre. A l'âge de dix-sept ans, il débuta, sous les yeux du roi, son oncle, à la prise de Mons ; il se trouva au combat de Leuze. L'année suivante, il était à la prise de Namur. Il suivit de là le maréchal de Luxembourg à Steinkerque et à Nerwinde. Dans la première de ces batailles, il enleva un poste important à la tête de la brigade des gardes, et fut *blessé* à l'épaule. Dans la seconde, chargé du commandement d'un corps de réserve, il enfonça les deux premières lignes de l'ennemi, fut cinq fois entouré et sur le point d'être pris, et n'échappa que par des prodiges de valeur.

Mais Louis XIV ne souffrait pas volontiers pareille gloire aussi près du trône ; il se souvenait de la Fronde et des dangers que le jeune vainqueur de Rocroy avait fait courir à la couronne. Pour ses successeurs il redoutait cette jeune renommée, déjà éclatante, ce prince si séduisant de grâce et d'un commerce si aimable, qu'il se faisait aimer plus encore qu'admirer. Un froid accueil attendait à Versailles le duc de Chartres lorsqu'il sollicita son poste dans la campagne de 1694. Le jeune prince, éloigné de l'armée par une volonté inflexible, éloigné de la cour par l'indifférence que le maître lui témoignait, essaya de tous les plaisirs et de tous les désordres pour remplir sa vie et tromper sa dévorante activité. Il en fut ainsi jusqu'en 1706.

A cette époque, Philippe d'Orléans, en présence des éventualités de la guerre de la succession d'Espagne, sentit son ambition se réveiller et avec elle ses instincts guerriers. Il se mit à suivre avec ardeur les opérations des armées, jugeant tout avec tant de pénétration et de sagacité, que le roi, fort à court de généraux habiles, finit par songer à son neveu. Il mit de côté ses défiances pour un moment, et envoya Philippe commander l'armée d'Italie. On faisait alors le siége de Turin. L'armée était dans une position fort critique, et le prince n'avait que l'ombre du commandement. « Le duc d'Orléans, dit le sévère Sismondi, était réellement supé-
« rieur comme général au duc de La Feuillade et au maréchal de
« Marsin, dont il était obligé de suivre les avis, et à Vendôme même
« qu'il venait remplacer. Quand il arriva à Turin, il fut frappé des fautes
« qu'avait faites La Feuillade dans les dispositions du siége ; il essaya d'y
« remédier, mais il ne fut pas écouté. » Tandis qu'ils pressaient l'attaque, en effet, le prince Eugène franchissait les Alpes et accourait vers l'Italie. Le duc d'Orléans, à son approche, proposa de réunir l'armée dispersée autour de la place et de sortir des lignes pour aller à la rencontre

de l'ennemi lui disputer les passages. La Feuillade et Marsin s'y refusèrent avec une obstination aveugle; après une dispute longue et orageuse « le duc d'Orléans leur déclara qu'ils perdaient l'honneur de la « France et l'armée; il menaça de se retirer; tout fut inutile. » L'événement le justifia trop bien. Bientôt le prince Eugène franchit les fleuves, força les lignes, et, secondé par les sorties de la garnison de Turin, mit l'armée française en pleine déroute; celui qui méritait de commander n'eut plus qu'à agir en soldat. « Le duc d'Orléans, dit Saint-
« Simon, fit des merveilles; toujours dans le plus grand feu, avec
« un sang-froid qui voyait tout, qui distinguait tout, et qui le conduisait
« partout où il y avait le plus à remédier et à soutenir par son exemple...
« Il appelait les officiers par leur nom, animait les soldats de la voix, et
« mena lui-même les escadrons et les bataillons à la charge... A peine
« donna-t-il le temps de panser ses *blessures*, et il retourna où le feu
« était le plus vif. »

Blessé grièvement de deux coups de feu à la hanche et au poignet, le prince insistait encore pour qu'on se maintînt en Lombardie; il fit la retraite habilement et sauva les débris de l'armée.

Le duc d'Orléans fut envoyé d'Italie en Espagne; la veille même de son arrivée, le maréchal de Berwick, craignant d'avoir à partager avec lui l'honneur d'une victoire, livra et gagna la bataille d'Almanza. Le prince en tira parti avec une rapidité prodigieuse, et un mois après, les royaumes de Valence et d'Aragon étaient conquis. Admirablement secondé par Berwick, il enleva de surprise les plus grandes places, telles que Valence et Sarragosse : « Son infanterie, écrivait-il au roi, n'avait plus, devant Sarragosse, ni poudre ni balles. » Il attaqua ensuite la Catalogne, et investit Lérida, devant laquelle avaient échoué le comte d'Harcourt et le grand Condé. « M. le duc d'Orléans, dit Saint-Simon, se chargea lui-même
« de tous les détails du siége, rebuté des difficultés qu'il rencontrait dans
« chacun. Il fut machiniste pour remuer son artillerie, faire et refaire
« son pont sur la Sègre, qui se rompit, et ôta toute communication de
« ses quartiers; ce fut un travail immense. Son abord facile, la douceur
« avec laquelle il répondait à tout, la netteté de ses ordres, son assiduité
« jour et nuit à tous les travaux, surtout aux plus avancés de la tranchée,
« son exactitude à tout voir par lui-même, sa justesse à prévoir, et l'ar-

« gent qu'il répandit dans les troupes et qu'il fit donner du sien aux
« officiers qui se trouvaient dans le besoin, le firent adorer et donnèrent
« une volonté qui fut le salut d'une expédition que tout rendit si difficile.

« C'était le centre et le refuge des révoltés, qui se défendirent en gens
« qui avaient tout à perdre et rien à espérer; aussi la ville fut-elle prise
« d'assaut et entièrement abandonnée au pillage pendant vingt-quatre
« heures. »

Le lendemain de ce grand fait de guerre, un ordre arrivait de Versailles au duc d'Orléans de lever le siège; les envieux de sa gloire s'y étaient pris trop tard. L'année suivante (1708), il acheva de soumettre la Catalogne; il dirigeait en même temps des expéditions contre Denia et Alicante, et s'emparait de ces deux villes. Il conduisit lui-même le siége de Tortose, et y renouvela les prodiges de talent et d'activité qu'il avait montrés devant Lérida. « La tranchée fut ouverte la nuit, dit Saint-
« Simon, à demi-portée de mousquet; le terrain, presque tout roc,
« causa bien de la difficulté, et les vivres en causèrent encore plus...
« L'artillerie et le génie servirent si mal que M. le duc d'Orléans se
« voulut charger lui-même de ces deux parties si principales, etc. » Le succès couronna tant d'efforts, et la place capitula.

Le duc d'Orléans, à son retour, fut accusé d'avoir porté ses vues sur le trône de Philippe V; peu s'en fallut qu'on ne fît le procès à ce prince qui venait de sauver la monarchie espagnole, et qu'on ne l'accusât publiquement de vouloir la renverser.

Mais ce ne fut pas là le plus noir des soupçons dont il eut à souffrir; la postérité du grand roi s'éteignit; la mort frappa coup sur coup autour de ce trône attristé par tous les revers; et le duc d'Orléans, poursuivi par les haines, fut accusé de tous les crimes de l'ambition. L'histoire a rejeté ces soupçons atroces. La vie du jeune prince, qui fut depuis Louis XV, en a fait justice avec éclat.

Louis XIV mourut; la régence appartenait de droit au duc d'Orléans; et ce droit, amoindri par le testament du roi, lui fut restitué intact par le parlement. Philippe eût excellé dans le gouvernement, comme il avait excellé à la guerre, s'il eût joint à tous ses talents la volonté; il céda à de pernicieuses influences, il obéit à des esprits d'un ordre moins élevé que le sien. C'était au reste une lourde tâche que celle qui échut au duc d'Orléans ; les guerres du grand roi avaient épuisé le royaume ; il était appauvri d'hommes comme d'argent. La politique du régent fut de consolider la paix, sacrifiant généreusement les chances d'augmenter sa gloire militaire au soulagement du peuple et aux nécessités du gouvernement.

La Régence fut une époque de paix sous un prince né pour la guerre, supérieurement doué pour commander les armées ; c'était, au dire des contemporains, une organisation merveilleuse. Un homme qui fut pour Philippe d'Orléans un ami sincère et souvent inflexible, le peint ainsi dans son vif et saisissant langage :

« Il avait dans le visage, dans le geste, dans toutes ses manières une
« grâce infinie, et si naturelle qu'elle ornait jusqu'à ses moindres actions ;
« avec beaucoup d'aisance quand rien ne le contraignait, il était doux,
« ouvert, accueillant, d'un accès facile et charmant, le son de la voix
« agréable, et un don de la parole qui lui était tout particulier en quelque
« genre que ce pût être, avec une facilité, une netteté que rien ne sur-
« prenait et qui surprenait toujours. Son éloquence était naturelle jusque
« dans les discours les plus communs et les plus journaliers, dont la jus-
« tesse était égale sur les sciences les plus abstraites, qu'il rendait claires,
« sur les affaires de gouvernement, de politique, de finances, de justice,
« de guerre, de cour, de conversation ordinaire et de toutes sortes d'arts
« et de mécanique. Il ne se servait pas moins utilement des histoires et
« des mémoires, et connaissait fort les maisons. Les personnages de tous
« les temps et leurs vies lui étaient présents, et les intrigues des anciennes
« cours comme celles de son temps. A l'entendre, on lui aurait cru une
« vaste lecture. Rien moins ; il parcourait légèrement, mais sa mémoire
« était si singulière qu'il n'oubliait ni choses, ni noms, ni dates, qu'il
« rendait avec précision ; et son appréhension était si forte qu'en parcou-
« rant ainsi, c'était en lui comme s'il eût tout lu fort exactement. Il excel-
« lait à parler sur-le-champ, et en justesse et en vivacité, soit de bons
« mots, soit de reparties... Avec cela nulle présomption, nulle trace de
« supériorité d'esprit ni de connaissance, raisonnant d'égal à égal avec
« tous, et donnant toujours de la surprise aux plus habiles...

« Comme Henri IV, il était naturellement bon, humain, compatissant,
« et cet homme si cruellement accusé du crime le plus noir et le plus

« inhumain, je n'en ai point connu de plus naturellement opposé au
« crime de la destruction des autres, ni plus singulièrement éloigné de
« faire peine même à personne, jusque-là qu'il se peut dire que sa dou-
« ceur, son humanité, sa facilité, avaient tourné en défaut [1]... » Défaut
de situation, en effet, qui le rendait trop facile aux mauvaises suggestions,
mais qui valut à plus d'un conspirateur sa grâce, à plus d'un prisonnier sa
liberté, et aux calomniateurs du duc d'Orléans le pardon du Régent.

Le duc d'Orléans épousa : FRANÇOISE-MARIE DE BOURBON, fille de Louis XIV, née en 1677, morte en 1749, dont il eut :

1. LOUIS D'ORLÉANS (qui suit); — 2. N... D'ORLANS, née en 1693, morte en 1694; — 3. MARIE-LOUISE, née en 1695, mariée à Charles, duc de Berry, morte en 1719; — 4. LOUISE-ADELAÏDE, abbesse de Chelles, née en 1698, morte en 1743; — 5. CHARLOTTE, née en 1700, femme de François d'Est, duc de Modène, morte en 1761; — 6. LOUISE-ÉLISABETH, née en 1709, mariée à Louis Ier, roi d'Espagne, veuve en 1724, morte en 1742; — 7. PHILIPPE-ÉLISABETH, née en 1714, fiancée à l'infant don Carlos, fils de Philippe V, morte en 1734, sans avoir été mariée; — 8. LOUISE-DIANE, née en 1716, femme de Louis-François, prince de Conti, morte en 1736.

Enfants naturels légitimés : 1. JEAN-PHILIPPE, chevalier d'Orléans, grand prieur de France, fils de Louise de Séry, comtesse d'Argenton, né en 1702, mort en 1748; — 2. ANGÉLIQUE D'ORLÉANS, mariée à Henri, comte de Ségur.

Fils naturel non légitimé : CHARLES DE SAINT-ALBIN, *mort archevêque de Cambray.*

XXVI.

LOUIS D'ORLÉANS, DUC D'ORLÉANS.

Ce prince, né en 1703, ne porta point les armes. A la mort de sa femme, il se fit une paisible retraite à l'abbaye de Sainte-Geneviève où il passa ses jours dans de profondes études et d'austères pratiques de piété. Il mourut en 1752.

Louis d'Orléans avait épousé, en 1724, AUGUSTE-MARIE, princesse de Bade, née en 1704, morte en 1726. Il eut d'elle :

1. LOUIS-PHILIPPE (qui suit); — 2. LOUISE D'ORLÉANS, née en 1726, morte en 1728.

1. *Mémoires du duc de Saint-Simon,* in-8°, t. XII, p. 178.

XXVII.

Louis=Philippe d'Orléans

DUC D'ORLÉANS.

SERVICES.

Campagne de Flandre	1743		Bataille de Raucoux	1746
Bataille de Dettingen. *Cheval tué sous lui*	1743		Bataille de Lawfeld	1747
			Guerre de Sept-Ans	1756
Siége de Menin	1744		Prise de Wesel	1757
Siége d'Ypres	1744		Prise de Cologne	1757
Siége de Furnes	1744		Prise de Cassel	1757
Siége de Fribourg	1744		Prise de Winchelsen	1757
Bataille de Fontenoy	1745		Bataille de Hastenbeck	1757
Prise de Tournay	1745		Bataille de Minden	1757

ARMES : De France, au lambel d'argent à trois pendants.

Ce prince, petit-fils du Régent, naquit en 1725. Il fut nommé colonel d'un régiment d'infanterie, et fit sa première campagne en 1742. Il alla rejoindre l'armée de Flandre, mais, malgré son ardeur, il n'eut pas l'occasion de se distinguer ; on se tint constamment sur la défensive. L'année suivante, il servit en Allemagne sous les ordres du maréchal de Noailles, il y commanda la cavalerie ; là, il fut plus heureux ; la bataille de Dettingen lui ouvrit l'occasion, si impatiemment attendue, de déployer la brillante valeur qu'il tenait de son aïeul. Il exécuta trois belles charges à la tête de la maison du roi, et eut un *cheval tué* sous lui. Il fut fait maréchal de camp. En 1744, il se distingua aux siéges de Menin, d'Ypres, de Furnes, et surtout dans la tranchée de Fribourg en Brisgaw. Nommé lieutenant général, il retourna à l'armée de Flandre, et fit la campagne de 1745, qui devait être si belle pour les armes françaises. Il se trouva au siége de Tournay et à cette grande bataille de Fontenoy, où il y eut du danger et de la gloire pour tout le monde. On le vit encore parmi les plus braves à la bataille de Raucoux, en 1746, à celle de Lawfel, en 1747. Sa bienfaisance égalait son courage : à la valeur et à l'amour du plaisir qu'il tenait du Régent, il joignait l'inépuisable charité de son père, Louis d'Orléans ; il contribua puissamment à faire accepter en France la découverte de l'inoculation, en faisant pratiquer l'opération sur ses enfants.

Le duc d'Orléans fut nommé au gouvernement général du Dauphiné en 1747, et fut créé chevalier de la Toison-d'Or. En 1752, on lui donna les régiments d'infanterie, de cavalerie et de dragons qui portèrent son nom.

En 1757, la guerre de Sept-Ans ouvrit une nouvelle carrière à la valeur du prince; envoyé à l'armée du Rhin, il commanda aux siéges de Wesel et de Cologne, et vit les Français entrer dans ces deux places. Le 4 juillet, il marcha sur Cassel, à la tête de vingt-trois bataillons et de vingt-deux escadrons, dans l'intention de donner l'assaut à la ville; mais les ennemis l'avaient évacuée. Le 20, il s'empara de Winchelsen, et combattit le 26 à Hastenbeck, où il donna l'exemple du courage et du sang-froid; enfin, il assista à la bataille de Minden; depuis cette époque, il ne reparut plus à l'armée.

Le duc d'Orléans mourut en 1785, laissant de profonds regrets; on sait les qualités héréditaires qui lui valaient cette affection générale; sa bravoure, sa générosité, son goût éclairé pour les lettres et les arts qu'il couvrit d'une brillante protection, feront pardonner à sa mémoire son goût trop vif pour les plaisirs.

Ce prince épousa en 1743 : LOUISE-HENRIETTE DE BOURBON-CONTI, morte en 1759, et dont il eut :

1. LOUIS-PHILIPPE-JOSEPH D'ORLÉANS (qui suit); — 2. LOUISE-MARIE-THÉRÈSE, née en 1750, mariée à Louis-Henri, duc de Bourbon, morte en 1822.

Louis-Philippe-Joseph d'Orléans

DUC D'ORLÉANS.

SERVICES.

Combat naval des îles d'Ouessant... 1778	Siége de Courtray............ 1792
Combat de Menin................ 1792	

Armes : De France au lambel d'argent à trois pendants.

Né en 1747, au château de Saint-Cloud, Louis-Philippe-Joseph, d'abord duc de Montpensier, devint duc de Chartres à la mort de son aïeul. Il avait des facultés vives et d'heureux dons de caractère, mais l'éducation des princes de ce temps et la contagion de la cour de Louis XV durent nuire à leur développement. Il se déclara fort jeune, avec le prince de Conti, opposé au coup d'État dirigé contre les parlements ; ayant refusé de siéger au sein de la magistrature de Maupou, il fut exilé dans ses terres jusqu'à la mort de Louis XV.

Le duc de Chartres, rentré en grâce sous son successeur, eut, dès le début de la guerre d'Amérique, le commandement d'une des escadres qui formaient la flotte de l'amiral d'Orvilliers. Cette flotte sortie de Brest, rencontra les Anglais à la hauteur des îles d'Ouessant, le 23 juillet 1778 ; le prince y commandait l'arrière-garde avec le conseil d'un officier de renom, Lamotte-Picquet. La flotte anglaise, qui était de trente vaisseaux, attaqua cette arrière-garde ; le vaisseau le *Saint-Esprit*, que montait le prince, fut enveloppé et soutint valeureusement le feu de plusieurs vaisseaux ennemis ; le duc de Chartres y fit preuve d'un sang-froid intrépide : debout sur sa dunette au poste du commandement, reconnaissable à son cordon bleu et à sa veste blanche, il ne cessa de se montrer au milieu du feu. Voulant s'assurer par lui-même si les signaux de l'amiral avaient été bien compris, il se jeta dans une chaloupe au milieu des plus grands périls et parvint jusqu'au vaisseau amiral. Le rapport du comte d'Orvilliers loua beaucoup la conduite du prince, et le ministre de la marine en rendit compte en ces termes au duc de Penthièvre, grand amiral :
« M. le duc de Chartres a donné des preuves d'un courage froid et tran-

« quille et d'une présence d'esprit étonnante ; sept gros vaisseaux, dont
« un à trois ponts, ont successivement combattu celui de M. le duc de
« Chartres, qui a répondu avec la plus grande vigueur, quoique privé de
« sa batterie basse. » Le duc fut reçu, à son retour, aux applaudissements du public ; le roi voulut qu'il désignât aux récompenses les officiers et les marins des trois escadres ; mais à peine eut-il repris le chemin de la mer, que des bruits calomnieux, des chansons, des épigrammes, furent répandus contre lui ; il voulut reprendre son service, mais un ordre du roi, transmis par la reine, lui défendit de remonter sur la flotte. Le duc de Chartres se vit enlever la survivance de la charge de grand amiral que possédait le duc de Penthièvre, son beau-père ; on le fit colonel-général des hussards, récompense dérisoire de la bonne conduite d'un marin.

De ce moment datent les ressentiments profonds de ce prince ; la reine et le duc de Chartres, quelque temps amis, se firent bientôt une guerre acharnée ; quel en fut le motif ? il est demeuré secret, mais pour leur malheur, ils ne se lassèrent pas de se haïr, et se sont cruellement nui l'un à l'autre. La calomnie dont le prince fut victime après le combat d'Ouessant partait ouvertement de Versailles ; le journal officiel en fait foi ; on imputa à la reine d'avoir fait courir de méchants couplets. Le duc ressentait vivement l'injure ; on l'irrita par des affronts, on envenima son âme, on le força presque au rôle hostile qu'il embrassa.

Ce prince, devenu à la mort de son père duc d'Orléans, se fit compter parmi les partisans déclarés des idées nouvelles ; il professa hautement ces opinions dans la première assemblée des notables. Dans le lit de justice que tint Louis XVI, le 19 novembre 1787, pour forcer le parlement à enregistrer ses édits, le duc d'Orléans se leva, protesta contre la mesure, déclarant que le droit de voter les charges publiques n'appartenait qu'aux États-Généraux ; il fut exilé à Villers-Cotterets. Cette disgrâce ne fit que le rendre plus populaire, et le parlement réclama sa mise en liberté. Président d'un des bureaux à la seconde assemblée des notables, le duc d'Orléans se fit remarquer par une grande opposition aux vues de la cour. Il fut nommé aux États-Généraux, et il y vota, avec la minorité de son ordre, pour toutes les grandes réformes de la Constituante. Cette attitude lui fit un grand rôle auquel il paraît douteux que lui-même ait aspiré ; mais, obsédé d'amis dangereux qui exploitèrent son nom, jeté dans la révolution comme le chef d'un parti, il fut accusé par la cour d'avoir trempé dans ses plus grands excès.

Le duc d'Orléans partit pour l'Angleterre et y passa près d'une année. A peine de retour, il chercha de nouveau à s'éloigner de la scène révolutionnaire; il était las et effrayé de ses compromettants amis, et ses tentatives pour se réconcilier avec la cour ne lui avaient attiré que des outrages.

Il se tourna de nouveau vers la marine; maintenu au cadre des amiraux depuis 1779, il se rendit sur nos côtes de l'ouest, et sollicita avec chaleur un commandement dans l'armée de mer; toutes ses instances échouèrent; il fit valoir alors son titre de colonel-général des hussards, et ne réussit pas mieux; il tenta tous les moyens d'échapper à la révolution.

Dès que la guerre éclata sur nos frontières de terre, le prince demanda avec instance un commandement. « Vous connaissez, écrivait-il au mi- « nistre, mon zèle pour la constitution ! Il ne me permet pas de rester, en « ce moment que la guerre est déclarée, dans une inactivité pénible à tout « bon citoyen. » Après un premier refus, il multiplia ses démarches, et tout ce qu'il obtint fut ce consentement dédaigneux exprimé par Louis XVI en ces termes : « Eh bien ! qu'il aille donc où il voudra. »

Le duc d'Orléans partit avec le comte de Beaujolais, son plus jeune fils, pour rejoindre, à Valenciennes, les corps où servaient les ducs de Chartres et de Montpensier; il prit part aux premières opérations et se trouva au combat de Menin et au siége de Courtrai; rappelé durement presque aussitôt, forcé de quitter l'armée avec affront, il revint à Paris et y fut nommé député à la Convention nationale. Heureux s'il fût resté soldat selon ses vœux et s'il eût échappé sous nos drapeaux à la violence des factions, dont il fut tour à tour l'instrument et la victime. Le duc d'Orléans périt en 1793.

Louis-Philippe-Joseph épousa en 1769 : Louise-Marie-Adélaïde de Bourbon-Penthièvre, morte en 1821 ; il eut d'elle :

1. Louis-Philippe, duc d'Orléans, depuis roi des Français, né le 6 octobre 1773, qui a épousé, en 1809, Marie-Amélie de Bourbon, infante de Naples; — 2. Antoine-Philippe d'Orléans, duc de Montpensier, né en 1775, mort en 1807; — 3. Louis-Charles d'Orléans, comte de Beaujolais, né en 1779, mort en 1808; — 4. Louise-Marie-Adélaïde d'Orléans, née en 1777.

BRANCHES DU MAINE ET DE PENTHIÈVRE.

Ces enfants *naturels légitimés* de Louis XIV furent déclarés princes du sang, habiles à succéder à la couronne, par un édit de juillet 1714. Cet édit fut annulé dans le lit de justice du 17 juillet 1717, et les princes légitimés furent dépouillés de tout droit d'hérédité. Un dernier édit, du 26 avril 1723, leur attribua un rang intermédiaire entre les princes du sang et les ducs et pairs, mais sans droit éventuel à la couronne. Les branches du Maine et de Penthièvre ont donné peu de rejetons et se sont éteintes dans le dernier siècle, en 1793. On les a placés ici selon l'ordre que leur assigne l'*Histoire généalogique de la maison royale de France*.

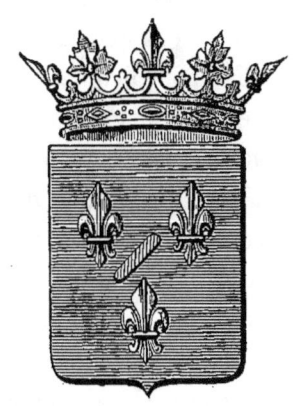

XXV.

Louis-Auguste de Bourbon

DUC DU MAINE.

SERVICES.

Siége de Philipsbourg	1688		Prise de Namur	1692
Prise de Manheim	1688		Combat de Steinkerque	1692
Campagne de Flandre	1689		Campagne de Flandre	1692
Bataille de Fleurus	1690		Campagne de Flandre	1702
Prise de Mons	1691			

ARMES : De France au bâton de gueules péry en barre.

Louis-Auguste de Bourbon, fils *naturel* de Louis XIV et de madame de Montespan, naquit en 1670. Il fut *légitimé* en 1673, et le roi lui donna le titre de duc du Maine; on le fit assister à plusieurs siéges, et il servit dans l'armée de Flandre, en 1689, comme général de la cavalerie. A la bataille de Fleurus il eut un cheval tué sous lui, s'il faut en croire les récits un peu suspects des historiens de cour; il est même douteux que le duc du Maine ait eu le goût et la vocation des armes. Comme lieutenant général il fit les campagnes de Flandre, de 1691 et 1692, et se trouva à la prise de Namur et au combat de Steinkerque. Il fut fait colonel-général des Suisses et grand maître de l'artillerie. Saint-Simon, très-hostile, il est vrai, au duc du Maine, rapporte qu'il se refusa, par faiblesse de cœur, à engager l'action avec la gauche de l'armée qu'il commandait, et fit manquer, le 14 juillet 1695, la plus belle occasion d'écraser l'ennemi. Le duc du Maine fit encore les campagnes de Flandre, en 1702, et n'y fut pas plus heureux que dans les précédentes; c'était un esprit très-fin, très-cultivé, fait pour l'étude et la retraite.

Le duc du Maine, élève et favori de madame de Maintenon, obtint par l'ascendant de son institutrice sur le vieux roi, le rang et les prérogatives des princes du sang. Louis XIV alla jusqu'à déclarer ses bâtards habiles à succéder au trône; mais cet acte fut annulé par le parlement. Le duc du Maine, dépouillé de ses honneurs, irrité de ses disgrâces, poussé surtout par l'ambition de sa femme, prêta les mains, sous la Régence, à la conspiration de Cellamare. Il fut arrêté, ainsi que la duchesse du Maine, et après une captivité de quelques mois, ils rentrèrent en grâce auprès du Régent. Le duc du Maine mourut en 1736.

Il avait épousé en 1692 : ANNE-LOUISE DE BOURBON, petite-fille du grand Condé, qui mourut en 1753, et dont il eut :

1. LOUIS-CONSTANTIN DE BOURBON, né en 1695, mort en 1697; — 2. LOUIS-AUGUSTE DE BOURBON, prince de Dombes (qui suit); — 3. LOUIS-CHARLES DE BOURBON, comte d'Eu (qui suivra); — 4. N..... DE BOURBON, né en 1704, mort en 1708; — 5. N..... DE BOURBON, née en 1694, morte la même année; — 6. N.... DE BOURBON, morte en 1699; — 7. LOUISE-FRANÇOISE DE BOURBON, née en 1707, morte sans alliance en 1743.

XXVI.

Louis-Auguste de Bourbon

PRINCE DE DOMBES.

SERVICES.

Campagne de Hongrie............	1717	
Prise de Belgrade...............	1717	
Bataille de Belgrade.............	1717
Bataille de Dettingen. (*Blessé*.)...	1743

Pendant cette longue paix qui suivit la mort de Louis XIV, les princes et la jeune noblesse saisirent quelques occasions de servir hors du royaume. La campagne entreprise par le prince Eugène contre les Turcs, en 1717, fit naître surtout beaucoup d'émulation parmi eux; les deux fils du duc du Maine firent les plus vives instances pour participer à cette croisade contre les Turcs qui menaçaient l'Allemagne. Le prince de Dombes, l'aîné, né en 1717, avait à peine dix-sept ans; il se montra dans la guerre de Hongrie, très-brave et très-résolu; il se distingua au passage du Danube et au siége de Belgrade; trois boulets passèrent, le 12 juillet, entre le prince Eugène et le prince de Dombes qui l'accompagnait. Le 5 août, le comte d'Estrade, qui le tenait sous le bras, eut la jambe emportée par un boulet; un page qui suivait le prince eut le pied coupé du même coup. Le prince Eugène assiégeait Belgrade quand l'armée turque, commandée par le grand-visir, vint l'assiéger lui-même dans son camp. « Dans cette « extrémité subite, dit le duc de Saint-Simon, le prince Eugène ne vit de « ressource que dans le hasard d'une bataille; il profita de la sécurité « des Turcs, qui n'imaginèrent jamais qu'avec Belgrade derrière lui et « nulle retraite, il osât les attaquer dans leurs retranchements. Un grand « et long brouillard couvrit ses promptes dispositions; il commença son « attaque un peu avant qu'il fût dissipé, au moment que les Turcs s'y « attendaient le moins, et il eut le bonheur de remporter une victoire « complète, le 16 août, en quatre heures de temps. M. le comte de « Charolais et le prince de Dombes s'y distinguèrent. »

Créé chevalier des ordres du roi en 1728, lieutenant général en 1735, le prince de Dombes succéda, à la mort de son père, à sa charge de colonel-général des Suisses; il eut de plus le gouvernement du Languedoc. Dans la guerre de la succession d'Autriche, le prince de Dombes servit encore en qualité de lieutenant général, et se distingua principalement à la bataille de Dettingen où il fut *blessé*. Le prince de Dombes tua dans un duel le père du maréchal de Coigny. Il mourut en 1755, sans alliance et sans postérité.

XXVI

Louis-Charles de Bourbon

COMTE D'EU.

SERVICES.

Campagne de Hongrie............	1717	Bataille de Dettingen. (*Blessé*.)... 1743
Prise de Belgrade................	1717	Bataille de Fontenoy............ 1745
Bataille de Belgrade....	1717	

Louis-Charles de Bourbon, comte d'Eu, né en 1701, partit avec son frère pour la guerre de Hongrie, il servit aussi comme volontaire dans l'armée impériale et y montra de précoces dispositions. Nommé lieutenant général en 1735, il eut, à la mort de son père, la charge de grand maître de l'artillerie; il servit comme lieutenant général dans la guerre de la succession. Il se fit beaucoup remarquer à Dettingen, et, comme son frère, il y fut *blessé*. Il donna l'exemple du sang-froid et de la bravoure au milieu du désordre que l'ardeur précipitée de nos troupes occasionna. A Fontenoy, il servit à l'aile droite, et s'y comporta encore avec distinction. Gouverneur de Gascogne depuis 1712, et de Languedoc après la mort de son frère, le comte d'Eu hérita encore des grands biens et des titres de son aîné; mais, par une singulière conformité de goûts, il vécut comme lui dans le célibat et mourut sans postérité en 1775.

XXV.

Louis-Alexandre de Bourbon

COMTE DE TOULOUSE

SERVICES.

Prise de Mons....	1691	Secours à Barcelone............	1704
Prise de Namur. (*Blessé*.)......	1692	Combat naval près Malaga. (*Blessé*.)	1704
Expédition navale de Sicile......	1702	Siége de Barcelone............	1706

Le comte de Toulouse, *fils naturel* de Louis XIV et de madame de Montespan, naquit en 1678, et fut *légitimé* en 1681. Comme son frère le duc du Maine, il eut pour gouvernante madame de Maintenon. Doué d'un courage et d'une raison précoces, le comte de Toulouse fut soldat avant d'être homme; à treize ans, il montrait, dans la tranchée de Mons, la valeur la plus ferme et la plus tranquille; à quatorze ans, il rencontrait devant Namur la bonne fortune d'une première blessure. L'étoile du comte de Toulouse, toujours heureuse, était destinée à briller particulièrement sur les mers : dans la plus malheureuse de nos guerres, celle de la succession d'Espagne, le comte de Toulouse promena glorieusement le pavillon français au milieu des flottes ennemies, et inscrivit un nom de plus sur la liste de nos victoires navales. Au moment où les hostilités éclatèrent, le comte de Toulouse, amiral de France, parcourait la Méditerranée, visitant les ports, activant les travaux de la marine; il donna tous ses soins à l'équipement des flottes et prit la mer à Brest en mai 1704; il fit voile vers la Méditerranée et parut devant Barcelone, où il débarqua. Il déconcerta par sa vigueur et ses mesures les projets de révolte, et reprit la mer pour aller à la rencontre de l'ennemi. Rallié par l'escadre de Toulon, il se trouva à la tête de trente-deux vaisseaux. La flotte anglo-hollandaise en comptait cinquante-six, et avait en tout soixante-quatorze voiles, sous le commandement de l'amiral Rook. Le comte de Toulouse l'attaqua, le 24 septembre, à la hauteur de Malaga;

toute la ligne fut promptement engagée, et le combat dura dix heures avec un continuel acharnement; le feu ne cessa qu'avec le jour. On n'avait vu de longtemps à la mer de combat plus furieux ni plus opiniâtre, disent les mémoires du duc de Saint-Simon; les ennemis eurent toujours le vent sur notre flotte, la nuit favorisa leur retraite. Tout l'avantage fut du côté du comte de Toulouse, dont le vaisseau se battit longtemps contre celui de l'amiral Rook et le démâta. Il put se vanter d'avoir remporté la victoire; et, profitant du changement de vent, tout le 25, il poursuivit Rook qui se retirait vers les côtes de Barbarie. Ils perdirent six mille hommes; le vaisseau amiral hollandais sauté, quelques-uns coulés bas et plusieurs démâtés. Notre flotte ne perdit ni bâtiment, ni mât, mais la victoire coûta cher en gens distingués par leur grade et surtout par leur mérite... Un capitaine de vaisseau fut tué aux pieds du comte de Toulouse. Plusieurs de ses pages furent tués et blessés autour de lui. On ne saurait montrer une valeur plus tranquille que celle qu'il fit paraître pendant toute l'action, ni plus de vivacité à tout voir et de jugement à commander à propos.

Le 25 au soir, à force de vent et de manœuvre, on rejoignit Rook de fort près; le comte de Toulouse voulait l'attaquer de nouveau le lendemain; « le maréchal de Cœuvres, sans lequel il avait défense de rien faire, voulut assembler le conseil... Le comte de Toulouse y captiva les suffrages; il y mit de la douceur, les raisons les plus fortes; il y ajouta ce qu'il osa d'autorité; tous s'y portaient, lorsque d'O, le mentor de la flotte, contre l'avis duquel le roi avait très-précisément défendu au comte de faire aucune chose, s'y opposa avec un air dédaigneux et une froide et muette opiniâtreté... L'oracle prononcé, le maréchal de Cœuvres le confirma malgré lui et ses lumières. Chacun se retira à son bord consterné; le comte, dans sa chambre, outré de la plus vive douleur. Ils ne tardèrent pas à apprendre avec certitude que c'en était fait de la flotte ennemie s'ils l'eussent attaquée et de Gibraltar, etc. » Le comte de Toulouse acquit un grand honneur en tout genre en cette campagne.

Par son courage, par son application persévérante, par son intelligence du métier, le comte de Toulouse annonçait un véritable homme de mer; mais il vint trop tard; ce n'était plus le temps de Colbert; la marine appauvrie tomba dans les mains d'un ministre malfaisant et jaloux, qui prit à tâche de la désorganiser. Sous l'administration de Pontchartrain, le comte de Toulouse chercha vainement des occasions de gloire, il ne trouva plus de flotte à commander.

Incapable d'intrigue, exempt d'ambition, le comte de Toulouse se vit élever, comme le duc du Maine, aux rang et prérogatives des princes du sang; mais quand le Régent fit prononcer leur déchéance en lit de justice, le comte de Toulouse, en considération de son mérite personnel et de sa vertu, fut maintenu dans tous ses honneurs.

Président du conseil de marine sous la Régence, ce prince si laborieux et si probe fit pour cette marine tout ce que permettait la politique du temps. Il vécut à Rambouillet respecté, honoré de tous, visité souvent par Louis XV, consulté sur les matières de gouvernement par le cardinal Fleury et les autres ministres. On dit qu'il était choisi pour succéder au vieux cardinal et qu'il allait être nommé premier ministre, quand il mourut d'une maladie cruelle en décembre 1737.

Il épousa: SOPHIE DE NOAILLES, veuve du marquis de Gondrin, née en 1688, morte en 1766; il eut d'elle:

LOUIS-MARIE DE BOURBON (qui suit).

XXVI.

Louis de Bourbon

DUC DE PENTHIÈVRE, AMIRAL DE FRANCE.

SERVICES.

| Bataille de Dettingen.......... 1743 | Bataille de Fontenoy.......... 1745 |

Fils unique du comte de Toulouse, le duc de Penthièvre, né en 1725, reçut de son père des leçons de vertu et d'honneur, dont il profita. Il servit avec beaucoup de zèle et de courage dans la guerre de 1741, se trouva à Dettingen et à Fontenoy. Dans la première de ces batailles, il s'élança au milieu de nos troupes en désordre et fit les plus grands efforts pour les rallier. « M. le duc de Penthièvre, écrivait le maréchal de Noailles au roi, s'est trouvé dans le feu le plus vif, et plusieurs fois dans la mêlée, avec le sangfroid et la tranquillité que Votre Majesté lui connaît. » Le duc de Penthièvre, à Fontenoy, servant comme lieutenant général, fondit un des premiers sur la colonne anglaise et entraîna la maison du roi. On rapporte que le maréchal de Saxe dit à Louis XV après la bataille : « Si « M. le duc de Penthièvre veut, il peut devenir un grand capitaine; sans « y mettre la moindre prétention, il a bien voulu me donner un conseil « qui annonce du génie et qui m'a fort bien réussi. » Le prince continua la campagne de Flandre, aux côtés du roi, jusqu'à la paix.

Le duc de Penthièvre obtint, après son père, la charge d'amiral de France et le gouvernement de Bretagne; comme lui, il conserva le rang et les honneurs de prince du sang. Il hérita, à la mort du comte d'Eu, de tous les biens et principautés de cette branche; sa fortune en reçut un accroissement immense, et il la répandit en bienfaits; il fit bénir son nom. Nul prince ne fut plus vénéré, plus réellement populaire; l'amour dont il était entouré au sein de ses riches domaines lui servit de bouclier contre les fureurs révolutionnaires; seul de tous les princes il fut respecté. Mais les coups les plus douloureux avaient atteint son cœur; l'horrible mort de la princesse de Lamballe, sa belle-fille, l'immolation de Louis XVI et de tant de têtes qui lui étaient chères, remplirent d'amertume et abrégèrent ses jours. Il mourut dans les bras de sa digne et vertueuse fille, la duchesse d'Orléans, en mars 1793.

Le duc de Penthièvre épousa en 1744 : MARIE-THÉRÈSE D'EST, fille du duc de Modène, qui mourut en 1754; il eut d'elle :

1. N.... DE BOURBON, duc de Rambouillet, né en 1746, mort en 1750; — 2. LOUIS-ALEXANDRE, prince de Lamballe, né en 1747, mort sans enfants en 1768; il avait épousé Marie-Thérèse de Savoie-Carignan, qui périt dans les massacres de septembre 1792; — 3. JEAN-MARIE, duc de Château-Villain, né en 1748, mort en 1755; — 4. N.... DE BOURBON, comte de Guingamp, né en 1750, mort en 1752; — 5. N.... DE BOURBON, morte dans sa deuxième année; — 6. LOUISE-MARIE-ADELAÏDE DE BOURBON, née en 1753, qui épousa, en 1769, Louis-Philippe-Joseph, duc d'Orléans, et mourut à Ivry, en 1821.

DERNIÈRE BRANCHE DE VENDOME.

Issue d'un *fils naturel légitimé* de Henri IV, cette branche eut un rang intermédiaire entre les princes du sang et les ducs et pairs, sans droits éventuels à la couronne ; elle prit de l'éclat par ses alliances et la gloire militaire de son héros ; mais elle a peu duré, et s'est éteinte en 1727. On retrouve dans cette maison la trace des qualités brillantes du Béarnais et ses défauts.

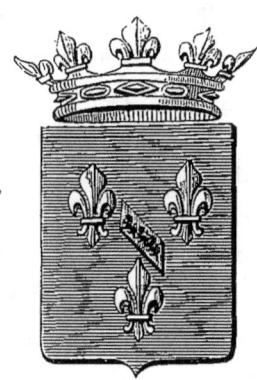

XXIII

César de Bourbon

DUC DE VENDOME.

SERVICES.

Combat du pont de Cé...............	1620		Prise de Port-Louis................	1625
Prise de Clérac....................	1622		Combat de Lilo près de Satingham....	1631
Prise de Montauban................	1622		Prise de Bordeaux.................	1653
Prise de Saint-Antonin.	1622		Prise de Libourne.................	1653
Prise de Lombez.	1622		Défaite de l'armée navale espagnole près	
Siége de Briteste..................	1622		Barcelone...........	1655
Prise de Montpellier...............	1622			

ARMES : De France au bâton de gueules, péri en bande, chargé de trois lionceaux d'argent.

César de Bourbon, *fils naturel* de Henri IV et de Gabrielle d'Estrées, naquit en 1594. Henri aimait ce fils de ses amours de toute l'aveugle faiblesse qu'il avait pour sa mère ; il le fit baptiser avec une pompe royale, le légitima par lettres-patentes et lui assura une haute alliance, en le mariant à Françoise de Lorraine, unique héritière du duc de Mercœur.

Tant de biens ne contentèrent pas son ambition ; après la mort du roi, il fut du nombre des princes mécontents et se jeta dans leur parti ; retiré dans la Bretagne, dont il était gouverneur, il ne se soumit qu'à l'approche du jeune roi et de son armée, 1614. Mais dès l'année suivante, il renoua ses intrigues et parvint à s'enfuir lors de l'arrestation du prince de Condé.

Le duc de Vendôme, après la régence de Marie de Médicis et la chute de ses favoris, se rapprocha de la cour ; il reçut l'ordre du Saint-Esprit, et seconda Louis XIII dans la guerre contre les protestants. Il réduisit en personne plusieurs villes et fit rentrer sous l'obéissance du roi, dit le P. Anselme, quatre-vingt-dix-sept places occupées par les protestants.

Mais le duc de Vendôme rentra dans la ligue des princes récalcitrants ; Gaston l'entraîna dans son complot contre Richelieu. Il fut arrêté avec son frère, le chevalier de Vendôme, à Blois, où Louis XIII les avait attirés (juin 1626). Après quatre ans de prison au château d'Amboise, Vendôme fut mis en liberté, mais il perdit son gouvernement et alla prendre du service en Hollande ; là, il assista au combat de Lilo, près de Satingham, où il combattit à la tête des volontaires.

Il vivait retiré au fond de ses terres, quand le cardinal, dont les rancunes n'étaient point dissipées, lui intenta un procès. Vendôme en redouta les suites et s'enfuit du royaume jusqu'à la mort de Richelieu. Immiscé d'habitude dans toutes les intrigues, il prit part aux premiers mouvements de la Fronde, puis il fit sa paix avec Mazarin, et maria son fils, le duc de Mercœur, avec une nièce du cardinal. Cette alliance lui valut, en 1650, la charge de grand maître, surintendant de la navigation et du commerce, et l'enchaîna au parti de la cour. Il fut envoyé dans la Guyenne, en 1653, pour y poursuivre les restes du parti de la Fronde ; Paris s'était soumis, mais Bordeaux était devenu le foyer de la faction des princes. Le duc de Vendôme entra avec une flotte dans la Garonne et lui coupa toute communication avec les Espagnols ; il aida à soumettre cette ville et plusieurs autres, et mit en fuite, en 1655, la flotte espagnole près de Barcelone. Il mourut à Paris en octobre 1665.

Il eut pour femme : Françoise de Lorraine, fille unique et héritière de Philippe-Emmanuel, duc de Mercœur, morte en 1669, dont il eut :

1. Louis (qui suit) ; — 2. François, duc de Beaufort (1) ; — 3. Élisabeth, mariée à Charles-Amédée de Savoie, duc de Nemours, qui fut tué en duel par son beau-frère ; elle mourut en 1664.

---

(1)   **FRANÇOIS DE VENDOME, DUC DE BEAUFORT.**

SERVICES.

Expédition de Savoie............ 1630	Attaque de Gergeau............... 1652
Bataille d'Avein................. 1635	Combat du faubourg Saint-Antoine...... 1652
Reprise de Corbie................ 1636	Expédition de Gigery.............. 1664
Siége d'Hesdin................... 1639	Combat naval près de Tunis........ 1665
Prise d'Arras.................... 1640	Combat naval près d'Alger......... 1646
Guerre de la Fronde.............. 1649	Secours à Candie. (Il y fut tué)...... 1669

François, né en 1616, était le second des fils de César de Vendôme.

Ce personnage, qui joua un rôle si bruyant dans les scènes de la Fronde, tenait de son grand-père Henri IV certaines ressemblances heureuses, bizarrement assorties avec de grossiers défauts. Il se montra fort brave dès son début dans la campagne de Savoie, puis à la bataille d'Avein, où le maréchal de Châtillon battit le prince Thomas de Savoie. Quand les Espagnols fondirent à l'improviste en Picardie, le duc de Beaufort s'enrôla des premiers pour aller repousser l'invasion.

Partisan déclaré de la reine régente, il employa son crédit et son audace pour faire casser par le parlement le testament de Louis XIII ; il espérait écarter et remplacer Mazarin.

Trompé dans son attente, il donna le branle aux agitations et aux cabales. Le duc de Beaufort, détenu cinq ans à Vincennes, s'en échappa et se jeta dans Paris. Il devint le héros des scènes populaires de la Fronde et fut surnommé le *Roi des Halles*.

Le prince de Condé, quand il changea de drapeau, prit pour lieutenant le duc de Beaufort ; ils tinrent la campagne contre l'armée royale. A l'attaque contre Gergeau, le duc faillit s'emparer du roi et de sa mère ; mais plus d'une fois il compromit le succès de son parti par son humeur querelleuse et ses violences. Il tua en duel, d'un coup de pistolet, son beau-frère, le duc de Nemours.

Quand l'ordre fut rétabli, le duc de Beaufort, fier et intraitable, refusa de plier devant Mazarin. Il passa à l'étranger, et après cinq ans d'exil il rentra, en 1658, apaisé par la promesse de succéder à son père dans la charge d'amiral.

L'esprit remuant et aventureux de Beaufort trouva sur mer une carrière ouverte à son activité. Il fit, en 1664, une campagne contre les corsaires barbaresques, dans les parages de Gigery. L'année suivante il livra aux Turcs un combat naval près de Tunis ; il les battit encore dans le voisinage d'Alger. Enfin il fut chargé, en 1669, d'aller secourir les Vénitiens attaqués par les Turcs à Candie ; il débarqua dans la place avec un corps de troupes, y déploya son audace accoutumée *et fut tué* dans une sortie, le 25 juin.

XXIV.

Louis de Vendôme

DUC DE VENDOME, CARDINAL.

SERVICES.

Expédition de Savoie	1630		Prise d'Arras. (*Blessé*.)	1640
Combat de Lilo	1631		Reddition de Toulon	1652
Bataille d'Avein	1635		Expédition d'Italie	1656
Prise de Corbie	1636		Prise de Valence sur le Pô	1656
Prise d'Hesdin	1639			

Ce fils de César de Vendôme naquit en 1612, et reçut le titre de duc de Mercœur. Il suivit Louis XIII dans sa campagne de Savoie; son père, sorti de prison et quittant le royaume, l'emmena en Hollande, où il prit du service et se trouva au combat de Lilo. Le duc de Mercœur, comme son frère, le duc de Beaufort, se fit remarquer à la bataille d'Avein; il fut *blessé* au siége d'Arras. Aussi brave que Beaufort, mais moins tourmenté d'ambition, il ne donna point dans les cabales de la Fronde; et tandis que son frère, le *Roi des Halles*, ameutait le peuple contre la reine et son ministre, le duc de Mercœur restait inviolablement attaché au parti royal et s'alliait à une nièce de Mazarin. Gouverneur de Provence, chargé de combattre les troubles excités par la faction des princes révoltés, il remit Toulon dans le devoir. On le fit en récompense vice-roi de Catalogne; il eut plus tard un commandement en Italie, et s'empara de Valence sur le Pô.

Après la mort de sa femme, ce prince, qui avait commandé des armées, se fit prêtre, devint cardinal, légat en France, et mourut en 1668.

Il eut pour femme : LAURE MANCINI, nièce du cardinal Mazarin, morte en 1657, âgée de 21 ans; il eut d'elle :

1. LOUIS-JOSEPH (qui suit); — 2. PHILIPPE, grand-prieur de France (qui suivra); — JULES-CÉSAR, mort jeune, en 1660.

Fille naturelle : FRANÇOISE D'ANET, *morte en* 1696.

XXV.

Louis-Joseph de Vendome

DUC DE VENDOME.

SERVICES.

Campagne de Hollande	1672		Prise de plusieurs places dans le Trentin	1703
Combat d'Altenheim	1676		Siége de Trente	1703
(Il y fut blessé).			Campagne de Piémont	1703
Prise de Condé	1677		Combat de cavalerie du 28 octobre	1703
Prise de Cambrai	1677		Combat près l'Orba	1703
Prise de Fribourg	1684		Prise d'Asti	1703
Prise de Luxembourg	1684		Prise de la ville neuve d'Asti	1703
Prise de Mons	1691		Défaite de l'arrière-garde du duc de Savoie près de Turin	1704
Prise de Namur	1692		Prise de Verceil	1704
Combat de Leuze	1692		Prise d'Ivrée	1704
Combat de Steinkerque	1692		Prise de Verue	1704
Bataille de la Marsaille	1693		Siége de Chivas	1705
Campagne de la Catalogne	1695		Bataille de Cassano (un cheval tué sous lui)	1705
Prise d'Ostalric	1695		Bataille de Calcinato	1706
Délivrance de Palamos	1695		Campagne de Flandre	1706
Combat de Rio-d'Arenas	1696		Combat d'Oudenarde	1708
Prise de Barcelone	1697		Prise de Seffingue	1708
Campagne d'Italie	1702		Campagne d'Espagne	1710
Combat de la Vittoria	1702		Prise de Brihuega	1710
Bataille de Luzzara	1702		Bataille de Villaviciosa	1710
Prise de Guastalla	1702			
Délivrance de Mantoue	1702			
Combat du Seraglio	1702			

Le nom de Vendôme est resté l'une des gloires de la maison de Bourbon, quoiqu'il ait été fort critiqué comme général. En quelque rang que l'histoire le place parmi les grands capitaines, elle le maintiendra du moins parmi les plus braves, les plus brillants et les plus heureux.

Louis Joseph, né en 1554, servit d'abord comme simple garde du corps; il fit plusieurs campagnes en soldat et passa par tous les grades avant d'arriver au commandement des armées. La guerre de Hollande fut son début; il passa après dans l'armée de Turenne où les occasions d'agir ne lui manquèrent pas; mais, caché sous les grades subalternes, il y échappe à l'attention de l'histoire. Ce n'est qu'à la mort du grand capitaine que le nom de Vendôme se trouve cité. Il fallut repasser le

Rhin et abandonner le théâtre des grandes opérations de Turenne; la bravoure remplaça la tactique et sauva l'armée au combat d'Altenheim; Vendôme y *fut blessé* à la tête de son régiment. Il fut fait brigadier dans les campagnes suivantes et se trouva aux siéges les plus importants. Nommé maréchal de camp en 1678, il fit la campagne de Flandre sous le maréchal de Créqui.

La guerre qui suivit la paix de Nimègue et la ligue d'Augsbourg trouva le duc de Vendôme lieutenant général et en réputation d'aspirer au commandement des armées. Il prit part aux grands siéges de Mons et de Namur, où le roi parut entouré d'un cortége de princes qui se précipitèrent sous le feu des tranchées avec une si brillante émulation. Devenu l'un des lieutenants du maréchal de Luxembourg, il combattit à Leuze et à Steinkerque. Abusé par un espion, tombé aux mains de l'ennemi, Luxembourg, attaqué à l'improviste, à Steinkerque, ne dut la victoire la plus sanglante qu'à son coup d'œil, à ses dispositions rapides et à l'héroïque concours de cinq princes qui servaient sous lui, le duc de Chartres, les princes de Condé et de Conti; Vendôme et son frère le grand Prieur y commandèrent trois charges meurtrières qui décidèrent du succès. Louis-Joseph passa, l'année suivante, à l'armée d'Italie, sous Catinat, et conduisit l'aile gauche à la Marsaille.

Vendôme, que tant d'actions d'éclat avaient rendu populaire dans les armées, fut enfin chargé de commander en chef en Catalogne; il avait plus de quarante ans, depuis vingt cinq il avait été de toutes les campagnes. Après quelques préliminaires heureux, il mit le siége devant Barcelone, le poussa avec sa vigueur et son audace ordinaire, et tailla en pièces l'armée qui accourait pour la secourir. « Il ne se peut rien imaginer de plus beau, de plus hardi et de mieux conduit, dit le chevalier de Folard, dans ses mémoires; ce que ce grand capitaine fit de plus vigoureux, fut l'action qui se passa le 14 juillet. Il avait appris par ses espions que ce jour-là la garnison devait faire une sortie générale sur les tranchées, pendant que les Espagnols, qui étaient à deux lieues de la ville sous l'étendard du vice-roi, viendraient attaquer l'armée française en flanc et par derrière. Il les prévint. A deux heures du matin, avant le jour, il fit marcher les détachements de cavalerie et d'infanterie qu'il avait ordonnés, et les suivant de fort près, il entra dans le camp des ennemis et renversa les troupes qu'il y trouva, sans qu'elles pussent se rallier dans l'obscurité et dans la consternation où cette surprise les avait jetées. Le vice-roi, encore au lit, prit la fuite sans avoir eu le temps de s'habiller. Tout le camp fut pillé; les ennemis en avaient encore deux autres d'où ils furent aussi chassés; on brûla ces deux camps comme le premier. La ville ouvrit ses portes au vainqueur.»

La guerre de la succession d'Espagne suivit de peu d'années la paix de Ryswick; Vendôme choisi pour commander en Italie, y répara les fautes de Villeroi. Bientôt, Annibal-Visconti fut défait à Santa-Vittoria, et ce premier succès livra à Vendôme la ville de Cremône. Sa vigilance fut aussi en défaut, et il faillit être surpris lui-même à Luzarra, comme Villeroi l'avait été dans Cremône; il avait pour adversaire le prince Eugène, l'un des capitaines les plus accomplis de ce siècle. Par son coup d'œil prompt, et plein de ressources sur le champ de bataille, Vendôme arrêta les progrès de son rival et remporta l'honneur d'une demi-victoire; il garda le champ de bataille, et s'empara des villes de Luzarra et de Guastalla.

Mais Vendôme, après chaque effort, retombait dans sa mollesse; son génie, enclin au sommeil, manquait le fruit de ses opérations, faute de suite et de prévoyance. Après Luzarra, il faillit tomber aux mains de l'ennemi. « Il s'était mis, rapporte Saint-Simon, dans ces cassines un peu éloignées de son camp, couvert d'un petit naviglio. On eut beau lui représenter qu'il n'y était pas en sûreté, tout ce qu'on put en obtenir fut qu'il ajouterait une vingtaine de grenadiers à sa garde, il était temps. La nuit même un détachement des ennemis vint pour l'enlever, et sans les grenadiers qui tinrent ferme, et donnèrent le temps à ce qui était le plus à portée d'accourir au bruit des coups de fusil, il était pris. »

Dans la campagne suivante (1703), Vendôme eut ordre de se porter dans le Tyrol, pour y joindre l'électeur de Bavière. Il y eut de grandes difficultés de marches, des rivières et des défilés bien gardés à franchir; il livra plusieurs combats, emporta quelques châteaux, et parvint jusqu'à Trente qu'il assiégea. Mais il ne put donner la main à l'électeur de Bavière, et reprit la route de la Lombardie. La défection du duc de Savoie lui mit un ennemi de plus sur les bras. Vendôme entra en Piémont, battit un corps de cavalerie que le comte de Staremberg faisait passer au duc de Savoie, puis il atteignit son arrière-garde et la mit en pleine déroute auprès de l'Orba. Il entama la campagne suivante (1704) par des siéges qui n'eurent pas moins d'éclat que des batailles; il prit Verceil, Ivrée, et attaqua Verrue devant le camp ennemi, malgré la saison, le terrain, le manque de vivres et les surprises de l'armée de Savoie qui, abritée par un camp retranché et en communication avec la place, la ravitaillait sans cesse de troupes et de munitions. Profitant d'un brouillard épais, le duc de Savoie fondit, le 18 décembre, sur les tranchées où s'engagea un vigoureux combat. Vendôme, surpris d'abord dans le sommeil, eut le temps de rassembler ses brigades d'infanterie; il s'élança à leur tête et chassa l'ennemi de tous les postes qu'il avait enlevés. Il s'opiniâtra tout l'hiver devant cette forteresse, où l'on était dans la fange jusqu'au cou, dit un contemporain; au printemps, il parvint à emporter, à l'escalade, le fort de l'île, et coupa toutes les communications de la place avec le camp ennemi; après six mois de travaux opiniâtres et meurtriers, Verrue se rendit à discretion.

Mais à peine Vendôme eut-il enlevé cette grande position, que le prince Eugène parut en Italie avec de puissants renforts; force fut d'ouvrir la campagne (1705). Vendôme assiégeait Chivas quand il connut l'approche d'Eugène, il se porta en hâte vers le grand prieur, son frère, qui commandait en Lombardie et venait d'être attaqué. Il alla au-devant des Impériaux; mais Eugène, dérobant ses marches, parvint sur l'Adda, prêt à s'ouvrir la Lombardie, pour faire jonction avec le duc de Savoie, son allié. Vendôme avait à disputer ce passage décisif à l'ennemi. Il se laissa tromper sur les manœuvres d'Eugène, par les conseils d'un traître, dit le chevalier de Folard, aide de camp de Vendôme; il croyait son adversaire sur un autre point, quand celui-ci fondit sur lui à l'improviste au pont de Cassano. Surpris une fois encore par le grand tacticien, si actif, si prévoyant, *dormant peu et pensant beaucoup*, Vendôme faillit payer cher son défaut de vigilance; l'attaque fut si brusque qu'il n'eut pas le temps de rappeler à lui le grand prieur, à qui il avait fait abandonner sa position. Le combat s'engagea avec furie et les Français reculèrent après des assauts répétés. « Il y eut assez de désordre, dit le chevalier de Folard, pour déconcerter tout autre que M. de Vendôme, qui s'exposait comme eût pu le faire un aventurier dont la vie est sans conséquence.

Plusieurs officiers furent tués auprès de lui, plusieurs aussi de ses domestiques ; il reçut même un coup dans sa botte sans être blessé. D'Argenson, un de ses aides de camp, eut le bras cassé auprès de lui, son capitaine des gardes fut blessé d'un coup de feu au travers du corps, s'étant heureusement trouvé devant lui lorsqu'il le reçut. » L'affaire semblait désespérée, une partie des régiments avaient lâché pied quand M. de Vendôme, dit le même historien, « dont l'esprit, l'habileté et le coup d'œil étaient au souverain degré, tira son salut de la lâcheté de ces fuyards qui passaient le pont. Il les suivit, les rallia et les fit entrer dans le château de Cassano, d'où il leur ordonna de faire un grand feu des fenêtres et de percer partout des créneaux. On vit tout d'un coup le château en feu, il en partit une telle tempête de coups de fusil que je ne pense pas qu'il se soit rien vu de pareil ni un plus beau spectacle militaire. Cette grêle pressait les ennemis de toutes parts, de flanc, de front et au dos. » Vendôme, en même temps, opéra des mouvements heureux, fit jouer avantageusement son artillerie, et par un dernier et vigoureux coup de collier, força l'ennemi à faire retraite. Mais, comme d'habitude, il s'endormit un peu après la victoire et n'en tira pas tous les fruits.

Après quelque séjour à Versailles, où l'on fit un brillant accueil à ses services, Vendôme rejoignit son armée ; il s'embarqua à Antibes avec son frère, prit terre à Gênes, et entama la campagne (1706) par une bataille. L'ennemi s'était retranché sur la hauteur de Calcinato ; Vendôme profita de l'absence du prince Eugène pour l'attaquer en toute hâte ; il l'aborda avec furie et le mit en pleine déroute. L'arrivée d'Eugène avec de puissants renforts ralentit les opérations de Vendôme, et bientôt il fut appelé en Flandre. Sa gloire ne gagna rien à cette campagne ; « servant en apparence sous l'électeur de Bavière, mais à peine, dit Saint-Simon, sous le roi même, » Vendôme, ayant en tête Malborough, n'entreprit rien de mémorable (1707) ; il observa son habile adversaire, mais souvent avec mollesse, et il eut tout à coup l'armée ennemie sur les bras. On eut grand'peine à l'arracher au repos : il monta à cheval, enfin ; et il fit sa retraite après quelques engagements de son arrière-garde avec l'avant-garde ennemie. Vendôme fit la campagne suivante (1708), sous le duc de Bourgogne, mais avec de pleins pouvoirs comme général. Ces deux princes s'entendirent mal. Vendôme, soutenu par une cabale ennemie du jeune duc, éclata en plaintes contre lui; la défaite d'Oudenarde, où l'armée, prise en défaut, combattit sans ordre et sans direction, fut le fruit de ces divisions. Il est difficile cependant d'admettre toutes les accusations passionnées de Saint-Simon contre Vendôme; il est peu croyable qu'il se soit fait battre afin de déconsidérer le duc de Bourgogne; celui-ci n'avait qu'à obéir; Vendôme, qui osa rappeler brusquement le prince à l'obéissance en lui fermant la bouche, pouvait-il rejeter sur lui seul le discrédit de la défaite?

La suite de la campagne ne releva pas l'honneur de Vendôme; il ne put empêcher ni la prise de Lille, ni le passage de l'Escaut par Malborough; son seul trophée fut la prise du fort de Leffingue, triste dédommagement de la perte de Lille.

Ses revers et ses fautes, trop réelles dans cette campagne, ses emportements contre l'héritier du trône, entraînèrent la disgrâce de Vendôme. Il vécut retiré dans son château d'Anet, éloigné des armées, jusqu'au moment où Philippe V, aux abois, expulsé de Madrid, le demanda comme ressource dernière à Louis XIV. Grande fortune pour tous les deux : Philippe V y regagna son trône, et Vendôme y retrouva sa gloire. Après les déroutes d'Almenara et de Sarragosse, la cause de Philippe d'Anjou semblait ruinée. Vendôme, arrivé à Valladolid, réunit les débris de l'armée espagnole, et marcha en hâte sur Madrid où l'archiduc et les Anglais s'étaient aventurés. Bientôt, maître du pont d'Amaraz, sur le Tage, il empêcha la jonction de l'armée portugaise avec les Anglais, et obligea ces derniers de faire retraite sur l'Aragon. S'élançant hardiment à leur poursuite, Vendôme passa à la nage, en tête de sa cavalerie, la rivière de Hénarès et atteignit l'Anglais Stanhope, qui se jeta à la hâte dans Brihuega. L'attaque fut rapide, Vendôme donna trois assauts successifs, et s'élança sur la brèche l'épée à la main ; l'Anglais se rendit avec cinq mille prisonniers; mais Stahremberg venait à marche forcée au secours de son allié. Vendôme courut à sa rencontre et attaqua le général allemand près de Villa-Viciosa. La bataille fut fort ardente et flotta indécise jusqu'à la fin. La cavalerie espagnole triompha dans un dernier choc, enfonça l'infanterie et enleva les canons de l'ennemi. Stahremberg profita de la nuit pour faire sa retraite en bon ordre. Les alliés perdirent onze mille hommes dans ces deux promptes affaires, dont Vendôme ne profita pas assez rapidement pour en finir avec l'ennemi ; il eût pu, disent ses critiques, terminer la guerre d'un seul coup.

Philippe et son général, épuisés de fatigues, passèrent la nuit sur le champ de bataille ; le roi n'avait point de lit : « Je vais préparer à Votre Majesté, lui dit Vendôme, le plus beau lit sur lequel un roi ait jamais couché, » et il étendit au pied d'un arbre les drapeaux enlevés à l'ennemi.

Louis XIV, à la nouvelle de ces succès inespérés, dit : « Voilà ce que c'est qu'un homme de plus. » Madame de Maintenon écrivait de son côté à la princesse des Ursins : « Convenez, Madame, que c'est un miracle que votre rétablissement. »

Vendôme ramena le roi triomphant dans Madrid, et retourna promptement à la frontière où les alliés conservaient encore quelques places ; il achevait de soumettre et de pacifier la Catalogne, quand une mort imprévue l'enleva dans la petite ville de Vinaros, le 11 juin 1712.

Voici quelques traits du portrait que Saint-Simon nous donne du vainqueur de Luzarra : « Il avait un visage fort noble et l'air haut avec de la grâce naturelle dans le maintien et dans la parole. Il avait beaucoup d'esprit qu'il n'avait jamais cultivé, beaucoup de connaissance du monde et de la cour, et sous une apparente incurie, un soin et une adresse à en profiter en tout genre ; surtout admirable courtisan, poli par art, mais avec choix et mesure, familier et populaire avec le commun, par une affectation qui voilait sa vanité et le faisait aimer du vulgaire ; au fond, l'orgueil même. » On rapporte que Philippe V disait un jour à Vendôme : « Il est surprenant qu'étant le fils d'un père dont le génie était borné, vous ayez d'aussi grands talents.—C'est que mon esprit vient de plus loin, dit le petit-fils de Henri IV. »

Les brillantes qualités de Vendôme étaient souillées par le contact des vices les plus honteux, par les mœurs les plus cyniques qui furent jamais. Plus livré à la table et au sommeil qu'à la méditation et aux profondes études, souvent plongé dans la torpeur qui suit les débauches, il n'atteignit pas au génie complet des grands capitaines, et ne fut, malgré ses services, qu'un général plein de ressources, intrépide et heureux.

Femme : MARIE-ANNE DE BOURBON, fille de Henri-Jules, prince de Condé, morte sans enfants en 1718.

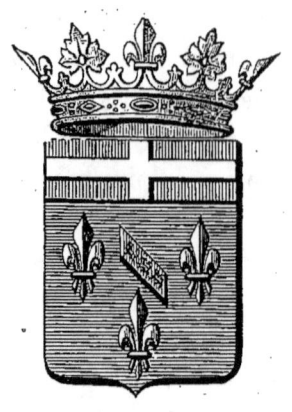

XXV.

Philippe de Vendôme

GRAND PRIEUR DE FRANCE.

SERVICES.

Siége de Candie	1669		Bataille de Steinkerque	1692
Campagne de Hollande	1672		Campagne d'Italie	1693
Passage du Rhin	1672		Bataille de la Marsaille	1693
Siége de Maëstricht	1673		(*Blessé.*)	
Campagne d'Allemagne	1674		Campagne d'Espagne	1696
Bataille de Zintzheim	1674		Siége de Valence	1696
Prise de Valenciennes	1677		Bataille contre Velasco	1696
Prise de Cambray	1677		Prise de Barcelone	1697
Campagne de Flandre	1689		Campagne de Savoie	1702
Bataille de Fleurus	1690		Prise de Revere	1704
Prise de Mons	1691		Prise d'Ostiglia	1704
Prise de Namur	1692		Combat de Bordeleza	1704
Combat de Leuze	1692		Combat de Castiglione	1705

ARMES : De France au bâton de gueules, péri en bande, chargé de trois lionceaux d'argent, au chef cousu de gueules chargé d'une croix d'argent.

Philippe de Vendôme, né en 1655, entra dans l'ordre de Malte; il n'avait que quatorze ans quand il accompagna le duc de Beaufort, son oncle, à l'expédition de Candie; il était à ses côtés quand Beaufort y fut tué. La campagne de Hollande le fit connaître mieux encore; il marqua parmi tous les gentilshommes au passage du Rhin, où il prit un étendard ennemi, et il se signala de même au siége de Maëstricht; il passa à l'armée d'Allemagne sous Turenne, et se trouva au combat de Zintzheim. Il servit en Flandre comme colonel, se comporta avec éclat à Fleurus; il fut fait maréchal de camp en 1691. Après les grands siéges de Mons et de Namur, les combats de Leuze et de Steinkerque où il brilla, Philippe de Vendôme devint lieutenant général en 1693. Dans la campagne d'Italie, sous Catinat, il fut *blessé* dangereusement à la Marsaille; il commanda en Provence, puis en Piémont, d'où il passa en Espagne, y fit le siége de Valence et alla seconder son frère en Catalogne, où il assiégeait Barcelone.

Dans la guerre de la succession, le grand prieur, appelé d'abord en Allemagne comme lieutenant général, passa en Italie sous son frère, prit plusieurs places, et fut chargé du commandement en chef dans le Milanais. Il attaqua les Impériaux à Castiglione, leur enleva des prisonniers et des drapeaux, et coupa leurs communications.

La bataille de Cassano fut le sujet d'une contestation célèbre entre le grand prieur et son frère, et où la conduite du premier fut en général jugée sévèrement. Le grand prieur gardait le pont de Cassano, quand, à l'approche du prince Eugène, il reçut l'ordre d'aller occuper le poste de Rivolta; il paraît qu'il fit ce mouvement à regret et sur les instances réitérées de son frère, dont les prévisions furent trompées par l'événement. Eugène, en effet, vint fondre sur Cassano, et le frère de Vendôme resta immobile à deux lieues du champ de bataille. « Ce quiétisme du grand prieur, dit le chevalier de Folard, l'un des acteurs de la journée, fut regardé comme chose fort grave. J'ai regret de le trouver en prise et livré à la glose de l'armée, cela est fâcheux. Il était à Rivolta, à deux lieues de nous. Pourquoi cette inaction? disait-on; pourquoi ne marcha-t-il pas au secours de son frère? Mais l'avertit-on? lui envoya-t-on quelque ordre pour le faire avancer? Il avait sans doute beau jeu s'il eût pris ce parti; il ne l'a pas nié. En effet, il fût tombé dans le flanc gauche de l'ennemi, et, qui plus est, sur ses derrières; il en demeura d'accord. « Mais vous, « Monsieur, dit-il au prince, son frère, qui vous plaignez si fort de moi, « avez-vous fait là quelque démarche pour me donner les moindres nou- « velles de l'état où vous vous trouviez? Sur quelles raisons m'avez-vous « envoyé à Rivolta, malgré tout ce que j'ai pu dire pour m'en défendre?

« car on ne fait pas de telles manœuvres sans être informé des véritables
« desseins de l'ennemi par ses mouvements... » Franchement, ajoute
Folard, il n'était pas aussi coupable qu'on le prétendait. Cette bataille fut
dépêchée en fort peu de temps, et il est certain que l'affaire tirait à sa
fin lorsqu'il apprit qu'on en était aux mains à Cassano. Mais deux lieues
est-ce un espace assez grand pour ne rien entendre du canon et de la
mousqueterie? Tous ceux qui étaient avec lui prétendent qu'ils n'entendirent rien. »

Le tacticien que nous citons et qui juge en témoin expérimenté cette
affaire, dit encore : « Le grand prieur ne manquait pas de courage, il
en avait même beaucoup, et, quant à l'expérience, il en avait plus qu'aucun
de ses officiers-généraux. » Mais il avait, comme son aîné, le défaut de
s'oublier et de beaucoup trop dormir. Pour lui, le plaisir passait avant la
guerre. Plus instruit, plus cultivé que son frère, il portait, comme lui,
par ses qualités et ses défauts, le cachet de leur origine commune.

Le grand prieur se retira à Rome après avoir quitté l'armée, en 1715;
il se rendit à Malte, menacée par les Turcs; il y fut nommé généralissime, mais la descente n'eut point lieu. Philippe de Vendôme se démit
en 1719, de son titre de grand prieur, dans le dessein de se marier peut-être, pour continuer sa maison prête à s'éteindre, mais il n'effectua point
ce projet. Il vécut jusqu'en 1727 en philosophe voluptueux, indolent,
dans une société de beaux esprits et d'élégants épicuriens.

Les branches bâtardes qui n'ont point été légitimées n'étant point admises dans le plan
de cet ouvrage, nous devons passer ici sous silence les ducs d'Angoulême, issus du roi
Charles IX et de Marie Touchet. Le bâtard de Valois et son fils ont joué un rôle assez marquant dans l'État, et ont servi avec valeur. Cette branche s'éteignit en 1653.

DUCS D'ORLÉANS ET COMTES D'ANGOULÊME.

Issus de Louis de France, duc d'Orléans, fils puîné de Charles V, les deux rameaux de cette branche sont parvenus successivement au trône, le premier, par Louis XII, le second, par François Ier. Tous les princes de cette maison ont porté les armes ; la plupart se distinguèrent aussi par l'élégance, le goût des arts et le savoir.

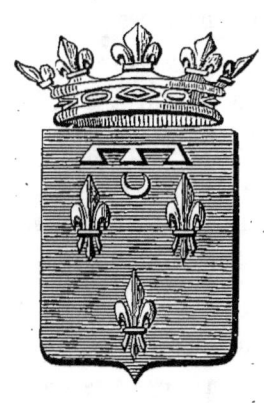

XVIII.

Louis de France

DUC D'ORLÉANS.

SERVICES.

Bataille de Rosebecq........	1382	Siége de Blaye............ 1406
Prise de Charenton.........	1405	Siége de Bourg............ 1406

Armes : De France, au lambel d'argent à trois pendants, à un croissant de même sous le second pendant.
Emblème et devise : *Un bâton noueux* : Je l'envie.

Ce prince, frère cadet de Charles VI, né en 1371, porta d'abord le titre de duc de Touraine. Il avait treize ans quand il fut mené en Flandre et vit auprès du roi la bataille de Rosebecq. « Il n'y avait rien de si chevaleresque et de si aventureux que ce jeune prince, dit un historien ; il voulut se faire chef d'une croisade contre les Sarrasins de la côte d'Afrique dont les vaisseaux troublaient le commerce des chrétiens. » Mais ne pouvant se jeter à son gré dans les aventures, le duc d'Orléans se jeta avec frénésie dans les plus folles dépenses et les plaisirs. Bien des tentations et de funestes exemples entraînèrent ce caractère mobile et passionné. Le temps n'offrait que trop de facilités aux désordres, sous le règne de Charles VI. Rivaux d'ambition et d'extravagance, tous les princes, oncles, frères ou parents du malheureux roi, semblaient se piquer d'honneur à qui profiterait le mieux des circonstances pour bouleverser et piller l'État. La plus ardente inimitié éclata surtout entre les ducs d'Orléans et de Bourgogne; ils s'armèrent l'un contre l'autre, se défièrent, remplirent Paris de leurs hommes d'armes, et furent sur le point d'en venir aux mains plus d'une fois. « Il eût suffi d'une querelle entre deux valets pour mettre aux mains cette multitude de soldats et d'étrangers. On faisait des prières publiques pour détourner ce fléau... Chaque soir, les bourgeois allumaient une lanterne à leur porte et mettaient de l'eau en réserve, craignant qu'il n'éclatât durant la nuit quelques tumultes ou quelque incendie. » Les deux ducs cédèrent enfin aux prières et se réconcilièrent; mais la paix était impossible entre deux rivaux qui s'arrachaient tout, villes, finances et gouvernement. Après s'être longtemps menacés, ils armèrent de nouveau. Le duc d'Orléans leva des troupes, passa la Seine et s'empara de Charenton; le duc de Bourgogne vint à la hâte, et tout annonçait une bataille; les devises peintes sur leurs bannières se portaient d'insolents défis [1]. Ils traitèrent cependant par l'entremise des autres princes; il échangèrent leurs colliers, se jurèrent fraternité d'armes et de chevalerie et donnèrent des fêtes pour leur réconciliation. Après une campagne d'hiver en Guyenne, où il négligea l'armée pour les fêtes et le jeu, le duc d'Orléans revint à la cour; le duc de Bourgogne s'était aigri de nouveau, leur vieille haine se réveilla.

Le 23 novembre de l'année 1407, le duc d'Orléans sortait de chez la reine, qui habitait l'hôtel de Montaigu, près la porte Barbette; il cheminait sur la route, en chantant, suivi de deux écuyers et de quelques

---

[1]. Celles du duc d'Orléans portaient un bâton noueux avec la devise : « Je l'envie. » Ce qui dans le langage du temps signifiait : « Je porte le défi. » Les bannières du duc de Bourgogne représentaient un rabot pour emporter les nœuds du bâton; la devise était : « Je le tiens. »

valets portant des flambeaux, quand des hommes armés se jetèrent sur lui et le massacrèrent à coups d'épée et de massue. Le duc de Bourgogne avoua qu'il avait commandé le meurtre; il avait communié la veille avec son ennemi en signe de réconciliation.

Le duc d'Orléans, qui avait contribué par ses goûts fastueux aux désordres et aux malheurs publics, avait des qualités brillantes, de la grâce, de l'éloquence, le goût des arts et du savoir. Il eut le malheur de vivre dans un temps de vertige et d'orages qui donna libre carrière à ses passions. Formé par son père Charles V, il fût devenu sans doute un prince éminent. Le duc d'Orléans, en contact par son mariage avec l'Italie, semble en avoir reflété l'élégance; un premier souffle de la Renaissance se fit sentir autour de lui.

Femme : VALENTINE DE MILAN, fille de Jean Galéas Visconti, duc de Milan, morte en 1408. Il eut d'elle :

1. CHARLES (qui suit); — 2. JEAN, né en 1393, mort la même année; — 3. CHARLES, mort enfant; — 4. PHILIPPE, comte de Vertus (1); — 5. JEAN, comte d'Angoulême, *qui a fait la branche de ce nom* (Voy. p. 181); — 6. N... d'Orléans, morte en bas âge; — 7. N.. d'Orléans, morte enfant; — 8. MARGUERITE, née en 1406, femme de Richard de Bretagne, comte d'Étampes, morte en 1466.

Fils naturel : JEAN, bâtard d'Orléans, comte de Dunois, a donné origine aux ducs de Longueville (*voy. cette branche légitimée*).

---

(1)   PHILIPPE D'ORLÉANS, COMTE DE VERTUS.

SERVICES.

Guerre contre le duc de Bourgogne	1411	Prise de Noyon	1411
Prise de Saint-Denis	1411	Prise de Soissons	1411
Prise de Saint-Cloud	1411	Prise de Bapaume	1411
Siége de Paris	1411	Siége d'Arras	1411
Guerre en Picardie et en Artois	1411	Bataille d'Azincourt	1415
Prise de Compiègne	1411	Prise de Parthenay	1418

Ce prince naquit en 1396, et dès l'année 1411 nous le voyons servir contre le duc de Bourgogne, l'ennemi de sa maison. En 1415, il combattit à l'avant-garde avec son frère à Azincourt. Il suivit le parti du dauphin; son zèle et ses talents militaires lui firent donner le commandement en chef de l'armée en Poitou, et il s'empara de Parthenay sur les Anglais (1418).

Philippe mourut en 1420 sans avoir été marié.

Il laissa un fils naturel, Philippe de Valois, bâtard de Vertus, *qui assista au siège de Montereau* (1427), *et fut décapité en* 1445 *comme rebelle au roi.*

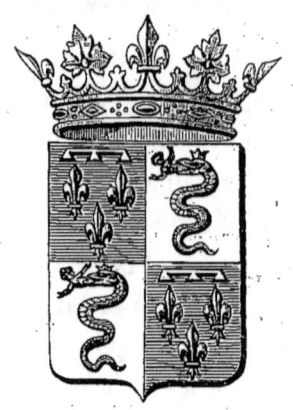

XIX.

Charles d'Orléans

DUC D'ORLÉANS.

SERVICES.

Guerre contre le duc de Bourgogne.	1411	Prise de Soissons.	1414
Prise de Saint-Denis.	1411	Prise de Bapaume.	1414
Prise de Saint-Cloud.	1411	Siége d'Arras.	1414
Siége de Paris.	1411	Guerre contre les Anglais.	1415
Prise de Compiègne.	1414	Bataille d'Azincourt.	1415
Prise de Noyon.	1414	*(Il y fut blessé et fait prisonnier.)*	

ARMES : Écartelé au 1 et 4 d'Orléans. Au 2 et 3 d'argent à la givre d'azur à l'issant de gueules qui est Milan.
DEVISE : Ma volenté.

Charles d'Orléans, fils aîné du précédent, né en 1391, est célèbre par sa destinée romanesque, par une captivité de vingt-cinq ans et par des œuvres qui sont restées comme la plus belle fleur de l'esprit du temps.

Les fils du duc d'Orléans voulurent venger la mort sanglante de leur père; ils présentèrent leur requête et n'obtinrent pas justice; le meurtrier était trop puissant pour être atteint par la loi. Ils le défièrent par les armes. Le duc d'Orléans, à la tête de ses vassaux, avec l'aide du connétable d'Armagnac, marcha contre le Bourguignon et s'approcha de Paris où dominait la faction de Bourgogne; il prit Saint-Denis et Saint-Cloud. L'armée des princes, formée de Gascons et de toutes sortes de mercenaires, qui n'avaient d'autre but que le pillage, dévasta horriblement les campagnes, souleva contre eux tout le pays; ils trouvèrent une longue résistance devant Paris. Le duc de Bourgogne les força de lever le siége. Après le règne anarchique et sanglant des bouchers, les princes rentrèrent dans Paris, et le duc d'Orléans, instruit et capable, prit, malgré sa jeunesse, grande part au gouvernement. Il décida une nouvelle campagne contre Jean-sans-Peur; maître du roi à son tour, il le mena en Picardie; ils y prirent quelques villes au Bourguignon, et firent avec lui la paix d'Arras.

Mais les étrangers, immiscés dans nos troubles par les deux factions, étaient au cœur du royaume. Une nouvelle armée anglaise débarqua en Normandie; princes, chevaliers, gentilshommes, marchèrent impétueusement à sa rencontre et furent défaits à Azincourt; le duc d'Orléans y combattit à l'avant-garde, *y fut blessé* grièvement et trouvé parmi les morts. Les Anglais l'emmenèrent *prisonnier;* il passa en Angleterre vingt-cinq années, négociant toujours pour recouvrer sa liberté, trompé sans cesse dans son espoir. Son éducation alors très-rare, ses talents qu'il tenait de sa mère, adoucirent sa prison. Il possédait les sept arts libéraux; il s'était épris de la poésie dès le temps des tumultes, au milieu des factions; il s'y adonna davantage dans la paix et l'isolement de son exil. Les œuvres de cet heureux génie sont les plus originales et les plus gracieuses du temps.

Après vingt-cinq ans de captivité, le prisonnier obtint enfin sa délivrance, en 1440, au prix d'une énorme rançon, cent vingt mille écus d'or. Son retour fut une fête publique en France; il se retira dans ses vastes apanages qu'il gouverna avec une sage économie pour acquitter sa rançon. Dans ses châteaux de Blois et de Cognac, entouré des esprits les plus recherchés et les plus délicats, toujours fécond lui-même en productions charmantes, il vécut jusqu'en 1465.

Femmes : 1. ISABELLE DE FRANCE, fille de Charles VI et veuve de Richard II, roi d'Angleterre, née en 1339, morte en 1409; — 2. BONNE D'ARMAGNAC, fille de Bernard VII, connétable, morte en 1415; — 3. MARIE, fille d'Adolphe IV, duc de Clèves, morte en 1487.

Il eut de la première : 1. JEANNE, née en 1409, qui épousa Jean II, duc d'Alençon, et mourut en 1432. *Il eut de la troisième :* 1. LOUIS XII, roi de France (*voy.* pag. 69); —2. MARIE, qui épousa Jean de Foix, vicomte de Narbonne, et mourut en 1493; elle fut mère du célèbre Gaston de Foix, *tué* à Ravennes; — 3. ANNE, abbesse de Fontevrault, morte en 1491.

XIX.

Jean d'Orléans

COMTE D'ANGOULÊME.

SERVICES.

Campagne de Guyenne	1451	Prise de Fronsac	1451
Prise de Montguyon	1451	Prise de Bordeaux	1451
Prise de Blaye	1451		

ARMES : De France au lambel d'argent à trois pendants; chaque pièce du lambel chargée d'un croissant d'azur.

Jean d'Orléans, né en 1404, était le plus jeune des fils du duc d'Orléans; il fut livré aux Anglais, dès 1412, en otage, pour le paiement de leur solde par le parti d'Armagnac qui les avait appelés sous ses drapeaux contre les Bourguignons; il languit longtemps en Angleterre ainsi que son frère aîné, et ne fut délivré qu'en 1444. Il servit sous Dunois, en Guyenne, et concourut à chasser les Anglais de cette province. Il mourut en 1467.

Femme : MARGUERITE, fille d'Alain IX, vicomte de Rohan; il eut d'elle :

1. LOUIS, mort enfant; — 2. CHARLES (qui suit); — 3. JEANNE, femme du comte de Taillebourg, qui fut créée duchesse de Valois en 1516, et mourut en 1540.

Fils naturel : JEAN, bâtard d'Angoulême, *légitimé* en 1458.

XI.

Charles d'Orléans

COMTE D'ANGOULÊME.

∞∞∞∞∞∞∞

SERVICES.

Prise d'Avesnes.......................... 1489

Ce prince, né en 1457, fit cause commune, après la mort de Louis XI, avec son cousin le duc d'Orléans ; il avait obtenu de grosses pensions et une compagnie de cent lances d'ordonnance ; il arma pour son parent ; mais il inclinait vers la paix et tenta de rapprocher les partis ; il était maître du pays autour de la Charente. Quand le jeune Charles VIII et sa sœur, Anne de Beaujeu, entrèrent en Guyenne pour réduire la ligue des seigneurs, le comte d'Angoulême mit sur un pied de défense ses châteaux d'Angoulême et de Cognac, mais il fit sa soumission. Il intercéda pour le chef de sa maison, prisonnier après sa défaite. Le comte d'Angoulême avait été armé chevalier à l'assaut d'Avesnes, selon l'*Histoire généalogique* du P. Anselme ; ce fut sans doute lors de l'invasion de Maximilien sur les frontières de Flandre, en 1489. Charles VIII le nomma gouverneur de la Guyenne, en 1489, et il mourut le 1er janvier 1495. Le comte d'Angoulême, s'il eût vécu, aurait hérité de la couronne de France après Louis XII.

Femme : LOUISE DE SAVOIE, fille de Philippe II, duc de Savoie, régente de France en 1515 et 1524, morte en 1531. Il eut d'elle :

1. FRANÇOIS Ier, roi de France (*voy.* pag. 73) ; — 2. MARGUERITE, née en 1492, morte en 1549 ; elle épousa, 1° Charles, comte d'Alençon ; 2° Henri d'Albret II, roi de Navarre, dont elle eut Jeanne d'Albret, mère de Henri IV.

Filles naturelles : 1. JEANNE, fille *légitimée* d'Antoinette de Polignac, mariée en secondes noces à Jean de Longwy, dont elle eut Jacqueline de Longwy, première femme de Louis II, duc de Montpensier ; — 2. MADELEINE, *abbesse de Saint-Auzony, morte en* 1543 ; — 3. SOUVERAINE, *morte en* 1534.

DUCS DE LONGUEVILLE.

Cette maison, issue du bâtard d'Orléans, comte de Dunois, fut déclarée légitime par lettres patentes de septembre 1571, portant que ses membres avaient toujours été réputés dans le royaume pour princes du sang; d'autres lettres de Louis XIV, en 1653, confirmèrent les précédentes; mais ces actes, dit le P. Anselme, ne furent point enregistrés. La renommée de son fondateur, puis de hautes alliances, ont donné un grand éclat à cette maison qui s'est éteinte, en 1672, à la mort de Charles, duc de Longueville, tué au passage du Rhin.

XIX.

Jean d'Orléans

COMTE DE DUNOIS.

SERVICES.

Combat de Montargis............	1426
Combat des Harengs. (*Blessé*)...	1429
Défense d'Orléans. (*Blessé*).....	1429
Prise des bastilles de S.-Loup, des Augustins et des Tournelles etc.; il y prit part, dit-on, à plus de cent engagements dans les sorties.	
Bataille de Patay...............	1429
Combat sous Jargeau............	1429
Prise de Jargeau...............	1429
Prise du château de Beaugency...	1429
Attaque du camp anglais, au mont Pilois, près de Senlis.........	1429
Attaque de Paris...............	1429
Prise de Chartres...............	1432
Secours à Lagny...............	1432
Combat de Saint-Denis..........	1435
Prise de Meulan................	1435
Prise de Houdan................	1435
Prise de Beaumont.............	1435
Prise de Melun.................	1435
Prise de Pont-Sainte-Maxence....	1435

Combat du pont de la Briche	1436	Prise de Chambrois	1449
Reprise de Saint-Denis	1436	Prise de Neufchâtel	1449
Prise de Paris	1436	Prise d'Essay	1449
Prise de Château-Landon	1437	Prise de la Roche-Guyon	1449
Prise de Nemours	1437	Prise du château d'Yernes	1449
Prise de Terny	1437	Prise d'Argentan	1449
Prise de Montereau	1437	Prise de Rouen	1449
Prise de Montargis	1438	Prise de Harfleur	1449
Prise de Dreux	1438	Prise de Honfleur	1450
Secours à Harfleur	1440	Prise de Bayeux	1450
Secours à Dieppe	1442	Prise de Caen	1450
Prise de Metz	1444	Prise de Falaise	1450
Prise du Mans	1448	Prise de Cherbourg	1450
Conquête de la Normandie	1449	Conquête de la Guyenne	1451
Prise du château de Verneuil	1449	Prise de Montguyon	1451
Prise de Pontaudemer	1449	Prise d'assaut de Blaye	1451
Prise de Vernon	1449	Prise du château de Fronsac	1451
Prise de Gournay	1449	Prise de Bordeaux	1451
Prise d'Harcourt	1449	Prise de Bayonne	1451

Armes : D'Orléans au bâton d'argent mis en barre.

Jean d'Orléans, *fils naturel* de Louis duc d'Orléans, frère de Charles VI, et de Mariette d'Enghien, dame de Cany, naquit en 1403. Il n'y a point, dans nos annales, de nom plus populaire, il n'y a point de héros plus national que Dunois; il a travaillé vingt-cinq ans à la délivrance de son pays, il n'a tiré l'épée que pour cette grande cause; cet homme qui a tant combattu n'a pas eu d'autres adversaires que les Anglais. La longue liste de ses faits militaires offre peu de batailles; les déchirements du royaume ne permettaient guère de réunir de grandes forces et de tenter des actions décisives; les luttes étaient éparpillées et locales; c'était une guerre de châteaux, de postes et de coups de main. Dunois fut le héros de cette dernière phase de la chevalerie; et la France a trouvé un sauveur dans ce grand et providentiel chevalier.

Les Anglais, maîtres du Nord et du Midi, poursuivaient leurs conquêtes; le bâtard d'Orléans, destiné d'abord à l'église, sentit sa vocation dans cet extrême péril; il accourut avec quelques écuyers sous la bannière du roi : son premier fait d'armes fut le premier succès du parti national, après ses longues défaites, comme aussi le dernier exploit de Dunois fut la conquête de la dernière ville du Midi sur les Anglais. Les étrangers assiégeaient Montargis, ils y avaient réuni leurs forces et leurs meilleurs capitaines; la petite armée du roi, commandée par le Bâtard, surprit les Anglais, les mit en pleine déroute et les força de lever le siége.

Mais ce succès n'arrêta point les conquérants, trop bien servis par l'indolence et les rivalités qui régnaient autour de Charles VII. Ils s'approchèrent de la Loire et mirent le siége devant Orléans. Les favoris du roi parlaient de s'aller cacher dans les montagnes d'Auvergne, ses hommes d'armes l'abandonnaient, ses garnisons se rendaient de tous côtés. Mais les braves bourgeois d'Orléans eurent bon courage et se défendirent à outrance. Le Bâtard fut le premier à se jeter dans leurs murs. Cette ville, la clef de la Loire, le dernier boulevard de la cause nationale, était, de plus, l'apanage de son frère, prisonnier des Anglais. Il fut l'âme de la défense; tantôt entraînant les bourgeois à l'attaque des bastilles anglaises, tantôt se jetant hors de la ville pour aller chercher des renforts ou des vivres, et s'ouvrant passage pour y rentrer. La bonne et la mauvaise fortune avaient leur jour : un grand convoi de subsistances, parti de Paris, s'approchait du camp des Anglais; les assiégés, ralliant l'armée du comte de Clermont, sortirent pour l'enlever, près de Rouvray; mais ils s'y jetèrent en désordre, les chefs ne furent pas obéis; le bâtard d'Orléans, *blessé* dès le premier choc, fut à grand'peine enlevé de la mêlée, et la garnison, éperdue, regagna ses murs, après avoir fait de grandes pertes en chefs et en soldats.

Cette triste journée, qu'on appela le combat des Harengs (le convoi en étant composé en partie), sembla ruiner à jamais le parti de Charles VII; mais Orléans se défendait encore, et bientôt Jeanne-d'Arc parut. Le Bâtard comprit et seconda l'héroïne; il sut plier son expérience à ses inspirations, et ce ne fut pas le moindre mérite de ce vaillant homme, habitué à l'indépendance et au commandement. Quand Jeanne approcha d'Orléans, Dunois traversa la Loire dans un petit bateau, pour se porter au-devant d'elle : « Êtes-vous le bâtard d'Orléans, dit-elle? Oui, répondit-il, et bien joyeux de votre venue.—C'est vous, reprit Jeanne, qui avez conseillé de passer par la Sologne et non par la Beauce, tout au travers des Anglais?—C'était, répliqua Dunois, le conseil des plus sages capitaines. —Le conseil de Dieu est meilleur que le vôtre et que celui des hommes, dit Jeanne ([1]). » Elle fit son entrée dans la ville ayant le Bâtard à ses côtés, puis elle voulut aussitôt marcher aux Anglais; plusieurs des chefs préféraient attendre un renfort; mais Jeanne, qui se croyait maîtresse de

---

(1) Barante, *Hist. des ducs de Bourgogne*, t. V, p. 303.

l'armée, s'opiniâtra. « Le sire de Gamache, irrité de son ton de commandement et de la soumission qu'on lui montrait, ne put se contenir : Puisqu'on écoute, dit-il, l'avis d'une péronnelle de bas lieu, mieux que celui d'un chevalier tel que je suis, je ne me rebifferai plus contre ; en temps et lieu, ce sera ma bonne épée qui parlera, et peut-être y périrai-je ; mais le roi et mon honneur le veulent, désormais je défais ma bannière et je ne suis plus qu'un pauvre écuyer. J'aime mieux avoir pour maître un noble homme qu'une fille qui a peut-être été je ne sais quoi. » Ployant sa bannière il la remit au Bâtard. Celui-ci n'était point de l'avis de Jeanne, mais il voyait qu'elle était fort à ménager et il mettait bonne espérance en elle. Il s'employa à apaiser la querelle. Le Bâtard se rendit à Blois, pour y chercher les renforts, et fit sa rentrée dans Orléans et traversa les bastilles des Anglais. « Bâtard, Bâtard, lui dit l'héroïne en le revoyant, au nom de Dieu, je te commande, sitôt que tu sauras la venue de ce *Fascot* (Falstolf, l'un des capitaines anglais), de me le dire ; car s'il passe sans que je le sache, je te promets que je te ferai couper la tête.(1) »

Les travaux de siége des Anglais furent attaqués résolument, la bastille de Saint-Loup fut emportée, puis celle des Augustins fut incendiée ; Jeanne et le Bâtard, son frère d'armes, conduisaient les assaillants. Enfin ils emportèrent, après le plus rude assaut, la bastille des Tournelles, le plus fort des postes de l'ennemi, et les Anglais, épouvantés, décampèrent d'Orléans. Ce siége avait duré deux ans.

Ayant rejoint le roi, Jeanne et Dunois marchèrent vers Reims ; tout le pays était aux étrangers et il fallait s'y frayer chaque jour passage ; Jargeau fut emporté après un combat livré sous ses murs ; le château de Beaugency ne résista pas davantage, et les Français, raffermis, osèrent se détourner de leur route pour aller chercher en Beauce ces terribles Anglais, si habiles à disposer les batailles, et qu'on craignait tant de trouver en plaine depuis Azincourt et Verneuil. Ils furent attaqués près de Patay, rudement ébranlés par un choc d'avant-garde de La Hire, et mis en pleine déroute par le corps de bataille où se trouvaient Jeanne-d'Arc et Dunois. On les voyait côte à côte au plus épais de la mêlée ou dressant sur la brèche des échelles pour l'assaut. Toutes les villes jusqu'à Reims se rendirent bientôt ; l'étendard de Jeanne et la bannière de Du-

---

(1) Barante, *Hist. des ducs de Bourgogne*, t. V, p. 313.

nois flottèrent sur l'autel où Charles VII fut sacré. Sa cause gagnait des partisans plus nombreux chaque jour, et il avança vers Paris. Le duc de Bedford l'attendit près de Senlis dans une forte position. Jeanne, le Bâtard et La Hire commandaient un corps détaché; ils provoquèrent les Anglais par de vives escarmouches, mais ne purent les attirer hors de leurs retranchements. L'armée du roi s'approcha de Paris, tenta l'assaut où Jeanne fut blessée d'une flèche, et fit sa retraite sur la Loire.

La capture et la mort de la Pucelle arrêtèrent un moment les progrès de Charles VII; l'enthousiasme s'éteignit, et tous ces capitaines, bientôt désunis, allèrent guerroyer et chercher aventures selon l'humeur de chacun. Dunois ne se reposa pas; il fit cette guerre d'escarmouches et de siéges, dont le plus important fut celui de Chartres. Cette place nourrissait Paris, et il importait de s'en rendre maître. Dunois la surprit d'une façon bizarre; il gagna un marchand de poisson qui entrait dans la ville; des soldats, vêtus de blouses et le fouet à la main, conduisirent ses charrettes, d'autres se cachèrent dans les tonneaux; arrivés aux ponts-levis, ils se précipitèrent sur les sentinelles et ouvrirent les portes à leurs compagnons, tandis qu'un religieux, d'intelligence, prêchait et attirait la foule à l'extrémité de la ville. Le Bâtard, qui se souvenait du cheval d'Ulysse, prit la nouvelle Troie sans grands efforts. Il courut de là défendre Lagny, assiégé par Bedford qui décampa après une affaire des plus chaudes.

Ardent aux rencontres comme aux assauts, intrépide dans la plaine comme à la brèche, le Bâtard emporta autour de Paris la plupart des places qui formaient son boulevard de défense; bientôt Paris lui-même chassa l'étranger de ses murs, et ouvrit ses portes à Dunois qui, sans s'arrêter, reprit la campagne et donna la chasse aux garnisons anglaises. La Normandie et la Guyenne furent bientôt les seules provinces où ils eurent pied.

Le gouvernement de Charles VII fut prompt à soulager la France; la discipline était à rétablir, l'ordre était à fonder. L'armée prit un commencement d'organisation, les compagnies permanentes de gens d'armes, de francs-archers, furent établies; l'artillerie fut perfectionnée. Le comte de Dunois, chargé de l'administration militaire, prit une grande part à toutes ces créations. Dunois, qui s'était rangé un instant parmi les seigneurs mécontents, se réconcilia vite avec le roi, et ne prit point de part au soulèvement de la Praguerie.

Charles VII avait fait une trêve avec les Anglais; il la mit à profit, et, se sentant bientôt en forces, il reprit les armes. Dunois, investi du commandement comme lieutenant général du roi, marcha sur la Normandie; les villes et les châteaux furent emportés. Rouen même ne résista que quelques jours, et les Anglais, terrifiés, n'y tinrent pas plus qu'ailleurs. Mais ils se défendirent vigoureusement dans Harfleur, dont le siége fut poussé, en plein hiver, par la neige et les pluies, où le roi et sa noblesse n'avaient pour abri que des cabanes de genêts et de paille dressées à la hâte. Honfleur se défendit encore et fut pris un mois après. La prise de Caen fut le grand événement de cette campagne : les Anglais s'y étaient jetés de partout, cette ville était leur dernier boulevart en Normandie. Le roi, le connétable, Dunois et plusieurs princes parurent et l'investirent; l'armée comptait dix-sept cents lances, sept mille archers ou coutilliers à cheval et quatre mille francs-archers à pied. L'artillerie battit la ville pendant vingt jours, ouvrit de nombreuses brèches dans ses murailles; et après une vigoureuse défense, la garnison capitula. Dunois, après la prise de Falaise, alla presser le siége de Cherbourg. « Les assiégés, dit un historien, virent avec beaucoup d'étonnement les cannoniers français dresser une de leurs batteries sur la grève, dans un lieu que les eaux de la mer couvraient deux fois par jour; à l'approche de la vague, ils bouchaient la lumière et la bouche de leurs canons avec des peaux graisseuses, et des que les eaux s'étaient retirées, ils revenaient à leurs pièces et recommençaient le feu ([1]). »

Cette campagne dura un an et six jours; elle se fit avec un ordre, une précision qui ne s'était point vue encore dans ces temps de rudes prouesses et d'héroïsme aventureux. Les compagnies d'ordonnances, les francs-archers, touchèrent leur solde chaque mois; une discipline sévère empêcha de piller et de rançonner le pays; l'artillerie, objet des plus grands soins, sans cesse exercée, abondamment pourvue, avait fait en peu d'années, sous Gaspard Bureau, les plus surprenants progrès.

La Normandie conquise, il ne restait plus que la Guyenne aux Anglais. Charles VII poussa son heureuse fortune, et le comte de Dunois eut encore le commandement comme lieutenant général du roi. Il fut

---

(1) Sismondi, *Histoire des Français*, t. 13, p 506.

fait de nouveaux règlements pour fortifier la discipline qui avait fait le grand succès de la campagne en Normandie. Tout y fut prévu pour la subsistance et le logement des gens de guerre; il leur fut sévèrement enjoint de payer tout ce qui leur serait fourni, et le prix de chaque chose y fut réglé.

Dunois, obligé de laisser sur son passage de nombreuses garnisons, arriva en Guyenne avec des forces bien moindres qu'en Normandie. Les nobles gascons, vassaux depuis deux siècles de l'Angleterre, se montrèrent mal disposés; mais l'esprit des villes et des populations était demeuré français; Dunois prit le château de Montguyon après huit jours de siége; il fut arrêté plusieurs semaines devant Blaye; il l'emporta d'assaut avec l'aide de quelques vaisseaux du roi qui battirent la flotte anglaise sous ses murs. Il prit de même Fronsac, puis il se présenta devant Bordeaux. Son armée, que des renforts avaient portée à vingt mille hommes, formait quatre corps, et on la voyait faire jusqu'à quatre siéges à la fois. Les Anglais, chassés de partout, ne tenaient plus devant l'armée française. Bordeaux demanda quartier; la ville envoya un héraut sommer à haute voix *ceux d'Angleterre de venir défendre ceux de Bordeaux;* ne voyant arriver personne, les jurés allèrent remettre les clefs au comte de Dunois. Bayonne, la dernière place qui tînt pour les Anglais, se rendit au vainqueur après trois jours d'attaque.

Là se termina la carrière militaire de ce grand chevalier, si brillant, si héroïque, qui a repris ville par ville la terre de France aux étrangers.

Dunois, après la mort de Charles VII, avait acquis trop de gloire pour ne pas donner d'ombrage à son successeur : mécontent du nouveau règne, il entra dans la ligue du Bien public; il joignit les princes révoltés, mais il n'eut part à aucun fait d'armes et se réconcilia avec le roi. Il fut grand chambellan de France et mourut en 1468.

Femmes : 1. Marie Louvet, fille du président de Provence; — 2. Marie d'Harcourt, fille de Jacques d'Harcourt, baron de Montgommery, morte en 1464. *Il eut de la seconde :* 1. Jean d'Orléans, mort sans alliance; — 2. François Ier (qui suit); — 3. Marie, femme de Louis de La Haye, seigneur de Beaumont, morte en 1517; — 4. Catherine, mariée à Jean, comte de Roucy, morte en 1504.

Fils naturel : Jean, *bâtard de Dunois.*

XX.

François d'Orléans Iᵉʳ

COMTE DE DUNOIS.

SERVICES.

Guerre en Bretagne.......... 1487 | Secours à Nantes............ 1487

Armes : D'Orléans au bâton d'argent, péri en bande.

François Iᵉʳ, né en 1447, était le second fils de Dunois. Il prit part à la révolte du duc d'Orléans contre la régente Anne de Beaujeu, et ses biens furent confisqués. C'était un esprit remuant et délié, qui s'employa beaucoup à faire réussir la cause de son parent. Il était à Saint-Malo, prêt à s'embarquer pour l'Angleterre afin d'y traiter pour son parti, quand il apprit que l'armée du roi assiégeait Nantes; il y courut, ramassant au passage beaucoup de paysans bretons; il se jeta dans la ville à travers les Français, qui ne purent lui barrer le chemin; il y fit une belle défense et la sauva. Après avoir fait sa paix avec la cour il fut l'un des négociateurs du mariage d'Anne de Bretagne avec Charles VIII; il s'en acquitta avec habileté. François mourut en 1491.

Femme : Agnès de Savoie, belle-sœur de Louis XI, morte en 1508, dont il eut : — 1. François II (qui suit); — 2. Louis Iᵉʳ (qui suivra); — 3. Jean d'Orléans, cardinal, archevêque de Toulouse, né posthume, mort en 1533; — 4. Anne, mariée à André, seigneur de Chauvigny, morte en 1499.

Fils naturel : Jean, *bâtard de Dunois.*

XXI.

François d'Orléans II

DUC DE LONGUEVILLE

SERVICES.

Expédition de Naples............	1494		Prise de Cazavas...............	1509
Prise du fort de Mont-Saint-Jean..	1494		Prise de Pescaire..	1509
Bataille de Fornoue..	1495		Prise du château de Crémone....	1509
Expédition d'Italie...............	1502		Secours à Jean d'Albret.........	1512
Bataille d'Aignadel.............	1509		Siége de Pampelune............	1512

Ce prince, né en 1480, suivit, en 1495, le roi Charles VIII à la conquête de Naples, et fut l'un des héros de la bataille de Fornoue. En 1502, François II fit partie de l'expédition d'Italie, et Louis XII le créa duc de Longueville, en 1505, en récompense de ses éminents services. A la bataille d'Aignadel, où il se comporta avec éclat, il avait le commandement de l'arrière-garde. Envoyé au secours de Jean d'Albret, roi de Navarre, sa rivalité avec le duc de Montpensier, gouverneur du Languedoc, entrava d'utiles opérations, et les Français, ayant commencé trop tard le siége de Pampelune, furent obligés d'abandonner une partie de leur artillerie. François II mourut au retour de cette campagne en 1512.

Femme : FRANÇOISE D'ALENÇON (elle se remaria à CHARLES DE BOURBON, duc de Vendôme); il eut d'elle : — 1. JACQUES, mort jeune; — 2. RENÉE, née en 1508, morte en 1515.

XXI.

Louis d'Orléans Iᵉʳ

DUC DE LONGUEVILLE.

SERVICES.

Campagne d'Italie........	1509		Campagne de Picardie..........	1513
Bataille d'Aignadel.............	1509		Délivrance de Térouanne........	1513
Prise de Cazavas...............	1509		Bataille de Guinegates..........	1513
Prise de Pescaire.......	1509		(*Fait prisonnier.*)	
Prise du château de Cremone....	1509		Bataille de Marignan............	1515

Louis I, à la mort de François, prit le titre de duc de Longueville. Il se fit remarquer auprès de son frère à la bataille d'Aignadel. Il fut un des capitaines envoyés par Louis XII pour défendre la Picardie contre les Anglais, qui mirent le siége devant Térouanne. Le duc ne put faire entrer des secours dans cette ville ; malgré son courage et ses efforts pour arrêter ses troupes mises en fuite, il fut défait à Guinegate et tomba aux mains de l'ennemi. Emmené *prisonnier* en Angleterre, il travailla à faire la paix entre Louis XII et Henri VIII. Au retour, Louis suivit François Ier en Italie, et servit à la bataille de Marignan; ce fut son dernier fait d'armes, il mourut en 1516.

Femme : JEANNE DE HOCHBERG, fille unique et héritière de Philippe, comte souverain de Neufchâtel, morte en 1543; il eut d'elle : — 1. CLAUDE (qui suit), — 2. LOUIS II (qui suivra); — 3. FRANÇOIS, marquis de Rothelin (qui suivra); — 4. CHARLOTTE, née en 1512, qui épousa Philippe de Savoie, duc de Nemours, et mourut en 1549.

XXII.

Claude d'Orléans

DUC DE LONGUÉVILLE.

SERVICES.

Campagne d'Italie............	1522	Siége de Pavie............... 1524
Campagne de Lombardie......	1523	(*Il y fut tué*)
Campagne de Lombardie......	1424	

Ce prince, né de 1505 à 1508, fut fait capitaine de soixante lances en 1521, et nommé, en 1524, commandant d'un corps de troupes qu'il conduisit en Italie. Il y servit sous Lautrec, en 1522, et y figura sans doute à plus d'une affaire où l'histoire a omis de mentionner son nom. Quand les Français, accablés de toutes parts, furent forcés d'évacuer la Lombardie, le duc Claude de Longueville, avec quatre cents hommes d'armes et six mille hommes à pied, se porta au secours de Crémone et de Gênes; mais il ne put y réussir (1522). L'année suivante, il servit de nouveau en Italie sous l'amiral de Bonnivet; il traversa le mont Genièvre pour lui amener quatre cents lances; mais il n'arriva qu'après la perte du combat de la Sesia, où fut tué Bayard; les Français repassèrent le Saint-Bernard. Une brillante armée, commandée par le roi, reparut en Italie l'année suivante, et le duc de Longueville y fut *tué* au siége de

Pavie. « Le duc Claude de Longueville, dit Martin du Bellay, jeune prince de grande volonté, estant dedans les tranchées, en sortit pour recognoître quelque chose le long de la ville ; mais sitôt qu'il fust descouvert fut frappé d'un coup de mousquet, dedans l'espaule, de dessus la muraille, duquel coup il mourut sur-le-champ. »

Fils naturel, CLAUDE, *bâtard de Longueville.*

XXII.

Louis d'Orléans II

DUC DE LONGUEVILLE.

SERVICES.

Campagne d'Italie............ 1524
Siége de Pavie................ 1524
Bataille de Pavie............. 1525

Louis II, né en 1510, avait à peine quinze ans lorsqu'il combattit à Pavie. Il continua de servir jusqu'à sa mort, arrivée en 1536. Le comté de Dunois fut érigé pour lui en duché-pairie (1525).

Femme : MARIE DE LORRAINE, fille de Claude, duc de Guise. (En 1538, elle épousa Jacques V, roi d'Écosse), dont il eut : 1. FRANÇOIS III, duc de Longueville, né en 1535 et mort sans enfants en 1551 ; — 2. LOUIS, posthume, mort enfant.

XXII.

FRANÇOIS D'ORLÉANS, MARQUIS DE ROTHELIN.

Ce prince, frère des deux précédents ducs, continua cette maison, quoiqu'il n'ait pas porté le titre de duc de Longueville ; son fils Léonor en hérita. Ce marquis de Rothelin servit sous François Ier, il commandait trois cents lances ; les historiens ont omis le détail de ses campagnes. Né en 1513, il mourut en 1548.

Il avait épousé JACQUELINE DE ROHAN, dont il eut : 1. LÉONOR (qui suit) ; — 2. FRANÇOISE, née posthume, mariée à Louis Ier, prince de Condé, morte en 1601.

Fils naturel : François d'Orléans, *bâtard de Rothelin, a fait la branche des marquis de Rothelin.*

XXIII.

Léonor d'Orléans

DUC DE LONGUEVILLE.

SERVICES.

Bataille de Saint-Quentin....... 1567	Bataille de Moncontour.......... 1569
(*Prisonnier.*)	Siége de La Rochelle............ 1573

Léonor d'Orléans, né en 1540, fils du marquis de Rothelin, succéda à tous les titres de son cousin François III, duc de Longueville. Il fut fait *prisonnier* à la bataille de Saint-Quentin, et combattit avec valeur à Montcontour. Il était au premier siége de La Rochelle et mourut peu de mois après, en 1573.

Femme : Marie de Bourbon, duchesse d'Estouteville, déjà veuve de Jean de Bourbon, comte de Soissons, et du duc de Nevers, morte en 1601. Il eut d'elle : 1 et 2. Deux fils nommés Charles, morts en bas âge; — 3. Henri Ier (qui suit); — 4. François (1); — 5. Léonor, mort enfant; — 6. Catherine, morte sans alliance; — 7. Antoinette, mariée à Charles de Gondy, devenue veuve, elle se fit religieuse, réforma l'ordre de Fontevrault et mourut en 1628; — 8. Marguerite, morte en 1615; — 9. Éléonore, mariée à Charles de Matignon, comte de Thorigny.

---

(1) FRANÇOIS D'ORLÉANS, COMTE DE SAINT-PAUL, DUC DE FRONSAC.

SERVICES.

Guerre contre les Espagnols........... 1595	Guerre contre les réformés........... 1621
Combat de Dourlens................. 1595	Prise de Gergeau-sur-Loire........... 1621
Secours à Calais.................... 1596	

Ce prince, rallié de bonne heure à Henri IV, fut chargé, en 1595, de la défense de la Picardie. Dourlens était assiégée par le comte de Fuentès : Saint-Paul, avec douze cents cuirassiers et six cents arquebusiers, tenta de traverser les lignes espagnoles pour secourir la place. Mais malgré les efforts de sa cavalerie qui enfonça deux fois celle des Espagnols, il fut défait. Il entreprit sans plus de bonheur de délivrer Calais.

Le comte de Saint-Paul, opposé à son neveu le duc de Longueville, s'attacha à la reine-régente en 1615. Il servit le roi dans ses guerres contre les protestants, et mourut en 1631.

Femme : ANNE DE CAUMONT, marquise de Fronsac, morte en 1642 ; il eut d'elle : Léonor (qui suit).

LÉONOR D'ORLÉANS, DUC DE FRONSAC.

SERVICES.

Guerre contre les réformés............	1621	Siége de Montpellier. (Il y fut tué.)......	1622

Léonor d'Orléans, né en 1605, servit fort jeune dans l'armée royale contre les protestants : il fut tué dans l'attaque du 2 septembre au siège de Montpellier. « Le duc de Fronsac, dit Sismondi, était un jeune prince de grande « espérance, et qui promettait d'être un bon capitaine. »

XXIV.

Henri d'Orléans Ier

DUC DE LONGUEVILLE.

SERVICES.

Bataille et délivrance de Senlis....	1589	Assaut de Paris.................	1590
Prise d'assaut des faubourgs de Paris.	1589	Prise de Chartres................	1591
Blocus de Paris.................	1590	Prise de Noyon..................	1591
Prise de Saint-Denis.............	1590	Siége de Rouen.................	1592
Combat près de Laon............	1590	Prise de Laon...................	1594

Ce prince rendit d'importants services à Henri IV. Il sauva, en 1589, Senlis assiégée par les Ligueurs. « Quoique l'armée de la Ligue fût quatre fois plus nombreuse que la sienne, dit l'historien de Thou, le jeune Longueville vint l'attaquer, à midi, avec tant d'audace et d'habileté qu'il la mit en complète déroute. » Il amena la même année un puissant secours au siége de Dieppe. Il servit aussi avec une égale valeur aux siéges de Rouen et de Laon. Sa carrière, pleine de beaux faits militaires, fut courte : il mourut en 1595, âgé de vingt-sept ans.

Femme : CATHERINE DE GONZAGUE-CLÈVES, fille du duc de Nevers, morte en 1629, dont il eut : 1. HENRI II (qui suit).

XXV.

Henri d'Orléans II

DUC DE LONGUEVILLE.

SERVICES.

Prise de Péronne	1616	Prise de Neustadt	1639
Combat contre les troupes royales en Normandie	1620	Prise de Bingen	1639
		Prise de Creuznach	1639
Prise de Saint-Amour	1637	Prise d'Oppenheim	1639
Prise de Lons-le-Saulnier	1637	Campagne du Rhin	1640
Campagne en Franche-Comté contre l'Autriche	1637	Campagne de Piémont	1642
		Prise de Crescentino	1642
Siége de Blotterans	1637	Prise de Nice	1642
Combat près Poligny	1638	Prise de Tortone	1642
Prise du château de Bène	1639	Prise de Verue	1642
Prise de Lauffenbourg	1639		

Henri d'Orléans, né en 1595, prit possession, à sa majorité, du gouvernement de Picardie, que le comte de Saint-Paul, son oncle, avait tenu en dépôt pour lui. Mais titulaire de ce gouvernement, il voyait Amiens et les meilleures places au pouvoir du maréchal d'Ancre, ce qui l'indisposa fort contre la régente Marie de Médicis. Il s'empara alors de Péronne et de quelques places, et finit par faire sa paix. Il obtint le gouvernement de la Normandie. La guerre civile se ralluma quatre ans après; ce fut entre Louis XIII et sa mère; le duc de Longueville prit les armes contre le roi, et fut promptement réduit à l'obéissance par une rencontre avec l'armée royale.

Quand la France entama sa grande lutte contre l'Autriche et ses alliés, le duc de Longueville eut, en 1637, le commandement de l'armée de Bourgogne; il attaqua d'abord la Franche-Comté. Dans sa campagne de 1639, il s'empara d'un grand nombre de places fortes. A la mort du grand capitaine Bernard de Saxe-Weimar, le duc de Longueville prit le commandement de son armée; il fut chargé de porter la guerre au delà du Rhin. Il passa le fleuve, marcha sur la Hesse, raffermit ses alliés; mais il tomba grièvement malade, et ne put suivre ces grandes opérations. Richelieu prisait beaucoup les talents du duc de Longueville; il l'envoya bientôt commander en Piémont. Là encore, il fit de nombreux siéges et fit capituler toutes les places qu'il attaqua. Sa valeur personnelle égalait son habileté comme général, et son mérite le fit choisir pour un des négociateurs du traité de Westphalie. Dans les troubles de la Fronde, poussé par le coadjuteur de Retz, qui lui promettait l'indépendance de son duché, le duc de Longueville souleva la Normandie; mais il fut arrêté en 1650 et n'obtint sa liberté qu'en 1651. Il se réconcilia alors avec la cour, et malgré les efforts de sa femme, la célèbre duchesse, sœur des Condé, pour le rattacher au parti des princes, il resta fidèle à la reine et la servit très-utilement. Henri d'Orléans mourut en 1663.

Femmes : 1. Louise de Bourbon, fille du comte de Soissons, morte en 1637; — 2. Anne-Geneviève de Bourbon, sœur du grand Condé, morte en 1679 (¹). Il eut de la première : 1 et 2. deux fils morts en bas âge; — 3. Marie, née en 1625, qui épousa Henri de Savoie, duc de Nemours, et mourut sans postérité, en 1707. De la seconde : 1. Jean-Louis, duc de Longueville, né en 1646, qui prit l'habit de jésuite en 1669, et mourut en 1694; — 2. Charles-Paris (qui suit); — 3. Charlotte, morte enfant; — 4. Marie, morte en bas âge.

Fille naturelle : Catherine d'Orléans, *qui fut légitimée en 1614 et devint abbesse de Maubuisson.*

(1) Anne de Bourbon, duchesse de Longueville, l'héroïne factieuse de la Fronde, tenta de soulever la Normandie : après l'arrestation des princes, elle partit à cheval pendant la nuit, et arriva le matin à Rouen. Poursuivie de place en place, elle se jeta dans le Havre, en fut repoussée encore et s'enferma dans le château de Dieppe, décidée à se défendre jusqu'à la dernière extrémité; mais le peuple se souleva contre elle, et le gouverneur refusa de lutter. Elle sortit alors par une porte dérobée de la forteresse, et s'avança pour gagner un bateau; la mer était fort orageuse : portée par un matelot, la duchesse fut renversée par les vagues et manqua périr. Après s'être cachée quinze jours aux environs, elle réussit à gagner la Hollande. A son retour, la noble aventurière fit la plus célèbre de ses conquêtes; sa beauté fut une des forces de la Fronde : elle enleva Turenne au parti du roi. Elle entraîna successivement tous les princes; elle se jeta dans Bordeaux, et y entretint jusqu'au bout l'agitation. Après la paix, la duchesse de Longueville se donna à la dévotion et au jansénisme avec l'ardeur d'une âme toujours avide d'émotions.

XXVI.

Charles-Paris d'Orléans

DUC DE LONGUEVILLE.

SERVICES.

Campagne de Flandre............	1667	Campagne de la Franche-Comté..	1668
Prise de Tournay...............	1667	Expédition de Candie...........	1669
Prise de Douai.................	1667	Campagne de Hollande..........	1672
Prise de Lille..................	1667	Passage du Rhin. (*Il y fut tué.*)..	1672

Ce prince, né en 1649, à Paris, au milieu des troubles de la Fronde, fut tenu sur les fonts de baptême par le prévôt des marchands et reçut le nom de Charles-Paris. Il débuta dans la campagne de Flandre, aux siéges de Tournay, Douai, etc., la conquête de la Franche-Comté. En 1669, il suivit le duc de Beaufort à Candie, assiégée par les Turcs. Dans cette périlleuse expédition où plusieurs princes cherchèrent la gloire, le duc de Longueville montra une ardeur extrême et courut au-devant de tous les périls. Sa valeur tenait de la furie, l'odeur du combat l'enivrait. A peine de retour en France, il servit dans la guerre de Hollande ; il y fut victime de sa fougue ordinaire, dès le début de la campagne ; *il se fit tuer* au passage du Rhin, au moment où il allait être élu roi de Pologne.

Charles-Paris, « le prince le mieux fait, le plus aimable et le plus magnifique de son temps, » suivant l'abbé de Choisy, n'avait point été marié.

Fils naturel : Charles-Louis d'Orléans, *légitimé en* 1672, *surnommé le chevalier* de Longueville, *fut tué au siége de Philipsbourg, en* 1688.

SECONDE BRANCHE D'ANJOU SICILE.

Cette branche, issue de Louis de France, duc d'Anjou, frère de Charles V, prétendit au trône de Sicile, mais ne put arriver à s'y affermir. Cette maison, à qui la fortune avait offert toutes les perspectives de grandeur, succomba à la fin sous les plus cruelles catastrophes. Elle s'est éteinte à la mort du roi René, en 1480.

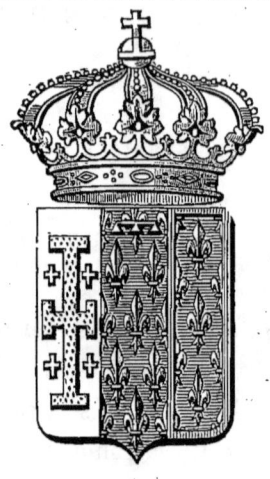

XVII.

Louis de France

DUC D'ANJOU, ROI DE SICILE.

SERVICES.

Bataille de Poitiers..............	1356	Prise de Sault.................	1374
Campagne en Languedoc et en Guyenne...................	1370	Prise de Réole.................	1374
		Prise de Langon................	1374
Prise de Moissac...............	1370	Prise de Saint-Macaire..........	1374
Prise d'Agen...................	1370	Prise de Condons...............	1374
Prise de Tonneins..............	1370	Prise de quarante villes et châteaux.	1374
Prise de 50 villes et châteaux....	1370	Prise de Bergerac..............	1377
Prise de Montpezat.............	1371	Prise de Duras.................	1377
Campagne en Bretagne..........	1373	Prise de Montpellier............	1377
Siége de Brest.................	1373	Expédition de Naples...........	1382
Siége de Derval................	1373	Prise d'Accerre................	1383
Campagne de Guyenne	1374	Prise de Maddalloni............	1383
Prise de Lourdes...............	1374	Combat sur l'Ofanto............	1383
Prise de Castelnau.............	1374	Combat près de Barlette. (*Blessé.*).	1384

ARMES : Tiercé en pal. Au 1 d'argent à la croix potencée d'or, cantonnée de quatre croisettes de même, qui est Jérusalem. Au 2 semé de France, au lambel de gueules à 3 pendants, qui est Anjou ancien. Au 3 semé de France à la bordure de gueules, qui est Anjou moderne.

Jeanne, reine de Naples, était morte immolée par Charles de Durazzo (1382). Mais elle s'était légué un vengeur : elle avait adopté

Louis, duc d'Anjou, fils de Jean II, roi de France. Ce prince, né en 1339, était d'un caractère à briguer cet héritage aventureux. Il avait de l'ambition et du courage. Fort jeune, il s'était trouvé à la bataille de Poitiers. Le duc d'Anjou, livré aux Anglais comme l'un des otages du traité de Bretigny, en conçut pour eux une haine ardente. Il eut, après sa délivrance, le gouvernement du Languedoc. Quand le prudent Charles V se sentit en mesure de reprendre aux Anglais les provinces perdues par son père, il fit attaquer la Guyenne par ses frères, les ducs d'Anjou et de Berri; le premier y pénétra par le Languedoc, le second par le Poitou. Ce fut une guerre de châteaux faite selon les vues de Charles V, qui avait devant les yeux les brillants désastres des règnes précédents, et ne voulait rien laisser aux aventures. Le duc d'Anjou conquit d'importantes places sur les Anglais, et prépara, par sa campagne, les grands succès de Du Guesclin. « Le roi l'estimait, dit Froissard, à cause de sa prud'homie, hardiesse et bonne chevalerie... n'estoit prince au monde qui plus haultement salariast ung bon serviteur, ne plus large ne plus abandonné aux gendarmes. »

Une lutte nouvelle éclata bientôt en Bretagne (1373). Louis d'Anjou, nommé gouverneur de ce duché après sa confiscation par Charles V, y combattit à côté du héros breton; ils y firent ensemble les siéges de Brest et de Derval. Le duc d'Anjou, qui servit pendant les guerres de Charles V, retourna dans le midi et soumit tout le cours de la Dordogne et de la Garonne. Envoyé pour châtier le roi de Navarre, Charles-le-Mauvais, qui s'était donné aux Anglais, le duc d'Anjou lui prit Montpellier; il assiégea encore Bergerac et fit mettre bas les armes à une nombreuse garnison. Ce prince était donc précédé d'une haute renommée, lorsqu'en 1382 il entra en Italie, à la tête d'une brillante chevalerie, d'une armée de 60,000 hommes et d'une multitude de chariots chargés d'or, disent les historiens. Chef du gouvernement après la mort de Charles V, le duc d'Anjou avait écrasé la France pour faire les frais de son expédition; il avait épuisé un royaume pour en conquérir un autre; il avait multiplié les impôts. Il avait rançonné les provinces du midi et les avait fort irritées; il avait mis la main sur le trésor de Melun et les riches épargnes laissées par Charles V.

En passant par Avignon, Louis d'Anjou se fit couronner par le pape.

Il franchit les Alpes à grand bruit, et sa marche fut un triomphe à travers l'Italie; toutes les villes l'accueillirent et lui firent fête. Mais pour faire triompher ses droits, il fallait détruire son rival; pour régner, il fallait une victoire, et Charles de Durazzo la lui refusa. Ce prince, déjà maître du trône disputé, était du premier sang d'Anjou (¹), et descendait du frère de saint Louis.

Le Français, en touchant la frontière napolitaine, envoie défier son rival et le somme de lui assigner le jour et le lieu de la bataille. Mais Charles de Durazzo resta sourd à l'appel; sa tactique fut d'éviter son ennemi, il le harcela, l'épuisa par des marches et des attaques nocturnes, enlevant ses équipages, ses munitions et affamant le pays autour de lui. Le duc d'Anjou brûlait de combattre; une victoire pouvait seule arrêter sa ruine. Il s'empara des Abruzzes, du comté de Molise, campa à Caserte, menaça Nole et Capoue, et força les places d'Accerre et de Maddaloni à faire leur soumission. Mais son rival, sans s'émouvoir de ses défis ni de ses progrès, restait enfermé dans Naples, ou n'en sortait que pour nuire à son adversaire, sans l'affronter. Il y eut toutefois quelques engagements inévitables. Le duc d'Anjou battit des corps détachés; un de ses camps ayant été surpris par Durazzo, sur les bords de l'Ofanto, le duc se fraya passage l'épée à la main à travers l'ennemi. Durazzo reprit bientôt sa tactique défensive, et laissa la disette, les maladies, l'indiscipline triompher de son adversaire. Le duc d'Anjou, aux abois, réduit à vendre sa vaisselle, ses équipages, ses vêtements et jusqu'à sa couronne (²), fit une tentative dernière. Il s'approcha de Barlette où Charles s'était enfermé, et ravagea le pays avec fureur pour le forcer à sortir dans la plaine. Durazzo sort en effet et semble se mettre en bataille, mais à peine son ennemi, transporté de joie, fait-il un mouvement pour l'attaquer, que le Napolitain se dérobe et rentre dans ses murs. Le malheureux Louis, épuisé de munitions, n'ayant plus de machines de guerre, ne put assiéger la place; il se jeta de désespoir, à peu de temps de là, sur un corps ennemi fortement retranché; il fut *blessé* dans le combat où peut-être il cherchait la mort. L'état violent de son

---

(1) Voir plus loin la première branche d'Anjou.
(2) Il ne conserva, selon le chroniqueur, que sa cotte d'armes en toile peinte, semée de fleurs de lis.

âme enflamma sa blessure ; il fut pris d'une fièvre ardente et mourut dans un château près de Bari, en septembre 1384. Une autre tradition rapporte qu'il succomba aux blessures qu'il reçut dans un combat singulier contre Albéric, comte de Barbian.

Cette armée de 60,000 hommes, avec ses riches équipages, avec ses chariots chargés d'or, cette grande expédition dont l'appareil avait frappé l'Italie, s'évanouit en un moment ; à peine quelques chevaliers regagnèrent les Alpes, en demandant l'aumône par les chemins.

Cette entreprise fatale prit à la France la fleur de sa chevalerie ; elle épuisa le peuple et le gouvernement ; elle pesa beaucoup, dans l'avenir, sur le malheureux règne de Charles VI. Louis d'Anjou légua à sa maison un lourd et dangereux héritage : ce droit à une royauté dont il n'avait eu que le titre.

Femme : MARIE DE CHATILLON, fille de Charles de Blois, duc de Bretagne, morte en 1404 ; il eut d'elle : 1. LOUIS II (qui suit) ; — 2. CHARLES (1) ; — 3. MARIE, morte jeune.

---

(1) CHARLES D'ANJOU, COMTE DU MAINE, PRINCE DE TARENTE.

SERVICES.

Guerre en Provence...............	1395	Expédition de Naples.	1400
Combat contre les Tuchins près de Tarascon.	1395	Défense du Château-Neuf...	1400

Charles d'Anjou, fils cadet de Louis Ier, reçut le titre de prince de Tarente. Il fut chargé, pour sa première campagne, d'aller combattre en Provence les bandes de pillards, appelés *Tuchins*. Il rencontra au bord du Rhône Raymond de Beaufort, le chef de ces bandits ; il le défit et le poursuivit jusqu'à Tarascon, et il le força à se précipiter dans le Rhône. Ce jeune prince passa en Italie, en 1400, pour relever le parti de son frère, et revint à Angers où il mourut en 1404 sans avoir été marié.

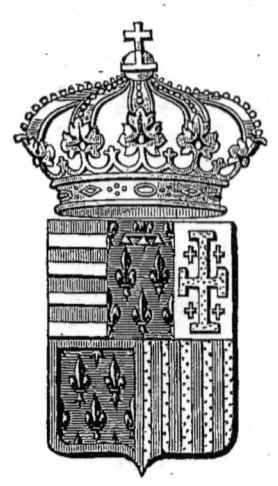

XVIII.

Louis II d'Anjou

DUC D'ANJOU, ROI DE SICILE.

SERVICES.

Expédition d'Italie.	1390	Siége de Rome.	1409
Prise de Saint-Elmo.	1390	Troisième expédition d'Italie.	1410
Prise de Pozzuolo.	1390	Bataille de Rocca-Secca.	1411
Prise de Château-Neuf.	1391	Campagne contre le duc d'Alençon.	1412
Deuxième expédition d'Italie.	1409	Siége de Bellesme.	1412

Armes : Tiercé en pal et contre-pal mi-parti, au 1 fascé d'argent et de gueules de huit pièces, qui est Hongrie. Au 2 semé de France au lambel de gueules à trois pendants, qui est Anjou-Sicile. Au 3 de Jérusalem soutenu au 1 de la pointe, semé de France à la bordure de gueules, qui est Anjou. Parti d'or à quatre pals de gueules, qui est Aragon.

Louis II, fils de Louis Ier, né en 1377, reconnu roi de Sicile par la cour de France, couronné par le pape, s'embarqua, en 1389, pour aller recommencer l'aventure dans laquelle son père avait succombé, et que devaient tenter tour à tour ses successeurs. Il fit son entrée dans Naples et prit des châteaux et des villes qui tenaient pour son compétiteur : c'était Ladislas, roi de Hongrie. Louis resta plusieurs années assez paisible possesseur de sa couronne. Mais, en 1399, une trahison l'attira à Tarente ; Ladislas mit à profit son absence, et, quand Louis revint, sa capitale avait changé de maître, il fut forcé de revenir en France.

Le duc d'Anjou avait éprouvé l'humeur inconstante des Napolitains, qui ne pouvaient longtemps souffrir le même maître; son compétiteur l'éprouva à son tour ; et Louis, bientôt regretté, fut rappelé; le pape le nomma capitaine de l'Église, sénateur romain, et excommunia son rival. Il partit, en 1409, pour cette seconde expédition ; l'entreprise alla bien d'abord : il gagna sur Ladislas la bataille de Rocca-Secca, que le chroniqueur d'Anjou raconte ainsi : « Ladislas, disait-on, avoit en son ost bien treize mille hommes de cheval, six mille de pied et huit mille rustiques... Loys avoit en tout de quatre à cinq mille hommes de cheval et deux mille arbalestriers et deux mille hommes de pied. » Le pape lui avait envoyé un cardinal pour le seconder avec une compagnie de gendarmes. « Les batailles du roi Loys approchèrent leurs ennemys, de sorte qu'ils les rencontrèrent et choquèrent si rudement les ungs des autres, que longtemps fut la victoire doubteuse et incertaine. Toutefois enfin fust Ladislas desconfit et mis en fuyte et la plupart de ses gens occis. » S'il eût su profiter de sa victoire pour anéantir son rival, Louis d'Anjou eût probablement assuré sur sa tête cette couronne toujours branlante. Mais il n'en fut pas ainsi, et l'année suivante Louis revint en France; il n'y trempa point dans ces guerres d'ambition et d'avarice que se firent sous Charles VI les princes du sang; il alla combattre, au nom du roi, le comte d'Alençon et lui prit plusieurs villes, combattant, non plus pour sa couronne, mais pour celle du roi de France, non plus en roi de Sicile, mais en duc d'Anjou.

En 1414, Ladislas, mort, laissa la place libre. Louis songea à repasser en Italie. Il envoya en avant quelques troupes, tandis qu'il était à combattre les Anglais qui menaçaient le Maine et l'Anjou; il mourut sur ces entrefaites, en 1417.

Femme : IOLANDE, fille de Jean Ier, roi d'Aragon, morte en 1442, dont il eut : 1. LOUIS III (qui suit) ; — 2. RENÉ (qui suivra) ; — 3. CHARLES D'ANJOU, *tige des comtes du Maine* (Voy. 220); — 4. MARIE, née en 1404, femme de Charles VII, roi de France, morte en 1463 ; — 5. IOLANDE, née en 1412, mariée à François Ier, duc de Bretagne, morte en 1440.

XIX.

Louis III d'Anjou

DUC D'ANJOU, ROI DE SICILE.

SERVICES.

Expédition de Naples............	1420		Combat du mont Piloi..........	1429
Prise de Castellamare...........	1420		Duel contre un chevalier anglais..	1429
Siége de Naples................	1420		Prise de Chappes...............	1430
Combat contre une flotte aragonaise................	1421		Expédition de Dauphiné.........	1430
			Bataille d'Anthon..............	1430
Expédition de Calabre..........	1428		Expédition d'Italie..............	1431
Prise de plusieurs places.......	1428		Siége de Tarente...............	1434
Campagne de France............	1429			

EMBLÈME ET DEVISE : *Un bras sortant d'un nuage, tenant une balance* : Æqua durant semper.

Louis III, né en 1403, succéda moins à la couronne contestée de ses pères qu'à leurs éternelles prétentions. En 1420, il se résolut à faire à son tour sa tentative, et partit pour l'Italie, sur les instances du pape Martin V. Il arriva devant Naples avec treize bâtiments génois. Mais la reine Jeanne II, sœur de Ladislas, l'avait supplanté. Il fallut entreprendre le siège de Naples et faire tête à une flotte envoyée par Alphonse, roi d'Aragon. Louis et ses alliés soutinrent un rude combat; force fut au duc d'Anjou de se retirer à Rome, sans argent, sans crédit, et d'y attendre des temps meilleurs en vivant des bienfaits du pape. Enfin Jeanne adopta le prétendant français comme l'autre Jeanne avait adopté son grand-père. Elle l'envoya dans la Calabre qu'il réduisit presque tout entière; la bataille d'Aquila fut gagnée par son connétable, François Sforza, mais l'histoire ne dit pas avec certitude si Louis d'Anjou y prit part.

Les désastreuses nouvelles de France, l'extrémité où se trouvait réduit Charles VII, son beau-frère, la prise imminente d'Orléans par les Anglais, rappelèrent de Naples le duc d'Anjou; il rejoignit l'armée du roi au moment de son entrée dans Reims Il y servit pendant tout le reste de la campagne : les chroniqueurs rapportent, au nombre de ses prouesses, un duel qui s'engagea entre ce prince et un chevalier Anglais au mont Piloi.

« On y voyoit, dit le chroniqueur, ung grant et puissant Angloys nommé

Lancelot, lequel estoit renommé estre la plus rude rencontre qui se trouvast en tout l'ost. Il sailly hors de son camp, sa lance sur la cuisse, pour chercher jouxte, et les Angloys le regardoient comme ung spectacle, attendant de lui voir faire quelque beau coup. »

« Le roy de Secile le voyant, désira moult d'esprouver ce qu'il savoit faire, et s'adressa à luy... Si coururent sus, qu'il sembloist que la terre deust se fendre soubs eulx, et se attaquèrent si alertes, que l'Angloys rompist sa lance, et le roy de Secile le frappa si furieusement qu'il luy passa la sienne au travers du corps et l'abbattit mort, dont les Angloys furent bien esbahys, et les François fort joyeulx, et moult prisérent le roy de Secile qui si puissant chevalier avoit occis, et le roy Charles mesme lui en donna grand loënge (1). »

Louis d'Anjou, après cette affaire, suivit probablement l'armée de Charles VII, sous les murs de Paris; mais aucun témoignage formel ne l'atteste, et nous ne pouvons le mentionner ici. Le nom du roi René se retrouve, la même année, à la prise de Chappes, assiégée par son frère René, duc de Bar, et par le sire de Barbazan. Ce siége dura trois mois; René alla chercher des renforts et ramena avec lui son frère le roi de Sicile (2).

L'année suivante, Louis d'Anjou se trouva encore avec René et son jeune frère, le comte du Maine, dans une campagne en Dauphiné contre Louis de Chalon, le prince d'Orange, partisan du duc de Bourgogne; ils le rencontrèrent et le défirent sur les bords du Rhône, à Anthon (3).

Le duc d'Anjou repassa la mer, quelque temps après, et alla mourir dans son royaume de Naples, d'une fièvre qu'il avait gagnée en assiégeant Tarente en 1434.

Femme : MARGUERITE DE SAVOIE, fille d'Amédée VIII, premier duc de Savoie, morte en 1469 après s'être remariée deux fois.

(1) Bourdigné, *Chroniques d'Anjou.*
(2) Voir l'*Histoire de René d'Anjou*, par le vicomte de Villeneuve-Bargemont, tome 1er, page 107.
(3) *Id. id.*, pages 108 à 110.

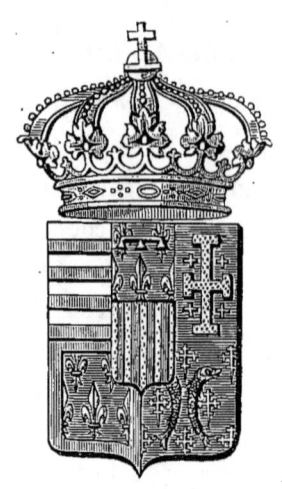

XIX

René d'Anjou
DUC D'ANJOU, ROI DE SICILE

SERVICES.

Expédition contre les Compagnies..	1424
Défense de Toul.......	1424
Prise de Ligny.............	1424
Siége de Commercy.............	1424
Prise de Beaumont-en-Argonne..	1425
Prise de la forteresse de Passavant.	1425
Prise du château de Rinancourt...	1425
Prise de Laferté..............	1425
Prise du château de Neufville	1425
Prise de Veselize..............	1427
Siége de Vaudemont.............	1427
Siége de Metz.....	1429
Campagne contre les Anglais.....	1429
Combat du mont Piloi...........	1429
Prise de Pont-sur-Seine.........	1429
Siége du château d'Anglure.......	1429
Prise de Chantilly.............	1429
Prise de Pont-Saint-Maxence.....	1429
Prise de Choisy..............	1429
Combat de la Coisette............	1429
Prise de Chappes.............	1429
Expédition de Dauphiné.........	1430
Bataille d'Anthon..............	1430
Campagne de Lorraine..........	1431
Siége de Vaudemont.............	1431
Prise de Chatel-sur-Moselle......	1431
Bataille de Bullegnéville. (*Il y reçut trois blessures et fut fait prisonnier.*).................	1431
Expédition de Naples......	1438
Prise de plusieurs forteresses des Abruzzes..................	1438
Prise d'Aquilo...............	1438
Combat de Nole	1438
Prise du Château-Neuf......... .	1438
Deuxième camp. dans les Abruzzes..	1439
Prise de plusieurs châteaux	1439
Combat d'Arpaïa...............	1439
Prise du château de l'OEuf.......	1439
Combat de Tufara..............	1440
Défense de Naples	1442
Prise de Metz	1444
Campagne de Normandie.........	1449
Siége de Rouen	1449
Siége de Caen................	1450
Siége de Falaise.................	1450
Guerre en Lombardie	1453
Prise d'assaut de Fontercio.	1453

ARMES : Tiercé en chef. Au 1 de Hongrie. Au 2 d'Anjou-Sicile. Au 3 de Jérusalem. Au 4 soutenu de la pointe d'Anjou moderne. Au 5 d'azur à deux barbeaux adossés d'or, l'écu semé de croix recroisettées au pied fiché de même, qui est Bar, et sur le tout d'Aragon.

EMBLÈME ET DEVISE : *Un oranger : Vert meurt.*

René d'Anjou, duc d'Anjou, comte de Provence, roi de Naples et de Sicile, etc., né en 1408, était frère du précédent.

Le droit de sa maison au trône de Sicile passa sur sa tête ; mais la fortune se joua de lui bien étrangement ; il devint le titulaire malheureux de toutes les successions en litige, un possesseur de couronnes en espérances ; sa destinée fut de régner dans les testaments. Déjà héritier des trônes de Naples, de Sicile et de Jérusalem, René fut encore institué héritier du duché de Bar, par le cardinal duc de Bar, son grand-oncle maternel. Puis il revendiqua ses droits sur la Lorraine, du chef d'Isabelle de Lorraine, sa femme. Et ce ne fut pas tout : la couronne d'Aragon fut pour lui une tentation nouvelle ; il y prétendit du droit de sa mère Yolande d'Aragon.

Il fit sa première campagne, presque enfant, avec le cardinal de Bar et l'évêque de Metz, prélats belliqueux qui marchaient en personne contre ces bandes de pillards, écume des armées, qui couvraient les provinces. René, nourri dans les traditions de la chevalerie, prit grand goût aux prouesses militaires à la suite de ces généraux mitrés. Ils eurent plus d'une rencontre avec l'ennemi, et prirent d'assaut quelques donjons où ces brigands trouvaient asile.

René épousa, en 1420, Isabelle, fille de Charles, duc de Lorraine, et seconda son beau-père dans une campagne qu'il fit pour défendre la ville de Toul contre Metz, en 1421. Il prêta pareille assistance à son grand-oncle, le cardinal, contre son vassal, Jean de Luxembourg, qui lui refusait l'hommage ; ils emportèrent d'assaut Ligny, sa capitale. Un autre vassal, le sire ou damoisel de Commercy déclina sa suzeraineté ; René marcha contre lui, assiégea sa ville, et l'obligea de s'avouer son homme et son vassal.

Beaucoup de conflits de ce genre obligèrent René d'Anjou à des chevauchées sans nombre ; il donna avec grand succès une multitude d'assauts. Après avoir tant guerroyé pour ses propres affaires, il combattit pour la France ; il fit sa jonction avec Charles VII la veille de son entrée dans Reims : l'armée rencontra Bedfort au mont Piloi, entre Senlis et Beauvais ; René commandait le centre ; on se défia de part et d'autre, mais ce ne fut qu'une joûte de chevaliers.

Le jeune duc et le sire de Barbazan, vieux compagnon de son père, de grand renom parmi les preux, réunirent leurs bannières et allèrent donner l'assaut à maintes forteresses, tandis que le conseil délibérait.

Ils coururent en Champagne, à la nouvelle qu'un corps de huit mille Anglais se portait sur Châlons; ils l'attendirent avec quatre mille hommes au village de la Croisette : « Ils allèrent courir sus, et tellement comportèrent que les Angloys furent déconfits, et que guère n'en échappa ; d'iceux furent prisonniers de cinq à six cents. » De là, les deux frères d'armes allèrent attaquer la forteresse de Chappes. Ce fut un poste vivement disputé ; toute la noblesse de Bourgogne accourut pour le défendre ; le siége dura trois mois « et fust l'issue de la besoigne que les Bourguignons furent déboutés et la place rendue au duc Rhéné. » A quelque temps de là, selon certaines chroniques, il combattit le prince d'Orange en Dauphiné, et prit part à la bataille d'Anthon, où le duc d'Orange, poursuivi l'épée dans les reins par les Français, se jeta dans le Rhône sur son cheval, et reparut sur l'autre rive la lance à la main.

La mort des ducs de Bar et de Lorraine, survenue presque en même temps, laissa deux couronnes ducales à René d'Anjou. Mais il se présenta un compétiteur pour lui disputer la Lorraine. Le comte Antoine de Vaudemont, neveu du dernier duc, prétendit à l'héritage, sur ce que « la loi salique avait été en vigueur de tous temps dans la Lorraine, et que le duché était un fief masculin. » Vaudemont trouva la maison de Bourgogne pour appui, et eut bientôt une nombreuse chevalerie et force aventuriers sous sa bannière. René avait pour lui la Lorraine et ses vassaux du Barrois; son brave compagnon Barbazan, « le chevalier sans reproches, » accourut avec quelques cavaliers du roi. Bientôt ils marchèrent sur Vaudemont et attaquèrent la place. Mais René voulait livrer bataille, il voulait courir sus à l'ennemi. Les représentations du vieux chevalier ne purent l'arrêter ; Barbazan voulait continuer le siége, traîner la guerre en longueur et prendre l'ennemi par la famine. Mais le duc René, tout nourri de chevalerie, plus amoureux d'honneur que de succès, n'entendit pas raison. Jusqu'alors, il avait toujours combattu heureusement; il avait à peine vingt-trois ans. « Ils partirent à grand bruit de chevaux et d'armes, et chevauchèrent tant qu'ils feurent audevant des Bourguignons. » René avait plus de monde que son adversaire, mais Antoine de Vaudemont était plus général que le preux René. Il combattit à la manière du Prince Noir à Poitiers; il fit mettre pied à terre à ses hommes d'armes, entoura son camp d'un fossé garni de pieux et de chariots, cacha ses archers derrière cet abri, posta son artillerie au centre et aux ailes, puis il attendit les chevaliers de Lorraine, et fit dire par un héraut « qu'il était prêt. » Barbazan conseilla au duc de différer l'attaque : « Tenez-les bloqués, dit-il, et temporisez, la faim vous en défera sans coups férir (¹). » « Mais René, dit le chroniqueur, estoit si très avide de combattre qu'il luy sembloit qu'il n'y seroit jamais à temps. » Il fondit sur le camp bourguignon, à la tête du centre de son armée; Barbazan conduisait l'aile droite. Ils enfoncèrent de leur premier choc les retranchements du camp; mais les ennemis se rangèrent d'eux-mêmes sans s'émouvoir; les pieux et les chariots s'enlevèrent, et l'artillerie, démasquée tout à coup, fit un feu terrible sur les Lorrains; assaillis bientôt par les fantassins, pris en flanc par les archers, tous les cavaliers se battirent en tumulte au milieu de l'épouvante, pressés, culbutés par leurs chevaux. Vainement le duc René se multiplia en prouesses, s'épuisa en coups de lance et d'épée; sa vaillance ne racheta pas sa témérité. En apprenant la mort de son vieux compagnon d'armes, il se rua de nouveau dans la mêlée, « ne supportant pas le déshonneur de la fuite ni le reproche de manquer de cœur, dit la chronique lorraine, il se défendit en désespéré, faisant debvoir de se battre comme ung soldat qui n'estime sa vie ung bouton. » Enfin, épuisé par *trois blessures*, il rendit son épée.

Ce malheureux prince, à partir de « cette aspre, forte et douloureuse bataille de Bullegnéville, » n'essuya plus qu'une longue suite de revers. Il resta plusieurs années *prisonnier* du duc de Bourgogne. Relâché sur parole par un adversaire qui connaissait sa loyauté, René retourna dans sa prison; il y resta près de six ans. Comme son parent, Charles d'Orléans, prisonnier des Anglais à la même époque, il s'adonna à de doux et agréables passe-temps; il vécut tranquillement sous les verrous, occupé de chroniques, de romans chevaleresques, rimant et blasonnant, collationnant heures et manuscrits, « pource que il estoit merveilleusement expert en l'art de la peinture. »

Il était ainsi relégué dans sa tour, quand le sort persécuta par une nouvelle couronne ce bon prince, qui en avait déjà trop pour son repos. Des ambassadeurs de Sicile vinrent dans sa prison le saluer roi. Louis III,

---

(1) Dans le conseil, plusieurs seigneurs, le Damoisel de Commercy et Jean d'Haussonville, accusèrent Barbazan de couardise. «Qui a paour se retire», répéta-t-on plusieurs fois devant lui.

son frère aîné, venait de mourir sans héritiers, lui laissant l'Anjou, la Provence, et ses droits éventuels au trône de Naples et de Sicile. Jeanne II, reine de Naples, avait institué en mourant René d'Anjou pour son héritier. Ces lourdes faveurs de la fortune ne firent que retarder la délivrance du captif. Le duc de Bourgogne, à mesure que le sort le faisait plus grand, surenchérissait avidement sa rançon. Il fallait se montrer pourtant à Naples. La femme du prisonnier, la courageuse Isabelle, le précéda; « cette vraye Amazonne, dit Estienne Pasquier, qui dans un corps de femme portait un cœur d'homme, et fit tant d'actes généreux pendant la prison du roi René. » C'était le siècle des héroïnes! Isabelle partit de Provence et aborda à Naples; elle y soutint la guerre, tandis que son mari, séquestré dans la tour de Bracon, débattait sa rançon avec son intraitable geôlier.

Les instances des princes, les murmures des chevaliers firent enfin fléchir le duc de Bourgogne, et il vendit la liberté à son captif, pour deux cent mille florins d'or et la cession de plusieurs villes. René courut en Provence et fit voile pour Naples avec vingt navires et de braves compagnons. Il y fit son entrée sur un destrier blanc, en habits royaux, sa couronne en tête et le sceptre d'or à la main. Mais ces couronnes que lui jetait la fortune n'étaient pas d'une conquête facile; c'était la destinée de ce bon roi de trouver partout sur sa route des compétiteurs vaillants comme lui, mais plus habiles. Alphonse, roi d'Aragon, qui fut surnommé le sage et le magnanime, prétendant au trône de Naples, y avait un parti puissant. Ces deux rivaux, circonstance singulière, s'étaient trouvés prisonniers en même temps, et s'étaient disputé un royaume du fond de leur prison. « Mis au large, dit Pasquier, ils commencèrent à jouer des cousteaux à qui mieux mieux. » René se porta vers les Abruzzes et serra de près l'ennemi; mais instruit par le passé, en garde contre sa bouillante valeur, il observa et attendit. Alphonse, retranché dans une vallée, avait pour tactique de lasser et d'épuiser son adversaire. René prit d'assaut plusieurs forteresses des Abruzzes; il prit Aquila, où son frère avait combattu dix ans avant. Apprenant qu'Alphonse menaçait Naples, René d'Anjou y courut, rencontra à Nole les drapeaux d'Aragon, et culbuta l'ennemi par un choc vigoureux; il investit et attaqua le Château-Neuf, qui se rendit au moment de l'assaut.

Il acheva la conquête des Abruzzes dans une seconde campagne, et força les places rebelles. Tandis qu'il achevait de soumettre cette province, la valeureuse reine Isabelle soutenait le plus rude siége dans Naples contre les forces du roi d'Aragon. Le frère de ce roi, l'infant don Pedro, y fut tué par un boulet qui lui brisa la tête. Revenant à marche forcée vers sa capitale, René donna dans une embuscade près d'Arpaïa; mais l'ennemi lui-même fut étourdi par la rapidité de son attaque; « il le rompit furieusement avec son épée, » dit un historien, le contraignit de se réfugier à Nole et s'empara du château de l'OEuf.

Mais, tandis que l'admirable chevalier payait si bien de sa personne, la politique ruinait sa cause, son adversaire gagnait ses amis, détachait de lui les plus puissants. Il avait à son service de grands trésors et une prodigieuse adresse; René laissait beaucoup à désirer sous ce double rapport. Un traître en qui il avait foi, le duc de Barri, lui persuada de sortir de Naples, d'aller s'assurer des provinces et y chercher des subsides. Il partit au cœur de l'hiver, traversa les montagnes au milieu des neiges et des torrents; sa bonté populaire, son aimable humeur, sa bravoure, lui attachaient les cœurs; il obtint des secours et revint en hâte vers Naples. Alphonse l'attendait sur la route au pont de Tufara. Entouré de capitaines déjà vendus à son rival, René les entraîna pourtant par l'impulsion de son attaque; il culbuta l'avant-garde, et fit tout plier. Le roi d'Aragon, malade, se faisait porter dans une litière; il était enveloppé et allait tomber aux mains de son rival, mais il avait sous les drapeaux d'Anjou des amis cachés qui le sauvèrent.

Jugeant sa cause trahie et perdue, René fit conduire en France sa femme et ses enfants et s'enferma dans Naples avec quelques débris de son armée. Il combattit encore; mais les Aragonais surprirent Naples une nuit, la trahison leur livra passage par un aqueduc, comme à Bélisaire. Armé à la hâte et des premiers, René disputa pied à pied sa chère capitale, ses rues, ses places, ses tours; ralliant, appelant à haute voix ses derniers amis, chargeant des bataillons avec quelques hommes. Il épouvanta et il émerveilla ses adversaires, disent les chroniques d'Italie et de France. Il était cerné de toutes parts que nul n'osait porter la main sur lui, tant il assénait de terribles coups. « Le roi René se fait alors jour, son épée à la main, et d'une hardiesse merveilleuse qui ne connoît nulle sorte de danger...

Tenant sa bonne espée au poing sur eulx si vigoureusement chargea, qu'il les departit et se fist voye par force, et tant en occist qu'on le suivoit à la trace. » Il s'enferma dans le Château-Neuf; mais sa cause était sans espérance, et il ne prolongea pas la lutte; il s'embarqua sur une galère génoise. On dit que ce roi artiste, immobile sur le pont de son navire, au milieu de la baie de Naples, contemplait tout en pleurs le beau ciel et les rivages qu'il abandonnait. « Il voulut, dit Mathieu Turpin, estre tousjours sur la poupe pour considérer Naples. Il ploroit abondamment, disant: Adieu, Naples! objet de tous mes contentements et désirs! adieu, cher objet de mes affections, adieu Naples! adieu tout! » René aborda à Rome, où le pape l'investit de nouveau de ce royaume perdu, et le pressa de rester en Italie. « Non, dit-il, je ne veux plus être le jouet de l'infidélité et de la perfidie des capitaines italiens. » Il toucha à Marseille, après quatre ans et demi d'absence; son premier soin fut de faire des largesses, de distribuer des domaines à tous ceux qui l'avaient servi fidèlement. Il gouverna ses petits états avec une douceur, une équité dont les peuples gardent encore le souvenir. Il n'avait pu conquérir son cher royaume, mais il aida Charles VII à reconquérir le sien. Bien qu'il eût marié sa fille Marguerite au roi d'Angleterre, René servit la France contre lui, et il fit, avec sa valeur accoutumée, les campagnes de Normandie. On l'y vit toujours *chevalereux* aux siéges des villes et des grandes forteresses.

Mais son royaume de Sicile occupait toujours sa pensée; il espérait encore dans un retour de la fortune. Son ancien allié, François Sforza, lui demanda secours contre les Vénitiens, et lui promit de l'aider après.

« Le bon et vertueux roi de Sicile passa encore une fois en Italie et en l'appétit du duc Sforze, de Milan, combattit et subjugua une armée de Vénitiens. » Mais il renonça à ses projets sur Naples, las encore une fois de la déloyauté des Italiens.

Une autre couronne, celle de Catalogne, qui lui fut offerte après, ne le tenta pas davantage; il la céda à son fils, le prince de Calabre, à qui il avait déjà donné la Lorraine, et il l'envoya soutenir ses droits. Mais bientôt la mort violente, dit-on, de ce fils, déjà brillant de renommée, les catastrophes de sa fille, l'infortunée Marguerite, reine d'Angleterre, la mort tragique de ses petits-fils, noyèrent d'amertume et de regrets la vieillesse de ce prince, et mirent le comble aux malheurs de sa maison, que le sort avait comblée de ses dons, pour lui préparer tant de revers.

René, toujours fidèle, assista Louis XI dans la guerre du Bien public; il était encore puissant, malgré ses pertes, et peut-être ne tenait-il qu'à lui de précipiter la chute de celui qui plus tard lui confisqua l'Anjou, son héritage : ces deux hommes étaient des types opposés !

Telle fut la destinée étrange de ce bon roi René qui guerroya tant malgré sa mansuétude : doux et vaillant prince, qui se fit tant chérir de ses Angevins et de ses Provençaux ; si plein de bonhomie, de justice et d'honneur ; si naïvement amoureux de gai savoir et de chevalerie ; poëte fécond, artiste habile, peignant force portraits et paysages, au milieu de cette vie d'aventures et de combats. Il mourut en 1480.

Femmes : 1. ISABELLE, duchesse de Lorraine, fille et héritière de Charles Ier, duc de Lorraine, morte en 1452. — 2. JEANNE DE LAVAL, fille de Gui XIII, comte de Laval, morte en 1498. *Il eut de la première :* 1. JEAN, duc de Calabre (qui suit) ; — 2. LOUIS (1) ; — 3. NICOLAS, duc de Bar, né en 1428, mort jeune ; — 4. et 5. CHARLES et RENÉ, morts en bas âge ; — 6. IOLANDE, duchesse de Lorraine et de Bar, sœur jumelle de Nicolas, mariée à Ferry II, comte de Vaudemont, morte en 1483 ; — 7. MARGUERITE, née en 1429, mariée à Henri VI, roi d'Angleterre (2). — 8. et 9. ISABELLE et ANNE, mortes jeunes.

Enfants naturels : 1. JEAN, *marquis de Pont-à-Mousson, fit preuve de valeur à la bataille de Nancy et à Aignadel, et en 1525, aida Antoine, duc de Lorraine, dans la guerre contre les protestants ;* — 2. BLANCHE, *mariée à Jean de Beauvau, seigneur de Précigny ;* — 3. MADELEINE, *épousa Louis, seigneur de Bellenave.*

---

(1) LOUIS D'ANJOU, MARQUIS DE PONT-A-MOUSSON.

SERVICES.

Défense de Bar............... 1442 | Prise de Commercy............. 1442

Nommé lieutenant général du duché de Lorraine en 1440, ce jeune prince y arriva au moment où une guerre civile désolait cette province (1442). Il défendit vigoureusement la ville de Bar contre son oncle Antoine de Vaudemont, et le força à en lever le siège. Aussi prudent que courageux, Louis refusa une bataille générale que lui offrait Antoine, et bientôt après s'empara de la forteresse de Commercy. Ce prince, né en 1430, mourut en 1443.

(2) Marguerite d'Anjou commanda plusieurs fois le parti de Lancastre dans la guerre des Deux-Roses : elle était à Wakefield, où fut tué le duc d'York ; elle gagna en personne la seconde bataille de Saint-Alban ; mais perdit celle de Towton, qui donna la couronne à Édouard d'York. Arrêtée dans une forêt par des bandits, elle leur imposa par son ascendant. Marguerite débarqua en Angleterre le jour où ses partisans perdaient la bataille de Burnet ; elle osa se mesurer contre Édouard à Tewksburry, et y fut faite *prisonnière* avec son fils, qu'Édouard frappa de son gantelet de fer au visage et fit massacrer. Elle mourut en 1482.

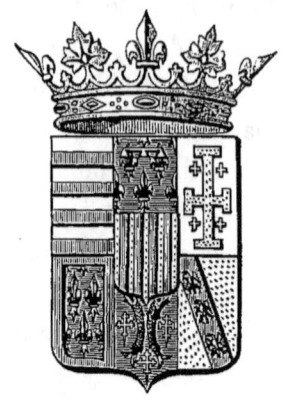

XX.

Jean d'Anjou

DUC DE CALABRE ET DE LORRAINE.

SERVICES.

Campagne en Normandie	1449	Combat dans Savone	1461
Prise de Rouen	1449	Bataille près de Gênes	1461
Prise d'Harfleur	1449	Guerre du Bien public	1465
Prise de Caen	1450	Blocus de Paris	1465
Prise de Falaise	1450	Expédition en Catalogne	1468
Prise de Cherbourg	1450	Bataille de Roses	1468
Campagne en Lombardie	1453	Bataille de Villa-Daman	1468
Défense de Gênes	1459	Prise de Girone	1470
Combat dans Gênes	1459	Délivrance de Péralta	1470
Expédition de Naples	1459	Prise de Berguza	1470
Combat de San Fabiano	1460	Prise de Tortose	1470
Bataille de Sarno	1460	Prise d'Ampurie	1470
Bataille près de Troja-en-Pouille	1461	Prise de Palamos	1470

Armes : Tiercé en pal. Au 1 de Hongrie. Au 2 d'Anjou-Sicile. Au 3 de Jérusalem. Au 4 et 1 de la pointe d'Anjou moderne. Au 5 de Bar. Au 6 de Lorraine, et sur le tout d'Aragon.

L'histoire a placé parmi les premiers capitaines du quinzième siècle le fils de René et d'Isabelle de Lorraine ; il était né en 1427 ; il fut élevé au giron de la chevalerie, bercé par ses vieilles chansons, au milieu de ces beaux tournois dont son père était idolâtre. Il y brilla fort jeune et s'y forma à des luttes plus sérieuses.

Quand la guerre des Anglais se réveilla, le duc de Calabre, comme tous les princes d'Anjou, courut en Normandie ; il arriva au siége de

Rouen avec un corps considérable, « rencontrèrent, dit le chroniqueur d'Anjou, le magnanime et valeureux prince monseigneur Jehan d'Anjou, avec grant nombre de guerriers... et quant le roy le vit si bien en point et si adextre il les estima grandement en son cœur, et moult remercia son nepveu de Calabre qui avec si riche secour le venoist veoir. » Cet ardent jeune homme voulut se montrer sous les yeux de tant de princes et de chevaliers fameux. Il était auprès de Dunois sous les remparts d'Harfleur, de Caen, et de Falaise.

Devenu duc de Lorraine, du chef de sa mère Isabelle, Jean d'Anjou monta plus d'une fois à cheval pour des querelles de vassaux et de voisins. Il passa en Lombardie où le roi René était allé secourir, contre les Vénitiens et le roi d'Aragon, François Sforza, son allié. Le duc de Calabre mena des renforts au delà des Alpes et prit part à quelques combats; il y resta à la tête des troupes après le départ du roi; mais ils eurent affaire à un allié déloyal et ne trouvèrent que dégoûts et mécomptes dans l'expédition.

Le duc de Calabre, pris à son tour de cette passion des siens pour l'Italie, eut l'œil tourné sans cesse de ce côté. Il se fit nommer gouverneur de Gênes par le roi de France que cette république s'était donné pour protecteur. Mais à peine eut-il débarqué qu'un soulèvement éclata; le doge, Pierre de Fregoze, qui l'avait appelé, l'abandonna traîtreusement. Le prince attaqua les révoltés dans une sanglante rencontre où fut tué Jean Fiesque, leur chef. Mais le doge rallia des secours et surprit Gênes. Jean d'Anjou venait d'embarquer une partie de ses soldats pour Naples. On le crut perdu, et l'on se pressait de fuir; « Mes ennemis, dit-il avec sang-froid, n'en sont pas où ils pensent », et à défaut de soldats il eut recours aux bourgeois, les réunit, les entraîna; il surprit l'ennemi par ses mesures rapides et le rompit du premier choc. Son coup d'œil et son heureuse bravoure achevèrent tout en un instant. Quelques historiens disent que Jean d'Anjou ayant reconnu le doge à ses armes, le poursuivit et l'atteignit comme il gravissait la brèche et l'étendit mort de deux coups de sa hache d'armes. D'autres attribuent cet acte à son amiral Jean de Cossa.

L'heureux adversaire du roi René, Alphonse d'Aragon, mourut alors, et Naples appela Jean d'Anjou, dont la renommée se répandait en Italie; Gênes venait de le proclamer son sauveur. Il partit et débarqua à Gaëte avec ses chevaliers provençaux. Ses succès furent rapides ; il attaqua Ferdinand, bâtard du roi Alphonse, battit ses capitaines à San Fabiano et en d'autres rencontres, et joignit son rival sur les bords du Sarno. Il avait si peu de troupes qu'il ne semblait pas possible qu'il pût affronter son adversaire ; mais il parla éloquemment à ses hommes d'armes et les pénétra de son ardeur et de sa confiance ; puis il prit ses dispositions en habile capitaine et remporta une victoire disputée longtemps avec acharnement. Ferdinand s'enfuit et parvint dans Naples avec une poignée de soldats. Jean d'Anjou eût emporté la ville, mais il se laissa endormir par des conseils perfides. Ferdinand, héritier des trésors laissés par Alphonse, continua sa politique. Il acheta un à un les principaux officiers de son rival, et ce ne fut pas tout : un adversaire plus terrible que Ferdinand tomba tout à coup sur les bras du prince de Calabre. Rome, qui l'abandonna et le desservit de toute son influence, fit marcher contre lui ce prince d'Albanie, Scanderbeg, le vainqueur des Turcs, dont le nom remplissait l'Orient. On l'appelait l'Alexandre chrétien. Il crut le bon droit du côté de Rome, et s'avança contre le prince français. Ce fut un sauve-qui-peut parmi les capitaines de ce dernier ; son armée s'évanouit avant le combat. Ses places capitulèrent, et Jean d'Anjou, presque détruit d'avance, cherchait une bataille pour sa gloire plus que pour son succès. Il alla au-devant de son puissant ennemi. Quelques chevaliers et une poignée de soldats lui restaient encore à opposer à une armée ; il l'attendit de pied ferme sous les murs de Troja. Il y soutint le combat pendant six heures, fit plier des bataillons, se fit jour à travers des masses épaisses. Ses chevaliers étaient tombés presque tous ; et sur le point d'être pris, il s'échappa avec audace à l'aide d'une corde qui lui fut lancée des remparts de Troja. Il en sortit déguisé, réussit à gagner la mer et se réfugia dans l'île d'Ischia qui tenait encore pour lui ; ses derniers amis voulaient combattre, il s'y refusa généreusement et regagna Gênes. Mais la mauvaise fortune y prit terre avec lui. Tout le pays se souleva bientôt : c'était le contre-coup des tristes événements de Naples. Jean d'Anjou, avec des renforts arrivés de France, lutta contre la faction ennemie, il chassa les révoltés de Savone ; mais le duc de Milan intervint et marcha contre lui. Étroitement serré dans Gênes, Jean voulut une bataille pour en finir ; il brava avec sa faible garnison toutes les forces alliées. Elle ne résista pas, elle eut peine à soutenir le premier choc et laissa sur la plaine trois mille hommes dont trois cents chevaliers, dénouement fatal des entreprises réitérées de cette maison d'Anjou qui n'avait que sa chevalerie, sa franche et honnête bravoure à opposer à la politique savante et perverse de ses compétiteurs (¹). Au moment du revers de Naples et de Gênes, d'autres malheurs l'accablaient encore : Marguerite d'Anjou, errante et poursuivie, perdait sa couronne d'Angleterre après plusieurs combats.

Le duc de Calabre et de Lorraine s'était fait en Italie le renom d'un capitaine malgré ses revers. Les princes ligués contre Louis XI l'entraînèrent dans la guerre du Bien public; il leur amena cinq cents Suisses. « Je ne vey jamais, dit Commines, si belle compagnie... à tous alarmes, Jean d'Anjou estoit le premier armé de toutes pièces, et son cheval toujours bardé et sembloist bien prince et chief de guerre et tiroit toujours droicts aux barrières de notre ost. Ce noble prince reconfortoit toute la compaignie esfrayée du bruit de la bataille de Montlhery. » Il paraît cependant qu'il n'y prit point de part.

Ce fut la fatalité constante de la maison d'Anjou d'être vouée à poursuivre partout des royautés contestées. Les Catalans s'étant séparés de l'Aragon, après un court essai de république, offrirent leur couronne à René qui l'accepta pour son fils. Le prince de Calabre et de Lorraine partit avec huit mille hommes tirés de l'Anjou et de la Provence (1468). C'était encore une conquête à entreprendre : il avait pour adversaire Jean, roi d'Aragon, et son fils Ferdinand, vice-roi de Catalogne. Il vainquit le père à Roses et marcha contre l'infant qu'il attaqua et mit en déroute à Villa-Daman. Louis XI s'était engagé à fournir des renforts, il éluda sa promesse, jaloux, a-t-on dit, de la renommée de son parent. Jean d'Anjou, réduit à ses ressources, n'en continua pas moins de vaincre : il défit de nouveau le roi d'Aragon ; les forteresses furent emportées. Cette campagne mit le comble à sa gloire ; car il y fit de grandes choses avec peu de moyens. Il touchait au succès de l'entreprise, il était à la veille d'é-

(1) Villaret rapporte (*Histoire générale de France*) que le roi René fut accusé, dans une *Vie de François Sforza*, « d'être resté sur une galère tranquille spectateur de la défaite des Français par les Milanais et les Génois. » Le caractère de ce prince, l'honneur chevaleresque qu'il poussait si loin, le défendent assez, dit l'historien de René, M. de Villeneuve Bargemont.

pouser Isabelle de Castille qui ajoutait un trône à celui qu'il venait de conquérir; mais la malheureuse destinée de sa maison l'emporta, il tomba malade tout à coup, et mourut à Barcelone, en décembre 1470.

Femme : MARIE, fille de Charles Ier, duc de Bourbon, morte en 1448; il eut d'elle : 1. RENÉ, mort jeune; — 2. JEAN II, duc de Calabre, mort peu de jours après son père; — 3. NICOLAS (qui suit); — 4. MARIE, morte en bas âge.

Fils naturel : JEAN, *bâtard de Calabre*, mort en 1504.

XXI.
Nicolas d'Anjou
DUC DE CALABRE ET DE LORRAINE.

SERVICES.

Guerre du Bien public	1465		Prise d'Ancenis	1468
Blocus de Paris	1465		Siége de Beauvais	1472
Prise de Chantocé	1468		Entreprise contre Metz	1473

Louis XI voulut marier sa fille Anne de France à ce petit-fils de René; après la guerre du Bien public, il s'attacha ce jeune homme ardent et ambitieux, et l'envoya contre le duc de Bretagne à qui il prit plusieurs villes avec énergie et habileté. Mais Charles-le-Téméraire voulut aussi l'avoir pour gendre et se l'attira à lui; il l'entraîna dans son invasion de Picardie. Nicolas se trouva au siége de Beauvais; mais il fut le jouet de l'ambitieux Bourguignon. On trouve encore qu'il tenta de s'emparer de Metz; irrité de quelques plaisanteries des habitants, il recueillit une dizaine de mille hommes, et tenta d'abord une surprise; quelques gentilshommes et soldats déguisés en marchands de poisson, avec leurs armes dans des tonneaux, s'introduisirent dans la ville; mais un boulanger referma les portes derrière eux et sonna l'alarme; les bourgeois les attaquèrent et les tuèrent presque tous. Le duc Nicolas, furieux de son échec, allait recommencer l'entreprise, quand il mourut à vingt-quatre ans, en 1473, sans postérité légitime.

Fille naturelle : MARGUERITE, *mariée à Jean de Chabannes, comte de Dammartin.*

XIX.

Charles d'Anjou

COMTE DU MAINE.

SERVICES.

Prise de Montereau	1437	Prise de Falaise	1450
Prise de Pontoise	1441	Campagne de Guyenne	1453
(Il y fut blessé.)		Prise de Cadillac	1453
Campagne de Normandie	1449	Prise de Fronsac	1453
Prise de Rouen	1449	Prise de Bordeaux	1453
Prise de Harfleur	1449	Guerre du Bien-public	1465
Prise de Caen	1450	Bataille de Montlhéry	1465

ARMES : Semé de France, au lion d'argent mis au franc quartier, à la bordure de gueules.

Ce frère du roi René, né en 1414, qui supplanta le sire de La Trémouille dans les bonnes grâces de Charles VII, se trouva dans toutes les affaires où ce prince combattit en personne ; il entra avec lui, par la brèche, dans Montereau, et fut *blessé* à l'assaut de Pontoise à côté du roi.

Il le suivit encore avec dévouement et honneur dans la rapide campagne de Normandie, où l'armée royale courut d'assauts en assauts. « Ils payèrent de leur personne, dit la chronique d'Anjou, sans paour, péril ou aventure de jamais abandonner l'armée. Le gentil roi René et son frère du Maine montrèrent bien la bonne affection qu'ils avoient de bien servir la couronne de France, sans y épargner corps et biens. » Dans la campagne de Guyenne, le comte du Maine fut encore l'inséparable compagnon du roi. Les Anglais, chassés par Dunois, avoient reparu l'année suivante à Bordeaux avec lord Talbot, le vieux héros des guerres de France. Le roi voulut y marcher en personne, et le comte du Maine se trouva près de lui à plusieurs siéges.

Il paraît que le comte du Maine, constant ami de Charles VII, ne se sentit pas le même penchant pour son fils. Il arma d'abord pour Louis XI dans la guerre du Bien public; mais lié par le sang ou l'amitié avec la plupart des princes ligués contre lui, travaillé par leurs émissaires, il combattit mollement, et tint une conduite équivoque; il mourut en 1472.

Femmes : 1. CAMBELLE RUFFO, duchesse de Sesse; — 2. ISABELLE DE LUXEMBOURG, fille de Pierre Ier, comte de Saint-Paul. *Il eut de la seconde* : 1. CHARLES IV, roi de Sicile (qui suit); — 2. LOUISE qui épousa Jacques d'Armagnac, duc de Nemours, décapité en 1477, et mourut peu avant.

Enfants naturels : LOUIS, *tige des seigneurs de Mézières*; — 2. JEAN, *mort sans postérité*; — 3. MARIE *au seigneur d'Auricher*.

XX

CHARLES IV D'ANJOU, ROI DE SICILE, COMTE DE PROVENCE, COMTE DU MAINE.

ARMES : Voir page 203.

Ce neveu du roi René, d'une santé débile, d'un caractère médiocre, est le seul prince de la maison d'Anjou dont le nom n'apparaisse pas dans les guerres de ce temps. Ce ne fut pas sans hésitation que le vieux roi, son oncle, le déclara son héritier; il aurait incliné, dit-on, à se donner pour successeur René II, de Lorraine, issu de sa fille Iolande, ce prince avide de gloire, vainqueur de Charles-le-Téméraire aux batailles de Granson et de Nancy. Mais la considération du droit des mâles l'emporta, et il désigna pour lui succéder ce faible prince qui ne devait lui survivre qu'une année, car il mourut en 1481.

Le comte du Maine, enveloppé par la politique de Louis XI, le déclara héritier de son comté de Provence et de ses droits problématiques à la couronne de Naples et de Sicile, que l'aventureux Charles VIII devait revendiquer par les armes quelques années après.

Femme : JEANNE DE LORRAINE, fille de Ferry II, comte de Vaudemont et sœur de René II, duc de Lorraine, morte en 1480.

SECONDE MAISON DE BOURGOGNE.

Cette branche royale, issue du plus jeune des fils du roi Jean, a joué le plus grand rôle pendant tout le quinzième siècle; sa puissance, qui ne cessa de croître, menaça l'unité de la France; ses querelles déchirèrent le royaume et le livrèrent à l'étranger. Trois de ces princes sont morts sur le champ de bataille. Cette maison, qui a duré plus d'un siècle, compte quatre ducs de Bourgogne, trois ducs de Brabant et trois comtes de Nevers.

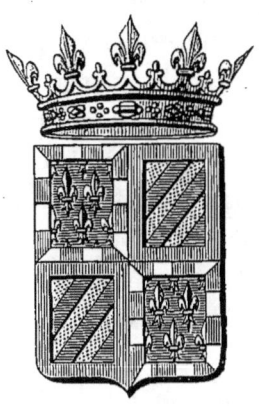

XVII.

Philippe de France, dit le Hardi

DUC DE BOURGOGNE.

SERVICES.

Bataille de Poitiers. (*Blessé et fait prisonnier*.)	1356
Guerre contre les Compagnies	1364
Prise du fort de Marcerenville	1364
Prise de Camerolles	1364
Prise de Dreux	1364
Prise de Preuil	1364
Prise de Conneray	1364
Prise de la Charité-sur-Loire	1364
Défense de la Picardie	1369
Campagne en Poitou	1372
Prise de Saint-Maixant	1372
Prise de Mellé	1372
Prise d'Aunay	1372
Prise de Benon	1372
Prise de Marans	1372
Prise de Surgières	1372
Prise de Fontenay-le-Comte	1372
Prise de Thouars	1372
Prise d'Ardres	1377
Prise de Mardick	1377
Prise de Bavelingen	1377
Prise de Gravelines	1377
Expédition contre le roi de Navarre	1378
Prise de Bernay	1378
Prise d'Avranches	1378
Prise de Carentan	1378
Prise de Conches	1378
Prise de Pacy	1378
Prise de Beaumont-le-Roger	1378
Prise de Breteuil	1378
Prise de Gauray	1378
Prise de Mortain	1378

Prise de Pont-Audemer	1378		Prise de Bergues	1383
Délivrance de Saint-Malo	1378		Prise de Bruckbourg	1383
Guerres contre la Flandre	1382		Prise de Damme	1385
Bataille de Rosbecque	1382		Expédition contre le duc de Gueldre	1388

Armes : Écartelé, au 1 et 4 semé de France, à la bordure componnée d'argent et de gueules, qui est Bourgogne moderne. Au 2 et 3 bandé d'or et d'azur de six pièces, à la bordure de gueules, qui est Bourgogne ancien.

Devise : *Notre-Dame de Bourgogne* : Moult me tarde.

Le roi Jean, à son retour d'Angleterre, donna le duché de Bourgogne au plus jeune de ses fils, en récompense de sa bravoure à la bataille de Poitiers. Né en 1341, Philippe-le-Hardi avait quinze ans lorsqu'il se trouva à cette funeste journée. Il y combattit jusqu'à l'extrémité auprès de son père. Il ne voulut pas s'éloigner du roi; il tenait ses yeux fixés sur lui, et lui criait à mesure qu'il voyait des assaillants : « Père! gardez-vous à droite; gardez-vous à gauche. » Il fut *blessé* et fait *prisonnier* comme lui. On cite plus d'un trait de son caractère pendant sa captivité : voyant dans un repas l'échanson verser au roi Édouard avant son père, il lui donna un soufflet, l'avertissant ainsi de ne point servir le vassal avant le suzerain.

Du vivant de Jean, Philippe régit le duché de Bourgogne comme lieutenant général; mais à sa mort, il prit le titre de duc et le rang de premier pair de France. Charles V, son frère, s'essayait à fermer les plaies du royaume où les Grandes-Compagnies promenaient encore la dévastation; ces bandes effrénées venaient de remporter une victoire à Brignais, où le connétable Jacques de Bourbon et son fils avaient été tués. Le roi mit sur pied trois armées; la chevalerie de Bourgogne accourut sous la bannière de Philippe. Il attaqua, près de Chartres, la forteresse de Marcerenville, et plusieurs châteaux qui servaient aux exploits de ces brigands. « Tant fit ledit duc devant Marcerenville et si le « contraignit et appressa par assaut et par les engins qui jetoient nuit et « jour, que ceux qui dedans étoient se rendirent... Puis se partit le duc « et tout l'ost et s'envinrent devant un autre châtel que l'on dit Came- « rolles. Si l'assiégèrent ces gendarmes tout à l'environ; car il sied en « plein pays; on y fit asseoir et tresser des engins qui étoient amenés de « Chartres. Ces engins étoient grands durement, et en y avoient quatre « qui contraignirent moult ceux de la ville. » Le plus important de ces repaires était La Charité-sur-Loire, qui dominait tout le cours du fleuve :

Philippe accourut avec mille lances, et l'on mit vingt mille hommes devant cette place qui capitula.

L'Angleterre et la France reprirent les armes; Philippe fut chargé de repousser le duc de Lancastre qui venait de descendre en Artois. Les ordres du roi lui prescrivirent une attitude d'observation et de prudence qui s'accordait peu avec l'impétuosité de son caractère. Il s'y résigna toutefois, et passa la campagne, dit un historien, à solliciter vainement la permission de livrer bataille. Cependant il perdit à la fin patience et se retira. La guerre se rallumait au midi comme au nord, Philippe de Bourgogne alla rejoindre avec trois cents lances et un corps de troupes, Du Guesclin et les princes en Poitou, où ils réduisirent force garnisons. Le duc de Bourgogne ne fut pas moins heureux d'un autre côté contre les Anglais, il leur prit sur ses frontières des places importantes, il se servit devant le château d'Ardres de machines qui y lançaient des pierres de deux cents livres pesant. Après ces affaires, il fut envoyé contre le roi de Navarre, allié des Anglais, et lui enleva la plupart de ses forteresses normandes.

Philippe de Bourgogne partagea le pouvoir avec le duc de Berri son frère, pendant la minorité de Charles VI. Il mena le jeune roi à la guerre de Flandres, et veilla sur lui à la journée de Rosbecque. Il lui fit faire une autre campagne, vite terminée, contre le duc de Gueldre, son ennemi. La maladie de Charles VI rendit au duc de Bourgogne la haute main sur le gouvernement; mais le duc d'Orléans, frère du roi, lui disputa le pouvoir; la médiation de la reine empêcha la guerre civile d'éclater.

Les états de Philippe, devenus si vastes à la mort du dernier comte de Flandres, dont sa femme était fille et héritière, s'accrurent encore du comté de Charolais, qu'il acheta du comte d'Armagnac.

Le duc de Bourgogne visita l'Espagne en 1375. C'était depuis longtemps un usage traditionnel de ces princes, de payer leur dette aux idées religieuses, par un pèlerinage à Saint-Jacques en Galice. Philippe-le-Hardi fut reçu en Castille et comblé d'honneurs par Henri de Transtamare. Il mourut à Hall, en 1404, âgé de soixante-trois ans.

Telle était la magnificence et la fastueuse prodigalité de Philippe, que, malgré les immenses revenus de ses riches provinces et les moyens violents dont il usait parfois pour les accroître, il mourut accablé de dettes. On eut peine à faire les frais de ses funérailles, qui mirent son successeur dans la nécessité de recourir à un emprunt. Les meubles de son palais furent saisis et vendus à l'enchère, et sa veuve se vit réduite à déposer sur le cercueil du défunt sa bourse, ses clefs et sa ceinture, en signe de renonciation à la communauté de ses biens.

Femme : MARGUERITE, veuve de Philippe de Rouvre, dernier duc de la première maison de Bourgogne, fille unique et héritière de Louis III, comte de Flandre et d'Artois, morte en 1405; il eut d'elle : 1. JEAN-SANS-PEUR (qui suit); — 2. LOUIS, né en 1377, mort l'année suivante; — 3. ANTOINE, *tige des ducs de Brabant* (*voy.* page 250); — 4. PHILIPPE, *souche des comtes de Nevers* (*voy.* page 254); — 5. MARGUERITE, qui épousa Guillaume IV de Bavière, comte de Hainaut, dont elle n'eut qu'une fille, l'aventureuse et vaillante Jacqueline de Bavière; — 6. MARIE, femme d'Amédée VIII, duc de Savoie, morte en 1428; — 7. CATHERINE, mariée à Léopold III, duc d'Autriche, morte en 1425; — BONNE, morte en 1399.

XVIII.

Jean=sans=Peur

DUC DE BOURGOGNE.

SERVICES.

Expédition de Hongrie	1396		Guerre contre les Liégeois	1408
Prise de plusieurs forteresses	1396		Bataille de Hasbain	1408
Prise de Rachova	1396		Guerre contre les Princes	1411
Siége de Nicopolis	1396		Prise de Ham	1411
Bataille de Nicopolis	1396		Défense de Paris	1411
Expédition contre les Anglais	1405		Prise de Saint-Cloud	1411
Prise de Gravelines	1405		Prise d'Étampes	1411

Prise de Dourdan..................... 1411	Siége de Paris.................... 1417
Prise de Fontenay-le-Comte..... 1412	Prise de Montlhéry............... 1417
Prise de Dun-le-Roi................ 1412	Prise de Dourdan................. 1417
Siége de Bourges.................... 1412	Prise de Palaiseau................ 1417
Prise de Beaumont-sur-Oise..... 1417	Prise de Marcoussis............... 1417
Prise de Pontoise................... 1417	Siége de Corbeil.................. 1417
Siége de Saint-Cloud.............. 1417	Combat près de Joigny............ 1417

Armes : Écartelé au 1 et 4 de Bourgogne moderne. Au 2 et 3 de Bourgogne ancien, et sur le tout d'or au lion de sable, armé et lampassé de gueules, qui est Flandre.

Emblème et devise : *Un rabot : Je le tiens.*

Jean de Bourgogne, né en 1371, avait trente-six ans lorsqu'il succéda à son père. La valeur extraordinaire qu'il montra dans une de ses campagnes, lui valut son surnom, assez semblable à ceux des princes de sa maison, tirés presque tous de leurs qualités guerrières. Sigismond, roi de Hongrie, menacé par les Turcs, avait fait un appel aux princes de la chrétienté ; l'élite de la chevalerie française avait répondu avec enthousiasme à cet appel ; le duc de Bourgogne, Philippe, demanda pour son fils, connu alors sous le nom de comte de Nevers, le commandement de cette expédition Les croisés traversèrent l'Allemagne. « Tous ces chevaliers, dit l'historien des ducs de Bourgogne, étaient dans les plus brillants équipages. Le chef de l'armée était jeune, il s'entourait de seigneurs de son âge, de sorte qu'on vivait dans les délices d'une cour et non dans la bonne discipline d'un camp. Ce n'était que festins et réjouissances, on avait chargé dans des bateaux, sur le Danube, les vins les plus exquis et toutes les provisions pour faire bonne chère..... Les tentes étaient en étoffes magnifiques ; on s'entre-visitait, on se donnait des fêtes, tandis qu'en France on jeûnait pour le succès de la croisade. » Arrivés sur le théâtre de la guerre, ils emportèrent quelques châteaux turcs, entre autres Rachova, puis ils attaquèrent, contre l'avis prudent du roi de Hongrie, la puissante forteresse de Nicopolis, où les Turcs tinrent bon, et qu'ils ne purent, manquant de canon, enlever de vive force. Bajazet accourut en personne pour la secourir. Le comte de Nevers engagea l'action par un acte de la plus révoltante barbarie ; il ordonna le massacre des prisonniers qu'il avait faits et qu'on avait reçus à rançon, pour s'épargner l'embarras de les garder pendant la bataille. La folle présomption que lui et les jeunes chevaliers opposèrent aux avis de Sigismond sur la manière de combattre les Turcs et sur l'ordre qu'il convenait d'observer, rendit leur valeur inutile. Ils étaient à table quand l'armée turque s'approcha ; ils se levèrent en tumulte, emportés par leur fougue habituelle et par le vin. Ils n'écoutèrent ni l'amiral Jean de Vienne, ni le valeureux sire de Coucy, qui connaissaient la guerre, et ils se jetèrent sur l'avant-garde ennemie. L'impétuosité de leur premier choc rompit les lignes des Ottomans ; ils enfoncèrent jusqu'à leurs palissades de pieux aigus qui entraient dans le poitrail des chevaux ; mais ils commirent l'imprudence de s'abandonner à la poursuite de l'ennemi et leur désordre donna la victoire aux dispositions habiles de Bajazet.

Le comte de Nevers et ceux qui échappèrent au carnage mirent bas les armes. Le sultan les fit amener nus et enchaînés devant lui ; il les fit massacrer un à un sur un signe de tête. Le comte de Nevers et quelques autres dont il espérait une grosse rançon furent épargnés. La somme fut fixée par le vainqueur à deux cent mille écus d'or. Les histoires du temps disent qu'il allait subir le sort de la plupart de ses compagnons, quand un nécromancien, observant ses traits, lui fit conserver la vie, assurant qu'il ferait plus de maux aux chrétiens que tous les Turcs réunis.

Peu après sa délivrance et son retour, le comte de Nevers devint duc de Bourgogne, et justifia assez bien cet horoscope prétendu. L'anarchie dans laquelle la France était plongée depuis la démence du roi, offrait à la turbulente ambition de Jean-sans-Peur l'occasion de s'immiscer dans ces désordres. Il se rendit à Paris, 1405, attiré par les ennemis secrets du duc d'Orléans. Il s'était donné le temps de rassembler des troupes. Le duc d'Orléans avait pour lui les classes élégantes ; Jean-sans-Peur trouva tout prêts pour former sa faction, les bourgeois qui voyaient avec jalousie le luxe et l'insolence des seigneurs, le bas peuple et l'Université où dominait l'esprit démocratique, et dont l'austérité condamnait avec amertume les mœurs relâchées de la cour.

A l'approche de Jean, la reine et le duc d'Orléans s'enfuirent de Paris. Il convoqua les princes et les prélats, le recteur et les professeurs de l'Université ; il leur rendit compte de sa conduite, et protesta de l'intérêt qu'il prenait au bien de l'État. Son orateur, Jean de Nielle, exposa longuement les mesures au moyen desquelles le duc entendait remédier aux calamités publiques, et l'on applaudit fort la harangue de l'orateur bourguignon. Le duc de Bourgogne, voulant se rendre de plus en plus populaire, fit des préparatifs bruyants pour s'emparer de Calais et chasser les Anglais du royaume. Il fit construire de colossales machines, recommença plusieurs fois l'entreprise, mais ne put la mener à fin, faute d'argent ; il s'empara promptement de Gravelines ; mais sa grande affaire était d'abattre le frère du roi, son ennemi. Tous les deux s'attaquèrent d'abord par des manifestes injurieux, puis ils en vinrent aux armes, 1406. Jean-sans-Peur, maître de Paris par le peuple et par ses gens de guerre, en sortit à l'approche du duc d'Orléans ; il se posta près d'Argenteuil et y attendit son ennemi. Les bannières flottaient de part et d'autre et tout annonçait un engagement ; mais le frère du roi avait peu de troupes. Les princes demeurés à Paris, sous l'influence du duc de Bourgogne, s'entremirent de nouveau. Des conférences s'ouvrirent et amenèrent un arrangement. Les deux partis s'embrassèrent pour un moment, et Jean de Bourgogne entra en partage de ce pouvoir dont ces deux rivaux se montraient si avides ; mais le but de l'un et de l'autre était d'attirer tout à soi ; ils s'aigrirent et se détestèrent davantage par le contact. Réconciliés souvent par l'entremise des princes, ils retombaient aussitôt dans leurs querelles.

Enfin, on crut en avoir fini de leurs débats en les amenant à communier ensemble ; ils s'embrassèrent avec effusion, se jurant amitié éternelle ; puis, au milieu des fêtes de leur réconciliation, le duc d'Orléans revenant de souper chez la reine, tomba au milieu d'une troupe d'hommes qui le massacrèrent. Aucun des assassins n'avait été reconnu, et on ne sut d'abord où trouver le coupable. Le duc de Bourgogne montra une extrême douleur de cette mort. « Jamais, dit-il, plus méchant ne plus traître « meurtre ne fust perpétré en ce royaume. » Il tint un coin du drap mortuaire aux funérailles de son parent, et il y pleura abondamment. Cependant on en vint à ordonner des recherches jusque dans l'hôtel de Bourgogne ; Jean-sans-Peur, présent au conseil où cette mesure fut prise, fut saisi d'une émotion subite et laissa échapper l'aveu de son crime. Il dit que le diable l'avait tenté et qu'il avait ordonné le meurtre. Les princes l'engagèrent à fuir ; il s'élança à cheval presque seul et gagna ses états de Flandre.

On l'engagea à reconnaître publiquement sa faute et à donner quelque satisfaction qui permît à la clémence royale d'intervenir. Mais le duc fit distribuer par tous ses états un manifeste où il s'avoua hautement l'auteur du meurtre, s'en prenant aux crimes du duc d'Orléans qui, disait-il, l'avaient obligé de se défaire de lui. Puis il reprit le chemin de Paris, 1408, avec trois mille hommes. Il fut reçu par le peuple avec enthousiasme, fit entourer son hôtel de retranchements, et demanda au roi une audience qu'on n'osa lui refuser. Il s'y rendit suivi d'une foule immense, et proposa de donner une justification publique de tout ce qu'il avait fait. Le dauphin et tous les princes, les docteurs de l'Université et une grande foule assistèrent à cette cérémonie, où le docteur Jean Petit porta la parole pour le meurtrier, et outragea la mémoire du duc d'Orléans selon toutes les règles de la dialectique.

Cette harangue fut écoutée avec un grand silence et une patience dont l'orateur fut redevable à la terreur qu'inspirait le duc de Bourgogne. Personne n'interrompit et n'osa contredire, et le duc obtint du roi des lettres d'abolition. Dès ce moment le gouvernement passa dans ses mains; il s'empara de l'éducation du dauphin, et mit dans les principaux emplois des hommes qui lui étaient dévoués.

Mais le duc de Bourgogne, si avide du pouvoir en France, négligeait ses propres affaires; tandis que le peuple de Paris lui faisait fête, les communes de Flandre s'insurgeaient. Liége avait chassé l'évêque Jean de Bavière, son beau-frère. La révolte gagnait du terrain, le duc de Bourgogne partit en hâte de Paris; il trouva quarante mille Liégeois assiégeant son beau-frère dans Maëstricht. Son armée était peu nombreuse à côté d'eux; il rencontra l'ennemi en belle ordonnance et faisant flotter toutes les bannières des métiers. « Ne craignez rien, dit-il « à sa chevalerie, de cette sotte et rude multitude, ce sont gens qui ne « sont propres qu'à la manufacture et à la marchandise... » Puis il fit pousser son cri : « Notre-Dame au duc de Bourgogne. » Ces travailleurs cependant se battirent vigoureusement; le duc avait habilement disposé son attaque, et il prit les Liégeois en flanc par une troupe de quatre cents cavaliers et de mille hommes de pied. Ce fut autour de sa bannière que le combat fut le plus ardent; il resta longtemps dans la plus épaisse mêlée, assailli de traits et de coups qui retentissaient sur son armure. Ce fut, dit-on, à cette bataille de Hasbain qu'il reçut de ses gens d'armes le surnom de Jean-sans-Peur.

Ayant ainsi mis ordre aux affaires de Flandre, il reprit le chemin de Paris : là, les princes, en son absence, effrayés de ses progrès, s'entendirent et formèrent une ligue contre lui. Il fit entrer des troupes et força

ses adversaires à signer un traité qui fut appelé paix de Bicêtre. La principale clause était que les princes s'éloigneraient de Paris avec leurs troupes. Le duc de Bourgogne s'éloigna de son côté, mais il continua d'intriguer de loin, et les deux partis parlementèrent de nouveau. Le jeune duc d'Orléans, ennemi héréditaire du duc de Bourgogne, et qui travaillait à venger son père, lui envoya ce cartel : « Charles, duc d'Or-
« léans, Philippe et Jean d'Orléans, etc., à toi, Jean qui te dis duc de
« Bourgogne, pour l'homicide horrible par toi commis en la personne
« de notre très-redouté seigneur et père, prince, duc d'Orléans, frère
« unique du roi..... »

Le duc de Bourgogne avait réussi par ses menées, à faire nommer un des siens, le comte de Saint-Pol, gouverneur de Paris. Celui-ci s'appliqua à gagner la populace, et il arma une milice en partie composée de bouchers. Les deux armées se mirent en campagne, et ravagèrent la Picardie. Enfin la cour, cédant au parti le plus fort, se prononça pour le duc de Bourgogne, et Jean mit dehors une armée de soixante mille hommes ; il fit le siége de Ham qui résista fortement. Les deux partis demandèrent secours au roi d'Angleterre, le duc de Bourgogne fut seul écouté (1311). Il recula cependant à l'approche du duc d'Orléans. Ses partisans voulurent faire une sortie quand les Armagnacs s'approchèrent de Paris ; mais ils donnèrent dans une embuscade et se firent tailler en pièces. Il y eut alors de part et d'autre de sanglantes représailles. Comme l'absence du duc compromettait le succès de sa cause, sur les instances de son parti, il revint avec une poignée de troupes, débris de sa puissante armée, dont il n'avait pu prévenir la désunion. Sa présence calma et rassura les esprits. Il fit d'heureuses sorties, enleva d'assaut Saint-Cloud que les Armagnacs avaient fortifié, et où les Parisiens entrèrent par la brèche. Il reprit l'avantage, et maître de la faible volonté du roi, le mena à Saint-Denis prendre l'oriflamme, et l'entraîna jusqu'au siége de Bourges. Là s'étaient renfermés les ducs de Berri et de Bourbon et autres chefs du parti d'Armagnac. Après avoir enlevé en passant les villes de Fontenay et de Dun-le-Roi, le roi et Jean-sans-Peur arrivèrent devant Bourges. La chronique parle d'une machine de guerre, appelée la *Griète*, qui lançait des pierres énormes et dont il fut fait l'essai devant cette place. Ce siége se prolongea six semaines ; des maladies et des pertes essuyées de part et d'autre ralentirent l'ardeur des combattants, et un arrangement fut accepté. Le traité d'Auxerre mit fin à la guerre (1412).

Mais le duc de Bourgogne, aussi difficile à contenter que ses rivaux, fomentait sans cesse de nouveaux troubles dans Paris dont il était maître et où il était resté. La faction des Cabochiens était sous sa main. Il essaya de s'emparer du roi. Il l'alla trouver à l'hôtel Saint-Pol, et lui proposa une partie de chasse au bois de Vincennes ; averti à temps, le roi rebroussa chemin. Ayant manqué son coup, Jean-sans-Peur céda le terrain et s'enfuit en Flandre, 1413. De là, il mit tout en œuvre pour se justifier ; mais on le menaça de le traiter en rebelle s'il osait revenir. Jean-sans-Peur s'en troubla peu, et se remit bientôt en campagne. C'était le dauphin, son gendre, qui, cette fois, l'appelait à son aide pour mettre à la raison les autres princes, qui censuraient et gênaient sa vie plus que licencieuse. Le Bourguignon repartit au plus vite, 1414. Soissons, Compiègne, lui ouvrirent leurs portes ; il envoya un héraut à Paris, qui lui fut renvoyé sans réponse. Il se présenta à la porte Saint-Honoré, et y resta en bataille une heure et demie ; il ne se fit aucun mouvement du côté des assiégés. Le comte d'Armagnac avait fait défense de tirer une seule flèche. Il reprit aussitôt le chemin de la Flandre. Son apologie du meurtre de Louis d'Orléans fut brûlée de la main du bourreau. Une ordonnance, qui le déclarait rebelle et ennemi de l'état, convoqua le ban et l'arrière-ban de France pour marcher contre lui. Le roi alla prendre l'oriflamme et se mit en route avec tous les princes. Cette armée enleva Bapaume au Bourguignon, puis investit Arras ; il n'osa pas risquer une bataille, et se soumit ; le traité d'Arras suspendit cette guerre civile pour un moment. Cependant le roi d'Angleterre, le belliqueux Henri V, voyant le parti qu'il pouvait tirer de ces déchirements intérieurs, se porta hardiment au cœur du royaume ; Jean-sans-Peur se tint immobile, et l'armée marcha sans lui à Azincourt ; il défendit même à son fils et à ses chevaliers de combattre.

Après ce grand désastre, le duc s'approcha de nouveau de Paris ; mais il s'arrêta à Lagny, qu'il abandonna au pillage en se retirant. Le long et inutile séjour qu'il y fit, lui fit donner par les Parisiens le sobriquet : *Jean-de-Lagny qui n'a hâte.* Sa fille, veuve du dauphin, lui fut renvoyée. On vit reparaître, dès l'année suivante, 1417, cet homme qui avait fait de la vengeance sa politique. Plus âpre à ce jeu que jamais, il ne ménagea plus rien. Il campa cette fois devant Paris livré aux déchirements des factions d'Armagnac et de Bourgogne ; il tenait déjà la plupart de villes voisines ; il mit un camp sur la rive gauche de la Seine, tenta aux portes quelques surprises ; et y trouvant bonne garde, s'en alla devant Montlhéry et Marcoussis qu'il assiégea. Après ces citadelles, il parvint à enlever la reine qui était à Tours, et crut prendre avec elle le gouvernement. Il la conduisit à Troyes. Quelques efforts tentés pour arriver à la paix furent sans résultat. Les propositions de Jean-sans-Peur étaient inacceptables. Enfin la trahison lui ouvrit une des portes de Paris. Il y retrouva sa popularité parmi les basses classes que le comte d'Armagnac s'était aliénées. De longues scènes de meurtre suivirent le triomphe des Bourguignons. Les bouchers, maîtres de la ville, forcèrent les prisons et massacrèrent tout ; le duc de Bourgogne alors, pour calmer les égorgeurs, se mêla à cette foule et tendit la main à Capeluche, le bourreau de Paris.

Les Anglais profitèrent si bien de cette anarchie, que les deux factions alarmées s'engagèrent à négocier. Leurs chefs se rapprochèrent : le dauphin et le duc se donnèrent rendez-vous près de Melun. Jean-sans-Peur se mit à genoux devant son jeune souverain. Le prince l'embrassa ; ils se jurèrent d'oublier le passé, et le pont de Montereau fut choisi pour une nouvelle entrevue. Malgré un reste de crainte et de défiance, ils s'y rendirent et chacun d'eux s'avança sur le pont, escorté de dix seigneurs. Les princes étant entrés, on ferma les portes des barrières qu'on avait élevées. Ce qui se passa alors est resté couvert d'un sombre voile ; les deux partis l'ont rapporté différemment. Voici comment l'ont raconté les gens du duc de Bourgogne : « Le duc, dirent-ils, après avoir passé la barrière, s'était avancé vers le dauphin, l'avait salué ; après qu'ils se furent parlé affectueusement, le président de Provence vint dire un mot à l'oreille du dauphin, puis ils firent un signe de l'œil à Tanneguy qui était près du duc à l'entrée de la barrière. Tanneguy, prenant sa hache, poussa le duc par derrière, en lui criant : « Monsieur de Bourgogne, entrez « là-dedans. » Puis s'adressant au dauphin : « Monseigneur, dit-il, voici « le traître qui vous retient votre héritage. » En même temps, il leva sa hache pour frapper. Le sire de Navailles, qui se trouvait auprès de son maître, arrêta la hache, mais le vicomte de Narbonne leva la sienne sur lui, en disant : « Si quelqu'un bouge, il est mort. » Le sire de Navailles présenta l'autre main pour retenir l'arme qui le menaçait. Pendant cet instant, Robert de Loire avait saisi le duc par derrière et Le Bouteiller lui avait porté un grand coup d'épée, en criant : « Tuez! tuez! » Le duc avait voulu se garantir avec le bras, mais le coup était si fort qu'il avait presque abattu le poignet et sillonné tout le visage du côté droit. Alors Tanneguy, libre maintenant du seigneur de Navailles, avait de sa hache abattu le duc aux pieds du dauphin. Il respirait encore; Olivier Layet et Pierre Frottier s'agenouillèrent, et, soulevant sa cotte d'armes, le percèrent par dessous d'un coup d'épée dans le corps. Il poussa un dernier soupir, puis expira. Les valets se précipitèrent sur lui, arrachèrent de ses doigts ses bagues et s'emparèrent de son riche collier ([1]). »

Le dauphin n'avait pas voulu ce meurtre, disent les historiens; il était faible et avait consenti à ce qu'on s'emparât du Bourguignon; mais l'attentat était projeté de longtemps autour de lui par d'anciens serviteurs du duc d'Orléans, qui n'avaient cessé de chercher l'occasion de venger leur maître. Cette représaille terrible du meurtre de Louis d'Orléans frappa de stupeur les populations et fut regardée comme l'expiation du crime que le duc de Bourgogne avait commis. Jean-sans-Peur, dont l'ambition désordonnée fut pour la France la cause de tant de calamités, laissa un souvenir cher à ses sujets de Flandre et de Bourgogne. Son humeur libérale, son courage et l'ascendant de son caractère lui avaient conquis la plus grande popularité. Il mourut le 11 septembre 1419.

Femme : MARGUERITE DE BAVIÈRE, sœur de Guillaume IV, morte en 1424; il eut d'elle: 1. PHILIPPE (qui suit); — 2. MARGUERITE, qui épousa d'abord Louis de France, dauphin et duc de Guyenne, ensuite Artus de Bretagne, connétable et comte de Richemont, et mourut en 1441; — 3. CATHERINE, morte sans alliance; — 4. MARIE, femme d'Adolphe IV, duc de Clèves, morte en 1463; — 5. ISABELLE, mariée à Olivier de Blois, comte de Penthièvre; — 6. JEANNE, morte enfant; — 7. ANNE, née en 1404, mariée à Jean, duc de Bedford, régent de France, morte en 1432; — AGNÈS, qui épousa Charles I*er*, duc de Bourbon.

Enfants naturels : 1. JEAN, *évêque de Cambrai, a donné origine aux seigneurs d'Admerval;* — 2. GUI, *seigneur de Crubecke, servit avec valeur dans les guerres de Philippe-le-Bon;* — 3. PHILIPPE, *mariée à Antoine, seigneur de Rochebaron.*

(1) Barante, **Hist. des ducs de Bourgogne.**

XIX.

𝔓𝔥𝔦𝔩𝔦𝔭𝔭𝔢=𝔩𝔢=𝔅𝔬𝔫

DUC DE BOURGOGNE.

SERVICES.

Guerre contre la France.........	1419
Prise de Crespy...............	1420
Prise de Sens................	1420
Prise de Montereau...........	1420
Prise de Villeneuve-le-Roi......	1420
Prise de Melun...............	1420
Prise de Pont-Remy...........	1421
Prise de Saint-Riquier.........	1421
Bataille de Mons-en-Vimeu......	1421
Prise de Tournus..............	1424
Prise de la Bussière...........	1424
Prise de la Roche-Solutry.......	1424
Guerre de la succession de Hollande	1425
Bataille de Brawhershauven.....	1425
Prise de Zewenbergh...........	1426
Siége d'Amersfort.............	1427
Guerre contre Charles VII......	1430
Prise de Gournay-sur-Aronde....	1430
Prise du château de Choisy.....	1430
Siége de Compiègne...........	1430
Prise de Ligny-les-Châtaigniers..	1430
Guerre contre le duc de Bourbon.	1433
Prise de Mussi-l'Évêque........	1433
Prise du château de Lézines.....	1433
Prise d'Avallon...............	1433
Siége de Calais...............	1436
Prise des forteresses de Sangate, Vauclingen, d'Oye et de Mark..	1436
Combat dans Bruges....	1437
Guerre de Luxembourg....	1443
Prise du château de Villi.	1443
Prise du château de Luxembourg..	1443
Guerre contre les Flamands.....	1452
Combat près de Gand..........	1452
Bataille de Rupelmonde........	1452
Siége de Schendelbecke........	1453
Prise de Poucke...............	1453
Siége de Gavre................	1453
Bataille de Gavre. (*Cheval tué*.)..	1453
Prise de Dinan....	1466

ARMES : Écartelé au 1 et 4 de Bourgogne moderne. Au 2 parti de Bourgogne ancien et de sable au lion d'or qui est Brabant. Au 3 parti de Bourgogne ancien et d'argent au lion de gueules, la queue passée en sautoir, couronné, armé et lampassé d'or qui est Luxembourg, et sur le tout de Flandre.

EMBLÈME ET DEVISES : *Pierres à fusil faisant jaillir des étincelles* : Ante ferit quam flamma micet. — J'ai hâte. — Autre n'aurai. — Je l'ai empris.

Philippe, comte de Charolais, né en 1396, était au château d'Aire, à peu de distance d'Azincourt, quand les armées ennemies s'y rencontrèrent. A la nouvelle de la bataille, il entra dans un si grand désespoir, disent les récits du temps, de ce qu'on l'avait empêché de s'y rendre, qu'il refusa toute nourriture et voulait se laisser mourir. Ce prince hérita de la Bourgogne et de la Flandre après le meurtre de son père. On raconte qu'un chartreux, montrant le tombeau de Jean-sans-Peur à Dijon, disait, en parlant de sa large blessure : « C'est par là que les Anglais sont entrés en France. » En effet, tout aux sentiments de haine et de vengeance qui l'animaient contre le dauphin, l'héritier de Jean se mit au service des conquérants. Il signa ce traité de Troyes (1420) par lequel Henri de Lancastre fut déclaré régent de France et légitime successeur de Charles VI. Le Bourguignon sacrifiait ses propres droits de prince du sang à sa vengeance; il déshéritait ses fleurs de lis; les Anglais eux-mêmes, disent les écrits du temps, s'émerveillaient d'un tel aveuglement.

Philippe de Bourgogne s'en vint à Paris en grand appareil de deuil, suivi de sa nombreuse cour et d'une armée de seigneurs; il se rendit près du roi et lui demanda solennellement justice de son fils. Puis il se mit en campagne et envoya offrir la bataille au dauphin. Impatient d'attaquer, il assiégea Crespy (1420) défendu par Lahire et Xaintrailles. Ces fiers chevaliers ne purent tenir contre l'armée de Bourgogne, où toute la noblesse du Nord était accourue; mais le duc, tout courroucé qu'il fût, se montra généreux envers cette garnison, et la laissa sortir sauve de corps et de biens. Il continua de chasser aux forteresses en compagnie de son allié Henri V; ils allèrent prendre Montereau et quelques autres villes, et furent arrêtés cinq mois devant Melun. Chaque parti perdait et gagnait du terrain; les gens de guerre couraient et inondaient tout le pays, toujours prêts à pousser leurs courses là où il y avait à faire un coup de main. Philippe-le-Bon fut rappelé en Picardie et en Artois, où les gens du dauphin avaient des avantages. En Anjou aussi, ils venaient de remporter sur les Anglais la victoire de Beaugé, où fut tué le duc de Clarence, frère du roi. Philippe, arrivé près d'Abbeville, attaqua le pont de Remy-sur-Somme et prit le château qui le défendait. Il était depuis un mois devant Saint-Riquier, quand il fut averti de l'approche de l'armée du dauphin; il fit monter à cheval ses gens d'armes à la hâte, et partit à toute bride pour disputer le passage de la Somme à l'ennemi.

Il le trouva à la *Blanche-tache*, endroit fameux par le passage d'Édouard III avant la bataille de Crécy. L'attaque fut prompte; mais les Bourguignons, partis précipitamment, exténués par un long chemin, plièrent après plusieurs chocs. « Tout s'était fait en si grande hâte, dit le chroniqueur, que la bannière de Bourgogne était demeurée aux mains du valet qui la portait; cet homme eut peur, tourna bride et laissa tomber la bannière en fuyant. Le roi d'armes de Flandres répandit, dans les rangs, que son maître venait d'être abattu... L'épouvante se mit parmi les Bourguignons, et le gros de leur troupe se prit à fuir. Le duc luttait en désespéré parmi ses chevaliers les plus fermes; beaucoup furent tués ou pris autour de lui; un coup de lance traversa l'arçon de sa selle, un autre lui fut si vigoureusement porté qu'il dérangea son armure; un robuste soldat le saisit et pensa l'entraîner à terre; mais la face du combat changea tout à coup; les Dauphinois, en s'élançant de tous côtés à la poursuite des Bourguignons, laissèrent vide le champ de bataille; le duc et ses capitaines en profitèrent pour rallier leurs gens d'armes et rétablir le combat. Philippe, ardent à l'affaire jusqu'au bout, poursuivit longtemps à son tour les fuyards le long de la Somme, et fit plusieurs prisonniers; un chroniqueur dit qu'il prit Xaintrailles de ses mains.

La mort de Henri V changea bientôt la situation des partis; le duc de Bourgogne, mécontent de ses alliés, ne tarda pas à reconnaître la faute où la vengeance l'avait entraîné. Henri V, en mourant, avait recommandé de retenir à tout prix le duc de Bourgogne; mais l'insolente morgue des Anglais, l'aversion pour eux de ses chevaliers bourguignons, le sentiment français qui vivait dans ses provinces, et enfin une insulte qu'il reçut du duc de Glocester et à laquelle il répondit par un défi, finirent par rompre cette désastreuse alliance. Le dauphin, devenu roi, mit tout en œuvre pour se rattacher celui qui se trouvait l'arbitre du sort de la France.

Philippe souscrivit d'abord à une trêve de six mois, et la mit à profit pour aller vider une querelle d'héritage concernant le Hainaut et la Hollande (1425). Ses prétentions venaient d'un testament où il s'était fait donner les états de Jean de Bavière, à l'exclusion de Jacqueline de Hainaut, sa nièce, mariée, après divorce, au duc de Glocester. De part et d'autre on prit les armes : Jacqueline entra dans le Hainaut, s'y défendit, et gagna la Hollande sous un habit de chevalier. Elle y trouva un puissant parti prêt à la défendre. Philippe prit la mer et aborda auprès de Ziricsée. Son armée commençait à débarquer quand les Anglais qui gardaient le rivage fondirent sur les Bourguignons. Le duc, sans attendre que le reste fût descendu, s'élança de son vaisseau vers le rivage, en tenant la bannière de Bourgogne, et criant à ses gens : *Qui m'aime, me suive!* Sa troupe eut peine à former ses rangs; lui-même, courant sus à l'ennemi, fut enveloppé et faillit être pris; mais il fit si bonne contenance, il donna si bon exemple à ses gens de Flandre et de Bourgogne, et à ses partisans hollandais, qu'il eut le dessus à cette journée de Brawhershauven qui lui coûta de nombreux chevaliers.

Le duc avait affaire à une intrépide femme; il ne l'avait point abattue. Elle mit le siége devant Harlem, attaqua un renfort qui débarquait et le tailla en pièces. Elle avait fait elle-même plusieurs chevaliers au moment du combat. Mais Philippe revint avec force troupes et grand renfort d'artillerie et de machines; il fit à l'héroïne une rude guerre : il assiégea et emporta la forte ville de Zewemberg, qui tint longtemps. Dans la campagne suivante (1427), il fit de nouveaux progrès. Assiégeant Amersfort-sur-l'Eme, il se jeta des premiers dans les fossés, y fut en grand péril, et donna sans succès plusieurs assauts. Ce fut au moyen d'un navire colossal, une sorte de citadelle flottante, qu'il fit construire à Amsterdam, et qui avait nom *le Chat*, qu'il vint à bout de l'entreprise. Madame Jacqueline, après trois ans de lutte armée, fut forcée de traiter (1428); elle reconnut Philippe de Bourgogne, son cousin, pour héritier légitime de ses provinces de Hainaut et de Hollande; sa mort laissa, cinq ans après, à la riche maison de Bourgogne ce surcroît d'états et de puissance. Philippe songeait toujours à la paix avec le roi; ses chevaliers l'en pressaient, ils étaient en querelles journalières avec les Anglais; sur leurs instances, Philippe retira ses troupes du siége d'Orléans; mais fidèles aux conseils de Henri V, les étrangers firent tout pour le retenir; ils le nommèrent régent de France, satisfirent à ses grands besoins d'argent, lui promirent la Champagne et la Brie, etc. Philippe reprit les armes, assiégea villes et forteresses; il était devant Compiègne quand la Pucelle y fut faite prisonnière; il eut avec elle un entretien; mais il n'écouta qu'une froide politique et la laissa peu chevaleresquement vendre aux Anglais.

Le duc de Bourbon, beau-frère de Philippe, l'attaqua pour une querelle d'intérêt. Le duc fondit sur le Bourbonnais, en représailles, et le soumit.

Les longues négociations de Philippe et du roi, rompues tant de fois et toujours renouées, aboutirent enfin au traité d'Arras (1435.) Charles VII déclara « que le meurtre de Jean-sans-Peur avoit été fait injustement et par mauvais conseils, que cette action lui avoit toujours déplu et lui déplairoit toujours; que s'il eût su ce dessein, et qu'il eût eu assez d'âge et de connoissance, il s'y fût opposé de tout son pouvoir. Qu'il priait le duc de Bourgogne d'oublier cette injure et de se réconcilier sincèrement avec lui. » Le duc fit part du traité au roi d'Angleterre, et l'engagea à suivre son exemple. Mais ses envoyés furent mal accueillis et faillirent être massacrés par la populace de Londres. Irrités de sa défection, les Anglais ne travaillèrent plus qu'à lui susciter des embarras; ils firent main basse sur ses navires marchands, troublèrent son commerce, excitèrent ses villes flamandes à la révolte, y tentèrent des surprises. La guerre s'alluma vite entre ces alliés mécontents, et le duc, pour se réhabiliter aux yeux de la France par une grande entreprise, fit le siége de Calais (1436). Toute sa flotte approcha pour seconder l'entreprise; les préparatifs en furent prodigieux; les opulentes villes de Flandre y envoyaient à l'envi des soldats, des machines de guerre. Gand enjoignit à tous de s'équiper, sous peine de perdre la bourgeoisie; chacun devait s'armer d'une lance ou de deux maillets en plomb. Tous ces gens des communes marchèrent à grand bruit vers Calais avec force tentes et bannières. Le duc, pour leur complaire, renvoya une partie de ses gens d'armes bourguignons; ils se vantaient de suffire à cette grosse besogne. Mais les Anglais, de leur côté, mirent tout en jeu pour résister. Le duc emporta successivement quatre forteresses qui protégeaient la ville, et poussa le siége à outrance, s'exposant fort selon sa coutume. La Hire fut blessé à ses côtés dans une sortie, et un coup de canon tua un trompette et trois chevaux près de lui. Mais les bourgeois flamands, bruyants et insoumis, le secondèrent mal; ils laissèrent perdre une grande et forte bastille que le duc avait construite, et d'où son artillerie tirait sur la ville : ces Gantois, qui étaient partis le cœur si résolu et qui formaient le gros de l'armée, décampèrent un matin, las des lenteurs du siége. Le duc éprouva ce grand affront de ses gens de Flandre, et fit sa retraite le cœur navré; les Anglais se jetèrent sur son camp, enlevèrent canons et machines, et firent sans obstacle des courses par tout le pays. Mais les Flamands restés sur pied se mutinèrent contre le duc; ceux de Bruges insultèrent sa femme et massacrèrent son amiral, Jean de Horn. Après plusieurs pardons suivis de nouvelles insultes, le duc, poussé à bout, se résolut à sévir; il entra dans Bruges avec quelques cents hommes; la ville entière était debout et l'émeute grondait. Le duc faillit y périr; on ferma les portes sur lui, son escorte fut assaillie; le maréchal de l'Ile-Adam et la plupart de ses chevaliers furent tués à ses côtés; lui-même ne dut son salut qu'au dévouement d'un serrurier qui s'employa à le faire sortir et fut écartelé.

Philippe parvint à apaiser pour quelque temps les agitations de ces grandes communes. Toujours traitant et guerroyant pour arrondir ses vastes domaines, le duc se fit céder le Luxembourg par la duchesse douairière Élisabeth, moyennant quelques mille florins; puis, en 1443, il envahit le duché où ce marché avait soulevé une opposition vive; il surprit Luxembourg, assiégea le château et occupa le pays sans grande peine.

Philippe de Bourgogne donna dès lors à Charles VII, en plusieurs occasions, des marques d'un retour sincère et d'une fidélité qui l'honore. Quand le dauphin, depuis Louis XI, parvint à entraîner dans sa révolte une partie des troupes et des vassaux du roi, Philippe, sollicité de s'y joindre, resta inébranlable. En vain le dauphin le fit supplier de lui envoyer quelques secours et de lui donner refuge au besoin dans ses états: le duc lui fit répondre qu'il y serait toujours bien venu, mais qu'il n'interviendrait dans la querelle qu'en médiateur. Il voulut réconcilier aussi les maisons de Bourgogne et d'Orléans: le prisonnier d'Azincourt languissait depuis trente ans en Angleterre, Philippe avança une partie de sa rançon; il alla le recevoir à Gravelines, et lui fit épouser sa nièce, mademoiselle de Clèves. Mais les Flamands lui donnèrent de fréquents soucis; ces grandes cités, dont il tirait sa richesse et son luxe, n'étaient pas d'un commerce facile; l'esprit de révolte soufflait d'une ville à l'autre. Après Bruges, ce fut le tour de Gand; le duc n'avait pu oublier l'affront qu'il avait reçu devant Calais; il voulut imposer aux gens de Gand les gabelles du sel, et apporter quelque changement dans leur échevinage

(1452). Gand se mit en émoi, et bientôt la grosse cloche de Roland fut mise en branle ; les métiers s'emparèrent de la ville au milieu d'un furieux désordre ; ils allèrent assiéger Audenarde où le duc avait garnison. Il accourut avec ses hommes de guerre, et de toutes parts on en vint aux mains. On combattit aux portes de Gand ; ce fut une guerre féroce, ni de part ni d'autre on ne faisait de quartier aux prisonniers. Les coureurs de Gand, les blancs chaperons, les compagnons de la *verte tente*, mettaient à sac la campagne et les châteaux. Le duc résolut d'attaquer l'armée de Gand près de Rupelmonde ; ces bourgeois ne se troublèrent pas de son grand appareil de chevalerie ; ils étaient armés de longues piques et pourvus d'artillerie, chaque métier avait fait fondre une couleuvrine où son nom était gravé. Le duc fit trois corps de sa belle armée et commanda le centre lui-même ; il attira les Gantois hors de leurs retranchements par une feinte habile ; il fit rompre leurs rangs par les archers et y lança à propos ses hommes d'armes. Il écrasa les gens de Gand, mais il y perdit son fils chéri, le bâtard de Bourgogne, qui fut tué d'un coup de pique dans la bouche par un paysan qu'il poursuivait. Les Gantois, aidés par un renfort d'Anglais, ayant pour eux les campagnes, continuèrent de guerroyer ; ils faisaient des courses par toute la Flandre et donnaient l'assaut aux forteresses. Le duc s'épuisait à soutenir cette lutte ; son trésor était vide ; son armée s'en ressentait ; ses gens de guerre s'en retournaient chez eux, vendant pour vivre leurs cottes d'armes et leurs arcs.

Le prince fit un dernier effort, leva de nouveaux impôts en Bourgogne et refit une armée (1453). Il prit d'assaut deux forteresses ; il assiégeait Gavre quand les Gantois firent irruption au nombre de quarante-cinq mille hommes et lui présentèrent le combat. Ils s'avancèrent en carré hérissé de leurs longues piques, armés aussi de haches, d'épées à deux tranchants, et de marteaux à pointes de fer, avec leur artillerie sur les flancs et de la cavalerie anglaise formant les ailes. Le premier choc ne les ébranla pas ; ils soutinrent l'attaque des archers mieux qu'à Rupelmonde ; mais un baril de poudre prit feu au milieu de leurs couleuvrines ; on cria que tout le reste allait s'embraser, et l'épouvante rompit leurs rangs. Ce ne fut plus qu'une sanglante déroute ; le duc, plus ardent que les plus jeunes, les poursuivit avec fureur ; un large fossé arrêta sa troupe près de l'Escaut, il le franchit presque seul, et courut sur un gros d'ennemis qui combattaient encore en désespérés ; *son cheval y fut blessé* de quatre coups de pique, et son armure fut criblée; le comte de Charolais franchit le fossé et fut blessé en combattant pour dégager son père.

Cet ardent courroux et ces représailles auxquelles Philippe s'était livré pendant cette cruelle guerre cessèrent tout à coup avec la résistance des Gantois. « Oncques n'ai eu pitié d'eux, dit-il, ni de leurs souffrances jusqu'à cette heure ; maintenant je veux user de miséricorde. » Il s'attendrit devant ce champ couvert de morts et à la vue de toutes les femmes qui le parcouraient en gémissant. « Je ne sais, dit-il, à qui profite cette bataille ; pour moi vous voyez ce que j'y perds, car ce sont mes sujets. »

La prise de Constantinople par les Turcs avait douloureusement ému tous les princes chrétiens ; l'idée d'une croisade fut partout chaudement accueillie. La cour de Bourgogne et sa chevalerie, le vieux duc lui-même, firent vœu de s'enrôler ; des discussions et mille obstacles retardèrent l'expédition ; le pontife qui l'avait organisée vint à mourir, et les deux bâtards de Bourgogne déjà rendus à Marseille pour prendre la mer furent contraints d'y renoncer.

Philippe eut encore à guerroyer treize ans après contre ses sujets de Flandre. Liége et Dinant se soulevèrent à leur tour ; le vieux duc, tout malade qu'il était, voulut se montrer encore à ses hommes d'armes, il alla au siége de Dinant, qui fut prise et impitoyablement rasée par le comte de Charolais.

Philippe-le-Bon, occupé de ses états, intervint peu dans les affaires de France. Quand le dauphin lui demanda refuge, il écrivit à Charles VII, et ne voulut accueillir le rebelle qu'après la réponse de son père (1456). Il le reçut à Lille, et s'efforça de l'amener à des sentiments de soumission. Quelques défiances du roi, à qui on avait donné de l'ombrage contre le duc, amenèrent des préparatifs de guerre, auxquels Philippe, tout en protestant, répondit de son côté. Lors de la ligue du Bien public, le duc de Bourgogne, alarmé par des avis secrets sur les desseins de Louis XI, s'enfuit d'Hesdin où le roi devait se rendre pour l'entretenir. Il mourut à Bruges, après le traité de Conflans, en 1467. Sa mémoire resta chère à ses Bourguignons ; il aimait ses peuples et leur prospérité. Il développa le commerce de la Hollande. Il fit la guerre contre Gand avec acharnement et courroux, mais à côté des autres princes, il parut encore modéré et clément.

Femmes : Michelle de France, fille de Charles VI, née en 1394, morte en 1422; — 2. Bonne d'Artois, veuve de Philippe, comte de Nevers, et fille de Philippe d'Artois, comte d'Eu, morte en 1425 ; — 3. Isabelle de Portugal, fille de Jean Ier, morte en 1472. *Il eut de la troisième :* 1. Antoine, né en 1430, mort en 1431 ; — 2. Josse, né en 1432, mort enfant; — 3. Charles (qui suit).

Enfants naturels : 1. Corneille, *bâtard de Bourgogne, fit ses premières armes dans la guerre de Luxembourg, en* 1443 ; *il s'empara, avec Robert d'Étampes, de la forte ville de ce nom, et après plusieurs beaux faits d'armes, fut nommé gouverneur de la province conquise. A la bataille de Rupelmonde* (1452), *ce fils aîné du duc de Bourgogne se jeta au plus fort de la mêlée et se fit tuer dès les débuts de l'action ;* — 2. Philippe, *mort jeune;* — 3. Antoine, *bâtard de Bourgogne légitimé, fit la branche des seigneurs de Beveren* (voy. p. 261) ; — 4. David, *évêque d'Utrecht, mort en* 1496; — 5. Philippe, *amiral de Flandre, fut un des grands personnages de son temps. Il fut fait évêque d'Utrecht en* 1516 *et mourut en* 1524; — 6. Raphael, *évêque de Rosen, mort en* 1508; — 7. Jean, *prévôt de Bruges ;* — 8. Baudoin, *seigneur de Bredam, abandonna son frère Charles-le-Téméraire pour Louis XI, et fit les sièges d'Amiens et de Saint-Quentin* (1471), *puis se réconcilia avec lui. Il commandait l'avant-garde à Morat, en* 1476, *et fut fait prisonnier à Nancy* (1477);— 9. Marine, *épousa Pierre de Beaufremont, comte de Charny ;* — 10. Anne, *mariée d'abord à Adrien de Borselle, ensuite à Adolphe de Clèves, sire de Ravenstein;* — 11. Iolande, *épousa Jean d'Ailly, sire de Pecquigni, d'où sont descendus les vidames d'Amiens ;* — 12. Corneille, *femme d'Adrien de Toulongeon ;* — 13. Marie, *religieuse;* — 14. Catherine, *mariée à Humbert de Luyrieux;* — 15. Madeleine, *épousa Bompar, baron d'Alès ;* — 16. Marguerite.

XX.

Charles-le-Téméraire

DUC DE BOURGOGNE.

SERVICES.

Guerre contre Gand............	1452
Bataille de Rupelmonde.........	1452
Siége de Gavre................	1453
Bataille de Gavre. (*Il y fut blessé et eut un cheval tué sous lui.*)....	1453
Guerre du Bien public.........	1465
Siége de Péronne..............	1465
Prise de Beaulieu.............	1465
Bataille de Montlhéry. (*Il y fut blessé*)....................	1465
Guerre contre les Liégeois......	1465
Prise de Dinant...............	1466
Bataille de Bruestein..........	1467
Prise de Saint-Tron............	1467
Prise de Tongres..............	1467
Prise de Liége................	1468

CHARLES-LE-TÉMÉRAIRE.

Guerre contre la France.........	1471	Prise de Nimègue...............	1473
Prise de Pecquigny.............	1471	Siége de Neuss...............	1474-75
Siége d'Amiens................	1471	Combat près de Neuss..........	1475
Prise de Nesle................	1472	Prise de Nancy................	1475
Prise de Royc.................	1472	Guerre de Suisse.	1476
Siége de Beauvais.............	1472	Prise de Granson...............	1476
Prise d'Eu.	1472	Bataille de Granson.............	1476
Prise de Saint-Valery...........	1472	Siége de Morat................	1476
Prise de Neufchâtel.............	1472	Bataille de Morat..............	1476
Guerre contre le duc de Gueldre..	1473	Siége de Nancy................	1476
Prise de Vanloo................	1473	Bataille de Nancy. (*Il y fut tué*)..	1477

DEVISE : Ainsi je frappe.

Charles, comte de Charolais, né en 1433, fit ses premières armes à la bataille de Rupelmonde, et s'y comporta avec ce violent courage qui devint plus tard son seul guide.

Peu de jours avant la journée de Gavre, son père voulut l'éloigner par un message qu'il lui fit porter à la duchesse, sa mère, à Lille; mais le jeune homme revint à toute bride pour le combat; il y fut *blessé* d'un coup de pique au pied, en allant dégager son père; il y eut de plus *un cheval tué* sous lui. Louis XI était l'adversaire obligé d'un homme de ce caractère, et qui fut des premiers enrôlé dans la ligue du Bien public. Il y entraîna le duc son père, et marcha sur Paris à la tête de vingt mille hommes. Charles établit son camp près Montlhéry, où il rencontra l'armée royale. Il y fit peu de dispositions, mais ne s'épargna pas dans le combat, il y fut *blessé* à la gorge. Comme il poursuivait un gros de fuyards, l'un se retourna et lui donna de son épieu dans la poitrine, jusqu'à fausser sa cuirasse et le meurtrir; il faillit être pris; toutefois l'honneur de la journée lui resta. Il se porta de là sur Etampes, pour se joindre aux ducs de Berri et de Bretagne; mais Louis XI, voyant le danger grandir, ne songea plus qu'à l'écarter en traitant.

Après le traité de Conflans, Charles marcha sur la Flandre où Louis XI avait des intelligences; Liége et Dinant étaient en révolte; ces orageuses communes avaient fait irruption dans les comtés de Brabant et de Namur. Le comte, plus maître que son père du gouvernement et de l'armée, attaqua Dinant, la battit par une terrible artillerie, la fit piller et raser impitoyablement. Incapables de résister seuls et terrifiés de cet exemple, les Liégeois implorèrent l'intervention du vieux duc, et se soumirent aux conditions du vainqueur. Mais, le danger écarté et sur les instigations secrètes de Louis XI, ils reprirent les armes après la mort de Philippe-le-Bon. Le duc Charles envoya ses hérauts publier la guerre par tout le pays; ayant l'épée d'une main et une torche de l'autre, symboles d'une guerre de feu et de sang; le duc pénétra dans ce pays de Hasbain, où son aïeul Jean-sans-Peur avait combattu aussi les gens de Liége. Il assiégea Saint-Tron (1467), et trente mille Liégeois arrivèrent aussitôt. Charles se mit en ordre de bataille et fit de bonnes dispositions. Il appuya ses ailes à des marais, posta bien sa cavalerie, et après une vive attaque, il dut encore la victoire à ses archers. Il marcha de là sur Liége qui se rendit à discrétion; il fit abattre un pan de mur pour y rentrer par la brèche, il l'épuisa d'argent, en enleva les armes, et la fit démanteler.

Des négociations suivies entre le roi et le duc amenèrent l'entrevue de Péronne (1468), où Louis XI agit comme eût pu le faire Charles-le-Téméraire. Il se mit à la merci de son ennemi, au moment même où deux de ses affidés secrets excitaient de nouveau les Liégeois à la révolte. Cette nouvelle parvint au duc et le mit en fureur. Pendant huit jours il flotta indécis sur le sort qu'il ferait à son prisonnier. « Le premier jour, dit Commines, ce fut tout effroi et murmure par la ville. Le second jour, ledict duc fut un peu refroidy; il tint conseil la plupart du jour et partie de la nuict. Le roy faisait parler à tous ceux qu'il pensoit pouvoir l'aider, et ne failloit pas à promettre... A ce conseil dont j'ai parlé y eut plusieurs opinions. La plupart disoient que la sûreté qu'avoit le roy lui fût gardée... Autres vouloient sa prise rondement, sans cérémonie... Ceste nuit, qui fut la tierce, ledict duc ne se dépouilla oncques, seulement se coucha par deux ou trois fois sur son lit, et puis se pourmenoy (car telle estoit sa façon quand il estoit troublé). Je couchay ceste nuict en sa chambre, et me pourmenoy avec lui plusieurs fois. Sur le matin se trouva en plus grande colère que jamais, en usant de menaces, et prêt à exécuter une grande chose. Toutefois, il se réduisit, en sorte que si le roi juroit la paix, et vouloit aller avec lui à Liége, il se contenteroit. »

Louis XI, trop heureux d'échapper à ce prix, consentit à marcher contre ses amis. La ville était sans murailles, et osa pourtant résister. L'avant-garde du duc, logée dans les faubourgs, fut surprise de nuit par les Liégeois. Les deux princes furent attaqués de même dans leur quartier. Six cents hommes résolus tombèrent sur eux à dix heures du soir.

Le duc était au lit, une douzaine d'archers veillaient autour de lui, jouant aux dés ; avertis par le tumulte et armés en hâte, les deux princes furent sauvés par l'intrépidité de leurs gens. L'assaut fut aussitôt résolu contre l'avis du roi ; mais la furie du Bourguignon ne souffrait nul retard ; sitôt que les trompettes sonnèrent, il s'élança des premiers. C'était un dimanche, et les Liégeois ne pouvaient croire qu'on les attaquât pareil jour ; dans toutes les maisons, dit la chronique, la nappe était mise et l'on se disposait à dîner, quand l'ennemi entra de partout. Ce fut un long pillage et un affreux carnage ; Liége fut démolie et rasée comme Dinant.

L'accord forcé des deux rivaux ne fut pas de longue durée. La guerre des Deux Roses, qui désolait l'Angleterre, fut pour eux un prétexte de rupture. Le duc de Bourgogne, toujours prompt à l'attaque, commença le premier les hostilités. Cependant le roi était arrivé à son but de ramener à lui les plus puissants de ses feudataires. Une trêve d'un an fut conclue ; le duc, à l'expiration de la trêve, se laissa prendre au dépourvu, et se vit enlever, par les lieutenants du roi, Amiens, Roye et quelques villes de Picardie (1471). Il se réveilla terrible à ces nouvelles, et mit le ban et l'arrière-ban sur pied. Il s'était fort occupé de son état militaire, de faciliter ses armements, de former et d'équiper ses compagnies. Au lieu d'avoir comme le roi des troupes d'ordonnance, il préféra des milices à gages ménagers, des gens vivants chez eux, s'exerçant à l'arc, allant chaque mois aux revues et toujours prêts à partir. « Le duc réunit quatre mille lances garnies, chacune ayant six hommes ; savoir, trois archers à cheval, un cranequinier, un coulevrinier et un piquier, sans parler du coutillier et du page que pouvaient avoir les hommes d'armes. Les chariots d'artillerie et de munitions étaient au nombre de quatorze cents ; chaque chariot avait deux hommes pour le conduire et deux pionniers armés d'une salade, d'une jacques de mailles et d'une masse de fer ou de plomb. Douze cents lances étaient attendues du duché de Bourgogne, cent soixante du Luxembourg ; le ban et l'arrière-ban de Flandre étaient convoqués ([1]). » Le duc marcha sur la Somme et reprit plusieurs de ses villes. Le roi avait de son côté quatre mille lances et vingt mille gens de pied ; mais il était peu enclin à remettre tout au hasard d'une bataille ;

---

[1] Barante, *Histoire des ducs de Bourgogne.*

il trouvait plus sûr de gagner à petit bruit les partisans de son cousin de Bourgogne, et il y réussit assez bien. Charles, par son commerce dur et hautain, ses emportements, sa volonté brutale et sans réplique, semait autour de lui la désaffection et la terreur; il offensait ses nobles, il frappait ses gens de guerre; sa discipline était terrible : dans une revue il tua un homme d'armes mal équipé, comme eût fait un chef de Barbares. Charles mit le siége devant Amiens et y échoua. Après une courte trêve, il revint plus furieux, emporta Nesle, et fit couper le poing à toute la garnison; il entra à cheval dans l'église encombrée de morts, et dit : « J'ai de bons bouchers avec moi; voilà une belle vue. » Le duc fondit de là sur la Normandie, portant le feu et la flamme sur son chemin; il voulut emporter Beauvais en passant, mais il s'y trouva arrêté court; les femmes, les enfants mêmes y firent des merveilles; voulant l'assaut malgré l'avis de tout son monde, il y perdit quinze cents hommes et fut contraint de décamper. Il se jeta sur d'autres villes, y portant sa vengeance et ne laissant rien debout où il passait. Ce dévastateur s'arrêta devant Rouen où il ne fit rien, et revint sur ses pas achevant de tout mettre en cendre et harcelé dans sa retraite par les gens du roi. Dégoûté de la France par ses échecs, il tourna d'un autre côté sa fantasque politique; il se fit céder à prix d'argent la succession de Gueldre, et acheva par les armes d'en prendre possession. Son ambition était de faire ériger en royaume ses vastes états; et, parmi ses projets grandioses et chimériques, était celui de s'emparer de toute la vallée du Rhin, depuis Bâle jusqu'à Nimègue.

Ce projet inquiéta les Suisses, que Louis XI avait attirés dans son alliance, et leur fit conclure une ligue avec les villes du Rhin. L'empereur Frédéric III consentit à voir le duc à Trèves et lui fit espérer cette couronne royale qu'il ambitionnait; déjà de pompeux préparatifs étaient faits pour la cérémonie, l'église était tendue, la couronne, le sceptre, étaient exposés aux regards, le jour était venu; mais l'Empereur s'enfuit en bateau sur la Moselle pendant la nuit, 1473. Outré de courroux de se voir joué de la sorte, le duc se prépara à la guerre contre l'Empereur. Par ses desseins précipités, par sa furieuse ambition il se mit sur les bras un nouvel adversaire; convoitant tout à la fois, il prétendit à la succession de Lorraine. Le jeune duc René II osa lui déclarer la guerre, le tenant sans doute pour fort compromis par tant d'ennemis qu'il s'était faits. La

France, l'Empire, la Lorraine et les Suisses étaient tournés contre lui. Charles laissa échapper l'alliance de l'Angleterre, s'acharnant pendant dix mois au Neuss sur le Rhin, 1474. Il en vint aux mains avec l'Empereur, qui amena cent mille hommes au secours de la place. Le duc ne put la prendre. Plus heureux contre Nancy, il s'empara de la Lorraine, après quoi il tourna ses efforts contre les Suisses. Il espérait, une fois maître de leurs montagnes, s'ouvrir un débouché dans le Milanais qu'il convoitait. Il s'avança à la tête de seize mille hommes, et campa près de Lausanne. « Il alla, dit Commines, mettre le siége devant une place appelée Granson......; se rendirent à lui ceux de dedans à volonté, lesquels il fit tous mourir. » Il fit traîtreusement noyer dans le lac des hommes qu'il avait reçus à composition. Bientôt l'armée des Suisses descendit des hauteurs, hérissée de piques, de longues hallebardes, formant d'épais carrés entre lesquels était l'artillerie. Aux dernières pentes, ils s'agenouillèrent tous, se découvrirent et prièrent; puis ils fondirent comme un torrent sur les Bourguignons. Le duc, contre l'avis des plus sages, s'était porté à leur rencontre au pied des monts. Son avantgarde fut culbutée par cette rude descente des montagnards. Bientôt les trompes se firent entendre de nouveau dans le lointain. C'étaient les cornes d'Ury et d'Unterwalden qui annonçaient une nouvelle armée. Les gens de Bourgogne, déjà ébranlés, furent pris d'épouvante et s'enfuirent. En vain le duc les rappelait avec outrages, les frappait à coups d'épée, la déroute fut complète et prompte; il n'y eut pas d'autre combat. Charles, plein de rage, entraîné lui-même, abandonna tout et s'enfuit à l'aventure avec cinq de ses serviteurs.

Cette grande atteinte à sa réputation militaire grossit la ligue de ses ennemis. Cependant il ne renonça pas à une revanche. Il épuisa ses pays, et remit sur pied plus de trente mille hommes. Rentré sur les terres suisses, il vint assiéger Morat. Les cantons rassemblèrent leurs contingents; ils formaient ainsi trente mille hommes auxquels se joignit la cavalerie de Lorraine; car les lignes suisses s'étaient choisi pour général René de Lorraine fort impatient de recouvrer son duché. L'armée descendit de Berne vers Morat, et aborda le camp des Bourguignons. Son jeune général était habile et de sens plus rassis que le duc de Bourgogne. Il trompa son adversaire par une fausse attaque, et après des assauts terribles, les

Suisses firent irruption dans les retranchements ennemis. Charles, qui n'écoutait nul avis, s'était refusé à en sortir pour prendre position dans la plaine où sa cavalerie aurait prévalu. La terreur se répandit dans ce camp, le carnage y fut grand, l'artillerie fut prise et tournée contre les Bourguignons; une partie de cette armée éperdue se noya dans le lac. Le duc, près d'avoir toute retraite coupée, n'eut que le temps de fuir, abandonnant tout derrière lui comme à Granson. Les vainqueurs profitèrent de cette déroute de leur ennemi pour attaquer la Lorraine. C'était de la reconnaissance pour le jeune général à qui ils devaient leur victoire. Nancy tomba en leur pouvoir; mais le duc de Bourgogne avait de braves et riches sujets; il offrit la noblesse à tous les bourgeois qui voudraient s'armer, et refit en quelques semaines une troisième armée. Il accourut en Lorraine, et mit le siége devant Nancy, 1477. C'était en hiver; sa frénésie ne connaissait plus d'obstacles. Il s'entêta devant la place par un temps meurtrier; le froid, les maladies, les misères du siége, mettaient ses gens hors de combat. Le duc René, pendant ce temps, implorait les Suisses ses amis; il revint à la tête de vingt mille hommes forts et résolus. Charles, réduit à trois mille à peine, les attendit de pied ferme avec son incorrigible obstination. Il avait donné la veille un dernier assaut, et la garnison avait osé, dans une sortie, venir brûler une partie de son camp. Comme il s'armait de grand matin, dit le chroniqueur, le lion en or qui formait le cimier de son casque vint à se détacher et tomba. Charles y vit un sombre présage, et dit : *Ecce magnum signum.* Bientôt il entendit retentir le terrible cor d'Ury; il se souvint de Granson et de Morat; il parcourut sa troupe, monté sur un cheval noir, et se mit au centre. La neige tombait à flocons épais. Les Suisses baisèrent cette terre glacée en se prosternant. Bientôt ils eurent tourné l'aile droite des Bourguignons qui fut enfoncée la première; l'aile gauche ne résista pas longtemps à de si robustes ennemis; sa faible infanterie ne put tenir devant les Suisses, et s'enfuit.

On chercha durant plusieurs jours, après le combat, ce que le duc de Bourgogne était devenu; il n'était point au nombre des fuyards, personne ne l'avait vu tomber dans la bataille; mais un page assura qu'il avait été tué, et indiqua le lieu où son corps devait être. On l'y trouva en effet, nu, couché sur le ventre, le visage attaché aux glaçons du marais. Son corps portait trois blessures. Sa tête était fendue de la bouche à l'oreille; un coup de pique lui traversait la cuisse, un autre le bas des reins. Le duc de Lorraine le fit porter à Nancy. On l'exposa sur un lit de parade, et René, prenant la main du mort, lui dit : « Dieu ait votre âme, vous nous avez fait moult de maux et de douleurs. »

Par qui fut frappé Charles-le-Téméraire ? L'histoire n'a recueilli que des bruits populaires à ce sujet. On soupçonna du meurtre un capitaine italien, Campo-Basso, à qui le duc avait donné un soufflet; d'autres racontèrent que le cheval du prince s'étant abattu sur un ruisseau gelé, un gentilhomme lorrain accourut et le frappa; comme il cherchait à se relever sous sa lourde armure. « Sauve le duc de Bourgogne », lui cria le blessé; mais ce gentilhomme était sourd, il crut entendre vive Bourgogne, et s'élançant une seconde fois sur l'inconnu, il lui fendit le crâne d'un coup de sa hache d'armes.

Ainsi finit cette grande maison de Bourgogne; ainsi devait périr cet homme farouche, aveuglé d'orgueil, plein des passions du moyen âge, dont la valeur et l'ambition féodale ne pouvaient arrêter les destinées de la France et le développement de son unité.

Femmes : 1. CATHERINE DE FRANCE, fille de Charles VII, née en 1428, morte en 1446; — 2. ISABELLE, fille de Charles Ier, duc de Bourbon, morte en 1465, — 3. MARGUERITE D'YORK, sœur d'Édouard IV, roi d'Angleterre, morte en 1503. *Il eut de la seconde :* MARIE DE BOURGOGNE, duchesse de Brabant, de Luxembourg; comtesse de Flandre, de Hainaut, etc.; née en 1457, morte en 1482. Cette princesse, unique héritière des vastes possessions de la maison de Bourgogne, épousa, en 1477, Maximilien, archiduc d'Autriche, depuis empereur d'Allemagne, et fut l'aïeule de Charles-Quint.

DUCS DE BRABANT.

XVIII

Antoine de Bourgogne

DUC DE BRABANT.

SERVICES.

Prise de Ham.................. 1411 | Bataille d'Azincourt, (*Il y fut tué*).. 1415

ARMES : Écartelé au 1 et 4 de Bourgogne moderne. Au 2 et 3 de sable au lion d'or, armé et lampassé de gueules, qui est Brabant.

DEVISE : *Limbourg à qui l'a conquise.*

Ce frère de Jean-sans-Peur, né en 1384, fut institué gouverneur du Brabant par Jeanne, duchesse de Brabant, sa grand'tante maternelle. Elle le fit son héritier, et, à sa mort en 1406, il prit possession de cette province. Il obtint, en outre, le comté de Réthel en pairie viagère. Durant les guerres de faction des maisons de Bourgogne et d'Orléans, ce duc tint le parti de Jean-sans-Peur; il se trouva à la prise de Ham (1411). Cependant le duc de Brabant intervint le plus souvent comme conciliateur, employant, au dire des chroniqueurs, beaucoup de douceur et de patience dans ces négociations entre les princes rivaux. Il refusa de prêter les mains aux menées de son frère avec les Anglais, et quand il apprit que l'étranger avançait au cœur du royaume, il offrit au roi toutes les forces dont il disposait. Mais tel était le désordre du gouvernement qu'on négligea de le prévenir en temps opportun.

A la nouvelle des événements, Antoine de Bourgogne accourut en grande hâte, devançant son armée, et n'ayant que douze hommes pour toute escorte. Si Jean-sans-Peur, à ce moment, eut obéi à la loyale impulsion de son frère, il eut peut-être changé la défaite d'Azincourt en victoire; mais il resta dans sa politique perverse. Le duc de Brabant, redoublant de vitesse au bruit du combat, n'ayant même pas son armure, arracha, dit le chroniqueur Monstrelet, la bannière d'un de ses trompettes, la fendit par le milieu, y passa la tête, et la revêtit ainsi en guise de cotte-d'armes. Il s'élança au plus fort de la mêlée, combattit avec une ardeur héroïque, et y trouva une glorieuse fin. En apprenant la mort du duc de Brabant qu'il aimait, et de son autre frère le comte de Nevers, *tués* l'un et l'autre à Azincourt, Jean-sans-Peur outré de douleur et de courroux, envoya un de ses hérauts remettre son gantelet au roi d'Angleterre, et « le défier à feu et à sang » ; Henri V refusa de le recevoir.

Femmes : 1. JEANNE DE LUXEMBOURG, fille de Waleran, comte de Saint-Pol, morte en 1407; — 2. ÉLISABETH DE LUXEMBOURG, fille de Jean, marquis de Moravie et de Brandebourg. Elle se remaria au comte Jean de Bavière, surnommé *Sans-Pitié*, ancien évêque de Liége. *Il eut de la première :* 1. JEAN (qui suit); — 2. PHILIPPE (qui suivra). *De la seconde :* 1. GUILLAUME, né et mort en 1410; — 2. N..., morte enfant

---

XIX.

Jean de Bourgogne

DUC DE BRABANT.

SERVICES.

Guerre de Hainaut............... 1424	Prise d'Ath................... 1425
Prise de Valenciennes.......... 1425	Prise de Bouchain............ 1425
Prise de Condé................. 1425	Prise de Mons................ 1425

Jean de Bourgogne, né en 1403, était encore enfant quand son père périt à Azincourt. Incapable de gouverner lui-même, il fut asservi par son entourage. Son caractère était faible et sa santé débile. Il avait quatorze ans quand on le maria à madame Jacqueline, héritière de Hainaut sa parente, et qui était veuve du dauphin de France. C'était une belle et courageuse femme, d'humeur très-impérieuse et plus âgée que son timide mari. Elle voulut supplanter ses conseillers, leur fit une rude guerre et en fit périr plus d'un. Après plusieurs années de ces luttes et de ces discordes, la duchesse, irritée de ce que son mari avait chassé les femmes qui la servaient, s'enfuit à Calais et passa en Angleterre. Elle y travailla à faire casser son mariage, sur ce motif qu'elle était parente et marraine de son second mari. L'antipape Martin V consentit à prononcer ce divorce, et madame Jacqueline prit pour troisième époux le duc de Glocester. Ce fut l'origine d'une lutte entre ses deux maris. Le duc de Brabant voulut garder le Hainaut, Glocester et madame Jacqueline débarquèrent avec une armée d'Anglais, et s'emparèrent de quelques villes. Soutenu par les Bourguignons et les gens de Flandres, le duc de Brabant recouvra le Hainaut, grâce à son frère le comte de Saint-Pol, qui s'y employa avec une vigueur extrême, car le duc, toujours malade et incapable de rien diriger, assista à peine à quelques siéges. Un traité conclu avec sa femme en 1425, au moment où il allait l'assiéger dans Mons, laissa au duc de Brabant la possession du Hainaut et de la Hollande. L'affaire de leur mariage était de nouveau soumise au pape. Mais la duchesse s'enfuit de Gand, déguisée en homme, et passa en Hollande où elle tint tête au duc de Bourgogne qui devait profiter un jour de toutes ces querelles. Le duc de Brabant mourut, en 1427, sans postérité.

Femme : JACQUELINE DE BAVIÈRE, comtesse de Hainaut et de Hollande, veuve de Jean de France, dauphin, fils de Charles VI; fille unique et héritière de Guillaume IV, comte de Hainaut, etc. Elle se remaria à Humphrey, duc de Glocester pendant la vie du duc de Brabant; ce mariage fut cassé par le pape. Devenue encore une fois veuve, elle épousa François de Borselle, comte d'Ostrevant, et mourut sans enfants, en 1436 (1).

(1) On a vu, dans les notices de Philippe-le-Bon et de Jean de Bourgogne, le rôle de la comtesse Jacqueline dans les guerres de Hainaut et de Hollande : elle y montra la plus infatigable ardeur; elle assiégea Harlem, remporta une victoire sur une armée qui débarquait pour secourir cette place; mais l'ambitieuse héroïne avait l'âme dure comme ses gens de guerre; elle fit mettre à mort tous les prisonniers. Elle défendit pied à pied sa province contre les armes du duc de Bourgogne, sans se laisser abattre par les revers. Elle ne traita qu'à bout de ressources, et le reconnut pour son héritier. Si elle se montra impitoyable dans la guerre de Hollande, où le bon droit était de son côté, Jacqueline, cependant, avait l'humeur grande et libérale, et se dépouillait de tout pour ses amis et ses serviteurs.

XIX.

Philippe de Bourgogne

COMTE DE SAINT-POL, DUC DE BRABANT.

SERVICES.

Prise de Beaumont-sur-Oise......	1417	Siége de Corbeil...............	1417
Prise de Pontoise.............	1417	Guerre de Hainaut.............	1425
Siége de Saint-Cloud.........	1417	Prise de Braine-le-Comte......	1425
Siége de Paris..............	1417	Combat de Soignes............	1425
Prise de Montlhéry...........	1417	Prise de Mons...............	1425
Prise de Dourdan............	1417	Guerre en Hollande...........	1426

Philippe, comte de Saint-Pol, né en 1404, fut emmené, presque enfant, par Jean-sans-Peur, dans sa campagne de 1417, contre les Armagnacs. Il hérita, après son frère, du duché de Brabant. Il avait fait, comme son lieutenant, la guerre de Hainaut contre la comtesse Jacqueline. Le comte de Saint-Pol n'avait que vingt ans, et il s'en acquitta bien. Il entra en Hainaut à la tête des hommes de Bourgogne et de Brabant. Sa plus importante affaire fut le siége de Braine où les Anglais s'étaient jetés : il y employa de fortes machines, et la ville, battue sans relâche, capitula. Le comte rencontra bientôt le duc de Glocester et ses Anglais campés à Soignes, près de Waterloo. On commençait d'en venir aux mains quand les Brabançons, pressés de rentrer chez eux, tournèrent le dos. Il aurait eu peine à tenir avec sa seule chevalerie; mais la nouvelle d'une suspension d'armes mit heureusement fin au combat. Le comte de Saint-Pol, ayant mené à bien les affaires de son frère en Hainaut, alla le servir encore, comme son lieutenant général, en Hollande. Homme d'exécution vigoureuse, il y fit sans doute plus d'une opération militaire que les chroniqueurs ne rapportent pas. Il se rendit à Rome, avec le dessein de passer en Terre-Sainte, et d'y combattre les Musulmans. La mort de son frère le fit tout à coup duc de Brabant. Il allait épouser Yolande d'Anjou, fille de Louis II, roi de Sicile, quand il mourut, en 1430, à vingt-six ans.

Enfants naturels : 1. ANTOINE, *bâtard de Brabant;* — 2. PHILIPPE; — 3. ISABELLE, *femme de Philippe de Vieville, gouverneur d'Artois et chevalier de la Toison-d'Or.*

COMTES DE NEVERS.

XVIII.

Philippe de Bourgogne

COMTE DE NEVERS.

SERVICES.

Défense de Paris	1411	Prise de Fontenay-le-Comte	1412
Prise de Saint-Cloud	1411	Prise de Dun-le-Roi	1412
Prise d'Étampes	1411	Siége de Bourges	1412
Prise de Dourdan	1411	Bataille d'Azincourt. (*Il y fut tué*).	1415

Armes : Écartelé au 1 et 4 de Bourgogne moderne. Au 2 et 3 d'or au lion de sable armé et lampassé de gueules, qui est Flandre.

Philippe de Bourgogne, troisième fils de Philippe-le-Hardi, eut pour apanage le comté de Nevers. Il tint le parti de son frère Jean sans-Peur dans les guerres de Flandres et dans sa longue lutte contre les princes d'Orléans. Il l'aida à se rendre maître de Paris, prit part à ses entreprises sur Saint-Cloud et sur Étampes, et alla avec lui assiéger dans Bourges les ducs de Berri et de Bourbon. Mais le comte de Nevers cessa de prendre son frère pour guide quand les Anglais envahirent le pays. Il accourut, menant douze cents hommes à Azincourt sous sa bannière; il y faisait partie du corps de bataille, s'y comporta avec un dévouement héroïque, et y trouva la *mort*, comme son autre frère le duc de Brabant.

Femmes : 1. ISABELLE DE COUCY, comtesse de Soissons, fille d'Enguerrand VII, sire de Coucy, morte en 1411; — 2. BONNE D'ARTOIS, fille de Philippe, comte d'Eu, morte en 1425. *Il eut de la première :* 1. PHILIPPE, mort en bas âge; — 2. MARGUERITE, *id.* — *De la seconde :* 1. CHARLES (qui suit); — 2. JEAN (qui suivra).

XIX.

Charles de Bourgogne

COMTE DE NEVERS ET DE RETHEL.

SERVICES.

Conquête de la Normandie	1449-50	Prise de Falaise	1450
Prise du château de Chambrois	1449	Conquête de la Guyenne	1451
Prise du château d'Yernes	1449	Prise de Blaye	1451
Prise d'Argentan	1449	Prise de Fronsac	1451
Prise de Rouen	1449	Prise de Bordeaux	1451
Prise de Harfleur	1449	Seconde conquête de la Guyenne	1453
Prise de Honfleur	1450	Prise de Cadillac	1453
Prise de Caen	1450	Prise de Bordeaux	1453

EMBLÈME ET DEVISE : *Le soleil* : Nec retrogradior nec devior.

Charles de Bourgogne, fils du précédent, élevé sous la tutelle de sa mère, resta étranger aux liaisons de Philippe-le-Bon, son parent, avec les Anglais. Il assista, à Nevers, à des conférences qui s'y tinrent pour la réconciliation du duc avec le roi, et quand Charles VII fut près à reconquérir la Normandie, le comte de Nevers y figura parmi les princes et leur chevalerie. Il fit avec Dunois les siéges de Harfleur et de Honfleur. Il commandait une partie des troupes royales au siége de Caen. Le roi tourna ses armes vers la Guyenne, et le comte de Nevers y servit avec Dunois. Les Anglais, expulsés par Dunois, reparurent en Guyenne, et Charles VII y fit en personne cette nouvelle expédition où le comte de Nevers l'accompagna. Il mourut sans enfants légitimes en 1464. Plusieurs écrivains confondent ses faits d'armes avec ceux de son frère, le comte d'Etampes, qui devint après sa mort comte de Nevers.

Femme : Marie d'Albret, fille de Charles II, sire d'Albret.

Enfants naturels : 1. Guillaume, *légitimé* avec son frère et sa sœur; — 2. Jean; — 3. Adrienne, mariée d'abord à Claude de Rochefort, puis à Jacques de Cluny.

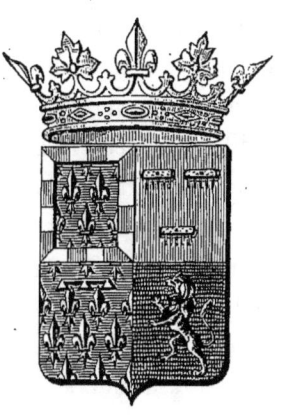

XIX

Jean de Bourgogne

COMTE D'ETAMPES ET DE NEVERS.

SERVICES.

Prise du château de Moreuil......	1434	Guerre contre Gand.............	1452
Prise du château de Mortemer....	1434	Combat d'Espierre.............	1452
Prise de Saint-Valery...........	1434	Combat et prise d'Oudenarde.....	1452
Siége de Calais................	1436	Prise de Nivelle...............	1452
Prise des forteresses d'Oye, de Vanclingen et de Mark	1436	Combat près de Gand...........	1452
Second siége de Calais..........	1438	Bataille de Rupelmonde.........	1453
Prise du château de Milli.........	1442	Prise de Sschendelbecke	1453
Guerre de Luxembourg..........	1443	Prise de Poucke...............	1453
Prise du château de Villi........	1443	Siége de Gavre................	1453
Prise de Luxembourg...........	1443	Bataille de Gavre..............	1453
Prise du château de Luxembourg.	1443	Guerre du Bien public..........	1465
		Défense de Péronne. (*Prisonnier*.)	1465

Armes : Écartelé au 1 de Bourgogne moderne. Au 2 de gueules à trois râteaux d'or, qui est Rethel. Au 3 semé de France au lambel de gueules à quatre pendants chacun chargé de trois châteaux d'or, qui est Artois. Au 4 de Brabant.

Jean de Bourgogne, connu sous le titre de comte d'Étampes, naquit le jour même où son père fut tué à Azincourt, en 1415. Il fut un des plus vaillants princes de sa maison. Il servit d'abord sous la bannière de Bourgogne, et eut un commandement considérable sur les marches de Picardie où il assiégea plusieurs châteaux. Ce fut la dernière phase des hostilités de la Bourgogne contre la France. Après la paix d'Arras, 1435, où il prit part aux conférences, il accompagna le duc de Bourgogne au siége de Calais, en 1436. Il y fut chargé d'un nouveau siége deux ans après, et tenta de rompre les digues pour inonder la ville et en déloger les Anglais. A la tête de cinq mille hommes, le comte d'Étampes tenait la campagne, et protégeait ses travailleurs contre les sorties ; mais l'opération fut reconnue impraticable, et force fut de l'abandonner. Quelques capitaines écorcheurs désolaient encore les campagnes. L'un des plus redoutés était Regnaut de Vignolle, frère de La Hire; il était maître du château de Milly, près de Beauvais, d'où il pillait la contrée. Le duc de Bourgogne envoya contre ce chef de routiers le comte d'Etampes qui, après plusieurs assauts très-meurtriers, prit son repaire et le rasa. Le duc aimait à confier son armée à ce jeune homme dont la valeur et les talents étaient en grande réputation chez ses hommes d'armes ; il le chargea de nouveau du commandement dans sa campagne du Luxembourg, 1443. (Voir Philippe-le Bon.) Le comte d'Étampes assiégea et prit d'assaut la forteresse de Villy; il y eut des surprises et de petits combats ; puis le comte, après avoir défié corps à corps le général ennemi, entreprit le siége de Luxembourg, et emporta cette grande place par escalade. Le château fut attaqué et réduit en peu de jours, et la garnison obtint pour condition de sortir « un bâton à la main ».

L'année suivante, le comte d'Étampes, à la tête de l'armée bourguignonne, se plaça sur les marches de Picardie pour s'opposer au passage des compagnies de routiers qui se portaient contre la Suisse ; il les arrêta court, se mit en bataille, et les força de s'éloigner.

Tout entier à son cousin de Bourgogne, qui lui avait fait don des seigneuries de Péronne et de Montdidier, le comte d'Étampes l'aida de corps et d'âme dans ses rudes affaires de Flandre. Il commanda les gens d'armes de Picardie dans la guerre contre Gand. Il arriva le premier sur l'Escaut, disent les chroniqueurs. A Espierre, des paysans armés gardaient un pont, et le défendirent vigoureusement ; il les tailla en pièces, et, sans attendre le reste de l'armée, il marcha au secours d'Audenarde assiégé par les Gantois. Depuis vingt ans qu'il commandait en chef, il n'avait pas encore reçu la chevalerie. Avant ce combat, il se fit donner la *colée*, et arma aussitôt cinquante chevaliers de sa main. Il força les retranchements des Gantois, rompit leurs rangs au moyen de ses archers picards, puis les fit charger de front et de flanc par sa chevalerie. Il en resta trois mille sur le champ de bataille. On poursuivit les fuyards, bride abattue, jusqu'aux portes de Gand. Après un nouveau combat, le comte d'Étampes s'empara de Nivelles. Parcourant cette contrée tout en armes, où le tocsin de tous les villages envoyait contre lui des flots de combattants, il fit sa jonction avec le duc de Bourgogne, et commanda l'arrière-garde à Rupelmonde. Il fut chargé de négocier la paix, et de réconcilier ces communes tumultueuses avec leur seigneur; mais la lutte se réveilla, et le comte, au combat de Gavre, forma le corps de bataille à la tête de ses Picards.

Le comte d'Étampes eut un ennemi mortel dans Charles-le-Téméraire; il fut accusé par lui de sortilége; d'avoir, par exemple, travaillé avec un moine noir à le faire périr par maléfice, au moyen de figures de cire. Mécontent du Bourguignon, le comte se tourna vers Louis XI, et tint pour lui en Picardie pendant la guerre du Bien public; assiégé dans Péronne, il y fut fait *prisonnier*. Devenu comte de Nevers et de Réthel, en 1464, après son frère, Jean prétendit à la succession du Brabant, qui, depuis la mort du dernier duc, en 1430, était passé à la branche aînée de Bourgogne. Le comte était héritier au même degré; mais son parti ne put résister contre l'ascendant de son adversaire; il hérita du comté d'Eu à la mort de Charles d'Artois, son oncle, en 1472, et il mourut sans héritiers mâles, en 1491.

Femmes : 1. Jacqueline d'Ailly, fille de Raoul, seigneur de Pecquigni et vidame d'Amiens; — 2 Paule de Brosse, *dite de Bretagne*, fille de Jean, comte de Penthièvre, morte en 1479; — 3. Françoise d'Albret, sœur de Jean d'Albret, seigneur d'Orval, morte en 1521. *Il eut de la première* : 1. Philippe, mort enfant en 1452; — 2. Élisabeth, comtesse de Nevers, mariée à Jean II, duc de Clèves, morte en 1483; leurs descendants prirent le titre de comtes de Nevers. — *De la seconde* : Charlotte, comtesse de Rethel, qui épousa Jean d'Albret, seigneur d'Orval, et mourut en 1500.

Fils naturels : 1. Jean, doyen de l'église de Nevers; — 2. Pierre, légitimé en 1478; — 3. Philippe, *bâtard de Nevers, seigneur du Rosoy, gouverneur du Réthelois*, fut légitimé *en* 1473. *Il épousa* Marie de Roye, *dont il n'eut qu'une fille*, Françoise de Nevers, *mariée à Philippe de Halluyn. Il se fit religieux, et mourut en* 1522 — 4. Gérard, *bâtard de Nevers, fut chevalier de Rhodes*.

SEIGNEURS DE BEVEREN ET DE LA VÈRE.

XX.

Antoine, bâtard de Bourgogne

SEIGNEUR DE BEVEREN ET DE LA VÈRE.

SERVICES.

Guerre contre Gand............	1452		Invasion en Picardie............	1472
Combat d'Oudenarde..	1452		Prise de Nesle.................	1472
Combat de Hulst...............	1452		Prise de Roye.................	1472
Prise de Moorbecque...........	1452		Siége de Beauvais.............	1472
Prise de Gavre................	1453		Siége de Neuss sur le Rhin....	1474-75
Bataille de Gavre..............	1453		Combat près de Neuss.........	1475
Guerre du Bien public.........	1465		Guerre contre les Suisses... ...	1476
Bataille de Montlhéry..........	1465		Prise de Granson.............	1476
Attaque de Paris..............	1465		Bataille de Granson...........	1476
Guerre contre Liége...........	1465		Siége de Morat...............	1476
Prise de Dinant...............	1466		Bataille de Morat..............	1476
Bataille de Brueistein..........	1467		Siége de Nancy...............	1476
Prise de Liége................	1468		Bataille de Nancy. (*Prisonnier*.)..	1477

ARMES : Écartelé au 1 et 4 de Bourgogne moderne. Au 2 parti de Bourgogne ancien et de Brabant. Au 3 parti de Bourgogne ancien et de Luxembourg ; sur le tout de Flandre, et au filet d'argent mis en barre brochant sur le tout.

Antoine, devenu grand Bâtard de Bourgogne à la mort de son frère Corneille, *tué* à Rupelmonde, était fils de Philippe-le-Bon. Il naquit en 1421, fut *légitimé* et forma cette branche des seigneurs de Beveren. Il débuta sous le comte d'Étampes au combat d'Oudenarde, où il fut armé chevalier; attaqué après, à Hulst, par cinq mille Gantois, il les tailla en pièces. Il fut un des commandants de l'avant-garde au combat de Gavre, où il chargea intrépidement. La croisade contre les Turcs appela à Marseille le grand Bâtard et son frère; mais l'expédition fut entravée, et elle échoua. A son retour, de nouvelles dissensions venaient d'éclater en Flandre; il entra en campagne contre les gens de Liége et de Dinant.

Étroitement uni à son frère Charles-le-Téméraire, il prit part à toutes ses entreprises, commanda son arrière-garde à Montlhéry. Il coopéra plus tard à l'invasion de la Picardie et aux siéges de Nesle et de Beauvais. Le grand Bâtard, excellent homme de guerre, avait de plus la main habile aux négociations; il avait le tact et la dextérité qui manquaient à son frère, et il lui ouvrit en maintes occasions des avis prudents; plus que personne il osait opposer des raisons calmes à ses volontés furieuses; il l'avertit du vice de ses dispositions à Granson, où le duc se portait trop en avant; mais cet homme terrible n'écoutait personne. Antoine combattit encore à Morat; il y commandait l'aile gauche, et y soutint, avant de plier, de terribles assauts. Le grand Bâtard fut un des rares survivants de ces sanglantes défaites qui châtièrent, sans l'abattre, l'orgueil de Charles-le-Téméraire. Enchaîné jusqu'au bout à l'orageuse destinée de ce frère, il se trouva encore à son appel devant Nancy; il y plaida avec chaleur pour ces prisonniers lorrains, que le duc fit massacrer sans plus de pitié que de politique. Quand les Suisses s'approchèrent, le grand Bâtard fut d'avis de ne pas hasarder une bataille impossible; puis il prit son rang, et fit son devoir en bon capitaine; il fut fait *prisonnier* ainsi que son fils.

Louis XI, qui estimait le grand Bâtard et lui avait donné, pour se l'attacher, les comtés de Château-Thierry et de Châtillon-sur-Marne, se le fit livrer et lui rendit la liberté (1). Il demeura depuis au service de France, fut *légitimé* par lettres de janvier 1486, et mourut à 83 ans, en 1504.

Femme : MARIE DE LA VIÉVILLE, dont il eut : 1. PHILIPPE (qui suit); — 2. JEANNE, qui épousa Gaspard, seigneur de Culembourg; — 3. MARIE, morte jeune; — 4. N... DE BOURGOGNE, femme de Rodolphe, comte de Fauquemberg.

Fils naturel : ANTOINE, *seigneur de Wacquen, a fait la branche de ce nom.*

(1) Le seigneur de Beveren, son fils, défendait Saint-Omer avec un courage obstiné, tandis que le grand Bâtard était encore sous la main de Louis XI. Le roi lui fit dire que, s'il ne rendait pas la ville, son père allait avoir la tête tranchée. Le seigneur de Beveren répondit : « J'aime bien monsieur mon père, mais j'aime encore mieux mon « honneur, et je resterai fidèle à mon parti. »

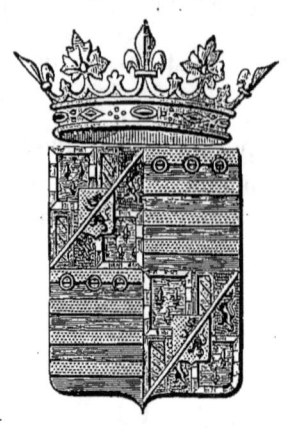

XXI.

Philippe de Bourgogne

SEIGNEUR DE BEVEREN ET DE LA VÈRE.

SERVICES.

Guerre contre les Suisses	1476	Bataille de Morat	1476
Prise de Granson	1476	Siége de Nancy	1476
Bataille de Granson	1476	Bataille de Nancy. (*Prisonnier.*)	1477
Siége de Morat	1476	Défense de Saint-Omer	1477

ARMES : Écartelé, au 1 et 4 de tous les quartiers de Bourgogne, avec le filet en barre d'argent. Au 2 et 3 fascé d'or et d'azur de huit pièces à trois annelets de gueules en chef, posés sur les deux premières fasces, pour la Viéville.

Philippe suivit son père dans les désastreuses campagnes contre les Suisses, et fut fait *prisonnier* avec lui devant Nancy. Il resta fidèle au parti de Bourgogne et défendit Saint-Omer en héros. Malgré le silence de l'histoire, ses dignités militaires indiquent qu'il a dû combattre beaucoup; mais on ne fait figurer dans ce livre que ce qui est constaté positivement. Il fut amiral de Flandre, gouverneur des comtés de Flandre et d'Artois, chevalier de la Toison-d'Or, etc.

Femme : ANNE DE BORSELLE, dame de la Vère, fille de Wolfart de Borselle; elle se remaria à Louis, vicomte de Montfort. *Il eut d'elle :* 1. ADOLPHE (qui suit); — 2. MADELEINE, femme de Josse de Cruninghen; — 3. ANNE, qui épousa Jean de Berghes, seigneur de Walheim, mort sans postérité; — 4. MARGUERITE, mariée à Jacques de Coupigny, grand bailli de Lens.

XXII.

ADOLPHE DE BOURGOGNE, SEIGNEUR DE BEVEREN ET DE LA VÈRE.

On ne sait rien sur les faits militaires de ce seigneur, qui fut amiral de Flandre et chevalier de la Toison-d'Or. Érasme lui dédia son livre : *De la Vertu*. Adolphe mourut en 1540.

Femme : ANNE DE BERGHES, fille de Jean, seigneur de Berghes, morte en 1541. *Il eut d'elle* : 1. PHILIPPE, mort jeune ; — 2. MAXIMILIEN (qui suit) ; — 3. HENRI, mort jeune ; — 4. JACQUELINE, dame de Crèvecœur, qui hérita de son frère Maximilien. Elle épousa : 1° JEAN DE FLANDRE II, seigneur de Praët ; 2° JEAN, vicomte de Zélande. — 5. ANNE, mariée d'abord à Jacques, comte de Horn, mort sans postérité, puis à Jean de Hennin, comte de Boussu ou Bossu, et morte en 1551. Leurs descendants héritèrent de la principauté de Chimay. Ce titre de prince fut confirmé par l'empereur Léopold Ier au comte de Bossu, Charles-Louis d'Alsace de Hennin, qui épousa Charlotte, fille du duc de Saint-Simon, auteur des *Mémoires* ; — 6. N... DE BOURGOGNE, mariée au seigneur de la Woëstine ; — 7. ANTOINETTE, mariée, 1° à Charles de Croy, duc d'Arschot, 2° à Jacques d'Anneux, seigneur d'Abancourt.

Fils naturel : PHILIPPE, *seigneur de Fontaines, qui épousa Jeanne de Hesdin dont il eut plusieurs enfants. Un d'eux* MARTIN, *seigneur de Tauberge, fut tué à la bataille d'Alcacer, en Afrique, en* 1578.

XXIII.

MAXIMILIEN DE BOURGOGNE, MARQUIS DE LA VÈRE, SEIGNEUR DE BEVEREN.

Ce prince, destiné à l'état ecclésiastique, eut pour instituteur le célèbre Érasme. Il abandonna l'église pour la profession des armes, « en laquelle, dit le P. Anselme, il se « rendit célèbre ; » mais l'histoire ne dit rien de précis sur ses faits de guerre, qui ne peuvent être enregistrés ici. Maximilien fut amiral de Flandre en 1542, puis gouverneur et capitaine général de Hollande et de Zélande, et chevalier de la Toison-d'Or en 1546.

Il mourut sans enfants de sa femme LOUISE DE CROY, fille de Philippe, duc d'Arschot.

BRANCHE DE VALOIS-D'ALENÇON.

Cette maison, issue de Charles de France, comte de Valois, frère de Philippe-le-Bel, a subsisté près de deux cents ans, et s'est éteinte en 1525; deux de ses princes sont morts sur le champ de bataille. Le comté d'Alençon fut érigé en duché-pairie en 1414.

XIV.

Charles de France

COMTE DE VALOIS ET D'ALENÇON.

SERVICES.

Expédition d'Aragon	1285		Prise de Douai	1300
Prise de Perpignan	1285		Prise de Béthune	1300
Prise d'Elne	1285		Combat de Courtrai	1300
Combat du col de Panissar	1285		Prise de Bruges	1300
Prise de Péralada	1285		Combat près de Dam	1300
Prise de Figuières	1285		Expédition en Sicile	1301-02
Prise de Girone	1285		Guerre de Flandre	1304
Guerre en Guyenne	1295		Combat au passage de la Lys	1304
Prise de Rions	1295		Bataille de Mons-en-Puelle	1304
Prise de Blaye	1295		Siége de Lille	1304
Prise de Bourg	1295		Expédition de Guyenne	1324
Prise de la Réole	1295		Prise de la Réole	1324
Prise de Saint-Sever	1295		Prise de Montpezat	1324
Campagne de Flandre	1300			

ARMES : Semé de France à la bordure de gueules.

Charles de France, second fils de Philippe-le-Hardi, naquit en 1270. Son père lui donna pour apanage les comtés de Valois, d'Alençon, etc.

Rome lui fit une part plus belle encore, en le gratifiant des royaumes d'Aragon et de Valence, du Roussillon et de la Catalogne; mais il fallait combattre pour les posséder. Le roi Philippe fit cette campagne avec ses deux fils. Le comte de Valois, âgé de quinze ans, ne quitta pas son père; il suivit, devant toutes les places assiégées, cette armée qui combattait pour lui. Mais l'expédition, après un heureux début, tourna mal; et les prétentions de Valois tombèrent à néant.

Dès l'origine de nos longues guerres avec les Anglais, Charles de Valois courut en Guyenne (1295). Il répandit la terreur et fit une rude guerre aux villes qui s'étaient données à l'ennemi. Plus d'une fut emportée d'assaut. Mais sitôt qu'il eut quitté la province, ces places retombèrent aux mains des Anglais.

Philippe-le-Bel, en guerre contre le comte de Flandre, donna son armée à commander à son frère Valois qui s'empara, dit le chroniqueur, de toutes les villes de ce pays, à l'exception de Gand. Il vainquit, dans deux combats, Robert de Béthune, fils aîné du comte de Flandre, qui se rendit à discrétion.

Le pape Boniface VIII attira Charles de Valois en Italie : le pontife, menacé par les factions florentines, l'appelait à son aide, lui promettant de le faire empereur. Il le trompa; mais Charles, à défaut de l'empire d'Occident, se donna le titre d'empereur d'Orient, du droit de sa femme, Catherine de Courtenay; puis il passa en Sicile à la tête d'une force navale imposante, pour combattre Ferdinand d'Aragon et les Sarrasins. Après une campagne, il fut contraint d'accepter un fâcheux traité : la famine et les maladies avaient décimé son armée. Revenu en France, il assista à la bataille de Mons-en-Puelle, où ses escadrons furent rompus; il céda à un premier moment de surprise et de panique, mais il revint bientôt à la charge et contribua au succès.

On connaît sa haine pour Enguerrand de Marigny, et la part qu'il prit à son procès; cette haine mortelle avait sa source dans un motif d'honneur. Valois avait répondu au comte de Flandre, sur sa parole de chevalier, que ses états lui seraient rendus : cette promesse ne fut point respectée, et il l'imputa à Marigny. Il montra bientôt un cuisant repentir de sa mort, et voulut l'expier par des fondations et de grandes aumônes; ses officiers allaient disant à chaque pauvre : « Priez Dieu pour monseigneur Enguerrand de Marigny et monseigneur Charles de Valois. »

Après avoir montré plus tard de la modération et de la prudence dans une querelle des barons contre son neveu Louis-le-Hutin, Charles termina sa carrière militaire par une campagne en Guyenne (1324). Charles-le-Bel, excité à la guerre par sa sœur, femme d'Édouard II, fit attaquer cette province. Le comte de Valois arriva à Cahors avec ses deux fils, et y passa en revue les milices du Languedoc. Agen ouvrit ses portes ; Condom, Bazas, et les places du comté de Gavre, se soumirent aussi sans combat ; mais le château de La Réole, défendu par le comte de Kent, frère d'Édouard, ne se rendit qu'après une vive résistance. Le comte de Valois assiégea ensuite le château de Montpezat qui fut pris et rasé ; il s'empara ainsi de presque toute la Guyenne et ne laissa aux Anglais que les villes de Bordeaux, Bayonne et Sainte-Sever. Il revint triomphant à Paris, et mourut l'année d'après.

Charles de France, comte de Valois, fut fils de roi, frère de roi, oncle, gendre, père de roi, et enfin tige d'une postérité de treize rois. Il fut toujours heureux en combattant pour l'État, et n'échoua qu'en guerroyant pour lui-même : il manqua la couronne impériale comme la couronne d'Aragon, et resta comte parmi tant de rois de sa lignée.

Femmes : 1. MARGUERITE DE SICILE, fille de Charles II, roi de Naples, morte le 31 décembre 1299 ; — 2. CATHERINE DE COURTENAY, impératrice titulaire de Constantinople, morte en 1307 ; — 3. MAHAUD DE CHATILLON, fille de Guy III, comte de Saint-Paul, morte en 1358. *Il eut de la première* : 1. PHILIPPE VI, roi de France (*voy.* page 47) ; — 2. CHARLES, comte d'Alençon (qui suit) ; — 3. ISABELLE, née en 1293, qui épousa Jean III, duc de Bretagne, et mourut en 1309 ; — 4. JEANNE, mariée à Guillaume Ier, comte de Hainaut ; devenue veuve, elle se fit religieuse et mourut en 1352 ; — 5. MARGUERITE, mariée à Guy Ier de Châtillon, comte de Blois, morte en 1342. De ce mariage vinrent LOUIS DE CHATILLON, comte de Blois, *tué* à Crécy en 1346, et CHARLES DE BLOIS, duc de Bretagne, *tué* à la bataille d'Auray en 1364. — 6. CATHERINE, morte jeune. *Il eut de la seconde* : 1. JEAN, comte de Chartres, mort jeune ; — 2. CATHERINE, mariée à Philippe de Sicile, prince de Tarente, elle mourut en 1346 ; — 3. JEANNE, femme de Robert d'Artois III, morte en 1363 ; — 4 ISABELLE, religieuse et prieure de Poissy. *Il eut de la troisième* : 1. Louis, comte d'Alençon, mort enfant en 1328 ; — 2. MARIE, seconde femme de Charles, duc de Calabre, morte en 1328 ; — 3. ISABELLE, mariée à Pierre Ier, duc de Bourbon ; — 4. BLANCHE, qui épousa l'empereur Charles IV et mourut en 1348.

XV

Charles II de Valois, dit le Magnanime

COMTE D'ALENÇON.

SERVICES.

Expédition de Guyenne	1324		Prise de Chantoceaux	1341
Prise de la Réole	1324		Prise de Carquefou	1341
Prise de Montpezat	1324		Prise de Nantes	1341
Bataille de Cassel. (*Blessé*.)	1328		Prise de Rennes	1342
Prise de Saintes	1330		Prise de Saint-Aubin-du-Cormier	1342
Expédition de Flandre	1339		Siége de Hennebon	1342
Secours à Cambrai	1339		Prise d'Auray	1342
Prise de Thun-l'Évêque	1340		Prise de Vannes	1342
Secours à Tournai	1340		Prise de Carhaix	1342
Expédition en Bretagne	1341		Bataille de Crécy. (*Il y fut tué*.)	1346

ARMES : Semé de France à la bordure de gueules, chargée de huit besants d'argent.

Charles II fit sa première expédition en Guyenne sous le commandement de son père, et montra devant La Réole ce courage brillant qu'il poussa souvent jusqu'à une aveugle témérité. Après le couronnement de Philippe de Valois son frère, il accompagna ce roi dans la guerre de Flandre, et fut dangereusement *blessé* à la bataille de Cassel, où il commandait la seconde division.

Quelques contestations de frontières restaient toujours pendantes en Guyenne. Les Anglais faisaient dans Saintes des dispositions menaçantes. Le roi envoya son frère pour observer leurs mouvements; mais impatient d'agir, le comte d'Alençon surprit la ville, l'enleva d'assaut et rasa ses murs.

Mécontent de cette brusque agression, le roi resta en défiance contre la fougue déréglée de son frère, et hésita longtemps à l'employer. Il reprit un commandement en 1340, dans l'armée qui marcha contre le roi Édouard, et eut quelques escarmouches devant Tournai. La guerre éclatait alors en Bretagne, entre Charles de Blois et Jean de Montfort. Le comte d'Alençon s'y rendit avec la plupart des pairs qui s'étaient prononcés pour le comte de Blois. « Quand ils furent aux champs, dit Froissart, ils estimèrent leur ost à cinq mille armures de fer, sans les Génois qui étoient là trois mille.... Ils se trairent pardevant un très fort chatel séant haut sur une montagne par dessus une rivière et l'appelle-t-on Chantoceaux et est la clef et l'entrée de Bretagne... Si l'assiégèrent tout autour et y firent plusieurs assauts. » Le château se rendit. « Puis se délogèrent les seigneurs et vinrent par devers Nantes... trouverent entre voies une bonne ville et grosse... Si l'assaillirent fortement... Si fut tantôt la ville gagnée, toute robée, et bien la moitié arse et tous les gens mis a l'epée et appele-t-on la ville Carquefou.... Le lendemain ils se délogèrent et se trairent vers la cité de Nantes. Si l'assiégèrent tout autour et firent tendre tentes et pavillons si bellement et si ordonnément que vous savez que François savent faire. » Après plusieurs escarmouches, la ville se rendit, et le comte de Montfort resta prisonnier. Le chroniqueur poursuit : « Si issirent de Nantes et allerent assieger Reims... et y firent grands dommages et plussieurs assauts... et ceux de dedans la defendirent aussi fortement et vaillamment. » La ville ouvrit ses portes. Ils assiégèrent après dans Hennebon la vaillante comtesse de Montfort, « qui conforta ses soudoyers. » Ils y échouèrent et allèrent enlever d'autres forteresses. Le comte d'Alençon et l'armée revinrent en Bretagne en apprenant la descente du roi d'Angleterre ; mais une trêve suspendit leurs opérations.

Quatre ans après, Edouard fit invasion en France. Il dévasta la Normandie, et s'approcha de Paris. Philippe de Valois se mit en marche pour l'atteindre. Son frère, le comte d'Alençon, commandait l'avant-garde; il était de ceux qui raillaient l'ennemi déjà en retraite vers Calais, et qui parlaient de le chasser du bois de leurs lances. Aussi quand les Anglais s'arrêtant firent tête à cette chevalerie, d'Alençon engagea la bataille sans prévoyance et sans dispositions.

Les troupes, épuisées par une marche forcée sous une grosse pluie, avaient besoin de reprendre haleine. Le roi voulait leur laisser une nuit de repos; mais, dit Froissart, « le roi ni ses maréchaux ne purent être maitres de leurs gens, car il y avoit là si grands seigneurs que chacun vouloit là montrer sa puissance... Si chevauchèrent en cet etat, sans arroi et sans ordonnance, si avant qu'ils approchèrent leurs ennemis... Les Anglois sitôt qu'ils virent les François, se levèrent moult ordonément sans nul effroi et se rangèrent en leurs batailles... » Le combat fut engagé. Le roi avait placé en avant les archers génois au service de France; « mais, dit Froissart, ils eussent eu aussi cher que néant de commencer adonc la bataille; car ils étoient durement las et travaillés d'aller à pied ce jour, plus de six lieues, tous armés, et de leurs arbalètres porter; et dirent adonc à leurs connétables qu'ils n'étoient mie ordonnés de faire nul grand exploit de bataille. Ces paroles volèrent jusqu'au comte d'Alençon qui en fut durement courroucé et dit : On se doit bien charger de telle ribaudaille qui faillit au besoin... Bientôt les archers anglois firent voler leurs sagettes sur ces Genois que ce sembloit neigé... » Ils jetèrent leurs arcs et s'enfuirent. « Le roi de France, par grand malcontent, quand il vit leur pauvre arroy commanda et dit : Or tôt, tuez toute cette ribaudaille, car ils nous empêchent la voie sans raison... Bien est verité que de si grands gens d'armes et de si noble chevalerie et tel foison que le roi de France avoit là, il issit (sortit) trop peu de grands faits d'armes, car la bataille commença tard; et si estoient les François fort las et travaillés. Toutefois les vaillans hommes et les bons chevaliers, pour leur honneur, chevauchoient toujours avant et avoient plus cher à mourir que fuite vilaine leur fut reprochée. Là étoient le comte d'Alençon, le comte de Flandres, etc..... le roi qui tout frémissoit d'ire et de mautalent chevaucha encore un petit plus avant et lui sembla qu'il se vouloit adresser devers son frère le comte d'Alençon dont il veoit les bannières sur une petite montagne; lequel comte d'Alençon descendit moult ordonnément sur les Anglois et les vint combattre... moult longuement et moult vaillamment. »

Le comte engagea la bataille imprudemment; il fut la cause de ce grand désastre; mais il semble, au récit du chroniqueur, que si tout le monde eût combattu comme lui, sa témérité eût été peut-être rachetée par le succès. Il rompit les archers et pénétra jusqu'au prince de Galles dont les gens d'armes fléchirent un instant. Le comte d'Alençon fut *tué* l'épée à la main à cette bataille de Crécy où périrent le roi de Bohême, dix princes, quatre-vingts bannerets, douze cents chevaliers et trente mille soldats.

Femmes : 1. Jeanne, comtesse de Joigny, morte en 1336 ; — 2. Marie d'Espagne, fille de Ferdinand de la Cerda II, veuve de Charles d'Évreux, comte d'Étampes, morte en 1379. *Il eut de la seconde :* 1. Charles III, comte d'Alençon, qui entra dans l'ordre de Saint-Dominique. Il fut créé archevêque de Lyon en 1365, et mourut en 1375 ; — 2. Philippe, cardinal d'Alençon, qui fut élu évêque de Beauvais en 1356 ; — 3. Pierre II (qui suit) ; — 4. Robert (1).

---

(1)   ROBERT D'ALENÇON, COMTE DU PERCHE.

SERVICES.

Siége de La Charité............ 1364	Campagne de Bretagne........... 1372
Prise de Limoges............... 1370	Prise de Sucinio................ 1372
Combat de Pontvallain.......... 1370	Prise de Hennebon.............. 1373
Siége du château d'Usson....... 1371	Prise de Concarneau............ 1373
Prise de Milhau................ 1371	Siége de Brest................. 1373
Prise d'Usson.................. 1371	Siége de Derval............... 1373

Ce prince débuta au siége de La Charité, qui était tombée au pouvoir des routiers. « Là furent faits chevaliers, dit Froissart, et levèrent bannière à une saillie (sortie) que ceux de La Charité firent hors, messire Robert d'Alençon, etc. » Il accompagna son frère le comte d'Alençon, aux siéges de Limoges et d'Usson. Il était à Pontvallain avec le connétable Du Guesclin et y rangea les troupes à mesure qu'elles arrivaient pour surprendre l'ennemi, campé dans le voisinage. Les Anglais y furent vaincus, et leur chef resta prisonnier. Robert n'est plus nommé par Froissart parmi les princes qui continuèrent, sous Du Guesclin, la campagne de Saintonge et de Poitou. Il fit, en 1373, avec le comte d'Alençon (*Voy.* p. 270), la campagne de Bretagne et se trouva aux mêmes siéges que lui. Robert mourut en 1377.

Femme : Jeanne de Rohan, dont il eut : 1. Charles, mort jeune, — 2. Isabelle, religieuse à Poissy.

XVI.

Pierre II, dit le Noble

COMTE D'ALENÇON.

◦◦◦◦◦◦◦◦◦◦◦◦

SERVICES.

Campagnes contre les Anglais.... 1370	Prise de Montmorillon.......... 1372
Prise de Limoges............... 1370	Prise de Chauvigny............ 1372
Siége du château d'Usson....... 1371	Prise du château de Lussac..... 1372
Prise de Milhau................ 1371	Prise de Moncontour........... 1372
Prise d'Usson.................. 1371	Prise de Sainte-Sever.......... 1372
Prise de Benon................. 1372	Expédition en Bretagne......... 1373
Prise de Marans................ 1372	Prise du château de Sucinio.... 1373
Prise de Surgières............. 1372	Prise de Hennebon. (*Blessé.*).... 1373
Prise de Fontenay-le-Comte..... 1372	Prise de Concarneau........... 1373
Prise de Thouars............... 1372	Siége de Brest................ 1373
Prise de Saint-Maixant......... 1372	Siége de Derval............... 1373
Prise de Mellé................. 1372	Campagne contre le duc de Gueldres............ 1388
Prise d'Aunay.................. 1372	

Pierre II fut reçu chevalier en 1350. La date de sa naissance est inconnue. Son frère aîné Charles III ayant pris l'habit religieux, lui laissa le comté d'Alençon. Pierre fut un des otages du roi Jean, et resta plusieurs années en Angleterre. De retour en France, en 1370, il fut des premiers à l'attaque de l'Aquitaine anglaise, sous le commandement du duc de Berry. « Le comte Pierre d'Alençon, dit Froissart, et messire Robert d'Alençon son frère, se pourvurent bien et efforcément... Chevauchèrent le duc de Berry et ses routes (troupes) en Limousin, à bien douze cents lances et trois mille brigands (troupes armées à la légère), conquérant villes et châteaux et ardant et exillant le pays. Avec le duc Berry étoient le duc de Bourbon, le comte d'Alençon, messire Robert d'Alençon, etc... si entrèrent ces gens d'armes en Limousin et s'en vinrent mettre le siége devant la cité de Limoges, qui se rendit... »; ils échouèrent après devant Usson, « où il y eut grands assauts et grands efforts; » mais ils revinrent à la charge, et « les Anglois troitèrent bellement et sagement. » Toute cette guerre de châteaux se faisait avec quelques couleuvrines; ces hauts donjons se prenaient à l'escalade et en courant. Froissart, qui suit ses chevaliers devant toutes les forteresses, s'arrête, avec sa lourde cavalcade, devant Sainte-Sever, en Limousin. « Si vous dis que c'étoit grand' beauté à voir et imaginer ces seigneurs de France, et la frigue armoirie et riche d'eux... Plusieurs passoient parmi les fossés qui étoient pleins d'yaue et s'en venoient les targes sur leurs têtes jusqu'aux murs... et la étoient sur le fossé le duc de Berry, le duc de Bourbon, le comte d'Alençon... »

Après ces belles campagnes du Poitou et de Saintonge, le comte d'Alençon et son frère passèrent en Bretagne avec Du Guesclin, 1373. Froissart cite force villes et châteaux qui se rendirent sans coup férir. Sucinio, près de Vannes « fut assaillis roidement et pris par force... puis le connétable fit dresser ses engins et asseoir ses canons devant la ville et le châtel de Hennebon... et dit qu'il vouloit souper dedans. Lors assaillirent de grand' manière... » La ville que Jeanne de Montfort avait si bien défendue trente ans auparavant, en 1342, fut enlevée d'assaut, et le comte d'Alençon y fut *blessé*. L'armée se porta devant Brest, puis devant Derval. « A ce siége de Derval vinrent le connétable de France, le duc de Bourbon, les comtes d'Alençon et du Perche... »

Le comte d'Alençon suivit, en 1388, le jeune roi, Charles VI, dans une expédition contre le duc de Gueldres. Il mourut en 1404.

Femme : MARIE CHAMAILLART, vicomtesse de Beaumont, morte en 1425. *Il eut d'elle :*
1. PIERRE, mort jeune ; — 2 JEAN, mort enfant ; — 3. JEAN Ier (qui suit) ; — 4. MARIE, morte en 1377 ; — 5. JEANNE, morte en 1403 ; — 6. MARIE, mariée à Jean VII, comte d'Harcourt ; — 7. CATHERINE, qui épousa 1° Pierre de Navarre, comte de Mortain ; 2° Louis Ier, duc de Bavière, et mourut en 1462 ; — 8. MARGUERITE, religieuse.

Fils naturel : PIERRE, *bâtard d'Alençon, qui se signala dans un combat naval contre les Anglais, en* 1419.

XVII.

Jean Ier, dit le Sage

DUC D'ALENÇON.

SERVICES.

Guerre contre le duc de Bourgogne...............	1411	Prise de Noyon................	1414
Prise de Saint-Denis...........	1411	Prise de Soissons.............	1414
Prise de Saint-Cloud...........	1411	Prise de Bapaume.............	1414
Siége de Paris................	1411	Siége d'Arras................	1414
Prise de Compiègne...........	1414	Campagne contre les Anglais.....	1415
		Bataille d'Azincourt. (*Il y fut tué.*)	1415

ARMES : De France à la bordure de gueules, chargée de huit besants d'argent.

Jean Ier, né en 1385, succéda à Pierre II, son père, en 1404. Il vécut dans un temps de confusion et de tempêtes, au milieu des factions qui divisaient l'État, et la part qu'il y prit justifie mal ce surnom de Sage que ceux de son temps lui ont décerné. Jean d'Alençon se rangea du parti d'Orléans. Chaque faction, aussi peu soucieuse que l'autre de l'intérêt national dont le sentiment s'éveillait à peine, cherchait à mettre l'Anglais dans ses intérêts. Le comte d'Alençon se laissa entraîner dans ces menées coupables. Jean-le-Sage, en dépit de ce surnom, joua un rôle violent dans les guerres civiles. Il entama les hostilités contre la faction de Bourgogne, en ravageant le Vermandois. Marchant de là sur Paris, il se trouva, avec le parti d'Orléans, à la prise de Saint-Denis et de Saint-Cloud. Tandis que le roi Charles VI assiégeait dans Bourges les ducs de Berry et de Bourbon, Louis d'Anjou et le connétable de Saint-Pol furent chargés d'attaquer le comte d'Alençon et de s'emparer de ses seigneuries. Il fit une soumission forcée, et accompagna Charles VI aux siéges de Compiègne, de Noyon, de Soissons, de Bapaume et d'Arras. « Devant Arras, un homme, dit Monstrelet, bouta le feu au logis du seigneur d'Alençon, lequel hâtivement fut si grand qu'à peine lui-même put issir et fuir ès tentes du roi. » Il semblait las de ces cruels désordres et montrait grande envie de réconcilier les deux partis. Le roi, qui l'avait fait de sa main chevalier devant Bapaume, érigea son comté d'Alençon en duché-pairie.

Quand Henri V s'avança en Picardie, le comte d'Alençon, impatient d'expier le tort de ses intelligences avec les Anglais, marcha sur la Somme avec le connétable pour leur barrer les passages, et ils les tinrent en échec au Pont-Remi. Bientôt le duc d'Alençon les retrouva à Azincourt. Il s'y montra ce qu'avait été, à Crécy, son aïeul Charles II, un superbe et téméraire chevalier. Comme lui, il demanda sur-le-champ la bataille, malgré l'avis des meilleurs chefs. Comme son aïeul, il fut *tué* héroïquement. Le chroniqueur Monstrelet raconte ainsi sa mort : « Durant laquelle bataille, le duc d'Alençon dessus nommé, à l'aide de ses gens, transperça très vaillamment grand'partie desdits Anglais, et alla jusques assez près du roi d'Angleterre, en combattant moult puissamment ; et tant qu'il navra et abbattit le duc d'York. Et adonc ledit roi, voyant ce, approcha pour le relever, et s'inclina un petit. Et lors ledit duc d'Alençon le férit de sa hache sur son bassinet et lui abattit une partie de sa couronne. Et en ce faisant, les gardes du corps du roi environnèrent très fort icelui ; lequel, apercevant qu'il ne pouvoit échapper du péril de la mort, en élevant sa main, dit au dessusdit roi : « Je suis le duc d'Alençon, et me rends à vous. Mais, ainsi qu'icelui roi vouloit prendre sa foi, fut occis présentement par lesdites gardes. »

Femme : MARIE, fille de Jean V, duc de Bretagne, morte en 1446, dont il eut : 1. PIERRE, né en 1407, mort enfant ; — 2. JEAN II (qui suit) ; — 3 JEANNE, morte jeune, en 1420 ; — 4. MARIE, morte enfant ; — 5. CHARLOTTE, née en 1413, morte en 1435.

Enfants naturels : 1. PIERRE, *bâtard d'Alençon fit preuve de la plus grande valeur à la bataille de Verneuil, en* 1424, *où lui et son frère le duc d'Alençon furent blessés, et faits prisonniers ;* — 2. MARGUERITE, *épousa Jean de Saint-Aubin.*

XVIII.

Jean II de Valois, dit le Bon

DUC D'ALENÇON.

SERVICES.

Guerre contre les Anglais........ 1424	Prise de Saint-Maixent.......... 1440
Bataille de Verneuil. (*Il y fut blessé et fait prisonnier.*)............ 1424	Campagne de Normandie........ 1449
	Prise du château d'Essay........ 1449
Prise de Jargeau.............. 1429	Prise du château d'Alençon...... 1449
Prise de Beaugency........... 1429	Prise du château de Bellesme.... 1449
Prise de Janville............. 1429	Prise de Caen................ 1450
Bataille de Patay............. 1429	Prise de Falaise............. 1450
Prise de Troyes.............. 1429	Guerre du Bien public......... 1465
Combat du Mont-Piloy......... 1429	Guerre contre Louis XI........ 1467
Attaque de Paris............. 1429	Prise de Caen................ 1467
Guerre de la Praguerie........ 1440	Prise de Bayeux.............. 1467

Jean II naquit en 1409. Il était encore enfant qu'il portait déjà la lance et l'épée. Il avait quinze ans à la bataille de Verneuil, livrée aux Anglais en 1424. Il y fut *blessé* et fait *prisonnier* avec son frère le Bâtard d'Alençon. On les trouva tous deux parmi les morts. Le jeune duc s'était montré brave, il allait se montrer fidèle. Bedford, estimant sa précoce valeur, le pressa d'engager sa foi au roi Henri de Lancastre ; « et par ainsi, dit Monstrelet, il seroit mis hors de prison et de servage ; et lui seroient rendues toutes ses terres et seigneuries ; disant ledit régent en outre, que si ce ne vouloit faire, il demeureroit en très grand danger tous les jours de sa vie. A quoi ledit duc d'Alençon fit réponse qu'il étoit ferme en son propos, de non, en toute sa vie, faire serment contre son souverain et droiturier seigneur Charles, roi de France. Laquelle réponse ouie par ledit duc de Bedford, le fit tantôt après ôter de devant lui, et remener en prison. » Il resta trois ans dans la forteresse du Crotoi, et ne sortit que moyennant une énorme rançon. Pour la payer, il lui fallut mettre en vente ses domaines. Le duc de Bretagne lui acheta à vil prix la baronnie de Fougères, et se montra, en outre, peu scrupuleux d'acquitter sa dette. Une guerre s'ensuivit, et elle finit bientôt par la médiation du connétable de Richemond.

Le duc d'Alençon, après cette captivité si longue et cette liberté si durement achetée, n'en reprit pas moins les armes contre les Anglais. Charles VII lui donna le commandement de sa petite armée, 1429. Il marcha avec Jeanne d'Arc contre Jargeau, y fit jouer ses canons et bombardes, et la brèche étant ouverte, la ville fut prise après un rude assaut. Le duc d'Alençon, pour sauver le comte de Suffolk et ses chevaliers prisonniers, les conduisit de nuit dans Orléans. A Patay, il arriva avec le corps d'armée, et acheva les Anglais déjà culbutés par son avant-garde. D'Alençon, que Jeanne appelait le *Beau Duc*, se montra dans toute la campagne digne de commander cette armée où servait Dunois. Quand elle se fut accrue par les renforts, le duc d'Alençon prit la conduite de l'avant-garde, escarmouchant, et arriva le premier devant Paris, à La Chapelle, à la tête de ses gens d'armes. Campé jusqu'au pied des murailles, il alla lui-même au bord du fossé chercher la Pucelle qui venait d'être blessée et s'obstinait à combattre : il eût pris Paris, sans l'indolence de Charles VII. Ce prince, régnant enfin, se souvint des services de son parent, et le tint en haute faveur jusqu'en 1440. A cette époque le duc, mécontent des ordonnances sur les gens de guerre, se jeta dans la révolte du dauphin ; il prit au roi quelques places, reconnut sa faute et obtint son pardon.

Le duché d'Alençon était encore aux mains des Anglais. Le roi, décidé à reconquérir la Normandie, marcha sur Rouen, tandis que le duc Jean alla disputer son héritage aux Anglais. Il commença par sa capitale. La bonne volonté des habitants l'aida beaucoup dans cette affaire ; il n'eut que la peine d'assiéger le château où les Anglais ne tinrent pas longtemps. Il alla ensuite devant Bellesme, et s'en empara. Le duc d'Alençon rejoignit le roi aux sièges de Caen et de Falaise. Il eût été trop heureux d'y mourir, à la manière de ses ancêtres, car sa vie devait avoir une fin peu digne de son début. Sa gloire, qui venait d'une fidélité héroïque, alla s'éteindre dans d'obscures trahisons.

Jean était mécontent des conseillers du roi. Il demandait des indemnités pour ses pertes, il n'obtint rien ; il réclamait sa ville de Fougères, et ne pouvait se la faire rendre. Poussé, dit-on, par un prêtre qui le dirigeait, il noua des intelligences avec le duc d'York. Il fut arrêté. On l'accusa d'avoir voulu livrer son duché aux Anglais, crime pourtant improbable, car l'Angleterre était en proie aux guerres civiles, et le duc d'Alençon, ainsi que le remarque Sismondi, « n'aurait pu, sans folie, songer à se révolter contre le roi, avec l'aide d'un ennemi qui ne pouvait plus se défendre lui-même. « Monseigneur, dit-il au roi, je ne suis pas « traître ; mais peut-être que j'ai fait alliance avec aucuns grands seigneurs « afin de recouvrer ma ville de Fougères, que le duc de Bretagne retient à « tort, et duquel je n'ai pu avoir raison en votre cour. » Le roi lui répondit qu'il avait toujours fait raison et justice à chacun, et qu'il lui ferait son procès tout au long. »

Le duc d'Alençon, en effet, fut traduit devant le parlement et les pairs, et condamné à mort, 1458. Cédant aux prières des ducs de Bretagne et de Bourgogne, le roi commua la peine en une prison perpétuelle. Il fut enfermé dans la tour de Loches, d'où Louis XI le fit sortir et lui rendit son duché. Mais, furieux et altéré de vengeance, Jean se fit raison par l'assassinat de ceux qui avaient déposé contre lui. Mécontent toujours et ingrat il fut un des chefs de la ligue du Bien public. Pardonné encore, il recommença la guerre civile deux ans après, traita avec l'Angleterre, traita avec la Bourgogne, fit de la fausse monnaie et finit par être de nouveau condamné à mort, 1474. Louis XI réunit ses apanages à la couronne, et lui donna une prison au lieu d'un échafaud. Il fut retenu dans la tour du Louvre jusqu'à sa mort, en 1476.

Mal récompensé peut-être pour ses services, deux fois condamné à mort pour ses crimes, Jean d'Alençon est un de ceux que l'histoire a peine à juger à son tour. La première partie de sa vie ne peut absoudre la seconde, la seconde ne peut faire oublier la première.

Femmes : 1. JEANNE, fille de Charles, duc d'Orléans, morte en 1422, — 2. MARIE

D'ARMAGNAC, morte en 1473. *Il eut de la seconde :* 1. RENÉ (qui suit) ; — 2. CATHERINE, qui épousa François, dit Gui XIV, comte de Laval, et mourut sans enfants, en 1505.

Enfants naturels : 1. JEAN, *bâtard d'Alençon ;* — 2. ROBERT, *id. ;* — 3. JEANNE, *femme de Gui, seigneur de Saint-Quentin ;* — 4. MADELEINE, *mariée à Henri du Breuil.*

XIX.

René de Valois

DUC D'ALENÇON.

SERVICES.

Défense d'Alençon............ 1467
Prise de Revée............... 1467
Prise de Falaise.............. 1467

Quand le duc Jean d'Alençon, après la paix de Conflans, recommença la guerre civile avec le concours des Bretons, il chargea son fils le comte du Perche, de défendre la ville d'Alençon contre les troupes du roi. Ce jeune comte s'y maintint quelque temps ; mais l'insolence brutale de la garnison bretonne avait soulevé les bourgeois. Ces soldats, sans égard pour lui, pour sa mère, pour sa sœur, ne parlaient à tout instant que de le mettre hors de la ville avec toute sa famille. Dégoûté de ses auxiliaires, voyant ses terres dévastées, ses châteaux et ses domaines confisqués, il rendit la ville au roi. Louis XI en récompense lui restitua Alençon et ses capitaineries de Revée et de Falaise, dit un chroniqueur, après qu'il en eut expulsé les Bretons. Il tomba cependant dans la disgrâce de Louis XI. Son seul crime était le désordre de ses mœurs et de ses affaires ; il était harcelé par ses créanciers, et s'apprêtait à sortir du royaume. Louis XI le fit arrêter, et conduire à Chinon où il fut jeté dans une cage de fer ; il y recevait à manger au bout d'une fourche, à travers les barreaux. René y passa douze semaines ; ses serviteurs et son frère le bâtard furent mis à la torture. « Le parlement, dit Sismondi, n'osant ni condamner un innocent, ni offenser le roi en prononçant l'absolution de celui dont il voulait la tête, rendit, par un lâche accommodement, une sentence dans laquelle il n'énonçait aucun crime du comte du Perche ; et cependant il le condamnait à demander pardon au roi, à lui remettre tous ses châteaux, etc. » René ne sortit de prison qu'à la mort de Louis XI, et eut quelque part à la rébellion du duc d'Orléans, mais ne s'exposa point à de nouveaux châtiments en prenant les armes. Il mourut en 1492.

Femme : MARGUERITE DE LORRAINE, fille de Ferry II, comte de Vaudemont, sœur de René II, duc de Lorraine, morte en 1521. *Il eut d'elle :* 1. CHARLES IV (qui suit); — 2. FRANÇOISE, qui épousa François II, duc de Longueville, puis Charles de Bourbon, duc de Vendôme; — 3. ANNE, femme de Guillaume VII, marquis de Montferrat.

Enfants naturels : 1. CHARLES, *seigneur de Cany;* — 2. MARGUERITE; — 3. JACQUETTE.

XX.

Charles IV de Valois

DUC D'ALENÇON.

SERVICES.

Première campagne d'Italie...... 1507	Prise de Cremone................ 1509
Prise de Gênes............... 1507	Troisième campagne d'Italie..... 1515
Combat du Belvédère près Gênes.. 1507	Bataille de Marignan............ 1515
Deuxième campagne d'Italie..... 1509	Expédition en Champagne........ 1521
Bataille d'Aignadel............. 1509	Délivrance de Mézières.......... 1521
Prise de Bergame.............. 1509	Quatrième campagne d'Italie..... 1525
Prise de Caravagio............. 1509	Siège de Pavie................. 1525
Prise de Peschiera............. 1509	Bataille de Pavie............... 1525

DEVISE : *Nunc satior.*

C'était la tâche de ce prince de rétablir l'honneur et le rang de sa maison gravement compromis par son père et son aïeul. Des lettres de réhabilitation lui rendirent le duché d'Alençon et ses autres domaines héréditaires. Il annonçait du courage et de l'honneur; il servit d'otage pour Philippe, archiduc d'Autriche, lorsqu'il traversa la France pour se rendre en Castille. Sa première campagne fut en Italie; il y accompagna Louis XII, et fit avec le roi le siége de Gênes en 1507. Le duc d'Alençon le suivit de nouveau, au delà des Alpes, en 1509. Il combattit à la bataille d'Aignadel et devant les forteresses que le roi prit après aux Vénitiens. La bonne conduite du jeune prince dans ces campagnes, et une haute alliance qu'il forma à son retour, relevèrent sa situation. Il épousa Marguerite de Valois, sœur de l'héritier du trône. François Ier, à peine roi, continua les guerres d'Italie, et son beau-frère d'Alençon passa les Alpes pour la troisième fois. Il commandait l'arrière-garde, et le seconda bien à Marignan. Quand Charles-Quint attaqua la France au nord, en 1521, le duc d'Alençon ayant le gouvernement de la Champagne et une armée de vingt mille hommes, ravitailla Mezières, et en fit lever le siége au comte de Nassau. François Ier rejoignit l'armée, réunit les deux princes autour de lui et donna le commandement de l'avant-garde à son beau-frère le duc d'Alençon. Le commandement appartenait de droit au connétable, et le duc de Bourbon, qui avait cette charge, en fut profondément irrité. François s'avança jusqu'à Valenciennes, et y manqua l'occasion de prendre l'ennemi en défaut : par une sagesse qu'on ne lui connaissait guère, il voulut attendre que le brouillard du matin se fût dissipé. Si le roi chevalier eût donné de l'éperon selon son habitude, « l'empereur, dit Du Bellay, eût perdu ce jour-là honneur et chevaux. »

Quand le roi reprit la route de l'Italie, en 1525, le duc d'Alençon eut l'arrière-garde à commander. La fatale journée de Pavie a laissé de l'ombre sur son nom : il dirigea la retraite dès qu'il vit la déroute commencer, et réussit à gagner le Piémont en coupant les ponts derrière lui. Arrivé en France, il fut cruellement accusé d'avoir abandonné le roi et de s'être dérobé au péril par une retraite précipitée. Sa bravoure était pourtant connue. Accablé de ces reproches et de la responsabilité du grand désastre qu'on faisait peser sur lui, Charles tomba malade, et succomba en 1425. Il fut le dernier des ducs d'Alençon.

Femme : MARGUERITE DE VALOIS, sœur de François Ier; devenue veuve, elle épousa Henri II d'Albret, roi de Navarre ; elle donna le jour à Jeanne d'Albret qui fut mère de Henri IV, et mourut en 1549. Elle fut célèbre par son goût pour les lettres, et composa plusieurs ouvrages parmi lesquels on connaît surtout les *Contes de la Reine de Navarre*.

COMTES D'ÉVREUX, ROIS DE NAVARRE.

Cette maison, issue de Philippe III, roi de France, et de Marie de Brabant, est parvenue au trône de Navarre par le mariage de Philippe d'Évreux, en 1318, avec Jeanne de France, fille de Louis X. La triste célébrité de Charles-le-Mauvais a jeté une ombre livide sur cette maison dont tous les princes furent des militaires fort braves, et dont plusieurs furent bons et généreux. Elle s'éteignit en 1525.

XIV.

Louis de France

COMTE D'ÉVREUX.

SERVICES.

Guerre de Flandre	1297		Combat au passage de la Lys	1304
Prise de Lille	1297		Bataille de Mons-en-Puelle	1304
Prise de Courtrai	1297		Siége de Lille	1304
Combat près de Vitry-sur-la-Scarpe	1302		Troisième guerre de Flandre	1315
Seconde guerre de Flandre	1304		Siége de Courtrai	1315

ARMES : Semé de France, à la bande componnée d'argent et de gueules.

Ce prince, né en 1276, obtint de son frère Philippe-le-Bel le comté d'Évreux et plusieurs seigneuries. Louis était fort doux et désireux de paix. Il disait qu'un *seigneur du sang* devait, dans l'intérêt de sa propre grandeur, être soumis à Dieu, au roi et aux lois. Il défendit avec fermeté le droit de l'État contre Rome, et seconda beaucoup Philippe le-Bel dans sa querelle contre Boniface VIII. La douceur en lui n'excluait pas le courage. En 1297, il accompagna son frère dans ses expéditions de Flandre.

En 1315, Louis-le-Hutin, son neveu, marchant à son tour contre les Flamands, réclama son concours. Louis mourut en 1319. Trois ans avant sa mort, Philippe-le-Long avait érigé le comté d'Évreux en pairie.

Dans la seconde de ces campagnes, le roi pressa sa marche contre les Flamands; il était accompagné de Louis d'Évreux : on éprouva une vive résistance au passage de la Lys, mais enfin les princes s'emparèrent du pont qui leur avait été longuement disputé, et se trouvèrent en vue de l'ennemi. Dans cette sanglante victoire de Mons-en-Puelle, qui fut presque une déroute pendant un instant, Louis revint un des premiers à la charge, et combattit intrépidement auprès du roi.

Femme : MARGUERITE D'ARTOIS, fille de Philippe, seigneur de Conches, morte en 1311, et dont il eut : 1. PHILIPPE III (qui suit); — 2. CHARLES (1); — 3. JEANNE, troisième femme de Charles-le-Bel, roi de France, morte en 1370; — 4. MARIE, qui épousa Jean III, duc de Brabant; — 5. MARGUERITE, mariée à Guillaume XII, comte d'Auvergne et de Boulogne.

---

(1) CHARLES D'ÉVREUX, COMTE D'ÉTAMPES.

SERVICES.

Expédition de Flandre............	1328	Bataille de Cassel............	1328

Charles hérita du comté d'Étampes, qui fut érigé en pairie par Charles-le-Bel. Ce prince salua, l'un des premiers, Philippe de Valois roi de France. Il vint se ranger sous ses drapeaux lors de la guerre de Flandre. A la bataille de Cassel, il combattit dans la cinquième division de l'armée que commandait le roi. Charles d'Évreux mourut en 1336.

Femme : MARIE D'ESPAGNE, qui se remaria à Charles II, comte d'Alençon. *Il eut d'elle* : 1. LOUIS (qui suit); — 2. JEAN, mort sans alliance.

XVI.

LOUIS D'ÉVREUX, COMTE D'ÉTAMPES.

SERVICES.

Guerre contre les Anglais.........	1339	Secours à Tournai............	1340
Secours à Cambrai............	1339	Guerre contre les Anglais.........	1356
Prise de Thun-l'Évêque.........	1340	Bataille de Poitiers............	1356

Ce prince fut armé chevalier par le roi Jean à son sacre, et servit avec valeur contre les Anglais. Fait *prisonnier* à la bataille de Poitiers où il combattait auprès du roi, il fut bientôt délivré; car nous le voyons, en 1358, accusé de conspiration par le dauphin qui le fit arrêter, et fit trancher la tête à vingt-sept de ses complices. Il est probable que ce prince combattit dans la plupart des guerres de cette époque, mais on ne retrouve plus son nom dans l'histoire. Il mourut sans postérité en 1400.

Femme : JEANNE DE BRIENNE, veuve de Gautier VI de Brienne, duc d'Athènes, connétable de France, et fille de Raoul de Brienne Ier, connétable de France, morte en 1389.

XV.

Philippe III d'Évreux

ROI DE NAVARRE.

SERVICES.

Guerre de Flandre.	1328		Prise de Thun-l'Évêque	1340
Bataille de Cassel.	1328		Secours à Tournai	1340
Guerre contre les Anglais.	1339		Expédition en Espagne.	1343
Secours à Cambrai.	1339		Siège d'Algésiras. (*Blessé.*)	1343

Armes : Écartelé, au 1 et 4 de gueules ; aux chaînes d'or posées en orle, en croix et en sautoir, qui est Navarre. Au 2 et 3 semé de France, à la bande componnée d'argent et de gueules, qui est Évreux.

Philippe d'Évreux épousa, en 1318, Jeanne, fille unique de Louis-le-Hutin qui lui apporta la couronne de Navarre du droit de son aïeule, Jeanne, femme de Philippe-le-Bel.

Charles-le-Bel s'était refusé à se dessaisir de ce petit royaume. Philippe de Valois, en arrivant au trône de France, reconnut Philippe d'Évreux pour roi de Navarre, mais il le fit renoncer aux comtés de Champagne et de Brie qu'il tenait du droit de sa femme également. Après ce traité d'où devaient sortir des guerres civiles, Philippe d'Évreux prit à la fois le casque et la couronne, et marcha, avec le nouveau roi de France, contre les Flamands, en 1328. Il commanda la cinquième division de l'armée à la bataille de Cassel. La chronique d'Évreux rapporte que le roi, après la victoire, l'embrassa devant les troupes, disant qu'il lui devait la couronne et la vie.

Philippe alors se rendit en Navarre, y fut salué roi par ce petit état, qui était heureux de recouvrer son indépendance. Mais il aimait la cour de France et ses fêtes, et ne put s'habituer à son chétif royaume; il quitta ses montagnes, et revint à Paris où il passa quatre ans.

Le projet d'une croisade occupait l'Europe. Philippe de Valois avait fait un appel à la chevalerie. Le roi de Navarre des premiers s'était fait l'un des champions de la croix. Mais pendant qu'ils préparaient cette expédition lointaine, un voisin redoutable, Édouard III les arrêta. Le roi de Navarre se trouva au rendez-vous de l'armée à Saint-Quentin. On y comptait quatre rois, ceux de France, de Bohême, de Navarre et d'Écosse. Mais on se contenta de secourir les villes de Cambrai et de Tournai assiégées par Édouard, 1339. Un roi de Fez et de Maroc fit, vers ce temps, une invasion en Castille. Les seigneurs du pays de Foix et de Navarre allèrent secourir les chrétiens. Philippe d'Évreux équipa une flotte en Normandie, fit appel à la noblesse de France, et partit avec une foule de chevaliers. Il débarqua près d'Algésiras dont l'armée chrétienne faisait le siége. Il y fut *blessé*, et mourut à Xérès peu de temps après, en 1343. Il avait environ trente-huit ans.

Femme : JEANNE DE FRANCE, reine de Navarre, fille de Louis X, le Hutin. *Il eut d'elle* : 1. CHARLES II (qui suit); — 2. PHILIPPE (1); — 3. LOUIS (2); — 4. JEANNE, religieuse; — 5. BLANCHE, seconde femme de Philippe VI, roi de France, morte en 1398; — 6. MARIE, première femme de Pierre IV, roi d'Aragon; — 7. AGNÈS, qui épousa Gaston-Phébus III, comte de Foix, et fut mère de Gaston de Foix, dont la mort tragique est si célèbre; — 8. JEANNE, qui épousa Jean Ier, vicomte de Rohan, et mourut en 1403,

(1)   PHILIPPE DE NAVARRE, COMTE DE LONGUEVILLE.

SERVICES.

Défense de Pont-Audemer	1356	Prise du château de la Hérelle	1358
Prise de Vernon	1356	Prise de Manconseil	1358
Prise de Verneuil	1356	Prise de Saint-Valery	1358
Incursion vers Paris	1357	Retraite de Saint-Valery	1359
Prise de Creil	1358		

Philippe de Navarre fut un de ces terribles chefs de routiers qui saccagèrent la France durant le xive siècle. Il servit la politique et les vengeances de son frère, Charles-le-Mauvais. Complice du meurtre de Charles d'Espagne, il refusa d'aller à cette invitation du dauphin au château de Rouen où son frère fut arrêté. Après ce guet-apens, Philippe de Navarre défia le roi Jean, et lui promit une guerre mortelle; il tint parole, et ce fut aux dépens de maintes contrées qu'il ne cessa de ravager avec fureur. Allié constant des Anglais, il refusa d'être compris dans tous les traités que fit son frère Charles-le-Mauvais avec la cour de France. Après de terribles excursions en Normandie, pour ravitailler les places du roi de Navarre et dévaster tout ce qui était au roi de France, il vint portant le ravage et l'épouvante jusqu'à trois lieues de Paris, 1357. Les deux frères s'emparèrent alors du cours de la Seine; on ne saurait dire tout ce qu'ils brûlèrent de villes et de bourgades, ce qu'ils prirent et pillèrent de châteaux (*roy.* Charles-le-Mauvais). C'était du reste un habile capitaine que ce féroce partisan : il avait de la tactique, était fécond en ruses, et savait se dérober par des marches savantes aux forces qui l'enveloppaient. Sa retraite de Saint-Valery surtout, au milieu de l'armée du connétable, est un des beaux faits de guerre du temps. Il refusa constamment toute paix et toute trêve. Cet adversaire indomptable des Valois mourut à trente ans à peine, en 1364, et son comté de Longueville fut donné, par Charles V, à Du Guesclin.

Femme : IOLANDE DE FLANDRE, fille de Robert, sire de Cassel, veuve de Henri IV, comte de Bar, morte en 1394.

Enfants naturels : 1. LANCELOT, *bâtard de Longueville ;* — 2. ROBINE.

(2)   **LOUIS DE NAVARRE, COMTE DE BEAUMONT LE ROGER.**

SERVICES.

Expédition en Bourbonnais et en Auvergne......	1364	Prise de plusieurs villes et châteaux..........	1364

Louis était le plus jeune des frères de Charles-le-Mauvais, qui l'institua vice-roi de Navarre, en 1353 ; il y leva des troupes qu'il envoya en France pour garnir les places de son frère, après son arrestation. A la mort de son autre frère, le comte de Longueville, il passa en Normandie comme lieutenant de Charles-le-Mauvais. Il s'y comporta de même, prit à sa solde des brigands de toute nation, et osa défier, avec douze cents hommes, tous les capitaines du roi ; il s'avança jusque dans le Bourbonnais et l'Auvergne, et s'y maintint plus d'une année, rançonnant les villes, prenant et brûlant une infinité de châteaux. Un de ses lieutenants y surprit La Charité-sur-Loire, que le duc de Bourgogne (*roy.* p. 224) et les meilleurs généraux du roi eurent tant de peine à reprendre après.

Louis de Navarre, après le traité souscrit par son frère, quitta sa compagnie et passa à Naples où il épousa une fille de Charles de Durazzo, « lequel messire Louis, dit le bon Froissart, ne vesquit pas longuement : Dieu lui pardoin ses deffautes, car il fut moult courtois chevalier. » Il y mourut sans enfants en 1372, après avoir encore, probablement, couru beaucoup d'aventures et mis à mort ou à rançon plus d'un ennemi.

Femme : JEANNE DE SICILE, fille de Charles, duc de Duras ; elle épousa ensuite Robert d'Artois, comte d'Eu.

Enfants naturels : CHARLES DE BEAUMONT, mort en 1432, et dont descendent les comtes de Lérin ; — 2. JEANNE.

XVI

Charles II le Mauvais

ROI DE NAVARRE, COMTE D'ÉVREUX.

SERVICES.

Combat de Clermont contre les Jacques.................	1358	Prise de Creil................	1358
Prise du château de Saint-Lazare.	1358	Prise du château de la Hérelle....	1358
Prise du château de Saint-Laurent.	1358	Prise de Mauconseil..........	1358
Prise de Saint-Cloud.........	1358	Prise de Saint-Valery..........	1358
		Campagne en Aragon..........	1382

Charles II, né en 1332, succéda, en 1349, au trône de Navarre. Il épousa, en 1353, Jeanne de France, fille aînée du roi Jean.

« Ce prince, dit Mézerai, avait toutes les qualités qu'une méchante âme rend pernicieuses, l'esprit, l'éloquence, l'adresse, la hardiesse, la libéralité. » Il était beau, rempli de séduction et de grâce. Cependant l'histoire n'a pas de nom plus sinistre, plus frappé de réprobation. Aucun homme n'a causé plus de maux par ses intrigues, ses ambitions ténébreuses. Il a déchaîné sur la France la guerre civile et l'invasion ; mais il fut poussé à la vengeance et au crime. Le roi Jean l'abreuva de dégoûts : il enrichit son favori, Charles d'Espagne, aux dépens du roi de Navarre, disposa de ses domaines, de ses châteaux. Charles, furieux, fit assassiner ce favori. Jean pardonna ; mais, pour mieux assurer sa vengeance, il attendit. Le dauphin Charles, étant à Rouen, convia un jour à un repas le roi de Navarre et quelques seigneurs. Au milieu du festin, le roi Jean parut tout à coup ; il était parti d'Orléans la veille, et avait fait à cheval soixante lieues sans arrêter. « Le roi vint, dit Froissart, jusqu'à la table ou ils seient, lança son bras dessus le roi de Navarre, le prit par sa kuene (peau) et le tira moult roide contre lui en disant : « Or sus, traître, tu n'es « pas digne de seoir à la table de mon fils. Par l'ame de mon père, je « ne pense jamais à boire ni à manger, tant comme tu vives. » En vain le dauphin, à genoux, disoit à son père. « Ah ! monseigneur, pour « Dieu, vous me deshonnorez ; que pourra-t-on dire et recorder de « moi, quand j'avois le roi et ses barons priés de diner chez moi, et vous « les traitez ainsi. On dira que je les auroi trahis. Et si ne vit oncques en « eux que tout bien et toute courtoisie.... » Passa le roi avant et prit une massue de sergent et s'en vint sur le comte de Harcourt et lui donna un grand horion entre les épaules et dit : « Avant, traître orgueilleux, passez en prison à mal estrine (étrenne). Par l'ame de mon père, vous saurez bien chanter quand vous m'échapperez » ... Il fit venir le roi des ribauds et fit massacrer les seigneurs qui étaient venus avec Charles de Navarre. Le roi Jean accusait Charles d'avoir entraîné le dauphin dans un complot contre lui. Rien n'est plus absurde, dit Sismondi, que la supposition de ce complot.

Le roi de Navarre, enfermé au Louvre où Jean eut d'abord la pensée de le mettre à mort, endura la plus cruelle captivité : « Au châtel du Louvre, dit Froissart, on lui fit moult de malaises et de peurs ; car tous les jours et toutes les nuits, cinq ou six fois, on lui donnoit à entendre qu'on le feroit mourir une heure, qu'on lui trancheroit la tête l'autre, qu'on le jetteroit, en un sac, en Seine. Il lui convenoit là tout ouir et prendre en gré, car il ne pouvoit là faire le maître. Et parloit si bellement et si doucement à ses gardes, toujours en soi excusant si raisonnablement que ceux qui ainsi le demenoient et traitoient par le commandement du roi de France en avoient grand pitié. »

Charles fut délivré par les états-généraux, après la défaite de Poitiers et la captivité de Jean. Intéressant par ses malheurs, très-séduisant par ses discours, son beau visage et sa courtoisie, il fut en grande faveur près des Parisiens. Pendant la durée des états, se brouillant et se réconciliant tour à tour avec son beau-frère le dauphin, il ravagea à plusieurs reprises les terres de l'Ile-de-France, brûlant les bourgs, enlevant les châteaux. Quoique champion de la cause populaire, il courut sur la Jacquerie qui lui avait massacré quelques chevaliers. Il tomba sur une troupe de paysans près de Clermont et en tua trois mille dans ce combat. Sa popularité en fut ruinée, et les bourgeois, le suspectant d'intelligence avec le dauphin, lui ôtèrent le titre de capitaine général de Paris. Il en sortit harcelé de toutes parts, et recommença ses courses et ses pillages. Il ramassa des aventuriers de toute nation, et secondé par son frère Philippe de Navarre, ils enlevèrent tous les châteaux-forts qui commandaient la Seine et les avenues de Paris. Tous deux étaient d'adroits et vigoureux chefs de compagnies. « Si multiplièrent tellement ces Navarrois, dit Froissart, que ils prirent la forte ville et le châtel de Creil, par quoi ils étoient maitres de la rivière d'Oise, et le fort châtel de la Hérelle, à trois lieues d'Amiens, et puis Mauconseil... et la bonne ville, et assez tôt après le fort châtel de Saint-Valery... et faisoient ces Navarrois, de telles appertises d'armes, tellement qu'on se pouvoit émerveiller, comment ils les osoient entreprendre, car quand ils avoient avisé un châtel ou une forteresse si fort qu'il fût, ils ne se doutoient point de l'avoir, et chevauchoient bien souvent sur une nuit trente lieues, et prenoient à la fois, au point du jour, les chevaliers et les dames en leurs lits, dont ils les rançonnoient, et puis les boutoient hors de leurs maisons. » Les compagnies de Navarrois se répandirent sur les autres provinces et y commirent d'horribles dévastations.

Petit-fils de Louis X, par sa mère Jeanne, Charles-le-Mauvais prétendait, par le droit des femmes, au trône de France; mais la loi salique, appliquée récemment à la monarchie, n'avait pas encore jeté de profondes racines, et le roi de Navarre avait des espérances et des partisans. Les Valois, il faut le dire, n'avaient rien fait pour le ramener; ils lui avaient fait perdre ses comtés de Champagne et de Brie, celui d'Angoulême, plus importants que son petit royaume des Pyrénées. La succession de Bourgogne lui fut encore refusée en 1363. Le roi Jean, sorti de captivité, s'en empara. C'était un fief féminin, et le véritable héritier était le roi de Navarre dont la mère était fille de Marguerite de Bourgogne. Cet homme, tourmenté d'ambition, outré contre les Valois qui le frustraient de ses héritages, eut maintes fois recours aux étrangers. Il passa sa vie dans la guerre et les complots. Retourné en Navarre, en 1361, il porta son agitation inquiète, son goût des entreprises hasardeuses, en Espagne, et fit deux campagnes, avec Pierre-le-Cruel, contre le roi d'Aragon, 1362. Charles V, devenu roi, trouva un ennemi dans le roi de Navarre. Irrité par ses échecs, par la perte de ses fiefs, il crut tout regagner à force de ruses et de perfidies, négociant le plus souvent avec tous les partis en même temps. Mal à la fin avec tous ses voisins, il sentit la nécessité de se rapprocher du roi de France, au moment où le roi de Castille attaquait ses frontières. Il se rendit à Paris où il fit hommage à Charles V, son beau-frère, pour tous ses domaines de France, et laissa en otage ses deux fils. Tous les genres de crimes imputés au roi de Navarre ont trouvé créance dans l'histoire; son nom a suffi pour tout justifier. On l'inculpe d'avoir tenté d'empoisonner le roi, d'avoir fait périr la reine; et plusieurs de ses serviteurs, mis à la torture, accusèrent leur maître. On le condamna sur de tels aveux. Il faut pourtant se souvenir que ses deux fils étaient remis en otage à la cour de France, et que son intérêt pressant alors était de faire la paix de ce côté. Celui de Charles V, au contraire, était de rendre le roi de Navarre odieux, et de trouver prétexte pour saisir ses fiefs de Normandie. Il les fit attaquer et enlever à la fois par Du Guesclin et le duc de Bourgogne qui prirent tout, hormis Cherbourg. Charles au même moment était attaqué en Navarre par l'infant de Castille. Sans armée pour résister, prêt à perdre ses deux états à la fois, il traita avec les Anglais, leur remit la garde de Cherbourg, et fut secouru en Navarre par leurs capitaines.

Les prétextes qui avaient servi à dépouiller Charles-le-Mauvais de ses possessions normandes, furent encore mis en œuvre sous le règne de son neveu, Charles VI. On publia qu'il voulait empoisonner le roi, son frère, et tous les princes du sang. On livra encore à la torture un de ses valets, puis on mit la main sur tout ce qu'il possédait encore. La politique s'est attachée à prêter des crimes à ce roi de Navarre, assez chargé déjà de ses véritables méfaits. Un historien en fait voir le peu de vraisemblance : « On avait fait de son nom, dit-il, une sorte d'épouvantail pour tous les enfants de France (1). »

On prêta à sa mort même des circonstances sinistres ; on répandit que Charles-le-Mauvais s'étant couché dans un drap mouillé d'eau-de-vie, une bougie l'enflamma, et qu'il y fut brûlé horriblement. « Vécut le dit roi trois jours, dit le moine de Saint-Denis, criant et brayant, et en très grandes et âpres douleurs; et disoit-on que c'étoit une punition divine. » Le principal ministre de Charles II, qui était un évêque, écrivait au contraire à la reine Blanche sa sœur que sa mort, survenue sans douleur et sans angoisses, avait paru être un avant-goût de la joie des bienheureux. Quoi qu'il en puisse être de sa fin, ce prince, funeste à la France, mourut en 1387.

Femme : Jeanne de France, fille de Jean II, morte en 1373, dont il eut : 1. Charles III (qui suit) ; — 2. Philippe, mort en bas âge ; — 3. Pierre, comte de Mortain (1) ; — 4. Marie, seconde femme d'Alphonse d'Aragon, duc de Candie ; — 5. Jeanne, qui épousa d'abord Jean V, duc de Bretagne, puis Henri IV, roi d'Angleterre, et mourut en 1437 ; — Bonne, morte avant son père ; — 7. Blanche, morte jeune.

Enfants naturels : 1. Léonel, bâtard de Navarre, dont descendent les marquis de Cortez ; — 2. Jeanne, mariée à Jean de Béarn.

---

(1)   **PIERRE DE NAVARRE, COMTE DE MORTAIN.**

SERVICES :

Guerre contre les Armagnacs.......... 1412	Prise de Dun-le-Roi................ 1412
Prise de Fontenai-le-Comte........... 1412	Siége de Bourges................. 1412

Ce prince, né en 1366, fut élevé à la cour de France et très-aimé de Charles VI. Il l'accompagna dans la guerre où on l'entraîna contre les princes ligués, et il mourut au siége de Bourges, des fièvres pestilentielles qui désolaient l'armée royale.

Femme : Catherine d'Alençon ; devenue veuve, elle épousa Louis, duc de Bavière, et mourut sans enfants, en 1462.

(1) Voyez le jugement de Sismondi, *Histoire des Français*, t. XI, p. 487.

XVII.

Charles III, dit le Noble

ROI DE NAVARRE, DUC DE NEMOURS

SERVICES.

Siége de Lisbonne......... 1384 | Secours au roi de Castille...... 1384

Charles III, né en 1361, fut couronné à Pampelune à la mort de son père, en 1387 ; mais il réclama en vain les fiefs confisqués en France à sa maison. Il se fit restituer Cherbourg, donné en garde aux Anglais par son père. Gendre du roi de Castille, il tourna ses regards de ce côté plus souvent que vers la France où son père avait laissé de sinistres souvenirs. Il consentit avec Charles VI à un traité par lequel il cédait son comté d'Évreux et autres fiefs de Normandie, moyennant d'autres possessions érigées en pairie, sous le titre de duché de Nemours. Il avait de nobles qualités qui réhabilitèrent sa maison. Solidaire d'un nom dont il sentait la honte, il voulut balancer le mal par le bien : il laissa reposer la Navarre fatiguée et brisée par le règne précédent. Il avait assisté, en 1384, à un siége de Lisbonne, et, allié fidèle du roi de Castille, il lui prêta secours plus d'une fois contre ses ennemis. Charles III mourut en 1425.

Femme : ÉLÉONORE DE CASTILLE, fille du roi Henri II le Magnifique, morte en 1416. *Il eut d'elle :* 1. CHARLES, né en 1397, mort en 1402 ; — 2. LOUIS, né et mort en 1402 ; — 3. JEANNE, première femme de Jean, comte de Foix, morte sans enfants en 1420 ; — 4. MARIE, morte jeune ; — 5. MARGUERITE, *id. ;* — 6. BLANCHE, reine de Navarre, qui épousa d'abord Martin d'Aragon, roi de Sicile, mort sans postérité, ensuite Jean II, roi d'Aragon, et mourut en 1441 (1) ; — 7. BÉATRIX, mariée à Jacques II de Bourbon, comte de la Marche ; — ISABELLE, seconde femme de Jean IV, comte d'Armagnac.

Enfants naturels : 1. LANCELOT, *évêque de Pampelune, patriarche d'Alexandrie, mourut en 1420 ;* — 2. GEOFFROY, *comte de Cortez ;* — 3. JEANNE, *mariée à Inigo de Zuniga, maréchal de Castille, et à Louis de Beaumont, comte de Lerin, petit-fils de Louis de Navarre.*

(1) BLANCHE, reine de Navarre, eut de son second mari, Jean II, roi d'Aragon : 1. CHARLES, prince de Viane, mort sans enfants ; — 2. BLANCHE, *id. ;* — 3. ÉLÉONORE, qui, devenue reine de Navarre à la mort des précédents, porta cette couronne dans la maison de Foix par son mariage avec Gaston IV, comte de Foix.

François-Phébus de Foix, roi de Navarre, petit-fils d'Éléonore, mourut sans enfants ; sa sœur unique et héritière, Catherine de Foix, épousa Jean, sire d'Albret, qui alors prit le titre de roi de Navarre. La petite-fille de ce prince fut Jeanne d'Albret, mère de Henri IV.

MAISON DE BOURBON

La maison de Bourbon a pour chef Robert de Clermont, dernier fils de Saint Louis ; il épousa l'héritière de Bourbon, dont l'aïeul fut *tué* à la bataille de Taillebourg. Ces princes du sang, à la différence de beaucoup d'autres, n'ont cessé de se soutenir par les plus grandes alliances, épousant des filles de France ou les héritières des grands vassaux. Souvent illustres, toujours considérables, on les voit occuper les plus hauts emplois, commander les armées, négocier, rendre de grands services. Trois Bourbons ont été connétables, douze sont *morts* sur le champ de bataille. Cependant la trahison du fameux connétable Charles II porta un coup terrible à toute sa maison. La branche de Vendôme la releva. Par une étrange destinée, toutes ces branches royales, si fécondes et si florissantes, s'éteignent tout à coup vers la fin du xve siècle ; les maisons d'Anjou, de Bourgogne, d'Alençon, d'Évreux, d'Artois, de Bretagne, disparurent presque au même moment. La plupart des branches de la maison de Bourbon finirent de même, et bientôt il ne resta plus que celle de Vendôme, d'où descendent tous les Bourbons qui règnent en Europe aujourd'hui.

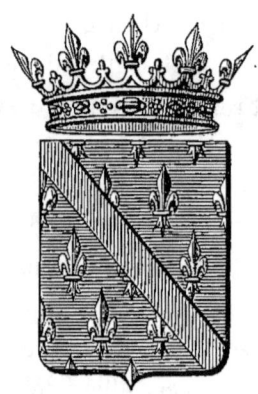

XIII.

Robert de France

COMTE DE CLERMONT, BARON DE BOURBON.

SERVICES.

Expédition contre le comte de Foix. 1272	Prise du château de Foix......... 1272

ARMES : Semé de France, à la bande de gueules.
EMBLÈME ET DEVISE : *Une épée nue* : Penetrabit.

Le dernier fils de Saint Louis, de qui devait sortir la branche la plus forte et la plus féconde des Capétiens, naquit en 1256. Il avait quatorze ans quand le saint roi expira dans sa croisade en Afrique. Le jeune comte Robert, deux ans après, faisait sa première expédition. Il marcha contre le comte de Foix avec le roi Philippe, son frère. L'ardeur qu'il y montra promettait pour l'avenir de brillantes campagnes, si un accident terrible ne l'eût pas condamné au repos dès l'âge de vingt ans. Il venait d'être fait chevalier; il était avide de renommée, et, à défaut de batailles, il avait la passion des tournois. On en donna un pour célébrer l'arrivée à Paris du prince de Salerne, héritier du trône de Sicile. Robert voulut être le principal tenant de ces joutes; il y tint tête à tous les chevaliers; mais il y reçut de si furieux coups de masse sur la tête, que sa raison en demeura troublée. Il vécut encore quarante ans, loin de la cour et des armées, n'existant plus que dans ses fils qui portèrent sa bannière et rétablirent sa maison. Robert de Clermont mourut en 1316.

Femme : BÉATRIX DE BOURGOGNE, dame de Bourbon et de Charolais, fille unique et héritière de Jean de Bourgogne, seigneur de Charolais, et d'Agnès, dame de Bourbon, morte en 1310. *Il eut d'elle :* 1. LOUIS Ier (qui suit); — 2. JEAN (1); — 3. PIERRE DE CLERMONT, grand archidiacre de l'église cathédrale de Paris; — 4. BLANCHE, mariée à Robert III, comte d'Auvergne, morte en 1304; — 5. MARIE, religieuse et seconde prieure de l'abbaye de Poissy; — 6. MARGUERITE, première femme de Jean de Flandre, comte de Namur.

---

(1)   JEAN DE CLERMONT, SEIGNEUR DE CHAROLAIS.

SERVICES.

Guerre de Flandre............ 1297	Combat de Courtrai............ 1300
Combat de Furnes............. 1297	Prise de Bruges............... 1300
Prise de Furnes............... 1297	Combat de Damme.............. 1300
Prise de Cassel............... 1297	Bataille de Courtrai............ 1302
Prise de Lille................. 1297	Escarmouches près de Vitry-sur-la-Scarpe. 1302
Prise de Courtrai.............. 1297	Combat au passage de la Lys..... 1304
Prise de Douai................ 1300	Bataille de Mons-en-Puelle....... 1304
Prise de Béthune.............. 1300	Siége de Lille................. 1304

Jean servit dans toutes les guerres de Flandre, et, très-jeune, se fit remarquer auprès de son frère Louis, duc de Bourbon. A la désastreuse bataille de Courtrai, Jean de Clermont était à l'arrière-garde qui rallia les débris de l'armée. Dans la campagne qu'entreprit Philippe-le-Bel pour venger cette défaite, Jean se fit remarquer avec honneur au passage de la Lys et à Mons-en-Puelle. Il mourut en 1316, comme il se préparait à passer en Terre-Sainte.

Femme : JEANNE D'ARGIES, dont il eut : 1. BÉATRIX, mariée à Jean Ier, comte d'Armagnac; — 2. JEANNE, femme de Jean Ier, comte d'Auvergne et de Boulogne.

XIV

Louis Iᵉʳ, dit le Grand

DUC DE BOURBON.

SERVICES.

Guerre de Flandre	1297		Combat au passage de la Lys	1304
Combat de Furnes	1297		Bataille de Mons-en-Puelle	1304
Prise de Furnes	1297		Siége de Lille	1304
Prise de Cassel	1297		Expédition de Guyenne	1324
Prise de Lille	1297		Prise de Montségur	1324
Prise de Courtrai	1297		Prise de Saint-Macaire	1324
Prise de Douai	1300		Prise de Sauveterre	1324
Prise de Béthune	1300		Prise d'Agen	1324
Combat près de Courtrai	1300		Bataille de Cassel	1328
Prise de Bruges	1300		Campagne contre les Anglais	1339
Combat de Damme	1300		Secours à Cambrai	1339
Bataille de Courtrai	1302		Prise de Thun-l'Évêque	1340
Combat près de Vitry-sur-la-Scarpe	1302		Secours à Tournai	1340

Louis Iᵉʳ, né en 1379, servit Philippe-le-Bel en Flandre. Il s'y trouva à ce combat de Furnes où fut tué près de lui son cousin, le jeune Philippe d'Artois. Dans toute la campagne qu'il continua sous le comte d'Artois, on le retrouve à tous les siéges importants. Quand la guerre reprit, après deux ans de trêve, Louis de Bourbon y seconda Charles de Valois, frère du roi; ils y défirent deux fois, près de Courtrai et près de Damme, Robert de Béthune, fils aîné du comte de Flandre, et réduisirent ce dernier à se remettre à la discrétion des vainqueurs; mais un terrible revers renversa d'un coup cette conquête. Louis commandait l'arrière-garde à Courtrai; il y garda son sang-froid au milieu de cette grande déroute. Il lui fut reproché alors d'avoir trop peu combattu; mais on en jugera autrement aujourd'hui, car en différant sa retraite il eût perdu le reste de l'armée; les Français s'étaient rués si aveuglément au combat, qu'ils tombèrent pêle-mêle dans des marais et des canaux où la plupart restèrent étouffés. Louis rallia les fuyards et sauva les débris de l'armée. S'il se comporta en général circonspect à Courtrai, la victoire de Mons-en-Puelle, deux ans après, lui rendit son lustre comme chevalier. Le roi, surpris par les Flamands sous sa tente, combattait à pied, armé à peine; la plupart de ses chevaliers avaient fui en désordre. Louis accourut avec neuf compagnies d'hommes d'armes, soutint le choc des Flamands, et contribua, par son effort et son exemple, à rétablir le combat.

L'événement funeste arrivé à Robert de France n'avait pas calmé l'ardeur de la noblesse pour les joûtes et tous les brillants exercices de la chevalerie; c'étaient les jeux de la bravoure et de la force, c'était l'école de la guerre. Louis de Clermont excellait dans les tournois. Il en fut donné un à Boulogne (1308) pour les noces d'Isabelle de France et d'Édouard II, roi d'Angleterre, où tous les chevaliers en renom accoururent, et dont l'honneur fut pour le prince Louis et son frère Jean.

Louis de Clermont, réputé ferme et habile comme général, fut désigné pour commander en chef la croisade que le Concile de Vienne décida en 1312, « en considération de sa puissance, de sa valeur et de sa sagesse. » Il avait alors trente ans; mais l'expédition préparée n'eut pas lieu, et Louis n'ayant pu combattre les infidèles, alla avec le comte de Valois (1324) dans la Guyenne, faire la guerre aux Anglais. Ils y enlevèrent beaucoup de villes, et, dans une seule campagne, firent rentrer la province presque entière sous le pouvoir du roi.

Louis Ier, que les chroniques appellent jusqu'à ce moment Louis Monsieur, prit, en 1316, à la mort de son père, le titre de comte de Clermont; il hérita aussi de la baronnie de Bourbon, par sa mère Béatrix. Plus tard, Charles-le-Bel, pour récompenser les services de son parent, érigea la baronnie de Bourbon en duché-pairie, par lettres du 27 décembre 1327.

Philippe de Valois trouva à son tour, dans ce prince qui avait déjà servi sous cinq rois, la même valeur et la même capacité militaire. Le duc de Bourbon lui amena neuf compagnies de gendarmes, et combattit à leur tête à Cassel. Le roi surpris et enveloppé sous sa tente par les Flamands, comme Philippe-le-Bel à Mons-en-Puelle, fut dégagé pareillement par le duc de Bourbon qui fondit avec rapidité sur les gens de Flandre et les culbuta.

Édouard III et les Anglais ayant repris les armes, le duc de Bourbon entra en campagne, en 1338, avec le roi. On s'observa, on laissa l'Anglais épuiser ses ressources, tactique habile qui fut conseillée par le duc de Bourbon. Il aida à secourir Cambrai attaqué par Édouard, l'année suivante, il y eut quelques siéges, et on força le roi d'Angleterre à lever celui de Tournai.

Il mourut en 1341, avant les grands revers qui allaient fondre sur le royaume. Perte funeste, car il avait le coup d'œil et l'entente de la guerre, et l'eût dirigée, sans doute, mieux que ses survivants; il eût empêché peut-être le désastre de Crécy.

Femme : Marie, fille de Jean II, comte de Hainaut, morte en 1354, et dont il eut : 1. Pierre Ier (qui suit); — 2. Jacques, mort en bas âge; — 3. Jacques de Bourbon, *tige de la branche des comtes de la Marche*, dont descendent tous les Bourbons actuellement régnant en Europe ; — 4. Jeanne, mariée à Guigues VII, comte de Forez, et dont la petite-fille, Anne, épousa Louis II, duc de Bourbon; — 5. Marguerite, qui épousa, 1º Jean II, sire de Sully ; 2º Hutin de Vermeille, chevalier ; — 6. Béatrix, unie d'abord à Jean de Luxembourg, roi de Bohême, tué à la bataille de Crécy (1346), et ensuite à Eudes, seigneur de Grancey, morte en 1383; — 7. Marie, femme de Guy de Lusignan, et ensuite de Philippe, prince de Tarente, morte en 1387; — 8. Philippe, morte en bas âge.

Fils naturel : Guy, *seigneur de Cluys.*

XV.

Pierre Ier

DUC DE BOURBON.

SERVICES.

Guerre de Bretagne............	1341	Guerre en Guyenne et en Poitou..	1346
Prise de Chantoceaux..........	1341	Prise de Miremont..............	1346
Prise de Carquefou	1341	Prise de Villefranche...........	1346
Prise de Nantes....	1341	Prise d'Angoulême	1346
Prise de Rennes..............	1342	Prise de Damassan............	1346
Prise de Saint-Aubin-du-Cormier.	1342	Prise de Tonneins............ .	1346
Siége de Hennebon............	1342	Prise du Port-Sainte-Marie......	1346
Prise d'Auray................	1342	Siége d'Aiguillon..............	1346
Prise de Vannes.	1342	Bataille de Crécy. (*Blessé.*)......	1346
Prise de Carhaix.............	1342	Bataille de Poitiers. (*Il y fut tué.*).	1356

Pierre Ier, devenu duc de Bourbon en 1341, servit en Bretagne sous le duc de Normandie qui fut depuis le roi Jean. La rivalité des maisons de Blois et de Montfort y avait allumé cette longue guerre. (Voir comte de Montfort.) Le duc de Bourbon fit les deux campagnes de l'armée royale qui donnèrent pour un moment la Bretagne à Charles de Blois. Dans l'année 1355, le duc de Bourbon fut envoyé en Languedoc et en Guyenne, avec le titre de lieutenant général du roi. Il y arriva sans troupes et sans argent, mais investi d'un pouvoir illimité. Il en usa avec succès, sut gagner l'esprit des populations, et refit une armée sans autres ressources que les milices qu'il avait formées. Bourbon, quittant la défensive, attaqua les Anglais, et leur enleva une partie de la Guyenne; tous les postes de la Dordogne tombèrent en son pouvoir. Il allait assiéger Bordeaux, quand le duc de Normandie le pressa de se joindre à lui pour faire le siége d'Aiguillon. Mais les Anglais, dans le nord, étaient aux portes de Paris; le duc de Bourbon fut rappelé, et on le mit à la poursuite des Anglais, qui se retiraient vers la Picardie chargés de butin. Il harcela l'ennemi, inquiéta sa marche, et donna au roi le temps d'entrer en campagne. Ce fut un malheur sans doute, car les deux armées se rencontrèrent à Crécy. Le duc de Bourbon y combattit et y fut *blessé*. Dix années après cette grande déroute, toute la noblesse et la chevalerie de France se rassemblaient de nouveau. « Le roi, dit Froissart, qui grand désir avoit de combattre les Anglois..., avoit devers lui les plus grands et les plus prochains de son lignage, le duc d'Orléans son frère, le duc de Bourbon, messire Jacques de Bourbon, etc. » Ils étaient dans le corps de bataille avec le roi. « Là se combattoient le duc d'Athènes connétable de France et ses gens et un petit plus dessus, le duc de Bourbon, avironné de bons chevaliers de son pays de Bourbonnois et de Picardie... fut la bataille des Anglois et des François, près de Poitiers, moult dure et et moult forte, et y fut le roi Jean de France de son côté moult bon chevalier; et si la quarte partie de ses gens l'eussent ressemblé, la journée eût été pour eux; mais il n'en avint mie ainsi. Toutefois les ducs, les comtes, les barons et les bons chevaliers et eccuyers qui demeurèrent se acquittèrent à faire pouvoir bien et loyalement, et se combattirent tant qu'ils furent tous morts ou pris. Peu s'en sauvèrent de ceux qui descendirent à pied jus de leurs chevaux sur le sablon, dèlez (près) le roi leur seigneur. Là fut *occis* dont ce fut pitié et dommage le gentil duc de Bourbon qui s'appeloît messire Pierre... »

Femme : Isabelle de Valois, fille de Charles de France, comte de Valois, morte en 1383. *Il eut d'elle* : 1. Louis II (qui suit); — 2. Jeanne, femme de Charles V, roi de France, morte en 1377; — 3. Blanche, qui épousa Pierre-le-Cruel, roi de Castille, et mourut empoisonnée, en 1361, à l'âge de vingt-trois ans; — 4. Bonne, femme d'Amédée VI, comte de Savoie, tige maternelle des rois de Sardaigne actuellement régnants; — 5. Catherine, mariée à Jean VI, comte d'Harcourt, morte en 1427; — 6. Marguerite, femme d'Arnaud Amanieu, sire d'Albret; — 7. Isabelle, morte sans alliance; — 8. Marie, prieure de l'abbaye de Poissy.

Fils naturel : Jean, *seigneur de Rochefort et lieutenant général pour le roi; servit dans presque toutes les guerres de cette époque; il fut fait prisonnier à la bataille de Poitiers, et au siège de Belle-Perche* (1370) *se conduisit valeureusement sous les ordres de son frère*, Louis II. *Il mourut en* 1375.

XVI.

Louis II, dit le Bon

DUC DE BOURBON.

SERVICES.

Guerre de la Jacquerie..........	1358
Défense de Reims..............	1359
Prise de la Roche-sur-Allier.....	1369
Prise de Beauvoir.............	1369
Prise de Montescot............	1369
Campagne d'observation en Picardie contre les Anglais.........	1369
Prise de Belleperche..........	1370
Guerre en Limousin et en Poitou.	1370
Prise de Limoges..............	1370
Siége du château d'Usson.......	1371
Prise de Milhau...............	1371
Prise d'Usson.................	1371
Prise de Montmorillon.........	1372
Prise de Chauvigny...........	1372
Prise du château de Lussac.....	1372
Prise de Moncontour..........	1372
Prise de Sainte-Sever..........	1372
Prise de Saint-Maixant........	1372
Prise de Mellé................	1372
Prise d'Aunay................	1372
Prise de Benon...............	1372
Prise de Marans..............	1372
Prise de Surgières............	1372
Prise de Fontenai-le-Comte.....	1372
Prise de Thouars..............	1372
Guerre de Bretagne...........	1373
Prise du château de Sucinio....	1373
Prise de Hennebon............	1373
Prise de Concarneau..........	1373
Siége de Brest................	1373
Siége de Derval...............	1373
Prise de Brives-la-Gaillarde.....	1373
Combat contre les Anglais......	1373
Guerre en Guyenne............	1374
Prise de Lourde...............	1374
Prise de Castelnau............	1374
Prise de Sault................	1374
Prise de la Réole.............	1374
Prise de Langon..............	1374
Prise de Saint-Macaire........	1374
Prise de Condom.............	1374
Prise de Mauléon.............	1374
Guerre contre les routiers d'Auvergne.....................	1375
Prise de la Roche-Ambures.....	1375
Prise du fort des Trois-Croix.....	1375
Prise de la Roche-Sennadoire....	1375
Prise de Charlieu-le-Pailloux.....	1375
Expédition en Normandie........	1378
Prise de Bernay...............	1378
Prise d'Avranches.............	1378
Prise de Charentan............	1378
Prise du château de Remerville..	1378
Prise de Conches.............	1378
Prise de Pacy.................	1378
Prise de Beaumont-le-Roger.....	1378
Prise de Breteuil..............	1378
Prise de Gauray..............	1378
Prise d'Évreux................	1378
Prise de Mortain..............	1378
Prise de Pont-Audemer........	1378
Délivrance de Saint-Malo.......	1378
Guerre de Flandre............	1382
Bataille de Rosebecq..........	1382
Prise de Bergues..............	1383
Prise de Bruckbourg...........	1383
Camp. en Poitou et en Saintonge.	1385
Prise de Montluc..............	1385
Prise du château de la Tronchette.	1385
Prise d'Archiac...............	1385
Prise de Garnace..............	1385
Prise de Le Sau...............	1385
Prise de Taillebourg...........	1385
Prise de Breteuil..............	1385
Prise de Verteuil..............	1385
Campagne contre le duc de Gueldre.	1388
Expédition d'Afrique...........	1390
Siége de Carthage.............	1390
Combat contre les rois de Tunis, de Bougie et de Tlemcen......	1391
Combat contre les trois rois......	1391
Combat naval dans le port de Cagliari.......................	1391
Prise de Cagliari..............	1391
Prise du fort de Guillatre.......	1391

EMBLÈME ET DEVISE : *Une ceinture*, avec le mot *espérance*.

Louis II, né en 1337, est l'un des princes Capétiens dont les chroniques ont le mieux enregistré les faits d'armes. Peu de guerriers en ont offert de plus nombreux, et ont mieux justifié, par leurs services, l'attention de l'histoire. Le duc de Bourbon, après avoir couru contre la Jacquerie, se jeta dans Reims assiégé par Édouard III, en 1359, et la sauva. Dix ans s'écoulent alors sans que le nom de Louis de Bourbon se retrouve dans les chroniques; il les passa dans un repos cruel en Angleterre. Il était un des otages de la rançon du roi Jean. Tout fêté qu'il fût à la cour d'Édouard où on l'appelait « le roi d'honneur et de liesse », le duc de Bourbon y endura de grands ennuis, et fut de longues années à recouvrer sa liberté. Il revint en France l'an 1369. L'heure était bonne pour un homme qui avait soupiré dix ans après les combats. Charles V allait reprendre aux Anglais leurs conquêtes. Le duc commença par donner l'assaut à trois forteresses qu'ils occupaient dans son duché, puis il accourut à l'appel du roi, avec huit cents hommes, où l'on comptait cent chevaliers. Louis de Bourbon fut chargé, avec le duc de Bourgogne, d'observer les Anglais, de couper leurs convois, de contrarier leurs marches, à travers la Picardie où ils venaient de descendre par Calais. Charles V avait formellement défendu de combattre; ses deux lieutenants s'y résignèrent, et ce fut une abnégation méritoire de ces hommes qui brûlaient de se jeter sur l'ennemi.

Un événement fâcheux rappela Bourbon dans ses domaines, après cette campagne. La duchesse, sa mère, surprise par une compagnie de routiers, dans son château de Belleperche, était entre leurs mains. « Si s'envint le duc, dit Froissart, loger et amenager devant le châtel de Belleperche, et y fit devant un bastide grande et grosse, ou ses gens se tenoient a couvert tous les soirs.... et avoit le dit duc de Bourbon fait venir, amener et charrier jusques à quatre grands engins devant la forteresse, lesquels jetoient à l'estrivée nuit et jour, pierres et mangonneaux, tellement qu'ils dérompoient et brisoient tous les combles des tours et de la maison et abattirent la plus grand partie des toits. De quoi la mère du duc de Bourbon qui laiens (dedans) étoit prisonnière en son châtel, étoit durement effrayée et grevée pour les engins, et fit plusieurs prières à son fils qu'il se voulut cesser de faire tel assaut des engins qui si la grevoient... » Mais les Anglais, appelés en aide par ceux de la forteresse, accoururent « en grand foison, continue Froissart, et exploitèrent tant qu'ils vinrent devant Belleperche et se logèrent et ordonnèrent à l'opposite des

François qui se tenoient en leur bastide et aussi belle et aussi forte et environnée d'eau comme une bonne ville seroit. » Les Anglais se firent livrer la bonne duchesse, et l'emmenèrent ailleurs. Le duc, désespéré, leur proposa un combat de cinquante chevaliers qu'ils refusèrent.

Quand le duc d'Anjou et Du Guesclin attaquèrent, en 1471, les Anglais par le Languedoc, le duc de Bourbon fut chargé, avec le duc de Berry, de les prendre à revers par le Poitou et le Limousin ; ils assiégèrent Limoges, une des grandes places du Midi. C'était la clef de la province, et ils prirent le reste en peu de temps.

Louis de Bourbon se fit alors l'ami et le frère d'armes de Du Guesclin ; il le disait son maître, étudiait la guerre sous lui avec ardeur. On trouve le duc de Bourbon dans la plupart des expéditions du connétable. Pendant plusieurs années, ils ne reposèrent pas. En Rouergue, en Poitou, en Saintonge, en Touraine, le connétable et le duc prirent, en 1371, 1372, toutes les forteresses de ces provinces. Froissart énumère bon nombre de ces places conquises, mais il en passe sans doute beaucoup. « Tant exploita, dit-il, le connétable qu'il vint en Auvergne; adonc étoient en sa compagnie, le duc de Berry, le duc de Bourbon etc., et grand foison de bons barons et chevaliers des marches de France : si exploitèrent tant, ces gens d'armes, avec le dessus dit connétable quils vinrent devant la cité d'Usson. Si se logèrent et y furent quinze jours. Là en dedans y eut plusieurs assauts grands et forts... Si se partirent ces gens d'armes et chevauchèrent outre avec le connétable ès parties de Rouergue... conquérant villes et châteaux sur les Anglois. Si s'en vinrent devant la ville de Milhau et l'assiégèrent... et encore aucuns autres châteaux sur les frontières du Limousin... Si chevauchèrent tant, ces seigneurs qui se tenoient tous au connétable, qu'ils entrèrent en Poitou et vinrent mettre le siège devant un châtel qui s'appeloit Montmorillon... ils l'assaillirent vîtement et roidement et le conquirent de force... Après ils vinrent devant Chauvigny qui sied devant la rivière de Creuse... Après ils chevauchèrent devant Luzach (Lussac)... et puis s'en vinrent devant la cité de Poitiers et gueurent (restèrent) une nuit dedans les vignes... et se trairent devant le châtel de Moncontour... Si l'assiégerent de grand façon... Les nouvelles vinrent en la cité de Poitiers comment le duc de Berry, le duc de Bourbon, avoient assiégé la forteresse de Ste-Sevère en Limousin... Là étoient sur les fossés le duc de Bourbon, le comte d'Alençon. » On a déjà vu, aux services du comte Pierre d'Alençon, le récit pittoresque de ce siége, et nous n'imiterons pas, dans ses fréquentes redites, le chroniqueur que nous citons.

Quand il ne resta ni ville ni château à prendre dans toutes ces provinces, le duc de Bourbon et son grand ami le connétable passèrent, 1373, en Bretagne, dont le duc s'était donné aux Anglais. Les services de Louis de Bourbon sont si nombreux que nous aimons à citer, en les abrégeant toutefois, les sources qui les constatent. « Le connétable se partit de Paris, dit Froissart, et vint à Angers : là fit son mandement... Si vinrent le duc de Bourbon, les comtes d'Alençon, du Perche, etc... Le connétable entra en Bretagne. » Après qu'ils eurent pris Rennes, Dinant, Vannes, qui se rendirent, ils parurent devant le fort de Sucinio « et là avoit Anglois qui furent assaillis roidement et pris par force. » Plus de vingt villes nommées par Froissart n'attendirent pas l'assaut et se soumirent (1). Ils arrivèrent enfin devant Hennebon « que messire Charles de Blois n'avoit oncques su conquerre... Lors assaillirent de grand manière... le connétable leur dit : il est certain que nous vous conquerrons tous et souperons encore anuit en celle ville... Quand le connétable vint devant la ville de Konke (Concarneau) qui est un havre de mer, il la prit par force d'assaut... Si assiegèrent Brest, ces seigneurs de France et de Bretagne, qui étoient bien six mille combattans... mais trop peu y conquirent, car Brest est un des forts châteaux du monde... Puis vinrent devant le châtel de Derval où ils firent amener grands engins et bien ordonnés... A ce siége de Derval vinrent le connétable, le duc de Bourbon, les comtes d'Alençon et du Perche et grand foison de baronnie et de chevalerie... mais le comte de Sallebrin (Salisbury) qui étoit sur mer... prit terre et place devant Brest... » et les Français échouèrent devant les deux châteaux. On lit encore que, pendant cette campagne, le duc de Bourbon surprit la duchesse de Bretagne qui se promenait avec ses dames et ses écuyers dans la forêt de Saint-Mahé. « Ah! beau cousin, lui cria-t-elle, suis-je prisonnière? — Nenni, Madame, reprit Louis de Bourbon, car nous n'avons point de guerre aux dames; mais nous avons bien la guerre

---

(1) Les places qui se sont rendues sans coup férir ne sont point comptées ici parmi les faits d'armes des princes; car le nombre alors en eût été trop grand.

au duc votre mari, qui se gouverne étrangement envers le roi son droit seigneur, et fait folle entreprise qu'il ne pourra dignement terminer. » Le duc de Bourbon avait, comme on l'a vu, affaire à des ennemis moins courtois qui s'étaient emparés de sa mère.

Les Anglais, battus à outrance de tous côtés, s'étaient repliés sur la Guyenne. Louis de Bourbon y alla faire la campagne de 1374 avec le duc d'Anjou; il attaqua en passant Brives la-Gaillarde qui venait de rappeler les Anglais, et la prit d'assaut. S'en allant vers la Guyenne, et marchant en avant de sa troupe, il rencontra un détachement d'Anglais; il ne put se contenir, et fondit sur eux avec quelques écuyers; il les avait rompus et avait fait des prisonniers, quand sa troupe arriva en courant pour achever leur déroute. Mais ses hommes d'armes députèrent plusieurs chevaliers pour lui représenter le danger d'un tel excès d'ardeur. « Le plus pauvre capitaine de l'armée seroit blâmé, lui dirent-ils, s'il exposoit ainsi sa vie. » Louis de Bourbon aida grandement le duc d'Anjou en Guyenne, 1374; ils conquirent l'Agénois, le Bigorre, une partie de la Gascogne. Il y eut là comme partout grand nombre de siéges où Bourbon fut toujours des plus pétulants aux assauts. Devant La Réole, les Anglais firent une sortie, et tombèrent à l'improviste sur son quartier; il les repoussa, les poursuivit, et entra pêle-mêle avec eux dans la ville qui fut enlevée par un hardi coup de main.

Tels étaient les gens d'armes de ce temps, qu'une trêve à peine conclue avec les Anglais, les chevaliers du Bourbonnais demandèrent à leur duc d'aller en Prusse combattre les Russes et les Tartares. Bourbon, de son côté, profita de la trêve pour purger l'Auvergne des bandes de routiers anglais qui avaient encore sept ou huit forteresses dans la montagne; il emporta d'assaut les forts de la Roche-Ambure et des Trois-Croix, puis d'autres encore, et débarrassa le pays de ces brigands.

Le roi de Castille, Henri de Transtamare, invita alors tous les braves chevaliers à une croisade contre les Maures. Bourbon était arrivé à Burgos l'un des premiers. On rapporte que Transtamare le menant au château de Ségovie, lui montra les enfants de Pierre-le-Cruel. « Véez là, lui dit-il, les enfants de celui qui fit mourir votre sœur et si vous voulez les faire mourir, je vous les délivrerai. — Nenni, répondit le duc, je ne serois mie consentant de leur mort, car de la male volonté de leur père, ils n'en peuvent mais.» Transtamare, au lieu de conduire les croisés contre les Maures, voulut aller combattre les Portugais. Bourbon, si amoureux qu'il fût d'aventures guerrières, refusa d'aller attaquer des chrétiens en paix avec son pays.

A son retour en France, Charles V l'envoya, avec le duc de Bourgogne et le connétable, en Normandie, contre Charles-le-Mauvais, 1378. Les forteresses du Navarrois attaquées coup sur coup furent emportées; l'un des siéges les plus longs cités par Froissart, fut celui de Pont-Audemer : « Avoient les François grands engins, et plusieurs canons et grands habillements d'assaut... Longtemps dura le siége; le châtel fut moult débrisé... et furent tous les châteaux de la comté d'Evreux rués par terre et toutes les bonnes villes décloses (¹). » La campagne finit par une grande chevauchée vers Saint-Malo dont les Anglais faisaient le siége; on y trouve encore le duc de Bourbon. « Et s'avalèrent (descendirent) avec grand' puissance de gens d'armes, le duc de Berry, le duc de Bourgogne, le duc de Bourbon, etc... Si se logèrent, tous ces gens d'armes de France, au plus près de leurs ennemis; mais il y avoit entre eux un flun (flux) de mer, et vous dis que, quand la mer étoit retraitée, aucuns jeunes chevaliers et écuyers qui aventurer se vouloient, s'abandonnoient en cette rivière plate et y faisoient de grandes appertises d'armes... Et se cuidoient (croyoient) bien les uns et les autres combattre, car ils en faisoient tous les jours les apparences; et s'ordonnoient sur les champs, bannières et pennons ventillants. » Mais Froissart ajoute que le roi de France de ce temps, qui « craignoit les fortunes périlleuses, ne voulut pas que ses gens s'aventurassent par bataille. » Les Anglais, dit-il encore, avaient quatre cents canons devant Saint-Malo (²). Néanmoins ils délogèrent et regagnèrent leur flotte aux approches de l'hiver.

Le duc Jean V de Montfort s'était enfui de Bretagne en Angleterre, et un arrêt des pairs avait prononcé la confiscation du duché. Charles V voulut le réunir à la couronne; et le duc de Bourbon fut chargé d'en

---

(1) « Le récit de Froissart, dit M. Buchon, son éditeur, concernant l'expédition de Normandie contre le roi de Navarre, reste incomplet... Il est certain, par des pièces originales, que le duc de Bourgogne en fut établi chef, et que le connétable, le duc de Bourbon, etc., eurent part au commandement. » Voir l'*Histoire de Louis II de Bourbon*, par d'Orronville, qui fut composée sur les mémoires du sire de Castelmorand, qui avait été élevé avec ce prince.

(2) Ce nombre de canons, comme on l'a remarqué, paraît bien extraordinaire pour ce temps-là. S'il n'y a pas d'exagération, il faut ou que ces canons ne fussent pas d'un calibre fort considérable, ou que Froissart ait employé le mot de canon pour désigner les machines en général employées à l'attaque de Saint-Malo.

prendre possession. Mais tout le pays se souleva, et il fut contraint de rétrograder. Ce fut alors que Du Guesclin, soupçonné par le roi de sympathiser avec les mécontents de Bretagne, lui renvoya l'épée de connétable. Le duc de Bourbon, son ami, fut député vers lui pour l'apaiser. « Monseigneur de Bourbon, lui dit Du Guesclin, j'ai été en votre compagnie dans les plus grands faits du royaume, et vous êtes le sieur de ce royaume qui plus m'avez fait de plaisir et à qui je suis plus tenu après le roi. »

La mort de Charles V replongea la France dans le chaos d'où il l'avait tirée. Un prince enfant lui succéda; il fut placé sous la tutelle de ses quatre oncles; le duc de Bourbon, oncle maternel, ne tenait dans le conseil qu'un rang inférieur, et ne put faire tout ce qu'on attendait de son expérience et de sa loyauté. Il fit avec le jeune roi la guerre de Flandre, 1382, et commanda un des corps de réserve à Rosebecq. Le bon prince n'y fut point oisif; il masqua adroitement sa troupe, et, épiant l'occasion, prit en flanc l'armée flamande. Monté sur un beau coursier, précédé de sa bannière portée par Robert de Damas, il combattait avec la hache et « frappoit, dit la chronique, à dextre et à senestre, et ce qu'il assenoit, ja ne le sceut relever. » Se ruant avec trop de fougue dans la mêlée, il y fut renversé de cheval; remis en selle aussitôt, il poursuivit l'ennemi si loin qu'il rentra pêle-mêle avec les vaincus dans Courtray. Le duc fit partie d'une autre expédition, l'année suivante, où l'on s'empara de Bergues et de Bruckbourg.

Les Anglais ayant violé les trêves, la guerre se ralluma; et le duc de Bourbon alla faire une nouvelle campagne en Guyenne, 1385. « Il se départit de Moulins, dit encore Froissart, et chevaucha à belle route (troupe) de chevaliers et d'écuyers... » Tout considéré, ils dirent que ils iroient devant Monleu (Monluc)... sur les landes de Bordeaux... et apprêtèrent leurs atournements d'assaut et leurs échelles, et commencèrent à l'assaillir de grand' manière. Là ot (eut), je vous dis, assaut dur et fier et fait de grandes appertises d'armes sur échelles; car les François montoient delivrément et se combattoient d'épées et de dagues... Et firent tant que par bon assaut le châtel fut conquis... En venant vers Taillebourg le duc de Bourbon et ses routes prirent deux petits forts anglois... et s'appeloient l'un la Tronchette et l'autre Archiac... Or fut mis le siége devant le châtel de Taillebourg et fut assis par quatre bastides et par quatre lieux... Que vous ferois-je long compte... Par bel assaut le pont de la rivière sur le passage de Taillebourg fut conquis... si en fut plus beau leur siége... On y fut plus de neuf semaines... Le duc de Bourbon, à belles charges de gens d'armes, fit sa chevauchée en Limousin et en Poitou et y prit plusieurs forts et garnisons... puis s'en vint mettre le siége devant Breteuil, un moult bel et fort châtel sur les marches de Limousin et de Saintonge... si y ot (eut) plusieurs assauts... et disoit le duc de Bourbon que point de là ne partiroit si auroit le châtel à sa volonté, et ainsi l'avoit-il promis au duc de Berry. »

D'Orronville, l'historien de Louis II de Bourbon, raconte un épisode assez curieux du siége de Verteuil qui acheva la conquête du Poitou. Cette place résistait à tous les assauts ; on y pratiqua des mines ; les assiégés contre-minèrent de leur côté, et bientôt on ne combattit plus que dans ces souterrains à la lueur des flambeaux. Le duc, descendu un jour dans la mine, cria aux ennemis qu'il combattrait le plus brave d'entre eux à la hache et à l'épée. Le gouverneur lui-même, Renaud de Montferrand, l'entendit et s'avança. Ils combattirent ; mais un des chevaliers du prince, troublé d'un furieux coup porté à son maître, se mit à crier : « Bourbon, Bourbon, notre Dame. » A ce cri de guerre du duc, Montferrand recula et demanda si c'était contre le duc de Bourbon qu'il combattait. Tout transporté « de l'honneur d'avoir fait armes contre un si vaillant prince, » il le pria de le faire chevalier de sa main et lui rendit la place.

Au moment où le duc Louis achevait sa conquête, Charles VI préparait dans le port de l'Écluse la grande flotte qui devait le porter avec son armée en Angleterre ; le duc de Bourbon y courut avec quinze cents hommes d'armes ; mais, comme on l'a vu, le duc de Berry fit manquer l'entreprise par ses lenteurs ou sa déloyauté. (Voy. Charles VI.)

Après une course en Espagne, où il ne put arriver à temps pour joindre les Anglais, 1387, et une campagne contre le duc de Gueldre qui n'offre point de combats sérieux, le duc de Bourbon fit la plus chevaleresque de ses expéditions, 1390.

Gênes demandait alors secours à la France contre les corsaires africains. « Le duc, las, selon son historien, du honteux spectacle qu'offrait la cour de Charles VI, désespéré de voir tout en proie au désordre et au brigandage, voulut chercher au loin quelque distraction ; il prit le

commandement de cette croisade. Il comptait partir au printemps, mais il fut retardé par les Génois et ne mit à la voile qu'au commencement de l'été. Froissart fait un long récit de l'expédition ; la peinture en est vive et quelques détails en sont curieux ; laissons-le parler encore en l'abrégeant :
« Si entrèrent ès galées et vaisseaux, et se départirent du port de Gênes... C'étoit grand' plaisance et grand' beauté de voir ces rameurs voguer par mer à force de rames, car la mer qui étoit belle, coie, apaisée de tous tourments, se fendoit et bruisoit à l'encontre d'eux et montroit par semblant qu'elle avoit grand désir que les chrétiens vinssent devant Affrique... Grand beauté étoit à voir ces bannières, ces pennons de soie et cendal, armoyés des armes des seigneurs, ventiler au vent et flamboyer au soleil... »

Les Sarrasins, à leur approche, « sonnèrent, des tours là où ils étoient en leur garde, grand foison de tymbres et de tabours ; » puis ils s'assemblèrent de toutes parts et tinrent conseil ; un vieux chef maure parla ainsi, quand ce fut son tour : « Seigneurs, nous sommes ci envoyés pour tenir la « frontière et garder le pays... Ceux qui viennent et sont sur la mer en « galées et en vaisseaux sont droites gens d'armes... sages, avisés et qui « ont grand désir de faire armes. Si nous nous mettons sur le rivage à « l'encontre d'eux, ils sont pourvus de bons arbalétriers de Genèves « (Gênes) à grand' foison, car jamais ne viendroient dépourvus. Contre « eux aurons-nous le premier assaut ? ils ont arcs forts et durs et loing « tirants et jetants. Nous ne sommes pas armés pour résister à l'encontre « de leurs traits... Si conseille que nous leur laissions prendre terre et « à loisir. Ils n'ont nuls chevaux pour courir sus le pays... La ville d'Af-« frique n'a garde d'eux ni de leurs assauts, car elle est forte et assez « bien pourvue. L'air est chaud et encore sera-t-il plus chaud. Ils se-« ront logés au soleil et nous en feuillées. Ils gâteront leurs pourvéances... « ils seront souvent escarmouchés et réveillés à leur dommage et non « au nôtre. Ils se lasseront et taneront (fatigueront), car point ne les « combattrons... »

« ...Si fut ordonné et commandé sur la vie que nul ne s'avançât d'aller s'escarmoucher sur la marine aux chrétiens... Ainsi se tinrent les Sarrazins cette nuit et à lendemain, que oncques ne se montrèrent ; et sembloit qu'il n'y eût milleu (personne) sur le pays... »

La flotte des croisés approchant du rivage « quand le jour fut tout venu, et que les chrétiens eurent bu un coup et mangé une soupe au vin grec, malvoisie ou grenache, si furent plus joyeux et légers... quand ils furent arroutés et mis en ordonnance, ils ouvrirent le havre et entrèrent dedans en saluant la ville du trait de leurs bricoles. Les murs de la ville (Carthage) et les tours étoient paveschiées de tapis mouillés pour résister contre le trait...

« Le duc de Bourbon, qui pour lors étoit souverain capitaine de tous eux, fut logé au milieu de tous moult honorablement et très puissamment, selon la quantité de gens qui y étoient et les charges que les seigneurs avoient ; et étoit la devise du dit duc et sa bannière pour lors toute pleinement armoyée de fleurs de lys de France à une blanche image de Notre-Dame au milieu assise...

« Et tous ces bannerets et pennonciers que je vous ai nommés et devisés, étoient en front et en montre devant la forte ville d'Affrique, et encore y avoit il grand' foison de bons chevaliers et ecuyers...

« Le siége étant devant la ville dessus dite, dura par droit compte soixante et un jours ; y eut plusieurs escarmouches faites des chrétiens aux Sarrasins et aussi aux barrières de la ville, laquelle fut moult bien gardée et bien défendue...»

« La grand'chaleur et ardeur du soleil qui descendoit du ciel donnoit trop grand' peine et travail aux chrétiens, car les Sarrasins les tenoient toujours en doute et en soin de cette escarmouche ; et quand les armures étoient échauffées, ils ardoient tous là dedans. »

Quand les Maures crurent les chrétiens abattus par la chaleur, le manque de vivres et de munitions, ils les harcelèrent plus fort ; c'étoit le jour et la nuit de continuelles surprises ; Froissart raconte force épisodes de cette croisade qu'il tenoit, assure-t-il, de certains chevaliers de l'expédition qu'il rencontra à Calais.

« Avec tout ce, il me fut dit que les Gênois arbalétriers avoient amené de outre la mer un chien en leur compagnie et ne savoient d'où il étoit venu, car nul ne clamoit le chien pour sien. Ce chien leur avoit fait, et à tout l'ost, plusieurs services, car les Sarrasins ne pouvoient venir si coiement escarmoucher que ce chien ne menât si grand bruit qu'il réveilloit les plus endormis ; et savoient bien toutes gens que, quand ce chien aboyoit ou glapissoit, les Sarrasins venoient, dont on se pourveoit à l'encontre d'eux ; et l'appeloient les Gênois le chien Notre-Dame. »

Froissart, dans ses longues digressions, ne mentionne pourtant que des escarmouches ; l'historien d'Orronville rapporte des faits d'armes plus importants. Il dit que les rois maures de Tunis, de Bougie et de Tlemcen vinrent camper devant les tentes des croisés avec soixante mille hommes, que le duc fit deux divisions de son armée, l'une employée au siége de Carthage, l'autre occupée à repousser les rois africains. Bourbon avait emporté les dehors de la place, mais l'armée souffrait et allait s'affaiblissant ; il fallut prendre un parti. Le duc et son armée sortirent brusquement de leurs tentes, sur le midi, tandis que les Maures se livraient au repos, et que leurs chefs étaient au bain. Ils pénétrèrent dans leur camp, le brûlèrent et y firent grand carnage. Mais les Maures revinrent plus nombreux et tombèrent sur les chrétiens à leur tour ; Louis de Bourbon, avec dix mille hommes qui lui restaient valides, en combattit cinquante mille et les repoussa. Il se décida cependant à faire retraite. Son historien dit qu'il dicta des conditions aux Barbares, qu'il se fit remettre les chrétiens esclaves à Tunis, avec dix mille ducats pour les frais de l'expédition. Froissart est moins favorable au chef de la croisade ; il va jusqu'à dire qu'elle eût mieux réussi peut-être si elle eût eu pour chef le sire Enguerrand de Coucy. « Le duc de Bourbon, dit-il, étoit haut de cœur, et de manière orgueilleuse et présomptueuse, et point ne parloit si doucement et si humblement aux chevaliers et écuyers étranges que le sire de Coucy ne faisoit. Et séoit le dit duc de Bourbon, par usage, le plus du jour, au dehors de son pavillon, jambes croisées, et convenoit parler à lui par procureur et lui faire grand' révérence, et ne considéroit pas si bien l'état ni l'affaire des petits compagnons que le sire de Coucy faisoit ; pourquoi il étoit le mieux en leur grâce, et le duc de Bourbon le moins. » Ce jugement de Froissart, emprunté sans doute à quelques chevaliers anglais qui avaient pris part à l'entreprise, est bien peu d'accord avec celui des autres historiens qui montrent le duc de Bourbon comme un des princes les plus courtois et les plus populaires.

La flotte, en quittant l'Afrique, vogua vers la Sardaigne où les Sarrasins occupaient quelques forteresses. Bourbon attaqua leur marine dans le port de Cagliari et la dispersa ; puis leur prit d'assaut deux forteresses ; mais une tempête le jeta sur les côtes de Sicile et faillit engloutir ses vaisseaux.

Le duc de Bourbon retrouva la cour de Charles VI livrée aux mêmes désordres, et les princes aux mêmes divisions et aux mêmes fureurs. La maladie du roi y vint mettre le comble. En vain le duc de Bourbon tenta de faire prévaloir, dans le conseil dont il était membre, sa prudence reconnue et ses bonnes intentions ; il était sans contredit le plus modéré, le plus honnête de tous ces princes ; découragé, maintes fois il voulut se retirer. Charles VI, dans ses intervalles lucides, se confiait de préférence au duc de Bourbon. « Bel oncle, disait-il ; je vous prie, demeurez encore, car il y a moult d'affaires en cestui royaume où vous pouvez beaucoup. » En effet, on le reconnaissait pour habile et sage dans les négociations ; il signa une trêve avec les Anglais. Il se plaça entre les ducs d'Orléans et de Bourgogne, s'employa à apaiser leurs haines ; il les rapprocha plusieurs fois ; mais ses qualités très-vantées, parce qu'elles étaient rares dans cette triste époque, furent impuissantes à dominer les factions.

Le duc de Bourbon mourut en 1410 ; son historien cite beaucoup de traits qui l'honorent ; et cet infatigable chevalier qui donna l'assaut à tant de villes fut surnommé Louis-le-Bon.

Femme : ANNE, dauphine d'Auvergne, fille unique et héritière de Béraud II, comte de Clermont, dauphin d'Auvergne, morte en 1446. *Il eut d'elle* : 1. JEAN Ier (qui suit) ; — 2. LOUIS, mort jeune en 1404 ; — 3. CATHERINE, morte en bas âge ; — 4. ISABELLE, morte sans alliance.

Fils naturels : 1. HECTOR, bâtard de Bourbon (1) ; — 2. JEAN, bâtard de Bourbon, se distingua dans les guerres de ce temps. Deux fois il combattit les Anglais sur mer ; il fut au siège de Bapaume et d'Arras, et servit souvent sous les ordres de son frère le duc de Bourbon. L'histoire généalogique du P. Anselme ne fait point mention de ce personnage ; plusieurs auteurs, Désormeaux, Achaintre, etc., le considèrent comme un des fils de Louis II.

(1) HECTOR, BÂTARD DE BOURBON.

SERVICES.

Siége de Gênes... 1409	Divers combats dans l'Ile-de-France... 1413
Défense et combat de Villefranche... 1411	Prise de Soubise... 1413
Secours à Dun-le-Roi... 1412	Prise de Compiègne... 1414
Défense de Bourges... 1412	Prise de Noyon... 1414
Campagne contre les routiers... 1413	Siége de Soissons. (Il y fut tué.)... 1414

Hector fut fait chevalier, à l'assaut de Gênes, par le maréchal Boucicaut. Il défendit Villefranche « où lors, dit Monstrelet, étoit le duc de Bourbon et avec lui son frère le bâtard ; c'est à savoir, messire Hector qui étoit très-vaillant chevalier, expert et renommé ès armes et en fait de guerre et avec ce, fort puissant et bien formé de sa personne..... Le duc vint se ranger en bataille devant les assaillants, et il fut fait de grands appertises d'armes... Et par espécial, ledit bâtard de Bourbon, qui conduisoit les coureurs par manière d'avant-garde, se porta pour ce jour très-vaillamment, et se férit dedans ses adversaires très-chevaleureusement et roidement ; et si avant se bouta que ledit duc fut en grand doute qu'il ne fut pris ou mort; et pour le rescoure s'écria hautement à ses gens, en frappant son coursier des éperons : « Or sus avant! mon frère est pris, si nous ne le secourons. » Et lors, avecques grand' partie de sadite bataille, allèrent le grand cours jusques à leurs adversaires, et y eut derechef très-grand estour (combat)... Les Bourguignons furent obligés de se retirer, et le dessus-dit bâtard, qui avoit été mis jus (à bas) de son cheval, fut remonté et retourna devers le duc. Et par avant ce jour, n'étoit homme qui audit duc l'eût ouï nommer frère. »

En 1412, Hector essaya inutilement de délivrer Dun-le-Roi, assiégée par Charles VI, et il revint s'enfermer dans Bourges avec les princes mécontents.

Sous les ordres du duc de Bourbon, Hector contribua à chasser les Écorcheurs qui dévastaient les alentours de Paris. Au siége de Soubise, il fut, comme toujours, le premier et le plus ardent à l'attaque; sa brillante valeur, jointe à la prudence de son frère, eut bientôt forcé les Anglais à capituler.

A Compiègne (1414), Hector fit encore de plus grandes prouesses de chevalerie : « Il manda aux assiégés, dit Monstrelet, que le jour de mai les viendroit réveiller. Et pour tant ledit jour monta à cheval, et avec lui deux cents hommes d'armes ;... et tous ensemble, chacun un chapeau de mai sur leurs têtes, les mena auprès de la porte de Pierrefons pour porter une branche de mai à iceux assiégés,... et tant à cette besogne eut un très-cher et fort estour des uns contre des autres.., et eut, ledit bâtard de Bourbon, son *cheval tué* sous lui et fut en grand péril d'être tué. » Ce jeune prince, « navré au siége de Soissons d'une flèche au visage, si angoiseusement qu'il en mourut, » avait à peine vingt-trois ans, et s'était déjà couvert de gloire. Le duc de Bourbon, pour le venger, fit saccager Soissons.

Quoique le bâtard Hector n'ait pas été *légitimé*, le rôle brillant qu'il a joué nous a paru mériter que ses faits d'armes eussent place ici.

XVII.

Jean Iᴇʀ

DUC DE BOURBON.

∞∞∞∞∞∞

SERVICES.

Campagne en Limousin	1404	Prise de Saint-Cloud	1411
Prise du fort de Saint-Pierre	1404	Blocus de Paris	1411
Prise du fort de Sainte-Marie	1404	Défense de Villefranche	1411
Guerre contre le duc de Bourgogne	1411	Défense de Bourges	1412
Prise de Saint-Denis	1411	Campagne contre les routiers	1413

JEAN Iᵉʳ.

Divers combats dans l'Ile-de-France	1413	Combat de Mic-Bray-sur-Sambre..	1414
Prise de Soubise................	1413	Prise de Bapaume..............	1414
Prise de Compiègne............	1414	Siége d'Arras.................	1414
Prise de Noyon................	1414	Bataille d'Azincourt. (*Prisonnier*.)	1415
Prise de Soissons. (*Blessé*.)....	1414		

Armes : De France, à la bande de gueules.

Jean de Bourbon, qui naquit en 1381, fut appelé comte de Clermont jusqu'à la mort de son frère; nommé capitaine général en Languedoc et en Guyenne, en 1404, il attaqua les Anglais en Limousin, et leur prit trente-quatre forteresses, dit l'*Histoire générale du Languedoc*.

Lié d'abord de grande amitié avec Jean-sans-Peur, il prit parti contre lui après le meurtre du duc d'Orléans. Le duc de Bourgogne s'humilia pour se rapprocher d'un prince dont le crédit et le pouvoir étaient grands; mais il y échoua. Jean de Bourbon repoussa toutes les avances de son ancien frère d'armes jusqu'à lui faire plus d'un outrage. Ayant le gouvernement de Creil, qui était maison royale, il donna l'ordre à son lieutenant d'en refuser l'entrée au roi même s'il y paraissait en compagnie du Bourguignon. Charles VI, revenant de la chasse avec le duc, y essuya en effet cet affront.

Le duc de Bourbon, un des plus ardents des Armagnacs, fut le premier en campagne; il attaqua et soumit le Vermandois, puis il rejoignit l'armée des princes sous Paris dont ils firent le blocus; mais il eut bientôt à défendre son duché de Bourbon. Le duc, et son frère le bâtard Hector, s'y escrimèrent surtout à la défense de Villefranche. « Le duc de Bourbon, dit Monstrelet, avoit fort dégâté le pays de Charolois...» Mais attaqué dans le Bourbonnois, il se jeta dans Villefranche. « Quand ils virent leurs ennemis devant eux, se mirent en très-belle ordonnance, et alors saillirent de pied et de cheval,... et le duc se mit au dehors de la ville pour iceux mieux combattre. Et adonc commença l'escarmouche très-dure... » Le bâtard Hector, comme on vient de le voir plus haut, fut sauvé dans le combat par le duc de Bourbon qui s'écria : « Or sus avant ! mon frère est pris si nous ne le secourons. » Il fondit sur les Bourguignons et les enfonça... Mais un de ses corps de troupes se laissa battre en Beauvoisis, et il perdit son comté de Clermont et sa principauté de Dombes; ses trois jeunes fils tombèrent en outre aux mains de l'ennemi.

Le duc de Bourbon se jeta dans Bourges avec le duc de Berri son beau-père; ils y furent assiégés six semaines par Jean-sans-Peur et par le pauvre roi dont il s'était rendu maître à son tour. Après le traité conclu à Auxerre entre les deux partis, le duc de Bourbon fut sollicité par les bourgeois de Paris de purger les campagnes de ces hordes de brigands qui pillaient les convois et affamaient la ville. Le duc se mit à la tête d'un corps de milices, et donna la chasse aux bandits dans l'Ile-de-France; il les poussa en Anjou et en Guyenne, leur livrant force petits combats. Chemin faisant, il s'empara de Soubise qui était aux Anglais.

Mais la paix ne durait guère entre ces factions de princes. Une grande campagne (1414) fut entreprise, le roi en tête, contre Jean-sans-Peur, déclaré par arrêt, brigand, assassin et faux monnayeur. On lui prit d'abord Compiègne, puis Soissons, où fut tué le bâtard Hector de Bourbon. Le duc, outré de douleur, ordonna l'assaut sur-le-champ; s'élançant sur une échelle, il parvint le premier au rempart; mais il y fut atteint d'un *coup de flèche* et tomba au fond du fossé, dont il fut retiré meurtri et tout sanglant. La ville fut emportée, mais Bourbon souilla sa victoire par l'exécution la plus atroce; il fit massacrer la garnison, la population, et attacher le gouverneur à un gibet.

Guéri de ses blessures, il se jeta avec l'avant-garde à la poursuite du duc de Bourgogne en Artois, et il battit un corps de quinze cents lances qui rejoignait le Bourguignon. Bapaume, grande citadelle, fut investie après. On pensait que le Bourguignon hasarderait enfin une bataille, et dans cette attente, le duc de Bourbon se fit armer chevalier. Jean-sans-Peur s'approcha mais n'attaqua point, et laissa encore assiéger Arras; c'était sa dernière ressource. Le duc de Bourbon et le comte d'Armagnac s'étaient arrogé tout pouvoir dans l'armée; tous deux commandaient l'avant-garde : ils se campèrent seuls au delà de la Scarpe, laissant tous les autres chefs en deçà et gardant pour eux seuls l'honneur des postes les plus exposés. Mais ils étaient plus braves et plus orgueilleux qu'habiles : ils laissèrent la ville mal investie se ravitailler; ce siège, mal conduit, dura six semaines et finit, comme on l'a vu précédemment, par un traité qui sauva le duc de Bourgogne. Bourbon, le plus tenace de tous dans sa haine, y mit le dernier son nom.

Cette campagne eut pour délassement, selon l'habitude, des fêtes désordonnées, de folles mascarades où tous ces héros d'une guerre atroce rivalisaient de luxe et de licence, au milieu d'un pays affreusement ruiné ! Le duc de Bourbon y brillait entre tous ; il était beau, galant, magnifique, ambitieux du faste et de la renommée comme du pouvoir. On parla beaucoup alors d'un trait de chevalerie du duc de Bourbon, qui était selon l'esprit du temps ; il fit vœu de passer en Angleterre avec quinze chevaliers, et d'y combattre à outrance, à la hache et à l'épée, contre tout venant ; il fit publier ses lettres de défi par toute l'Europe ; mais les événements le détournèrent de ce bizarre exploit.

Bourbon trouva bientôt les Anglais sans les chercher si loin : il marcha à l'avant-garde, près du connétable d'Albret, à Azincourt, où ces deux chefs ignorants prirent les plus mauvaises dispositions : ils s'encaissèrent dans un lieu étroit et boueux ; comme il y tenait à peine mille hommes de front, l'avant-garde seule y put donner. Le duc de Bourbon, dans son intrépidité aveugle, voulait la bataille à tout prix ; il fut de ceux qui purent du moins combattre, et il resta *prisonnier*. Pour son honneur, il eût été trop heureux d'être tué ; peu scrupuleux, comme la plupart des princes de cette époque qui ouvrirent à tour de rôle leur pays aux Anglais, le duc Jean de Bourbon, usé par quinze ans de cruelle captivité, ayant payé trois fois sa rançon à un geôlier toujours déloyal, reconnut à la fin Henri VI pour son légitime souverain, et s'engagea à livrer ses forteresses aux Anglais ; mais son fils, le comte de Clermont, n'eut garde de souscrire à ce marché, et Jean mourut en prison, en 1433.

Femme : MARIE DE BERRI, déjà veuve de Louis III de Châtillon, comte de Dunois, et de Philippe d'Artois, comte d'Eu, fille de Jean de France, duc de Berri, morte en 1434. Il eut d'elle : 1. CHARLES Ier (qui suit) ; — 2. LOUIS DE BOURBON, mort jeune ; — 3. LOUIS, *tige des comtes de Montpensier* (*voy.* page 321).

Enfants naturels : 1. JEAN, *abbé de Cluny ;* — 2. ALEXANDRE, *bâtard de Bourbon, d'abord chanoine de Beaujeu, quitta l'église pour les armes ; devenu un des plus fameux chefs des Écorcheurs, il rendit d'importants services à Charles VII contre les Anglais. Mais il devint si redoutable à tous les partis par ses audacieux brigandages, qu'ayant pris part à la révolte de la Praguerie, en* 1440, *pour recommencer ses pillages, il fut arrêté par ordre du roi qui le fit noyer à Bar-sur-Aube ;* — 3. GUY, *capitaine du Roannais ;* — 4. MARGUERITE, *épousa Rodrigue Villandrade, célèbre chef de routiers, qui fut toujours l'allié de son beau-frère, le bâtard Alexandre ;* — 5. EDMÉE.

XVIII

Charles Ier

DUC DE BOURBON

SERVICES.

Campagne en Languedoc	1421	Prise de Troyes	1429
Prise d'Aigues-Mortes	1421	Combat du Mont-Piloi	1429
Prise de Béziers	1421	Attaque de Paris	1429
Prise de Sommières	1421	Combat près de Beauvais	1430
Surprise de Bourges	1428	Guerre contre le duc de Bourgogne	1433
Guerre contre les Anglais	1429	Prise de plusieurs villes	1433
Secours à Orléans	1429	Défense de Villefranche	1434
Journée des Harengs	1429	Guerre de la Praguerie	1440

Charles, comte de Clermont, connut de bonne heure les tribulations de la guerre; il avait dix ans, quand ses jeunes frères et lui furent faits prisonniers. Le sire de Croï, pris par les Armagnacs, allait être mis à mort, quand le fils de ce seigneur tenta pour sauver son père le plus hardi coup de main : il surprit Monceau où étaient les trois princes de Bourbon; il s'empara d'eux, et la tête de ses jeunes prisonniers répondit de celle de son père. Le comte de Clermont, après le désastre d'Azincourt, demeura attaché au parti d'Armagnac. On le fit président du conseil à quinze ans; mais après la chute des Armagnacs, 1418, le jeune comte fléchit sous le joug terrible de Jean-sans-Peur, et consentit à épouser la fille de l'homme que son père avait tant abhorré. Il vit de ses yeux la catastrophe tragique de Montereau et y fut fait prisonnier couvert du sang de son beau-père. Il renvoya Agnès de Bourgogne pour se rallier à la cause du dauphin et aux meurtriers de Jean. Nommé gouverneur du Languedoc, il y fit quelques siéges contre le comte de Foix; il entreprit celui d'Aigues-Mortes en hiver, et emporta la place au bout de trois mois; Beziers qu'il prit encore fut traitée avec une rigueur atroce. Il fut nommé, en 1423, commandant général du Lyonnais, du Nivernais et autres provinces du centre. L'entourage de Charles VII n'était que haines et discordes; Clermont abhorrait la Trémoille, favori du roi, et tenta de s'emparer de lui, dans Bourges, par un coup de main.

Le comte de Clermont vint avec trois mille hommes pour coopérer à la défense d'Orléans. Un grand convoi de vivres et de munitions de guerre arrivait de Paris au camp des Anglais ; Clermont résolut de l'attaquer et il se concerta avec Dunois. Ils y marchèrent à la tête de six mille hommes ; mais ils furent repoussés et taillés en pièces, ayant quitté leurs chevaux pour pénétrer au milieu des chariots qui formaient un rempart aux Anglais. Le comte de Clermont, après la délivrance d'Orléans, suivit le roi à Reims et rendit des services dans la campagne. Quand l'armée rencontra celle de Bedford au Mont-Piloi, près de Senlis, Clermont et la Trémoille firent les dispositions de la bataille ; mais les Anglais, retranchés, ne bougèrent pas, et tout se passa en escarmouches. On marcha sur Paris, où le comte emporta d'assaut le boulevard de la porte Saint-Honoré ; mais l'indécision de Charles VII fit manquer l'entreprise. Ce prince, endormi dans ses succès, ayant retrogradé derrière la Loire, le comte de Clermont dégoûté abandonna le commandement de l'armée et se retira dans le Bourbonnais.

Il s'était rapproché du duc de Bourgogne son beau-frère, et s'était employé, à diverses reprises, pour le détacher des Anglais ; mais il se prit de querelle particulière avec le duc à propos de la dot de sa femme Agnès de Bourgogne ; il fondit sur cette province et pénétra jusqu'en Franche-Comté. Le duc, occupé dans les Pays-Bas, accourut et mit au pillage à son tour les États de son beau-frère, qui se jeta dans Villefranche où il fut assiégé. Après ces préliminaires désastreux, ils se réconcilièrent assez vite, et Clermont finit par décider le duc de Bourgogne à se détacher des Anglais et à signer avec le roi le traité d'Arras.

Il devint duc de Bourbon à la mort de son père, le prisonnier d'Azincourt, 1433 ; mais toujours mécontent, d'une ambition inquiète et turbulente, il fut un des suppôts du dauphin (Louis XI) dans sa révolte de la Praguerie. Tous ces grands, qui ne songeaient qu'à se rendre indépendants de la couronne, voyaient de mauvais œil cette force militaire régulière que le roi venait de mettre sur pied. Le duc de Bourbon donna asile au dauphin, et tout le poids de la guerre tomba sur lui ; ses provinces furent écrasées, et il fallut se soumettre. Il alla avec le dauphin au-devant du vainqueur, et tous deux mirent trois fois le genou en terre, en criant trois fois merci. « Beau cousin, dit Charles VII au duc, il nous déploit de la faute que maintenant et autrefois avez faite contre notre Majesté par cinq fois. » Les dernières années de ce duc de Bourbon nous le montrent un peu plus calme et guéri des tourments de l'ambition. Du fond de ses États, où il acheva sa vie, il put jouir de la gloire de son fils Clermont et des hautes alliances de ses nombreux enfants; il mourut en 1456.

Femme : AGNÈS DE BOURGOGNE, fille de Jean-sans-Peur, morte en 1476; il eut d'elle : 1. JEAN II (qui suit); — 2. PHILIPPE, seigneur de Beaujeu, mort jeune; — 3. CHARLES DE BOURBON, cardinal, archevêque et comte de Lyon, né en 1434, mort en 1488. Ce prince, plus amoureux des plaisirs et de la guerre que du sacerdoce, avait pris pour devise: *Ne peur, ne espoir*. Il laissa une *fille naturelle*, nommée ISABELLE, qui fut *légitimée* et mourut sans postérité en 1497; — 4. PIERRE II (qui suivra); — 5. LOUIS DE BOURBON, évêque de Liége (1); — 6. JACQUES DE BOURBON (2); — 7. MARIE, femme de Jean d'Anjou, duc de Calabre; — 8. ISABELLE, seconde femme de Charles-le-Téméraire, duc de Bourgogne; — 9. CATHERINE, mariée à Adolphe d'Egmont, duc de Gueldre, qui fut tué près de Tournay en 1477; — 10. JEANNE, femme de Jean Ier de Châlons, prince d'Orange; — 11. MARGUERITE, mariée à Philippe II, duc de Savoie, morte en 1483; de cette alliance vint Louise de Savoie, mère de François Ier.

Enfants naturels : 1. LOUIS, bâtard de Bourbon, *légitimé* (3); — 2. RENAUD, *bâtard de Bourbon, archevêque de Narbonne*; — 3. PIERRE, *protonotaire du Saint-Siège*; — 4. JEANNE, *légitimée*, épousa Jean, seigneur du Fau; — 5. SIDONIE, *femme de René, seigneur du But*; — 6. CHARLOTTE; — 7. CATHERINE, fut *légitimée* et devint abbesse de Sainte-Claire.

---

(1) **LOUIS DE BOURBON, ÉVÊQUE DE LIÉGE.**

SERVICES.

Guerre contre les Liégeois	1466	Bataille de Brucistein	1467
Combat contre le marquis de Bade	1466	Prise de Liége	1468
Prise de Dinant	1466	Siège de Neuss	1474
Prise de Saint-Tron	1467		

Louis de Bourbon naquit en 1437. Malgré son goût pour les armes et les plaisirs, il fut destiné à l'état ecclésiastique. Dès l'âge de dix-huit ans il fut pourvu de l'évêché de Liége par son oncle maternel Philippe-le-Bon, duc de Bourgogne. Ce jeune et belliqueux prélat « ne vouloit pas chanter messe, » aussi eut-il des démêlés continuels avec ses sujets. Las des taxes qu'il leur imposait et de l'insolence de ses favoris, ils le chassèrent plusieurs fois. Louis recourut aux armes contre eux, et demanda secours à Charles-le-Téméraire. L'évêque assista, le casque en tête, à l'effroyable destruction de Liége et au massacre de ses sujets. Cette ville industrieuse sortit de ses cendres, et Louis de Bourbon y fut rétabli. Il eut longtemps pour allié Guillaume de la Marck, surnommé le Sanglier des Ardennes. Ce seigneur, ayant été banni par l'évêque pour un meurtre, chercha l'occasion de se venger de lui; à la tête d'une troupe de bandits, il le rencontra dans un chemin creux, et le frappa de sa dague à la gorge, puis le fit achever à coups de hache par ses satellites (1482).

Ce prince eut de CATHERINE D'EGMONT, fille du duc de Gueldre : 1. PIERRE DE BOURBON, *bâtard de Liége, tige des comtes de Bourbon-Busset, actuellement existants.* (*Les Bourbon-Busset descendent, par les femmes, des maisons de Borgia et d'Albret : Philippe, seigneur de Busset, petit-fils de l'évêque de Liége, ayant épousé, en 1530, Louise, duchesse de Valentinois, fille unique de César Borgia et de Charlotte d'Albret*); — 2. LOUIS; — 3. JACQUES, *grand prieur de France, qui se trouva au siège de Rhodes (1522), sous le nom de bailli de Lango, et mourut en* 1527.

---

(2) **JACQUES DE BOURBON.**

SERVICES.

Guerre du Bien public	1465	Bataille de Montlhéry	1465
Prise de Beaulieu	1465	Blocus de Paris	1465

Jacques fut élevé à la cour de Bourgogne, et lors de la guerre du Bien public, servit sous les ordres de Charles-le-Téméraire. Ce prince, dont la vie est à peine connue, mourut, en 1468, âgé d'environ vingt-trois ans.

(3) **LOUIS, BATARD DE BOURBON, COMTE DE ROUSSILLON.**

SERVICES.

Guerre du Bien public............	1465
Blocus de Paris.................	1465
Guerre contre le duc de Bretagne.....	1468
Combat contre les Bretons..........	1468
Prise de Caure.................	1468
Prise de Bayeux................	1468
Prise de Vitry.................	1468
Prise de Coutances..............	1468
Prise de Liége.................	1468
Siège de Montdidier.............	1471
Siége d'Abbeville...............	1471
Prise de Lectoure...............	1472
Guerre contre la Bourgogne.........	1475
Prise du Tronquoi...............	1475
Combat près d'Arras..............	1475
Conquête de l'Artois..............	1477
Prise de Hesdin................	1477
Prise de Boulogne...............	1477
Prise d'Arras..................	1477
Combat de Tournai..............	1477
Prise de Bouchain..............	1477
Prise du Quesnoy...............	1477
Prise d'Avesnes................	1477
Siége de Saint-Omer.............	1477

Ce bâtard *légitimé* de Charles Ier fut un des plus heureux et des plus actifs capitaines de son temps; après la guerre du Bien public, il se réconcilia avec Louis XI, qui lui donna en mariage une de ses filles naturelles, le créa amiral de France, comte de Roussillon, capitaine de Granville et d'Honfleur. Chargé, en 1468, de reprendre la Normandie aux princes ligués, il battit les Bretons accourus pour la défendre, et, en moins d'un mois, il eut soumis cette province. Il rejoignit alors le roi à Péronne, se trouva à la prise de Liége, et en 1471 il fit, avec Dammartin, une campagne contre le duc de Bourgogne, bientôt terminée par la trêve d'Amiens. Il alla, sous les ordres du sire de Beaujeu son frère, attaquer le comte d'Armagnac, et contribua à la prise de Lectoure.

Quand Louis XI porta la guerre en Artois, en 1475, l'amiral défit complétement, aux portes d'Arras, un corps d'armée flamand commandé par Jacques de Saint-Pol, qui fut fait prisonnier ainsi que le prince de Bourbon-Carency. Après la mort de Charles-le-Téméraire, Louis XI envoya l'amiral pour s'emparer de l'Artois et du Hainaut; le roi y accourut lui-même, et ces deux provinces furent rapidement conquises. Pendant cette campagne, Adolphe d'Egmont, duc de Gueldre, à la tête de douze à quinze mille hommes, vint brûler les faubourgs de Tournai. Louis de Bourbon tomba sur eux, les mit en déroute, et le duc de Gueldre fut tué dans le combat.

Louis mourut en 1486, il avait été *légitimé* en 1463.

Femme : JEANNE, bâtarde de France, fille *légitimée* de Louis XI, morte en 1519. *Il eut d'elle* : 1. CHARLES DE BOURBON (placé ci-dessous); — 2. SUZANNE, seconde femme de Jean de Chabannes, comte de Dammartin; — 3. ANNE, qui épousa Jean, baron d'Arpajon, descendant en ligne directe des anciens comtes de Toulouse.

Fils naturel : JEAN, abbé de *Scuilly*.

CHARLES DE BOURBON, COMTE DE ROUSSILLON.

SERVICES.

Expédition de Naples...........	1501
Prise de Merilliano............	1501
Prise de Capoue..............	1501
Expédition contre les Turcs.......	1501
Siége de Métclin..............	1501
Expédition d'Italie.............	1507
Combat du Belvéder...........	1507
Prise de Gênes...............	1507

Après l'expédition que Louis XII envoya à Naples, en 1501, Ravestein, un de ses alliés, conduisit sa flotte contre les Turcs; beaucoup de chevaliers s'y embarquèrent pour y faire leur salut les armes à la main. Charles de Bourbon fut de ce nombre : ayant rejoint les Vénitiens, ils allèrent assiéger Métclin. Malgré l'avis de Ravestein, on voulut donner l'assaut à une brèche à peine praticable; le comte de Roussillon et René d'Anjou, seigneur de Mézières, y furent des plus ardents; ces seigneurs combattirent vaillamment, selon leur habitude, mais furent repoussés. Deux autres assauts furent livrés sans plus de succès.

Le comte de Roussillon suivit Louis XII dans son expédition contre Gênes, et mourut peu après sans postérité.

Femme : ANNE DE LA TOUR D'AUVERGNE, qui se remaria deux fois.

XIX

Jean II, le Bon

DUC DE BOURBON, CONNETABLE.

SERVICES.

Siége de Metz...	1444		Prise du Château-Neuf de Médoc.	1453
Campagne de Normandie...	1449		Prise de Blancafort...	1453
Prise de Rouen...	1449		Prise de Cadillac...	1453
Prise d'Harfleur...	1449		Prise de Langon...	1453
Prise de Honfleur...	1450		Prise de Villandras...	1453
Bataille de Formigny...	1450		Prise de Bordeaux...	1453
Prise de Vire...	1450		Campagne contre d'Armagnac...	1455
Prise de Bayeux...	1450		Prise de Lectoure...	1455
Prise de Caen...	1450		Guerre du Bien public...	1465
Prise de Cherbourg...	1450		Blocus de Paris...	1465
1re Campagne de Guyenne...	1451		Guerre en Normandie...	1466
Prise de Montgoyon...	1451		Prise d'Évreux...	1466
Prise de Blaye...	1451		Prise de Vernon...	1466
Prise de Bourg...	1451		Prise de Louviers...	1466
Prise de Fronsac...	1451		Prise de Pont-de-l'Arche...	1466
Prise de Bordeaux...	1451		Prise de Liége...	1468
2e Campagne de Guyenne...	1453			

Jean II fut, sous le nom de comte de Clermont, l'un des héros de ces grandes campagnes qui nous délivrèrent si subitement des Anglais. Il était né en 1426; annonçant bien jeune des talents, il gagna l'affection de Charles VII, qui fit de lui son gendre et l'admit au conseil où il se forma. Ce jeune comte, plein de zèle et de feu pour les choses militaires, seconda le roi dans la nouvelle organisation de l'armée. Charles VII l'avait conduit au siége de Metz, en 1444, où il eut à peine une première idée de la guerre. La campagne de Normandie, 1449, le mit d'emblée au rang des capitaines fameux. Il y arriva à la tête du contingent de troupes fournies par le duc de Bourbon, son père, s'y rangea sous Dunois, et profita vite à son école. Les premières opérations le firent déjà connaître, on l'y vit toujours à cheval avec sa garde de vingt gentilshommes que Jacques de Chabannes commandait. Après Rouen, ils allèrent devant Harfleur, au cœur de l'hiver; ils firent ce rude siége, puis celui d'Honfleur, sans désemparer. Un corps de quatre mille Anglais débarqua à Cherbourg; il était commandé par Thomas Kyriel, général de grande renommée. Ces Anglais accouraient au secours de leurs garnisons. Ayant réuni des détachements dispersés, Kyriel avança et prit Valognes; puis il marcha vers Caen pour y faire sa jonction avec le duc de Sommerset.

Le comte de Clermont, après sa campagne, n'avait pas quitté l'armée; sans prendre du repos, il mettait l'hiver à profit pour mettre en état les places conquises. Il se trouvait dans le pays de Caux quand il apprit la descente de Kyriel; il ramassa six cents hommes d'armes, reçut la commission de lieutenant du roi, et courut en basse Normandie. Il se jeta dans Carentan. Kyriel avait à traverser, pour arriver à Caen, des grèves coupées de rivières, situées entre Carentan et la mer. Ce fut là que Clermont l'attendit. Il dépêcha un courrier au connétable de Richemond, qui se trouvait à Saint-Lô, puis il sortit de sa forteresse et suivit les Anglais le long du rivage. Quand il fut assuré d'être rejoint par le connétable, qui arrivait à marches forcées, il serra de plus près l'ennemi et le força de faire volte-face. Les Anglais, ayant à dos le village de Formigny, s'étaient couverts à la hâte de fossés et de palissades. Le comte, habile autant que résolu, lança sur eux quelques centaines d'archers et quelques boulets, « afin, dit Mathieu de Coucy, de les entretenir et amuser jusqu'à la venue du connétable. » Les Anglais, cependant, incommodés par le feu de ses couleuvrines, firent une charge et réussirent à les enlever. « Mais alors, dit le chroniqueur, ils aperçurent venir du côté de devers Saint-Lô le connétable de France, qui descendoit d'une montagne auprès d'un moulin à vent, avec toute sa puissance, qu'il tenoit en belle ordonnance et lequel tiroit et s'avançoit toujours... » L'Anglais, alors, abandonna sa position et se rapprocha de Formigny pour barrer le passage d'un pont au connétable, qui redoubla de vitesse et réussit à joindre le comte de Clermont. Les deux corps réunis attaquèrent les Anglais, qui prirent la fuite au bout de trois heures laissant, « de compte fait par les hérauts d'armes, dit le chroniqueur, trois mille sept cent soixante-quatorze hommes sur le terrain. » Thomas Kyriel et plus de quinze cents hommes furent faits prisonniers. Le comte de Clermont, qui venait de se faire armer chevalier, voulut coucher sur le champ de bataille. Les chevaliers du comte et ceux du connétable disputèrent à qui appartenait le mieux l'honneur de la journée. Le cas fut soumis au conseil du roi, qui décida que le jeune comte avait eu le mérite de la manœuvre, et que le connétable n'avait été que son auxiliaire. Tous deux, quoi qu'il en soit, allèrent prendre Vire, et Clermont rejoignit Dunois devant Bayeux; ils s'y comportèrent avec grande courtoisie, laissant aux dames anglaises leurs robes et leurs bijoux, aux chevaliers leurs bagages et leurs chevaux ; ils les firent même transporter à Caen sur des voitures.

Cette campagne de Normandie, à la différence de toutes les guerres précédentes, resta pure de brigandages et de cruautés.

Les comtes de Clermont et de Dunois furent les premiers devant Caen, où se réunirent toutes les forces du roi ; « ils s'allèrent loger, dit Mathieu de Coucy, devant une des portes de ladite ville, nommée la porte d'Argence, et aux faubourgs qui s'appellent Vauchelles, où, avant qu'ils eussent pris le logis, se passèrent plusieurs escarmouches et faits d'armes... Les Anglois saillirent sur lesdits comtes, mais ils furent repoussés par puissance d'armes... Les assiégeants dressèrent quatre engins, à savoir deux kas et deux grues sur les bords des fossés, à l'endroit d'une bastille que les assiégés avoient faits, laquelle étoit merveilleusement forte... » Le roi vint d'Argence pour faire donner l'assaut à ce fort ; on se battit sur la rivière, autour du pont que les Anglais avaient rompu. Après un combat « main à main, tant sur l'eau comme sur terre, » la bastille fut emportée le jour suivant. Le comte de Clermont fut envoyé, avec le connétable, devant Cherbourg qu'on jugeait imprenable, et qui ne céda qu'après deux mois de siége au feu d'artillerie supérieurement dirigé.

Le comte de Clermont accompagna Dunois en Guyenne l'année suivante, 1451. Cette province était plus anglaise que l'autre, et l'on s'attendait à plus de résistance. Le jeune comte y agit de concert avec Dunois, et fit avec lui les principaux siéges. Après les prises de Montguyon, de Blaye, de Bourg, ils parurent devant Fronsac « qui estoit, dit Jacques Du Clercq, le plus fort château des marches de Guyenne, lequel avoit toujours été gardé d'Anglois, natifs du pays d'Angleterre... vindrent les comtes de Nevers, de Clermont, de Vendôme... » Nous retrouvons sous les murs de Bordeaux « les comtes d'Angoulême et de Clermont, armés de blanc, et leurs chevaux couverts... » Clermont fut envoyé de là vers le roi, qui était à Taillebourg, et ne se trouve pas nommé au siége de Bayonne. Charles VII confia à son gendre le gouvernement de cette Guyenne qui était aux Anglais depuis trois cents ans. Il y mit de la prudence et de l'application, mais ne put briser tous les intérêts qui liaient encore la province à ses anciens maîtres. Les Anglais, conduits par Talbot, et secondés par la noblesse gasconne, reparurent dans Bordeaux ; Clermont accourut avec six cents hommes d'armes et ne put empêcher le débarquement ; il fit sa retraite en combattant, et, par sa vigilance et son activité, il sauva une partie de la province. Dès qu'il eut reçu des renforts, il reprit l'offensive ; tandis que l'armée du roi descendait au nord, les comtes de Clermont et de Foix refoulaient l'ennemi au midi de la Garonne ; ils vinrent jusqu'aux portes de Bordeaux offrir la bataille ; puis, parcourant le Médoc en tout sens, ils en forcèrent les places qui s'étaient rouvertes aux Anglais. Clermont arriva avec mille lances devant Bordeaux investi au nord par le roi ; il occupa l'autre côté de la rivière et maintint le blocus jusqu'à la reddition.

Le comte garda le gouvernement de la Guyenne deux fois conquise en deux ans. Il y fut actif, capable, conciliant, et tâcha de nationaliser cette province si longtemps étrangère. Il fit la guerre à ce Jean V d'Armagnac, mari de sa propre sœur, en révolte contre le roi et contre Dieu ; il lui enleva dix-sept places sans coup férir, et ne fut arrêté que devant Lectoure, 1455.

La brillante étoile du comte de Clermont, devenu duc de Bourbon depuis 1456, pâlit après le règne de Charles VII. L'affection de Charles lui valut la haine de Louis XI ; il espérait l'épée de connétable, il se vit enlever jusqu'à son gouvernement de Guyenne. Cette disgrâce le jeta l'un des premiers dans le complot contre le roi. Il fut le plus ardent ouvrier de la ligue du Bien public. Louis XI crut la dissoudre en frappant vite le duc de Bourbon ; il fondit sur son duché avec une armée, prit d'assaut les forteresses de Saint-Amand et de Montluçon, puis consentit à un traité avec le duc qui le viola et vint se joindre aux princes devant Paris, dès qu'il crut Louis XI perdu. Il courut devant Rouen avec une poignée de gens d'armes, se le fit livrer par surprise ; il prit Caen de même et le reste de la Normandie. Louis XI, après la paix, tâcha de regagner son beau-frère, dont il appréciait le *grand sens* et le pouvoir qu'il tirait de ses grands domaines. Il lui donna le gouvernement de toutes les provinces de la Loire. Méditant de ressaisir la Normandie, cédée par force à son frère, Louis XI en chargea Bourbon qui s'empara d'Evreux et de Vernon, emporta d'assaut Louviers, et se saisit de Rouen une seconde fois par l'adresse de sa parole ; il eut en récompense le gouvernement du Languedoc. Louis XI était accompagné des trois princes de

Bourbon dans sa malencontreuse visite à Péronne, et la triste part qu'il eut à la destruction de Liége. Pierre II resta, ostensiblement du moins, fidèle à Louis XI. Quand le roi marcha en Picardie, en 1475, lors de la descente du roi Edouard, le duc de Bourbon y arriva avec cinq cents lances. Il se vit dénoncé cependant, par le duc de Nemours, comme ayant été de son complot; l'un de ses serviteurs, Jean Voyat, accusa aussi son maître, peut-être à l'instigation du roi. A la mort de Louis XI, une ordonnance du jeune Charles VIII nomma le duc de Bourbon connétable et lieutenant général du royaume; mais il était perclus de goutte, et la dame de Beaujeu se servit de lui pour attirer à elle tout le gouvernement. Le duc, mécontent, finit par se liguer contre sa belle-sœur. Il mourut en 1488, quelques mois après s'être remarié pour la troisième fois.

Femmes : 1. JEANNE DE FRANCE, fille de Charles VII, morte en 1482; — 2. CATHERINE, fille de Jacques d'Armagnac, duc de Nemours, morte en 1486; — 3. JEANNE DE BOURBON-VENDÔME, morte en 1511. — *Il eut de la seconde :* JEAN, né et mort en 1486; *de la troisième :* LOUIS, mort enfant.

Enfants naturels : 1. MATHIEU, *surnommé le grand Bâtard de Bourbon, servit avec bonheur Charles VIII, se signala au combat de Béthune, en* 1487. *Il fut fait prisonnier à Fornoue; le roi le récompensa de ses glorieux services en le nommant amiral et gouverneur de Guyenne. Mathieu mourut sans enfants, vers* 1505; — 2. CHARLES, *seigneur de Lavedan et de Malause, fit toute la guerre de Bretagne, en* 1487, *et fut fait prisonnier à Vannes, qu'il défendait, en* 1488; *il suivit Charles VIII dans son expédition d'Italie, et mourut en* 1502; — 3. HECTOR, *archevêque de Toulouse;* — 4. MARIE, *femme de Jacques, seigneur de Thil;* — 5. MARGUERITE, *fut légitimée et épousa* Jean de Ferrières.

XIX.

Pierre II

DUC DE BOURBON, SIRE DE BEAUJEU.

SERVICES.

Guerre du Bien public	1465	Prise de Corbie	1475
Prise de Bourges	1465	Expéd. contre le duc de Nemours	1476
Blocus de Paris	1465	Prise de Carlat	1476
Prise de Liége	1468	Prise de Hesdin	1477
Expédition en Guyenne	1472	Prise de Boulogne	1477
Prise de Lectoure	1472	Prise d'Arras	1477
Campagne en Artois	1475	Prise de Bouchain	1477
Prise du Tronquoi	1475	Prise du Quesnoy	1477
Prise de Montdidier	1475	Prise d'Avesnes	1477
Prise de Roye	1475	Siége de Saint-Omer	1477

EMBLÈME ET DEVISE : *Un chardon :* Cher don.

Pierre de Bourbon, jusqu'à la mort de son frère, fut connu sous le titre de sire de Beaujeu. Il participa à la ligue du Bien public, mais

Louis XI sut le détacher du parti des princes en lui promettant sa fille Anne. Depuis lors, le sire de Beaujeu fut tout dévoué au roi. Chargé de continuer la guerre de Guyenne, 1472, Pierre força le comte d'Armagnac à capituler dans Lectoure ; mais il était alors trompé par le seigneur gascon, qui l'avait attiré dans un piége et avait gagné tous ceux qui l'entouraient. Beaujeu fut arrêté, et resta prisonnier du vaincu. Il ne fut délivré que l'année suivante, lorsque d'Armagnac fut tué au siége de Lectoure.

Lous XI envoya son gendre assiéger le duc de Nemours dans son château de Carlat; ce duc fut fait prisonnier et envoyé à la Bastille. Pierre de Bourbon fut un de ses juges, et il eut part à ses dépouilles, même avant la condamnation. Il obtint le comté de la Marche. Pierre de Beaujeu fut fait lieutenant général du royaume pendant un pèlerinage que fit Louis XI en 1482. On connaît le grand rôle que remplit sa femme, Anne de Beaujeu, pendant la minorité de son frère Charles VIII ; elle fut maîtresse du gouvernement. Cette femme supérieure trouva dans son mari un auxiliaire obéissant. Beaujeu, sous Charles VIII, eut le gouvernement de Guyenne, puis celui du Languedoc, et hérita aussi du duché de Bourbon. Il se retira alors dans le Bourbonnais, où, comme son prédécesseur, il aima mieux tenir un état royal que de vivre à la cour. Il fut cependant nommé vicaire et recteur du royaume pendant l'expédition de Naples; il avait beaucoup blâmé cette entreprise; il conseilla cependant au roi de rentrer en Italie, trouvant que l'occasion était bonne et qu'il était d'ailleurs honteux d'abandonner les Français qui se défendaient à Naples avec tant de vigueur. Pierre II mourut en 1500.

Femme : ANNE DE FRANCE, fille de Louis XI, morte en 1522; *il eut d'elle* : 1. CHARLES, comte de Clermont, mort enfant; — 2. SUZANNE, duchesse de Bourbon, née en 1491, qui épousa le fameux connétable, Charles de Bourbon, et mourut en 1521.

COMTES DE MONTPENSIER.

XVIII.

Louis Iᴇʀ de Bourbon, dit le Bon
COMTE DE MONTPENSIER.

SERVICES.

Guerre contre les Anglais..... 1430 | Combat près de Beauvais..... 1430

Armes : De Bourbon, à la bande de gueules, brisée en chef d'un quartier d'or au dauphin d'azur.

Louis, troisième fils de Jean Iᵉʳ, duc de Bourbon, prit le titre de comte de Montpensier. Ce prince est à peine nommé dans l'histoire. On ne le voit ni à la tête des armées ni dans le conseil des rois ; il prit peu de part aux guerres qui ensanglantèrent cette époque. Tandis que son père, le duc de Bourbon, était prisonnier des Anglais, le jeune comte de Montpensier se trouva à l'armée de Charles VII, où commandait son frère, le comte de Clermont. Il vécut le plus souvent dans ses apanages où il se fit aimer de ses vassaux qui le surnommèrent le Bon. Il mourut fort âgé en 1486.

Femmes : 1. Jeanne, dauphine d'Auvergne, fille unique de Béraud III, morte en 1436 ; — 2. Gabrielle de la Tour d'Auvergne. *Il eut de la seconde* : 1. Gilbert (qui suit); — 2. Jean, mort jeune ; — 3. Gabrielle, mariée à Louis II, sire de la Trémoille, tué à la bataille de Pavie; le prince de Talmont, leur fils aîné, fut tué à la bataille de Marignan ; — 4. Charlotte, femme de Wolfart de Borselle, seigneur de la Vère.

XIX.

Gilbert de Bourbon

COMTE DE MONTPENSIER, VICE-ROI DE NAPLES.

SERVICES.

Guerre contre les Bourguignons..	1471	Expédition en Roussillon..... ..	1489
Combat de Bussi................	1471	Expédition de Naples............	1494
Prise de Cluni...	1475	Prise de Rapallo................	1495
Siége de Mâcon.................	1475	Prise de Fivizzano.............	1495
Expédition en Guyenne..........	1487	Prise de Sarzane................	1495
Prise de Blaye.................	1487	Prise de Mordano.......	1495
Guerre en Bretagne.............	1487	Prise de Monte-Fortino.........	1495
Siége de Nantes................	1487	Prise de Monte-San-Giovanni.....	1495
Prise de Dôle..................	1487	Prise du Château-Neuf..........	1495
Prise de Vitré.................	1487	Prise du Château-de-l'Œuf.......	1495
Prise de Parthenay.............	1487	Défense du Château-Neuf........	1496
Prise de Ploërmel..............	1487	Siége de Circello...............	1496
Prise de Saint-Aubin-du-Cormier.	1487	Secours à Frangetto di Montfort...	1496
Prise de Châteaubriant.........	1487	Prise et défense d'Atella........	1496

Gilbert, connu du vivant de son père sous le titre de comte-dauphin, fit ses premières armes contre les Bourguignons qu'il défit à Bussi et chassa de tout le Mâconnais. Dans la campagne contre Charles-le-Téméraire, terminée par le traité de Soleure (1475), Gilbert de Bourbon entra en Bourgogne, surprit Cluni et vint mettre le siége devant Mâcon.

Pendant les troubles de la minorité de Charles VIII, le comte de Montpensier tint constamment le parti d'Anne de Beaujeu, la suivit en Guyenne (1487), et partagea avec la Tremoille l'honneur des guerres de Bretagne contre le duc d'Orléans.

Le comte de Montpensier fut envoyé, l'année suivante, dans les Pyrénées contre les troupes que Ferdinand assemblait en Catalogne pour envahir le Roussillon; mais les historiens français et espagnols ne donnent point de détails sur ces opérations.

Gilbert de Bourbon commanda l'avant-garde dans l'expédition de Charles VIII à Naples; il s'empara des villes Rapallo, Tivizzano, Sarzane, etc. Laissé à Naples comme vice-roi, après la retraite de Charles VIII, Montpensier se trouva bientôt dans la plus terrible des positions. L'Italie entière était debout contre les Français, et ce prince, malgré les victoires de ses lieutenants et sa bravoure, perdait chaque jour du terrain devant les insurgés. A l'arrivée de Ferdinand d'Aragon, Montpensier étant sorti de Naples pour marcher à sa rencontre, les Napolitains fermèrent leurs portes sur le vice-roi et reçurent Ferdinand. Pendant cinq mois, Gilbert se défendit dans le Château-Neuf; n'ayant plus ni vivres ni munitions, il sortit de nuit avec deux mille cinq cents hommes et se prépara à soutenir une nouvelle campagne. Montpensier réunit alors toutes ses forces qui montaient à dix-sept mille hommes; il tenta un dernier effort pour relever la domination française à Naples. Il vint assiéger Circello; Ferdinand, pour faire diversion, attaqua Frangetto; Gilbert accourut défendre cette forteresse, mais les Suisses refusèrent de marcher si leur solde n'était point comptée; les Napolitains désertèrent, et Montpensier, après avoir encore pris Atella, se vit bloqué dans cette bourgade par son heureux adversaire. Il fallut se soumettre tout à fait. Gilbert de Bourbon fut atteint des fièvres mortelles qui se déclarèrent parmi ses troupes, et il mourut à Pouzzoles, en 1496.

Femme: CLAIRE DE GONZAGUE, fille de Frédéric, marquis de Mantoue, morte en 1503. *Il eut d'elle*: 1. LOUIS II (1); — 2. CHARLES (qui suit); — 3. FRANÇOIS (2); — 4. LOUISE, mariée d'abord à André de Chauvigny, puis à Louis de Bourbon, prince de La Roche-sur-Yon; — 5. RENÉE, qui épousa Antoine, duc de Lorraine, et mourut en 1539; — 6. ANNE, morte sans alliance.

(1)   **LOUIS II DE BOURBON, COMTE DE MONTPENSIER.**

SERVICES.

Expédition de Naples...............	1501	Prise de Capoue..................	1501
Prise de Mérillano.................	1501		

Ce prince, fils aîné de Gilbert de Bourbon (quelques historiens l'ont donné comme son fils naturel), suivit l'armée française commandée par d'Aubigny dans l'expédition d'Italie (1501), sans y avoir de commandement. Au siége de Capoue « le seigneur de Montpensier, dit un chroniqueur, lequel estoit jeune, hardy, et bien adroit, là se trouvoit « à tous heurts, tantost à cheval, tantost à pied, et fit dure guerre aux Néapolitains..... A un assault de la place, « il monta si hardiment, qu'avec les mains il s'attacha à un endroit du rempart, et, l'espée au poing, combattit « main à main avec ses ennemis, et reçut plusieurs coups de picque et de halebarde, sans jamais lascher prise, et « tant que des premiers fust au dedans du boulevart. »

Louis, arrivé à Naples, voulut voir le tombeau de son père à Pouzzoles; il le fit ouvrir, et fut tellement saisi de douleur à ce spectacle, qu'une fièvre ardente le saisit et il en mourut quelques jours après, à l'âge de dix-huit ans.

(2)   **FRANÇOIS DE BOURGOGNE, DUC DE CHATELLERAULT.**

SERVICES.

Campagne en Navarre......	1512	Conquête du Milanais...:............	1515
Siége de Pampelune................	1512	Bataille de Marignan...............	1515
Plusieurs combats contre les Miquelets ...	1512	(Il y fut tué,)	

François fut envoyé pour secourir le roi de Navarre contre Ferdinand d'Aragon, sous les ordres de son frère, le fameux connétable; il assista au siége de Pampelune et à quelques petits combats. Ce jeune prince suivit le roi en Italie. A Marignan, les Suisses allaient s'emparer de l'artillerie, lorsque le connétable, par des charges répétées, les repoussa. François, qui combattait avec lui, fut *tué* à ses côtés, 1515.

XX.

Charles II de Bourbon

COMTE DE MONTPENSIER, DUC DE BOURBON, CONNÉTABLE.

SERVICES

Expédition d'Italie............	1507
Combat du Belvédère..........	1507
Prise de Gênes...............	1507
Campagne d'Italie.............	1509
Bataille d'Aignadel............	1509
Prise de Cazavas..............	1509
Prise de Bergame.............	1509
Prise de Peschiera............	1509
Prise du château de Crémone.....	1509
Campagne en Navarre..........	1512
Prise des forteresses du Guipuscoa.	1512
Défense de la Bourgogne.......	1515
Conquête du Milanais..........	1515
Bataille de Marignan. (*Il eut deux chevaux tués sous lui.*)........	1515
Prise du château de Milan......	1515
Défense du Milanais...........	1518
Campagne en Picardie et en Flandre.	1521
Prise de Bouchain.............	1521
Prise de Hesdin...............	1521
Campagne de Lombardie contre les Français....................	1524
Combat de la Sesia............	1524
Invasion de la Provence........	1524
Prise de Bagnollés............	1524
Passage du Var. (*Il eut un cheval tué sous lui.*)................	1524
Siége de Marseille.............	1524
Bataille de Pavie..............	1525
Prise du château de Milan......	1525
Prise de Rome. (*Il y fut tué.*)....	1527

ARMES : De Bourbon.

EMBLÈME ET DEVISES : A toujours : Mais. — *Une épée nue :* Omnis salus in ferro est.

Ce grand capitaine, ce grand criminel, aussi fameux par sa trahison que par ses talents, aussi connu pour sa gloire que pour sa honte, naquit en 1490. Fils de Gilbert, comte de Montpensier, Charles devint duc de Bourbon en épousant Suzanne, fille unique et héritière de Pierre II. Les souverainetés qu'elle lui apporta, jointes à ses propres apanages, firent de lui le plus riche et le plus puissant prince de la maison royale(¹). A dix-sept ans il accompagna Louis XII devant Gênes. Déjà homme et d'une forte trempe, ardent et sérieux, recherchant le jour les officiers capables, il écrivait la nuit leurs entretiens. Il parcourut la Lombardie, visitant les champs de bataille, les forteresses, étudiant tout.

Deux ans après, en 1509, le duc de Bourbon retourna avec le roi en Italie. Louis XII, à Aignadel, lui fit prendre les devants avec un corps de gentilshommes. Par une charge difficile, à travers des ravins et sous une pluie de boulets, il rompit l'avant-garde vénitienne déjà victorieuse. Dans les sièges qui suivirent la bataille, on le vit l'égal des meilleurs généraux. Louis XII déclara qu'il était temps de lui confier une armée. Mais le vieux roi s'inquiétait de ce visage sévère et sombre : ce jeune homme, comme le roi Charles d'Anjou, ne riait jamais. Ce fut Gaston de Foix qui obtint le commandement auquel il aspirait, et il en conçut une amère jalousie. On eut cependant besoin de ses talents ; en 1512, on l'envoya secourir la Navarre contre Ferdinand d'Aragon. Son orgueil en fit manquer le succès : comme prince du sang, il voulut diriger cette guerre. Le duc de Longueville, gouverneur de Guyenne, éleva les mêmes prétentions, et leurs discordes paralysèrent l'entreprise. Ferdinand s'empara de la Navarre. Bourbon, enfin, disposant d'une division de l'armée, put suivre le plan qu'il avait conçu, et il enleva aux Espagnols les forteresses du Guipuscoa. Mais on soutint mal ses succès, et la campagne fut désastreuse ; elle n'eut d'autre effet que de grandir sa réputation.

La défense de la Bourgogne contre les Suisses et l'Empereur (1513) mit en jeu toutes les ressources de son génie ; il y rétablit l'ordre, pourvut les places fortes, releva tout. Louis XII allait le nommer connétable, avec un grand commandement en Italie, quand il mourut.

Bourbon passait à vingt-cinq ans pour la plus grande capacité de l'armée. François Ier le fit connétable, dès son avénement, et l'envoya à la tête de son avant-garde dans le Milanais.

---

(1) Le duc de Bourbon possédait le Bourbonnais, l'Auvergne, la Marche, le Forez, le Beaujolais, la principauté de Dombes, le comté de Clermont en Beauvoisis, le duché de Châtellerault. Il était de plus gouverneur du Languedoc et de la Guyenne. Il avait la plupart de ses États en toute souveraineté, sauf l'hommage. Il était, au xvie siècle, le seul survivant de la grande féodalité. Ce puissant prince, ce grand ambitieux pouvait ressusciter tous les embarras qu'avaient causés les ducs de Bourgogne, et par sa position plus centrale il aurait été encore plus dangereux. La plupart des domaines qui furent confisqués sur lui furent rendus aux Bourbons, mais sans la souveraineté féodale.

Son passage des Alpes, par de hautes chaînes qu'aucune armée n'avait encore franchies, parut alors prodigieux (¹). Ce fut lui qui dirigea l'armée à Marignan, où sa vigilance prévint la surprise des Suisses. Ce tacticien y combattit comme Bayard et comme le roi (²). Il fondit, à la tête de ses gendarmes pour reprendre son canon, sur le plus gros bataillon de Suisses, dont les piques de dix-huit pieds faisaient une épaisse forêt; il le perça après vingt charges réitérées; mais il y fut coupé, enveloppé dans ce cercle de fer; le duc de Chatellerault, son frère, tomba près de lui. Arraché de la mêlée par douze de ses gentilshommes qui se firent tuer, il recommença la charge, à la tête des lansquenets, et mit en pièces ce terrible bataillon; il en rompit un autre encore. Cette affaire de Marignan, qu'on appela le combat des géants, dura deux jours. Le roi dormit sur un canon, mais le connétable ne dormit pas; toute la nuit, il rallia les troupes, visita les postes, prit de nouvelles dispositions.

Cette victoire donna au roi le Milanais, et il en nomma le duc de Bourbon vice-roi, lui laissant dix mille hommes à peine pour contenir cette Lombardie, tant de fois bouleversée par les conquêtes, toujours agitée par les factions. Bourbon était tout entier à ce difficile gouvernement, quand les Impériaux fondirent sur la Lombardie; le connétable mit en jeu ses grands talents; il contint Milan, fit un emprunt, loua des mercenaires; il agit, il négocia, et sauva la conquête. Mais il fut rappelé.

Le connétable, dit-on, était aimé de Louise de Savoie, mère du roi. Cet amour dédaigné se convertit en haine; elle s'attaqua, à défaut de son cœur, à ses biens et gagna son procès (³). On mit le séquestre sur les domaines de la maison de Bourbon. Déjà le connétable était ulcéré de plus d'une offense; les favoris du roi affectaient de braver son orgueilleuse susceptibilité. François Ier lui-même le raillait : il l'appelait le *mal endurant*. On dit que de son côté Bourbon citait souvent ce mot d'un capitaine

---

(1) L'armée passa à gauche du mont Genèvre : « On fit sauter des rochers, on jeta des ponts sur l'abîme, on construisit des galeries en bois le long des pentes les plus escarpées, et toute la pesante cavalerie, avec soixante-douze pièces de grosse artillerie, arrivèrent le cinquième jour dans les places du marquisat de Saluces. » Sismondi, *Hist. des Fr.*, t. XVI, p. 24.

(2) François Ier écrivait à sa mère : « Et vous veux encore assurer que mon frère le connétable, et M. de Saint-Paul, ont aussi bien rompus bois que gentilshommes de la compagnie, quels qu'ils soient, et de ce, j'en parle comme celui qui l'a vu, car ils ne s'épargnoient non plus que sangliers échauffés. »

(3) Le maréchal de Tavannes dit, dans ses *Mémoires*, que Bourbon, qui était veuf depuis 1521, refusa d'épouser Louise de Savoie, et que « le roi haussa la main pour donner un soufflet à M. de Bourbon. »

gascon qui, interrogé par Charles VII si quelque chose le pourrait détacher de son service, répondit : « Non pas l'offre de trois royaumes comme le vôtre, mais bien un affront. »

La guerre éclata contre Charles-Quint ; la campagne s'ouvrit en Picardie, puis en Flandre (1521). Le commandement de l'avant-garde fut donné au duc d'Alençon. C'était un affront au connétable; cependant, placé dans le corps de bataille, il y rendit encore des services, prit Hesdin et plusieurs places. Mais retiré après au fond de ses châteaux, il ne songea plus qu'à la vengeance, et rien ne fit peur à cette âme en courroux. Il traita avec l'Empereur et s'engagea à lui ouvrir la France pour la partager entre eux. Le complot échoua ; mais le connétable s'enfuit et livra, non le royaume, mais son épée à Charles-Quint. Objet de soupçons et d'envie au milieu des étrangers, il y trouva tous les mécomptes des transfuges qu'on peut redouter tant qu'ils sont forts, qu'on peut payer pour leurs services, mais qu'on méprise dans le passé, et dont on se défie dans l'avenir.

Bourbon sortit de France déguisé, et, après beaucoup de périls et d'aventures, il parvint en Allemagne et de là en Italie, où François Ier venait d'envoyer quarante mille hommes sous son favori l'amiral Bonnivet. Nommé lieutenant général de l'Empereur en Italie, Bourbon tint les Français en échec, enferma Bonnivet dans son camp et l'affama. Quand l'amiral prit le parti de la retraite, Bourbon s'attacha à lui avec fureur, cherchant à prendre vivant cet homme à qui il attribuait sa perte ; il le rejoignit au passage de la Sésia, où fut tué Bayard et où l'amiral fut blessé (1524). On sait les dernières paroles de Bayard au transfuge.

Le connétable, en poursuivant les Français détruits, voulut marcher sur Lyon; il espérait rallier ses nobles du Bourbonnais; mais l'Empereur voulait avancer ses affaires et non celles du connétable ; il convoitait la Provence et Marseille pour s'assurer la Méditerranée. Bourbon, traversé dans ses projets, réclama contre cette faute, et fut contraint d'obéir. Il passa les Alpes, prit sans combat les villes du littoral et mit son camp devant Marseille ; comme il passait le Var, son *cheval fut tué* sous lui par un boulet tiré de la flotte. Le célèbre Pescaire partageait avec lui le commandement ; la jalousie éclatait déjà entre ces deux hommes. Pescaire agissait sourdement pour perdre ce grand transfuge qui était venu lui disputer chez l'Empereur la gloire et l'autorité. En vain Bourbon s'épuisa d'activité dans ce siége ; à la fois ingénieur, pourvoyeur, général, il échoua. Toute la population, les femmes même, combattaient aux brèches en le maudissant. Ses troupes, à la fin, refusant l'assaut, il décampa plein de rage et de honte, poursuivi l'épée dans les reins par les Français. Il traversa le Montferrat et arriva en Lombardie. Le roi et quarante mille hommes y pénétrèrent en même temps. Bourbon jeta à la hâte ses troupes exténuées dans les forteresses; mais il n'avait pas d'armée; il passa les Alpes au cœur de l'hiver, courut en Allemagne, négocia avec son ardeur et son adresse entraînante, trouva des troupes et de l'argent. Il enflamma ces mercenaires qui l'appelaient le père des soldats, et revint trouver Pescaire étonné avec treize mille hommes. Le roi de France s'épuisait pendant ce temps à prendre Pavie ; il avait divisé ses forces ; il avait fait fautes sur fautes ; il en fit une dernière en voulant aveuglément une bataille et en attendant l'ennemi dans ses retranchements. Pescaire et Bourbon fondirent sur lui devant Pavie, comptant sur le concours de la garnison. L'artillerie du roi, supérieurement manœuvrée par le grand maître, joua d'abord d'une façon terrible sur les Impériaux ; ils se jetèrent dans un ravin pour éviter le feu de ces batteries. Le roi, brûlant de déployer sa gendarmerie, crut que l'ennemi fuyait déjà ; il s'élança à sa tête et passa devant ses canons, dont il masqua le feu. Le connétable, avec ses Allemands, Pescaire, avec ses Espagnols, dès qu'ils virent sa faute, se précipitèrent pour l'envelopper. Tous deux savaient à fond la guerre et concertèrent leurs dispositions ; mais Bourbon connaissait de plus le fort et le faible de son ennemi [1]. Il dirigea son effort sur les Bandes noires placées entre le corps de bataille et l'aile droite ; par une pointe savante, il les coupa d'un corps de cavalerie qui leur servait de point d'appui ; puis les ayant rompues, il surprit l'aile droite en flanc et l'écrasa. Après cette manœuvre décisive, il allait attaquer les Suisses et l'arrière-garde, quand ils prirent la fuite devant lui. En parcourant le champ de bataille, il rencontra Bonnivet expirant et s'écria : « Ah ! misérable, c'est toi qui as causé la perte de la France et la mienne. » On dit que Bourbon était à peu de

---

[1] Le connétable, dont la magnificence était si connue, combattit à Pavie sous l'équipement d'un simple cavalier, soit qu'il craignît d'être reconnu et en butte à toutes les attaques, ou, comme disent quelques mémoires, pour mieux pénétrer jusqu'à Bonnivet, son ennemi, dans la mêlée. Il avait recommandé aux siens de s'attacher à le prendre, et promis une grande récompense à qui le lui amènerait vivant.

distance du roi quand il rendit son épée, et qu'il jouit de ce spectacle avec avidité. On rapporte encore qu'il se présenta le soir, pour offrir la serviette à table au royal prisonnier, et que, dans une autre entrevue, il s'émut devant son ancien maître et se jeta à ses genoux.

L'ambitieux rebelle, quoi qu'il en soit, croyait toucher au but; Charles-Quint lui avait promis sa sœur avec un royaume; mais c'était sa destinée d'avoir à se plaindre des rois. Il fut le jouet de l'Empereur, dès qu'il eut licencié son armée [1]. Il passa en Espagne où sa gloire militaire ne le garantit pas des plus sanglants outrages [2].

Charles-Quint, ayant perdu son général Pescaire, promit à Bourbon, pour le ramener à lui, la souveraineté du Milanais. L'Italie presque entière s'était liguée contre l'Empereur; l'armée coalisée tenait les Impériaux bloqués dans Milan. Bourbon s'y jeta et fit capituler le château dont il fit le siège étant lui-même assiégé par cette armée. Mais il fallait payer ses soldats; on leur devait deux ans de solde, et l'Empereur n'envoyait rien. Milan venait d'être rançonnée avec la plus atroce furie. Bourbon tira de nouveaux soldats d'Allemagne; il en avait besoin pour ses projets; c'était de se faire indépendant de l'Empereur en Italie. Mais il lui fallait, pour y réussir, s'attacher son armée; il fallait la gorger de butin. Les furies de l'ambition et de la vengeance, les mécomptes, les affronts, le poussaient aux résolutions extrêmes. Il se sentait déchu, et voulait, à tout prix, se relever sur un trône. Bourbon conçut l'idée de donner Rome à piller à ses soldats. Il partit de Milan avec vingt-cinq mille brigands (1527), pillant et brûlant tout sur leur chemin; ils passèrent au milieu des trois armées confédérées et arrivèrent devant Rome; l'assaut fut donné à l'instant. Bourbon, arrachant une échelle de la main d'un soldat, l'appliqua sur une brèche et s'élança le premier, la pique à la main. Un coup de feu l'atteignit dans les reins et le renversa dans le fossé. Il fit signe, en expirant, à un soldat d'étendre son manteau sur lui pour le cacher à l'armée.

La France fut servie sans doute, en même temps que vengée par le

---

(1) Charles l'avait déjà fiancé à sa sœur Éléonore d'Autriche, et avait promis d'ériger en royaume ses anciennes provinces, le Bourbonnais, l'Auvergne, la Marche, le Forez, auxquels seraient ajoutés le Dauphiné et la Provence.

(2) En Espagne, où il se rendit pour voir Charles-Quint, le peuple criait sur son passage : Voilà le traître. L'Empereur pria le marquis de Villena de prêter son palais au duc de Bourbon. « Je n'ai rien à refuser à Votre Majesté, dit l'Espagnol; mais j'y mettrai le feu après, comme à un lieu souillé par la présence d'un traître, et indigne d'être habité par un homme d'honneur. »

coup d'arquebuse qui termina l'orageuse vie du connétable de Bourbon, ce grand réprouvé de l'histoire qu'on ne peut se défendre de plaindre.

Femme : SUZANNE, duchesse de Bourbon, fille unique et héritière de Pierre II, duc de Bourbon, morte en 1521, et dont il eut : 1. FRANÇOIS, mort enfant ; — 2 et 3. N... et N..., jumeaux morts en naissant.

Fille naturelle : CATHERINE, mariée à Bertrand Salmart, seigneur de Ressis.

COMTES DE LA MARCHE.

XV.

Jacques Ier de Bourbon

COMTE DE LA MARCHE, CONNETABLE.

SERVICES.

Guerre de Bretagne............ 1341	Prise de Villefranche........... 1346
Prise de Chantoceaux.......... 1341	Prise d'Angoulême............ 1346
Prise de Carquefou............ 1341	Prise de Damassan............ 1346
Prise de Nantes................ 1341	Prise de Tonneins............. 1346
Prise de Rennes 1342	Prise du port Sainte-Marie...... 1346
Siége de Hennebon............. 1342	Siége d'Aiguillon.. ....
Prise d'Auray.................. 1342	Bataille de Crécy. (*Blessé.*)..... 1346
Prise de Vannes................ 1342	Guerre en Languedoc........... 1355
Prise de Carhaix. 1342	Bataille de Poitiers. (*Il y fut blessé et fait prisonnier.*)........... 1356
Délivrance de Rennes........... 1342	
Délivrance de Vannes........... 1342	Guerre contre les Compagnies.... 1362
Guerre contre les Anglais....... 1346	Bataille de Brignais. 1362
Prise de Miremont.............. 1346	(*Il y fut blessé mortellement.*)

ARMES : Semé de France, à la bande de gueules, chargée de trois lionceaux d'argent.

Jacques, troisième fils de Louis Ier, duc de Bourbon, fut le père de tous les Bourbons qui occupent les trônes de France, d'Espagne et de

Naples. Peu de princes ont plus combattu que le comte de la Marche pour le pays et moins pour eux-mêmes; il fut présent dans toutes les guerres de ce temps; on le trouve en Bretagne, en Languedoc, en Picardie, etc. (Voy. Pierre Ier, page 293.) Il fut *blessé* dans les trois batailles de Crécy, Poitiers et Brignais. Nommé connétable et chargé de défendre le Languedoc contre les Anglais, il s'irrita de la pusillanimité du comte d'Armagnac, lieutenant général de cette province, et donna sa démission. Après la paix de Brétigny, les mercenaires, appelés Tard-venus, se réunirent et dévastèrent la Champagne, la Bourgogne, puis ils se dirigèrent vers Lyon. Le comte de la Marche, qui était dans le Midi, songea à détruire ces brigands; il fit appel aux chevaliers d'Auvergne, de Limousin, et, averti que les routiers étaient à Brignais, à deux lieues de Lyon, il y marcha. Ces aventuriers occupaient une colline couverte de cailloux. L'archiprêtre Regnault de Cervolles alla les reconnaître, et conseilla d'attendre qu'ils eussent quitté ce monticule avant de les aborder. Mais Jacques de Bourbon avait plus de bravoure que de tactique, et il donna ordre d'attaquer. Laissons Froissart raconter cette bataille : « L'archiprêtre l'entreprit volontiers, car il fut hardi et appert chevalier durement;... mais ses gens d'armes, qui vouloient combattre ceux des compagnies, ne pouvoient venir à eux si ils ne costioient cette montagne où ils étoient tous arrêtés : si que quand ils vinrent par dessous eux, ceux d'amont commencèrent à jeter si fort les cailloux, qu'ils effondroient bassinets tant forts qu'ils fussent, et navroient et méhaignoient tellement gens d'armes que nul ne pouvoit ni osoit aller ni passer devant..... A donc au secours approchèrent les autres batailles messire Jacques de Bourbon, son fils, son neveu (le comte de Forèz) et leurs bannières et grand foison de bonnes gens qui tous s'alloient perdre; dont ce fut grand dommage et pitié qu'ils n'ouvrèrent par plus grand avis et meilleur conseil. » Ils ne purent en effet déloger les ennemis, et souffrirent longtemps des projectiles de ces routiers. « Et quand les eurent tenus en cet état et bien battus une grande espace, leur grosse bataille fraîche et nouvelle vinrent autour de cette montagne en écriant tous d'une voix, Saint George! et férir ces Francois. Là eut grand riffleis (combat) et grand touillis (mêlée) des uns et des autres; et combattoient ces compagnies si très hardiment que merveilles seroit à penser; et reculèrent les Francois. » Jacques de Bourbon et son fils aîné Pierre furent *blessés mortellement;* ils expirèrent peu de jours après à Lyon, 1362. Le jeune comte de Forèz, neveu du comte de la Marche, fut *tué* aussi dans ce combat.

Femme : JEANNE DE CHATILLON, dame de Carency, fille aînée et héritière de Hugues de Châtillon, morte en 1371, et dont il eut : 1. PIERRE (1); — 2. JEAN (qui suit); — 3. JACQUES *(qui a fait la branche de Bourbon-Préaux* (voy. plus bas); — 4. ISABELLE, qui épousa Louis, vicomte de Beaumont, puis Bouchard VII, comte de Vendôme, dont elle n'eut qu'une fille morte jeune.

(1)   **PIERRE DE BOURBON, COMTE DE LA MARCHE.**

SERVICES.

Expédition contre les Tard-venus .... 1362 | Bataille de Brignais. (Il y fut tué.) 1362

DEVISE : Unum Borbonio votum manet arma ferenti :
Vincere vel mori. Donet utrumque Deus !

On vient de voir que ce prince combattit sous les ordres de son père contre les Tard-venus. C'était sans doute sa première affaire, et il y fut armé chevalier « Les François en eurent le pieur (pire); et y furent durement navrés messire Jacques de Bourbon, et aussi fut messire Pierre son fils..... Le comte de La Marche trépassa de ce siècle le tiers jour après que la bataille eut été, et messire Pierre ne vesqui guère longuement depuis. Si furent de tous plaints et regrettés. »

XVI.

Jean Ier de Bourbon

COMTE DE LA MARCHE ET DE VENDOME.

SERVICES.

Campagne en Castille	1366	Prise de Limoges	1370
Prise de Calahorra	1366	Délivrance de Saint-Malo	1378
Guerre contre les Anglais	1370	Guerre de Flandre	1382

JEAN Ier DE BOURBON.

Bataille de Rosebecq	1382		Prise de la Tronchette	1385
Prise de Bergues	1383		Prise de Garnacc	1385
Prise de Bruckbourg	1383		Prise de Taillebourg	1385
Guerre en Saintonge	1385		Prise de Mauléon	1385
Prise de Montluc	1385		Prise de Breteuil	1385
Prise d'Archiac	1385		Prise de Verteuil	1385
Prise du fort Le San	1385		Expédition de Gueldre	1388

ARMES : De Bourbon, la bande de gueules chargée de trois lionceaux d'argent.

Ce prince fut nommé très-jeune chef de l'armée envoyée en Espagne pour secourir Henri Transtamare, en 1366 ; mais il avait pour conseil Bertrand Du Guesclin ; l'expédition fut glorieuse : les villes, lasses du joug de Pierre-le-Cruel, ouvrirent leurs portes ; une seule, Calahorra, fit résistance, et se rendit au bout de quelques jours. Jean Ier, revenu en France, eut part, sous le duc de Berry, à la prise de Limoges ; il était aussi de l'armée qui vint secourir Saint-Malo assiégé par le duc de Lancastre. (Voy. la notice de Louis II, duc de Bourbon, page 300.)

Dans les guerres de Flandre, Jean servit dans le corps de bataille auprès du roi, et fut un des vaillants de la bataille de Rosebecq. Louis II, duc de Bourbon, et son cousin, le comte de La Marche, furent envoyés contre les Anglais aux frontières de Guyenne. « Et étoit ordonné en devant, dit Froissart, que le duc de Bourbon et le comte de la Marche atout (avec) deux mille hommes d'armes s'en iroient en Limousin et délivreroient le pays des Anglois et des pillards larrons qui pilloient et roboient le pays ; car en Poitou avoient encore aucuns forts châteaux que ils tenoient et faisoient moult de dommages... » Ces deux princes eurent bientôt enlevé grand nombre de villes et de forteresses aux Anglais. (Voy. encore Louis II, page 301.)

Le comte de la Marche suivit Charles VI dans son expédition contre le duc de Gueldre, où ils n'eurent guère à combattre que les intempéries d'une rude saison. Jean Ier mourut en 1393.

Femme : JEANNE, sœur et héritière de Bouchard VII, comte de Vendôme, morte en 1411. *Il eut d'elle :* 1. JACQUES II (qui suit) ; — LOUIS DE BOURBON, *tige des comtes de Vendôme* (*voy.* p. 336) ; — 3. JEAN, *tige des Bourbons-Carency* (*voy.* plus bas) ; — 4. ANNE, qui épousa Jean de Berri, comte de Montpensier, puis Louis-le-Barbu, duc de Bavière ; — 5. MARIE, femme de Jean, seigneur des Croix ; — 6. CHARLOTTE, mariée à Jean II, roi de Chypre, morte en 1434.

Fils naturel : JEAN, *bâtard de La Marche.*

XVII.

Jacques II de Bourbon

COMTE DE LA MARCHE, ROI DE NAPLES.

SERVICES.

Expédition en Hongrie	1396
Prise d'Orsowa	1396
Prise de Rakoviza	1396
Prise de Widin	1396
Siége de Nicopolis	1396
Bataille de Nicopolis	1396
Expédition navale contre le roi d'Angleterre	1404
Prise de Plymouth	1404
Prise de l'île de Falmouth	1404
Combat près de Darmouth	1404
Guerre contre les Armagnacs	1411
Défense de Paris	1411
Prise de Saint-Cloud	1411
Combat de Janville. (*Prisonnier.*)	1411
Expédition contre les Anglais	1411
Prise de Soubise	1413
Combat contre le bâtard d'Armagnac	1424 ou 1425
Surprise de Bourges	1428

Jacques II, chevalier aventureux, tantôt roi, tantôt moine, commença sa vie de hasards par la guerre contre les Turcs. Il servit comme volontaire sous Jean-sans-Peur dans l'expédition de Hongrie; il y fut armé chevalier à la prise de Widin, combattit à plusieurs siéges et à Nicopolis, quoique, au dire d'un chroniqueur, « il n'eût point encore de barbe. » De retour en France, le comte de la Marche devait conduire des renforts à Owen Glendower, chef des Gallois insurgés contre Henri IV d'Angleterre. Tout était prêt pour l'expédition, les troupes attendaient leur chef à Brest; mais Jacques de Bourbon n'arrivait pas; « tout attaché, dit le « religieux de Saint-Denis, aux plaisirs de la cour et de Paris, il ne se « soucioit que de danser, et de passer les soirées dans les divertissements « des cartes et des dés. » Il arriva enfin au milieu de novembre, mais les troupes étaient découragées. Il s'embarqua néanmoins, fit quelques descentes sur les côtes d'Angleterre, s'empara de l'île de Falmouth qu'il pilla; en revenant il fut assailli par une tempête et perdit douze vaisseaux(¹). Le comte de la Marche s'allia à Jean-sans-Peur et fit la guerre aux Armagnacs; il alla dévaster l'Orléanais, et, s'étant logé dans le village du Puiset, près de Janville, il fut surpris par Barbasan au moment où « il vouloit ouïr la messe, dit Monstrelet, auquel lieu il y eut très grand hutin (bruit); car icelui comte avec aucuns de ses gens se combattit très vaillamment; néanmoins il fut vaincu et pris *prisonnier*... » Après sa

---

(1) Monstrelet met cette expédition en 1402; Désormeaux en 1406; Sismondi et Barante, en 1404.

délivrance il se joignit au duc de Bourbon et ils prirent Soubise sur les Anglais (1413).

Il courut bientôt de plus bizarres aventures : Jeanne II, reine de Naples, lasse d'un veuvage qui n'avait pourtant rien d'austère, annonça à tous les princes d'Europe qu'elle allait reprendre un mari. Beaucoup se mirent sur les rangs, et le comte de La Marche, aussi peu scrupuleux d'honneur conjugal que tant d'autres, se proposa. Il avait la bonne mine et la taille de la plupart des Bourbons, il passait même pour le plus bel homme de son temps, et ce fut grâce à ces mérites qu'il l'emporta. Il arriva à Naples en 1415, épousa la reine qui avait quarante-quatre ans, et fut salué du nom de roi. Mais Jeanne entendait donner son cœur sans partager son autorité ; Jacques n'admettant pas les choses sur ce pied, mit sa femme en prison et fit couper la tête à son favori. Jeanne fut délivrée par ses fidèles sujets ; elle fit assiéger son mari dans le château de l'OEuf, et ce fut lui qui devint à son tour prisonnier de sa femme. Après quatre ans de cette étrange union, il s'échappa et gagna Tarente, d'où il essaya de soulever le royaume en sa faveur ; mais il n'y réussit pas, et prit le parti de revenir en France, où il oublia sa femme et ses Napolitains. Il suivit le parti de Charles VII contre les Anglais et obtint le gouvernement de Languedoc. Sa conduite y est jugée diversement ; le roi l'engagea toutefois à s'en démettre moyennant une pension.

Il s'évertua ensuite au milieu des intrigues de la petite cour de Charles VII, tour à tour ami ou ennemi des favoris. Enfin las, dégoûté de tout, après s'être tant agité, le roi Jacques, car il avait toujours conservé le titre et les honneurs royaux, alla se faire cordelier à Besançon ; mais, toujours le même, il fit une entrée pompeuse et bizarre dans son humilité (1). Il mourut trois ans après en 1438.

Femme : BÉATRIX, fille de Charles III, roi de Navarre ; — 2. JEANNE II, reine de Naples, morte en 1435. *Il eut de la première* : ÉLÉONORE, comtesse de La Marche, qui épousa Bernard d'Armagnac, et fut mère du duc de Nemours, décapité, sous Louis XI, en 1477.

Fils naturel : CLAUDE D'AIX, *après avoir longtemps porté les armes, se fit aussi cordelier à Dôle, à la sollicitation de son père.*

(1) « Un gros de cavalerie ouvrait la marche ; paraissait ensuite le roi, couché sur une civière portée par quatre hommes ; il avait une longue robe grise, ceinte d'une corde à plusieurs nœuds ; sa tête était couverte d'un gros bonnet de laine blanche ; Claude d'Aix et quatre cordeliers marchaient à ses côtés... On voyait paraître ensuite les superbes restes de sa grandeur, sa litière, son char, ses chevaux de main, ses mulets richement caparaçonnés, beaucoup d'officiers et de domestiques, et un escadron de deux cents chevaux terminait cette procession. » Désormeaux, t. 1, p. 471.

COMTES DE VENDOME.

XVII.

Louis de Bourbon

COMTE DE VENDOME.

SERVICES.

Expédition navale	1404	Bataille d'Azincourt. (*Il fut fait prisonnier.*)	1415
Prise de Plymouth	1404	Prise de Jargeau	1429
Combat de l'île de Falmouth	1404	Prise de Beaugency	1429
Combat près de Darmouth	1404	Bataille de Patay	1429
Guerre en Picardie et en Artois	1414	Prise de Troyes	1429
Prise de Compiègne	1414	Combat du Mont-Piloi	1429
Prise de Noyon	1414	Attaque de Paris	1429
Prise de Soissons	1414	Délivrance de Compiègne	1430
Prise de Bapaume	1414	Prise du château d'Auchel	1430
Siége d'Arras	1414	Prise de Montereau	1437
Guerre contre les Anglais	1415		

ARMES : Écartelé au 1 et 4 de Bourbon, la bande de gueules chargée de trois lionceaux d'argent. Au 2 et 3 d'argent au chef de gueules, au lion d'azur armé, couronné et lampassé d'or sur le tout, qui est Vendôme.

Louis, second fils de Jean Ier de Bourbon, comte de la Marche, hérita, à la mort de sa mère, en 1411, des grands biens et du titre de comte de Vendôme. Il avait déjà servi, sous son frère, le roi Jacques, dans l'expédition navale contre l'Angleterre ; il fut armé chevalier au combat de l'île de Falmouth. Le comte de Vendôme suivit le parti d'Orléans, dans les guerres des princes sous Charles VI, et assista aux siéges de Compiègne, de Bapaume, d'Arras, etc. (Voy. Jean Ier, duc de Bourbon, page 309.) Fait *prisonnier* à Azincourt, il resta quelques années au pouvoir des Anglais ; à peine remis en liberté, il vint offrir ses services à Charles VII et participa à tous les succès de cette campagne qui remit ce prince sur le trône.

Après l'échec éprouvé devant Paris, Louis de Bourbon se retira à Senlis; Compiègne était assiégé par les Bourguignons, il alla avec le maréchal de Boussac au secours de cette ville, où Jeanne d'Arc s'était jetée, et où se termina son héroïque mission. Voici ce que Monstrelet en raconte : «...Et ledit maréchal et le comte de Vendôme atout (avec) leurs gens s'en allèrent passer entre la rivière d'Oise et la forêt, et se mirent en bataille... il y eut plusieurs escarmouches, à l'une desquelles fut rebouté le comte de Vendôme... » Néanmoins ils attaquèrent avec vigueur une des plus fortes bastilles des assiégeants, la prirent, et entrèrent dans la ville. Leur arrivée redoubla le courage des assiégés, qui firent de nouvelles sorties, brûlant et détruisant les redoutes des Anglais qui, trois jours après, furent contraints de lever le siége, laissant derrière eux la plus grande partie de leur artillerie. Le comte de Vendôme soumit plusieurs forteresses des environs et vint offrir la bataille au duc de Bourgogne, près de Roye; mais il n'y eut entre eux que quelques escarmouches.

Le comte de Vendôme prit part, 1437, au siége de Montereau, où il y eut assaut de prouesses entre tous les chevaliers. Le roi et les princes s'élancèrent aux échelles et parvinrent sur le rempart; la ville fut prise d'assaut sur les Anglais.

Louis ne porta point les armes depuis; mais il s'entremit activement pour la réconciliation de Charles VII et de Philippe-le-Bon. Il mourut, en 1446, âgé d'environ soixante-dix ans

Femmes : 1. BLANCHE DE ROUCY, morte en 1421 ; 2. JEANNE DE LAVAL, fille de Jean de Montfort, sire de Laval, morte en 1468. *Il eut de la seconde :* 1. JEAN II (qui suit); — 2. CATHERINE, morte sans alliance.

Fils naturel : JEAN, bâtard de Vendôme, *légitimé* en 1449, assista à la prise de Fronsac, en 1451, où il fut fait chevalier avec son frère Jean II de Bourbon, duc de Vendôme. Jean se maria deux fois, et laissa trois fils, morts sans postérité, et trois filles.

XVIII.

Jean II de Bourbon
COMTE DE VENDOME.

SERVICES.

Conquête de la Normandie	1449	Prise de Blaye	1451
Prise d'Argentan	1449	Prise de Bourg	1451
Prise de Rouen	1449	Prise de Fronsac	1451
Prise de Harfleur	1449	Prise de Bordeaux	1451
Prise de Honfleur	1450	Seconde campagne de Guyenne	1453
Prise de Bayeux	1450	Prise de Bordeaux	1453
Prise de Caen	1450	Guerre du Bien public	1465
Prise de Falaise	1450	Bataille de Montlhéry	1465
Conquête de la Guyenne	1451	Défense de Paris	1465
Prise de Montguyon	1451		

ARMES : De Bourbon, la bande de gueules chargée de trois lionceaux d'argent.

Jean de Bourbon fut un fidèle serviteur de la couronne. On le trouve dans les guerres contre les Anglais, en Normandie et en Guyenne ; il fut brave, sans se distinguer par aucune action d'éclat. Dans la ligue du Bien public, il servit Louis XI contre tous les Bourbons ; mais malgré ses services, il n'eut aucune influence auprès du roi. Jean mourut en 1477.

Femme : ISABELLE DE BEAUVAU, dame de la Roche-sur-Yon, fille unique et héritière de Louis de Beauvau, morte en 1474. Il eut d'elle : 1. FRANÇOIS (qui suit) ; — 2. LOUIS, prince de la Roche-sur-Yon, *chef de la branche des ducs de Montpensier ;* — 3. JEANNE DE BOURBON l'*aînée*, qui épousa Louis de Joyeuse, comte de Grandpré ; — 4. CATHERINE, mariée à Gilbert de Chabannes ; — 5. JEANNE DE BOURBON, *la jeune*, qui épousa : 1° Jean II, duc de Bourbon ; 2° Jean Ier, sire de La Tour et comte d'Auvergne ; 3° François, baron de la Garde, et mourut en 1511. De son second mariage vint Madeleine de La Tour d'Auvergne, femme de Laurent de Médicis et mère de Catherine de Médicis. — 6. CHARLOTTE, mariée à Engilbert de Clèves, comte de Nevers ; — 7. RENÉE, abbesse de la Trinité de Caen et de Fontevrault ; — 8. ISABELLE, grande prieure de Fontevrault, puis abbesse de la Trinité de Caen.

Fils naturels : 1. JACQUES, *bâtard de Vendôme, a* fait la branche des seigneurs de Ligny ; — 2. LOUIS, *évêque d'Avranches, mort en* 1510.

XIX.

François de Bourbon

COMTE DE VENDOME

SERVICES.

Expédition en Guyenne.........	1487	
Prise de Blaye	1487	
Expédition en Flandre.	1489
Siége de Nieuport.............	1489

François, né en 1470, ne participa point aux révoltes de la minorité de Charles VIII; il servit Anne de Beaujeu et fit la campagne, en Guyenne, dans l'armée où se trouvait le jeune roi. François de Bourbon fut envoyé en Flandre, plus tard, pour secourir Philippe, sire de Ravestein, contre l'archiduc Maximilien.

Le comte de Vendôme resta pour défendre la France pendant l'expédition de Charles VIII en Italie (*). Mais à la nouvelle des difficultés où se trouvait le roi, Vendôme partit en hâte avec des renforts. Il fut attaqué de maladie au camp de Verceil (1495), et y mourut à vingt-cinq ans.

Le chroniqueur de l'expédition de Naples, de La Vigne, dit « qu'il étoit l'un des beaux et des bons princes du monde. Un service fait pour lui en l'église de Verceil fut le plus grand deuil de prince qui fut jamais veu... De ce trépas le roy fut si marry que nul ne le pouvoit reconforter. »

Commines loue aussi ce comte de Vendôme; « il étoit, dit-il, un beau personnage, jeune et sage, et étoit venu en poste, parce que il devoit y avoir bataille, car il n'avoit point fait le voyage d'Italie avec le roi. » Le biographe de la maison de Bourbon, Désormeaux, applique à ce prince, mort si jeune et si regretté, ce que Brantôme disait de Dunois, « qu'il sema une telle semence de générosité dans toute sa race, qu'elle s'en est toujours ressentie jusqu'à nos jours. »

Femme : MARIE DE LUXEMBOURG, comtesse de Saint-Pol, fille et héritière de Pierre II de Luxembourg, petite-fille du fameux connétable de Saint-Pol, morte en 1546. *Il eut d'elle* : 1. CHARLES, duc de Vendôme (qui suit); — 2. JACQUES, mort enfant; — 3. FRANÇOIS (1) (*voy.* page 340); — 4. LOUIS, cardinal de Bourbon, archevêque de Sens, etc., né en 1493 et mort en 1556; — 5. ANTOINETTE, née en 1494, mariée à Claude de Lorraine, fils de René II et premier duc de Guise, morte en 1583; — 6. LOUISE DE BOURBON, abbesse de Fontevrault.

(*) Le P. Anselme, dans son *Histoire généalogique*, et Achaintre, dans l'*Histoire des Bourbons*, font partir ce prince avec Charles VIII, pour l'expédition de Naples; c'est une erreur, comme on le voit par le passage de Commines que nous citons.

FRANÇOIS DE BOURBON, COMTE DE SAINT-POL

SERVICES :

Campagne du Milanais............	1515
Bataille de Marignan.............	1515
Prise du château de Milan.........	1515
Défense de Milan................	1516
Combat contre l'arrière-garde des Impériaux................	1516
Campagne de Flandre...........	1521
Secours à Mézières.............	1521
Prise de Bapaume..............	1521
Prise de Landrecies............	1521
Prise de Hesdin...............	1521
Reprise de Bapaume............	1522
Combat de l'Écluse.............	1522
Secours à Hesdin..............	1522
Combat de Pas................	1522
Campagne en Milanais...........	1524
Combat sur le pont de la Sesia....	1524
Campagne d'Italie..............	1525
Siège de Pavie.................	1525
Bataille de Pavie. (Blessé et prisonnier.)	1525
Campagne d'Italie..............	1528
Prise du château de Mosco.......	1528
Prise de Morterre..............	1528
Prise de Novarre...............	1528
Prise de Pavie.................	1528
Combat de Landriano. (Prisonnier.)	1529
Campagne de Savoie............	1536
Prise de Montmélian............	1536
Combat de Luxembourg.........	1542
Secours à Landrecies...........	1543

Le comte de Saint-Pol, l'un des officiers les plus intrépides et les plus heureux de son siècle, après avoir longtemps brillé au second rang, finit par s'éclipser au premier. Il était né en 1491 ; il fut armé chevalier par Bayard à Marignan, où François Ier écrivait qu'il « ne s'étoit pas plus épargné que sanglier échauffé. » Ce fut lui qui, jouant avec le roi dont il fut toujours le joyeux compagnon, lui jeta, par mégarde, un tison enflammé au visage. Saint-Pol resta à Milan avec le connétable de Bourbon et y fut blessé grièvement dans un tournoi. Quand les Impériaux attaquèrent le Milanais, 1516, le comte y fut le bras droit du connétable ; quand ils vinrent fondre sur la France, il y rendit de plus grands services encore. Il sut s'élever au-dessus de ce préjugé de l'époque, qui faisait regarder l'infanterie comme indigne des gentilshommes. Ce fut un prince du sang qui donna cet exemple de commander et de conduire au feu des fantassins. Il organisa et disciplina un corps de six mille aventuriers qu'on appela les *six mille diables*. Il secourut Bayard enfermé dans Mézières, et ne cessa de harceler les Impériaux. Après qu'il eut enlevé plusieurs villes dans cette campagne, il fit la manœuvre la plus hardie en se jetant, au delà de l'Escaut, dans un marais pour arrêter les Impériaux. Il était sur pied nuit et jour à la tête de ses six mille diables : rien n'égalait sa rapidité et son audace ; prévenant l'ennemi dans ses mouvements, ou s'attachant à sa poursuite, il rejoignit les Anglais en retraite dans l'Artois, et leur fit ses adieux par le combat de Pas.

Le comte de Saint-Pol, en 1523, partit pour le Milanais au secours de l'amiral Bonnivet. Il était, comme volontaire, à l'arrière-garde dans la retraite, où Bayard fut tué au passage de la Sesia, et où l'amiral aussi fut blessé ; Saint-Pol prit le commandement, et il sauva les débris de l'armée, poursuivie par le connétable, son parent et son ancien ami. On retrouve le comte de Saint-Pol devant Pavie, l'année suivante ; il était près du roi dans la bataille, et tomba épuisé de blessures à ses pieds : « Il étoit *blessé* au visage et ailleurs, dit Du Bellay, si qu'on en estimoit plutôt la mort que la vie. » Brantôme rapporte qu'il était entassé parmi les morts, quand un soldat, parcourant le champ de bataille la nuit pour dépouiller les corps, aperçut un gros diamant qui brillait au doigt du blessé ; ne pouvant réussir à l'enlever, il se mit à couper le doigt. La douleur arracha le prince à son évanouissement ; il se fit connaître au soldat, qui le porta en secret à Pavie, fit soigner ses blessures, et favorisa sa fuite en se dévouant à lui. On l'avait cru mort pendant tout ce temps. Le comte de Saint-Pol fut fait gouverneur du Dauphiné, pendant la captivité du roi. La guerre s'étant rallumée, 1528, il fut chargé de commander en chef et de faire une diversion en Lombardie, pour favoriser les opérations de Lautrec à Naples ; mais ce rôle demandait plus que sa bravoure et ses qualités brillantes. « Il avoit, dit Du Bellay, une armée de cinq cents hommes d'armes et cinq cents chevau-légers, six mille hommes de pied et quatre mille lansquenets. » Il passa les monts, prit plusieurs châteaux et assiégea Pavie. « Le comte de Saint-Pol et le duc d'Urbain, après avoir fait brèche raisonnable, estoient en dispute à qui toucheroit de donner l'assaut ; car les Vénitiens disoient leur appartenir ; les François au contraire. Enfin fust arrêté que les deux chefs jetteroient le dez pour voir à qui toucheroit le sort d'assaillir le premier. Le sort toucha pour les Vénitiens. » Le comte de Saint-Pol, prodigue et peu vigilant, employa mal ses ressources ; il fut attaqué près de Milan, à Landriano, par un corps de cavalerie allemande et fait *prisonnier*. Il reprit son vrai rôle dans la campagne contre la Savoie, en 1536 ; il commanda l'avant-garde, occupa la Bresse, la Savoie, et fit capituler Montmélian. Il prit encore part, en 1542, à la campagne du Luxembourg, et contribua à ravitailler, l'année suivante, Landrecies qui était assiégée par Charles-Quint. Il mourut en 1545.

Femme : ADRIENNE, duchesse d'Estouteville, fille unique et héritière de Jean III d'Estouteville, morte en 1560. *Il eut d'elle* : 1. FRANÇOIS II, comte de Saint-Pol, né en 1536, mort en 1546; — 2. MARIE DE BOURBON, duchesse d'Estouteville, née en 1539, mariée : 1° à Jean de Bourbon, comte de Soissons, tué à la bataille de Saint-Quentin, 1557; 2° à François de Clèves, duc de Nevers, tué à la bataille de Dreux, 1562; 3° à Léonor, duc de Longueville; elle mourut en 1601.

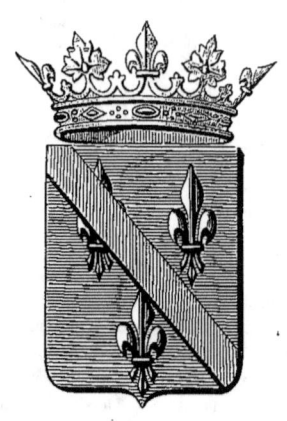

XX.

Charles de Bourbon

DUC DE VENDOME

SERVICES.

Expédition d'Italie	1507	Campagne défensive en Picardie.	1521
Combat du Belvédère	1507	Campagne de Flandre	1521
Prise de Gênes	1507	Prise de Bapaume	1521
Campagne d'Italie	1509	Prise de Landrecies	1521
Prise de Rivolta	1509	Prise de Hesdin	1521
Bataille d'Aignadel	1509	Délivrance de Dourlens	1521
Prise de Bergame	1509	Prise du château de Dienal	1522
Prise de Peschiera	1509	Prise du château de Divion	1522
Prise du château de Crémone	1509	Prise de Breuil	1522
Campagne d'observation en Picardie et en Bourgogne	1513	Prise de cinq ou six châteaux	1522
		Prise de Bailleul-le-Mont	1523
Secours à Mézières	1514	Combat d'Andington sur la Lys.	1523
Campagne du Milanais	1515	Campagne défensive dans l'Ile de France	1523
Bataille de Marignan. (*Un cheval tué sous lui*.)	1515	Campagne défensive en Picardie.	1536

ARMES : De Bourbon. — DEVISE : Nunc lucet omnibus.

Charles de Vendôme fut le compagnon d'enfance du trop célèbre connétable; ils étaient de même âge et ambitionnaient la même gloire; tous deux la méritèrent par leurs talents ; mais Vendôme n'a pas laissé de tache sur la sienne. Sa fidélité fut inébranlable, et ses services furent très-méritoires et très-grands. S'il est moins fameux que le connétable, c'est qu'il n'a pas dû à l'éclat du crime une partie de sa réputation. Il fit sa première campagne devant Gênes et se trouva ensuite à Aignadel. Il fut fait chevalier par le roi sur le champ de bataille où il s'était montré très-brillant. Il prit part à une campagne d'observation et de tactique en Picardie (1513). François Ier, à son avénement, le fit duc de Vendôme, pair et gouverneur de l'Ile de France. Charles suivit le roi dans la campagne du Milanais et eut son *cheval tué* sous lui à Marignan où il servait dans le corps de bataille.

Le duc de Vendôme, gouverneur de Picardie, commanda l'arrière-garde, quand le roi marcha en 1521 sur Valenciennes où était Charles-Quint ; il attaqua et prit Bouchain, Hesdin, dégagea Dourlens. Il emporta d'assaut plus tard Bailleul-le-Mont. « La plupart des capitaines, dit du Bellay, n'étoient pas d'avis de l'assaut ; mais M. de Vendôme demeura sur son opinion de le forcer, disant qu'il ne lui seroit pas reproché qu'une telle place feroit la brave devant lui... Aussi lui-même fit les approches en plein midi ; où fut blessé près de lui le seigneur de Piennes d'une arquebusade au travers du bras, et trois cavaliers tués à ses pieds. » Le duc de Vendôme conduisit cette guerre avec succès. Mais François Ier contraria ses mouvements et lui arracha des mains deux victoires. Deux fois en quinze jours, Vendôme, au moment du combat, reçut l'ordre d'attendre l'arrivée du roi ; pendant ce temps, l'ennemi lui échappa. Il allait partir pour l'Italie, quand le complot de son cousin le connétable de Bourbon éclata ; la défiance s'étendit à tous les princes, et le roi le retint à Lyon. Mais les Anglais et les Impériaux pénétrèrent à onze lieues de Paris, et François Ier se décida à y envoyer le duc de Vendôme, qui déconcerta l'ennemi et se mit à sa poursuite, 1523.

Après la catastrophe de Pavie, Vendôme, devenu premier prince du sang, avait droit à la régence. Le parlement, le peuple étaient pour lui ; mais il vit que le moindre déchirement pouvait, dans ce moment critique, perdre le royaume, et il se soumit à la régence de la mère du roi ; il présida le conseil, et sa loyauté fut habile à diriger l'État dans ce grand péril.

Le duc de Vendôme fut encore chargé de défendre la Picardie, quand Charles-Quint fit une nouvelle irruption en 1536. Ce fut une campagne défensive; il harcela l'ennemi, fit échouer ses opérations et le força de lever plusieurs siéges; on cite surtout celui de Péronne. Ce brave et loyal prince mourut peu de temps après, en 1538, à quarante-neuf ans. Le roi ne lui avait rendu, après la mort du connétable, qu'une faible partie des biens de sa maison; il prit alors les armes des ducs de Bourbon.

Femme : FRANÇOISE D'ALENÇON, veuve de François II, duc de Longueville, fille de René, duc d'Alençon, morte en 1550. *Il eut d'elle :* 1. LOUIS, comte de Marle, mort enfant; — 2. ANTOINE, roi de Navarre (qui suit); — 3. FRANÇOIS, comte d'Enghien (1); — 4. LOUIS, mort enfant; — 5. CHARLES II, cardinal de Bourbon, archevêque de Rouen, etc., né en 1523. Ce prince, pendant les troubles de la Ligue, fut proclamé roi sous le nom de Charles X; mais ayant été renfermé par Henri III à Fontenai-le-Comte, il y mourut en 1590; — 6. JEAN, comte de Soissons (2) (*voy.* page 344); — 7. LOUIS DE BOURBON, *tige de la branche de Condé;* — 8. MARIE, morte sans alliance; — 9. MARGUERITE, mariée à François de Clèves, duc de Nevers, morte en 1589; — 10. MADELEINE, abbesse de Sainte-Croix de Poitiers; — 11. CATHERINE, abbesse de Notre-Dame de Soissons; — 12. RENÉE, abbesse de Chelles; — 13. ÉLÉONORE, abbesse de Fontevrault.

Fils naturel : NICOLAS-CHARLES de *Bourbon-Board*.

---

(1)   FRANÇOIS DE BOURBON, COMTE D'ENGHIEN.

SERVICES.

Conquête du Luxembourg	1542	Prise de Crescentino	1544
Prise de Damvilliers	1542	Bataille de Cerisolles	1544
Prise d'Yvoy	1542	Prise de Saint-Damien	1544
Prise d'Arlon	1542	Prise de Montcallier	1544
Prise de Luxembourg	1542	Prise du Vigon	1544
Expédition avec Barberousse	1543	Prise de Pon-d'Esture	1544
Prise de Nice	1543	Prise de San-Salder	1544
Conquête du Piémont	1544	Prise de Carignan	1544
Prise de Palesole	1544	Prise d'Alba	1544

François, comte d'Enghien, né en 1519, fut de la campagne de Luxembourg, en 1542; en deux mois la province fut conquise; mais le duc d'Orléans, fils de François Ier, et le comte d'Enghien soupiraient après une bataille, et n'eurent pas occasion de la livrer. Ce dernier fut nommé alors au commandement de l'armée qui devait opérer en Provence, de concert avec Barberousse; il faillit tomber dans un piége en voulant surprendre Nice, et il échappa heureusement sur une de ses galères. Barberousse arriva, et les flottes françaises et turques attaquèrent Nice, qui se rendit après l'assaut.

Toute l'Europe alors s'indigna d'avoir vu un prince des fleurs de lis unir son étendard à celui d'un corsaire, fléau de la chrétienté : « Mais, disait Montluc, si je pouvois appeler tous les esprits d'enfer pour rompre la tête de mon ennemi, qui me veut rompre la mienne, je le ferois de bon cœur. » Charles-Quint pressait la France de tous les côtés à la fois. L'armée du Piémont fut confiée au comte d'Enghien, qui avait vingt-quatre ans; il reçut un renfort de quatre mille Provençaux et de cinq mille Suisses. Sa première opération fut le siége de Carignan, défendu par l'habile Colonna, qu'on surnommait Pyrrhus d'Épire. Le marquis de Guaste commandait l'armée des Impériaux, il avait l'avantage de l'infanterie; celui de la cavalerie était du côté des Français. Le comte d'Enghien avait défense de risquer une bataille, mais, voyant l'occasion bonne, il envoya au roi Blaise de Montluc.

Ce jeune officier, admis au conseil, fut invité à parler à son tour. « Le roi, dit-il, qui m'avoit bien écouté et qui prenoit plaisir à voir mon impatience, tourna les yeux devers M. de Saint-Pol, lequel lui dit alors : Monsieur, voudriez-vous bien changer d'opinion pour le dire de ce fol, qui ne se soucie que de combattre, et n'a nulle considération du malheur que ce vous seroit si nous perdions la bataille? C'est chose trop importante pour la remettre à la cervelle d'un jeune Gascon... — Sire, dit l'amiral, voulez-vous dire la vérité? Vous avez belle envie de leur donner congé de combattre... — Alors le roi leva les yeux au ciel, et joignant les mains, jetant le bonnet sur la table, dit : « Mon Dieu, je te supplie qu'il te plaise de me donner le conseil de ce que je dois faire pour la conservation de mon royaume, et que tout soit à ton honneur et à ta gloire! » — Sur quoi M. l'amiral lui demanda : Sire quelle opinion vous prend-il à présent? — Le roi, après avoir demeuré quelque peu, se tourna vers moi, disant, comme en s'écriant : Qu'ils combattent! qu'ils combattent! »

Monluc repartit en hâte avec une foule de gentilshommes, et le comte d'Enghien envoya aussitôt à la découverte de l'ennemi. Il prit une belle position entre Cérisoles et Sommariva; mais de Guaste, se voyant prévenu, rebroussa chemin. D'Enghien avait trois mille hommes de moins que son adversaire; de Guaste, ayant pris le jour suivant l'avantage du terrain, accepta la bataille. Les Français se formèrent en trois corps de fantassins, ayant chacun leur aile de cavalerie. La bataille commença de grand matin. Après cinq heures d'escarmouches les Impériaux, retranchés sur une colline, s'ébranlèrent enfin : l'aile droite des Français les reçut avec vigueur; mais la gauche, composée de Provençaux et d'Italiens, plia sous le choc. Le comte d'Enghien, en les voyant faiblir, s'élança du centre où il était, fondit avec son escadron sur les vieilles bandes espagnoles et les traversa de part en part. Mais ces colonnes rompues se reformèrent aussitôt; d'Enghien se trouva coupé de son infanterie, et il eut à franchir de nouveau ce mur de fer. Il le perça une seconde fois avec une grande perte d'hommes. Il n'avait plus que cent cavaliers sous la main, et chargeait toujours, lorsqu'il rejoignit son corps de bataille victorieux; ce fut pour achever la déroute de l'ennemi. Jamais les bandes impériales n'en avaient essuyé de si complète; elles laissèrent, selon Du Bellay, douze mille morts et trois mille prisonniers. Le comte d'Enghien, après avoir pris les principales forteresses du Piémont, ne demandait au roi que de l'argent pour pousser ses conquêtes dans le Milanais. Mais la Champagne alors était envahie, et on lui retira de ses troupes au lieu de lui envoyer du secours.

Un funeste accident ravit à la France le vainqueur de Cérisoles. « Au mois de février 1546, raconte Du Bellay, étant le roi à la Roche-Guyon, les neiges étoient fort grandes; il se dressa une partie entre les jeunes gens étant près de la personne de monseigneur le dauphin; les uns gardoient une maison, et les autres l'assailloient à pelotes de neige. Durant ce combat, le sieur d'Enghien, François de Bourbon, sortant de fortune hors d'icelle maison, quelque malavisé jeta un coffre plein de linge par la fenêtre, lequel tomba sur la tête dudit sieur d'Enghien, et le blessa de telle sorte que peu de jours après il mourut. » Il avait vingt-six ans à peine, et n'était point marié.

---

(2)   JEAN DE BOURBON, COMTE DE SOISSONS ET D'ENGHIEN.

SERVICES.

Guerre contre Charles-Quint	1449	Campagne sur la Meuse	1552
Siége de Boulogne	1549	Prise de Bovines	1552
Campagne en Piémont	1551	Prise de Dinant	1552
Prise de Saint-Baleing	1551	Siége et combat de Renty	1552
Conquête du Luxembourg	1552	Campagne en Piémont	1554
Prise d'Yvoi	1552	Délivrance de Santia	1555
Prise de Damvilliers	1552	Prise de Vulpiano	1555
Prise de Montmédy	1552	Prise de Montecalvo	1555
Défense de Metz	1552	Bataille de Saint-Quentin. (Il y fut tué.)	1557

Le comte de Soissons, né en 1528, fit ses premières armes au siége de Boulogne, 1549; il se rendit de là en Italie avec toute la jeune noblesse, 1551; ils servirent après dans la campagne de Luxembourg, 1552, puis se jetèrent dans Metz, assiégée par Charles-Quint. Le comte d'Enghien (car il avait pris ce titre après la mort de son frère aîné) était de toutes les rencontres, il employait des déguisements pour faire de continuelles sorties, au point qu'il fallut cacher les clefs des portes. Tous ces jeunes seigneurs se pliaient mal aux ordres du duc de Guise, et nuisaient, dit un historien, peut-être autant par leur indiscipline à la défense qu'ils la secondaient par leur valeur. Ce prince fit, en 1555, une campagne en Italie. A la bataille de Saint-Quentin, Jean de Bourbon eut son *cheval tué* sous lui dès le premier choc; toujours bouillant, il donna tête baissée dans la vieille infanterie espagnole et fut *tué*, 1557. — Il avait épousé MARIE, fille unique de François de Bourbon, comte de Saint-Pol.

Fils naturel : N... DE VALENCY, *qui fut tué devant Bourges en* 1562.

XXI.

Antoine de Bourbon

DUC DE VENDOME, ROI DE NAVARRE.

SERVICES.

Guerre contre Charles-Quint	1527	Prise de Hesdin	1552
Prise de Hesdin	1537	Campagne sur la Meuse	1554
Prise de Lillers	1537	Prise de Marienbourg	1554
Campagne en Piémont	1537	Prise de Bovines	1554
Combat du Pas-de-Suse	1537	Prise de Dinant	1554
Campagnes en Artois	1542	Prise de Binch	1554
Prise de Montoire	1542	Siége de Renty	1554
Prise de Tournehem	1542	Combat de Renty	1554
Secours à Thérouane	1543	Combat près d'Agen	1560
Prise de Bapaume	1543	Guerres de religion	1562
Campagne défensive en Picardie	1544	Prise de Bourges	1562
Siége de Boulogne	1545	Prise de Rouen	1562
Siége de Boulogne	1549	*(Blessé mortellement.)*	

ARMES : Coupé de huit pièces, quatre en chef et quatre en pointe. Au 1 du chef, de Navarre. Au 2 de Bourbon. Au 3 écartelé, au 1 et 4 de France ; au 2 et 3 de gueules, qui est Albret. Au 4 d'Aragon. Au 5 et 1 de la pointe, écartelé au 1 et 4 d'or à trois pals de gueules, qui est Foix ; au 2 et 3 d'or à deux vaches de gueules accornées, accolées et clarinées d'azur, qui est Béarn. Au 6 écartelé, au 1 et 4 d'argent au lion de gueules, qui est Armagnac ; au 2 et 3 de gueules au lion léopardé d'or, armé et lampassé d'azur, qui est Rhodez. Au 7 d'Évreux. Au 8 d'or à quatre pals de gueules, flanqué au côté dextre de gueules au château sommé de trois tours d'or pour Castille ; et au côté sénestre d'argent au lion de gueules pour Léon ; et sur le tout d'or à deux lions passants de gueules, armés et lampassés d'azur, qui est Bigorre.

DEVISES : Gratia Dei sum id quod sum. — Nec æstas nec torret hiems.

Antoine de Bourbon, né en 1518, succéda à son père dans le gouvernement de Picardie ; il commença de servir dans les campagnes contre Charles-Quint, en Artois, en Piémont, en Flandre, etc. Il commandait, en Artois, un camp volant, en 1542, et y prit plusieurs places. Il avait sous ses ordres, l'année suivante, un corps de quelque mille hommes, et fit des opérations de siéges avec succès. Le duc de Vendôme, en 1534, eut à défendre la Picardie, quand Charles-Quint et Henri VIII y pénétrèrent pour marcher sur Paris. La guerre s'étant rallumée sous Henri II, 1552, Antoine prit Hesdin ; quand le roi porta ses armes dans les Pays-Bas, 1554, il y eut le commandement d'un corps d'armée, et fit capituler Marienbourg, etc. Il n'avait pas les talents du comte d'Enghien son frère, mais il se montra prompt et intrépide au feu, surtout au combat de Renty, qui se livra dans les marais qui bordent cette ville.

Le mariage d'Antoine avec l'héritière de Navarre vint donner un nouveau relief à sa maison. Il embrassa la réforme, et sous François II on le vit, à la tête d'un corps de troupes, poursuivre dans le midi les catholiques, et les tailler en pièces près d'Agen (1560). Cependant il fut attiré à Orléans par les Guises résolus à frapper les chefs de la noblesse protestante. Le roi de Navarre et son frère le prince de Condé entrèrent dans Orléans. Davila raconte ainsi leur arrestation : « Les portes, les places, l'entrée de chaque rue, étaient occupées par des soldats ; de toutes parts ils voyaient étalés l'artillerie et les drapeaux. Le logis du roi était plus fortement gardé encore... Parvenus à la porte et comptant, selon l'usage des princes du sang, entrer dans la cour à cheval, on ne voulut leur ouvrir que le guichet ; il fallut descendre au milieu de la rue sans être salués ni reçus par personne ; ils furent conduits en la présence du roi qu'ils trouvèrent entre le duc de Guise et le cardinal de Lorraine, entouré des capitaines de sa garde... Le roi se tourna vers le prince de Condé et se plaignit avec des paroles amères qu'il eût commencé la guerre civile et machiné contre sa propre vie et celle de ses frères. Le prince, sans se troubler, ayant répondu qu'il ferait clairement constater son innocence... « Eh bien, dit le roi, il faut y procéder par les formes ordinaires de la justice... » Le prince fut conduit dans une maison voisine qu'on avait armée comme une forteresse, avec de l'artillerie et des gardes de tous côtés. Le roi de Navarre, étonné de l'arrestation de son frère, adressait à la reine-mère beaucoup de plaintes et de longues justifications... Il fut conduit dans une maison contiguë au palais, où on lui donna des gardes, et où il fut traité en tout comme prisonnier. » L'arrêt de mort du prince de Condé était résolu ; mais il y avait peu de prétextes pour condamner le roi de Navarre. Les Guises étaient cependant résolus à le frapper aussi ; ils convinrent de lui faire chercher querelle par le jeune roi, qui, feignant de se croire insulté, mettrait l'épée à la main. Alors les courtisans, se précipitant sur le roi de Navarre, auraient épargné aux Guises les embarras d'un procès. La mort de François II fut le salut des Bourbons. Pendant la courte maladie du roi, les Guises, profitant des instants, les voulaient faire massacrer ; Catherine de Médicis s'y opposa.

Le roi de Navarre, renonçant à la régence en faveur de Catherine, se contenta du titre de lieutenant général. Il n'en eut guère, en effet, que le titre ; versatile, inconséquent, jaloux de son frère, de ses talents, de son influence sur le parti, il changea de religion une seconde fois. Sa chimère était de divorcer avec Jeanne d'Albret, pour épouser Marie Stuart et devenir roi d'Angleterre. Il embrassa ouvertement la cause des Lorrains. La guerre civile commencée, le roi de Navarre entra en campagne à la tête des catholiques. Campé à Châteaudun, avec quatre mille fantassins et trois mille cavaliers, il trouva pour adversaire le prince de Condé, son frère, général des protestants. L'entrevue qu'ils eurent au milieu d'une vaste plaine de la Beauce, ajourna le conflit pour un moment. La lutte se ranima, et Bourges, une des grandes places des protestants, fut assiégée ; le roi de Navarre mena au camp Catherine de Médicis et son fils ; la place capitula. Toujours tenu en haleine par l'espoir de la main de Marie Stuart et de la couronne d'Angleterre qui lui étaient promises par les Guises, le pape et Philippe II, Antoine conduisit l'armée devant Rouen où la garnison protestante avait reçu un renfort d'Anglais. Le couvent de Sainte-Catherine fut d'abord emporté d'assaut ; puis on attaqua le corps de la place. Antoine y fut atteint d'un coup d'arquebuse à l'épaule ; il voulut entrer dans la ville par la brèche, porté sur un brancard. Mais on ne put extraire la balle de *sa blessure ;* il se fit transporter sur la Seine jusqu'aux Andelys, et y mourut (1562).

Femme : JEANNE D'ALBRET, reine de Navarre, fille unique de Henri d'Albret, morte en 1572. Il eut d'elle : 1. HENRI, duc de Beaumont, mort enfant ; — 2. HENRI IV, roi de France (*voy.* p. 93) ; — 3. LOUIS-CHARLES, comte de Marle, mort enfant ; — 4. CATHERINE DE BOURBON, mariée à Henri II, duc de Lorraine, morte sans enfants, en 1604.

Fils naturel : CHARLES DE BOURBON, se trouva, à quinze ans, dans l'armée des princes à la bataille de Jarnac, 1569, et fut fait prisonnier. Il prit les ordres et fut nommé archevêque de Rouen ; il mourut en 1610.

PRINCES DE CONDÉ.

XXI.
Louis Ier de Bourbon
PRINCE DE CONDÉ.

SERVICES.

Guerre contre Charles-Quint	1549		Prise de La Ferté-Alais	1562
Siége de Boulogne	1549		Prise de Dourdan	1562
Campagne en Piémont	1551		Prise d'Étampes	1562
Prise de Saint-Baleing	1551		Prise de Montlhéry	1562
Conquête du Luxembourg	1552		Siége de Corbeil	1562
Prise d'Yvoi	1552		Attaque sur Paris	1562
Prise de Damvilliers	1552		Bataille de Dreux	1562
Prise de Montmédy	1552		(*Un cheval tué sous lui, blessé et prisonnier.*)	
Défense de Metz	1552			
Combat près de Dourlens	1553		Prise du Hâvre	1562
Campagne sur la Meuse	1554		Combat contre l'escorte du roi	1567
Prise de Bovines	1554		Prise d'Étampes	1567
Prise de Dinant	1554		Prise de Dourdan	1567
Prise de Binch	1554		Prise de Saint-Cloud	1567
Siége et combat de Renty	1554		Bataille de Saint-Denis. (*Un cheval tué sous lui.*)	1567
Campagne en Piémont	1555			
Délivrance de Santia	1555		Prise de Beaugency	1568
Prise de Vulpiano	1555		Prise de Blois	1568
Prise de Montecalvo	1555		Siége et combat de Chartres	1568
Bataille de Saint-Quentin	1557		Prise de Saint-Michel-en-l'Herme	1569
Prise de Calais	1558		Siége de Lusignan	1569
Siége de Thionville	1558		Bataille de Jarnac. (*Démonté, prisonnier et tué.*)	1569
Guerres de religion	1562			

ARMES : Écartelé au 1 et 4 de Bourbon. Au 2 et 3 d'Alençon.
DEVISE : Doux le péril pour Christ et le pays.

Le premier prince de Condé fut Louis, dernier fils de Charles Ier, duc de Vendôme et frère cadet d'Antoine, roi de Navarre.

Ce prince était né en 1530 ; sa fortune était loin de répondre à sa naissance : cadet d'une nombreuse maison, il n'avait guère alors, comme on disait, que la cape et l'épée. Après un siége de Boulogne, il courut, comme volontaire, en Piémont, sous le maréchal de Brissac. « Celui-là n'eût pas été estimé bon fils de bonne mère, dit Villars, qui ne se fût délogé, pour aller voir et servir en cette guerre.» Après cette campagne (1551), où il se signala en toute rencontre, Louis rallia l'armée royale, et fut de ceux qui se jetèrent dans Metz pendant le grand siége de 1552, entrepris par Charles-Quint. Il y fit de brillantes sorties. L'année suivante on le retrouve en Picardie, à un combat près de Dourlens, où il commandait six compagnies de chevau-légers, et où il décida le succès. Le prince de Condé dirigeait la cavalerie légère sur la Meuse, en 1554, contre l'armée de Charles-Quint : Bovines, Dinant, etc., capitulèrent. Condé commandait encore la cavalerie légère au combat de Renty, puis à la fatale bataille de Saint-Quentin, imprudemment livrée par le connétable de Montmorency ; enveloppé par l'ennemi, il réussit pourtant à se faire jour à travers une vallée profonde, et déroba sa retraite aux Espagnols. Il prit bientôt une magnifique revanche ; il fut un de ceux qui rendirent Calais à la France ; les Anglais en furent chassés, après deux cent dix ans de possession.

Comme ses frères, le prince de Condé embrassa la réforme, dont l'esprit austère contrastait avec son humeur. Les humiliations qu'il avait essuyées, l'espoir d'attacher sa fortune aux chances de triomphe que la réforme pouvait offrir, et surtout le sentiment de rivalité qui poussait les Bourbons à lutter contre la maison de Lorraine, durent peser sur sa conscience, et influer sur sa conversion. La part qu'il prit à la conjuration d'Amboise faillit lui coûter la vie. Arrêté sous un autre prétexte, comme on l'a vu précédemment, avec son frère le roi de Navarre, Condé fut condamné à perdre la tête. «Il ne faut pas tolérer, disait le duc de Guise, qu'un petit galant, pour prince qu'il soit, fasse de telles bravades.» Son supplice était fixé au 26 novembre 1560. « Déjà on avoit mandé à Orléans trente ou quarante des plus experts bourreaux des villes voisines ; on les avoit habillés d'une même livrée et parure ;... l'échafaud pour trancher la tête au prince de Condé, s'en alloit ja dressé devant le logis du roi, » quand la mort de François II déjoua ce coup d'état des Guises et sauva les Bourbons.

A l'avénement de Charles IX, une autre politique prévalut, et le prince de Condé, remis en liberté, obtint le gouvernement de Picardie. Replacé à la tête de son parti, mécontent de la part faite aux protestants, il sortit de Paris; à la nouvelle du massacre de Vassy, il se mit à Meaux à la tête de quinze cents cavaliers, tenta d'enlever le roi, puis il se jeta dans Orléans, et la guerre civile commença. Condé, maître d'Orléans et d'une partie de la Loire, organisa les forces très-éparpillées de son parti; il leva des troupes en Allemagne, traita avec Élisabeth, puis sortit d'Orléans, et marcha sur Paris avec huit mille hommes de pied, cinq mille chevaux et quelques pièces de campagne. Il enleva d'assaut plusieurs villes sur sa route, échoua devant Corbeil, et passa outre pour tenter une attaque contre Paris; il l'aurait pris sans doute, s'il ne se fût laissé jouer par Catherine de Médicis; tandis qu'il conférait avec elle dans un moulin à vent du faubourg Saint-Marceau, l'armée royale appelait des renforts, et Condé, surpris, dut s'éloigner de Paris. Il se dirigeait vers le Hâvre, où il attendait de l'argent et des secours d'Elisabeth, quand l'armée catholique lui barra le chemin au bord de l'Eure. La bataille ne fut précédée d'aucune escarmouche, et les deux armées s'élancèrent en masse et se heurtèrent avec une sombre fureur. Le prince de Condé s'y montra plus intrépide cavalier que savant capitaine; on lui reproche de la négligence dans sa marche, et de n'avoir su, dans le combat, diriger que sa division. Cependant le connétable de Montmorency, son adversaire, l'attaqua en rase campagne, et mit les chances du côté de Condé, dont la cavalerie était supérieure à la sienne (*). Le prince commandait le corps de bataille; impatient de donner de l'épéron lui-même, il s'élança avec sa compagnie de soixante lances et six cents reîtres sur le flanc des Suisses qu'il fit attaquer de front par un autre corps de cavalerie. Il les rompit à grand effort. Il eût mieux fait, comme on le lui conseilla, d'employer contre eux d'abord ses lansquenets, en les faisant soutenir par sa

---

(*) Contrairement à l'ancien ordre de bataille, qui plaçait l'infanterie au centre et la cavalerie sur les deux ailes, le maréchal de Saint-André proposa au connétable de partager l'infanterie en cinq gros bataillons, entre lesquels il distribua sa cavalerie. Celle des protestants étant la plus nombreuse, surtout en reîtres, les généraux catholiques adoptèrent ce parti, pour résister mieux à ces cavaliers allemands, qui, ayant pour arme principale le pistolet, marchaient serrés sur trente hommes de front et quinze à seize de profondeur. Les hommes d'armes français, qui combattaient en haie, sur une seule ligne, pour avoir le libre maniement de la lance, résistaient peu au choc d'un escadron de reîtres; car une compagnie de soixante lances, telles qu'étaient alors celles des princes, des maréchaux, etc., occupait une ligne très-étendue. Par cette nouvelle disposition, un escadron d'hommes d'armes venant à être rompu, avait la facilité de se retirer derrière des masses d'infanterie et de s'y reformer.

cavalerie. Pendant que Coligny, avec l'avant-garde, attaquait le connétable et culbutait ses escadrons, puis ses fantassins bretons et picards, les gentilshommes et les reîtres du prince de Condé s'acharnaient sur le bataillon suisse, qui, ouvert de part en part et décimé, reformait ses rangs et tenait toujours. Cependant, le connétable pris, le maréchal de Saint-André tué, le duc d'Aumale grièvement blessé, tout promettait la victoire aux calvinistes ; mais les chances tournèrent tout à coup : leur cavalerie lasse et débandée poursuivait l'ennemi ou pillait ses bagages, quand le duc de Guise parut avec une réserve toute fraîche. Le héros de Metz et de Calais, n'ayant voulu ni se mettre sous les ordres du connétable, ni lui disputer le commandement, s'était tenu masqué et hors de portée avec six cents chevaux, attendant l'opportunité d'agir. L'amiral de Coligny, à son approche, vit qu'il n'y avait plus qu'à faire retraite. «Voilà, dit-il, une queue qui sera bien dure à écorcher.» Mais Condé ne put se résoudre à quitter le champ de bataille, et chargeant avec quelques lances qui lui restaient, il fut enveloppé. Par un singulier jeu de la fortune, les chefs des deux armées, Condé et Montmorency, furent l'un et l'autre démontés, blessés et prisonniers dans cette bataille, où près de neuf mille hommes furent tués. François de Guise, qui avait dressé jadis un échafaud pour Condé, lui fit, le soir, grande amitié sous sa tente, jusqu'à vouloir qu'il partageât son lit. La paix d'Amboise rendit pour un moment la paix aux deux partis, et au prince de Condé la liberté (1563).

Les Anglais gardaient le Hâvre depuis leur alliance avec les protestants ; ils refusèrent de l'évacuer, à moins d'avoir Calais en échange. Le siége fut entrepris ; Condé parut au camp et fut des plus ardents à la tranchée, tandis que des huguenots intraitables se jetèrent dans la place, préférant la cause de leur religion à celle de leur pays.

La guerre éclatant de nouveau, en 1567, les chefs protestants tentèrent un coup de main pour s'emparer de la reine-mère et du roi qui étaient à Meaux ; mais quelques bataillons de Suisses formèrent un carré au sein duquel furent placés Charles IX et Catherine, et ils prirent le chemin de Paris. Condé, avec quatre cents cavaliers, voulut leur barrer le chemin ; il les harcela longtemps, sans pouvoir arrêter ni entamer ce bataillon. Bientôt le connétable sortit de Paris pour attaquer l'armée protestante qui le bloquait. Il était bien plus fort que ses adversaires : il avait plus de seize mille hommes, contre quinze cents cavaliers et douze cents fantassins. La plupart des huguenots, accourus de loin à la hâte, n'avaient pas d'armes : « Ils suivoient, dit d'Aubigné, les drapeaux pour leur sûreté, emplissant les rangs avec la casaque blanche et le pistolet. » Poussé par la foi de son parti, par son ardeur militaire, Condé se décida à la bataille, et rangea sa petite armée en plaine, à peu de distance de Saint-Denis, 1562. Coligny se porta à la droite, et le prince au centre, barrant la route de Paris. L'action s'engagea tard, par une canonnade du connétable; il avait dix-huit pièces, ses adversaires n'en avaient qu'une. Sa cavalerie seule était supérieure à toute l'armée des protestants; il avait à son aile gauche un bataillon de bourgeois de Paris, resplendissant de galons d'or et de superbes armures, mais qui s'enfuirent dès la première charge de l'amiral. Condé s'élança sur le centre découvert en flanc par la prompte déroute de l'aile gauche; il culbuta les Suisses et la cavalerie du connétable qui fut tué au milieu de ses gens d'armes. La nuit vint, et la bataille resta indécise. Le cheval de Condé, percé d'un coup de lance, l'emporta hors de la mêlée, et tomba *mort*.

La petite armée calviniste se dirigea après vers la Champagne, au-devant d'un renfort d'Allemands qu'elle attendait. Elle fut harcelée dans ce trajet par l'armée catholique qui l'attaqua, dit d'Aubigné, plusieurs fois. Une paix fut signée encore; on l'appela la paix *boiteuse* ou *mal assise*, 1568; et la guerre se ralluma presque aussitôt. Catherine allait faire arrêter dans leurs terres Condé et Coligny qui, prévenus à temps, s'enfuirent à La Rochelle, où le Midi leur envoya de prompts secours. Ils passèrent l'hiver à quelques siéges et se mirent en campagne au printemps. Le duc d'Anjou, chef de l'armée catholique, passa la Charente par stratagème, et surprit Coligny séparé de plusieurs de ses corps; l'amiral reçut l'attaque et recula après un feu meurtrier. Mais Condé accourait, bride abattue, avec quelques centaines de chevaux. Une sorte de fatalité s'attachait à lui sur le champ de bataille. Il avait déjà eu, la veille, le bras fracassé dans une chute, en rangeant ses cavaliers pour charger l'ennemi; le cheval de la Rochefoucauld, son beau-frère, lui brisa une jambe en se cabrant. « Vous voyez, dit-il tranquillement, que les chevaux fougueux nuisent plus qu'ils ne servent dans une armée. » S'adressant à quatre cents gentilshommes qui le suivaient : « Allons, noblesse française, voici le combat que nous avons tant désiré ; souvenez-vous en quel état Louis de Bourbon y entre *pour Christ et le pays*. Qu'on sonne la charge ! » Comptant sur le secours de son infanterie qui débouchait de Jarnac, Condé s'élance et perce les escadrons du duc de Guise et du comte de Brissac ; mais il n'avait que ses quatre cents chevaux contre toute l'armée catholique ; son infanterie ne paraissait point. Renversé de son *cheval tué sous lui*, Condé, tandis qu'on lui en cherchait un autre, combattait un genou en terre ; ses gentilshommes tombaient autour de lui. L'un d'eux entre autres, nommé Lavergne, vieillard de quatre-vingts ans, se pressait autour du prince avec vingt-cinq de ses fils et de ses petits-fils; il y fut tué avec quinze de ses enfants, et les autres furent faits prisonniers. Condé enfin, épuisé, meurtri, rendit son épée à un seigneur nommé d'Argence, à qui il avait autrefois sauvé la vie. On le conduisit sous un arbre : « Alors, dit Brantôme, un très brave et très honnête gentilhomme, capitaine des gardes du duc d'Anjou, nommé Montesquiou, fondit sur lui en criant : Tuez ! mordieu, tuez ! et le renversa d'un coup de pistolet. »

Louis de Bourbon était de chétive apparence, petit et contrefait, spirituel autant que brave. Ses mœurs ne répondaient pas à l'austérité de sa secte, et plus d'une fois il faillit se perdre dans les piéges de Catherine de Médicis.

Femmes : 1. ÉLÉONORE DE ROYE, dame de Conti, fille aînée et héritière de Charles, comte de Roucy, morte en 1564 ; — 2. FRANÇOISE D'ORLÉANS, fille de François, marquis de Rothelin, morte en 1601. *Il eut de la première :* 1. HENRI Ier (qui suit) ; — 2. CHARLES, mort jeune ; — 3. FRANÇOIS, prince de Conti (1) ; — 4. CHARLES III, cardinal de Bourbon, né en 1562, mort en 1594 ; — 5. LOUIS, frère jumeau de Charles, mort en 1563 ; — 6. MARGUERITE, morte enfant ; — 7. MADELEINE, morte jeune ; — 8. CATHERINE, morte en bas âge. — *De la seconde :* 1. CHARLES, comte de Soissons, *qui a fait la branche des seigneurs de ce nom* (*voy*. plus bas) ; — 2 et 3. LOUIS et BENJAMIN, morts enfants.

(1)   FRANÇOIS DE BOURBON, PRINCE DE CONTI.

SERVICES.

Combat d'Auneau	1587	Prise de Chemillé	1591
Prise de Pontoise	1589	Prise de Montmorillon	1591
Siége de Paris	1589	Prise de Chauvigny	1591
Siége de Dreux	1590	Prise de Mirebeau	1591
Bataille d'Ivry	1590	Prise de Selles	1591
Combats près de Laon	1590	Défense de Bélac	1591
Prise de Saint-Denis	1590	Siége de Craon	1592
Siége de Paris	1590	Combat de Craon	1592
Siége de Savigny	1591	Prise d'Épernay	1593
Prise de Moléon	1591	Prise de Dreux	1593

François de Bourbon, né en 1558, élevé dans la religion catholique, se rangea néanmoins sous les drapeaux du roi de Navarre. Il joignit cette puissante armée, qui arrivait d'Allemagne au secours des protestants ; le duc de Guise la surprit de nuit au bourg d'Auneau, en Beauce, et la taillа en pièces ; les reitres, frappés de terreur, firent une retraite désastreuse. Conti, malgré cet échec, n'abandonna pas la cause de son cousin le roi de Navarre. Il fut un des premiers à le reconnaître roi de France, et combattit à Ivry à ses côtés ; il lui amena des renforts au siége de Paris (1590).

Il combattit dans la Touraine et le Poitou, où il prit plusieurs villes, et défendit vigoureusement Belac, assiégée par les ligueurs. Après il fut moins heureux : s'étant joint à son cousin, le prince de Dombes, ils assiégèrent Craon ; mais ils s'accordèrent mal et furent défaits devant cette place par le duc de Mercœur. Leur campagne ne fut marquée que par des revers. Conti, l'année suivante, s'empara d'Épernay et de Dreux.

Le prince de Conti était sourd, presque muet ; sa femme, la belle et spirituelle Louise de Lorraine, le jeta dans quelques intrigues, au profit de sa maison, sous la régence de Marie de Médicis. Il mourut en 1614. Voici le portrait, sans doute peu flatté, que Richelieu trace de lui dans ses *Mémoires* : « Il était prince courageux, et qui s'était trouvé auprès de Henri-le-Grand à la bataille d'Ivry, et en plusieurs autres occasions, où il avait très-bien fait. Mais il était si bègue qu'il était quasi muet, et n'avait pas plus de sens que de parole. »

Femmes : 1. JEANNE DE COÊME, veuve de Louis Montafié, morte en 1601 ; — 2. LOUISE DE LORRAINE, fille de Henri Ier, duc de Guise, morte en 1631. — *Il eut de la seconde* : MARIE, morte enfant.

Fils naturel : NICOLAS, prieur de Grammont, mort en 1648.

XXII.

Henri Ier de Bourbon

PRINCE DE CONDÉ.

SERVICES.

Guerres de religion	1569		Combat de Fontenay	1585
Combat de la Roche-Abeille	1569		Siége de Brouage	1585
Siége de Poitiers	1569		Attaque sur Angers	1585
Combat d'Arnai-le-Duc	1570		Prise de Royan	1586
Siége de La Rochelle	1573		Combat près de Saintes	1586
Prise de Nuits	1576		Prise de Chizai	1587
Prise de Vichy	1576		Prise de Sasai	1587
Siége de Saintes	1577		Prise de Saint-Maixent	1587
Surprise de La Fère	1579		Prise de Fontenay	1587
Guerre des trois Henri	1585		Bataille de Coutras. (*Blessé*.)	1587

Henri Ier, né en 1552, fut, suivant un mot du temps, « la vraie âme de son père. » Il fit l'apprentissage de la guerre avec son cousin, Henri de Navarre, sous les ordres de Coligny. Leur première affaire sérieuse fut le combat d'Arnai-le-Duc, en 1570 (*). Tous deux n'échappèrent aux poignards de la Saint-Barthélemy, qu'en renonçant à leur culte ; mais Condé fit plus de résistance que le roi de Navarre.

(*) Selon quelques mémoires, Coligny, pour ne pas exposer ces deux jeunes princes à Moncontour, les aurait envoyés, sous escorte, à Parthenay ; d'autres rapportent que le prince de Navarre vit le combat du haut d'une colline voisine, et signala les fautes des généraux. Comme ils n'arrivèrent qu'au milieu de la nuit à Parthenay, peut-être s'étaient-ils arrêtés pour voir le combat.

Après la dure épreuve du siége de La Rochelle, où il eut à combattre les protestants, Condé réussit à s'enfuir de la cour, et parvint à ramasser en Allemagne une armée, à la tête de laquelle il rentra en France. Il s'empara de Vichy, malgré les efforts de Mayenne. La *Paix de Monsieur*, qui vint alors, ne dura pas longtemps; Condé fut nommé gouverneur de Picardie, et ne pouvant s'y faire admettre il s'empara de La Fère par surprise. Il passa en Allemagne pour chercher des renforts, y échoua et revint seul en Dauphiné, puis en Languedoc où il trouva les protestants battus par les lieutenants du roi. Irrité du mauvais succès de ses entreprises, en rivalité avec le roi de Navarre, le prince de Condé, dans la guerre des trois Henris (1585), fut le premier opposé aux troupes royales; il repoussa le duc de Mercœur, qui était venu l'attaquer dans le Poitou; il le battit à Fontenay et le força de décamper précipitamment. Condé investit Brouage, port fortifié, dévoué à la Ligue, et qui inquiétait La Rochelle. Le siége était poussé avec vigueur par terre et par mer, lorsque des aventuriers offrirent à Condé de lui livrer le château d'Angers; malgré les risques de l'entreprise, il résolut de la tenter; mais quand il se présenta, Joyeuse avait repris le château. Condé fit deux attaques sur la ville; ses soldats, découragés, combattirent mollement; enveloppés dans la retraite par les troupes royales, ils se débandèrent, et Condé, traversant presque seul le Maine et la Bretagne, se réfugia dans Guernesey. A son retour, en 1586, le prince épousa Charlotte de la Trémouille, qui se donna à lui, malgré tous les siens qui étaient de zélés catholiques.

Condé eut alors quelques succès sur Saint-Luc, gouverneur de Brouage; il s'empara de Royan, surprit les Ligueurs aux portes de Saintes et les battit; mais il perdit à ce combat deux fils de Dandelot, neveux de Coligny. Le prince de Condé rejoignit le roi de Navarre (1587); ils enlevèrent plusieurs villes. Mais l'armée catholique les atteignit à quelques lieues de Libourne, près de Coutras. Henri n'avait que deux mille cinq cents chevaux et quatre mille fantassins, deux canons et une couleuvrine. Le duc de Joyeuse, son adversaire, comptait plus de douze mille hommes. Le roi de Navarre partagea sa cavalerie en quatre escadrons, et fit deux gros bataillons de son infanterie; il prit le commandement de l'aile gauche, donna la droite au vicomte de Turenne et le centre au prince de Condé. Dans l'allocution qu'il fit à ses capitaines, il s'adressa ainsi à ses cousins

Condé et Soissons : « Pour vous, je ne vous dirai autre chose, sinon que
« vous êtes de la maison de Bourbon; et vive Dieu, je vous montrerai que
« je suis votre aîné. — Et nous, Monsieur, répondit Condé, nous vous
« ferons voir que vous avez de bons cadets. » Les huguenots occupaient,
en avant de Coutras, une petite plaine large de sept à huit cents pas et
serrée entre deux rivières. « Les voilà pris, dit Joyeuse en approchant,
ils ne nous échapperont pas. » Comme ils se prosternaient pour prier avant
d'engager le combat, « Par la mort, cria-t-on du côté des Ligueurs, ils trem-
blent, les poltrons, ils ont peur. » Les escadrons de Joyeuse s'élancèrent et
enfoncèrent les corps de Turenne et de la Trémouille ; puis cette cavalerie
animée, poussant à toute bride, tomba sur le roi de Navarre et le prince
de Condé. Ils s'étaient formés en demi-cercle : leurs cavaliers étaient mêlés
d'arquebusiers, dont le premier rang était couché ventre à terre, et les
autres placés de telle sorte que cinq rangs pussent tirer à la fois. Ils attendirent l'ennemi à bout portant, et jetèrent bas, dès la première décharge,
la moitié des cavaliers de Joyeuse. La mêlée fut terrible ; Joyeuse et son
frère y furent tués. Les catholiques, rompus, accablés, ne tinrent qu'une
heure, laissant quatre cents gentilshommes et plus de trois mille soldats
sur le terrain. Condé combattit de sa main, à outrance, comme le roi
de Navarre. Il poursuivait les fuyards, quand Saint-Luc, un des favoris
de Henri III, se retournant, courut sur lui, la lance basse, et le désar-
çonna ; puis sautant de cheval, il lui offrit la main pour le relever, et se
rendit son prisonnier. Le P. Anselme dit que Condé fut *blessé* à Coutras.
Il mourut peu après, 1588. Sa mort, attribuée au poison, jeta le trouble
dans le parti huguenot qui perdait son chef le plus dévoué. Ce prince,
au jugement de Sismondi, n'avait pas les talents d'un général, mais bien
toute la bravoure d'un soldat, toute la constance et tout le dévouement
d'un martyr à son église.

Femmes : 1. Marie de Clèves, fille de François Ier, duc de Nevers, morte en 1574 ; — 2. Charlotte de la Trémouille, fille de Louis III, duc de Thouars, morte en 1629 (1). — *Il eut de la première :* 1. Catherine, marquise d'Isle, morte sans alliance, en 1595. — *De la seconde :* 1. Henri II (qui suit) ; — 2. Éléonore, née en 1587, mariée à Philippe-Guillaume de Nassau, prince d'Orange, morte en 1619.

(1) Charlotte de La Trémouille, qui avait donné de grandes preuves d'attachement à son mari, fut accusée de l'avoir empoisonné. Un de ses serviteurs, mis à la torture, déclara qu'il s'était rendu coupable du crime à la suggestion de la princesse. Elle fut jetée en prison à Saint-Jean-d'Angely, et condamnée à mort ; elle échappa au supplice, en se déclarant enceinte. Ce fut six mois après la mort de son mari qu'elle mit au monde le fils qui continua sa race. La sentence fut revisée, au bout de huit ans, par le parlement de Paris, qui déclara Charlotte innocente.

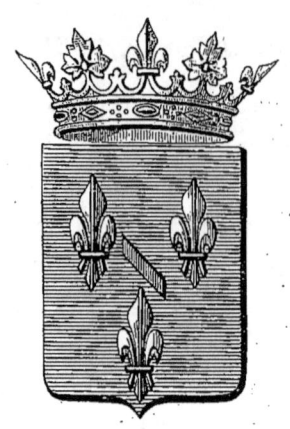

XXIII

Henri II de Bourbon
PRINCE DE CONDÉ.

SERVICES.

Guerre contre la régente	1615		Attaque sur Montpellier	1627
Guerre contre les protestants	1621		Prise de Pamiers	1628
Prise de Sancerre	1621		Prise de Realmont	1628
Combat de l'Ile de Rié	1622		Prise de Castelnau	1628
Prise de Royan	1622		Siége de Saint-Affrique	1628
Prise du château de Sully	1622		Campagne de Franche-Comté	1636
Prise de Bergerac	1622		Siége de Dôle	1636
Prise de Saint-Antonin	1622		Campagne en Picardie	1636
Prise de Clérac	1622		Prise de Corbie	1636
Prise de Sainte-Foy	1622		Campagne en Catalogne	1638
Prise de Tonneins	1622		Combat de la Bidassoa	1638
Prise de Négrepelisse	1622		Prise d'Irun	1638
Prise de Lunel	1622		Prise du fort du Figuier	1638
Prise de Massillargues	1622		Prise du fort du Passage	1638
Prise de Sommières	1622		Siége de Fontarabie	1638
Prise de Lombez	1622		Campagnes en Roussillon	1639
Siége de Montpellier	1622		Prise du château de Salses	1639
Guerre contre le duc de Rohan	1627		Secours au château de Salses	1639
Prise de Soyon	1627		Prise de plusieurs châteaux	1641
Prise de Saint-Alban	1627		Prise d'Elné	1641

ARMES : De France, au bâton de gueules péri en bande, qui est Bourbon.

Henri de Bourbon naquit en 1588; il fut élevé dans la religion catholique; il épousa, en 1609, Charlotte de Montmorency, dont Henri IV était épris, et il crut prudent de sortir de France pour mettre sa femme hors des atteintes du roi. Il ne revint que sous la régence, qu'il troubla par ses intrigues et par son ambition. Sa première révolte, qui n'offre point de faits d'armes, date de 1614, et se termina par le traité de Sainte-Menehould. Mais il reprit les armes, 1616. Il devint si dangereux après, que la régente le fit arrêter. Marie de Médicis avait tout préparé pour sa fuite, dans le cas où le coup manquerait. Condé, saisi par surprise, fut enfermé à Vincennes. Il y resta trois ans, et lorsqu'il en sortit, il avait perdu son énergie et ses allures de chef de parti. Il fit tout alors pour plaire au roi, et déploya un zèle furieux contre les huguenots pour faire oublier, sans doute, qu'il était fils d'un protestant. En 1621, il fut chargé d'agir contre eux dans le Berri, et s'empara de Sancerre. Après la mort de Luynes (1622), il décida le roi à une nouvelle campagne; ils défirent les huguenots à l'île de Rié, et leur prirent plusieurs places. Condé voulut terminer la guerre par un coup d'éclat, et fit entreprendre le siége de Montpellier. Mais l'armée avait souffert, les maladies se mirent dans le camp, et Condé, qui avait plus de bravoure que de talents, dirigea mal les attaques. Cependant Rohan voulant traiter, le prince de Condé quitta l'armée plutôt que de faire la paix avec les huguenots; il se rendit à Rome et resta en disgrâce auprès de Louis XIII. A force de soumission à Richelieu, il obtint, en 1627, de lever une armée contre les protestants. Il échoua devant Montpellier, et prit quelques villes.

Le prince de Condé, fait gouverneur de Bourgogne, fut chargé d'agir en Franche-Comté. Mais il n'avait pas encore réduit Dôle qu'il fut rappelé, dans la Picardie, envahie par les Espagnols. Envoyé en Catalogne, en 1638, il eut quelques succès; cependant les Français, attaqués brusquement devant Fontarabie par l'amiral de Castille, furent défaits et se virent contraints de s'embarquer. Condé resta en Guienne, gouverneur de la province; il fit une nouvelle expédition en Roussillon, et s'empara de Salses; en 1641, il y prit Elne et quelques châteaux. Ce fut le dernier fait militaire de ce prince qui dut ses commandements à la faveur de Richelieu plus qu'à son mérite. Il mourut en 1646. Son plus grand titre à la gloire, dit Voltaire, fut d'avoir donné le jour au grand Condé.

Femme : Charlotte de Montmorency, morte en 1650; *il eut d'elle* : 1. N... de Bourbon, mort enfant; — 2 et 3. N... et N... de Bourbon, jumeaux morts enfants; — 4. Louis II (qui suit); — 5. Armand, prince de Conti, tige de la branche de ce nom (*voy.* plus bas); — 6. Anne-Geneviève, née en 1619, qui épousa Henri II, duc de Longueville, et mourut aux Carmélites en 1679.

XXIV.

Louis II de Bourbon, surnommé le Grand

PRINCE DE CONDÉ.

SERVICES.

Guerre contre l'Espagne.........	1640
Prise d'Arras...................	1640
Prise d'Aire....................	1641
Prise de Bapaume................	1641
Prise de Perpignan..............	1642
Bataille de Rocroi..............	1643
Prise d'Emmerick................	1643
Prise de Barlemont..............	1643
Prise de Maubeuge...............	1643
Prise de Binch..................	1643
Prise de Vireton................	1643
Prise de Thionville.............	1643
Prise de Sierck.................	1643
Campagnes d'Allemagne...........	1644
Bataille de Fribourg............	1644
Combat de la Vigne de Fribourg..	1644
(*Deux chevaux tués sous lui.*)	
Combat de l'abbaye de St-Pierre..	1644
Prise de Philipsbourg...........	1644
Prise de Worms..................	1644
Prise de Mayence................	1644
Prise de Landau.................	1644
Prise du fort de la Mothe.......	1645
Prise de Wimphen................	1645
Bataille de Nordlingen. (*Deux blessures et un cheval tué sous lui.*)	1645
Prise de Rottembourg............	1645
Prise de Nordlingen.............	1645
Prise de Courtrai...............	1646
Prise de Bergues................	1646
Prise de Dunkelspiel............	1646
Prise de Mardick................	1646
(*Blessé au visage.*)	
Prise de Furnes.................	1646
Prise de Dunkerque..............	1646
Campagne de Catalogne...........	1647
Siége de Lérida.................	1647
Prise du château d'Ager.........	1647
Délivrance de Constantin........	1647
Campagne de Flandre.............	1648
Prise d'Ypres...................	1648
Bataille de Lens. (*Blessé*).....	1648
Reprise de Lens.................	1648
Reprise de Furnes. (*Blessé*.)...	1648
Guerre contre la Fronde.........	1649
Prise de Charenton..............	1650
Siége de Paris..................	1650
Guerre de la Fronde.............	1652
Siége de Cognac.................	1652
Siége de Miradoux...............	1652
Combat d'Auvillar...............	1652
Combat de Bléneau...............	1652
Combat de Gien..................	1652
Combat d'Étampes................	1652
Prise de Saint-Denis............	1652
Combat du faubourg Saint-Antoine.	1652
Guerre contre la France.........	1653
Prise de Rethel.................	1653
Prise de Château-Porcien........	1653
Prise de Bar-le-Duc.............	1653
Prise de Sainte-Menehould.......	1653
Prise de Ligny..................	1653
Prise de Commercy...............	1653
Prise de Roye...................	1653
Prise de Rocroi.................	1653
Siége d'Arras...................	1654
Combat d'Arras..................	1654
Campagne défensive en Flandre...	1655
Délivrance de Valenciennes......	1656
Prise de Condé..................	1656
Siége de Saint-Guillain.........	1656
Prise de Saint-Guillain.........	1657
Secours à Cambrai...............	1657
Bataille des Dunes..............	1658
(*Un cheval tué sous lui.*)	
Conquête de la Franche-Comté...	1668
Prise de Besançon...............	1668
Prise de Dôle...................	1668
Conquête de la Hollande.........	1672
Prise de Wesel..................	1672
Prise de Rées...................	1672
Prise d'Emmerick................	1672
Passage du Rhin. (*Blessé*.).....	1672
Bataille de Senef...............	1674
(*Un cheval tué sous lui.*)	
Délivrance d'Oudenarde..........	1674
Délivrance d'Haguenau...........	1674
Délivrance de Saverne...........	1675

EMBLÈME ET DEVISE : *Le croissant de la lune :* Crescit ut aspicitur.

Le nom de Condé domine cette grande famille militaire. Il n'y a pas de figure plus fière d'attitude et qui pose mieux dans l'histoire ; Condé conserve dans la mémoire des hommes quelque chose de colossal. Le temps a maintenu son prestige ; il est resté le grand Condé. Contemporain de Gustave-Adolphe, de Turenne et de Mercy, il fut un des maîtres de la tactique, l'un des créateurs de la grande guerre ; mais il mêle à la science un héroïsme chevaleresque qui le détache superbement entre tous. Par la rapidité de ses décisions et la nature entraînante de son génie, Condé est la plus belle personnification de la France guerrière de son temps. « La plupart des grands capitaines, dit Voltaire, le sont devenus par degré ; Condé naquit général ; l'art de la guerre sembla en lui un instinct naturel. » On lit quelque part que Richelieu, dont le prince de Condé épousa la nièce, l'avait deviné dans un seul entretien.

Le duc d'Enghien (c'est le titre qu'il porta d'abord) commença la guerre à dix-sept ans ; il n'en avait que dix-neuf quand il se signala devant Arras en 1640. Il s'adonna à cette première étude des sièges avec une pénétrante application. Mais Richelieu mourut au moment d'élever au commandement le prince qui lui tenait de si près. Mazarin, continuateur de sa politique, remplit ses instructions. Ce fut un de ses premiers actes et des mieux inspirés de donner le commandement de l'armée des Pays-Bas au duc d'Enghien, qui avait alors vingt-deux ans (1643). La grande guerre allumée par Richelieu contre l'Autriche occupait encore l'Europe. Une nouvelle campagne allait s'ouvrir. Le duc d'Enghien, envoyé contre les Espagnols, trouva pour adversaires don Francisco de Mello et le comte de Fuentès. Leur armée n'avait pas moins de réputation que ses généraux ; elle se composait de ces vieilles bandes espagnoles qui avaient traversé toutes les guerres depuis Charles-Quint. L'ennemi passa la frontière et investit Rocroi, comptant s'ouvrir ensuite le chemin de Paris ; il avait vingt-six mille hommes ; le duc d'Enghien n'en réunit que vingt-trois mille où l'on comptait sept mille chevaux.

Ayant reconnu la position de l'ennemi, il prit sur lui de livrer bataille. C'était au moment de la mort de Louis XIII, et l'ordre lui arriva de ne point engager d'action ; on lui représenta, autour de lui, les chances et les suites d'une défaite : « Je serai mort, dit-il, avant d'être vaincu. » Il fit ses dispositions, donna ses ordres, visita tous ses postes, pourvut à tout, et s'endormit. Le jour venu, 19 mai 1643, « il fallut, selon le mot de Bossuet, réveiller d'un profond sommeil cet autre Alexandre. » L'Espagnol souhaitait aussi la bataille; il avait laissé son adversaire venir à lui et traverser librement un défilé étroit qui débouchait vers ses retranchements. Les deux armées se déployèrent dans une plaine resserrée, fermée partout de bois et de marais; elles allaient se mesurer comme en un champ clos, où nulle fuite n'étant possible, le vaincu devait être écrasé. Enghien fit deux lignes de son armée, et les soutint par une réserve; il se forma sur une colline, appuyant sa droite à des bois et sa gauche à un marais. Les Espagnols, dans un ordre à peu près pareil, étaient séparés des Français par un vallon. Le duc d'Enghien engagea l'attaque dès le point du jour, à la tête de la cavalerie de son aile droite. Un millier de chevaux espagnols avaient été embusqués dans un petit bois qui descendait jusqu'au fond du vallon, pour prendre en flanc les Français à leur passage; Enghien les découvrit et les prévint par une charge inattendue, qui les délogea et les culbuta; il s'élança alors sur l'aile gauche espagnole que le duc d'Albuquerque commandait. Tandis qu'il l'attaquait de front avec une impétuosité terrible, il la faisait prendre en flanc par le colonel Gassion. Étonnés de cette double attaque, les escadrons espagnols se rompirent, et l'infanterie, chargée avec la même vigueur, s'enfuit bientôt à travers les marais.

Mais tandis que le prince triomphait si complétement à sa droite, sa gauche, que commandait le maréchal de l'Hôpital, essuyait un échec des plus grands. Toute sa cavalerie avait été enfoncée, et tout son canon pris par l'ennemi. Ce fut alors que le prince, s'arrêtant pour jeter un regard autour de lui, vit le péril du vieux maréchal. Il entraîna de nouveau ses escadrons, traversa d'un élan le champ de bataille, et fondit sur l'aile victorieuse, en concertant une triple attaque au moyen de sa réserve et du corps de Gassion. Ce beau mouvement surprit et enveloppa l'ennemi. Les deux ailes de l'armée espagnole étaient détruites; mais le centre était debout : c'était la vieille infanterie que commandait le comte de Fuentès. Ce général était âgé de quatre-vingt deux ans; perclus de goutte, il se faisait porter sur une litière au milieu de ses bataillons. Ses colonnes restaient immobiles et ressemblaient, comme l'a dit l'orateur, à autant de tours. Le duc d'Enghien reforma sa cavalerie et fondit sur ces redoutables carrés; il tenta, sans les entamer, plusieurs charges très-meurtrières : car ces carrés, s'ouvrant tout à coup, laissaient jouer dix-huit pièces d'artillerie qui foudroyaient les cavaliers. Le prince, après plusieurs épreuves, appela sa réserve, son infanterie, son canon, et donnant un élan prodigieux à toutes ses forces, rompit enfin ces remparts vivants. Leur déroute alors fut terrible ; l'armée qui devait marcher sur Paris fut d'un seul coup anéantie ; neuf mille hommes restèrent sur le champ de bataille, sept mille tombèrent aux mains du vainqueur, avec tout le bagage et le canon ; le reste se dispersa et se perdit dans les bois et les marais. Un corps de dix mille Allemands qui s'avançait au secours des Espagnols ne laissa pas aux Français la peine de le combattre ; la terreur le prit, et il s'éloigna. On dit que le duc d'Enghien s'élança au cou du colonel Gassion, qui l'avait si bien secondé, et lui promit le bâton de maréchal. En découvrant sur le champ de bataille le corps de Fuentès, couvert de blessures et étendu près de la litière qui l'avait porté, il dit en le contemplant avec respect : «Si je n'avais vaincu, je voudrais être mort comme lui.»

Enghien déploya après la bataille l'activité d'un général qui sait profiter de la victoire. Après avoir enlevé, en passant, cinq ou six places qui résistèrent peu, il arriva devant Thionville. Ce fut un siége de deux mois; cette place, protégée d'un côté par la Moselle, enceinte de grands travaux et de fossés profonds, ne pouvait être abordée qu'à découvert. Tous les ouvrages avancés furent emportés, et ce siége coûta plus de monde que Rocroi. Le prince s'y montra infatigable, poussant le jour et la nuit ses opérations. Ses mines s'étendant jusque sous la ville, il voulut l'épargner, et invita quelques officiers de la garnison à les visiter ; voyant sa situation désespérée, la place capitula.

L'année suivante (1644), le duc d'Enghien fut appelé à commander en chef en Allemagne, où Turenne, ce grand homme de guerre, se défendait avec peine contre Mercy. Ce général, qui venait de prendre Fribourg, s'était fait à l'entrée des montagnes une position savante et qu'il jugeait inabordable. Enghien conçut le projet de l'attaquer en flanc à travers un ravin large et profond. Il se concerta avec Turenne, et le chargea de franchir le ravin, tandis que lui-même forcerait les redoutes qui couvraient le front de l'ennemi. Ses troupes, assaillies par un feu terrible, épuisées par les difficultés du terrain, hésitèrent un moment. Il mit pied à terre alors et marcha le premier à la tête du régiment de Conti, sous la plus épaisse mitraille; il força le retranchement, emporta les redoutes et fit arriver sa cavalerie jusqu'au sommet. Mais Turenne, en faisant son attaque sur le flanc des Impériaux, n'avait pu franchir assez tôt tous les obstacles pour agir d'ensemble avec le prince. La nuit vint, et Mercy en profita : voyant sa position forcée, il décampa sans bruit, et alla s'établir sur un plateau de la montagne Noire. Là se livra un second combat plus meurtrier que le premier. Enghien ordonna trois attaques, la ligne ennemie ayant un front fort étendu; mais plusieurs corps s'élancèrent trop tôt. Le prince rallia ses troupes en désordre et combattit longtemps avec de prodigieux efforts. Le maréchal de Grammont raconte dans ses Mémoires « qu'il aperçut alors le duc d'Enghien qui se retiroit avec peu de gens, le reste ayant été tué à ses côtés. Ce prince avoit eu deux chevaux tués sous lui et plusieurs mousquetades dans ses habits. Il dit à Grammont qu'un peu trop de chaleur avoit emporté ses troupes, et que l'attaque ne s'étoit point faite de la manière qu'on l'avoit résolue. » Il tenta avec toute sa cavalerie un nouveau combat sur un autre point, où fut tué le baron de Mercy, frère du général en chef. Mais cet habile capitaine, bien retranché dans la montagne, dominait de toutes parts les Français, qui, sept fois rejetés en arrière, dit Gualdo, étaient revenus à la charge sept fois. Il fallut cependant battre en retraite, et le combat resta indécis. Mais Enghien n'abandonnait pas le projet d'anéantir son adversaire; il opéra de manière à lui couper les vivres. Mercy, en effet, descendit au bout de quatre jours de sa montagne, et chercha à dérober sa marche; mais il fut forcé à un troisième combat, près de l'abbaye de Saint-Pierre; il couvrit enfin sa fuite, abandonnant tout son bagage aux Français. Si le duc d'Enghien se prodigua tant et fit si bon marché de sa vie dans ces trois combats meurtriers, c'est qu'il fallait entraîner les troupes contre les plus fortes positions. On connaît l'anecdote de son bâton de commandement jeté dans les retranchements ennemis; l'histoire en paraît controuvée; mais ce qui ne l'est pas, c'est qu'il s'y jeta lui-même plusieurs fois; il eut *deux chevaux tués* sous lui, le fourreau de son épée brisé par une balle, et le pommeau de sa selle emporté par un boulet.

Les terribles journées de Fribourg n'eurent qu'un succès contesté; mais le duc d'Enghien sut en user comme d'une victoire décisive. Il étendit ses conquêtes le long du Rhin, toujours prodigue d'activité et de courage. Mayence lui ouvrit ses portes ; trois jours de tranchée suffirent pour faire tomber Landau. Le prince quitta l'armée qui prit ses quartiers d'hiver, et Turenne fut chargé d'observer l'ennemi jusqu'au printemps. Mais ce grand homme avait besoin de vieillir pour atteindre à tout son génie ; ce génie, moins précoce que celui de Condé, mûrissait avec lenteur ; il n'avait pas l'instinct rapide et la prodigieuse audace de l'autre. Il lui fallait du temps pour concevoir et de la certitude pour agir. Turenne fut surpris par Mercy, et vaincu complétement à Marienthal.

A cette nouvelle, le duc d'Enghien qui était en Champagne à organiser une nouvelle armée, accourt avec des renforts ; il s'empare, chemin faisant, du fort de la Mothe en Lorraine. Arrivé sur le Necker, il le franchit avec Turenne ; après avoir enlevé Wimphen, il marche au-devant de Mercy, en Franconie, et le rencontre près de Nordlingen (1645). Ce célèbre tacticien qui ne manqua jamais, dit le maréchal de Grammont, de deviner et de prévenir tous les projets de ses adversaires, comme s'il eût assisté à leurs conseils, s'était posté sur deux collines, et avait couvert son front des plus forts retranchements, d'où il plongeait de partout sur l'armée ennemie. Enghien fit sur-le-champ ses dispositions d'attaque, ne voulant pas lui laisser le temps de s'y fortifier encore plus. Il donna sa gauche à Turenne, sa droite au maréchal de Grammont, et se plaça au centre avec une forte réserve de cavalerie. Il passa devant toutes les troupes en les animant du geste et de la voix. L'action commença vers cinq heures du soir par une canonnade ; le comte de Mercy se croyait si fort sur ses collines qu'il dit à sa femme qui se trouvait au camp : « Voyez-vous cette armée qui s'avance, elle est à moi tout entière. » Le village d'Altenheim, qui formait le centre de sa position, fut abordé par l'infanterie française ; les premiers retranchements furent emportés ; mais le combat y devint terrible ; les généraux Marsin et Castelneau y tombèrent grièvement atteints ; ils allaient être jetés hors des redoutes, quand le duc d'Enghien prenant le reste de l'infanterie et tirant des renforts de son aile droite, accourut au moment où Mercy concentrait ses masses en avant du village. Les deux colonnes se foudroyèrent et se disputèrent chaque poste avec furie, sous les yeux de leurs généraux ; tous leurs officiers tombaient autour d'eux. Enghien perdait son sang par *deux blessures ;* sa cuirasse et ses habits étaient criblés de balles, son *cheval avait été tué* sous lui ; mais Mercy fut frappé à mort, et le village fut emporté. L'armée française triomphait au centre, tandis que ses deux ailes pliaient : Turenne, en abordant une des hauteurs occupées par les Impériaux, sous la plus épaisse mitraille, avait été grièvement blessé, et rétrogradait devant l'ennemi. Toujours rapide et infatigable, Enghien accourt, reforme les troupes et les entraîne ; il attaque avec quelques compagnies le sommet de la colline, enlève les batteries, culbute les bataillons et fait le général prisonnier. Restait l'aile droite où Grammont commandait : affaibli par les renforts qu'il avait fournis au prince, assailli par la cavalerie du célèbre Jean de Werth, il avait été blessé aussi et fait prisonnier avec une partie de ses colonnes. Enghien, victorieux à la gauche et au centre, croyait enfin la journée à lui, quand il fallut remonter à cheval à la nuit et recommencer la bataille. Malgré ses blessures, il se sentit capable des mêmes élans ; il se porta à la tête de sa réserve de cavalerie, ramassa les troupes dispersées, et fondit sur les escadrons de Jean de Werth. Ce général, apprenant alors la défaite et la mort de Mercy, profita de la nuit pour faire sa retraite. Mazarin dit à la reine en lui annonçant cette bataille : « Tant de gens sont morts, Madame, qu'il ne faut quasi pas que Votre Majesté se réjouisse de la victoire. » Tous les officiers généraux, en effet, avaient été tués ou blessés.

La bataille de Nordlingen eût mieux profité à nos armes, si le duc d'Enghien, malade de ses blessures et des efforts surhumains qu'il avait faits, n'eût été contraint de rentrer en France. La guerre continuait au milieu des négociations commencées, car la politique de Mazarin ne tournait pas encore à la paix. Il concentra les forces dans les Pays-Bas, et le duc d'Enghien fut adjoint au duc d'Orléans pour diriger les opérations. L'armée montait à trente-cinq mille hommes, et, outre les deux princes, il s'y trouvait quatre maréchaux. Ils assiégèrent Courtrai, à portée de l'armée espagnole ; les sorties, les escarmouches ne cessaient pas ; les troupes étaient sur pied jour et nuit ; Enghien fut forcé de se protéger par des épaulements contre la canonnade continuelle du camp ennemi, dont les vedettes touchaient son quartier. Courtrai capitula néanmoins. N'ayant pu forcer les Espagnols à une bataille, les princes prirent Bergues, puis Mardick, où Enghien fut *blessé* au visage d'un éclat de grenade. Ce fut alors que le duc d'Orléans quitta l'armée, et le duc d'Enghien, libre enfin de ses desseins, voulut tenter un grand coup; il fit le siége de Dunkerque. Les difficultés en furent immenses : l'armée espagnole était postée derrière lui ; les tranchées, creusées dans le sable, étaient chaque jour dispersées par le vent. Dunkerque cependant capitula après vingt-six jours de travaux (1646). Enghien fut le premier général qui fit ce riche présent à la France. Cette même année, Henri II de Bourbon, prince de Condé, mourut, et le duc d'Enghien, son fils, devint : Monsieur le Prince pour ses contemporains, le grand Condé pour la postérité.

Le gouvernement, contrariant la direction de son génie, l'envoya en Catalogne (1647), où le vice-roi, le comte d'Harcourt, avait essuyé des revers. Condé reprit le siège de Lérida, où son prédécesseur venait d'échouer, et fit ouvrir la tranchée au son des violons; c'était une mode d'alors, qui faisait de la guerre une fête. Mais le vainqueur de Rocroi en fut pour ses frais de musique à Lérida ; après d'énormes pertes, le siège fut levé. C'était le premier revers qu'essuyait cet infatigable vainqueur. Il faut le louer d'avoir su, cette fois, placer le salut de son armée avant son orgueil. Cependant il ne repassa pas les Pyrénées sans quelque revanche de son échec. Il prit la ville et le château d'Ager, et força les Espagnols à lever, à leur tour, le siége de Constantin.

Condé fut rappelé, en 1648, dans les Pays-Bas ; là il retrouvait ses troupes et ses campements connus, et un champ d'opérations plus approprié à son génie que les montagnes. Le maréchal de Gassion, son lieutenant à Rocroi, venait d'être tué devant Lens, et l'archiduc Léopold menaçait déjà la frontière. Condé n'avait que quatorze mille hommes à opposer à l'archiduc. Il débuta par la conquête d'Ypres, où ses lignes de circonvallation couvrirent cinq ou six lieues. Puis il marcha vers Lens où campait Léopold; par une savante manœuvre il attira l'ennemi et fit ses dispositions de bataille, tout en simulant une retraite. Il prit le commandement de la droite, donna la gauche au maréchal de Grammont, et le centre au duc de Châtillon. La journée commença par un échec : Condé, abandonné dans une panique par son propre régiment, resta seul sur le champ de bataille, et faillit être pris. En un moment il refit ses dispositions au pied d'une colline ; il raffermit les plus ébranlés par d'énergiques allocutions : « Ayez bon courage, dit-il, et souvenez-vous de Rocroi, de Fribourg et de Nordlingen. » L'aile droite fut la première victorieuse; à la tête du régiment de Villette, Condé enfonça successivement, l'épée à la main, la ligne espagnole et les bataillons lorrains. Douze fois il recommença la charge, en exaltant ses escadrons. Rapide de conception comme de mouvement, multipliant ses ordres sous le feu, se multipliant lui-même, il était partout avec la vitesse de l'éclair. Grammont, à l'aile gauche, ayant renversé aussi les deux lignes ennemies, achevait leur défaite et les poursuivait jusqu'au défilé de Lens. Ce fut une victoire éclatante : elle coûta à l'ennemi tout son canon, ses bagages, ses drapeaux, trois mille morts et six mille prisonniers, dont huit cents officiers ; du nombre étaient le prince de Ligne qui commandait la cavalerie, le général Beck qui fut blessé à mort, et tous les mestres de camp espagnols et italiens. Lens fut le tombeau de cette infanterie célèbre, si cruellement entamée à Rocroi. C'était la fortune de Condé et comme l'appoint de sa gloire, de laisser de son sang sur tous ses champs de bataille ; *atteint* d'un coup de feu à Lens, il fut encore *blessé* devant Furnes qu'il reprit aussitôt.

La paix de Westphalie fut signée avec l'Empereur dès le mois suivant (24 octobre 1648). Elle fit un beau rôle à la France ; mais si Richelieu eût vécu jusque là, il est à croire que les victoires de Condé nous auraient donné des provinces de plus.

Après le drame de la grande guerre, avec l'Autriche, vint l'épisode bouffon de la Fronde, où les héros se travestirent tout à coup. Condé, Turenne perdent beaucoup sur ce nouveau théâtre. Cette lutte, sanglante et comique, commença par un conflit du parlement avec la cour ; les princes mécontents s'y jetèrent ; Conti, Turenne et les Vendôme se déclarèrent contre Mazarin, qui d'abord leur opposa Condé et son armée. La reine et son ministre sortirent de Paris et le firent assiéger par M. le Prince, tandis que Turenne, égaré un instant, n'ayant pu entraîner ses troupes, s'enfuyait à l'étranger. Condé prit Charenton, où furent tués quatre-vingts officiers de la Fronde ; il enleva encore quelques petites places autour de Paris.

Son frère Conti, madame de Longueville, sa sœur, se trouvaient dans le parti des Frondeurs. De Retz peint d'un seul trait dans ses mémoires la physionomie de cette guerre d'intrigues et de galanterie. « On voyait, dit-il, les gentilshommes en foule à l'hôtel de ville, revenant du combat, entrer tout cuirassés dans la chambre de Madame de Longueville, qui était toute pleine de dames. Ce mélange d'écharpes bleues, de dames, de cuirasses, de violons qui étoient dans la salle et de trompettes qui étoient dans la place, donnoit un spectacle qui se voit plus souvent dans les romans qu'ailleurs. » Condé, contre son attente, fut près de trois mois devant Paris. Son orgueil, ses duretés, ses emportements avec tout le monde, avaient lassé la cour qui l'employait. Par ses prétentions croissantes, Condé était devenu aussi rebelle et plus dangereux que les Frondeurs. Il avait plusieurs grands gouvernements, et il en voulait encore ; il exigeait tout, s'emparait de tout. Enivré de sa gloire, de ses grandeurs, de ses richesses, il ne pouvait rien endurer plus haut que lui ; au conseil, il voulut avoir, comme le duc d'Orléans, derrière sa chaise son secrétaire et ses officiers. Il fallait qu'on n'envoyât à l'armée ni général ni officier qui ne fût de son choix. « Il savoit mieux, dit la duchesse de Nemours, gagner des batailles que des cœurs... Dans la vie ordinaire, il étoit si impraticable qu'on n'y pouvoit tenir. Il avoit des airs si moqueurs et disoit des choses si offensantes que personne ne les pouvoit souffrir... De quelque qualité qu'on fût, on attendoit des temps infinis dans l'antichambre de M. le Prince... Dans les visites qu'on lui rendoit, il faisoit paroître un ennui si dédaigneux, qu'il témoignoit ouvertement qu'on l'importunoit... »

La reine et son ministre, poussés à bout, se décidèrent à l'arrestation de Condé. Il fut arrêté avec le prince de Conti son frère, et le duc de Longueville au Palais-Royal où ils avaient été mandés pour assister au conseil (1650). On les conduisit à Vincennes, puis à Marcoussis et enfin au Hâvre-de-Grâce. Quand ils en sortirent au bout d'un an, Condé avait juré de pousser loin sa vengeance. « J'entrai dans cette prison le plus innocent des hommes, disait-il sur la fin de sa vie, et j'en sortis le plus coupable » Aiguillonné encore par les passions mobiles des femmes qui trempaient dans cette guerre, il se mit à la tête d'une nouvelle Fronde qui paraît s'être proposé plus que la déchéance de Mazarin.

Condé avait obtenu, en sortant de sa prison du Hâvre, le gouvernement de Guienne ; il s'établit à Bordeaux, entama des négociations avec l'Espagne, et offrit à Cromwell d'embrasser le protestantisme. La guerre commencée, il fit attaquer Cognac, s'y rendit lui-même et n'y put réussir. Il échoua de même devant la petite place de Miradoux. Près d'Auvillar, il fut surpris par le comte d'Harcourt, et eut un nouvel échec. Ce fut une campagne peu digne de Condé; il combattait, il est vrai, avec de nouvelles levées qui obéissaient mal et résistaient fort peu. Réduit à s'enfermer dans Agen, où les bourgeois élevèrent des barricades contre ses troupes, Condé alors se résolut à quitter le Midi et à regagner la Loire où son parti était plus fort. Il fit plus de cent lieues déguisé, à travers bien des risques, souvent près d'être enlevé par des détachements ennemis. Enfin il rejoignit les ducs de Nemours et de Beaufort, campés avec quinze mille hommes près d'Orléans.

Le maréchal d'Hoquincourt qui commandait les troupes royales, venait de les mettre en cantonnement aux environs de Bléneau; Condé le surprit pendant la nuit (1652), et par les plus rapides attaques, lui enleva cinq de ses quartiers; il l'eût écrasé tout à fait; mais Turenne, détaché des Espagnols, venait de rentrer en grâce. Il accourut, ignorant encore l'arrivée de Condé, et se portant vers une éminence, il observa les mouvements de l'ennemi; Turenne, après un moment de réflexion, dit à ceux qui l'entouraient: « M. le Prince est arrivé; c'est lui qui commande cette armée. »

Ce fut alors que les deux plus grands hommes de guerre du siècle commencèrent cette savante lutte qui dura cinq années. Il ne restait pas à Turenne quatre mille hommes pour défendre Gien où se trouvaient le roi et la cour. Condé en avait quinze mille; il y avait entre eux un marais traversé par une chaussée où deux bataillons se tenaient à peine de front. Turenne fit un mouvement de retraite pour attirer son adversaire dans ce mauvais pas. Condé donna dans le piége, y laissa une partie de son avant-garde, et recula sous un feu meurtrier. Sans cet échec peut-être devenait-il roi de France. « Vous venez, dit Anne d'Autriche à Turenne, de remettre une seconde fois la couronne sur la tête de mon fils.» Condé essuya un nouvel échec dans Étampes, où l'ennemi lui tua plus de mille hommes, et força les faubourgs. Condé alors se jeta dans Paris; à l'approche de Turenne, il tenta un coup de main sur Saint-Denis; mais il n'avait avec lui que quelques gentilshommes et les gens des faubourgs ramassés par le duc de Beaufort; cette foule lâcha pied dès la première décharge, et laissa Condé presque seul. Il réunit après quelques bonnes troupes, renouvelle l'attaque et réussit.

L'armée des princes s'approchant de Paris, Condé en reprit le commandement, et mit son quartier à Saint Cloud, manœuvrant sur les deux rives de la Seine. Les mouvements de Turenne le décidèrent à se porter vers Charenton. Il suivait ce qu'on a nommé depuis le chemin de la Révolte, quand Turenne l'atteignit comme il touchait au faubourg Saint-Antoine, et le força de recevoir le combat ; trois des rues principales en furent le champ de bataille. Ce fut moins une action en règle qu'une lutte corps à corps, et une furieuse mêlée d'hommes et de chevaux. Le choc dura du matin jusqu'au soir. Condé, à la tête de cinquante de ses plus braves gentilshommes, combattit jusqu'à l'épuisement. Il entra dans un jardin, jeta son casque et sa cuirasse et se roula nu sur le gazon pour essuyer la sueur dont il était baigné. Le maréchal de la Ferté ayant rejoint Turenne vers midi avec de l'artillerie, Condé et son parti allaient être écrasés, lorsque Mademoiselle, fille de Gaston, qui était éprise alors de M. le Prince, monta sur les tours de la Bastille, et fit, au nom de son père, tirer le canon sur les troupes du roi. Ce canon, selon le mot de Mazarin, put bien tuer le mari de la princesse ; mais il sauva Condé qui, triomphant dans sa défaite, traversa Paris et la Seine, et vint camper sur l'autre bord.

Mademoiselle raconte ainsi dans ses mémoires quelques épisodes de ce combat bizarre et meurtrier ; elle fit appeler le prince de Condé dans une maison où elle se trouvait près de la Bastille : « Il m'y vint voir, dit-elle, il étoit dans un état pitoyable ; il avoit deux doigts de poussière sur le visage ; ses cheveux tout mêlés ; son collet et sa chemise étoient pleins de sang, quoiqu'il n'eût pas été blessé. Sa cuirasse étoit pleine de coups, et il tenoit son épée nue à la main, ayant perdu le fourreau. — Vous voyez un homme au désespoir ; j'ai perdu tous mes amis, MM. de Nemours, de La Rochefoucault et de Clinchamp, tous blessés à mort... Il étoit tout à fait affligé ; lorsqu'il entra, il se jeta sur un siége ; il pleuroit et me disoit : Pardonnez à la douleur où je suis. »

Condé se porta aux plus violents excès pour décider Paris à faire des sacrifices à sa cause. Il reforma son armée à Charenton, et rejoint par le duc de Lorraine, ils mirent en campagne quatre-vingts escadrons et huit mille hommes de pied. Turenne avait à peine la moitié de ces forces ; mais il y suppléa par tant d'art qu'on ne put l'attaquer. Furieux contre ses Frondeurs qui l'abandonnaient en foule, contre la régente qui exigeait qu'avant de traiter il mît bas les armes, Condé s'éloigna avec cette armée, et, quand le roi, rentré à Paris, publia l'amnistie promise, il y avait cinq jours que M. le Prince était dans les rangs des Espagnols.

On sait comment un peintre, retraçant la vie de Condé, éluda la difficile notoriété de cette époque. Nous ne pouvons, nous, que passer rapidement sur cette triste guerre, où le destructeur des vieilles bandes espagnoles, devenu un émigré mercenaire à la solde de Philippe IV, combattait Turenne sous les ordres d'un infant d'Espagne. Doit-on compter à sa gloire militaire ce qui met une tache sur sa vie ? La belle retraite qu'il fit à Arras, en 1654, la levée du siége de Valenciennes dont il força les lignes, en 1656, le secours qu'il jeta dans Cambrai, en 1657, sont d'éminents faits de guerre, mais qu'on aimerait à effacer de l'histoire (*). Il fut vaincu par Turenne à la bataille des Dunes (1658); mais il avait prévu la défaite; don Juan d'Autriche voulut combattre malgré ses avis. « Jeune homme, disait Condé au duc de Glocester une heure avant le combat, vous n'avez jamais vu de bataille ; vous allez voir comme on en perd une. » L'aile gauche où Condé commandait avec ses gentilshommes émigrés, lutta la dernière et longtemps; il manquait d'artillerie ainsi que d'espace pour se déployer. Après une défense désespérée où il eut encore son *cheval tué* sous lui, Condé vit ses principaux officiers morts ou pris à ses côtés. Les négociations s'ouvrirent entre les deux États ; la grâce de Condé y fut comprise ; et la paix des Pyrénées (1659) lui rendit son gouvernement de Bourgogne et ses honneurs.

Partant des Pays-Bas, il traversa la France et alla en Provence où le roi et sa mère se trouvaient alors. Il leur demanda, un genou en terre, le pardon de ses fautes. « Mon cousin, lui répondit le jeune roi, après les grands services que vous avez rendus à ma couronne, je n'ai garde de me souvenir d'un mal qui n'a causé de dommage qu'à vous-même. »

(*) Condé et Turenne entretinrent pendant cette lutte une correspondance suivie, se donnant des témoignages d'estime et d'admiration sur leurs mutuelles opérations. Mais une dépêche, écrite par Turenne à Mazarin, à l'occasion d'une retraite de Condé, fut interceptée et tomba aux mains de ce dernier, qui, s'en trouvant blessé, écrivit à Turenne une lettre violente et injurieuse, qui fit cesser leurs rapports épistolaires. — Condé ayant envoyé au jeune roi des drapeaux français tombés dans ses mains, en lui écrivant : « Qu'il n'avoit pu souffrir que les fleurs de lis « servissent de trophée aux Espagnols » ; le roi les lui renvoya avec cette réponse : « Qu'il étoit si rare de voir les « Espagnols battre les François, que lorsque cela leur arrivoit, il ne falloit pas leur enlever le plaisir d'en garder « les marques. » *Mém. de Montglat*, p. 465.

Louis néanmoins en garda bonne mémoire ; et il est à présumer que jamais M. le Prince n'eût revu les champs de bataille, si Turenne n'eût encouru l'inimitié de Louvois. Les antipathies du ministre passant naturellement avant celles du roi, Condé fut préféré à son ancien adversaire pour commander l'armée envoyée, en 1668, dans la Franche-Comté. Après trois semaines d'opérations rapides, la province fut soumise. Condé assiégea Besançon, Dôle, et les fit capituler. Cette conquête acheva de réconcilier M. le Prince avec le roi, qui le chargea, en 1672, d'un des commandements dans la campagne de Hollande. Le roi, en se rendant à l'armée, fit à Chantilly cette visite, célèbre surtout par la bizarre tragédie de la mort de Vatel.

Après avoir pris Wesel, Rées et Emmerick, Condé reconnut un gué sur l'un des bras du Rhin, auprès d'une vieille tour qui servait de bureau de péage, et où le passage fut résolu. Comme il sortait du fleuve, prêt à remonter à cheval, il eut le poignet gauche fracassé d'un coup de pistolet. Transporté à Utrecht, il y resta une partie de l'année 1693, pour la garde des places conquises.

La France, abandonnée de ses alliés, l'année suivante, ayant à faire tête à une coalition formidable, mit sur pied quatre armées. Condé fut chargé d'agir contre les Hollandais, avec quarante mille hommes, tandis que Turenne combattrait les Impériaux sur le Rhin. Le prince d'Orange, fort de quatre-vingt-dix mille hommes, gagnait du terrain. Condé épiant ses mouvements, s'élança sur son arrière-garde près de Senef, comme elle était engagée dans un défilé ; il l'écrasa après un choc furieux, puis il atteignit le prince d'Orange près de Saint-Nicolas-au-Bois. Condé le fit reculer avec une énorme perte. Il le poursuivit jusqu'au village du Fay, où s'engagea un troisième combat. Les alliés étaient postés sur une hauteur, gardés par un marais et un bois, et protégés par un château. Condé voulut emporter la position. Ce fut une faute qui lui coûta cher en soldats : la perte, égale des deux côtés, s'éleva à vingt-cinq mille hommes. L'avantage des Français consista dans les bagages et les prisonniers qu'ils enlevèrent à l'ennemi. Le vieux Condé, tout perclus de goutte, combattit avec l'ivresse d'un jeune homme. Il eut son *cheval tué* sous lui dans la mêlée, et il voulait encore le lendemain recommencer le combat.

Un contemporain militaire, le chevalier de Folard, peint en quelques traits le prince de Condé : « Incapable de céder, quelques obstacles qu'il rencontrât dans la poursuite de ses desseins; d'un esprit extrêmement vif, tout plein de feu, de lumières et de ressources; d'un coup d'œil admirable; impérieux, quelquefois violent dans le commandement, plus encore dans l'action, où l'on prétend qu'il suivait assez volontiers les voies meurtrières. »

Après avoir fait lever le siége d'Oudenarde, M. le Prince alla remplacer, sur les bords du Rhin, Turenne, qu'un coup de canon venait d'enlever à la France. Il manœuvra pour secourir Haguenau, Saverne, et parvint à en éloigner Montecuculli. Condé disait alors à un de ses officiers : « J'aurais bien désiré causer deux heures seulement avec l'ombre de Turenne sur les affaires de ce pays. »

Ce fut la dernière campagne de Condé; sa santé exigeait le repos; le roi s'était plaint de tout le sang qu'il avait prodigué à Senef. Il quitta alors le commandement et se retira à Chantilly. Aimant les lettres comme il avait aimé la guerre, plein de feu aux luttes de l'esprit comme aux batailles, et versant des pleurs aux vers de Corneille, Condé acheva sa vie dans le commerce des grands hommes de son temps. Il mourut en 1686.

Femme : CLAIRE-CLÉMENCE DE MAILLÉ, fille d'Urbain de Maillé, marquis de Brézé, nièce du cardinal de Richelieu, morte en 1694 (1). — *Il eut d'elle* : 1. HENRI-JULES (qui suit); — 2. LOUIS, mort enfant, en 1653; — 3. N... DE BOURBON, morte enfant.

(1) Cette princesse, par amour pour son mari et pour son fils, joua un rôle dans la Fronde. Ce fut elle qui, après l'arrestation des princes, recommença la guerre civile. Elle s'échappa de Chantilly, puis de Montrond; et conseillée par Lenet, suivie d'amis fidèles, elle arriva en Guienne, où bientôt elle fut entourée d'un grand nombre de seigneurs mécontents, qui battirent les troupes royales près de Bergerac. La princesse de Condé fut reçue dans Bordeaux, s'y fit un parti considérable, et lorsque le maréchal de La Meilleraye vint attaquer cette ville, on s'y prépara à la résistance. Les fortifications furent réparées ; « la princesse, avec ses dames, portait elle-même de la terre dans des paniers ornés de rubans ; le soir on servait des rafraîchissements, et le plus souvent on dansait toute la nuit ». La ville fut bien défendue ; et Mazarin, las des hostilités, fit signer la paix. Clémence de Maillé, plus tard, suivit son mari à l'étranger ; mais malgré ces preuves de dévouement pour lui, il la négligea, la reléguant loin de la cour ; et sur des soupçons plus ou moins fondés, la fit enfermer à Châteauroux en 1671. Elle y passa de longues années, et y mourut en 1694.

XXV.

Henri III de Bourbon

PRINCE DE CONDÉ.

SERVICES.

Guerre contre la France	1658	Prise d'Emmerick	1673
Bataille des Dunes	1658	Bataille de Senef. (*Blessé*.)	1674
Campagne en Flandre	1667	Siége d'Huy	1675
Prise de Tournai	1667	Prise de Limbourg	1675
Prise de Douai	1667	Siége de Valenciennes	1675
Prise de Lille	1667	Siége de Cambrai	1677
Conquête de la Franche-Comté	1668	Siége de Gand	1678
Prise de Besançon	1668	Prise de Philipsbourg	1688
Prise de Dôle	1668	Prise de Mons	1691
Conquête de la Hollande	1672	Prise de Namur	1692
Passage du Rhin	1673	Campagne de Flandre	1693

EMBLÈME ET DEVISE : *Un dard entouré d'un laurier* : Certę ferit.

Le fils unique du grand Condé naquit en 1643 ; sa mère, Clémence de Maillé, lui fit jouer, enfant, un rôle dans la Fronde, tandis que son mari était prisonnier de Mazarin, 1650. Les princesses de Condé étaient à Chantilly, lorsqu'y arriva un gentilhomme ordinaire du roi, avec ordre de conduire en Berri la jeune duchesse et son fils. Une des femmes de la princesse se faisant passer pour sa maîtresse, avec un enfant supposé, parvint à abuser pendant huit jours cet envoyé du roi, tandis que le jeune prince et sa mère, voyageant de nuit, s'enfuyaient au delà de la Loire, empruntant, faute de relais, les chevaux des gentilshommes le long du chemin. Après s'être enfermés dans le château de Montrond, en Berri, la princesse poussa jusqu'à Bordeaux, résolue de soulever le Midi (*). Elle partit de la forteresse à minuit, montée en croupe derrière le comte de Coligny, et le petit duc porté entre les bras de son écuyer Vialas. Ils trouvèrent en chemin les ducs de Bouillon et de La Rochefoucault, accourus à leur rencontre à la tête de quelques escadrons. Le duc d'Enghien, qui avait sept ans, passa dans leurs rangs le chapeau au poing et l'épée nue, et débita ce petit compliment à leurs chefs : « Je n'ai, en vérité,

---

(*) L'expédition de la princesse de Condé est racontée dans les Mémoires de Pierre Lenet, un des partisans de sa maison, avec un prodigieux intérêt. « Aucun livre, dit Sismondi, ne fait mieux connaître l'état et les mœurs de la France. » Cette campagne de six mois lui fournit la matière de deux volumes.

plus peur du Mazarin, puisque je me trouve ici avec tant de braves gens, et je n'espère la liberté de mon bon papa que de leur valeur et de la vôtre. » Clémence et son fils s'embarquèrent sur la Dordogne et arrivèrent à Bordeaux, où le peuple enfonça les portes pour les recevoir. La nouvelle Fronde, maîtresse de Bordeaux, mit tout en jeu pour s'y défendre contre l'armée du roi qui s'avançait. On voyait la princesse de Condé, avec son fils et ses dames, porter de la terre aux retranchements dans des paniers ornés de rubans. Après un siége de quatre mois, Clémence de Maillé traita, et sortit de Bordeaux sur sa galère avec ses dames et son fils. Trois ans après, 1653, ils rejoignirent le prince de Condé dans les Pays-Bas. Le duc d'Enghien se trouva à la bataille des Dunes à la tête de son régiment. Il s'annonça brillamment dans cette carrière, qui fut la seule gloire de sa maison. Rentré en grâce comme son père, le duc d'Enghien servit dans l'armée de Flandre, 1667, en Franche-Comté, 1668, et dans la conquête de la Hollande, 1672. Il passa le Rhin avec son père, combattit à ses côtés à Senef, y fut *blessé* comme lui, et lui sauva la vie en aidant le comte d'Ostain à le replacer à cheval. Le duc d'Enghien fit encore les deux campagnes qui suivirent. Dans la guerre de 1688, il se trouva et se distingua, comme tous les princes, aux fameux siéges de Mons et de Namur. Mais les souvenirs que son nom réveille ne sont pas tous d'une nature héroïque.

Voici le portrait de ce prince, tracé par le plus grand artiste en ce genre, le duc de Saint-Simon : « C'étoit un petit homme très-mince et très-maigre, dont le visage, d'assez petite mine, ne laissoit pas d'imposer par le feu et l'audace de ses yeux. Personne n'a eu plus d'esprit, et de toute sorte d'esprit, ni rarement tant de savoir, en presque tous les genres, et pour la plupart à fond. Jamais encore une valeur plus franche et plus naturelle, ni une plus grande envie de faire; et quand il vouloit plaire, jamais tant de discernement, de grâces, de gentillesse, de politesse, de noblesse, tant d'art caché coulant comme de source..... Jamais aussi tant de talents inutiles, tant de génie sans usage, tant et une si continuelle et si vive imagination, uniquement propre à le rendre son bourreau et le fléau des autres..... Fils dénaturé (*), cruel père, mari ter-

---

(*) Il ne fut pas moins impitoyable que son père, pour l'infortunée Clémence de Maillé sa mère, qui avait donné tant de preuves de dévouement à leur maison. Le fils, pour s'approprier aussi ses biens, la laissa mourir dans la prison où le père l'avait enfermée.

rible, maître détestable, pernicieux voisin, il fit le malheur de tous ceux qui eurent avec lui quelques rapports. » Il mourut en 1709.

Femme : ANNE DE BAVIÈRE, fille d'Édouard, prince palatin du Rhin, née en 1648, morte en 1723. *Il eut d'elle* : 1. HENRI, mort enfant en 1670 ; — 2. LOUIS III (qui suit) ; — 3. HENRI, comte de Clermont, mort en 1675 ; — 4. LOUIS-HENRI, comte de La Marche, mort enfant en 1677 ; — 5. MARIE-THÉRÈSE, née en 1666, mariée à François-Louis, prince de Conti, morte en 1732 ; — 6. ANNE, morte enfant ; — 7. ANNE-MARIE, née en 1675, morte sans alliance en 1700 ; — 8. ANNE-LOUISE, femme du duc du Maine, née en 1676, morte en 1753 ; — 9. MARIE-ANNE, née en 1678, mariée à Louis-Joseph, duc de Vendôme, morte en 1718 ; — 10. N... DE BOURBON, morte enfant.

Fille naturelle : JULIE DE BOURBON, fut *légitimée* en 1692. Elle épousa Armand de l'Esparre, marquis de Lassay, et mourut en 1710.

XXVI.

Louis III de Bourbon

DUC DE BOURBON.

SERVICES.

Campagne en Allemagne	1688	Prise de Namur	1692
Prise de Philipsbourg	1688	Bataille de Steinkerque	1692
Prise de Manheim	1688	Bataille de Nerwinden	1693
Prise de Frankendal	1688	Campagne défensive en Flandre	1694
Prise de Mons	1691	Campagne en Flandre	1695
Campagnes de Flandre	1692	Bombardement de Bruxelles	1695

Louis III, né en 1668, se trouva avec son père aux siéges de Philipsbourg, de Mons et de Namur, où il montra de la valeur et de l'intelligence. Il combattit à Steinkerque dans la brigade des gardes appelée alors la troupe dorée, qui culbuta et détruisit presque entièrement un corps anglais victorieux. A Nerwinden, après sept heures de combat sous le ciel le plus ardent, il emporta le village de Nerwinden, à la tête des gardes françaises et suisses. Il avait du coup d'œil et de l'étude, joint à la plus bouillante valeur. Après la mort du prince de Condé, Louis III conserva le titre de duc de Bourbon. Il mourut en 1710, un an à peine après son père. Voici l'étrange portrait que Saint-Simon nous donne du petit fils du grand Condé :

« C'étoit un homme très-considérablement plus petit que les plus petits hommes..... la tête grosse à surprendre, et un visage qui faisoit peur. On disoit qu'un nain de madame la princesse en étoit cause. Il était d'un jaune livide, l'air presque toujours furieux; mais en tout temps si fier, si audacieux, qu'on avoit peine à s'accoutumer à lui. Il avoit de l'esprit, de la lecture, des restes d'une excellente éducation..... Il avoit toute la valeur de ses pères, et avoit montré de l'application et de l'intelligence à la guerre. Il en avoit aussi toute la malignité et toutes les adresses..... Sa férocité étoit extrême et se montroit en tout. C'étoit une meule toujours en l'air, et qui faisoit fuir devant elle... Des plaisanteries cruelles en face, et des chansons qu'il savoit faire sur-le-champ, emportoient la pièce et ne s'effaçoient jamais..... Les embarras domestiques, les élans continuels de la plus furieuse jalousie, un contraste sans relâche d'amour et de rage conjugale..... toutes ces furies le tourmentèrent sans relâche, et le rendirent terrible comme ces animaux qui ne semblent nés que pour dévorer et faire la guerre au genre humain..... Quiconque aura connu ce prince n'en trouvera pas ici le portrait chargé. »

Femme : LOUISE-FRANÇOISE DE BOURBON, *fille légitimée* de Louis XIV, morte en 1743. *Il eut d'elle* : 1. LOUIS-HENRI (qui suit); — 2. CHARLES, comte de Charolais (1); — 3. LOUIS, comte de Clermont (2) (v. p. 378); — 4. MARIE-ANNE, abbesse de Saint-Antoine-lès-Paris, morte en 1760; — 5. LOUISE-ÉLISABETH (mademoiselle de Bourbon), née en 1693, mariée en 1713 à Louis-Armand, prince de Conti, morte en 1775; — 6. LOUISE-ANNE (mademoiselle de Charolais), née en 1695, morte sans alliance en 1758; — 7. MARIE-ANNE (mademoiselle de Clermont), née en 1697, morte en 1741; — 8. HENRIETTE-LOUISE (mademoiselle de Vermandois), abbesse de Beaumont-lès-Tours; — 9. ÉLISABETH (mademoiselle de Sens), née en 1705, morte sans alliance en 1765.

Fille naturelle et légitimée : LOUISE-CHARLOTTE DE BOURBON, mariée à Nicolas de Changy, comte de Roussillon.

(1)   **CHARLES DE BOURBON, COMTE DE CHAROLAIS.**

SERVICES.

Campagne de Hongrie.	1717	Prise de Belgrade.	1717
Bataille de Belgrade.	1717		

Le comte de Charolais, né en 1700, eût pu fournir le pendant à ce portrait sinistre que le duc de Saint-Simon trace de son père. Plus célèbre encore par sa férocité, le fils a laissé une odieuse renommée. On rapporte de lui des traits presque incroyables, tant ils paraissent s'éloigner d'une époque si rapprochée de nous. Il prenait plaisir, dès sa jeunesse, à faire tomber à coups de mousquet les hommes qu'il voyait travailler sur les toits. Il répandait le sang avec volupté, et aimait à le mêler à ses débauches. On cite, au sujet de cet odieux personnage, un mot qui fait honneur à Louis XV. Poursuivi pour quelques crimes, il implorait sa grâce du roi : « La voici, lui répondit Louis XV, mais sachez que je ferai grâce aussi à l'homme qui vous tuera. » Le comte de Charolais « qui avait à se faire pardonner, dit Sismondi, sa conduite odieuse pendant sa jeunesse, montra plus tard de l'ordre et de la fierté. »

Il avait fait, dès l'âge de dix-sept ans, la campagne de Hongrie avec les fils du duc du Maine; il s'élança au milieu des Turcs à la bataille de Belgrade, et y courut un grand danger. Il mourut en 1769.

Filles naturelles et légitimées : 1. MARIE, qui épousa Louis-Nicolas, comte de Puget; — 2. CHARLOTTE, qui mourut sans alliance.

LOUIS DE BOURBON, ABBÉ COMTE DE CLERMONT.

SERVICES.

Campagne en Allemagne	1743		Campagne en Flandre	1746
Bataille de Dettingen	1743		Prise d'Anvers	1746
Campagne en Flandre	1744		Prise de Namur	1746
Prise de Courtrai	1744		Bataille de Raucoux	1746
Prise de Menin	1744		Campagne en Hollande	1747
Prise d'Ypres	1744		Bataille de Lawfelt	1747
Prise du fort de Knoque	1744		Guerre de Sept-Ans	1758
Prise de Furnes	1744		Bataille de Crevelt	1758
Prise de Fribourg	1744			

Louis de Bourbon, né en 1709, abbé de Saint-Germain-des-Prés, fit la guerre, nonobstant cela, à l'aide d'une dispense qu'il obtint de Clément XII, comme arrière-petit-fils du Grand Condé. Il se montra fort brave à Dettingen. Dans la campagne de Flandre, 1744, où Louis XV parut à l'armée, « on vit avec quelque surprise, dit Sismondi, l'abbé de Saint-Germain-des-Prés commander les opérations des sièges. » Il mena vivement celui d'Ypres; les attaques furent pressées et vigoureuses, et la ville se rendit au bout de peu de jours.

Le général abbé, comme on l'appelait, suivit le roi devant Fribourg; il fit encore les campagnes de Flandre, 1746, où il fut chargé du siége de Namur et de Hollande, 1747; il y montra du courage à côté de médiocres talents.

Dans la guerre de Sept-Ans, Clermont remplaça le duc de Richelieu dans le commandement de l'armée d'Allemagne. Ce choix fit dire au grand Frédéric : « J'espère qu'il sera bientôt relevé par l'archevêque de Paris. » On racontait aussi, sans doute dans l'armée prussienne, que le général abbé avait fait au roi le rapport suivant : « J'ai trouvé l'armée de Votre Majesté divisée en trois parties : l'une, au dessus de terre, composée de pillards et de maraudeurs; la seconde sous terre; la troisième dans les hôpitaux. Dois-je, ajoutait-il, ramener la première troupe, ou attendre qu'elle ait rejoint les deux autres (*) ? » Le général abbé ne fut pas heureux dans sa campagne : contraint par le prince Ferdinand de Brunswick d'évacuer le Hanovre, de repasser le Weser et bientôt le Rhin, laissant onze mille prisonniers derrière lui, et Brunswick le poursuivant l'épée dans les reins, Clermont trouva une forte position à Crevelt, et se décida à faire volte-face. Le combat dura trois heures; un bois qui couvrait la plaine, disputé avec acharnement, fut emporté; et les Français, après une perte de sept mille hommes, furent forcés de précipiter leur retraite. Nuys, Dusseldorf, etc., tombèrent aux mains de l'ennemi. L'abbé de Saint-Germain-des-Prés fut rappelé. Il fallait la victoire pour le soustraire au ridicule; on se moqua de sa défaite. Voici un des couplets qu'on fit sur lui :

> Moitié plumet, moitié rabat,
> Aussi peu propre à l'un qu'à l'autre;
> Clermont se bat comme un apôtre,
> Et sert son Dieu comme il se bat.

Le comte de Clermont fit cependant mentir ce dernier reproche : il se retira dans son abbaye, et y devint extrêmement pieux.

Dans ses dernières années, il déploya une ferme et courageuse opposition au coup d'état de Maupeou. Les princes du sang, réunis chez lui, signèrent une protestation contre cet acte illégal et violent. Il mourut peu de mois après, en 1771.

(*) Archenholtz, *Guerre de Sept-Ans,* p. 124.

XXVII.

Louis-Henri de Bourbon

DUC DE BOURBON, PRINCE DE CONDÉ.

SERVICES.

Campagne de Flandre	1710	Prise de Landau	1713
Prise de Douai	1712	Combat près de Fribourg	1713
Campagne en Allemagne	1713	Prise de Fribourg	1713

Louis-Henri, né en 1692, connu comme son père sous le titre de duc de Bourbon, fut le moins militaire de tous les Condés. Il commença à servir dans les dernières années de Louis XIV, et la longue paix qui succéda à tant de guerres lui ouvrit une carrière à laquelle il était peut-être moins propre qu'à celle des camps. Il avait servi, sous Villars, dans la campagne de Flandre, en 1710. Après la victoire de Denain, il rejoignit l'armée et se trouva à la prise de Douai; il accompagna l'heureux Villars l'année suivante, devant Landau et devant Fribourg. Là finit la vie militaire de M. le duc. Il remplit quinze ans après un grand poste, mais avec peu de gloire, et nous y insisterons peu. Déclaré chef du conseil de régence par le duc d'Orléans, il poursuivit avec une ardeur opiniâtre les princes légitimés. (Voy. le duc du Maine et le comte de Toulouse.) Il remplaça le premier dans la surintendance de l'éducation du roi. Avide de richesses, comme la plupart de ses aïeux, M. le duc se jeta dans les spéculations de la banque de Law, et grossit encore par l'agiotage son énorme fortune. Après la mort du régent, M. le duc fut déclaré premier ministre, grâce aux calculs du cardinal Fleury, qui fit occuper ce poste par un prince du sang, tandis qu'il préparait les voies pour y arriver lui-même. Aussi dépourvu de lumières que d'application, haineux, désordonné, avide, il gouverna selon ses caprices, ou au gré d'une maitresse et de quelques intrigants. Le but principal de sa politique fut de fermer les voies du trône à la maison d'Orléans, en mariant au plus tôt Louis XV : il était fiancé à une infante d'Espagne. M. le duc, par un revirement fantasque de sa politique, rompit le projet d'union, renvoya l'infante, et faillit allumer la guerre entre les deux États. Le dénouement de l'intrigue fut le mariage de Louis XV avec Marie Leckzinska. Le duc de Bourbon se croyait bien affermi dans son poste par la reconnaissance et le crédit de la jeune reine, quand un jour Louis XV, partant pour Rambouillet, lui dit avec un sourire plus gracieux que jamais : « Mon cousin, ne me faites pas attendre pour souper. » M. le duc allait se mettre en route, quand le capitaine des gardes lui présenta une lettre du roi conçue ainsi : « Je vous ordonne, sous peine de désobéissance, de vous rendre à Chantilly, et d'y demeurer jusqu'à nouvel ordre. » Le duc de Bourbon y demeura longtemps, et ne vit point arriver la fin de sa disgrâce : il y mourut, en 1740, sans avoir revu la cour (*). »

Femmes : 1. MARIE-ANNE DE BOURBON, fille de François-Louis, prince de Conti, morte en 1720; — 2. CHARLOTTE DE HESSE-RHINFELD. *Il eut de la seconde* : LOUIS-JOSEPH (qui suit).
Fille naturelle et légitimée : HENRIETTE DE BOURBON, mariée au comte de La Guiche, lieutenant général.

XXVIII.
Louis-Joseph de Bourbon
PRINCE DE CONDÉ.

SERVICES.

Guerre de Sept-Ans	1757	Siége de Thionville	1792
Prise de Wesel et de Cologne	1757	Attaque des lignes de Wissembourg	1793
Bataille d'Hastenbeck	1757	Combat de Berstheim	1793
Bataille de Minden	1759	Combat de Biberach	1796
Combat de Friedberg	1762	Combat de Steinstad	1796
Bataille de Johannisberg	1762	Combat de Constance	1799
Guerres de l'émigration	1792		

Louis-Joseph, né en 1736, fut élevé sous la tutelle du comte de Charolais, son oncle, tuteur assez suspect pour un prince né dans un pareil temps. Il eut la jeunesse bouillante des Condés, et ne s'était fait connaître que par des aventures galantes quand la guerre de Sept-Ans éclata. Le

(*) Il faut mentionner ici un acte important de son ministère : c'est à lui qu'appartint l'institution de la milice (17 février 1726). L'armée n'avait été recrutée jusqu'alors que par des enrôlements volontaires, et on n'en obtenait guère en temps de paix que dix-huit ou vingt mille recrues annuellement. En temps de guerre, il fallait recourir à des moyens violents et illégaux. L'institution de la milice appela au service environ quinze mille recrues par an, et comprenait soixante mille hommes, formant cent bataillons qui avaient leur organisation complète, leurs officiers, et faisaient, pendant la paix, un service qui se conciliait avec les travaux de la vie civile. (Voir Sismondi, *Hist. des Franç.*, t. 27, p. 544. — Lemontey, t. 2, p. 251.)

privilége de sa naissance lui valut le titre de lieutenant général. Il servit sous le maréchal d'Estrées, et prit part à la victoire de Hastenbeck. C'était le champ de bataille qu'il fallait aux hommes de cette maison. Le prince de Condé servit après sous le maréchal de Contades. Les défaites de Rosbach et de Crevelt avaient frappé de terreur les troupes françaises l'année précédente. Contades avait en face le prince de Brunswick; il crut surprendre son adversaire, mais lui-même fut pris en défaut et forcé de combattre à l'improviste, sur un terrain étroit et fangeux, dans un ordre bizarre, ayant toute sa cavalerie au centre et son infanterie aux ailes. Les gentilshommes de la maison du roi, le prince de Condé en tête, chargèrent l'infanterie anglaise avec intrépidité; mais rien ne put remédier au vice de leur position. Ils perdirent huit mille hommes à Minden, et pouvaient être anéantis, si le général de la cavalerie anglaise n'eût refusé de charger à temps.

Le dernier acte de la guerre de Sept-Ans, 1762, fut le plus triste pour nos armes : le prince de Condé seul y fut heureux. Les maréchaux d'Estrées et de Soubise avaient été battus à plusieurs reprises par Brunswick. Le prince de Condé, qui commandait une réserve sur le bas Rhin, se vit attaqué à son tour à Johannisberg; le combat fut opiniâtre et pencha d'abord du côté de l'ennemi; mais la forte position des Français, la vigueur de leurs charges et de leur feu, donnèrent la victoire au prince de Condé. Le duc de Brunswick y perdit deux mille cinq cents hommes, et y fut grièvement blessé.

On cite ce mot du prince de Condé : Un officier l'invitant à se reculer de quelques pas, pour éviter le feu d'une batterie : « Je ne trouve pas, répondit-il, toutes ces précautions dans l'histoire du Grand Condé. »

A l'issue de la guerre (*), il se confina dans sa belle résidence de Chantilly. Les Condés avaient toujours admis dans leur commerce les écrivains célèbres de leur temps. Louis-Joseph aimait à recevoir à Chantilly Buffon, d'Alembert, et autres esprits d'une égale hardiesse; il y avait même certains points d'opposition auxquels le prince de Condé ne craignait pas de se rallier. Il présenta au roi une protestation énergique contre les parlements

---

(*) Le prince de Condé eut le commandement d'un corps d'observation formé à Saint-Omer, en 1786, lors du différent qui éclata entre l'empereur Joseph II et la Hollande, à l'occasion de l'ouverture de l'Escaut; mais le gouvernement de Louis XVI arrêta, par sa médiation, les hostilités.

Maupeou; mais ses dispositions changèrent aux approches de la révolution, qui trouva en lui un adversaire implacable. Il fut des premiers à sortir de France, et donna le signal de l'émigration. Après la courte campagne de 1793, où les émigrés assiégèrent Thionville, Louis-Joseph organisa, sur les bords du Rhin, le corps qui prit le nom d'armée de Condé.

Après une affaire d'avant-poste, aux lignes de Wissembourg, 1793, ils livrèrent le combat de Berstheim, où la lutte fut longue et opiniâtre. Le prince de Condé voulait attaquer le village de Berstheim à la tête de son infanterie, mais ses soldats lui barrèrent le passage, en le suppliant de ne point s'exposer de nouveau. Il se porta alors à la tête de sa cavalerie et recommença le combat. Il prit part, en 1796, aux affaires de Biberac et de Steinstad.

Après la paix de Campo-Formio, l'armée de Condé passa à la solde de la Russie, et le prince se rendit à Saint-Pétersbourg. Quand la coalition reprit les armes, Condé marcha sur la Suisse, où les armées étaient aux prises. Il arriva à Constance après la bataille gagnée à Zurich par Masséna. Réuni à quelques détachements russes et autrichiens, le prince prit position en avant de Constance. Après une chaude affaire, il fut forcé de faire retraite, tandis que son petit-fils, le duc d'Enghien, coupait le pont pour arrêter la poursuite des Français.

Les régiments d'émigrés passèrent de nouveau à la solde de l'Angleterre, et furent dirigés sur l'Italie. Ils étaient campés sur les bords de l'Inn, quand la bataille de Hohenlinden, 1801, amena de nouveau la paix entre les puissances du continent. Les débris de l'armée de Condé formèrent un régiment au service de la Grande-Bretagne, et le prince y rejoignit ses parents exilés, frappé au cœur par la mort tragique de son petit-fils, le duc d'Enghien. La France lui fut rouverte en 1814. Il la quitta de nouveau pendant les Cent jours. A son retour, il reprit ses titres d'autrefois, redevint grand maître de la maison du roi et colonel-général de l'infanterie. Il mourut à Chantilly, en 1818. On dit qu'au moment d'expirer, ses yeux se ranimèrent, et qu'il s'écria avec transport : « *Ubi est bellum ?* »

Femmes : 1. CHARLOTTE DE ROHAN-SOUBISE, morte en 1760; — 2. CATHERINE DE BRIGNOLE, princesse douairière de Monaco, morte en 1813. *Il eut de la première* : 1. LOUIS-HENRI-JOSEPH (qui suit); — 2. MARIE, morte en bas âge; — LOUISE-ADELAÏDE, née en 1757, abbesse de Remiremont, et, après la restauration, supérieure des religieuses de l'Adoration, morte en 1824.

XXIX.

Louis-Henri de Bourbon

DUC DE BOURBON.

SERVICES.

Siége de Gibraltar (*Blessé*.)...... 1782	Combat de Berstheim. (*Blessé*.).. 1793
Campagnes de l'émigration....... 1792	Combat de Constance........... 1799
Combat de Wissembourg......... 1793	Soulèvement de la Vendée....... 1815

Henri de Bourbon, né en 1756, épousa fort jeune la princesse Louise d'Orléans. Il mena la vie des princes oisifs de cette époque. Un incident de bal masqué amena une rencontre d'honneur entre lui et le comte d'Artois.

Le duc de Bourbon fit ses premières armes au siége de Gibraltar, et y fut *blessé*. Associé aux sentiments politiques de son père quand la révolution éclata, il servit la même cause, et commanda un corps d'émigrés qu'il avait organisé dans le pays de Liége. Il assista aux principales affaires de l'émigration : à l'attaque des lignes de Wissembourg, où il commandait la 2ᵉ et la 3ᵉ division de cavalerie ; au combat de Berstheim, où il fut *blessé* de nouveau. Deux ans plus tard il débarqua à l'Ile-Dieu, lors de la désastreuse affaire de Quiberon, et se retira après en Angleterre. Une nouvelle coalition ayant ramené sur le Rhin le corps de Condé, le duc de Bourbon prit part au combat de Constance ; mais les revers des alliés entraînèrent la dissolution du corps, et le prince gagna de nouveau l'Angleterre, où il résida jusqu'aux événements de 1814. Il essaya pendant les Cent jours, de soulever la Vendée ; mais il y échoua, et se retira bientôt en Angleterre. Rentré en France, il resta confiné dans ses domaines, où il se livra au plaisir de la chasse, et à quelques relations intimes, où il ne paraît pas qu'il ait rencontré le bonheur. Ce prince institua pour son héritier Henri d'Orléans, duc d'Aumale, dont il était le parrain.

La révolution de 1830 jeta le désordre dans l'esprit de ce malheureux prince, qui mit fin à ses jours, août 1830, dans son château de Saint-Leu.

Louis-Henri de Bourbon fut le dernier survivant des Condés, princes violents et incapables dans la vie politique, uniquement faits pour le champ de bataille. Cette grande race militaire méritait de finir l'épée à la main.

Femme : LOUISE-MARIE-THÉRÈSE D'ORLÉANS, fille de Louis-Philippe, duc d'Orléans, morte en 1822. *Il eut d'elle* : LOUIS-HENRI-JOSEPH, duc d'Enghien, né en 1772, dont on connaît la fin tragique à Vincennes, 1804. Ce prince porta les armes dans l'émigration ; mais sa vie militaire ne commença qu'après 1789, et n'entre pas dans le plan de ce livre.

PRINCES DE CONTI.

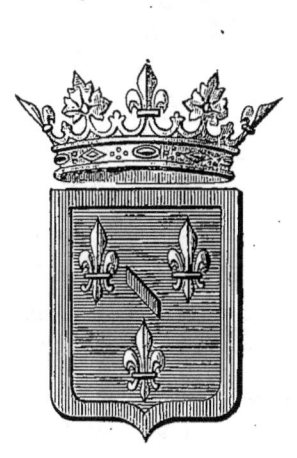

XXIV.

Armand de Bourbon

PRINCE DE CONTI.

SERVICES.

Guerre de la Fronde...	1649		Campagne en Catalogne...	1655
Défense de Paris...	1649		Prise de Cap-de-Quiers...	1655
Campagne en Catalogne...	1654		Prise de Castillon...	1655
Prise de Villefranche...	1654		Prise de Solsonna...	1655
Délivrance de Roses...	1654		Campagne en Italie...	1657
Prise de Puicerda...	1655		Siége d'Alexandrie...	1657

ARMES : De France au bâton de gueules péri en bande, à la bordure de gueules.

Ce prince, né en 1629, était le second fils de Henri II, prince de Condé (*); on le destina à l'Église. Il fut pourvu en conséquence de riches abbayes : Saint-Denis, Clichy, Lerins, etc., et se livra avec succès aux études théologiques. Mais bien que contrefait, il avait une belle figure, l'esprit du monde et le don de plaire. Les exploits de son frère le Grand Condé agirent vivement sur lui; il quitta alors ses riches abbayes pour prendre la carrière des armes. La jalousie, ou d'autres influences, entraînèrent son caractère mobile et le jetèrent dans la Fronde, pendant

(1) On érigea pour lui en principauté la petite ville de Conti, située en Picardie, à quelques lieues d'Amiens, dans une fertile vallée, et qui était entrée dans la maison de Condé, par le mariage d'Élonore de Roye, dame de Conti, avec le premier prince de Condé.

que son frère combattait pour la régente et Mazarin ; mais leur hostilité fut de peu de durée. Condé quitta bientôt la reine et le cardinal, et les deux frères, arrêtés ensemble, furent enfermés à Vincennes et au Hâvre, 1650.

Quand ils furent rendus à la liberté, le prince de Conti, loin de s'associer à la défection de son aîné et de passer sous les drapeaux ennemis, épousa une nièce de Mazarin ; ce qui lui valut le gouvernement de Guienne et le commandement de l'armée de Catalogne. Il prit Villefranche, malgré de grands obstacles, et fit lever aux Espagnols le siége de Roses. Dans une autre campagne, il s'empara de Puycerda et de la Cerdagne, 1655. Le prince de Conti, en 1657, commanda l'armée d'Italie, où il n'eut pas les mêmes succès : il échoua devant Alexandrie. Il y eut des combats très-brillants autour de cette ville, pendant trente-trois jours de tranchée ouverte ; mais les maladies et le manque de vivres décimaient les Français ; l'armée espagnole, postée près de leur camp, interceptait leurs convois. Conti, obligé de lever le siége, réussit néanmoins à sauver les équipages et les canons.

La conversion de la duchesse de Longueville gagna le prince de Conti : c'était sa destinée de subir l'influence de sa sœur en tout genre. Son exemple le remit dans la voie d'où il était en partie sorti pour elle. Retiré dans son gouvernement, il se jeta dans ce qu'on appelait la haute dévotion, entretenant un commerce de lettres mystiques avec cette sœur dont les charmes et les intrigues l'avaient tant fourvoyé jadis. Se rappelant ses premières études en Sorbonne, il composa des livres théologiques et moraux : *Du devoir des grands.* — *Traité de la comédie et des spectacles.* — *Lettres sur la grâce.* Le prince de Conti, qui devint le chef d'une branche cadette de la maison de Condé, mourut en 1666.

Femme : ANNE-MARIE MARTINOZZI, nièce du cardinal Mazarin, née en 1637, morte en 1672. *Il eut d'elle* : 1. LOUIS DE BOURBON, mort en bas âge ; — 2. LOUIS-ARMAND (qui suit) ; — 3. FRANÇOIS-LOUIS (qui suivra).

XXV.

Louis-Armand de Bourbon

PRINCE DE CONTI.

SERVICES.

Campagnes en Flandre	1683	Prise de Luxembourg	1684
Prise de Courtrai	1683	Expédition contre les Turcs	1685
Prise de Dixmude	1683	Bataille de Gran	1685
Siége de Luxembourg	1683	Siége de Neuhausel	1685
Bombardement d'Oudenarde	1684	Prise de Cassovia	1685

Comme son père, dont il avait les défauts, les qualités brillantes et les passions, Louis-Armand mena une vie de désordres, après avoir passé les premières années de sa jeunesse dans la dévotion. Comme tout prince de la maison de Condé, il lui fallut le champ de bataille, pour reconquérir la considération qu'il avait perdue dans la vie civile. Il débuta dans la campagne de Flandre, en 1683, et se trouva après devant Luxembourg. Exilé de la cour pour ses désordres, Conti demanda la permission d'aller faire une campagne en Hongrie. Le roi la refusa, lui faisant dire : « Prenez patience, je vous en ferai assez voir. » Conti ne voulut pas attendre, et il entraîna dans sa fuite son frère, le prince de la Roche-sur-Yon, ainsi que plusieurs jeunes seigneurs, le prince de Turenne, fils du duc de Bouillon, les fils du duc de Créqui et le prince Eugène de Savoie-Carignan, si célèbre depuis. Ils prirent du service dans l'armée impériale, et se comportèrent avec éclat à la bataille de Gran, 1685, gagnée sur les Turcs, puis à la prise de Neuhausel et de Cassovia (*). Il paraît que certaines lettres qu'ils écrivirent de Hongrie ou reçurent de Versailles furent lues du roi. Ils éprouvèrent au retour un accueil sévère, et le prince de Conti fut encore une fois exilé de la cour. Rentré en grâce, il mourut en 1685, âgé de vingt-quatre ans. La beauté et les grâces de sa femme étaient célèbres : La Fontaine et madame de Sévigné en ont heureusement consacré le souvenir.

Femme : ANNE-MARIE DE BOURBON, fille *légitimée* de Louis XIV et de madame de La Vallière, née en 1666, morte en 1739.

(*) On trouve dans quelques historiens cette campagne à la date de 1682; les meilleures autorités la placent en 1685.

XXV.

François-Louis de Bourbon

PRINCE DE CONTI.

SERVICES.

Campagnes en Flandre.........	1683	Prise de Philipsbourg.........	1688
Prise de Courtrai.............	1683	Prise de Manheim............	1688
Prise de Dixmude............	1683	Prise de Frankendal..........	1688
Siége de Luxembourg.........	1683	Campagnes en Flandre........	1690
Bombardement d'Oudenarde....	1684	Bataille de Fleurus...........	1690
Prise de Luxembourg.........	1684	Prise de Mons...............	1691
Expédition contre les Turcs....	1685	Prise de Namur..............	1692
Bataille de Gran..............	1685	Bataille de Steinkerque.......	1692
Siége de Neuhausel...........	1685	Bataille de Nerwinden.........	1693
Prise de Cassovia.............	1685	(*Blessé.*)	
Campagne en Allemagne.......	1688	Campagne défensive en Flandre.	1694

D'abord prince de la Roche-sur-Yon, né en 1664, François-Louis hérita du titre de Conti à la mort de son frère, et fut le héros de sa maison. Il fit les campagnes de Flandre, 1683, et de Hongrie, 1685. Il y laissa la plus brillante renommée; mais il trouva aussi la disgrâce au retour. Louis XIV eut de la peine à oublier ces lettres écrites des bords du Danube, où il avait lu de lui ce portrait : « C'est un roi de théâtre quand il faut représenter, un roi d'échecs quand il faut se battre. » Le prince fut exilé à Chantilly. Il y vécut près du grand Condé, son oncle, qui retrouvait en lui sa passion pour la guerre, pour la gloire, avec tous les dons de l'esprit; il l'aima jusqu'à le préférer, dit-on, à son propre fils. Condé demanda sa grâce à plusieurs reprises, et l'obtint enfin à son lit de mort.

Le prince de Conti eut permission de paraître devant Mons et Namur, où tout Versailles se pressait dans les tranchées; puis il obtint de servir sous le maréchal de Luxembourg. Il combattit à Fleurus, 1690, où le prince de Waldeck, pris en flanc par une manœuvre hardie, perdit huit mille hommes. A Steinkerque, où Guillaume III commandait les alliés, le prince de Conti chargea, à la tête de la brigade des gardes, avec les ducs de Chartres et de Bourbon; à Nerwinden, où Luxembourg eut encore Guillaume III pour adversaire, le prince de Conti, à la tête de la cavalerie, emporta le village de Landen, tandis que le duc de Bourbon prenait Nerwinden et que le duc de Chartres culbutait les escadrons de Guillaume. Ce fut une sanglante bataille, qui se prolongea tout le jour, sous un ciel ardent. Luxembourg laissa dix mille hommes sur le champ de bataille, et Guillaume plus de dix-sept mille. Le duc de Berwick y fut fait prisonnier, et le prince de Conti y reçut un coup de sabre sur la tête en précipitant la cavalerie dans la rivière de Gette, après cinq attaques meurtrières. « Tous les princes du sang, dit un historien peu enclin à louer les princes, avaient donné des preuves brillantes de leur valeur. »

La belle renommée du prince de Conti le fit élire roi de Pologne, 1697. Il s'embarqua pour aller prendre possession de cette couronne, et vint aborder à Dantzig, où il avait été conduit par Jean Bart; mais il trouva un rival, le duc de Saxe, qui, plus à portée d'agir, l'avait supplanté en son absence. Conti, trop éloigné de la France pour espérer une intervention prompte et décisive, prit le parti de renoncer à ses prétentions. Il quitta la Pologne sans trop de regrets, et reparut à Versailles au milieu de ce monde élégant dont il était le favori.

Le prince de Conti déploya tout ce qu'il possédait d'agréments et de secrets de plaire pour faire oublier au roi les indiscrétions qui avaient causé sa disgrâce; mais il ne jouit jamais d'une entière faveur. Il était trop populaire, trop brillant, pour ne pas éveiller la jalousie d'un prince qui voulait être le but de tous les hommages. Il obtint cependant le commandement de l'armée de Flandre, en 1709. Les désastres des précédentes campagnes avaient nécessité ce choix, qui rendit la confiance et l'espoir aux armées; mais ce prince, à qui la fortune avait tant promis et si peu tenu, fut enlevé à la gloire qui paraissait l'attendre. Il fut pris d'une maladie de langueur, au moment d'entrer en campagne, et mourut à quarante-cinq ans, 1709. Les regrets furent universels, et sa mort parut un malheur public.

Les témoignages sont unanimes, le prince de Conti était digne de tous ces regrets. Voici de quels traits il est peint dans les Mémoires du duc de Saint-Simon : « Sa figure avait été charmante : jusqu'aux défauts de son corps et de son esprit avaient des grâces infinies... Il fut les constantes délices du monde, de la cour et des armées, la divinité du peuple, l'idole des soldats, le héros des officiers, l'espérance de ce qu'il y avait de plus distingué. C'était un très-bel esprit, lumineux, juste, exact, vaste, étendu, d'une lecture infinie, qui n'oubliait rien, qui possédait les histoires générales et particulières, qui connaissait les généalogies avec leurs chimères et leurs réalités, qui savait où il avait appris chaque chose et chaque fait, qui en discernait les sources, et qui retenait et jugeait de même ce que la conversation lui avait appris, sans confusion, sans mélange, sans méprise, avec une singulière netteté..... M. le Prince, le héros, ne se cachait pas d'une prédilection pour lui au-dessus de ses enfants; il fut la consolation de ses dernières années. Il l'instruisit dans son exil et sa retraite auprès de lui; il écrivit sous lui beaucoup de choses curieuses..... Le prince de Conti fut le cœur et le confident de M. de Luxembourg dans ses dernières années..... Il avait l'esprit solide, infiniment sensé; il en donnait à tout le monde. Il se mettait merveilleusement à la portée et au niveau de tous, et parlait le langage de chacun avec une facilité non pareille. Tout en lui prenait un air aisé... Le monde le plus important, le plus choisi, le courait. Jusque dans les salons de Marly il était environné du plus exquis. Il y tenait des conversations charmantes sur tout ce qui se présentait indifféremment... Ce n'est point une figure, c'est une vérité cent fois éprouvée, qu'on y oubliait l'heure des repas. »

Femme : MARIE-THÉRÈSE DE BOURBON, fille de Henri-Jules, prince de Condé, morte en 1732. *Il eut d'elle :* 1. N... DE BOURBON, né et mort en 1693 ; — 2. N.... DE BOURBON, né en 1694, mort en 1698; — 3. LOUIS-ARMAND (qui suit) ; — 4. LOUIS-FRANÇOIS, né en 1703, mort en 1704 ; — 5. MARIE-ANNE, née en 1689, mariée à Louis-Henri, duc de Bourbon, morte en 1720 ; — 6. LOUISE-ADÉLAÏDE, née en 1696, morte sans alliance en 1750 ; — 7. N... DE BOURBON, née en 1697, morte en 1699.

XXVI.

Louis=Armand de Bourbon

PRINCE DE CONTI.

SERVICES.

Campagne en Allemagne.........	1713	Campagne en Espagne........... 1719
Prise de Landau................	1713	Prise de Fontarabie............ 1719
Combat de Fribourg............	1713	Prise de Saint-Sébastien........ 1719
Prise de Fribourg.............	1713	Prise d'Urgel.................. 1719

Louis-Armand, né en 1695, servit sous Villars, à l'armée du Rhin. Il assista aux siéges de Landau et de Fribourg. Après la mort de Louis XIV, il fit partie du conseil de régence, et fut nommé, en 1717, gouverneur du Poitou.

Pendant la rupture avec l'Espagne, en 1719, le prince de Conti fut envoyé en Catalogne avec Berwick. La campagne fut courte et se borna à quelques prises de villes.

Si le prince de Conti n'hérita pas des brillantes qualités de son père, il rappela du moins ses singularités, surtout ses distractions. Il lui arrivait si souvent de se laisser tomber, dit la Princesse Palatine dans ses Mémoires, que l'on disait, chaque fois qu'on entendait tomber quelque chose : « Ce n'est rien, c'est le prince de Conti qui tombe. » Cet homme si distrait mourut à trente-deux ans, en 1727. On ne dit pas que sa mort ait été la conséquence de l'une de ses chutes.

Femme : LOUISE-ÉLISABETH DE BOURBON-CONDÉ, morte en 1775. *Il eut d'elle* : 1. N... DE BOURBON, né en 1715, mort en 1717 ; — 2. LOUIS-FRANÇOIS (qui suit) ; — 3. LOUIS-ARMAND, duc de Mercœur, né en 1720, mort en 1722 ; — 4. N... DE BOURBON, comte d'Alais, né en 1722, mort en 1730 ; — 5. LOUISE-HENRIETTE, femme de Louis-Philippe, duc d'Orléans, née en 1726, morte en 1759.

XXVII.

Louis-François de Bourbon

PRINCE DE CONTI.

SERVICES.

Campagne de	1733	Combat des Barricades.	1744
Campagne en Allemagne.........	1741	Prise de Demonte.	1744
Prise de Lintz	1741	Siége de Coni.	1744
Campagne de Savoie............	1744	Bataille de Coni.	1744
Prise du château de Nice........	1744	(*Deux chevaux tués sous lui.*)	
Combat de Villafranca	1744	Camp. d'observation sur le Rhin..	1745
Prise du fort de Montauban......	1744	Prise de Mons	1746
Combat près de Château-Dauphin.	1744	Prise de Saint-Guillain.	1746
Prise du Château-Dauphin.......	1744	Prise de Charleroi.	1746

Louis-François, né en 1717, connu d'abord par la violence de ses mœurs, fut arraché par la guerre aux désordres de l'oisiveté. Il débuta dans la campagne de 1733 ; fut nommé lieutenant général en 1736, et servit sous le maréchal de Belle-Isle, en Bavière, 1741, au début de la guerre de la Succession.

L'intelligence et le goût de la guerre qu'il avait montrés en Allemagne, le firent choisir pour commander l'armée de Provence. Il fut chargé, avec l'infant don Philippe (Voy. p. 137), de forcer les Alpes et de pénétrer en Italie. Ils passèrent le Var, 1744, avec vingt mille Français et vingt mille Espagnols, et se dirigèrent vers Nice. D'effroyables orages leur noyèrent beaucoup d'hommes et de chevaux; une partie de leurs convois et de leurs canons fut entraînée par les torrents; leur armée se trouva séparée devant l'ennemi. Le roi de Sardaigne, allié de l'Autriche, avait mis sur pied tout son peuple de montagnards. Les princes, maîtres du comté de Nice, attaquèrent les retranchements piémontais à Villefranche, au milieu de rochers abruptes et qui semblaient inabordables. « On n'y pouvait marcher, dit Voltaire (*Siècle de Louis XV*), que par des gorges étroites et des abymes sur lesquels plongeait l'artillerie ennemie, et il fallait, sous ce feu, gravir de rocher en rocher. On trouvait jusque dans les Alpes des Anglais à combattre : l'amiral Mathews avait débarqué à Villefranche; ses canonniers servaient l'artillerie. » Ces remparts, qui avaient deux cents toises de haut, furent pris d'assaut par les alliés. Conti, arrêté devant de nouveaux obstacles, menaçant plusieurs points à la fois, se jeta dans la vallée de la Sture; mais le fort de Château-Dauphin gardait ce passage. Le prince était sans canons; il fallait tout prendre à l'escalade. Ses soldats firent des prodiges. Un roc à pic couvert de deux mille Piémontais, des retranchements hérissés d'artillerie furent escaladés : ses grenadiers passaient par les embrasures mêmes des canons, au moment où les pièces reculaient après avoir tiré. Le roi de Sardaigne, désespéré, voulait s'élancer au milieu des vainqueurs. On dit que les montagnards, qui regardaient ces rochers comme inaccessibles, disaient : « Il n'y a que des diables ou des Français qui soient montés là. » L'aide de camp du prince de Conti fut tué dans un de ces terribles assauts. Les Espagnols, engagés dans une autre gorge, n'ayant pu prendre part à ce combat, le comte de Campo-Santo écrivait à l'un de ses collègues : « Il se présentera peut-être quelques occasions où nous ferons aussi bien que les Français; car il n'est pas possible de faire mieux. »

Mais il restait d'autres défilés non moins rudes à franchir, surtout celui qu'on appelait les Barricades : « C'était un passage de trois toises entre deux montagnes qui s'élèvent jusqu'aux nues. Le roi de Sardaigne avait fait couler dans ce précipice la rivière de Sture qui baigne cette vallée. Trois retranchements et un chemin couvert par delà la rivière défendaient ce poste. » Le passage fut tourné par une manœuvre habile, et l'ennemi pris entre deux feux. Mais le fort de Demonte se dressait encore sur un roc isolé devant l'armée des deux princes. Toutes les populations des montagnes fondirent avec fureur sur leur camp; les femmes mêmes y vinrent brûler le quartier de la cavalerie. La forteresse fut bombardée, incendiée par les boulets rouges, et la garnison, redoutant l'explosion de son magasin à poudre, se précipita hors des portes et se rendit. Restait le fort de Coni, dernier obstacle à vaincre pour déboucher en Lombardie. A peine la tranchée était ouverte devant cette place, que Charles-Emmanuel approcha pour y jeter des renforts. Il avait fait des levées en masse dans ses montagnes, et comptait plus de vingt-cinq mille hommes aguerris. Supérieur en force aux alliés, il les attaqua d'abord le 30 septembre, et le fort du combat porta sur le quartier des Espagnols, où l'infant don Philippe se trouvait. Repoussé avec une grosse perte dans cette chaude journée, Charles-Emmanuel revint à la charge huit jours après. Il y perdit huit mille hommes et le champ de bataille.

Les historiens de l'Italie disent pourtant qu'il réussit à jeter dans la forteresse un millier de soldats, avec un convoi de vivres et de l'argent. « Sa disposition, dit Voltaire, passa pour une des plus savantes qu'on eût jamais vues, et cependant il fut vaincu..... Le prince de Conti, qui était général et soldat, eut sa cuirasse percée de deux coups et il eut *deux chevaux tués* sous lui..... Mais la rigueur de la saison, la fonte des neiges, le débordement de la Sture et des torrents, furent plus utiles au roi de Sardaigne que la victoire de Coni ne le fut à l'infant et au prince de Conti. Ils furent obligés de lever le siége et de repasser les monts avec une armée affaiblie. »

Le prince de Conti était appliqué, studieux, brûlant du désir de justifier, par un mérite réel, le commandement prématuré qu'il devait à la naissance. Pendant l'hiver qui précéda la guerre de Savoie, il s'y était préparé par de constantes études, et savait par cœur les campagnes de Vendôme et de Catinat. Il alla prendre, en 1745, le commandement de l'armée d'Allemagne; hors d'état de beaucoup entreprendre, il y tint les Autrichiens en échec. En 1746, il eut en Flandre des avantages plus marqués, et s'empara de Mons et de Charleroi.

Ainsi que son aïeul, il avait acquis trop de popularité dans l'armée pour rester en faveur à la cour : madame de Pompadour le fit écarter. Il se prononça avec décision pour le parlement contre la cour, ce qui le faisait appeler par Louis XV « mon cousin l'avocat. » Le prince de Conti, à qui on avait reproché de violents écarts dans la fougue de sa jeunesse, acquit un caractère ferme et probe, des connaissances et des talents. Il mourut en 1776.

Femme : LOUISE-DIANE D'ORLÉANS, fille du Régent, morte en 1736. *Il eut d'elle :* LOUIS-FRANÇOIS-JOSEPH (qui suit).

XXVIII
Louis de Bourbon
COMTE DE LA MARCHE, PRINCE DE CONTI.

SERVICES.

Guerre de Sept Ans 1757		Bataille d'Hastenbeck 1757
Prise de Wesel 1757		Campagne en Hanovre 1758
Prise de Cologne 1757		Bataille de Crevelt 1758

Ce prince, fils unique du précédent, né en 1734, servit au début de la guerre de Sept Ans, sous le maréchal d'Estrées, et se conduisit bien à la bataille d'Hastenbeck (1757) ; on le trouve encore dans l'armée du comte de Clermont et à la bataille de Crevelt. Ce furent les seuls faits militaires du dernier prince de Conti.

Opposé de conduite à son père, il resta asservi à la cour, et fut le seul prince du sang qui consentit à se rendre au lit de justice où furent enregistrés les édits de Maupeou. Hostile à toute réforme, il signa la protestation des princes, et sortit de France l'un des premiers. Esprit mobile et inconséquent, il y rentra en 1790, prêta le serment civique, et se tint dans ses terres jusqu'à son arrestation, en 1793. Il fut détenu à Marseille avec les jeunes princes d'Orléans. Mis en liberté en 1795, il vécut dans sa terre de Lalande jusqu'au 18 fructidor. Le Directoire le fit conduire alors aux frontières d'Espagne. Il se réfugia à Barcelone, où il mourut en 1814. Avec lui s'éteignit la maison de Conti.

Femme : FORTUNÉE-MARIE D'EST, fille du duc de Modène, née en 1734, morte en 1803.
Fils naturels : 1. FRANÇOIS-CLAUDE, *chevalier de Bourbon-Conti,* né en 1771 ; — 2. FRANÇOIS-FÉLIX, *chevalier de Bourbon-Conti,* né en 1772.

COMTES DE SOISSONS.

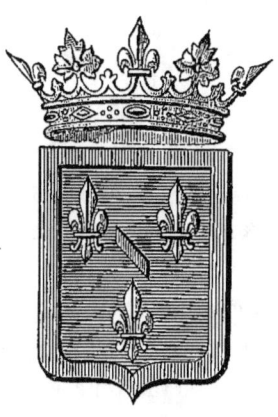

XXII.

𝕮𝖍𝖆𝖗𝖑𝖊𝖘 𝖉𝖊 𝕭𝖔𝖚𝖗𝖇𝖔𝖓

COMTE DE SOISSONS ET DE DREUX.

SERVICES.

Bataille de Coutras............	1587	Prise de Chartres....	1591
Combat contre les ligueurs......	1589	Prise de Noyon................	1591
Combat de Tours...............	1589	Prise de Rouen................	1592
Combat de Château-Giron........	1589	Prise de Laon..................	1594
(*Prisonnier*.)		Campagne en Bourgogne........	1595
Prise d'assaut des faub. de Paris..	1589	Combat de Fontaine-Française...	1595
Siége de Paris..................	1590	Expédition de Savoie...........	1600
Prise de Saint-Denis............	1590	Combat contre le duc de Savoie..	1600

ARMES : De France, au baton de gueules péri en bande, à la bordure de gueules.

Charles de Bourbon, comte de Soissons, né en 1566, était le dernier fils de Louis Ier, prince de Condé. Il était enfant quand son père fut tué à Jarnac. Quoique catholique, le comte de Soissons suivit le parti des princes protestants. Quand il apprit que Joyeuse marchait contre le roi de Navarre, il quitta la cour et joignit son cousin à la tête de trois cents gentilshommes et de mille arquebusiers à cheval. Ce renfort décida peut-être la victoire de Coutras, où Soissons combattit bien à la gauche du

Béarnais. Mais ils ne furent pas longtemps d'accord. Soissons voulait épouser la sœur de Henri IV, Catherine de Navarre, et le frère se refusait à cette union. Charles de Bourbon fut cependant un de ceux qui conseillèrent à Henri III de se rapprocher du roi de Navarre.

Le comte de Soissons leur rendit d'actifs services : il défit les ligueurs dans le Perche, et quand Mayenne fit attaquer, par son frère, les faubourgs de Tours, il y soutint l'effort des troupes de la ligue. Mais il fut fait *prisonnier*, à Château-Giron, par le duc de Mercœur (1589). Ayant réussi à s'échapper, il rejoignit Henri IV après la bataille d'Arques. Ils prirent d'assaut les faubourgs de Paris. L'année suivante, le comte de Soissons commandait la cavalerie aux sièges de Paris et de Saint-Denis. Mais ce prince, ardent, ambitieux, gardait rancune au roi de ce qu'il lui refusait Catherine de Navarre (*); aussi se mêlait-il à toutes les intrigues ourdies autour du Béarnais, tout en le servant encore de son épée.

Le comte de Soissons fit avec le roi la campagne de Bourgogne (**), en 1595, et celle de Savoie, en 1600. A la mort de Henri, Soissons intrigua contre la régente pour se faire nommer lieutenant général du royaume ; mais avant tout il voulait de gros revenus. On lui donna le gouvernement de Normandie et de l'argent. Bientôt il renoua ses intrigues, qui continuèrent jusqu'à sa mort, en 1612.

Femme : ANNE, fille puînée et héritière de Louis, comte de Montafié, et de Jeanne de Coëme (sa mère avait épousé en secondes noces le prince de Conti, frère de Charles, comte de Soissons), morte en 1644. *Il eut d'elle :* 1. LOUIS (qui suit) ; — 2 LOUISE, mariée à Henri II, duc de Longueville, née en 1603, morte en 1637 ; — 3. MARIE, née en 1606, qui épousa Thomas de Savoie, prince de Carignan, et mourut en 1692. (Leur fils Eugène-Maurice épousa Olympe Mancini, prit le titre de comte de Soissons, et fut père du célèbre prince Eugène.) — 4. CHARLOTTE-ANNE, morte jeune ; — 5. ÉLISABETH, morte enfant.

Filles naturelles : 1. CHARLOTTE, *abbesse de Maubuisson*, *morte en* 1626 ; — 2. CATHERINE, *abbesse de la Perrigne*, *au Mans*, *morte en* 1651.

(*) Henri IV voulait rompre à tout prix le mariage de sa sœur avec le comte de Soissons. « Et avoit le roi une telle passion à cette affaire, dit Sully, pour ce que quelques malins lui avoient mis en tête que ce mariage mettroit sa vie en danger, s'il en venoit des enfans, que vous ne l'aviez jamais vu parler d'affaire avec telle violence ni en solliciter l'entremise et conclusion avec telle instance et obstination... » Sully raconte lui-même qu'il parvint à brouiller les deux amants, et à leur faire rendre leurs mutuelles promesses de mariage, en 1594 ; mais ils s'aperçurent qu'ils avaient été trahis, et lui en conservèrent une violente inimitié. (Sully, *Écon. royales*, t. II, pages 159 et suiv.)

(**) Le roi, avant de partir pour la Bourgogne, voulait nommer un chef du conseil à Paris. « Le comte de Soissons, dit Sully, désiroit en être nommé chef, à cause de sa qualité et capacité ; mais il y avoit tant d'antipathie entre ces deux esprits et naturels, qu'ils ne demeuroient quasi deux mois sans brouillerie. Tellement que le roi, afin qu'il ne l'en pressât pas davantage, un jour à son dîner, auquel MM. les princes de Conti et de Soissons étoient tous deux, appela le premier et lui dit tout haut, car autrement ne l'eut-il pas entendu (il étoit sourd et presque muet)... qu'il l'avoit choisi pour représenter sa personne à Paris... et en même temps, dit à M. le comte

XXIII.

Louis de Bourbon

COMTE DE SOISSONS.

SERVICES.

Guerre contre les protestants	1621		Campagne en Lorraine	1635
Prise du château de Sully	1621		Prise de Saint-Mihiel	1635
Combat de Rié en Poitou	1622		Campagne en Picardie	1636
Prise de Royan	1622		Prise de Corbie	1636
Siége de La Rochelle	1622		Prise de Roye	1636
Prise de La Rochelle	1628		Combat d'Ivoy	1636
Expédition d'Italie	1629		Guerre contre la France	1641
Combat du Pas-de-Suze	1629		Combat de la Marfée. (*Il y fut tué.*)	1641

Louis, né en 1604, eut, à la mort de son père, le gouvernement du Dauphiné. Fort jeune, on le trouve mêlé aux intrigues de cour et à une prise d'armes contre le roi, 1620. La paix fut bientôt faite, et Soissons suivit Louis XIII contre les huguenots. Il était fort brave, et se signala beaucoup au combat du canal de Rié, en Poitou. Après la prise Royan, on l'envoya bloquer La Rochelle, 1622; il y fit bâtir le fort Louis, à mille pas de la porte de la ville, pour en intercepter l'entrée. Le comte de Soissons, comme tous les princes, ne pouvait tolérer le joug de Richelieu. Il complota contre lui; mais, effrayé de l'arrestation de Vendôme, il s'enfuit en Savoie, 1626; puis revint faire sa paix avec le cardinal au camp de La Rochelle, où il prit part à cette grande opération. Il suivit après le roi en Italie, puis en Lorraine, où ils s'emparèrent de Saint-Mihiel.

Le comte de Soissons eut le commandement de l'armée destinée à repousser l'invasion des Espagnols, en 1636. Il essaya de défendre le passage de la Somme, qui fut forcé; et bientôt la Picardie fut au pouvoir de l'ennemi. Le duc d'Orléans ayant été adjoint au commandement, les deux princes reprirent Roye et pressèrent Corbie. C'est là qu'ils avaient comploté de se défaire de Richelieu; mais on sait que Gaston faiblit au moment de donner le signal. Un nouveau coup monté contre le cardinal ayant échoué de même, Soissons s'enfuit à Sedan, qui était au duc de Bouillon; il y resta quatre ans. Tout ce qu'il y avait de mécontents le

qu'il le vouloit mener avec lui en son voyage, s'assurant qu'il aimeroit bien mieux cela, pour ce qu'il y auroit des coups à donner et de l'honneur à acquérir... A quoi il fut répondu avec fort peu de paroles, se contentant tous deux de faire des révérences, l'un pour ce qu'il ne pouvoit parler, et l'autre pour ce que ce n'étoit point ce qu'il désiroit. »

sollicitait de prendre les armes : l'abbé de Retz se rendit à Sedan pour le décider. « Il avoit, dit ce dernier, toute la hardiesse du cœur, que l'on appelle communément vaillance, et il n'avoit pas même, dans le degré le plus commun, la hardiesse de l'esprit, qui est ce que l'on nomme résolution. » Néanmoins, de Retz réussit à l'entraîner. Les ducs de Bouillon et de Guise se joignirent au comte de Soissons. Le duc de Lorraine entra dans leur ligue; l'Empereur leur promit sept mille hommes, et le roi d'Espagne autant. Les princes voulaient marcher par la Champagne sur Paris, où devait éclater à leur approche un vaste complot. Ils avaient en tout sept mille hommes de pied, deux mille cinq cents chevaux et cinq cents dragons, qui combattaient à cheval ou à pied. Le maréchal de Châtillon, envoyé contre eux par Richelieu, avait une force à peu près pareille. La rencontre eut lieu à La Marfée, 1641, au bord de la Meuse, au-dessus de Sedan, dans une plaine resserrée entre un petit bois et la rivière. Les officiers de Châtillon penchaient presque tous vers le parti des princes. Aux premières décharges ils lâchèrent pied, la cavalerie se rejeta sur l'infanterie, la culbuta, et tout s'enfuit. Le maréchal se trouva tout à coup presque seul sur le champ de bataille, avec quelques officiers. Quatre mille prisonniers, tous les canons, les bagages, la caisse, les étendards, tombèrent au pouvoir des princes révoltés, et ne coûtèrent pas une heure de combat. Mais cette facile victoire coûta la vie au comte de Soissons : une balle l'atteignit au front. On ignore de qui il reçut le coup. Quelques-uns prétendirent qu'il avait pu se tuer lui-même par accident, ayant l'habitude de relever sa visière avec le bout de son pistolet. Il est toutefois aussi probable qu'une balle ennemie atteignit le comte de Soissons (*).

<small>Fils naturel : Louis-Henri de Bourbon-Soissons, né en 1640, fut légitimé en 1643, prit les titres de comte de Dunois et prince de Neufchâtel, et mourut en 1703. Il avait épousé, en 1694, Angélique de Montmorency, fille de François, duc et maréchal de Luxembourg, dont il eut Louise-Jacqueline, femme de Charles-Philippe, duc de Luynes, née en 1696, morte en 1721. — 2. Marie-Anne, née en 1701, morte en 1711.</small>

<small>(*) Comme ce prince mourut sans alliance et sans postérité, le comté de Soissons passa, après lui, dans la maison de Savoie-Carignan, par sa sœur, Marie de Bourbon, qui épousa le prince Thomas de Savoie, général renommé; leur second fils, Eugène Maurice, prit le titre de comte de Soissons, servit avec distinction dans les armées françaises, et y fut élevé au grade de lieutenant général. Il fut le père du fameux prince Eugène qui fit trop bien repentir Louis XIV d'avoir dédaigné ses services.</small>

DUCS DE MONTPENSIER.

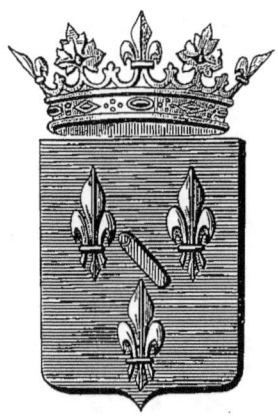

XIX.

Louis Iᴇʀ de Bourbon

PRINCE DE LA ROCHE-SUR-YON

SERVICES.

Conquête de Naples	1495	Expédition d'Italie	1507
Prise de Fivizzano	1495	Combat du Belvédère	1507
Prise de Sarzane	1495	Prise de Gênes	1507
Prise de Monte-Fortino	1495	Campagne d'Italie	1509
Prise de Monte-San-Giovanni	1495	Prise de Rivolta	1509
Prise du Château-Neuf	1495	Bataille d'Aignadel	1509
Prise du Château de l'OEuf	1495	Conquête du Milanais	1515
Bataille de Fornoue	1495	Bataille de Marignan	1515

Armes : De Bourbon, le bâton de gueules péri en bande, chargé d'un croissant d'argent en chef.

Ce prince, second fils de Jean II de Bourbon, comte de Vendôme, fit l'expédition de Naples avec Charles VIII; on l'appelait alors Louis, monsieur de Vendôme, ce qui l'a fait confondre par quelques historiens avec son frère aîné le comte de Vendôme.

Louis prit le titre de prince de la Roche-sur-Yon à la mort de sa mère. Il fit les deux campagnes d'Italie sous Louis XII. Le biographe des Bourbons, Desormeaux, le nomme dans ces deux expéditions; il dit encore que le prince de la Roche-sur-Yon, sage et réfléchi, contribua beaucoup à la victoire de Marignan (*). Il mourut en 1520.

Femme : LOUISE DE BOURBON, comtesse de Montpensier, sœur du fameux connétable, morte en 1561. *Il eut d'elle* :
1. LOUIS II (qui suit) ; — 2. CHARLES (1) ; — 3. SUZANNE, seconde femme de Claude Ier, sire de Rieux et de Rochefort, morte en 1570.

---

(1)   CHARLES DE BOURBON, PRINCE DE LA ROCHE-SUR-YON.

SERVICES.

Guerre contre Charles-Quint	1536	Conquête du Luxembourg	1552
Campagne défensive en Provence	1536	Prise d'Yvoi	1552
Campagne en Artois	1537	Prise de Damvilliers	1552
Prise de Hesdin	1537	Prise de Montmédy	1552
Prise de Lilliers	1537	Défense de Metz	1552
Campagne en Roussillon	1542	Campagne en Artois	1554
Siége de Perpignan	1542	Siége de Renty	1554
Campagne défensive sur la Marne	1544	Combat de Renty	1554
Combat près de Châlons. (Prisonnier.)	1544	Prise de Calais	1558
Siége de Boulogne	1545	Guerres de religion	1562
Siége de Boulogne	1549	Prise de Rouen	1562

Charles de Bourbon, né vers 1515, servit avec son frère, Louis II de Montpensier, dans les longues guerres contre Charles-Quint ; il était comme lui capitaine de cinquante hommes d'armes. Charles-Quint venait de prendre Saint-Dizier, 1544, et s'avançait sur Paris ; son armée passa devant Châlons d'où plusieurs gentilshommes sortirent pour escarmoucher ; la plupart fut tués ou pris ; et parmi ces derniers, le prince de la Roche-sur-Yon.

Redevenu libre, il fut du nombre des princes et des seigneurs qui se jetèrent dans Metz assiégée par Charles-Quint. Chargé de la défense du pont sur la Moselle, un des points les plus exposés au feu de l'ennemi, il le défendit avec vigueur. Le prince de la Roche-sur-Yon fut envoyé en Artois, en 1554, avec une des divisions de l'armée royale composée de vingt mille hommes d'infanterie, trois cents hommes d'armes et cinq cents chevau-légers ; il rejoignit le roi Henri II au siége de Renti, où se livra un combat fort vif contre l'Empereur. (Voy. *Antoine de Bourbon*, page 346.)

Dans les guerres de religion, le prince de la Roche-sur-Yon suivit le parti catholique et prit part aux siéges de Bourges et de Rouen ; mais il fut modéré envers les protestants. Il mourut en 1565.

Femme : PHILIPPE DE MONTESPEDON, fille unique et héritière de Joachim, marquis de Beaupréau, morte en 1578. *Il eut d'elle* : 1. HENRI, marquis de Beaupréau, mort en 1560, âgé de 14 à 15 ans ; — 2. JEANNE, morte enfant.

Fils naturel : JACQUES DE LA ROCHE-SUR-YON, *évêque-duc de Langres*.

(*) Six princes de la maison de Bourbon combattirent à Marignan : deux y furent tués, le duc de Châtellerault et Bertrand de Carency ; les quatre autres étaient : le connétable de Bourbon, le duc de Vendôme, le comte de Saint-Pol, et le prince de la Roche-sur-Yon.

Louis II de Bourbon, dit le Bon

DUC DE MONTPENSIER.

SERVICES.

Guerre contre Charles-Quint	1536		Guerres de religion	1562
Campagne défensive en Provence	1536		Prise de Blois	1562
Campagne en Artois	1537		Prise de Tours	1562
Prise de Hesdin	1537		Prise de Saumur	1562
Prise de Lillers	1537		Prise du Pont-de-Cé	1562
Prise de Saint-Venant	1537		Prise de Craon	1562
Campagne en Piémont	1537		Prise de Saint-Maixant	1562
Combat du Pas-de-Suse	1537		Siége de La Rochelle	1562
Campagne en Roussillon	1542		Bataille de Saint-Denis	1567
Siége de Perpignan	1542		Prise de Rochefort-sur-Loire	1568
Défense de la Champagne	1544		Prise de Mirebeau	1568
Siége de Boulogne	1545		Bataille de Jarnac	1569
Siége de Boulogne	1549		Siége de Cognac	1567
Conquête du Luxembourg	1552		Siége d'Angoulême	1569
Prise d'Yvoi	1552		Prise de Mucidan	1569
Prise de Damvilliers	1552		Combat de la Roche-Abeille	1569
Prise de Montmédy	1552		Siége de Châtellerault	1569
Combat près de Valenciennes	1553		Combat de Saint-Clair	1569
Campagne sur la Meuse	1554		Bataille de Moncontour	1569
Prise de Bovines	1554		Prise de Saint-Jean-d'Angély	1569
Prise de Dinant	1554		Siége de La Rochelle	1573
Prise de Binch	1554		Prise de Soubise	1574
Siége et combat de Renti	1554		Prise de Tonnai-Charente	1574
Bataille de Saint-Quentin. (Prisonnier et un cheval tué sous lui.)	1557		Prise de Fontenay	1574
			Prise de Lusignan	1575

Louis II, né en 1513, d'abord prince de la Roche-sur-Yon, prit le titre de duc de Montpensier (*) lors de son mariage avec Jacqueline de Longwy, en 1538.

Il servit d'abord en Provence, sous Montmorency, qui, pendant l'invasion de Charles-Quint, s'était retranché près d'Avignon, laissant l'ennemi s'épuiser sur un pays dévasté. Le duc de Montpensier fit la plupart des campagnes contre l'Empereur; mais sans commandement et sans éclat. On le vit sur toutes les frontières, simple capitaine de cinquante hommes d'armes, acteur obscur de tant de prises de villes et de combats

---

(*) Louis était neveu et héritier du connétable, dont les biens avaient été confisqués ; sa mère réclama en vain l'héritage particulier des Montpensier ; le roi garda tout, et l'exila. Plus tard, l'amiral de Chabot, tout puissant à la cour, lui fit épouser une fille de Jeanne d'Angoulême, sœur naturelle de François Ier, qui, en faveur de ce mariage, restitua à Louis de Bourbon le comté de Montpensier qu'il érigea en duché-pairie, le comté de Forez, les baronnies de Beaujolais et de Dombes. En 1543, il lui rendit encore le Dauphiné et l'Auvergne, la seigneurie de Combrailles, etc., etc. (*Histoire généalogique* du P. Anselme, t. 1, p. 355. — Achaintre, *Hist. des Bourbons*.)

qui se livraient au pied de leurs tours. A la bataille de Saint-Quentin, le duc de Montpensier, après dix-sept ans de guerre, ne commandait encore que deux compagnies d'hommes d'armes. Il combattit en soudard intrépide, eut son *cheval tué* sous lui et fut fait *prisonnier*.

Les guerres religieuses vinrent le mettre en évidence; il y fut bientôt un personnage important. Il avait d'abord penché vers la réforme : sa femme, Catherine de Longwy, était zélée protestante; mais, à sa mort, le duc de Montpensier n'obéit plus qu'aux conseils de l'ambition. Il voulut plaire à Catherine de Médicis, et devint, par politique, un des plus violents adversaires des huguenots. Il persécuta jusqu'à sa famille, fit l'une de ses filles, qui était protestante, abbesse de Jouarre à son corps défendant. Mais elle s'enfuit en Hollande et épousa Guillaume de Nassau.

Montpensier fut fait gouverneur de Touraine et d'Anjou, et chargé d'attaquer les huguenots aux bords de la Loire, 1562. Il prit Blois, Tours, Saumur, et d'autres villes; il s'y montra cruel. Montpensier, que sa violence faisait haïr de ses propres capitaines, cessa de commander en chef, et n'avait sous ses ordres à la bataille de Saint-Denis, 1567, qu'une seule compagnie d'hommes d'armes. Quand les partis reprirent les armes, en 1568, Montpensier servit sous le duc d'Anjou. Il disait, « qu'on n'étoit point tenu de garder sa foi à un hérétique. » Aussi fit-il égorger le capitaine de Rochefort-sur-Loire et la garnison de Mirebeau, malgré la capitulation jurée. On l'a surnommé *le Bon* : ce fut sans doute par ironie.

Le duc de Montpensier commandait l'avant-garde à Jarnac, 1569. Après les sièges qui suivirent, le duc atteignit les protestants à Saint-Clair, comme ils se retiraient vers Moncontour; mais ce ne fut qu'une canonnade : on lui reprocha de s'être arrêté au bord d'un ruisseau sans poursuivre l'ennemi, et, le lendemain, d'avoir engagé trop tard son avant-garde à Moncontour (*). Cette victoire ouvrit aux catholiques le plupart des places du Poitou; Saint-Jean-d'Angély seule résista deux mois. Montpensier fut alors nommé gouverneur de Bretagne, et épousa cette sœur des Guises, l'héroïne de la Ligue, qui mit le poignard aux mains de Jacques Clément.

« Montpensier, qui haïssait mortellement les huguenots, » dit Brantôme,

---

(*) « Il hésita longtemps, dit Sismondi, dans la crainte d'être sacrifié par le duc d'Anjou comme le connétable l'avait été par Guise, à la bataille de Dreux. En effet, la bataille ne s'engagea qu'à trois heures. »

ne les épargna pas à la Saint-Barthélemy : il allait de maison en maison, avec Guise, son beau-frère, et le maréchal de Tavannes, désignant les victimes aux égorgeurs. Montpensier fit, après, le siége si meurtrier de La Rochelle, de 1573, et il commanda encore l'armée en Poitou, où il prit Fontenay d'assaut, et assiégea Lusignan pendant plusieurs mois, en 1575. Il fit raser le château et la fameuse tour de Mellusine, « la plus noble décoration, dit Brantôme, et la plus vieille de toute la France; bâtie par une des dames les plus nobles en lignée, qui fut de son temps. »

Le duc de Montpensier, cet allié des Guises, adversaire de tous les autres Bourbons, mourut en 1582. S'il eût vécu plus tard, on se demande s'il aurait soutenu l'usurpation des premiers, aux dépens de sa propre maison.

Femmes : 1. JACQUELINE DE LONGWY, fille de Jean de Longwy et de Jeanne, bâtarde d'Angoulême, morte en 1561; — 2. CATHERINE DE LORRAINE, fille de François Ier, duc de Guise, morte en 1596, et qui joua un rôle dans les guerres de la Ligue. *Il eut de la première* : 1. FRANÇOIS (qui suit); — 2. FRANÇOISE, qui épousa Robert de La Marck, duc de Bouillon;— 3. ANNE, mariée à François II, duc de Nevers; — 4. JEANNE, abbesse de Jouarre, morte en 1624; — 5. CHARLOTTE qui épousa Guillaume de Nassau, tué à Delft en 1584; — 6. LOUISE, abbesse de Farmoutiers.

XXI.
François de Bourbon
DUC DE MONTPENSIER

SERVICES.

Guerres de religion............ 1562	Expédition en Poitou.... 1585
Siége de Rouen.............. 1562	Guerre contre la Ligue........ 1589
Bataille de Saint-Denis........ 1567	Combat contre les Gautiers.... 1589
Prise de Rochefort-sur-Loire... 1568	Prise de Falaise............. 1589
Prise de Mirebeau............ 1568	Prise de Poissy............. 1589
Bataille de Jarnac............ 1569	Prise de Pontoise............ 1589
Siége de Cognac............. 1569	Siége de Paris.............. 1589
Siége d'Angoulême..:....... 1569	Combats d'Arques...... 1589
Prise de Mucidan............ 1569	Prise d'assaut des faub. de Paris. 1589
Combat de la Roche-Abeille.... 1569	Prise de Vendôme............ 1589
Siége de Châtellerault......... 1569	Prise du Mans.............. 1589
Combat de Saint-Clair......... 1569	Prise de Falaise............. 1589
Bataille de Moncontour........ 1569	Siége de Honfleur........... 1590
Prise de Saint-Jean-d'Angély... 1569	Siége de Dreux............. 1590
Campagne en Saintonge....... 1570	Bataille d'Ivry.............. 1590
Siége de La Rochelle.......... 1573	Prise de Melun.............. 1590
Combat en Dauphiné.......... 1574	Blocus de Paris. 1590
Siége de Livron.............. 1574	Prise de Saint-Denis.......... 1590
Prise de Poussin............. 1574	Prise d'Avranches............ 1591
Prise d'Anvers............... 1583	Siége de Rouen.......... 1591-1592

François, né en 1542, appelé du vivant de son père le Dauphin d'Auvergne, fit avec lui la guerre aux huguenots. Après la prise de Saint-

Jean-d'Angély, 1569, il fut chargé d'agir en Saintonge ; mais il n'y fut pas heureux. En 1574, François fut nommé lieutenant général en Languedoc et en Dauphiné. Son avant-garde fut battue par Montbrun et échoua devant Livron ; mais il répara ses échecs et resta maître du Vivarais.

Quand le duc d'Alençon fut appelé dans les Pays-Bas, Montpensier commanda son armée et combattit vaillamment à la prise d'Anvers, 1583.

Ce zélé catholique resta pourtant fidèle à Henri III. Il repoussa les ligueurs qui avaient fait invasion en Poitou, 1585. Il se rendit ensuite en Normandie, surprit et tailla en pièces la garnison de Falaise, ville de la Ligue ; il en pressait le siége, lorsqu'il fut assailli par les Gauthiers, confédération de paysans insurgés contre les collecteurs de dîmes, et que la Ligue avait armés et enrégimentés. Le comte de Brissac avait joint à sa cavalerie seize mille de ces Gautihers comme infanterie, et il vint attaquer devant Falaise le duc de Montpensier, qui, se portant à leur rencontre, surprit les Gauthiers dans trois bourgs où ils étaient cantonnés, les tailla en pièces, puis pardonna au plus grand nombre et les renvoya à leurs champs. Montpensier, après avoir pris Falaise, rejoignit Henri III et le roi de Navarre devant Poissy ; ils prirent cette place, puis Pontoise, et se portèrent devant Paris. Montpensier fut des premiers à reconnaître le Béarnais pour son roi ; tandis que son ardente belle-mère échauffait les ligueurs contre lui. Il suivit dans toutes ses traverses ce prince, qui disait de lui-même « qu'il était roi sans royaume, mari sans femme, guerrier sans argent. » Au combat d'Arques, le Béarnais, trompé par des lansquenets de Mayenne qui s'étaient introduits dans son camp comme des amis, parvint, avec le concours de Montpensier, à rallier ses troupes saisies de frayeur, et à culbuter vigoureusement ces traîtres hors des retranchements. A Ivry, la cavalerie fut divisée en sept corps, chacun appuyé par deux régiments d'infanterie ; Montpensier commandait une de ces divisions, et chargea résolument. Il suivit le roi devant Paris, et, après la levée du siége, il se rendit en Normandie, dont il était gouverneur. Il y prit Avranches, et fit, en 1591, le siége de Rouen avec le roi, dont il avait été le brave et dévoué compagnon. Il mourut peu après, en 1592.

Femme : RENÉE D'ANJOU, fille et héritière du marquis de Mézières, morte en 1574. *Il eut d'elle :* HENRI (qui suit).

XXII.

Henri de Bourbon

DUC DE MONTPENSIER.

SERVICES.

Guerre contre la Ligue	1590
Délivrance de Vitré	1590
Prise de Rennes	1590
Prise d'Hennebon	1590
Prise du château de Châtillon	1590
Prise de Moncontour	1591
Prise de Guingamp	1591
Prise de Lomballe	1591
Combat de Laudéac	1591
Prise de Châtelaudren	1591
Siége de Craon	1592
Combat de Craon	1592
(*Un cheval tué sous lui.*)	
Prise de Dreux. (*Blessé.*)	1593
Prise de Honfleur	1596
Siége de Cambrai	1596
Prise de La Fère	1596
Secours à Calais	1596
Prise d'Amiens	1597
Campagne de Savoie	1600
Prise de Montauban	1600
Prise du fort Sainte-Catherine	1600

Henri, né en 1573, prince de Dombes du vivant de son père, fut envoyé en Bretagne contre le duc de Mercœur, l'un des Guises qui s'y était rendu puissant. Il sauva Vitré, que les ligueurs pressaient depuis neuf mois, s'empara de Rennes, d'Hennebon, etc. Bientôt Mercœur, renforcé de troupes espagnoles, tint en éveil le prince de Dombes, qui pourtant fit encore des siéges : il prit Lamballe, 1591, où fut tué le brave La Noue, l'un des plus habiles chefs protestants. Cette perte porta malheur au prince de Dombes. Il venait de se réunir au prince de Conti devant Craon, quand ils furent attaqués par le duc de Mercœur. Ce combat dura sept heures ; le prince de Dombes entra trois fois dans la mêlée, et recommença la charge avec sa seule compagnie d'ordonnance ; il eut son *cheval tué* sous lui ; les deux princes furent défaits.

Nommé, après son père, au gouvernement de Normandie, il fut grièvement *blessé* au siége de Dreux, en 1593. Honfleur était la dernière place restée à la Ligue dans cette province, et elle était défendue par le frère de Crillon. Le duc de Montpensier résolut de purger le pays de ce foyer de guerre civile, et il en vint à bout après de vigoureux assauts ; puis il alla rejoindre, avec toutes ses forces, le roi devant La Fère. Mais pendant qu'ils faisaient ce rude et long siége, les Espagnols investirent Calais ; on n'y put jeter suffisamment de secours, et la ville capitula. La Fère se rendit, toutefois, et compensa cette perte, 1596. Mais un échec désastreux ouvrit la campagne suivante ; Amiens fut surpris par les Espagnols (*) : c'était une forte ville, qui avait des priviléges, se gardait elle-même et n'admettait point de garnison du roi; on y comptait quinze mille bourgeois armés; on venait d'y réunir quarante pièces d'artillerie et force munitions de guerre. Tout tomba aux mains de l'ennemi. « Henri IV apprit cette piteuse nouvelle, dit l'Étoile, au milieu des fêtes et ballets. Regardant à Dieu, comme il fait ordinairement plus en l'adversité qu'en la prospérité, il dit tout haut ces mots : « Ce coup est du ciel ! Ces pauvres gens, pour avoir refusé une petite garnison que je leur ai voulu bailler, se sont perdus. » Puis, songeant un peu, il dit : « C'est assez faire le roi de France, il est temps de faire le roi de Navarre. » Il partit aussitôt, dirigeant toutes ses forces vers la Somme, décidé à reprendre sa ville à tout prix. Ce siége avait déjà duré cinq mois, au milieu de sorties furieuses et de continuels combats, quand l'archiduc Albert s'avança des Pays-Bas avec quatre-vingt mille hommes. Le duc de Montpensier commandait l'avant-garde de l'armée; chargé d'observer la marche de l'archiduc, il resta douze jours et douze nuits sans désarmer. L'ennemi ne put franchir la Somme, et se retira après quelques courts engagements. La garnison capitula, et l'Espagne, après ce long duel, consentit à la paix. Le duc de Montpensier, qui avait mis la main dans toutes ces guerres, fit encore, en 1600, avec le roi, les campagnes de Savoie. Il mourut en 1608.

Femme : HENRIETTE-CATHERINE, duchesse de Joyeuse, fille et héritière de ce Henri de Joyeuse qui se fit capucin, sous le nom de frère Ange : « qui prit, quitta, reprit la cuirasse et la haire. » Elle se remaria à Charles, duc de Guise; et mourut en 1656. *Il eut d'elle* : MARIE, duchesse de Montpensier, née en 1605, qui épousa Gaston de France, duc d'Orléans, et mourut en 1627, laissant pour unique héritière des biens immenses de la maison de Montpensier, Anne-Marie d'Orléans, connue sous le nom de la grande Mademoiselle.

(*) L'Espagnol Fernando Porto-Carrero, gouverneur de Dourlens, conçut le hardi projet de surprendre Amiens ; avec deux mille fantassins et six cents chevaux, il partit de nuit et parvint dans le plus grand secret jusqu'aux portes d'Amiens. « Il envoya en avant, dit Sismondi, douze soldats habillés en paysans ; quatre d'entre eux conduisaient une charrette, les autres portaient des corbeilles de pommes et de noix. L'un d'eux se laissa tomber à dessein, et répandit ses fruits devant le corps-de-garde, en même temps que les autres engagèrent leur charrette sous la voûte et rompirent les traits des chevaux ; de sorte que lorsqu'on laissa tomber la herse, elle demeura suspendue à moitié chemin. Pendant ce temps les faux paysans poignardaient les gardes qui s'étaient jetés sur leurs noix, et enfermaient les autres dans le corps-de-garde. Le signal fut donné aux soldats espagnols qui attendaient cachés au dehors, et la ville fut prise avant que les bourgeois se fussent rassemblés... Ce Porto-Carrero (dont la taille était si petite qu'on l'aurait pris pour un enfant de treize ans) était l'un des plus habiles, des plus actifs et des plus braves capitaines de toute l'armée espagnole; il attaquait, surprenait, détruisait chaque jour, par des sorties désespérées, les ouvrages des assiégeants... Il fut tué d'un coup d'arquebuse, après une résistance de cinq mois. »

SEIGNEURS DE CARENCY.

XVII.

Jean de Bourbon

SEIGNEUR DE CARENCY.

SERVICES.

Exp. navale contre l'Angleterre... 1404	Prise de l'île de Falmouth....... 1404
Prise de Plymouth............. 1404	Combat près de Darmouth....... 1404

ARMES : De France, à la bande de gueules chargée de trois lionceaux d'argent, à la bordure aussi de gueules.

Le seigneur de Carency était le troisième fils de Jean Ier, comte de la Marche. Il fut d'une expédition navale contre l'Angleterre, commandée par son frère Jacques II, comte de la Marche. Il fut armé chevalier à la prise de Falmouth. Ce seigneur de Carency, qui s'attacha aux ducs de Bourgogne, se trouve à peine nommé dans les chroniques. Son second mariage souleva de grandes difficultés : il avait épousé Jeanne de Vendômois du vivant de son premier mari, et il eut d'elle des enfants. Ce mariage fut validé, en 1438, par dispense du pape Eugène IV.

Femmes : 1. CATHERINE, fille de Philippe d'Artois, comte d'Eu; — 2. JEANNE DE VENDÔMOIS. Il eut de la seconde : 1. LOUIS (1) (*Voy.* page 407); — 2. JEAN DE BOURBON, né avant le mariage, fut *légitimé* et mourut sans postérité; — 3. PIERRE (qui suit); — 4. JACQUES (qui suivra) (*Voy.* page 408); — 5. PHILIPPE (2) (*Voy.* page 407); — 6. JEANNE, née avant le mariage, morte jeune; — 7. ÉLÉONORE, morte jeune; — 8. ANDRIETTE, *id.*

(1) **LOUIS DE BOURBON, SEIGNEUR DE L'ÉCLUSE.**

SERVICES.

Guerre contre Gand	1452	Bataille de Rupelmonde	1452
Combat d'Espierre	1452	Prise de Poucke	1453
Délivrance d'Audenarde	1452	Siége de Gavre	1453
Prise de Nivelle	1452	Bataille de Gavre	1453

Ce seigneur, ainsi que son père, servit la maison de Bourgogne; ils devinrent presque étrangers aux autres Bourbons; leur vie militaire est peu connue, quoiqu'elle ait été peut-être fort active. Louis suivit Philippe-le-Bon dans les guerres de Gand, et se trouva à la bataille de Rupelmonde, 1452. Né avant le mariage, il fut *légitimé* par bulle du pape Eugène IV, et mourut sans alliance en 1458.

---

(2) **PHILIPPE DE BOURBON, SEIGNEUR DE DUISANT.**

Ce prince, qui s'attacha aussi à la maison de Bourgogne et dont la vie militaire n'a pas eu de mention, était le troisième fils légitime de Jean, seigneur de Carency; il épousa CATHERINE DE LALAING, d'une des plus illustres familles des Pays-Bas, *dont il eut* : ANTOINE (qui suit).

ANTOINE DE BOURBON, SEIGNEUR DE DUISANT.

Antoine épousa JEANNE DE HABART, fille de Pierre, seigneur de Gournay, dont il eut : 1. PIERRE DE BOURBON, seigneur de Duisant, qui succéda à son père et mourut jeune sans postérité; — 2. PHILIPPE (qui suit); — 3. JEANNE, mariée à François Rollin, seigneur de Beauchamp.

PHILIPPE DE BOURBON, SEIGNEUR DE DUISANT.

Guerres d'Italie	1523	Bataille de Pavie	1525
Combat de la Sésia	1523	Siége de Rome	1527
Siége de Marseille	1523		

Ce prince suivit la fortune du connétable de Bourbon, fit, sous ses ordres, les guerres d'Italie, combattit à la Sésia, devant Marseille et Pavie; il marcha, avec le connétable, à l'assaut de Rome et mourut, en 1530, sans postérité.

XVIII.

Pierre de Bourbon

SEIGNEUR DE CARENCY.

SERVICES.

Guerre du Bien public	1465	Guerre en Picardie	1475
Siége de Péronne	1465	Défense d'Arras	1475
Prise de Beaulieu	1465	Combat d'Arras. (*Prisonnier.*)	1475
Bataille de Montlhéry	1465		

Pierre, né en 1424, fidèle aux ducs de Bourgogne, servit activement Charles-le-Téméraire dans ses entreprises en France. Il le seconda à Montlhéry. Lorsque l'amiral bâtard de Bourbon mit, en 1475, le siége devant Arras, le seigneur de Carency s'y jeta ainsi que les principaux capitaines de Bourgogne. La plupart furent pris ou tués dans les sorties. On trouve ce fait ainsi mentionné dans une lettre de Louis XI au comte de Dammartin. « Mardi, à environ quatre heures après-midi, messire Jacques de Saint-Pol, le sieur de Contai, le sieur de Carency, le sieur de Miramont, s'en allèrent avec beaucoup de gens de pied pour sauver du feu un village qui est près de la ville. Nos gens saillirent de leur logis, et à mesure qu'ils venaient soutenaient l'escarmouche... Le bruit en vint où était l'amiral, qui monta à cheval... Quand il arriva, il était déjà venu des gens de toutes les compagnies. Chacun commença à charger à travers et tous ont été pris ou morts. Jacques de Saint-Pol est fort blessé à la tête et au visage. Le sieur de Contai est pris; le sieur de Carency-Bourbon de même... » On fit le procès à ce dernier, qui fut condamné à mort; mais, en considération de son origine, il fut gracié; ses biens toutefois furent confisqués au profit de son frère Jacques, seigneur d'Aubigny.

Femme : PHILIPPE DE PLAINES, qui ne lui donna point d'enfants.
Fille naturelle : CATHERINE, mariée à Bertrand Salemart seigneur de Ressis.

XVIII.

JACQUES DE BOURBON, SEIGNEUR D'AUBIGNY ET DE CARENCY.

Jean II, duc de Bourbon, le nomma son lieutenant général; il servit la France et reçut en don de Louis XI les biens confisqués à son frère. On ignore ses faits militaires et la date de sa mort.

Femme : ANTOINETTE DE LA TOUR-D'AUVERGNE. *Il eut d'elle :* 1. CHARLES (qui suit); — 2. JEAN, seigneur de Rochefort, qui épousa Jeanne de l'Isle, et mourut sans enfants.

XIX.

CHARLES DE BOURBON, PRINCE DE CARENCY.

Charles de Bourbon prit le titre de prince de Carency, sans doute en sa qualité de prince du sang; car sa seigneurie ne fut point érigée en principauté. Sa vie est fort peu connue; l'on ignore les dates de sa naissance et de sa mort.

Femmes : 1. DIDIÈRE DE VERGY, fille unique et héritière de Jean de Vergy; —2. ANTOINETTE DE CHABANNES, — 3. CATHERINE, fille de Bertrand d'Alègre. *Il eut de la dernière :* 1. BERTRAND (qui suit); — 2. JEAN DE BOURBON, prince de Carency après son frère, mort sans alliance; — 3. LOUISE, morte sans postérité; — 4. ISABELLE, qui, devenue héritière de ses frères, épousa François des Escars, seigneur de La Vauguyon; de ce mariage descendent les ducs de La Vauguyon actuellement existants.

XX.
Bertrand de Bourbon
PRINCE DE CARENCY.

SERVICES.

Expédition d'Italie............ 1515		Bataille de Marignan. (*Il y fut tué.*) 1515

La biographie de ce prince se résume dans un fait : il fut *tué* à la bataille de Marignan. Il avait fait sans doute la campagne d'Italie sous Louis XII ; mais l'histoire a négligé sa vie et ne s'est souvenue que de sa mort.

SEIGNEURS DE PRÉAUX.

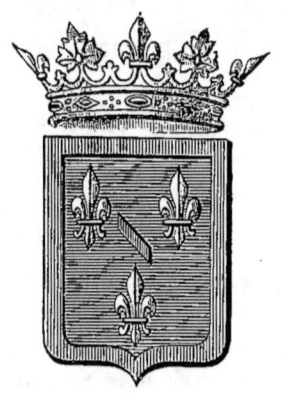

XVI

Jacques Ier de Bourbon
SEIGNEUR DE PRÉAUX.

SERVICES.

Guerre contre le duc de Juliers...	1371	Bataille de Rosbecque..........	1382
Bataille de Bastwiller..........	1374	Camp. en Poitou et en Saintonge..	1385
Guerre contre les Anglais.......	1377	Prise de Montluc..............	1385
Prise d'Ardres................	1377	Prise du château de la Tronchette.	1385
Prise de Mardick..............	1377	Prise d'Archiac...............	1385
Prise de Bavelingen...........	1377	Prise de Garnace..............	1385
Prise de Gravelines............	1377	Prise de Taillebourg...........	1385
Guerre de Flandre......	1382	Prise de Breteuil..............	1385

ARMES : De France, au bâton de gueules péri en bande, à la bordure aussi de gueules.

Le seigneur de Préaux était le troisième fils de Jacques Ier de Bourbon, comte de la Marche ; il combattit pour Wenceslas, duc de Brabant, contre le duc de Juliers, à la bataille de Bastwiller, 1371, où Wenceslas fut battu et fait prisonnier. Jacques fit une campagne, en 1377, contre les Anglais, sous Philippe-le-Hardi, duc de Bourgogne. (Voy. page 224.) Il suivit le roi Charles VI en Flandre, et combattit bravement à Rosebecq.

En 1385, le seigneur de Préaux accompagna son frère, le comte de la Marche, réuni à Louis II, duc de Bourbon, contre les Anglais de la Saintonge, où ces trois princes firent capituler villes et châteaux. (Voy. page 301.) Jacques mourut vers 1416.

Femme : MARGUERITE, dame de Préaux. *Il eut d'elle* : 1. LOUIS (1) ; — 2. PIERRE (qui suit) ; — 3. JACQUES, baron de Thury, qui, destiné à l'état ecclésiastique, quitta ses bénéfices pour épouser Jeanne de Montaigu, et servit le dauphin dans sa lutte contre les Anglais ; mais on ne connaît pas ses faits de guerre. A la mort de sa femme, 1426, il prit l'habit de cordelier, et périt assassiné au retour d'un voyage de Rome vers 1429 ; — 4. CHARLES DE BOURBON, archidiacre de Sens ; — 5. JEAN DE BOURBON, mort sans postérité ; — 6. MARIE, qui devint héritière de ses frères et mourut sans postérité.

---

(1) **LOUIS DE BOURBON, SEIGNEUR DE PRÉAUX.**

SERVICES.

Guerre contre les Anglais............ 1415 | Bataille d'Azincourt. (Il y fut tué)....... 1415

Louis de Bourbon commandait une des ailes de l'armée à la bataille d'Azincourt, et quand la ligne de bataille fut rompue, seul avec le comte de Vendôme il résista encore, et empêcha ses hommes d'armes de prendre la fuite ; il fut *tué* à son poste. Il n'avait point été marié.

XVII.

Pierre de Bourbon

SEIGNEUR DE PRÉAUX.

SERVICES.

Défense du château de Rouen.... 1416 | Défense de Melun. (*Prisonnier*.) . 1420

Ce seigneur du sang, comme on disait alors, dont la fortune n'égalait pas la naissance, fut chargé de la garde du château de Rouen, après le désastre d'Azincourt ; il empêcha alors cette cité importante de se livrer aux Bourguignons et aux Anglais. Un bourgeois, Alain Blanchard, était le chef du complot. Les factieux poignardèrent le sire de Gaucourt, gouverneur et bailli de Rouen, puis se présentèrent à la porte de la forteresse, suppliant le sire de Préaux de les laisser entrer, sous prétexte de prendre de concert avec lui des mesures contre la révolte. Préaux, qui n'avait que cent hommes d'armes, supposant aux bourgeois l'intention de le traiter comme le sire de Gaucourt, les repoussa et tint ferme contre la sédition, jusqu'au jour où le Dauphin et le duc d'Alençon le vinrent secourir.

Ce brave seigneur, qui combattit sans doute en mainte rencontre, est peu mentionné par les chroniqueurs. Il est cependant fort parlé de sa belle défense de Melun avec le sire de Barbasan. N'ayant que sept cents hommes de garnison, ils tinrent contre les trois armées réunies de Henri V, de Charles VI et de Philippe-le-Bon. Ils soutinrent ce siége quatre mois, à bout de vivres, réparant leurs murailles sous le feu de l'ennemi, faisant de continuelles sorties dans ses lignes. Les chroniqueurs rapportent qu'il se livrait autant de combats dans les mines et contre-mines creusées de part et d'autre qu'à la clarté du jour. Henri V et Philippe-le-Bon se rencontrèrent plus d'une fois dans ces souterrains avec les seigneurs de Préaux et de Barbasan, et y luttèrent corps à corps. On créa des deux côtés des chevaliers des mines. Les assiégés ne rendirent la ville qu'après que la famine et la peste eurent décimé la garnison.

Une horrible catastrophe enleva bientôt ce brave seigneur de Préaux : il était à La Rochelle avec le Dauphin, et assistait à son conseil, quand le plancher de la salle, trop surchargé, s'écroula ; le Dauphin, par miracle, ne reçut dans sa chute que de légères blessures ; mais plusieurs de ses conseillers furent tués. Le seigneur de Préaux, réputé sage autant qu'intrépide, fut l'un des plus regrettés.

Femme : ÉLISABETH DE MONTAIGU, fille de Jean de Montaigu, grand maître de France, morte en 14

MAISON D'ARTOIS.

Cette branche issue de Robert, frère de saint Louis, compte huit princes qui tous ont porté les armes : les quatre premiers sont morts dans les combats ; les quatre autres y ont été faits prisonniers. Un procès fameux enleva l'Artois à cette maison qui, après d'étranges vicissitudes, obtint plus tard, en compensation, le comté d'Eu. Elle a duré deux siècles et demi et s'est éteinte en 1472.

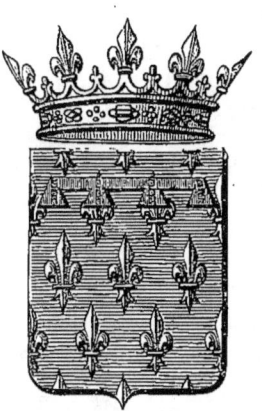

XII.

Robert de France

COMTE D'ARTOIS.

SERVICES.

Croisade.................... 1249	Combat dans le Delta du Nil..... 1250
Débarquement en Égypte........ 1249	Bataille de la Massoure.......... 1250
Prise de Damiette............. 1249	(*Il y fut tué.*)

ARMES : Semé de France, au lambel de gueules à quatre pendants, chaque pendant chargé de trois châteaux d'or.

Robert, troisième fils de Louis VIII et de Blanche de Castille, naquit en 1216. Louis IX, son frère, lui donna en apanage le comté d'Artois, et le maria à Mahaut, fille du duc de Brabant. Louis voulut célébrer avec splendeur les noces de son frère ; il tint cour plénière à Compiègne, y donna des fêtes et des tournois, et l'y arma chevalier.

La vie du comte d'Artois n'offre guère de particularités connues jusqu'à la croisade. Quand le pape Grégoire IX eut excommunié l'empereur Frédéric II, son ennemi, il envoya à la cour de France un légat pour

offrir en son nom l'Empire au comte d'Artois. Le roi, entouré de ses barons, reçut l'envoyé du saint-siége, et lui rendit cette réponse, selon le chroniqueur Pâris : « Par quelle audace téméraire le pape a-t-il osé dés-
« hériter et précipiter du trône impérial un si grand prince, qui n'a point
« de supérieur et d'égal parmi les chrétiens?... S'il avait mérité d'être dé-
« posé, il n'y avait qu'un concile qui pût le juger... Il n'en faut pas
« croire ses ennemis, parmi lesquels le pape est connu pour être le prin-
« cipal. Pour nous, il est toujours innocent. Il a servi fidèlement notre
« seigneur, s'exposant pour lui aux dangers de la mer et à ceux de la
« guerre... Mais nous ne trouvons point tant de religion dans le pape... »

Quand le roi Louis, qui avait résisté si fermement aux offres de Rome, porta sa piété guerrière en Terre-Sainte, les comtes d'Artois et d'Anjou, ses frères, prirent avec lui la croix. Ils passèrent l'hiver en Chypre, rendez-vous général des croisés, et reprirent la mer au printemps. « Le jeudi après Pentecôte arriva le roi devant Damiette, et trouvâmes là tout le pouvoir du soudan sur la rive, moult belle gent à regarder. » Le comte d'Artois sauta dans la mer avec le roi et ses chevaliers. Ils se formèrent dans l'eau en abordant le rivage, où les Sarrasins fondirent sur eux en tourbillon. « Quand nous les vîmes venir, dit encore Joinville, nous fichâmes les pointes de nos écus au sablon, et le fût de nos lances au sablon et les pointes vers eux. Maintenant qu'ils nous virent ainsi, comme pour aller parmi leur ventre, ils tournèrent le devant derrière et s'enfuirent... Mais ils revinrent bientôt, frappant des éperons pour nous courre sus. » Il y eut là force charges et combats particuliers, dans lesquels se déploya la bouillante ardeur du comte d'Artois; deux émirs et le gouverneur de Damiette y furent tués. La ville, incendiée pendant la nuit par les Sarrasins, fut occupée presque sans combat dès la pointe du jour par les croisés. Mais quand ils se furent engagés dans le delta du Nil, les Mameluks les attaquèrent de toutes parts. Il fallut entourer le camp de palissades, et le comte d'Artois fut chargé de la garde des chats et autres engins qui protégeaient les travailleurs. Assailli nuit et jour de feu grégeois derrière ses palissades, le comte était toujours prêt à fondre sur l'ennemi et à s'élancer hors des retranchements. Le roi se décida à tenter le passage par un gué qu'un Bédouin vint lui découvrir. Le grand maître du Temple et le comte d'Artois parvinrent les premiers sur l'autre rive avec quatorze cents cavaliers. Là le frère du roi, trop impatient de combattre, n'attendit pas que le reste des troupes eût passé, il entraîna les Templiers, gourmandant le grand maître de sa prudence, et, poursuivant les fuyards, ils entrèrent pêle-mêle avec eux dans la Massoure, ou Mansourah. Ils y surprirent leur général, Fakr-Eddyn, et le tuèrent sortant du bain ; ils arrivèrent ainsi jusqu'au milieu de la ville. Joinville rapporte qu'un bon chevalier, appelé Fourcault du Merle, qui par malheur était sourd, tenait par la bride le cheval de Robert d'Artois, et l'entraînait toujours en criant à tue-tête : « Ores à eux, ores à eux. » Les Sarrasins voyant à la fin le petit nombre des chrétiens, refermèrent les portes, barrèrent les rues et assaillirent partout les croisés du haut des toits. Le comte d'Artois périt dans la Massoure, 1250, après une défense longue et désespérée, avec trois cents Templiers et six cents autres chevaliers. Bibars, un des chefs des Mameluks, conserva la cotte d'armes du comte d'Artois, qu'il avait peut-être tué lui-même.

Femme : MAHAUT DE BRABANT, morte en 1288. *Il eut d'elle :* 1. ROBERT II (qui suit) ; — 2. BLANCHE, mariée d'abord à Henri Ier, roi de Navarre et comte de Champagne, puis à Edmond d'Angleterre, comte de Lancastre, morte en 1302. De son premier mariage naquit JEANNE, reine de Navarre, femme de Philippe-le-Bel.

XIII

Robert II d'Artois, dit le Bon et le Noble

COMTE D'ARTOIS.

SERVICES.

Croisade....................	1270	Camp. en Guyenne.............	1296
Siége de Carthage.............	1270	Combat de Dax................	1296
Plusieurs comb. contre les Maures.	1270	Siége de Bourg...............	1296
Campagne en Navarre..........	1276	Campagnes de Flandre.........	1297
Prise de Pampelune............	1276	Combat de Furnes.............	1297
Expédition en Italie............	1282	Prise de Furnes...............	1297
Expédition en Sicile...........	1286	Prise de Cassel...............	1297
Prise d'Agosta................	1286	Prise de Lille.................	1297
Combat contre Roger dell'Oria...	1287	Prise de Courtrai..............	1297
Secours à Gaëte...............	1287	Bataille de Courtrai. (*Il y fut tué.*)	1302

Robert II naquit en Terre-Sainte, en 1250, plusieurs mois après la mort de son père, tué à la Massoure : sa mère Mathilde avait, comme la reine Marguerite, sa belle-sœur, accompagné son mari à la croisade. Robert avait vingt ans quand Louis IX fit sa seconde croisade. Le jeune prince, aussi désireux de venger son père que de combattre pour la croix, montra la plus grande impétuosité devant Carthage et dans toutes les approches des Sarrasins.

Blanche d'Artois, sœur de Robert, avait été mariée au roi Henri de Navarre. Sa fille Jeanne, âgée de trois ans, hérita de cette couronne à la mort de son père. Blanche, pour soustraire l'enfant aux violences des partis, s'enfuit avec elle près du roi de France, qui songea à marier l'héritière à son fils, et envoya le comte d'Artois, oncle de Jeanne, pour rétablir l'ordre en Navarre : un soulèvement, excité par le roi de Castille, y venait d'éclater contre les Français. Le comte d'Artois réunit les milices du Languedoc et du comté de Foix, et, bravant l'armée de Castille qui était postée à quelques lieues, mit son camp devant Pampelune. Il en battit les murailles, et allait livrer l'assaut, quand les chefs du parti castillan, voulant déguiser leur frayeur, donnèrent une grande fête ; pendant que l'on dansait, ils s'enfuirent à la faveur de la nuit et au bruit de la musique. La ville alors se rendit ; mais tandis que ses envoyés traitaient, les soldats y firent irruption et la pillèrent avec furie, malgré les efforts du comte d'Artois. Après la paix rétablie, et une trêve signée avec la Castille, il revint trouver le roi qui s'avançait vers ce pays.

Robert, à la nouvelle des Vêpres siciliennes, se mit en route pour l'Italie avec beaucoup de gens de guerre, 1282. Il fut nommé régent du royaume de Naples après la mort de son oncle Charles d'Anjou, alors que Charles II, son fils, était prisonnier dans un château de la Catalogne. Le comte d'Artois passa en Sicile, fit le siége d'Agosta et s'en rendit maître, 1286. Il revint en Calabre, et y continua avec succès la guerre au parti d'Aragon. Roger dell'Oria, l'amiral qui avait détruit la flotte d'Anjou, vint prendre terre près de Cantazaro ; il fut attaqué par le comte d'Artois, qui le tailla en pièces, et il eut grand'peine à regagner ses vaisseaux : ce fut le seul échec essuyé par ce fameux homme de mer. Le comte, après d'autres succès dont le détail manque à l'histoire, abandonna l'Italie, courroucé d'un arrangement que Charles II, devenu libre, consentit avec le roi d'Aragon.

Robert, de retour en France, fut employé par Philippe-le-Bel dans ses guerres de Guyenne et de Flandre. Parvenu à un grand renom militaire, il alla commander en Guyenne après le comte de Valois, frère du roi, et n'avait qu'une petite armée dont il tira bon parti. Nangis rapporte qu'il surprit, près de Dax, un grand convoi destiné au ravitaillement des garnisons anglaises, tua cinq cents hommes et fit les généraux prisonniers. Le comte d'Artois poursuivait ses succès contre Édouard, quand le roi le rappela pour le seconder en Flandre. Robert accourut avec son armée d'Aquitaine, appela à lui ses chevaliers et gens d'armes d'Artois, et se porta sur Furnes, tandis que le roi assiégeait Lille. Seize mille Flamands fondirent sur lui la pique basse; il les mit en complète déroute; mais son fils unique fut blessé mortellement à ses côtés. Furnes, Cassel, ouvrirent leurs portes ou résistèrent peu après ce combat. Mais la prise de possession de ces tumultueuses communes amena de terribles représailles. Bruges fit ses Vêpres siciliennes, où furent massacrés trois mille Français.

Le comte d'Artois, chargé de châtier ces villes rebelles, passa la frontière avec une armée formidable : sept mille cinq cents cavaliers, dix mille archers et trente mille hommes de pied. Il marcha sur Courtrai, où campait l'armée des Flamands. On y comptait vingt mille hommes, appartenant pour la plupart aux corps de métiers; ils étaient armés de pieux ferrés et de piques, les chevaliers des Flandres avaient mis pied à terre pour combattre avec les bourgeois. L'historien Villani, qui habitait alors en Flandre, rapporte que chaque soldat, après avoir entendu la messe sur le champ de bataille, prit un peu de terre et la porta à sa bouche en guise de communion : touchant symbole de dévouement à la terre natale. Les Flamands se placèrent devant Courtrai, ayant devant eux un canal; ils avaient pour chefs Gui de Flandre et Robert de Juliers. Le comte d'Artois fit dix colonnes de son armée. Mal disposé pour le connétable Raoul de Nesle, qui conduisait l'avant-garde, et qui avait conseillé une manœuvre de prudence, d'Artois lui dit insolemment : « Est-ce que vous avez peur de ces loups, ou bien vous-même auriez-vous de leur poil? » Le connétable, transporté de l'outrage, fondit sur l'ennemi pour toute réponse, en jetant ces mots au comte d'Artois : « Vous irez bien avant, sire, si vous me suivez. » Raoul entraîna ses escadrons d'avant-garde, et le mouvement se communiqua au corps de bataille. Mais le terrain avait été mal reconnu; quand ils virent le canal qui couvrait les Flamands il était trop tard pour s'arrêter; les premiers rangs, pressés par la masse en mouvement, furent poussés dans ce fossé profond, dont les bords étaient coupés à pic. Il y eut bientôt un tumulte, une mêlée effroyable, une chute continue d'hommes et de chevaux. Les Flamands profitèrent du moment; ils franchirent le canal et tombèrent sur les deux flancs de cette masse pressée, renversée, réduite à l'impuissance et à l'immobilité. Ce fut un grand massacre plutôt qu'une bataille. Le comte d'Artois y fut *tué*, percé de trente coups de pique; le connétable, les maréchaux, le chancelier, deux cents seigneurs des plus illustres, et six mille cavaliers bardés de fer, furent égorgés, sans défense, par des hommes presque nus.

Une parole imprudente du comte d'Artois et une négligence de tactique perdirent toute cette brillante armée, et ce général si renommé qui n'avait pas encore essuyé un revers (*).

Femmes : 1. AMICIE DE COURTENAY, morte en 1275; — 2. AGNÈS, dame de Bourbon, veuve de Jean de Bourgogne, fille d'Archambaud IX, sire de Bourbon, morte en 1283; — 3. MARGUERITE DE HAINAUT, morte en 1342. *Il eut de la première :* 1. PHILIPPE (qui suit); — 2. ROBERT, mort jeune; — 3. MAHAULT, comtesse d'Artois, qui épousa Othon IV, comte de Bourgogne, et mourut en 1329.

XIV.
Philippe d'Artois
SEIGNEUR DE CONCHES.

SERVICES.

Guerre contre les Flamands......	1297	Prise de Haninghe............. 1297
Prise de Béthune.............	1297	Bat. de Furnes. (*Blessé mortellem.*) 1297

Philippe était l'unique fils du comte Robert. Il fit l'expédition de Flandre, en 1297, rejoignit l'armée impériale avec un renfort, et fut

---

(*) Voici quelques détails sur la mort de Robert d'Artois. « Le comte d'Artois, transporté de rage et de désespoir, ne put rester simple spectateur de ce désastre. Jusque-là il s'était tenu de l'autre côté du ruisseau avec un groupe de chevaliers d'élite, croyant qu'il ne fallait pas tant de nobles gens pour écraser ce qu'il appelait une bande de loups. Il donna de l'éperon à son cheval, et, suivi de tout son monde, s'élança à l'autre bord du fossé. Parvenu jusqu'à l'étendard de Flandre, le comte l'avait saisi et le secouait violemment pour s'en emparer, tandis que les haches et les massues retombaient sur lui à coups redoublés. Il en arracha un lambeau, mais la secousse lui fit perdre un étrier : il reste en selle, néanmoins, et continue à se battre; son cheval est blessé, lui-même est inondé de sueur et de sang. Un homme d'armes flamand, qui a reconnu l'écusson du comte d'Artois, lui assène un coup de massue dans la poitrine; un second coup sur la tête du cheval fait tomber l'animal qui roule à terre avec son noble maître. Robert d'Artois, d'une voix défaillante, demande s'il ne se trouve pas là un chevalier auquel il puisse rendre son épée. On lui répond brusquement qu'on n'entend pas le français, et qu'il est défendu de faire des prisonniers. On l'entoure, on le frappe, il expire. » (*Hist. des comtes de Flandre*, par E. Le Glay, tome II, page 252.)

envoyé pour soumettre Béthune; puis il revint vers son père et tous deux prirent Haninghe, marchèrent vers Furnes, où campaient les Flamands. La rencontre fut sanglante; Philippe d'Artois y fut *blessé mortellement*, et tomba en outre aux mains de l'ennemi; mais il fut délivré par ses chevaliers. Il mourut quelques mois après, des suites de sa blessure, en 1298.

Femme : Blanche de Bretagne, fille du duc Jean II, morte en 1327. Il eut d'elle : 1. Robert III (qui suit); — 2. Marguerite, femme de Louis de France, comte d'Évreux; — 3. Jeanne, mariée à Gaston Ier, comte de Foix; — 4. Marie, qui épousa Jean de Flandre, comte de Namur, et mourut en 1365; — 5. Isabelle, religieuse à Poissy.

XV.

Robert III d'Artois

COMTE DE BEAUMONT-LE-ROGER.

SERVICES.

Campagne en Artois	1316	Bataille navale de l'Écluse	1340
Prise d'Arras	1316	Siége de Tournai	1340
Prise de Saint-Omer	1316	Prise des faubourgs de St-Omer	1340
Expédition en Guyenne	1324	Combat de Saint-Omer	1340
Prise de La Réole	1324	Guerre de Bretagne	1342
Prise de Montpezat	1324	Combat naval de Guernesey	1342
Guerre en Flandre	1328	Prise de Vannes	1342
Bataille de Cassel	1328	Défense de Vannes	1342
Guerre contre la France	1340	(*Blessé mortellement.*)	

Ce prince, voué à la plus étrange destinée, avait eu tous ses ancêtres tués dans les combats; il devait finir de même, après une vie pleine d'amertume. Un procès fameux lui enleva son héritage. Un arrêt du parlement adjugea l'Artois à la comtesse Mahault, sa tante (*). Mais à la

(*) Le comte Robert II, tué à Courtrai en 1302, avait, comme on l'a vu ci-dessus, perdu Philippe de Conches, son fils unique, à Furnes, cinq ans auparavant. Robert III, fils unique de ce Philippe, était donc l'héritier mâle et en ligne directe de son aïeul Robert II. Mais à la mort de celui-ci, en 1302, Mahault, sa fille, femme d'Othon IV, comte de Bourgogne, revendiqua l'Artois au préjudice de son neveu Robert III. Le parlement donna gain de cause à la comtesse, se fondant sur ce principe « que la représentation n'avait pas lieu en Artois, même en ligne directe; en sorte que la fille cadette devait y être préférée au fils du fils aîné, dit M. de Sismondi. Cependant, depuis que l'Artois avait été érigé en comté par saint Louis, on n'avait vu dans la succession aucun exemple de cette bizarre exception aux lois communes. » Ce jugement s'explique, quand on se rappelle que les deux derniers fils de Philippe-le-Bel avaient épousé les filles de la comtesse Mahault, et que l'aînée, Jeanne, femme de Philippe-le-Long, devait hériter de l'Artois après sa mère.

mort de Philippe-le-Bel, Robert, qui n'attendait que l'occasion de déchirer avec l'épée l'arrêt qui l'avait dépouillé, surprit le connétable Gautier de Châtillon, et s'empara d'Arras et de Saint-Omer, 1316. A cette nouvelle, Philippe-le-Long accourut en aide à sa belle-mère; mais une transaction arrêta la lutte. Robert, condamné de nouveau par les pairs en parlement, épousa cependant la fille du comte de Valois, et finit par accepter le comté de Beaumont-le-Roger en dédommagement du comté d'Artois. Il suivit son beau-père en Guyenne, 1324, et prit part aux succès de son expédition. Le comte de Beaumont, après l'avénement de Philippe de Valois, son beau-frère, marcha avec lui en Flandre et commanda l'arrière-garde à Cassel. Il eut beaucoup de part à la victoire, et le roi, pour récompense, érigea sa terre en comté-pairie, 1329. La mort de la comtesse Mahault, qui survint alors, rendit à Robert d'Artois la tentation de recouvrer son ancien héritage. Il avait pour beau-frère le roi de France, et il crut pouvoir compter sur son appui. « Car, dit Froissart, l'homme du monde qui plus aida le roi Philippe à parvenir à la couronne de France, fut messire Robert d'Artois... qu'avoit toudis (toujours) été son plus spécial compagnon et ami en tous états; et fut bien l'espace de trois ans que en France tout étoit fait par lui, et sans lui rien n'étoit fait. Après advint que le roi Philippe emprit et accueillit ce messire Robert en si grand'haine, pour occasion d'un plaid (procès), qui étoit ému devant lui... » Il paraît, en effet, que les dispositions du roi changèrent, à l'égard de son ami, pendant le nouveau procès (*) qui se vidait entre ses beaux-frères, et qu'il céda aux influences conjurées contre d'Artois.

Banni du royaume, Robert se retira chez son neveu le comte de Hainaut, qui, menacé de la colère du roi, le renvoya. « Quand messire

---

(*) Robert d'Artois ayant besoin de s'appuyer sur des titres nouveaux qui permissent de revenir sur la chose jugée, produisit quatre pièces tendant à prouver que son père, Philippe de Conches, avait eu, dès l'époque de son mariage, l'investiture du comté d'Artois. Il produisit cinquante-cinq témoins qui déposèrent que son aïeul, le comte Robert II, mariant son fils unique à Blanche de Bretagne, s'était engagé à faire passer le comté d'Artois à leurs enfants. Le 23 mars 1331, le parlement déclarait fausses les lettres produites par Robert d'Artois. Un arrêt de bannissement fut prononcé contre lui par le roi, séant en parlement, le 8 avril 1332. La demoiselle de Divion, l'un de ses témoins, ainsi que plusieurs clercs et notaires furent mis à la torture et confessèrent avoir fabriqué les pièces produites par Robert d'Artois; la demoiselle de Divion fut condamnée à mort et brûlée vive. Quoi qu'il en soit de ces aveux arrachés par la torture, il reste beaucoup de doute sur les crimes imputés à Robert d'Artois. Ceux qui eurent intérêt à le noircir étaient puissants : on l'accusa d'avoir empoisonné la comtesse Mahault et sa fille, la reine Jeanne, et d'avoir travaillé par magie à *envouter* le roi et son fils. Il n'y a de positif ici que l'iniquité de l'arrêt qui le dépouilla de son héritage.

Robert se vit en ce parti, dit Froissart, si fut moult angoisseux de cœur et s'avisa qu'il iroit en Brabant, pourtant que le duc son cousin étoit si puissant que bien le soutiendroit... Le roi le sçut, si envoya tantôt messages audit duc, et lui manda que si le souffroit demeurer ou repairer en sa terre, il n'auroit pire ennemi que lui, et le gréveroit en toutes les guises qu'il pourroit... » Le roi fit tant, que le duc mit monseigneur Robert d'Artois hors de ses terres. Chassé de partout, il passa la mer, déguisé en marchand, et arriva à Londres, où le roi Édouard « le reçut moult liement, » dit Froissart dont nous prendrons encore quelques traits.

Ce banni, avide de vengeance, poussa Édouard à la guerre contre la France, se prétendant sûr des villes du nord. Ils partirent, « à grande et belle charge de nefs et de vaisseaux, et étoit toute la navie partie du havre de Tamise et s'en venoit droitement à l'Écluse. » Ils y surprirent la flotte de Philippe. « Lors fit le roi Édouard ordonner tous ses vaisseaux et mettre les plus forts devant et fit frontière à tous côtés de ses archers, et entre deux nefs d'archers en y avoit une de gens d'armes; et encore fit-il une bataille sus-cotière toute pure d'archers pour réconforter, si métier estoit les plus lassés... Là se commença bataille dure et forte... ils avaient grands cros et havez de fer tenant à chaînes; si les jetoient dedans les nefs de l'un à l'autre et les accrochoient ensemble; afin qu'ils pusssent mieux aherdre et plus fièrement combattre. » Dans cette bataille, « moult félonneuse et très-horrible... messire Robert d'Artois étoit de lez le roi en grand arroy et bonne étoffe. » La flotte française, qui commit la faute de rester dans une anse resserrée au lieu de gagner le large, fut détruite en grande partie, sans pouvoir se déployer et manœuvrer.

Robert, après ce combat, rassembla quelques milices de Flandre, et s'avança vers Saint-Omer. Les faubourgs furent emportés d'assaut; mais les Flamands se débandèrent pour piller; surpris à leur tour, par le duc de Bourgogne et le dauphin d'Auvergne, ils laissèrent plus de dix-huit cents des leurs sur le terrain. Robert fit retraite, et les deux alliés ne réussirent pas mieux à prendre Tournai.

Prenant parti pour Montfort, dans la guerre de la succession de Bretagne, Édouard envoya Robert d'Artois avec son avant-garde, qui se composait de quarante-six vaisseaux. Celui-ci rencontra près de Guernesey la flotte française, formée en partie de navires génois. « Là, dit Froissart, eut grand trait des uns aux autres qui longuement dura. Et quand les seigneurs, barons et chevaliers s'approchèrent, qu'ils purent des lances et des épées venir ensemble, adonc y eut dure bataille et crueuse. Là étoit messire Robert d'Artois, qui y fut très-bon chevalier, et la comtesse de Montfort armée, qui valoit bien un homme, car elle avoit cœur de lion, et tenoit glaive moult roide et bien tranchant. » La nuit et une tempête qui survint séparèrent les deux flottes. Celle de Robert aborda dans un petit port près de Vannes. Il fit le siége de cette place, que défendait Olivier de Clisson; après maint assaut et de rudes prouesses, ce Robert d'Artois, que Froissart appelle « un grand et sage guerrier, » prit Vannes au moyen d'une ruse de guerre. Il ordonna, la nuit, une fausse attaque, fit allumer de grands feux près l'une des portes, et tandis que les bourgeois allaient criant au feu et courant de ce côté, Robert fit dresser ses échelles à l'autre extrémité de la ville, et ses Anglais, « leurs targes sur leurs têtes, entrèrent tout paisiblement en la cité. » Clisson, honteux de sa mésaventure, s'en alla « cueillir grand' foison de bons compagnons, chevaliers et écuyers de Bretagne... » Et bientôt Robert d'Artois et la comtesse de Montfort furent assiégés dans Vannes à leur tour. « Les Bretons livrèrent un assaut si dur et si bien ordonné, qu'ils conquirent les barrières du bourg, puis forcèrent les portes de la cité, et entrèrent dedans par force et par prouesse, voulussent ou non les Anglois... Et moult en y eut adonc grand' foison de morts et de navrés, et par spécial messire Robert d'Artois y fut durement navré; et à grand meschef fut-il sauvé et gardé d'être pris; et se partit par une poterne derrière, le baron de Stafford avec lui, et chevauchèrent vers Hennebon... Si demeura là messire Robert un temps *blessé* et navré. En la fin il fut conseillé, pour soi mieux médeciner et guérir, qu'il s'en retournât en Angleterre. Si crut ce conseil, dont il fit folie, car il fut durement grévé et oppressé de la marine; si quand il fut venu et apporté à Londres, il ne véquit pas longuement depuis : ainçois (mais) mourut de cette maladie, 1342; dont ce fut dommage, car il étoit courtois chevalier, preux et hardi, et du plus noble sang du monde. »

Femme : JEANNE DE VALOIS, fille de Charles de France, comte de Valois, morte en 1363. *Il eut d'elle :* 1. LOUIS, mort jeune; — 2. JEAN, comte d'Eu (qui suit); — 3. et 4. JACQUES et ROBERT D'ARTOIS, qui furent mis en prison par leur oncle Philippe VI, en 1334, et y étaient encore en 1347; — 5. CHARLES (1); — 6. CATHERINE, mariée à Jean II de Ponthieu, comte d'Aumale, morte en 1368.

---

(1) CHARLES D'ARTOIS, COMTE DE LONGUEVILLE.

SERVICES:

Prise d'Évreux.............	1356		Guerre contre les Anglais.............	1356
Prise de Breteuil.............	1356		Bataille de Poitiers. (Prisonnier.)........	1356

Ce prince, qui fut délivré de sa prison par le roi Jean à son avénement, le servit contre Charles-le-Mauvais en Normandie; il combattit à Poitiers, et fut de ceux qui « ne vouloient mie partir, mais eussent eu plus cher à mourir qu'il leur fût reproché fuite. » Il était auprès du roi Jean : « à la presse rompre et ouvrir furent pris assez près de lui messire Jean d'Artoys, comte d'Eu, et d'autre part, un petit plus en sus, dessous le pennon du Captal, messire Charles d'Artoys et moult d'autres seigneurs. »

Les autres services du comte de Longueville sont restés inconnus ; il mourut avant 1385.

Femme : JEANNE DE BAUÇAY, morte en 1402. *Il eut d'elle* : Louis, mort jeune.

XVI.

Jean d'Artois, surnommé Sans-Terre

COMTE D'EU.

SERVICES.

Expédition en Normandie........	1356		Prise de Péronne.............	1360
Prise d'Évreux.............	1356		Défense de la Picardie.........	1369
Prise de Breteuil.............	1356		Guerre de Flandre.............	1382
Guerre contre les Anglais.......	1356		Bataille de Rosbecque..........	1382
Bataille de Poitiers.............	1356		Prise de Bergues.............	1383
(*Prisonnier.*)			Prise de Bruckbourg...........	1383

Jean, né en 1321, fut, après le bannissement de son père, retenu en prison par son oncle Philippe de Valois. Mais le roi Jean le mit en liberté (*), l'arma chevalier à son sacre et lui donna le comté d'Eu.

Jean fit son compagnon du comte d'Eu, « son cousin bien prochain que moult aimoit. » Il fut de toutes ses expéditions. Lorsque Jean arrêta Charles-le-Mauvais à Rouen, le comte d'Eu assista à cette exécution, et aida ensuite le roi à s'emparer des fiefs du Navarrais. Évreux, « qui a

---

(*) « Avant toutes choses, et tantôt après le trépas du roi Philippe son père, il fit mettre hors de prison ses deux cousins germains, Jean et Charles, jadis fils de messire Robert d'Artois, qui avoient été en prison plus de quinze ans, et les tint de-lez (près de) lui : et pource que le roi son père leur avoit tollu (ravi) et ôté leurs héritages, il leur en rendit assez pour eux déduire et tenir bon état et grand. » Froissart.

bourg, cité et châtel tout fermé, » résista deux mois. « Après le conquêt d'Évreux, le roi de France et tout son ost s'en partit et se traist (rendit) pardevant le châtel de Breteuil, qui est un des beaux et des forts châteaux séants à pleine terre qui soit en toute Normandie, et là mit le siége. » La ville résista, et obtint une bonne capitulation, le roi ayant hâte d'aller trouver les Anglais au delà de la Loire. Le comte d'Eu fut fait *prisonnier* près du roi Jean, à la bataille de Poitiers. Revenu de captivité, Jean d'Artois se livra à ces guerres d'aventures et de brigandages qui remplissent cette violente époque : il assiégea Péronne, la fit piller, et massacra ses habitants. En 1369, il fit la campagne défensive de Picardie avec le duc de Bourgogne. Il combattit à Rosebecq, 1382, et, l'année d'après, « fut par ordonnance en l'arrière-garde si comme il l'avoit été l'année devant à Rosebecq, le comte d'Eu... » Il mourut en 1387.

Femme : ISABELLE DE MELUN, veuve de Pierre, comte de Dreux ; fille de Jean, comte de Tancarville, morte en 1389. *Il eut d'elle :* 1. JEAN, mort en bas âge ; — 2. ROBERT D'ARTOIS, comte d'Eu, mort en 1387 sans postérité de sa femme, Jeanne de Sicile, duchesse de Duras ; — 3. PHILIPPE (qui suit) ; — 4. CHARLES, mort en 1368 ; — 5. ISABELLE, morte jeune ; — 6. JEANNE, mariée à Simon de Thouars, comte de Dreux, qui fut tué dans un tournoi le jour de ses noces.

Fils naturel : GUILLAUME, *bâtard d'Eu.*

XVII.

Philippe d'Artois

COMTE D'EU, CONNÉTABLE.

SERVICES

Guerre en Flandre	1383	Combat contre les trois rois	1390
Prise de Bergues	1383	Expédition en Hongrie	1396
Prise de Bruckbourg	1383	Prise d'Orsowa	1396
Expédition d'Afrique	1390	Prise de Rachowa	1396
Siége de Carthage	1390	Prise de Widin	1396
Combats contre les rois de Tunis, de Bougie et de Tlemcen	1390	Siége de Nicopolis	1396
		Bataille de Nicopolis	1396

Philippe d'Artois fit la seconde expédition de Charles VI en Flandre ; il escalada le premier les murailles de Bruckbourg, où il arbora les fleurs de lys. Compagnon d'aventures du duc de Bourbon en Afrique, 1390 (Voy. Louis II), « il y fut toujours des premiers, dit Juvenal des Ursins, à faire son devoir et à donner courage aux autres. » A son retour, il se décida à une autre expédition lointaine. Sigismond, roi de Hongrie, accablé par les Turcs, implorait l'aide des princes chrétiens. Le comte d'Eu, devenu connétable, partit avec cinq cents chevaliers, 1394; mais le sultan Bajazet avait déjà quitté l'Europe. Bajazet reparut deux ans plus tard, « parlant de faire manger l'avoine à son cheval sur l'autel de Saint-Pierre à Rome. » Sigismond implora de nouveau des secours. Mille chevaliers partirent de France, sous le commandement de Jean de Bourgogne. (Voy. Jean-sans-Peur, page 228.) Le connétable, à peine revenu, reprit le casque et la lance un des premiers. Ils mirent le siége devant Nicopolis. Lorsque l'armée des Turcs se montra, Sigismond, connaissant leur tactique, conseilla aux chevaliers d'attendre, pour charger les Janissaires seulement. Le sire de Coucy et quelques vieux capitaines l'approuvèrent. « Mais Philippe d'Artois, dit Froissart, se félonna de ce qu'on ne lui avoit demandé premièrement l'avis de sa réponse, et que le sire de Coucy s'étoit avancé de parler, et dit par orgueil et par dépit tout le contraire : « Oil, oil, le roi de Hongrie veut avoir la fleur et l'honneur « de la journée. Nous avons l'avant-garde..... » Et dit au chevalier qui portoit sa bannière : « Au nom de Dieu et de saint Georges, va, car on « me verra hui bon chevalier. »

L'orgueil irrité du comte d'Eu et la fougue des jeunes seigneurs furent la perte des chrétiens. Se précipitant tous à l'avant-garde, comme au seul poste d'honneur, ils fondirent sur ces nuées de troupes légères, envoyées en avant par Bajazet pour attirer et épuiser l'effort des chrétiens; ceux-ci, en effet, poussant devant eux ces tourbillons rapides, s'engagèrent entre les immenses ailes de l'armée turque qui se referma sur eux. Là, sept cents chevaliers, enveloppés de toutes parts assaillirent terriblement les Janissaires. Ces chevaliers, s'il en fallait croire les chroniques, auraient tué jusqu'à cent mille Turcs. Ce qui est plus certain, c'est que ces hardis imprudents succombèrent presque tous. Philippe d'Artois mourut *prisonnier* de Bajazet, en 1397.

Femme : MARIE DE BERRI, veuve de Louis de Châtillon, comte de Dunois, fille de Jean de France, duc de Berri; elle se remaria à Jean 1er, duc de Bourbon; elle est morte en 1434. *Il eut d'elle :* 1. PHILIPPE, mort enfant; — 2. CHARLES (qui suit) ; — 3. BONNE, qui épousa d'abord Philippe de Bourgogne, comte de Nevers; puis Philippe-le-Bon, duc de Bourgogne, et mourut en 1425; — 4. CATHERINE, première femme de Jean de Bourbon, seigneur de Carency.

XVIII.

Charles d'Artois

COMTE D'EU.

SERVICES.

Prise de Fontenay	1412		Secours à Harfleur	1440
Prise de Dun-le-Roi	1412		Prise de Creil	1441
Siége de Bourges	1412		Prise de Pontoise	1441
Guerre contre le duc de Bourgogne.	1414		Prise de Saint-Sever	1442
Prise de Compiègne	1414		Prise de Dax	1442
Prise de Noyon	1414		Prise de La Réole	1442
Prise de Soissons	1414		Conquête de la Normandie	1449
Prise de Bapaume	1414		Prise de Pont-Audemer	1449
Siége d'Arras	1414		Prise de Vernon	1449
Guerre contre les Anglais	1415		Prise de Gournay	1449
Bataille d'Azincourt. (*Prisonnier*.)	1415		Prise de Neufchâtel	1449
Guerre contre la Praguerie	1440		Prise de Rouen	1449
Prise de Cusset	1440		Prise de Harfleur	1449
Prise de Charroux	1440		Prise de Honfleur	1450
Prise d'Escurolles	1440		Prise de Caen	1450
Prise de Vichy	1440		Prise de Falaise	1450
Prise de Saint-Haon-le-Châtel	1440		Guerre du Bien public	1465
Guerre contre les Anglais	1440		Défense de Paris	1465

    Charles d'Artois fit, fort jeune, la campagne où Jean-sans-Peur, en 1412, entraîna Charles VI contre le parti d'Armagnac; il en fit une autre avec le roi contre le duc de Bourgogne, en 1414. Le comte d'Eu fut un des commandants de l'avant-garde à Azincourt, et y fut *prisonnier*. Il ne fut délivré qu'au bout de vingt-trois ans, lorsque son frère, le duc de Bourbon, l'échangea pour le duc de Sommerset qu'il avait fait prisonnier.

    A peine revenu, le comte d'Eu prit les armes pour le roi dans la guerre de la Praguerie. Il l'aida à s'emparer de plusieurs places, 1440, puis s'entremit pour faire signer la paix. La même année, il courut avec Dunois pour secourir Harfleur pressé par les Anglais; mais ils arrivèrent trop tard. Cet échec fut vengé par les prises de Creil et de Pontoise, où le comte d'Eu se signala; il fit encore avec Charles VII quelques siéges dans le Midi, en 1442; puis il coopéra à la conquête de la Normandie. Il est parlé de ses prouesses à l'assaut de Pont-Audemer, et ailleurs.

    Le comte d'Eu est le seul peut-être de tous les princes d'alors dont la fidélité au roi n'ait jamais chancelé; il fut chargé par Louis XI de la défense de Paris, après la bataille de Montlhéry. Il mourut sans enfants, en 1472, à soixante-dix-huit ans. Avec lui s'éteignit la maison d'Artois.

Femmes : 1. JEANNE DE SAVEUSE, morte en 1449; — 2. HÉLÈNE DE MELUN, fille de Jean de Melun, seigneur d'Anthouin, morte en 1472.

PREMIÈRE MAISON D'ANJOU-SICILE.

Cette branche royale issue de Charles d'Anjou, frère de saint Louis, conquit les trônes de Naples et de Sicile; elle perdit la Sicile après une lutte pleine de vicissitudes contre la maison d'Aragon. Les premiers princes d'Anjou se virent enfin disputer le trône de Naples par une autre maison d'Anjou sortie de Louis de France, (*Voy.* page 199), second fils du roi Jean. La première maison d'Anjou, dont une branche occupa le trône de Hongrie, a duré près de deux siècles; elle s'est éteinte à la mort de Jeanne II, en 1435.

XII.

Charles de France
COMTE D'ANJOU ET DE PROVENCE, ROI DE SICILE.

SERVICES.

Croisade	1249	Conquête du royaume de Naples	1265
Descente en Égypte	1249	Combat près de Tivoli	1265
Prise de Damiette	1249	Prise d'Aquino	1266
1re bataille de la Massoure	1250	Prise de Rocca d'Arce	1266
2e b. de la Massoure. (*Un chev. tué.*)	1250	Prise du fort de San-Germano	1266
Retraite sur Damiette. (*Prisonnier.*)	1250	Prise de Rocca-Janula	1266
Prise d'Avignon	1251	Bat. de Bénévent. (*Un cheval tué.*)	1266
Siége d'Arles	1251	Siége de Poggibonzi	1267
Siége de Marseille	1251	Guerre contre Pise	1268
Expédition de Hainaut	1254	Prise de Porto-Pisano	1268
Prise de Crèvecœur	1254	Prise de Mutrone	1268
Prise du château d'Haussy	1254	Siége de Nocera	1268
Prise de Rupelmonde	1254	Bataille de Tagliacozzo	1268
Siége de Valenciennes	1254	Prise de Lucera	1269
Combat près d'Enghien	1254	Croisade	1270
Prise de Marseille	1259	Siége de Carthage	1270
Prise des chât. du comte Boniface.	1259	Combats contre les Maures	1270
Prise de Turin	1262	Siége de Messine	1283

ARMES : Semé de France, au lambel de gueules à 3 pendants, qui est Anjou, parti de Jérusalem.
DEVISE : Vali.

Charles, neuvième et dernier fils du roi Louis VIII et de Blanche de Castille, naquit de 1220 à 1226. Louis IX, son frère, lui destina, 1245, l'héritière de Provence, et lui confia une armée pour disputer la belle Beatrix à ses rivaux (*). « Louis IX préparait alors sa pieuse expédition. Déjà plein d'ambition et de vastes projets, Charles songeait aussi à la Terre-Sainte, mais en politique plus qu'en chrétien. Il rêvait, de ses ports de Provence, de grands établissements en Orient. Il s'embarqua, prit terre en Égypte (**), combattit et marcha sur le Caire avec le roi et ses croisés. Dans le delta du Nil, où ils se virent enfermés deux mois, le comte d'Anjou fut chargé de la garde du camp au midi. Des nuées de Sarrasins tourbillonnaient autour d'eux, et faisaient pleuvoir le feu grégeois nuit et jour. » « Deux fois, dit Joinville, les machines de guerre, ou chats-châteaux que gardait Charles, comte d'Anjou, frère du roi, furent incendiés en plein jour, dont il étoit si hors de sens, qu'il se vouloit aller férir au feu pour l'éteindre, tant il en fut courroucé (***). » Ayant franchi le canal du Nil, les croisés livrèrent bataille près de la Massoure, où fut tué le comte d'Artois. Anjou combattit près du roi. Le camp des Sarrasins fut forcé et pris ; mais ils revinrent à la charge trois jours après. Le comte d'Anjou, placé le premier sur la route du Caire, eut son *cheval tué* et combattit à pied au milieu de ses chevaliers, sous une pluie de feu grégeois. Assailli, d'un côté, par un escadron de Mameluks, de l'autre par une nuée de fantassins, il était dans le dernier péril, quand le roi s'élança, pour le sauver, au travers des Musulmans et de leur feu. Le comte d'Anjou, lorsqu'on rétrograda, « accourut, dit Joinville, vers une tête de pont que l'ennemi allait forcer et y livra un sanglant combat. » Il fut fait *prisonnier* dans la retraite avec le roi.

A son retour, Charles trouva la plupart de ses villes du midi en révolte : ces municipalités provençales s'étaient, à l'exemple de celles de l'Italie, constituées en républiques. Secondé par son frère Alphonse, Charles attaqua d'abord la république d'Avignon, et la remit sous son joug ; puis

---

(*) Après leur mariage, « le roi, dit Nangis, tint grand'cour de barons et de chevaliers. Mais l'orgueil de Charles d'Anjou n'y fut que médiocrement satisfait : — Mère, dit-il à la reine Blanche, pourquoi donc, en cette cour plénière, ma majesté ne brille-t-elle pas autant que celle de mon frère ? N'ai-je pas de plus que lui d'être né de roi et de reine ? » Charles seul était né apres le couronnement de Louis VIII.

(**) Il s'élança avec le roi à travers les vagues, et se trouva enveloppé sur le rivage par les Sarrasins qui tentèrent de le prendre, en criant : « C'est le frère du roi ! » Il fondit sur eux, en ordonnant de frapper au poitrail des chevaux.

(***) Il se jeta un jour dans le camp des Sarrasins pour y sauver le comte de Forez ; une autre fois, il leur arracha Joinville prisonnier.

il assiégea Arles, qui eut le même sort. Marseille aussi s'était faite indépendante, et elle n'obtint son pardon qu'en sacrifiant ses libertés.

Le comte d'Anjou et de Provence, devenu le bras droit de la régente pendant le séjour du roi en Palestine, exerçait dans tout le royaume une grande autorité. Marguerite, comtesse de Flandre, le pressa de prendre en main la cause de ses enfants d'un second lit contre leurs aînés. Charles embrassa la querelle, et attaqua le Hainaut, que lui offrait la comtesse pour prix de ses services. Valenciennes se défendit à outrance; cinq assauts furent livrés en douze jours, et sans succès. Anjou fut accueilli par d'autres villes; mais il tomba dans deux embuscades que lui tendit le seigneur d'Enghien, et faillit y être tué. Le retour de saint Louis mit fin à cette guerre : il fit consentir les parties à un traité par lequel Anjou renonça au Hainaut moyennant une indemnité d'argent. Retourné en Provence, Charles, dur et avide, eut avec sa belle mère, Béatrix de Savoie (*), une querelle d'intérêt, qui s'envenima par les armes et qui s'apaisa encore par l'intervention de saint Louis. Marseille, pendant l'absence de son seigneur, avait repris ses allures indépendantes. Après un nouveau siége, « le comte Charles, dit Nangis, fit au milieu de la cité, devant tous, couper le chef à tous ceux qui avaient ému le peuple. Il prit par force les châteaux du comte Boniface de Castellane, et le chassa de Provence. »

Déjà Charles avait étendu la main sur une partie du Piémont; il nourrissait de plus grands projets sur l'Italie. La mort de l'empereur Conrad IV venait de laisser le trône de Sicile à un enfant. Mais Rome avait juré la ruine de la maison de Souabe, et Urbain IV, après de longs pourparlers, offrit l'investiture à Charles d'Anjou. Il partit sur ses galères provençales, n'ayant pas trente voiles, et il passa, grâce à d'épais brouillards et à des tempêtes, à travers la flotte gibeline des Pisans. Il entra dans le Tibre, parut à Rome (**), et fut couronné roi de Sicile au Vatican. La croisade fut prêchée contre Mainfroy ou Manfred, le bâtard de Souabe, son ennemi. Bientôt

---

(*) Sismondi, par erreur, dit « Béatrix de Provence, sa belle-sœur. » Il est question ici de Béatrix de Savoie, comtesse douairière de Provence. Charles d'Anjou eut aussi des différends d'héritage avec ses trois belles-sœurs : Marguerite, reine de France; Éléonore, reine d'Angleterre; Sancie, comtesse de Cornouailles et reine des Romains. La comtesse d'Anjou, Béatrix, voulait porter aussi une couronne royale, et excita l'ambition de son mari.

(**) Charles échoua sur les côtes de la Toscane; il reprit la mer sur une simple barque, et entra dans le Tibre avec dix hommes. Manfred était campé autour de Rome, dans les montagnes de Tivoli. Charles d'Anjou sortit de Rome avec mille chevaliers et l'attaqua.

l'armée des croisés arriva de France, ayant en tête la comtesse d'Anjou et Robert de Flandre, son gendre. Elle comptait, au départ, cinq mille chevaux, quinze mille fantassins et dix mille arbalétriers. Charles aussitôt marcha sur Naples, 1266. Il enleva au passage plusieurs forteresses, et atteignit son rival à quelques milles de Benevent. Ce Manfred était d'un sang héroïque, et impatient d'une victoire qui raffermît sa couronne ébranlée. Peut-être eût-il usé les forces de son rival en reculant de ville en ville; mais il aima mieux courir les chances d'un combat. Dès qu'il vit l'attitude de son ennemi, Charles transporté cria à ses chevaliers : « Venu est le jour que nous avons tant désiré ! » Il fit deux corps de son armée, et prit le commandement de l'aile droite; le connétable et Robert de Flandre commandaient l'aile gauche; une réserve était conduite par Philippe de Montfort. Anjou était un peu supérieur en nombre à son rival. Les fantassins de part et d'autre engagèrent l'attaque; les archers sarrasins de Manfred, plus légers, plus rapides, harcelèrent vivement les Français. Puis les escadrons s'élancèrent, jetant des deux côtés leur cri de guerre : Montjoie, chevaliers—Souabe, chevaliers! Ils se heurtèrent avec furie; mais la cavalerie allemande et sarrasine soutint seule le choc : tous les Italiens de Manfred s'enfuirent, et lui-même fut tué dans la mêlée par un chevalier qui ne le connaissait pas. Le sang-froid du comte d'Anjou, la rapidité de ses mouvements, son habileté à poster ses corps et à soutenir à propos leurs attaques, firent son succès à Benevent. Il donna l'ordre, « de frapper aux chevaux, plutôt qu'aux hommes, non du tranchant, mais de la pointe ». Charles d'Anjou mettait le succès avant la chevalerie. Il eut au reste lui-même son *cheval tué* sous lui.

Cette victoire, qui lui donna en quelques heures un royaume, le mit dans un péril extrême : dix chevaliers gibelins avaient fait serment de le tuer; ils percèrent jusqu'à lui dans la mêlée et le combattirent avec fureur. Neuf d'entre eux périrent; et plusieurs furent tués de sa main.

Le vainqueur fut reçu dans Naples en souverain. Selon l'usage des conquérants, il partagea force fiefs et châteaux entre ses compagnons d'armes, et il rançonna durement le pays. Puis il courut à Florence pour y soutenir les Guelfes, ses amis. S'étant fait donner le titre de vicaire général en Toscane, il assiégea Poggibonzi, où s'étaient réfugiés les émigrés gibelins. Il les poursuivit après sur le territoire de Pise, où il emporta plusieurs châteaux de vive force. Pour mettre la dernière main à sa conquête de Naples, Charles attaqua quelques postes sarrasins qui tenaient encore sur les frontières. Il assiégeait Luceria, 1268, quand un nouvel adversaire accourut d'Allemagne et traversa l'Italie. C'était le jeune Conradin, fils de l'empereur Conrad et neveu de Manfred. Ce dernier rejeton des princes de Souabe intéressa l'Italie; les Gibelins se pressèrent sous sa bannière; la Sicile se souleva au bruit de son nom. Il traversa la Lombardie, la Toscane, Rome même, au milieu des populations attendries; et les deux rivaux, se précipitant l'un vers l'autre, se heurtèrent près d'Aquila, dans la plaine de Tagliacozzo. Plus de cinq mille chevaliers, la fleur de la noblesse du Rhin, entouraient le prince de Souabe. En les voyant passer, du haut de son château de Viterbe, le pape avait dit à ses cardinaux : « Ce sont des victimes qui se laissent conduire au sacrifice; » et pourtant Charles d'Anjou n'avait à leur opposer que trois mille hommes de cavalerie. Le champion de l'Église eut recours à une ruse qui lui fut suggérée, dit-on, par un vieux chevalier de Terre-Sainte : il fit revêtir de ses habits et de ses ornements royaux un de ses capitaines, qui lui ressemblait de taille et de visage; il lui fit engager le combat avec deux divisions, tandis que lui-même, caché au fond d'un vallon avec huit cents de ses meilleurs chevaliers, attendit l'issue de la bataille. Les chances étaient pour Conradin : il était trois fois supérieur en nombre, et ses Allemands, ses Italiens, enflammés pour sa cause, enfoncèrent en un instant le faible corps qui osait les affronter. Puis le bruit se répandit que Charles, dans ses habits royaux, venait d'être tué près de sa bannière abattue. C'était en effet le lieutenant du roi qui avait rempli son rôle jusqu'à la mort. Les Gibelins, sûrs de la victoire, ne songèrent plus qu'à dépouiller les morts et à poursuivre les fuyards. Anjou parut à ce moment. Sa troupe, pleine d'impatience et de fureur, renversa tout et enleva le champ de bataille à ses adversaires dispersés. On connaît le tragique dénouement de l'entreprise. Conradin, vendu par un traître comme il abordait le rivage pour passer en Sicile, fut livré à Charles d'Anjou. Fanatique sombre et implacable politique, voyant dans son ennemi l'ennemi de Rome, et servant son intérêt comme sa foi, Charles envoya à l'échafaud ce rejeton des empereurs dont il avait pris l'héritage. Rien ne désarma son cœur de bronze; il voulut être le témoin du supplice. Mais quand le juge lut au condamné sa sentence, Robert, le gendre de Charles d'Anjou, s'élança vers l'échafaud et s'écria en frappant le juge de son épée : « Il ne t'appartient pas, misérable, de condamner à mort si noble et si gentil seigneur. » Conradin avant d'expirer jeta son gant dans la foule ; ce gant fut relevé et porté à don Pedre d'Aragon.

Après s'être rassasié de supplices, Charles mit à la voile pour la croisade, où son frère Louis IX l'attendait. Sa politique et l'intérêt de ses établissements dirigèrent, selon toute apparence, les croisés vers Tunis.

Quand le roi de Sicile aborda en Afrique, la peste avait déjà éclaté dans l'armée, et il prit terre le jour même où saint Louis expira. Il y resta deux mois, négociant avec le roi de Tunis, pour rétablir un tribut qu'il avait payé autrefois à la Sicile. Il y livra nonobstant de nombreux combats aux Maures, les attira dans des embuscades où il détruisit une fois une division de leur armée ; un autre jour il enleva leurs camps, après avoir déjoué une de leurs tactiques. Mais la croisade n'avait plus d'autre objet que de faire consentir le Maure à un tribut ; c'est là ce qui retenait Charles en Afrique, malgré les murmures des croisés. Enfin il arracha son traité, et il partit avec un trésor que la mer engloutit dans la traversée. Charles, toujours à ses projets, songeait à tourner la croisade vers Constantinople, pour disputer aux Paléologues le trône de l'Orient, quand une tempête effroyable fit périr la plupart de ces soldats de la croix ; le reste, encore poursuivi par la peste, atteignit ses ports à grand' peine avec un petit nombre de vaisseaux.

Charles d'Anjou possédait la Provence et la Sicile ; il était l'arbitre de toute l'Italie ; souverain au midi, protecteur des villes guelfes au nord, il y avait supplanté l'empereur d'Allemagne, et voulait détrôner l'empereur d'Orient. Il y préparait ses voies par la Grèce ; il s'emparait aussi de Saint-Jean-d'Acre, pour s'acheminer par là au royaume de Jérusalem. Ses ports lui donnaient l'empire de la Méditerranée. Tant de puissance et tant de projets causèrent à la fin de l'inquiétude à Rome ; le favori de l'Église perdit son appui. On dit aussi cependant que Nicolas III, qui était du noble sang des Orsini, et qui avait l'orgueil de sa race, offrit une de ses nièces à Charles pour l'un de ses petits-fils. « Croit-il donc, répondit Anjou, parce qu'il porte une chaussure rouge, que son sang soit digne de se mêler avec le mien ? » Ces mots furent rapportés au pape, qui, dans sa colère, fit alliance avec Rodolphe de Hapsbourg, pour le mettre aux prises avec le roi de Sicile. Prenant en main les droits de l'Empereur, le pape, devenu Gibelin, déposséda l'ami des Guelfes des prérogatives et des pouvoirs qu'il s'était arrogés sur la haute Italie. Charles obéit et rendit tout sans murmurer. Il étonna Rome par sa modération et sa patience. Aussi le pape, qui voulait le pousser à bout, s'écria déconcerté : « A la vaillance de la maison de France, à l'adresse de celle d'Espagne, il joint la retenue dans le langage qu'il a apprise à la cour de Rome. Jamais nous ne pourrons triompher de lui. »

La mort de Nicolas délivra le roi de Sicile d'un redoutable ennemi ; il prit ses mesures pour s'assurer son successeur. Après cinq mois de brigues et de cabales, Charles fit enfoncer, à Viterbe, les portes du conclave, et enlever deux cardinaux ses ennemis : il les jeta en prison. Ce coup de main lui donnant la majorité, il fit élire un Français, Martin IV, qui se donna tout entier à celui dont il tenait la tiare. Il le nomma sénateur de Rome ; puis excommunia l'empereur Paléologue, pour préparer la route de Constantinople à son ami. Charles était prêt à porter en Grèce une armée, quand la terrible nouvelle des Vêpres siciliennes vint le surprendre dans Rome, où il était alors. Il en fut si atterré qu'il s'écria : « Sire Dieu ! puisqu'il t'a plu de m'envoyer la fortune contraire, qu'il te plaise aussi que ma décadence ne se fasse qu'à petits pas. »

Le sceptre d'Anjou avait pesé dix-huit ans sur la Sicile ; c'est là qu'il avait été le plus rude et le plus lourd. Charles l'avait écrasée d'impôts ; il avait spolié les familles et partagé tous les beaux domaines à ses Français ; il avait noyé dans le sang la révolte des villes qui s'étaient émues pour Conradin.

Don Pèdre d'Aragon, mêlé aux complots des Siciliens, avait mis en mer une flotte puissante pour appuyer le soulèvement ; il avait couvert ses apprêts du prétexte d'une croisade, et il attendait sur les côtes d'Afrique le moment favorable d'aborder en Sicile. Charles d'Anjou, tout occupé de la Grèce, avait manqué autour de lui de vigilance et d'attention.

Sa flotte, formée de cent vingt galères, était à l'ancre dans le port de Brindes, pour ses projets sur l'Orient. Ce ne fut qu'au bout de trois mois qu'il put aborder en Sicile ; il débarqua devant Messine avec cinq mille gens d'armes et un gros corps d'infanterie. La ville, après plusieurs assauts, implora une amnistie, en offrant sa soumission. Charles lui fit réponse de se défendre à toute extrémité. Il voulait, dans sa haine, l'emporter de vive force et l'avoir à merci. Mais cette fureur de vengeance lui coûta son royaume. Don Pèdre d'Aragon, débarqué à Trapani, et couronné roi de Sicile, fit passer dans Messine cinq cents Almogavares, montagnards intrépides, qui entrèrent demi-nus dans la place en escaladant de rochers en rochers. A force d'audace, de patience et de ruses, ils prolongèrent la résistance, tandis qu'un terrible adversaire s'avançait vers Charles d'Anjou : c'était Roger dell'Oria, le plus fameux des hommes de mer du temps. Il entra dans le détroit avec la flotte d'Aragon ; ses galères étaient armées en guerre et prêtes au combat. Charles, ne s'attendant pas à l'attaque, n'avait que des bâtiments de transport, tous désarmés. A l'approche de Roger, il embarqua à la hâte son armée, et repassa le détroit en frémissant. Il débarquait à peine, quand l'amiral aragonais attaqua ses galères près du rivage de Calabre et brûla tout sous ses yeux. Charles, hors de lui, poussait des cris de fureur devant l'incendie de sa flotte, et mordait dans son délire son sceptre qu'il tenait dans sa main.

Vaincu sans avoir pu combattre, d'Anjou n'eut plus confiance qu'en lui-même ; il voulut faire dépendre tout de son épée, et il offrit au roi d'Aragon un combat à outrance, avec sa couronne de Sicile pour enjeu. L'Espagnol accepta avec joie ; ils convinrent, par traité, de se trouver à Bordeaux le 15 de mai 1283, chacun avec cent chevaliers, sous la garantie du roi d'Angleterre. Celui qui manquerait au rendez-vous s'engageait à être partout honni comme traître et chevalier félon. Charles vint faire à Paris ses préparatifs de combat ; ses talents, sa valeur, ses royaumes conquis, l'avaient rendu populaire en France ; sa haute fortune semblait rejaillir sur ce pays. Tous les chevaliers accoururent. Déjà au premier bruit des événements de Sicile, les comtes d'Alençon (*) et d'Artois ses neveux, avec tous leurs vassaux et force seigneurs, étaient partis pour l'Italie. Anjou, qui avait alors plus de soixante ans, entra dans Bordeaux avec ses cent chevaliers couverts de superbes armures, et il attendit le roi d'Aragon. Le jour fixé arriva et don Pèdre ne parut

(*) L'*Histoire généalogique* du P. Anselme dit que Pierre d'Alençon, cinquième fils de saint Louis, qui marcha au secours de son oncle d'Anjou, mourut à Salerne en 1283. Mais les *Annales d'Aragon* rapportent que ce prince s'étant avancé au milieu des villes insurgées, jusqu'à la pointe de la Calabre, les Almogavares qui étaient dans Messine, passèrent le détroit pendant la nuit, surprirent dans sa tente, à la Catona, le comte d'Alençon et l'égorgèrent.

point : peut-être n'avait-il accepté que pour gagner du temps. Villani toutefois rapporte qu'il vint à Bordeaux seul et déguisé, se présenta au sénéchal d'Angleterre et lui déclara que, le champ-clos ne lui étant pas suffisamment garanti, il se tenait pour dégagé de sa promesse. Après quoi il reprit au galop la route d'Aragon, et fit quatre-vingt-dix milles sans s'arrêter. Charles, trompé, reprit la route de Naples, avec l'espoir de se venger par une bataille. Mais il n'y avait plus à compter sur la fortune. Quand il parut avec ses galères provençales en vue de Gaëte, il apprit que son fils le prince de Salerne avait hasardé la veille une bataille sur mer, où il avait été vaincu et fait prisonnier. « Que n'est-il mort, s'écria le père, puisqu'il a failli à nos commandements ! » Charles réunit en hâte cent dix navires, et se prépara à passer en Sicile. Mais sa confiance en lui-même avait faibli ; il était frappé du sentiment de sa décadence ; il hésita, négocia, et laissa passer la saison. Dévoré de chagrins, il tomba malade à Foggia, et y mourut en janvier 1285.

Ce grand ambitieux croyait n'avoir jamais agi que pour la gloire de Dieu ; au lit de mort, il disait à l'hostie : « Sire Dieu, je crois vraiment que vous êtes mon Sauveur... Je fis la prise du royaume de Sicile moins pour mon profit que pour servir la sainte Église. »

On est frappé de ce portrait de Charles d'Anjou tracé par Villani : « Il était sage au conseil, preux dans les armes, sévère et redouté de tous les rois, magnanime et de hautes pensées qui l'égalaient aux plus grandes entreprises ; inébranlable dans l'adversité, ferme et fidèle dans ses promesses, parlant peu et agissant beaucoup, ne riant jamais, décent comme un religieux, zélé catholique, âpre à rendre la justice, dur dans ses regards. Sa taille était grande et nerveuse, sa couleur olivâtre, son nez fort grand... Il ne dormait presque point... Jamais il ne prit de plaisir aux mimes, aux troubadours... »

Tel était ce frère de saint Louis, l'une des fortes figures du moyen âge. Saint Louis et Charles d'Anjou en sont comme les deux types opposés.

Femmes : 1. Béatrix de Provence, fille et héritière de Raymond-Béranger, comte de Provence, morte en 1267 ; — 2. Marguerite de Bourgogne, fille d'Eudes, comte de Nevers, morte en 1308. *Il eut de la première* : 1. Louis, mort enfant ; — 2. Charles II (qui suit) ; — 3. Philippe, roi de Thessalonique, mort en 1277 sans postérité de sa femme, Isabelle de Villehardouin ; — 4. Robert, mort en 1265 ; — 5. Blanche, mariée à Robert III, comte de Flandre ; — 6. Béatrix, femme de Philippe Ier de Courtenai, empereur de Constantinople ; — 7. Isabelle ; — 8. Marie, que les annales de Hongrie disent avoir été mariée à Ladislas IV, roi de Hongrie.

XIII.

Charles II, dit le Boiteux

COMTE D'ANJOU ET DE PROVENCE, ROI DE SICILE.

SERVICES.

Guerre contre les Aragonais	1284	Campagne en Montferrat	1306
Comb. nav. contre Roger dell'Oria	1284	Bataille de Vignal	1306
(*Prisonnier*.)			

Charles II, né en 1246, porta d'abord le titre de prince de Salerne, et fut gouverneur de Provence. Il fit un voyage à Paris, qui donna lieu à ce tournoi où Robert, comte de Clermont, fut blessé. A la nouvelle des Vêpres Siciliennes, le prince de Salerne courut au secours de son père. Celui-ci s'en vint en France, pour l'armement de ses flottes provençales et son défi au roi d'Aragon, laissant la régence du royaume à son fils. Roger dell'Oria, cet amiral qui avait incendié la flotte du roi Charles, vint, avec quarante-cinq galères, jusque dans la baie de Naples, pour attirer le fils à quelque combat. Celui-ci ne put se contenir devant les défis et les injures de l'ennemi. Malgré les ordres de son père, il se jeta sur un vaisseau, se fit suivre comme il put de ses Napolitains, et alla attaquer dell'Oria. L'amiral fit une feinte retraite pour l'attirer au large, puis se retournant alors, fondit sur lui brusquement. Le combat ne fut pas long : les galères de Sorrente s'enfuirent au premier choc, et les Français furent enveloppés ; trente de leurs galères furent coulées bas ou capturées, et le prince fut fait *prisonnier* par les Siciliens, 1283 (*).

Charles, conduit en Sicile, y fut condamné à mort par les États, en expiation du supplice de Conradin ; mais la reine Constance empêcha l'exécution, avant le retour de don Pèdre d'Aragon, qui lui fit grâce, et envoya son prisonnier à Barcelone. Il y resta quatre ans, et sortit de sa

---

(*) On raconte qu'après cette victoire, Roger dell'Oria restant à parader dans la baie de Naples, les habitants de Sorrente lui envoyèrent une députation pour le féliciter et lui offrir des présents. Les députés introduits sur le vaisseau amiral, en voyant là le prince Charles vêtu de riches habits et entouré de ses barons, ne doutèrent pas que ce ne fût dell'Oria ; ils se mirent à genoux et lui présentèrent des figues et deux cents pièces d'or ; ils lui dirent : « Messire l'amiral, accepte, de la part de la communauté de Sorrente, ces fruits et ces monnaies ; et « sache que nous fûmes les premiers à donner à tes ennemis le signal de la fuite. Ah ! plût à Dieu que tu eusses « pris le père aussi bien que le fils ! » Charles, malgré son affliction, ne put s'empêcher de rire de cette méprise. « Pour Dieu, s'écria-t-il, voilà des gens bien fidèles à monseigneur le roi ! » (Sismondi, *Rép. ital.*, t. 4, p. 47.)

prison pour régner, mais non pour recommencer la lutte. Malgré les instances belliqueuses du pape Nicolas V et du comte d'Artois, il conclut une trêve avec don Jayme d'Aragon, 1289. Las de cette guerre, où il avait vu sa liberté et sa tête compromises, où l'un de ses fils venait encore d'être fait prisonnier, il n'aspirait qu'à laisser la Sicile pour recouvrer le repos. Il la céda, par traité conclu en 1302, à Frédéric d'Aragon, qui épousa l'une de ses filles, Éléonore d'Anjou.

Charles visitait souvent son comté de Provence; il y eut quelques démêlés avec le marquis de Montferrat; il prit les armes et le défit à Vignal, 1306. Il étendit ses domaines de ce côté, et se donna le titre de comte de Piémont.

Charles mourut à Naples en 1309. Ce fils du sombre et ambitieux Charles d'Anjou ressemblait peu à son père; bienveillant, doux, voluptueux, il se fit fort aimer de son peuple napolitain; mais il dérangea ses finances par un luxe déréglé.

Femme : MARIE DE HONGRIE, sœur et héritière de Ladislas IV, roi de Hongrie, morte en 1325. *Il eut d'elle* : 1. CHARLES, *qui a fait la branche des rois de Hongrie* (*voy.* page 44); — 2. LOUIS, évêque de Toulouse, né en 1275, qui mourut en 1298 en odeur de sainteté et fut canonisé par le pape Jean XXII; —3. ROBERT, roi de Naples (qui suit); — 4. PHILIPPE, prince de Tarente, *qui donna origine à la branche de ce nom* (*voy.* page 44); — 5. RAYMOND-BÉRANGER, mort en 1307; — 6. JEAN, mort jeune; — 7. TRISTAN, *id.*; — 8. JEAN, *souche des ducs de Duraz* (*voy.* page 44); — 9. PIERRE (1); — 10. MARGUERITE, première femme de Charles de France, comte de Valois; — 11. BLANCHE, mariée à Jacques II, roi d'Aragon, morte en 1310; — 12. ÉLÉONORE, mariée à Philippe de Tocy, ensuite à Frédéric III d'Aragon, roi de Sicile; — 13. MARIE, qui épousa d'abord Sanche d'Aragon, roi de Majorque, puis Jaymes d'Aragon, seigneur de Xérica; —14. BÉATRIX, mariée à Azzon, seigneur d'Este, puis à Bertrand de Baux, comte d'Andrie.

Fils naturel : GALÉAS.

---

(1)   PIERRE D'ANJOU, DIT TEMPÊTE, COMTE DE GRAVINA.

SERVICES.

| Guerre contre les Gibelins............ | 1315 | Bataille de Montécatini. (Il y fut tué.).. | 1315 |

Pierre, le plus jeune des fils de Charles II, fut envoyé avec trois cents gens d'armes, par le roi Robert, pour soutenir les Florentins attaqués par les Gibelins de Pise; mais ce secours était insuffisant, et il fut rejoint par son frère Philippe de Tarente et par son fils; Philippe prit le commandement de l'armée florentine, et les trois princes se mirent en route pour faire lever le siège de Montécatini. Les Pisans les attaquèrent par surprise, et malgré leur défense désespérée, les Florentins furent défaits. Pierre d'Anjou fut *tué*, ainsi que Charles de Tarente son neveu.

XIV.

Robert d'Anjou=Sicile, dit le Bon et le Sage

ROI DE SICILE.

SERVICES.

Guerre en Sicile...............	1298
Bataille navale d'Orlando........	1298
Prise de Catane................	1299
Siége de Syracuse.............	1299
Prise de plusieurs places	1299
Prise de Termoli...............	1302
Siége de Sacca................	1302
Guerre contre les Gibelins	1305
Siége de Pistoia.............	1305-06
Expédition en Sicile..........	1314
Prise de Castellamare........	1314
Siége de Trapani.............	1314
Défense de Gênes............	1318-19
Combat contre Marc Visconti...	1319
Expédition en Sicile..........	1338

Robert, troisième fils de Charles II, s'empara, en 1309, à la mort de son père (*), de la couronne de Naples au préjudice de son neveu Charobert, issu d'un frère aîné, et qui depuis régna en Hongrie.

Robert, alors duc de Calabre, fut envoyé en Sicile contre Frédéric d'Aragon, 1298. Il y fut heureux d'abord : associé à Jaymes II, roi d'Aragon, ils battirent les Siciliens à Orlando, 1298, prirent Catane et treize autres villes, et conquirent une grande partie de ce pays, 1399. Mais son frère Philippe ayant été battu et pris à Falconara, Robert se replia sur Naples. Charles, comte de Valois, arriva de France à son secours, 1302; ils prirent Termoli et quelques places, et mirent le siége devant Sacca. Frédéric, habile capitaine, ayant trop peu de troupes pour risquer la bataille, se mit à les harceler, enlevant leurs convois, les épuisant de marches continuelles. Il leur fallut bientôt demander la paix, 1302.

Florence, cette ville des Guelfes, voulant réduire Pistoia, soumise aux Gibelins, demanda des troupes et un général au roi Charles II, protecteur des Guelfes, comme son père; il leur envoya son fils Robert de Calabre avec trois cents cavaliers catalans et un corps nombreux d'Almogavares, ces hardis montagnards d'Aragon, 1305. Robert fit le siége de Pistoia, et bâtit une enceinte autour de la ville pour empêcher aucun

---

(*) Conformément à l'ordre généalogique que nous avons suivi pour les rois de France, nous plaçons ici, sans interruption, tous les rois de la première maison d'Anjou qui ont occupé le trône de Naples, en les détachant de la branche dont ils sont issus. Ceux de leurs ancêtres qui n'ont point occupé le trône sont placés à la suite des rois, selon l'ordre généalogique qui leur appartient. Cette méthode, appliquée dans l'*Histoire généalogique* du P. Anselme aux rois de France, n'y est point suivie pour les rois de Sicile, ni pour ceux de Portugal : c'est une des irrégularités de ce livre qui contribuent à sa confusion.

convoi d'y arriver. Après dix mois d'entreprises, Clément V ordonna aux Florentins et à leur chef de se retirer; Robert seul obéit, et Pistoia capitula. Après son départ, Robert, chef du parti guelfe, était, quand il monta sur le trône, le plus puissant prince d'Italie; le pape le nomma vicaire impérial, et Florence, pour s'assurer son appui contre les Gibelins, lui décerna la Seigneurie. Robert, tout occupé en Sicile, 1314, où il prit quelques villes et assiégea vainement Trapani, envoya, comme on l'a vu précédemment, ses deux frères au secours de Florence, quand elle fut attaquée par Uguccione et les Pisans.

Gênes, ville guelfe, était, en 1318, assiégée par Marco Visconti et tout le contingent des Gibelins; le roi Robert, qui jusqu'alors avait fait combattre ce parti par ses généraux, voulut aller à Gênes en personne; il arma une flotte de vingt-cinq galères et partit avec deux de ses frères. Il débarqua avec douze cents gens d'armes. Les Génois, enthousiasmés, lui décernèrent la Seigneurie pour dix ans. Le siége fut une suite de combats acharnés; mais Robert ne pouvant, dans ses fréquentes sorties, manœuvrer sa cavalerie au milieu des montagnes, fit un débarquement à quelques milles de Gênes, et tomba sur les assiégeants. Marco Visconti décampa, et le roi Robert s'en alla visiter son comté de Provence. Il fit une dernière tentative en Sicile contre Frédéric, en 1338. Robert fut un des princes célèbres de son temps : son administration habile et ferme, son savoir, ses talents, son commerce avec les poëtes et les lettrés, lui firent une auréole brillante. Pétrarque, avant son triomphe, voulut être jugé par le docte roi de Naples qui, après trois jours d'examen, « le déclara digne du laurier poétique. » Robert mourut fort âgé, en 1343.

Femmes : 1. IOLANDE D'ARAGON, fille de Pierre Ier, roi d'Aragon, morte en 1302; — 2. SANCIE D'ARAGON, fille de Jaymes II, roi de Majorque, morte en 1345. *Il eut de la première :* 1. CHARLES, duc de Calabre (qui suit); — 2. LOUIS, mort enfant en 1310.

Fille naturelle : MARIE *fut aimée du célèbre poëte Boccace, et eut la tête tranchée, en 1382, par ordre de Charles de Duraz, comme complice de la mort du roi André.*

XV.

Charles d'Anjou-Sicile
DUC DE CALABRE.

SERVICES.

Expédition en Sicile............ 1318 | Combat contre Frédéric d'Aragon. 1324

Armes : D'Anjou-Sicile, parti de Jérusalem à la bordure d'argent.

Charles, duc de Calabre, fils unique du roi Robert, naquit en 1298. Il demeura comme vice-roi à Naples en 1318, quand son père quitta le royaume pour la défense de Gênes. Il renouvela une tentative en 1325, contre Frédéric d'Aragon. Mais sa campagne fut sans fruit, comme tant d'autres. Charles eut quelques succès et battit son adversaire dans une rencontre; mais la Sicile n'en resta pas moins aux mains de l'Aragonais. Florence lui donna la Seigneurie comme à son père. Charles de Calabre y fit une première entrée avec deux cents chevaliers et quinze cents gens d'armes. Mais il montra plus d'ardeur à prélever des taxes qu'à marcher aux ennemis. Charles mourut en 1328, avant son père, le vieux roi Robert.

Femmes : 1. Catherine d'Autriche, fille de l'empereur Albert Ier, morte en 1323; — 2. Marie de Valois, fille de Charles de France, comte de Valois, morte en 1328. *Il eut de la seconde* : 1. Charles-Martel, né et mort en 1327; — 2. Jeanne Ire, reine de Naples et de Sicile (*); — 3. Marie, morte jeune; — 4. Marie, née posthume, qui épousa : 1° Charles d'Anjou-Sicile, duc de Duraz; 2° Robert de Baux; 3° Philippe d'Anjou-Sicile, prince de Tarente, et mourut en 1366.

(*) Jeanne Ire succéda, à seize ans, au vieux roi Robert, son grand-père, qui lui fit épouser son cousin André, fils de Charobert d'Anjou, roi de Hongrie. (*Voy.* page 447.) Une rivalité jalouse troubla bientôt leur union. André, petit-fils de Charles-Martel, qui était le frère aîné du roi Robert, prétendait être l'héritier légitime du trône de Naples; le père d'André, Charobert, ayant été supplanté par Robert son oncle, en vertu d'un testament de

Charles II. Jeanne, de son côté, et les princes du sang, ses cousins, soutenaient que la succession de Robert avait été légitimée par l'approbation du pape en 1309. La violence du caractère d'André, l'ambition des princes qui dirigeaient le parti de la reine, firent éclater la discorde entre les deux époux; Jeanne, éprise d'une passion violente pour Louis de Tarente son cousin, consentit à un complot contre les jours de son mari dont elle redoutait la vengeance. André, attiré hors de sa chambre pendant la nuit, fut assailli dans un corridor par les conjurés qui, après l'avoir frappé, le précipitèrent par une fenêtre où leurs complices achevèrent de l'étrangler, 1345. Jeanne s'enfuit en Provence pour échapper aux vengeances du roi de Hongrie. (*Voy.* Louis-le-Grand, page 4.) Après une vie pleine de catastrophes et de désordres, Jeanne périt étranglée par Charles Duraz, en 1382. Cette reine, dont l'esprit et la beauté furent célébrés par Boccace, ne trempa que par faiblesse dans le meurtre de son mari; elle chercha, au milieu de ses remords, à le retenir au moment où les conjurés l'appelaient pour consommer le crime.

Elle avait épousé : 2° Louis de Tarente, son cousin; après sa mort, Jeanne lui donna pour successeurs, 3° Jacques d'Aragon, puis 4° Othon de Brunswick. Jeanne *eut de son premier mari :* Charles-Martel, né posthume, qui mourut au berceau en 1347; *du second :* Catherine et Françoise, mortes enfants.

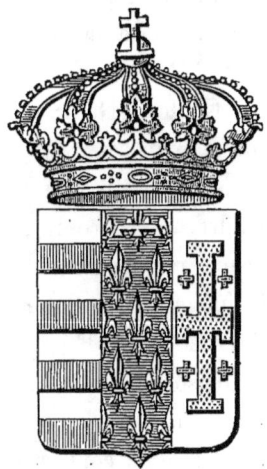

XVI.
Charles III de Duraz, dit le Petit
ROI DE SICILE ET DE HONGRIE.

SERVICES.

Guerre contre les Vénitiens	1379	Comb. contre Othon de Brunswick.	1381
Siége de Trévise	1379	Combat sur l'Ofanto	1384
Conquête de Naples	1384	Siége de Nocéra	1384
Prise d'Arezzo	1384	Comb. contre Raymond des Ursins.	1385
Prise du château de l'OEuf	1384		

ARMES : Tiercé en pal. Au 1 fascé d'argent et de gueules de huit pièces, qui est Hongrie. Au 2 d'Anjou. Au 3 de Jérusalem.

Charles de Duraz, fils de Louis d'Anjou, comte de Gravina, naquit en 1345. Ce prince fut élevé en Hongrie, auprès de Louis-le-Grand, son cousin, qui, n'ayant point de fils, l'institua son héritier. Charles prit à son école l'amour de la guerre et une haine ardente contre la reine Jeanne, pour le meurtre d'André de Hongrie, son mari.

Charles de Duraz (*) partit en 1379, à la tête de dix mille hommes, pour combattre les Vénitiens souvent en guerre avec Louis-le-Grand : il mit le siége devant Trévise, qui se défendit longtemps. Duraz, poussé vers Naples par le pape Urbain VI, qui voulait détrôner Jeanne, traita avec Venise, en 1381, et reçut à cette occasion le surnom de Charles de la Paix. Libre de ce côté, il marcha vers Naples; il prit Arezzo en passant et fit amitié avec Florence, puis rentra dans Rome, où le pape le couronna roi de Sicile. Toutes les villes de la Pouille ouvrirent leurs portes au nouveau roi; Jeanne s'enfuit dans le Château-Neuf; son mari Othon de Brunswick s'avança pour combattre, mais ses troupes l'abandonnèrent et il fut fait prisonnier, 1381; Jeanne alors se livra à son neveu; et Charles, qui ne se contentait pas de prendre une couronne, mais qui venait venger un meurtre commis depuis trente ans, ordonna d'étouffer Jeanne sous des coussins, 1382. Cette mort fut le signal d'une autre lutte : Jeanne s'était institué un vengeur : c'était ce Louis de France (voy. p. 200), qui devait être le chef d'une seconde maison d'Anjou.

Adopté par Jeanne, Louis partit de France quelques mois après sa mort avec une puissante armée, et le duel commença entre les deux maisons. Mais Charles de Duraz n'avait pas cette héroïque ardeur qui perdit Manfred, à l'époque du premier Anjou. Il fit la guerre en politique, garnit ses places, évita le combat, laissa l'armée de son adversaire s'épuiser par les fatigues et le climat, 1384.

Charles III, délivré de ce rival, en trouva bientôt un autre dans le pape qui l'avait couronné : Urbain VI (**) voulait régner à sa place, au

(*) Sismondi, dans l'*Histoire des Rép. ital.*, t. 7, p. 155, le donne comme petit-fils de Charles, duc de Duraz, qui avait été décapité, en 1348, par ordre du roi de Hongrie. Il n'était que son neveu, étant le fils de son frère le comte de Gravina. Charles III, du reste, était l'héritier légitime du trône de Naples, comme le seul descendant mâle des princes de la maison d'Anjou, qui avaient régné à Naples et en Hongrie. Il joignit à son droit de dernier des mâles, le droit de sa femme qui était fille de la sœur de la reine Jeanne 1re.

(**) Ce fut ce pontife qui occasionna le long schisme de cette époque ; son despotisme était tel, que ses cardinaux, poussés à bout par son insolence, s'enfuirent de Rome et élurent un antipape. Jean de la Grange, cardinal-évêque d'Amiens, que ce pape traitait de voleur en plein conseil, lui répondit en gentilhomme français : « Tu en as menti, comme un Calabrais. » Urbain VI créa d'autres cardinaux ; mais ceux-ci ne purent s'habituer davantage à ses extravagances et à ses brutalités. Comme ils étaient enfermés avec lui dans le château de Nocéra, le pape fit saisir six d'entre eux, les soumit à d'horribles tortures auxquelles il assistait en disant son bréviaire. Arrivé à

point qu'il quitta Rome et s'en vint à Naples : établi avec ses cardinaux dans les châteaux d'Averse, de Nocera, pendant la lutte de Charles avec Louis d'Anjou, il administrait, réglait les impôts, donnait des principautés à sa famille, et menaçait le roi de le précipiter du trône. « Charles jura à la fin qu'il gouvernerait par ses propres conseils un royaume qu'il avait conquis par sa seule épée, » et il assiégea le pape dans Nocéra. Chaque jour le furieux pontife se mettait aux fenêtres du château avec un cierge et une clochette à la main, maudissant et excommuniant tous ceux qui l'assiégeaient. Au bout de huit mois, Raymond des Ursins fit lever le siége par une attaque imprévue, et le pape prit enfin la fuite sur des navires génois.

Délivré de ses dangereux ennemis, Charles, adroit politique, se fût affermi en Italie si l'ambition ne l'eût jeté dans une entreprise où il périt. Quoique Louis-le-Grand l'eût reconnu pour son héritier, la fille aînée de Louis fut couronnée *roi* par la diète de Hongrie. Charles III, accourant, s'y fit proclamer de son côté. La jeune reine et sa mère dissimulèrent : une fête leur servit de prétexte pour attirer Charles dans leurs appartements; en entrant il y fut renversé d'un coup de sabre, et ses amis furent massacrés. Il ne périt pas de ses blessures, mais enfermé à Wisgrade, il y mourut empoisonné, 1386. Sa mort fut aussitôt vengée : la reine-mère fut précipitée dans une rivière, sa fille fut jetée dans une prison, et toutes leurs femmes furent livrées à la brutalité d'une horde de Croates par un seigneur partisan de Charles III.

Femme : Marguerite d'Anjou-Duraz, fille de Charles, duc de Duraz et de Marie d'Anjou-Sicile, sœur de la reine Jeanne Ire, morte en 1412. *Il eut d'elle :* 1. Ladislas (qui suit); — 2. Marie, morte enfant; — 2. Jeanne II, reine de Sicile (*).

Gênes avec ces malheureux, il en fit jeter plusieurs à la mer enfermés dans des sacs, et les autres furent étranglés. Ce pape avait un neveu, nommé Butillo, pour lequel il était moins sévère. Butillo força un jour l'entrée d'un couvent, et y viola une religieuse de haute naissance et de grande vertu; on en porta plainte au pape, qui répondit : « Bon, ce n'est qu'un feu de jeunesse. »

(*) Cette princesse, née en 1371, succéda à son frère Ladislas en 1414. Elle eut une vie de désordres et de vicissitudes presque semblable à celle de la reine Jeanne Ire, dont elle était petite-nièce. Elle avait épousé d'abord Guillaume l'Ambitieux, duc d'Autriche, puis Jacques II, comte de la Marche (*voy.* page 335). Jeanne II mourut en 1435, ayant institué Réné d'Anjou pour son héritier universel.

XVII.

Ladislas d'Anjou-Duraz, dit le Victorieux

ROI DE SICILE ET DE HONGRIE.

SERVICES.

Guerre contre Louis II d'Anjou... 1392	Prise d'Ascoli................. 1408
Prise d'Aquila 1392	Guerre contre Florence......... 1409
Bataille de Monte-Corvino....... 1394	Siége d'Arezzo................. 1409
Siége de Naples................ 1395	Siége de Monte-Sansovino....... 1409
Conquête de ce royaume......... 1399	Prise de Cortone............... 1409
Prise de Tarente............... 1399	Guerre contre Louis d'Anjou...... 1410
Prise de Naples................ 1400	Bataille de Rocca-Secca......... 1411
Prise du Château-Neuf.......... 1401	Prise de Rome................. 1413
Combat dans Rome............. 1405	Prise de Sutri 1413
Prise d'Ostie 1408	Prise de Viterbe............... 1413
Prise de Rome................. 1408	Prise de Lodi.................. 1413
Prise de Pérouse............... 1408	Prise de Pérouse............... 1413

Devise : Aut Cæsar, aut nihil.

Ladislas, né en 1375, avait dix ans à la mort de Charles III, son père. Sa mère, qui était restée à Naples, s'enfuit avec l'enfant et se réfugia à Gaëte (*).

Ladislas fut élevé au milieu des factions de l'Italie, au milieu des périls et des luttes; il passa par toutes les épreuves. Trempé dans la guerre, dans l'intrigue, prêt à tout entreprendre, il fut l'un des types des princes italiens. Il portait les armes dès l'âge de dix-sept ans, 1392, et il fut heureux. Il continua la lutte entamée entre son père et la nouvelle branche d'Anjou, prit Aquila et fut vainqueur à Monte-Corvino. Louis II d'Anjou et son frère Charles trouvèrent dans Ladislas un adversaire qui, par force ou par ruse, reconquit le terrain pied à pied. Il prit Tarente, 1399, rentra dans Naples, assiégea le duc d'Anjou dans le Château-Neuf, et le força de repasser en France. Après qu'il eut mis la dernière main à son rétablissement, Ladislas fut appelé à un nouveau trône. Les nobles hongrois, attachés à la mémoire de son père, las des violences de Sigismond, le mari de leur reine, l'avaient saisi et jeté dans une forteresse. Ladislas, appelé par eux, fut couronné à Zara, en 1403; mais

---

(*) Deux enfants de même âge, Ladislas et Louis II d'Anjou, portaient le titre de rois de Naples, l'un et l'autre sous la tutelle de leur mère; c'était une époque de confusion universelle; à côté de ces deux rois, il y avait deux papes, deux empereurs d'Allemagne, une guerre civile en Angleterre, d'orageuses minorités en Espagne, et en France un roi qui était en démence, Charles VI.

Sigismond reparut, ressaisit la couronne, et son rival, déjà préoccupé d'autres projets, se détourna de la Hongrie. Il avait jeté les yeux sur les États Romains : le schisme, enfantant l'anarchie, favorisait ses projets. Appelé par les Colonna, 1405, Ladislas parut à Rome et demanda la Seigneurie ; le peuple accueillit mal sa demande, et jeta hors des murs, après une lutte violente, Ladislas et ses soldats.

Ne déguisant plus ses projets de conquête, il revint à la charge avec douze mille cavaliers et autant de fantassins ; il fit garder par quatre galères l'embouchure du Tibre, et attaqua d'abord Ostie, qui se défendit bien et capitula après sept jours de siége. Rome lui fut livrée par quelques traîtres qui firent une brèche aux murs pendant la nuit : le pape eut à peine le temps de fuir. Pérouse ne résista guère ; Lodi, Ascoli, presque toute la Romagne, tombèrent sous le joug de Ladislas. Son ambition croissait avec ses succès : il ne se contentait plus du royaume d'Italie, il aspirait à l'Empire, déchiré aussi entre les partis de Wenceslas et de Robert. Il avait fait peindre sur ses étendards son orgueilleuse devise : *Aut Cæsar, aut nihil.* Florence seule osa résister. « Quelles troupes avez-vous donc « que vous puissiez m'opposer ? demanda-t-il à ses envoyés. — Les « tiennes! » répondit l'un d'eux. Ladislas, en effet, n'avait que des mercenaires, et Florence était assez riche pour surenchérir ; elle lui enleva une partie de ses condottieri (*). Ladislas avait cependant douze à

(*) La guerre alors se faisait, dans toute l'Italie, au moyen de soldats étrangers et de condottieri. Les gouvernements se trouvaient, par ce moyen, toujours prêts à la guerre, sans avoir eu besoin d'enrégimenter d'avance et de discipliner leurs troupes. Ils pouvaient remplacer avec de l'argent une armée battue, et faire cesser toute dépense militaire le jour où ils signaient la paix.

« Les citoyens des villes ne pouvaient être appelés sous les drapeaux qu'en cas d'un danger pressant... Ainsi les soldats mercenaires étaient toujours en guerre, tandis que les milices bourgeoises étaient presque toujours en paix... Cette différence inspirait une haute estime pour un métier que peu de gens semblaient en état de faire. Aussi la paie d'aucun ouvrier, dans les professions lucratives, n'égalait celle d'un soldat. On payait à chaque lance de treize à seize florins par mois, ce qui faisait, poids pour poids, environ soixante francs par homme ; et, eu égard à la rareté de l'argent, qui valait quatre fois plus qu'aujourd'hui, environ dix louis par mois. Le cavalier fournissait, il est vrai, son cheval et ses armes... Parmi les condottieri allemands, français, anglais, qu'on avait vus en Italie se placer au premier rang, plusieurs étaient sortis des classes les plus pauvres. Les Italiens firent des fortunes plus surprenantes encore... Albéric de Barbiano fut le premier qui forma des mercenaires italiens... Il organisa la fameuse compagnie de Saint-Georges, qui fut regardée comme la plus grande école de l'art militaire en Italie. On rapporte que Sforza Attendolo, paysan du village de Cotignola, engagé par des soldats qui passaient à entrer dans leur compagnie, jeta sa pioche sur un chêne, déclarant que si elle retombait il demeurerait paysan ; mais que si elle restait suspendue à l'arbre, il accepterait ce présage comme celui de sa grandeur future. L'instrument ne retomba point, et Sforza se fit soldat. Son petit-fils, duc de Milan, disait à Paul Jove : « Toutes ces grandeurs dont on me voit entouré, ces soldats et ces richesses, je les dois aux branches d'un chêne qui retinrent la pioche de mon aïeul. » Sismondi, *Rép. ital.*, t. 8, p. 67 et suiv.

quinze mille chevaux en entrant en campagne, 1409. Il échoua devant Arezzo et d'autres villes ; Cortone seule lui ouvrit ses portes. Mais les Florentins lui laissaient peu de repos; lui faisant une guerre d'embuscades, enlevant ses convois, ils le forcèrent à la fin de battre en retraite.

L'adversaire des Duraz alors repassa les Alpes et se joignit à Florence : c'était Louis II d'Anjou. Ils assiégèrent Rome, et finirent par chasser de la Romagne les garnisons de Ladislas. Mais Louis d'Anjou se proposait davantage, il venait renouveler l'entreprise où son père avait succombé. Par malheur il était sans argent; il parvint cependant à entraîner vers Naples douze mille aventuriers italiens, et il atteignit Ladislas à Rocca-Secca, sur les bords du Garigliano. Ce fut entre eux un combat de condottieri. Anjou franchit la rivière et fondit sur l'ennemi, renversa tout et resta maître du camp. Ladislas était perdu, si son compétiteur eût été plus maître de son armée et eût pu profiter mieux de ses succès (*).

Ladislas, après quelque temps de paix avec le pape et les Florentins, fondit de nouveau sur Rome, 1413, et la prit au bout de sept jours. Ayant reconquis une seconde fois la Romagne, il était prêt à recommencer sa lutte avec les Florentins, lorsqu'il tomba malade et mourut, en 1414.

Femmes : 1. Constance de Clermont, répudiée en 1392(**); — 2. Marie, fille de Jacques Ier, roi de Chypre, morte en 1404; — 3. Marie d'Enghien, veuve de Raymond des Ursins

Enfants naturels : 1. Renaud, *prince titulaire de Capoue;* — 2. Marie, *morte jeune.*

(*) « Le premier jour après ma défaite, disait Ladislas, mon royaume et ma personne étaient au pouvoir des ennemis; le second jour ma personne était sauvée, mais ils étaient encore maîtres de mon royaume ; le troisième jour tous les fruits de leur victoire étaient perdus. » Les soldats de Louis d'Anjou vendaient à leurs prisonniers, pour quelques ducats, leur liberté et leurs armes. Ladislas, qui en fut averti, envoya des trompettes avec de l'argent, et il racheta ainsi, en quelques heures, presque toute son armée. — Sismondi, *Rép. ital.*, t. 8, p. 200.

(**) Constance était fille du comte de Mainfroi, le plus puissant seigneur de la Sicile; elle avait contribué par son mérite et ses grands biens aux premiers succès de Ladislas; il la répudia cependant, et la relégua dans une sorte de prison, sous la garde de deux vieilles femmes. Quoique l'Église ne reconnût pas le divorce, Ladislas la fit épouser à André de Capoue, son favori. Comme la malheureuse reine était traînée à l'autel par ce nouvel époux, elle lui dit en présence de la cour et du peuple : « Comte André, tu peux t'estimer le plus heureux chevalier du royaume; car tu vas posséder pour maîtresse l'épouse légitime du roi Ladislas, ton seigneur. »

ROIS DE HONGRIE.

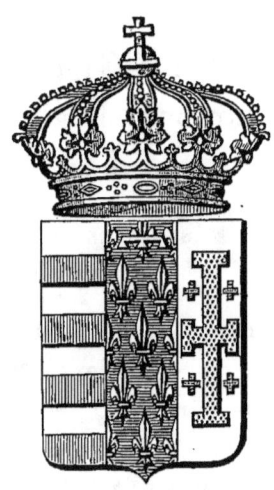

XIV.

Charles Ier d'Anjou-Sicile, dit Martel

ROI DE HONGRIE.

SERVICES.

Guerre contre Frédéric d'Aragon.. 1289 | Secours à Gaëte............... 1289

ARMES : Tiercé en pal. Au 1 de Hongrie. Au 2 d'Anjou. Au 3 de Jérusalem.

Charles-Martel, fils aîné de Charles-le-Boiteux, fut mis à la tête de l'État, sous la tutelle de Robert II d'Artois (Voy. page 400), pendant la captivité de Charles en Catalogne ; il avait à peine douze ou treize ans. Au retour de son père, il fit avec lui et Robert d'Artois une courte expédition.

Charles II, revenu à Naples, apprit la mort de Ladislas IV, roi de Hongrie, qui ne laissait point d'enfants. Il avait épousé Marie, sœur de ce roi. Il lui fit, nonobstant l'usage, prendre le titre de reine de Hongrie, il arma chevalier son fils Charles-Martel et le fit couronner roi. Mais les Hongrois avaient élu André III le Vénitien ; Charles-Martel se contenta du titre, et n'alla même pas en Hongrie pour soutenir ce droit contesté. Il mourut jeune, avant 1296.

Femme : CLÉMENCE DE HAPSBOURG, fille de l'empereur Rodolphe Ier, morte en 1301. *Il eut d'elle* : 1. CHARLES II (qui suit) ; — 2. BÉATRIX, mariée à Jean II, dauphin de Viennois, morte en 1354 ; — 3. CLÉMENCE, seconde femme de Louis X, roi de France, morte en 1328.

(*) Quoique cette branche d'Anjou-Sicile qui régna en Hongrie, fut l'aînée de celle des Duraz, on n'a pas cru devoir interrompre, comme l'a fait le père Anselme, la suite des rois de Naples, pour y intercaler les rois de Hongrie. Il nous a paru plus clair de les faire suivre, en marquant bien leur origine.

XV

Charles II d'Anjou, dit Charobert ou Caribert

ROI DE HONGRIE.

SERVICES.

Expédition en Servie............ 1310 | Combat contre le vaivode de Valachie. 1330

Charles-Robert, ou Charobert, naquit vers 1292. Avant la mort de son aïeul Charles-le-Boiteux, roi de Sicile, Charobert, bien jeune encore, fut conduit en Hongrie, pour réclamer un trône que son père n'avait jamais possédé, et que lui disputait Wenceslas IV, roi de Bohême. Il avait Rome pour appui, ce qui ne fit d'abord qu'empirer ses affaires : beaucoup de seigneurs hongrois, en haine de Rome, se tournèrent contre lui. Enfin la mort de son rival, et plus encore l'habileté d'un légat qui conduisit l'entreprise, le fit triompher. Les États de Hongrie, assemblés en 1310, reconnurent Charobert, qui déploya sur le trône de grandes qualités. Son règne fut long et florissant.

Ses entreprises militaires, dont le détail nous manque en partie, tournèrent à l'agrandissement de ses États. Il eut pourtant quelques revers. Il se laissa surprendre un jour par le vaivode de Valachie, dans les gorges de ses montagnes, et n'échappa qu'à grand'peine au milieu de la destruction de son armée ; mais il répara ses pertes par sa politique autant que par ses armes, et finit par se rendre tributaires la plupart des petits États qui bordaient ses frontières : la Dalmatie, la Croatie, la Servie, la Bulgarie, etc. Caribert mourut en 1342, âgé d'environ cinquante ans.

Femmes : 1. MARIE DE POLOGNE, fille de Casimir, duc de Cujavie, morte en 1315 ; — 2. BÉATRIX DE LUXEMBOURG, fille de Henri VIII, empereur d'Allemagne, morte en 1319 ; — 3. ÉLISABETH DE POLOGNE, fille de Loctic et sœur de Casimir III le Grand, rois de Pologne, morte en 1381. *Il eut de la troisième* : 1. CHARLES, né et mort en 1321 ; — 2. LADISLAS, mort enfant ; — 3. LOUIS (qui suit) ; — 4. ANDRÉ, né en 1327, qui épousa Jeanne Ire, reine de Naples et de Sicile, et mourut en 1345, étranglé par les ordres de sa femme. Il eut d'elle un fils, Charles, né posthume, et mort vers 1547 ; — 5. ÉTIENNE, duc d'Esclavonie, né en 1332. Il avait épousé N... de Bavière, dont il eut : 1. Jean, mort jeune ; — 2. Élisabeth, seconde femme de Philippe II d'Anjou-Sicile, prince de Tarente.

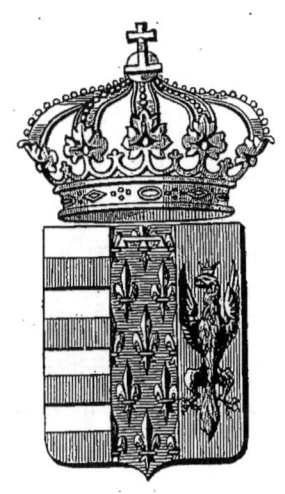

XVI.

Louis Iᴱᴿ, surnommé le Grand

ROI DE HONGRIE ET DE POLOGNE.

SERVICES.

Expédition en Transylvanie....... 1343	Prise du château de Conigliano... 1356
Expédition en Pologne.......... 1344	Prise d'Asolo................. 1356
Délivrance de Cracovie.......... 1344	Prise de Cénéda.............. 1356
Campagne contre les Tartares ... 1345	Siége de Trévise.............. 1356
Bataille contre les Tartares 1345	Blocus de Trévise............. 1357
Campagne contre les Croates..... 1345	Prise de Zara................ 1357
Défense de Zara................ 1346	Bataille contre les Bulgares...... 1361
Expédition de Naples 1347	Guerres contre le vaivode de Va-
Expédition de Naples 1350	lachie........ 1375
Prise d'Averse................. 1350	Expédition de Pologne......... 1377
Guerre contre les Vénitiens...... 1356	

Armes : Tiercé en pal : Au 1 de Hongrie. Au 2 d'Anjou-Sicile. Au 3 de gueules à l'aigle d'argent membré et couronné d'or, qui est Pologne.

Ce roi de Hongrie, à qui l'histoire a décerné le nom de Grand, fut l'honneur de la première maison d'Anjou. Intelligence vive, qui profita de circonstances heureuses, esprit chevaleresque, cœur généreux, il fit tout à coup de la Hongrie, demi-barbare, l'un des plus puissants États de la chrétienté.

Il reste peu de détails sur les premières expéditions de ce Pierre-le-Grand de la Hongrie : ce sont des courses guerrières à travers la Transylvanie, 1343; des secours qu'il donne au roi de Pologne, son beau-frère, assiégé dans Cracovie par le roi de Bohême; puis des combats à outrance contre les Tartares qui inondaient la Transylvanie : il est fait surtout mention d'une grande victoire qu'il remporta sur eux en 1345. Brave entre toute sa noblesse guerrière, et le premier des cavaliers hongrois, Louis-le-Grand commença par régner à cheval.

Le meurtre de son jeune frère André, à Naples, vint couper court à ses expéditions du Nord. Louis de Hongrie résolut dans son courroux d'en tirer vengeance. Quand Jeanne lui écrivit et tenta de se justifier, il lui fit cette courte réponse : « Jeanne, les désordres de ta vie passée, l'ambition qui t'a fait garder le pouvoir royal, la vengeance négligée, les excuses alléguées ensuite, prouvent assez que tu as été complice de la mort de ton mari. » Et il commença ses préparatifs de guerre. Il fit peindre sur un étendard son frère expirant, et le déploya lui-même au sein de la diète hongroise. Il partit avec trente mille cavaliers, parvint à Zara, d'où il espérait passer l'Adriatique, mais les Vénitiens faisaient alors le siége de cette place, 1346. Louis tenta de forcer avec sa cavalerie le camp fortifié des Vénitiens; ayant échoué, il prit le parti de tourner l'Adriatique, et il s'avança vers Naples par la Romagne, 1347. Le pape lui envoya l'ordre de s'arrêter. « Allez dire au saint-père, répondit-il, que plus de deux cents coupables demeurent impunis dans ce royaume qui m'appartient par droit de succession; avec l'aide de Dieu, je compte y faire meilleure justice... Si vous m'excommuniez, j'en appellerai à Dieu de votre sentence, il est plus grand que le pape. »

Jeanne, à l'approche des Hongrois, s'enfuit en Provence; pas une ville n'osa résister, et Louis se trouva maître d'un second royaume (*). Mais Naples et l'Italie, pays de voluptés, d'intrigues et de trahisons,

(*) Après la fuite de Jeanne, Charles, duc de Duraz, qui avait épousé la sœur de cette reine, se rendit auprès du roi de Hongrie, et lui fit hommage comme à son souverain. Le prince hongrois lui fit grand accueil ; mais s'étant rendu à Averse, où son frère avait été tué, il voulut monter, avec tous les princes du sang, au balcon même où le malheureux André avait été étranglé. « A cette vue, dit Sismondi, Louis Ier fut saisi d'un accès de fureur, il se retourna avec emportement vers Charles de Duraz, l'appela un mauvais traître; puis lui reprochant d'avoir, par ses intrigues, causé le meurtre d'André, auquel il espérait succéder : « Il faut que tu meures, lui dit-il enfin, là où tu l'as fait mourir. » Au même instant un Hongrois frappa le duc de Duraz à la poitrine, d'autres le saisirent par les cheveux, le jetèrent en bas du balcon d'où André avait été précipité, et le firent périr sur la même place. Les autres princes du sang furent arrêtés et envoyés en Esclavonie... Charles de Duraz avait, à la vérité, nui à André à la cour du pape, peut-être dans l'espoir de lui succéder; mais il n'avait pas été complice de sa mort, il fut victime d'une perfidie qui souille seule le caractère chevaleresque du monarque hongrois. » (Sismondi, *Rép. Ital.*, t. 6, p. 33, tiré de Giov. Villani, LXII, c. 3, p. 994.)

convenaient mal à ce roi du Nord, il brûlait de revoir son royaume; il s'embarqua en secret sur un petit navire, et regagna la Hongrie. Jeanne et son mari, Louis de Tarente, accoururent à Naples après son départ. Les chefs hongrois, chargés par leur roi de défendre sa conquête, luttaient avec vigueur, tandis que Louis-le-Grand se préparait à revenir. Il repassa l'Adriatique avec dix mille hommes de cavalerie qu'il transporta sur de simples bateaux. Il reprit, en courant, toutes les villes perdues par ses officiers; Averse seule lui résista quelque temps; mais las de ces guerres lointaines, Louis, peu ambitieux de l'Italie, fit une trêve avec Jeanne et repassa la mer, laissant le pape décider entre lui et la reine de Naples, et prononcer si elle était innocente ou coupable du meurtre de son mari.

Le crime de Jeanne était trop patent pour être nié; aussi Clément VI, voulant la sauver, adopta un étrange moyen : il la déclara innocente, en reconnaissant qu'elle avait cédé à la force des sortiléges, et que, faible femme, elle n'avait pu résister au pouvoir des esprits infernaux. Louis reporta ses regards sur la Hongrie; mais, avide d'influence et de communications avec les nations policées, il voulait des ports sur l'Adriatique, des établissements en Dalmatie. Depuis longtemps il disputait Zara aux Vénitiens. Il prépara une nouvelle expédition et inonda la haute Italie de ses nombreux escadrons. En 1356, il descendit l'Adige à la tête de quarante mille hommes de cavalerie (*). D'abord, il attaqua la forteresse de Conégliano, prit après Asolo et Cénéda, puis il échoua devant Trévise. Bientôt Zara fut conquise par un de ses généraux, et les Vénitiens demandèrent la paix, s'abandonnant pour les conditions au roi

---

(*) Un historien remarque que Louis-le-Grand introduisait un nouveau système de guerre parmi les peuples policés, en leur faisant sentir les avantages d'une bonne cavalerie légère... « Les Italiens, qui dans leurs guerres les plus importantes, rassemblaient rarement plus de trois mille cuirassiers, pouvaient à peine concevoir l'existence d'une armée de quarante mille ou de cinquante mille chevaux, comme celle que le roi de Hongrie mena plusieurs fois au combat... Tous les Hongrois faisaient la guerre à cheval, mais ces cavaliers n'avaient pour toute arme qu'un arc, des flèches et une longue épée. Ils ne portaient ni cuirasses ni cottes de mailles, et leurs seuls habits leur tenaient lieu d'armes défensives; c'étaient des pourpoints de cordouan, qu'ils recouvraient d'un nouveau pourpoint, puis d'un troisième et d'un quatrième, cousus ensemble, lorsque le premier, dont ils ne se défaisaient jamais, venait à s'user. L'étoffe, ainsi doublée et fortifiée par la poussière même dont elle était imprégnée, formait une espèce de cuirasse qu'il n'était pas facile de percer d'une flèche ou d'une épée. Les Hongrois, accoutumés à porter la guerre dans les déserts contre les Bulgares, les Russes, les Tartares, dressaient leurs chevaux à vivre de pâture, sans s'écarter les uns des autres. Leurs selles étaient faites de manière à servir au cavalier, pendant la nuit, de lit ou de couverture... Louis de Hongrie, pendant son règne glorieux, ouvrit à ses sujets le chemin de l'Italie, et toute la cavalerie légère des armées italiennes ne fut bientôt plus composée que de Hongrois. » (Sismondi, *Rép. ital.*, t. 8, p. 267 et suiv.)

de Hongrie, qui, touché de cette confiance, rendit ses conquêtes d'Italie, et se contenta de garder Zara.

Le long règne de Louis Ier influa sur le Nord ; il y fit pénétrer le sentiment chevaleresque et une première lueur de la civilisation. La couronne de Pologne vint augmenter encore sa puissance et l'éclat de son règne. Le détail de ses nombreuses prises d'armes contre les Tartares, les Waivodes turbulents et tous ses voisins tributaires, est en partie dérobé à la connaissance de l'histoire dans le lointain de ces contrées barbares.

Louis Ier est ainsi jugé par un contemporain, Matteo-Villani : « C'était un prince de grand cœur, vaillant, hardi de sa personne ; ses entreprises étaient hautes, et, dans la prospérité, il les suivait avec vivacité, avec courage, et même avec un peu de dureté..... Mais souvent il embrassait de grandes choses sans être suffisamment préparé à les accomplir ; il s'abandonnait à la fortune, se confiant dans le courage de ses soldats, comme eux se confiaient dans le sien ; car sa courtoisie et sa prévenance lui assuraient l'affection de ses sujets... »

Louis-le-Grand mourut en 1382, et la gloire de son royaume fut promptement éclipsée : il ne laissait point de fils ; il avait désigné pour successeur Charles III, de Duraz (voy. page 440) ; mais Marie, sa fille aînée, prit la couronne, et l'anarchie siégea sur le trône à ses côtés (*).

Femmes : 1. MARGUERITE DE LUXEMBOURG, fille de l'empereur Charles IV, morte en 1349 ; — 2. ÉLISABETH DE BOSNIE, morte en 1386. *Il eut de la seconde* : 1. CATHERINE, morte jeune ; — 2. MARIE, *roi* de Hongrie, qui épousa Sigismond de Luxembourg, second fils de l'empereur Charles IV, depuis empereur d'Allemagne et roi de Bohême ; elle mourut en 1392, ayant fait son mari héritier de la couronne de Hongrie ; — 3. HEDWIGE, reine de Pologne, mariée à Jagellon, grand-duc de Lithuanie, qui régna sous le nom de Ladislas IV ; elle mourut en 1400.

(*) Petit-fils, par sa mère Élisabeth, de Ladislas III, dit *Loctec*, roi de Pologne, et neveu de Casimir-le-Grand, Louis Ier avait été désigné par ce dernier comme son successeur, et le congrès de Visgrade, en 1338, lui avait assuré la succession de Pologne : mais il n'en hérita qu'à la mort de Casimir, en 1371.

PRINCES DE TARENTE.

XIV.

Philippe Ier d'Anjou=Sicile

PRINCE DE TARENTE

SERVICES.

Expédition en Sicile............	1299	
Bataille de Formicara. (*Blessé, prisonnier et un cheval tué sous lui.*)	1299	
Guerre contre les Gibelins........	1315	
Bataille de Montecatini..........	1315	
(*Prisonnier.*)		
Défense de Gênes..............	1318-19	
Combat contre Marco Visconti....	1319	

Armes : Écartelé au 1 et 4 d'Anjou-Sicile parti de Jérusalem. Au 2 et 3 de gueules à la croix d'or, cantonnée de quatre besants d'argent, chargé d'une croix de sinople ; l'écu brisé d'une bande d'argent.

Philippe, quatrième fils de Charles-le-Boiteux, fut chargé, avec une flotte et une armée, de seconder son frère Robert de Sicile, contre Frédéric d'Aragon, mais il prétendit à la gloire de vaincre seul, et il rencontra Frédéric à Falconara. Les Français rompirent la cavalerie aragonaise avec leur furie habituelle. Frédéric était en péril, on le pressait de fuir, mais il joua sa vie et sa couronne dans ce combat, et fit un effort désespéré qui réussit. Le prince de Tarente fut renversé de *cheval*, *blessé* et fait *prisonnier* (*).

(*) L'historien Muntaner, qui assista à toute cette guerre, raconte que Philippe avait l'ordre de débarquer près du cap Orlando, pour opérer sa jonction avec son frère Robert et marcher sur Catane. Mais le jeune prince, jaloux de vain-

Florence, en guerre avec Pise, demanda des secours au roi Robert, son allié, qui envoya son jeune frère le comte de Gravina, puis Philippe, avec quelques centaines d'hommes d'armes. Le prince de Tarente, à qui Florence avait confié trois mille chevaux, et un corps considérable de gens de pied, tenta de secourir Montecatini. Les deux armées s'observèrent quelques jours. Uguicione, général des Pisans, fit un mouvement de retraite, mais sitôt que les Florentins se mirent à sa poursuite, il fit volte-face et fondit sur eux; cette attaque inattendue jeta le désordre dans leurs rangs, et ils fuirent malgré les efforts du prince de Tarente, qui, défait, *tomba aux mains* des Pisans, et perdit dans ce combat son frère et son fils. Philippe seconda plus heureusement le roi Robert lorsqu'il alla défendre Gênes contre les Gibelins, 1318. Il mourut en 1332.

Femmes : 1. THAMAR, fille de Nicéphore Ange et d'Anne Cantacuzène; — 2. CATHERINE DE VALOIS (impératrice titulaire de Constantinople), fille de Charles de France, comte de Valois, morte en 1346. *Il eut de la première* : 1. CHARLES (*); — 2. PHILIPPE, despote de Romanie, qui épousa Iolande, fille de Jacques II, roi d'Aragon, et mourut sans enfants; — 3. MARGUERITE, femme de Gauthier VI, comte de Brienne, connétable de France; — 4. BLANCHE, première femme de Raymond-Béranger d'Aragon, morte en 1338; — 5. MARIE, morte sans alliance. *Il eut de la seconde* : 1. ROBERT (qui suit); — 2. LOUIS (qui suivra); — 3. PHILIPPE II (qui suivra); — 4. MARGUERITE, qui épousa d'abord Édouard, roi d'Écosse, puis François de Baux, duc d'Andrie; — 5. MARIE, morte en 1368; — 6. JEANNE, mariée 1° à Léon Ier, roi d'Arménie; 2° à Léon II, son successeur, morte en 1393.

Philippe Ier laissa deux filles naturelles mariées à des seigneurs grecs.

---

(1)   CHARLES D'ANJOU-TARENTE, PRINCE D'ACHAIE.

SERVICES.

Guerre contre les Gibelins............ 1315 | Bataille de Montecatini. (Il y fut tué).... 1315

Charles, fils aîné de Philippe, prince de Tarente, servit avec son père dans la guerre de Florence contre Pise, et fut *tué* en combattant vaillamment à la bataille de Montecatini.

---

cre seul, désobéit à son père, et cingla vers Trapani. « Dans ce conflit, le roi Frédéric et le prince, se trouvant en face l'un de l'autre, se reconnurent et en eurent une grande joie; ils se prirent corps à corps, et se battirent avec tant d'acharnement, qu'ils faussèrent l'un sur l'autre toutes leurs armes. Enfin le roi donna un tel coup de massue sur la tête du cheval du prince, qu'il le coucha par terre. Alors Martin Perez de Ros mit pied à terre, et voulut tuer le prince. « Non, non, s'écria le roi, ne le tue point! » Mais don Vlasco survint et dit : « Tue-le! — Non! dit « encore le roi. » Ce jour-là Frédéric fut un bon père pour Philippe de Tarente, car, après Dieu, c'est lui qui lui sauva la vie. »

XV.

Robert d'Anjou-Tarente
PRINCE DE TARENTE.

SERVICES.

Guerre en Grèce............... 1353	Prise de Céphalonie......... 1353-54
Prise de Corfou............ 1353-54	Prise de Zante............. 1353-54

Robert, troisième fils de Philippe, hérita de la principauté de Tarente, et prit encore le titre d'empereur de Constantinople du chef de sa mère. Il fut saisi et envoyé captif en Esclavonie, par le roi de Hongrie lorsqu'il vint à Naples pour venger son frère assassiné. Rendu à la liberté, il réussit à lever une assez belle armée, s'embarqua pour la Grèce, et s'empara de Corfou, Zante, etc. Il revint à Naples, où il mourut en 1364.

Femme : MARIE DE BOURBON, veuve de Gui de Lusignan, fille de Louis Ier, duc de Bourbon, morte en 1387.

XV.

Louis d'Anjou-Tarente
ROI DE SICILE.

SERVICES.

Guerre contre les Hongrois...... 1348	Prise de Foggia................ 1348
Prise du Château-Neuf.......... 1348	Prise de Nocera 1349
Prise du château de l'OEuf....... 1348	Bataille contre les Hongrois...... 1349

C'est le pivilége de l'Italie de se venger de tous ses conquérants. Elle dompte à son tour ces races de fer. La maison d'Anjou n'échappa point à ce talion. Charles, cet homme olivâtre, à la taille haute et nerveuse, au regard dur; ce zélé catholique, qui ne dormait et ne riait pas, laissa des fils en qui il aurait eu peine à se reconnaître. Le premier qui sortit de cette forte souche fut un voluptueux. Si l'on excepte ceux qui passèrent en Hongrie, les autres vécurent en Napolitains; élégants, corrompus, toujours braves, vite réveillés par le bruit de la guerre, mais inactifs, sensuels, et se laissant désarmer tout aussitôt par le climat.

Louis de Tarente fut l'un de ceux qui plongèrent le plus au fond de ces mœurs de l'Italie. Il fut l'amant de Jeanne, du vivant d'André son mari; il trempa dans le meurtre dont le roi de Hongrie vint demander vengeance. Jeanne confia sa défense à son complice et l'épousa, 1347. Cette union, produit de la passion ou de la violence, à peine consommée, Louis de Tarente partit pour repousser les Hongrois; mais ses troupes, peu confiantes, désertèrent, et il prit la fuite avec Jeanne à l'approche du vainqueur. Ils allèrent demander secours à Rome et passèrent en Provence. Louis de Hongrie ayant repris la route du Nord, les deux fugitifs rentrèrent dans Naples sur des galères génoises; mais le pays restait toujours occcupé par les Hongrois, et le prince de Tarente, avec l'aide du fameux condottiere Guarnieri, chef de la Grande Compagnie, reprit plusieurs châteaux. Ils reconquirent entre autres places Nocera, où la garnison fit une énergique défense. Mais ces mercenaires, fléaux tour à tour et défenseurs de l'Italie, étaient au plus offrant. Guarnieri, fait prisonnier dans une bataille où Louis de Tarente fut vaincu, passa sous les drapeaux de Hongrie. Louis sut gagner du temps, jusqu'au moment où le roi hongrois, las de cette guerre, remit la querelle au jugement du pape et s'éloigna. Jeanne eut gain de cause à Rome, et son mari devint, du droit de sa femme, roi de Sicile de fait et de nom. Il mourut en 1362, peu regretté de ses sujets, moins encore, assure-t-on, de son ancienne maîtresse, qu'il traita, dès qu'elle fut sa femme, avec une rude autorité.

XV.

Philippe II d'Anjou=Tarente
PRINCE DE TARENTE.

SERVICES.

Guerre contre le duc d'Andrie.................. 1360

Ce prince, cinquième fils de Philippe Ier d'Anjou-Sicile, était frère des précédents. Le roi de Hongrie s'empara de lui comme de ses frères, et l'emmena prisonnier dans ses États. De retour à Naples, Philippe s'irrita que sa sœur Marguerite eût épousé, sans l'aveu de ses frères, François, duc d'Andrie. Il lui fit une guerre qui est demeurée fort obscure, et qui se termina par l'intervention du pape. Philippe succéda à son frère comme prince de Tarente, et mourut vers 1374.

Femmes : 1. MARIE D'ANJOU-SICILE, fille de Charles, duc de Calabre, sœur de la reine Jeanne Ire, morte en 1366; — 2. ÉLISABETH, fille d'Étienne d'Anjou-Hongrie, duc d'Esclavonie. *Il eut de la première* : 1, 2 et 3, CHARLES et deux autres enfants morts en bas âge. *De la seconde* : PHILIPPE, mort enfant,

DUCS DE DURAZ.

XIV.

Jean d'Anjou-Sicile

DUC DE DURAZ, PRINCE DE MOREE.

SERVICES.

Guerre contre l'emp. Henri VII... 1312	Guerre contre les Gibelins........ 1318
Combat contre les Colonna....... 1312	Défense de Gênes............ 1318-19
Défense du Ponte-Molle......... 1312	Combat contre Marco Visconti. 1319
Défense du Vatican............. 1312	Conquête de la Morée........ 1324
Défense de la cité Léonie........ 1312	

ARMES : Semé de France au lambel de gueules, l'écu brisé d'un sautoir aussi de gueules.

 Jean d'Anjou, huitième fils du roi Charles II, fut chargé, en 1312, par le roi Robert, son frère, d'empêcher l'empereur Henri VII d'entrer dans Rome. Il défit les Colonna, s'empara d'une moitié de la ville, et se fortifia au Ponte-Molle. Henri VII fut obligé d'emporter ce pont d'assaut; mais, arrivé dans Rome, il essaya en vain de prendre le Vatican et la cité Léonine, défendus par Jean de Duraz ; faute de quoi cet empereur se fit couronner à Saint-Jean-de-Latran. Duraz suivit son frère dans Gênes attaquée par les Gibelins, 1318. Faisant valoir quelques droits de sa première femme, Duraz entreprit la conquête de la Morée, en 1324, et il y réussit ; mais l'histoire en a gardé peu de traces. Il mourut en 1336.

Femmes : 1. MATHILDE DE HAINAUT, veuve de Louis, roi de Thessalonique ; — 2. AGNÈS DE PÉRIGORD, morte vers 1343. *Il eut de la seconde* : 1. CHARLES (qui suit) ; — 2. LOUIS, comte de Gravina (qui suivra) ; — 3. ROBERT, (*id.*).

XV.
CHARLES D'ANJOU-DURAZ, DUC DE DURAZ.

Ce prince, à la mort d'André, prit les armes contre la reine Jeanne, et fut le premier des princes à se rendre au-devant du roi Louis de Hongrie. Charles de Duraz périt victime de sa confiance : Louis le fit massacrer devant lui, comme complice du meurtre de son frère ; tous les témoignages confirment qu'il en était innocent.

Femme : 1. MARIE, fille de Charles, duc de Calabre, sœur de Jeanne Ire. *Il eut d'elle* : 1. LOUIS, né et mort en 1344 ; — 2. JEANNE, duchesse de Duraz, mariée à Louis de Navarre, comte de Beaumont-le-Roger ; ensuite à Robert d'Artois, comte d'Eu ; — 3. AGNÈS, qui épousa d'abord Can della Scala, prince de Vérone ; puis Jacques de Baux, prince de Tarente ; — 4. CLÉMENCE, morte sans alliance ; — MARGUERITE, mariée à Charles III, roi de Sicile, morte en 1412.

XV.
LOUIS D'ANJOU-DURAZ, COMTE DE GRAVINA.

Ce comte de Gravina finit aussi malheureusement que son frère, le précédent. Emprisonné au château de l'Œuf par Jeanne Ire, sous prétexte de conspiration, il y périt empoisonné en 1362. Aucun fait militaire ne se rattache au nom de ces deux princes.

Le comte de Gravina laissa un fils élevé en Hongrie par Louis-le-Grand, qui devint roi de Naples, et qu'on a vu sous le nom de Charles III, à la suite des rois de Sicile. Il vengea du même coup sur Jeanne, le meurtre de son père et celui du roi André. (*Voy.* p. 440.)

Femme : MARGUERITE, fille de Robert San-Severino, comte de Corigliano. *Il eut d'elle* : 1. CHARLES III, roi de Naples ; — 2. LOUIS, mort jeune ; — 3. AGNÈS, morte sans alliance.

XV.
Robert d'Anjou = Duraz
PRINCE DE MORÉE.

SERVICES.

Guerre contre les Anglais......	1356	Bataille de Poitiers. (*Il y fut tué.*)	1356

Robert fut emmené captif en Hongrie comme ses frères ; quand il fut libre il envoya un cartel à Louis-le-Grand. Robert de Duraz vint en France à la cour du roi Jean ; c'était le moment où Jean faisait appel à sa noblesse pour repousser les Anglais. Robert, se souvenant de son origine, voulut combattre. Il fut *tué* à Poitiers en 1356.

DUCS DE BRETAGNE.

Cette province passa dans la maison de France par le mariage d'Alix de Bretagne, héritière des anciens comtes, avec Pierre de Dreux, arrière-petit-fils de Louis-le-Gros. (*Voir la maison de Dreux*, ci-après, à l'appendice.) Après plus de trois siècles, la Bretagne fut réunie à la France par l'union d'Anne de Bretagne avec Charles VIII, et après lui avec Louis XII.

XI.

Pierre de Dreux, surnommé Mauclerc

DUC DE BRETAGNE, COMTE DE RICHEMONT.

SERVICES.

Guerre contre Jean-sans-Terre	1214		Guerre contre le roi	1227
Défense de Nantes	1214		Expédition en Champagne	1228
Combat de la Roche-au-Moine	1214		Siége de Troyes	1228
Croisade contre les Albigeois	1219		Guerre contre ses barons	1230
Prise de Marmande	1219		Prise de plusieurs villes	1230
Siége de Toulouse	1219		Croisade	1239
Guerre avec Amauri de Craon	1221		Combat contre un émir	1240
Combat de Châteaubriant	1222		Guerre contre les Anglais	1242
Campagne en Poitou	1223		Prise de Fontenai	1242
Prise de Niort	1223		Prise de Mouvant	1242
Prise de La Rochelle	1224		Bataille de Taillebourg	1242
Prise de Châteauceaux	1224		Expédition navale	1243
Croisade contre les Albigeois	1226		Croisade	1248
Prise d'Avignon	1226		Combats dans le delta du Nil	1250
Campagne en Poitou	1227		Bat. de la Massoure. (*Prisonnier.*)	1250

ARMES : Échiqueté d'or et d'azur, au franc quartier d'hermines, à la bordure de gueules (*).

Philippe-Auguste, devenu l'arbitre de la Bretagne, après la triste fin

(*) Dom Lobineau dit (*Histoire de Bretagne*) que ce fut Pierre de Dreux qui apporta les hermines en Bretagne. Pour se distinguer de ses frères, il avait, avant son mariage avec Alix, brisé les armes de Dreux d'un franc quartier d'hermines, ainsi qu'on le voit dans son sceau de l'acte de 1213. Mais le père Anselme (*Histoire généalogique*) contredit cette assertion, disant qu'on ne voit les hermines que dans un sceau de 1230, c'est-à-dire longtemps après son mariage avec Alix ; pourtant il n'affirme ni ne prouve que les ducs de Bretagne aient eu l'écusson herd'Arthur, maria l'héritière de Bretagne (*), Alix, à un prince de la maison de France : il fit choix de Pierre de Dreux, fils du comte Robert II, et arrière-petit-fils de Louis-le-Gros. Mais il mit à ce grand présent des conditions : « ce fut de servir le roi envers et contre tous, et de recevoir l'hommage des Bretons avec cette clause, sauf fidélité au roi de France, notre sire (**). » Pierre avait étudié pour l'église, d'où lui vint le surnom de Mauclerc. Il était railleur, peu sincère, d'une ambition inconstante et jalouse. Sa vie se passa dans une agitation perpétuelle : en guerre avec Philippe-Auguste, avec ses sujets, avec les Infidèles ; il eut d'abord affaire aux Anglais, défendit Nantes contre eux et les battit, de concert avec le fils du roi, au combat de la Roche-au-Moine, 1214. Mauclerc fut l'adversaire décidé du pouvoir ecclésiastique, ce qui ne l'empêcha pas de se faire le champion de l'église contre les Albigeois, son ambition entrevoyant là plus d'une chance avantageuse. Après une révolte de seigneurs bretons, qu'il réprima, Pierre vint se joindre au roi Louis VIII contre les Anglais, et il l'aida à prendre Niort et La Rochelle. Il attaqua ensuite Châteauceaux : c'était le repaire d'un baron qui, depuis vingt ans, pillait ses voisins et arrêtait tous les navires sur la Loire. Ce siège fut long, mais le duc, enfin maître du château, rendit la paix au pays et la sécurité au commerce.

La croisade contre les Albigeois, ranimée par le zèle emporté de Louis VIII, rappela Mauclerc dans le midi ; il suivit le roi au siége d'Avignon, où ses intrigues le mirent en mésintelligence avec Louis. Après la mort de ce roi, Pierre, de concert avec d'autres vassaux, refusa d'assister au sacre de Louis IX. Mais le comte de Champagne se détacha de leur ligue et fit manquer leurs desseins. Pierre de Dreux, qui s'était, de colère, jeté sur les terres du comte, regagna son duché à l'approche du jeune roi, 1229.

miné avant Pierre Mauclerc. Ce fut Jean III qui, lassé de paraître un cadet de Dreux, quitta les armes de cette maison, et ne retint que les hermines.

(*) Elle était sœur utérine d'Arthur, assassiné par Jean-sans-Terre. Leur mère, Constance, duchesse de Bretagne, fille et héritière de Conan IV, avait épousé Geoffroi, fils de Henri II d'Angleterre, dont elle eut une fille, Éléonore, et un fils, Arthur ; Henri II, après la mort de Geoffroi, força Constance d'épouser Ranulfe, comte de Chester ; mais ils divorcèrent, et Constance contracta une troisième union avec Gui de Thouars, qui se donna le titre de duc de Bretagne ; elle en eut deux filles, Alix, son héritière, qui épousa Pierre de Dreux, et Catherine, qui fut mariée à André de Vitré.

(**) Les ducs de Bretagne furent le plus souvent qualifiés comtes, dans les *lettres royaux*, jusqu'à Jean II, qui fut créé pair de France, en 1297, ces lettres déclarant que désormais il serait nommé duc de Bretagne.

Mais le pouvoir pour lequel Mauclerc s'agitait sans relâche, n'était dans ses mains qu'en dépôt. Il tenait la place de son fils mineur. Bientôt l'héritier d'Alix, Jean Ier, fut proclamé duc de Bretagne, et celui qui avait si rudement malmené les barons et les prêtres, se fit humble et ne voulut plus être que Pierre de Braine, chevalier. Il tourna son activité ailleurs, et se fit chef de la croisade en 1240. Arrivés en Palestine, les croisés partirent de Ptolémaïs pour assiéger Damas. Pierre de Braine agit en homme résolu à toutes les aventures, pour se dédommager de la perte de son duché. Averti qu'un émir passait près de là avec un grand convoi de bœufs pour Damas, il sort du camp sans bruit, met l'émir en fuite après un choc assez rude, puis il entre pêle-mêle avec les fuyards dans la place, la pille, et fait main basse sur la garnison. Les autres croisés, jaloux de ce succès, voulurent tenter quelque chose de pareil; mais comme ils passaient près de Gaza, très-fatigués, ils furent attaqués à l'improviste par la garnison, qui les battit et les fit prisonniers pour la plupart. Pierre, de retour en France, s'immisça autant qu'il le put dans les affaires de son ancien duché. Il arma en course contre les Anglais, y prit part lui-même et fit d'heureux coups de main. Dans les années 1242 et 1243, il tint la mer avec une flotte sous le pavillon de la France.

La croisade de saint Louis, 1249, entraîna de nouveau Mauclerc vers la Palestine. Le sort de l'expédition eût été différent sans doute si son conseil avait été suivi : il proposait de s'assurer d'abord d'Alexandrie. Son habileté, ses talents militaires étaient reconnus. Il avait fait l'apprentissage de ces guerres, il était au fait des hommes et des lieux; mais la bouillante valeur du comte d'Artois prévalut. Pierre, clairvoyant avant l'action, n'en était pas moins un franc chevalier dans la mêlée. Il suivit le comte d'Artois à la Massoure, et il revint *blessé* au visage, perdant le sang par la bouche abondamment. Joinville le rencontra sur le champ de bataille, « bien se maintenant, poursuivi et chassé de près (*). » Il dit encore que toute la bataille de Mauclerc était composée de chevaliers

---

(*) « A nous tout droit vint le conte Pierron (Pierre) de Bretaingne, qui venoit tout droit devers la Massoure et estoit navré d'une espée parmi le visage, si que le sanc li cheoit en la bouche. Sur un bas cheval bien fourni séoit; ses renes avoit getées sur l'arçon de sa selle et les tenoit à ses deux mains, pource que sa gent qui estoient darieres, qui moult le pressoient, ne le getassent du pas. Bien sembloit qu'il les prisast pou, car quant il crachoit le sanc de sa bouche, il disoit : « Voi, pour le chief Dieu, avez veu de ces ribeus. »

de son lignage. Pierre, fait *prisonnier* avec le roi (*), mourut un mois après sa délivrance, comme il touchait aux rivages de France.

Femmes : 1. ALIX, duchesse de Bretagne, fille aînée et héritière de Gui de Thouars, et de Constance, duchesse de Bretagne, morte en 1221 ; — 2. MARGUERITE, dame de Montagu. Il eut de la première : 1. JEAN Ier (qui suit) ; — 2. ARTUR, mort en bas âge ; — 3. IOLANDE, née en 1218, femme de Hugues XI, sire de Lusignan, comte de la Marche, morte en 1272. *De la seconde* : OLIVIER, *dit de Braine*, seigneur de Montagu.

XII.
Jean Ier, dit le Roux
DUC DE BRETAGNE.

SERVICES.

Guerre contre ses barons	1230	Bataille de Taillebourg	1242
Combat contre Pierre de Craon	1238	Guerre contre ses barons	1257
Expédition en Poitou	1242	Prise de Dinan	1259
Prise de Fontenai	1242	Croisade	1270
Prise de Mouvant	1242	Siége de Carthage	1270

Jean Ier, né en 1217, prit la couronne ducale, du droit de sa mère Alix, en 1237. Comme son père, il jura foi et hommage au roi de France, et il alla l'aider à réduire le comte de la Marche, révolté. La guerre rallumée entre la France et l'Angleterre, Jean le Roux attaqua l'ennemi sur mer. Il eut, de même que son père, de longs démêlés avec son clergé breton, et surtout l'évêque de Nantes. Ils l'excommunièrent, et Jean Ier finit par se soumettre ; mais les nobles, à leur tour, prirent les armes en le voyant se tourner vers les prêtres, 1257. Il vint à bout de les réduire ; le plus maltraité de tous ces seigneurs fut Olivier de Clisson le vieux : le duc rasa ses châteaux et prit ses biens. Devenu fort zélé pour l'église, Jean fut prêt des premiers pour la croisade. Il débarqua à Carthage avec saint Louis, combattit les Maures, échappa heureusement à la peste, et s'en revint dans ses états, 1270. Jean le Roux, après un long règne, mourut en 1286.

Femme : BLANCHE DE CHAMPAGNE, fille de Thibaud VI, comte de Champagne et roi de Navarre, morte en 1288. *Il eut d'elle* : 1. JEAN II (qui suit) ; — 2. PIERRE, né en 1241, mort en 1268 ; — 3. THIBAUD, mort enfant ; — 4. THIBAUD, dit *le Jeune*, né en 1247, mort jeune ; — 5. NICOLAS, mort enfant ; — 6. ROBERT ; — 7. ALIX, mariée à Jean de Châtillon Ier, comte de Blois, morte en 1288 ; — 8. ALIÉNOR, morte jeune.

(*) Joinville rapporte les tribulations qu'il partagea avec Pierre Mauclerc, quand ils furent pris par les Sarrasins : « Ils nous firent lever de là, dit-il, où nous estions, et nous mistrent (mirent) en prison en la sente (cale) de la galie (galère)... Léans (là dedans) fumes à tel meschief le soir, tout soir que nous gisions si à estroit, que mes piez estient en droit le bon conte Pierre de Bretaingne, et les siens estoient en droit le mien visage. »

XIII.

Jean II

DUC DE BRETAGNE, COMTE DE RICHEMONT.

SERVICES.

Croisade	1270	Siége de Bordeaux	1293
Siége de Carthage	1270	Défense de La Réole	1293
Croisade en Palestine	1271	Défense de Rions	1295
S. de la tour de Caco, près Césarée.	1271	Prise de l'Esparre	1296
Guerre en Aragon	1285	Combat près de Bordeaux	1296
Prise de Perpignan	1285	Prise de Saint-Macaire	1296
Prise d'Elne	1285	Guerres en Flandre	1297
Combat au col de Panissars	1285	Prise du château de l'Écluse	1297
Prise de Figuières	1285	Prise de Torlequenne	1297
Prise de Girone	1285	Prise de Lille	1297
Guerre en Gascogne	1295	Combat au passage de la Lys	1304
Prise de Bourg	1295	Bataille de Mons-en-Puelle	1304
Prise de Rions	1295	Siége de Lille	1304

Jean II succéda en 1286. Sa femme, Béatrix d'Angleterre, lui apporta en dot le comté de Richemont, auquel son père avait prétendu. Il fut de la croisade à Tunis; puis après il passa en Palestine et continua de guerroyer contre les Sarrasins; il échoua au siége de la tour de Caco, et s'en revint par la Morée. En 1285 Jean fit la campagne de Catalogne avec Philippe-le-Hardi. Le duc, en sa qualité de comte de Richemont, prit le parti d'Édouard Ier contre la France; l'Anglais le nomma, en 1294, capitaine général en Aquitaine. Il entra en Gascogne à la tête de vingt mille fantassins et de cinq cents gens d'armes; il eut d'abord quelques succès, mais Charles de Valois lui fut opposé, et Jean II n'éprouva plus que des revers. La Bretagne se trouvant attaquée, le duc fut contraint de songer avant tout à la sûreté de ses états. Il rompit son alliance avec Édouard, et fit épouser à son petit-fils, Jean de Bretagne, Isabelle de Valois, nièce de Philippe-le-Bel. Dans la guerre de Flandre, 1297, il joignit sa bannière à celle de ce roi. Son duché alors fut érigé en pairie, 1297. La guerre se rallumant en Flandre, Jean se trouva à la bataille de Mons-en-Puelle et au siége de Lille, 1304, etc.

Jean II, après la paix, se rendit à Lyon, où l'on devait sacrer le nouveau pape Clément V. Pendant la cérémonie le duc de Bretagne tint la bride de sa mule; un pan de mur s'écroula et l'ensevelit sous les décombres; Jean fut retiré mourant, et expira quatre jours après, 1304.

Femme : BÉATRIX D'ANGLETERRE, fille de Henri III, roi d'Angleterre, morte en 1277. *Il eut d'elle* : 1. ARTHUR II (qui suit);—2. JEAN (1);—3. PIERRE (2);— 4. BLANCHE, mariée à Philippe d'Artois, seigneur de Conches;— 5. MARIE, mariée à Gui de Châtillon, comte de Saint-Paul, morte en 1339;— 6. ALIÉNOR, abbesse de Fontevrault.

ARTHUR II.

1) **JEAN DE BRETAGNE, COMTE DE RICHEMONT.**

SERVICES.

Guerre contre l'Écosse...............	1322	Combat de Blanch-moor. (Prisonnier.)......	1322

Jean naquit en 1266 ; son frère, Arthur II, lui céda le comté de Richemont, et dès lors il résida presque toujours en Angleterre. Il servit Édouard II contre Robert Bruce et les Écossais. L'armée anglaise s'en revenant, il s'en logea une partie dans une abbaye près de Blanch-moor. Richemont, averti que Robert Bruce arrivait pour les surprendre, se porta au-devant de lui. Mais il fut fait *prisonnier* dans le combat ; le roi et la reine n'eurent que le temps de fuir. Bruce refusa longtemps la rançon de son prisonnier, qui ne recouvra la liberté qu'en 1325. Il mourut en 1333.

---

(2) **PIERRE DE BRETAGNE, VICOMTE DE LÉON.**

SERVICES.

Guerre en Flandre................	1304	Combat au passage de la Lys..........	1304
Bataille de Mons-en-Puelle..........	1304	Siège de Lille....................	1304

Ce prince était célèbre de son temps par sa passion pour les chevaux. Il s'endetta si bien pour la satisfaire qu'il fut réduit à vendre la vicomté de Léon à son frère Arthur II. Pierre fit la guerre de Flandre, et se trouva à Mons-en-Puelle, etc. Il mourut sans alliance en 1312, des suites d'un coup de pied de cheval.

XIV.

ARTHUR II, DUC DE BRETAGNE, COMTE DE RICHEMONT.

Arthur, né en 1262, porta le titre de comte de Richemont du vivant de son père. Il lui succéda en 1304 ; son règne fut tranquille et de courte durée. Arthur II mourut, en 1312, sans avoir porté les armes.

Femmes : 1. MARIE, fille unique et héritière de Gui IV, vicomte de Limoges, morte en 1291 ; — 2. IOLANDE DE DREUX, comtesse de Montfort-l'Amauri, veuve d'Alexandre III, roi d'Écosse, fille de Robert IV, comte de Dreux, morte en 1322. *Il eut de la première* : 1. JEAN III (qui suit, p. 464) ; — 2. GUY DE BRETAGNE(*) ; — 3. PIERRE, né en 1289, mort sans alliance. *De la seconde* : 1. JEAN dit de Montfort (qui suivra, p. 465) ; — 2. JEANNE, mariée à Robert de Flandre, seigneur de Cassel , morte en 1363 ; — 3. BÉATRIX, mariée à Gui IX, sire de Laval, qui fut tué à la bataille de la Roche-Derien, morte en 1284 ; — 4. ALIX, femme de Bouchard VI, comte de Vendôme, morte en 1377 ; — 5. BLANCHE, morte jeune ; — 6. MARIE, religieuse à Poissy.

(*) Guy de Bretagne, comte de Penthièvre, épousa Jeanne d'Avaugour, morte en 1327. Il eut d'elle la célèbre *Jeanne la Boiteuse*, comtesse de Penthièvre, qui naquit en 1319. Elle fut reconnue par son oncle, Jean III, comme héritière du duché de Bretagne , et il lui fit épouser, en 1337, Charles de Blois, neveu du roi Philippe de Valois, qui prit alors le titre de duc. A la mort de Jean III, la Boiteuse fut la première à faire prendre les armes à son mari. Quand il fut fait prisonnier, Jeanne de Penthièvre prit elle-même l'épée et se prépara à lutter de prouesses avec sa fière rivale, la comtesse Jeanne de Montfort. On aurait pu appeler cette guerre de succession : *la guerre des deux Jeannes*. On ne sait rien de précis sur les faits de guerre de Jeanne la Boiteuse. Elle soutint son droit avec énergie et força Charles de Blois à déchirer le traité d'Angrand, qui partageait la Bretagne entre les deux prétendants ; elle dit qu'elle ne voulait pas perdre la moitié de son héritage. Charles de Blois ayant été tué à Auray, Jeanne fut forcée, par le traité de Guérande (1365), de renoncer à la Bretagne et d'accepter la vicomté de Limoges et le comté de Penthièvre ; elle mourut en 1384. Deux de ses fils, envoyés en Angleterre comme otages pour leur père, y restèrent plus de trente ans, Jeanne n'ayant pas pu payer leur rançon.

XIV.

Jean III, surnommé le Bon

DUC DE BRETAGNE, COMTE DE RICHEMONT.

SERVICES.

Expédition en Flandre.........	1315	Guerre contre les Anglais......	1339
Siège de Courtrai.............	1315	Secours à Cambrai............	1339
Guerre en Flandre............	1328	Prise de Thun-l'Évêque........	1340
Bataille de Cassel. (*Blessé.*)...	1328	Secours à Tournai............	1349

ARMES : D'Hermines.

Jean III, né en 1287, essaya, dès qu'il fut duc, de contester la légitimité du mariage de son père, Arthur II, avec Yolande de Dreux, mariage duquel était né ce Jean de Montfort, dont la querelle alluma plus de vingt ans de guerre en Bretagne. Le roi Louis X se portant avec une armée en Flandre, fit appel au duc de Bretagne, qui le seconda, 1315. Jean III servit pareillement Philippe de Valois, et se conduisit vaillamment à Cassel, où il fut *blessé* (1328). Édouard III s'autorisa de l'attachement de ce prince à la France pour le déposséder du comté de Richemont. Le duc, en effet, porta le dévouement jusqu'à tenter, se voyant sans enfants, de rendre, à sa mort, son duché à la couronne; mais il y trouva ses sujets récalcitrants. Pour écarter Jean de Montfort, son frère, il fit épouser à Charles de Blois sa nièce Jeanne de Penthièvre, qui devait être son héritière. Lors de l'invasion d'Édouard III, en 1338, il accourut à l'appel du roi, et la bataille de l'Écluse, où la flotte française fut détruite par Édouard, anéantit du même coup les forces navales de la Bretagne : Jean y avait envoyé soixante voiles. Il mourut à Caen, 1341, en revenant de Flandre, où il s'était porté à la nouvelle du désastre de l'Écluse. Il hésita, au moment de mourir, sur les arrangements qu'il avait faits en faveur de sa nièce, et ne voulut pas les ratifier. Il répondit au message que lui envoya Charles de Blois : « Pour Dieu! qu'on me laisse en paix; je ne veuil pas charger mon âme! » Ses tardifs scrupules ensanglantèrent la Bretagne pendant vingt ans.

Femmes : 1. ISABELLE DE VALOIS, fille aînée de Charles de France, comte de Valois, morte en 1309; — 2. ISABELLE DE CASTILLE, fille de Sanche IV, morte en 1328; — 3. JEANNE, fille unique d'Édouard, comte de Savoie, morte en 1344.

Fils naturel : JEAN, bâtard de Bretagne.

XV

Jean de Bretagne dit de Montfort

COMTE DE MONTFORT.

SERVICES.

Prise de Châteauceaux........	1341		Prise d'Auray.............	1341
Prise de Brest..............	1341		Prise de Goy-la-Forêt........	1341
Prise de Rennes.............	1341		Siége de Carhaix............	1341
Prise de Hennebon...........	1341		Défense de Nantes...........	1341
Prise de Vannes.............	1341		*(Prisonnier.)*	
Siége de La Rocheperiou......	1341		Siége de Quimper............	1345

Jean de Montfort, fils d'Arthur II et d'Yolande de Dreux, était en Bretagne au moment de la mort de Jean III, son frère. Il se fit proclamer à Nantes, et courut saisir le trésor du défunt à Limoges (*). « Il partit de Nantes, dit Froissart, à grand foison de gens d'armes, et s'en alla vers la bonne ville de Limoges; car il se dit et estoit bien informé que le grand trésor que le duc son frère avoit amassé estoit là enfermé. » A son

(*) La vicomté de Limoges était échue aux ducs de Bretagne par le mariage d'Arthur II avec Marie, héritière de Guy IV, vicomte de Limoges.

retour la Bretagne était divisée. La crainte d'avoir pour ennemi le roi de France avait donné des partisans à Charles de Blois. « Le comte de Montfort et la comtesse sa femme furent durement courroucés et ébahis voyant que nul ne venoit à leur mandement, fors un seul chevalier qu'on appeloit messire Henry de Léon. » Le trésor de Limoges fut employé alors « à retenir soudoyers à cheval et à pied venant de tous côtés et largement payés. »

Montfort entama le premier la lutte contre son rival le mari de Jeanne. Il prit Brest, « après assaut et très-grand butin », où fut tué Garnier de Clisson, le gouverneur; puis il s'empara de Rennes, malgré la résistance des « grands bourgeois »; d'Hennebon, « qui sied droitement sur un bon port de mer. » Il s'arrêta ensuite « plus de dix jours à siége fait devant un très fort châtel qu'on appelle La Rocheperiou. Si en estoit châtelin un chevalier moult gentilhomme, messire Olivier de Clisson. Il ne put trouver accord au gentil chevalier ni par promesses ni par menaces. » Vannes, Auray, etc., ouvrirent leurs portes sans coup férir. Charles de Blois eut recours à la France, dont la politique était d'appuyer ses droits; car le roi d'Angleterre avait déjà reçu l'hommage de Montfort.

L'arrêt des pairs adjugea le duché au comte de Blois; il en fit hommage au roi de France, qui arma aussitôt pour l'appuyer. L'expédition suivit la Loire et marcha sur Nantes, où, après plusieurs jours de siége, Montfort fut fait *prisonnier*. Il fut conduit à Paris. Froissart dit qu'il y mourut en prison. D'autres assurent qu'il s'enfuit déguisé en marchand, et qu'après un second voyage en Angleterre, pour y chercher des secours, il recommença la guerre, assiégea Quimper, où il fut repoussé, et se retira malade et épuisé de fatigues, à Hennebon, où il mourut en 1345.

Le comte de Montfort avait montré, dans les occasions où il put agir, de la décision et de la valeur : il ne manqua pas à sa fortune, a-t-on dit, mais sa fortune lui manqua toujours.

Femme : JEANNE DE FLANDRE (1), fille de Louis de Flandre, comte de Nevers. *Il eut d'elle* : 1. JEAN V (qui suit); 2. JEANNE, mariée à Raoul Draiton, chevalier.

(1) Jeanne de Flandre, comtesse de Montfort, la plus célèbre des héroïnes du moyen âge, après Jeanne d'Arc, a droit à une mention ici, comme femme et mère de princes capétiens. Jeanne devint l'âme de son parti en Bretagne. Laissons raconter Froissart : « La comtesse de Montfort, qui avoit bien courage d'homme et cœur de lion, étoit en la cité de Rennes, quand elle entendit que son sire étoit pris... En fut dolente et courroucée... et combien qu'elle eut grand deuil au cœur, si ne fit-elle mie comme femme déconfortée, mais comme homme fier et hardi;.... et leur montroit un petit-fils qu'elle avoit, qu'on appeloit Jean, ainsi que le père, et leur disoit : « Ha seigneurs, ne

XVI

Jean IV, dit le Conquérant
COMTE DE MONTFORT, DUC DE BRETAGNE.

SERVICES.

Siége de Rennes.	1357
Siége de Dinan.	1359
Attaque sur Nantes	1363
Délivrance de Bécherel.	1363
Prise de Sucinio.	1364
Prise de La Rochepériou.	1364
Siége d'Auray.	1364
Bataille d'Auray.	1364
Prise de Jugon.	1364
Prise de Dinan.	1364
Prise de Quimper.	1364
Exp. de Calais en Guyenne.	1373
Prise de Linde.	1373
Prise de Saint-Mahé.	1375
Prise de Saint-Pol-de-Léon.	1375
Siége de Saint-Brieuc.	1375
Siége de Quimperlé.	1375
Dél. d'un fort près Quimperlé.	1375
Guerre en Flandre.	1383
Prise de Bergues.	1383
Prise de Bruckbourg.	1383
Guerre contre les Anglais.	1386
Siége de Brest.	1386
Siége de Brest.	1387
Guerre contre Clisson.	1390
Prise de Planconet.	1390
Prise de Châteauceaux.	1390
Siége du château de Josselin.	1393
Prise de la Roche-Derien.	1394
Siége de Saint-Brieuc.	1394

DEVISE : A ma vie.

Jean IV, surnommé le Conquérant, fils de Jean de Montfort et de

« vous déconfortez mie, ni ébahissez pour monseigneur que nous avons perdu ; ce n'étoit qu'un seul homme, véez « ci (voyez) mon petit enfant qui sera, si Dieu plaist, son restorier, et qui vous fera des biens assez... » Après avoir couru de ville en ville, *confortant partout ses soudoyers*, la comtesse se jeta dans Hennebon. Tous les efforts des François tendirent alors à s'emparer d'elle. Enfermée dans cette place, Jeanne, toujours à cheval, animait ses soldats, commandait les sorties : en voici quelques traits. « La comtesse, qui étoit armée de corps, et étoit montée sur un bon coursier, chevauchoit de rue en rue par la ville, et semonoit (avertissoit) ses gens de bien défendre, et faisoit, les femmes, dames et demoiselles, défaire les chaussées et porter les pierres aux créneaux..., et faisoit apporter bombardes et pots pleins de chaux vive pour jeter sur les assaillants.

« Encore fit cette comtesse de Montfort une très-hardie emprise, qui ne fait mie à oublier, et que on doit bien recorder à hardi et outrageux fait d'armes... Si regarda et vit que tous ceux de l'ost avoient laissé leurs logis, et étoient presque tous allés voir l'assaut. Elle s'avisa d'un grand fait et remonta sur son coursier, et fit monter trois cents hommes d'armes avec elle, à cheval, qui gardoient une porte qu'on n'assailloit point. Si issit (sortit) de cette porte à (avec) toute sa compagnie, et se férit (jeta) très-vassalement (vaillamment) en ces tentes et logis des seigneurs de France, qui tantôt furent toutes arses (brûlées)... Quand ces seigneurs voient leurs logis ardoir (brûler), ils furent tous ébahis, et coururent tous vers leurs logis, criant : « Trahis ! trahis ! » Et ne demeura adonc nul à l'assaut. Quand la comtesse vit l'ost émouvoir et gens courir de toutes parts, elle rassembla toutes ses gens, et vit bien qu'elle ne pourroit rentrer en la ville sans trop grand dommage, si s'en alla un autre chemin par devers le châtel de Brest, qui sied à trois lieues près de là. » Froissart veut sans doute parler d'Auray. La comtesse, au bout de cinq jours, se jeta de nouveau au travers des assiégeants, et réussit à rentrer dans Hennebon. Elle passa la mer pour presser le renfort qu'Édouard lui avait promis, et bientôt elle revint sur la flotte anglaise, avec Robert d'Artois (*voy.* page 446). Ils rencontrèrent la flotte française, et engagèrent le combat près de l'île de Guernesey, 1342. La comtesse « tenoit, dit Froissart, un glaive moult roide, et bien tranchant, et trop bien se combattoit et de grand courage. » La nuit sépara les deux flottes. La tempête qui survint les força de s'éloigner, et ils prirent terre auprès de Vannes, qu'ils assiégèrent aussitôt. Hardie à l'attaque comme à la défense, Jeanne s'y comporta aussi vaillamment qu'à Hennebon. Cette guerre de siéges se poursuivait avec des succès balancés, quand Charles de Blois investit Roche-Derien, 1347. La comtesse, accourant avec ses Anglais, attaqua le camp ennemi pendant la nuit. Charles y fut blessé et fait prisonnier. Ainsi les deux prétendants avaient disparu de la scène : mais Jeanne de Penthièvre fit tête à Jeanne de Montfort. L'enthousiasme chevaleresque donna un caractère singulier à cette guerre. C'était à qui combattrait pour la plus belle maîtresse. La vaillante comtesse de Montfort mourut vers 1360.

Jeanne de Flandre, né en 1339, fut reconnu duc de Bretagne par les Anglais et par ceux qui avaient suivi le parti de sa famille.

Après avoir déjà réussi devant quelques villes, il pressait vigoureusement le château d'Auray, quand il apprit que Charles de Blois, aidé de Bertrand Du Guesclin, se préparait à un effort décisif contre lui. Il n'eut que le temps de s'adresser au Prince Noir, à Bordeaux, qui lui envoya en hâte Jean Chandos, le plus fameux de ses capitaines. Il réunit seize cents armures de fer et huit ou neuf cents archers, et se tint prêt à recevoir la bataille. Charles et Du Guesclin s'avançaient avec deux mille cinq cents lances. Montfort et Chandos, plus faibles en nombre, s'étaient postés sur une colline, derrière Auray. Les Français s'élancèrent en poussant le cri de guerre du comte de Blois : Au nom de Dieu et de saint Yves ! « Ils étoient si serrés, dit Froissart, et si joints, qu'on n'eût pu jeter une pomme qu'elle ne cheist sur un bassinet ou sur une lance, et portoit chacun homme d'armes son glaive (sa lance) droit devant lui, de taille à la mesure de cinq pieds, et une hache forte, dure et bien acérée à petit manche, à son côté ou à son col, et s'en venoient ainsi tout bellement le pas. » Les Anglais formaient trois corps, chacun de cinq cents hommes, avec une réserve qui manœuvra très-habilement. Après avoir rompu la bataille des comtes de Joigny et d'Auxerre, deux des corps anglais, agissant de concert, attaquèrent Du Guesclin, qui fut renversé et fait prisonnier ; puis la masse entière fondit sur Charles de Blois, qui fut tué après avoir longtemps combattu (*). L'avantage du terrain et de la tactique donna la victoire aux Anglais. Froissart rapporte qu'après la bataille, Chandos et ses chevaliers dirent à Jean de Montfort : « Sire, louez Dieu et faites bonne chère, car vous avez conquis l'héritage de Bretagne. »

Montfort avait épousé une fille d'Édouard III. Sa politique consista à donner aux rois de France et d'Angleterre des assurances secrètes ; mais Charles V, au fait de ses menées, le somma de rendre hommage et de se préparer à faire le service de guerre auquel il était tenu comme vassal.

Étroitement allié aux Anglais, le duc se vit attaqué par une armée française ; ses sujets partout murmuraient de son alliance ; ses villes ouvrirent

---

(*) « Et me semble, dit Froissart, qu'il avoit été aussi ordonné en l'ost des Anglois au matin, que si on venoit au-dessus de la bataille, que messire Charles de Blois fût trouvé en la place, on ne le devoit point prendre à nulle rançon mais occire ; et ainsi, en cas semblable, les François et les Bretons avoient ordonné de messire Jean de Montfort, car en ce jour, ils vouloient avoir fin de bataille et de guerre. »

leurs portes. Il se trouva hors d'état de se défendre, et passa en Angleterre. Bientôt il reparut, prit terre à Calais, et envoya cette déclaration de guerre au roi de France : « Je vous fais sçavoir que, en votre deffaut, je me tiens tout franc, quitte et déchargé de la foi et hommage que faict avons à la couronne de France; et vous tiens et répute mon ennemi, etc. »

Jean de Montfort traversa la France avec un corps d'archers anglais, qui arriva à Bordeaux à demi détruit par la faim et les maladies. Ne trouvant pas de vivres en Guyenne, ils prirent d'assaut la ville de Linde, qui refusait de les accueillir. L'Anglais fournit à Montfort une nouvelle armée. Avec deux mille hommes d'armes et trois mille archers, il fit une descente en Bretagne, reprit quelques villes et ne put se maintenir. Il repassa la mer.

Charles V crut alors le moment venu de donner la Bretagne à la couronne de France; et une sentence des pairs déclara le duc fugitif déchu de tous ses droits, 1378. Mais cet arrêt, qui blessait l'orgueil national des Bretons, sauva Montfort mieux que n'aurait fait une armée. Rappelé d'Angleterre par le vœu unanime de ses sujets, il revint, n'ayant que cent hommes d'armes et deux cents archers. Toutes les villes l'accueillirent avec transport, et il se vit assez puissant pour obliger le roi de France à le reconnaître.

Le duc conduisit des troupes en Flandre à Charles VI, lors de sa seconde expédition, 1383; il y participa à plusieurs siéges. Après, il tenta de reprendre la ville de Brest, laissée en otage aux Anglais; et fit une guerre acharnée à son vassal Olivier de Clisson, qu'il fit prisonnier par surprise; il assiégea ses châteaux et captura ses domaines.

Ce duc, a-t-on dit, était extrême en tout : aimant jusqu'à la folie, haïssant jusqu'à la fureur. Jean IV mourut à Nantes, en 1399.

Femmes : 1. Marie d'Angleterre, fille d'Édouard III, morte vers 1362; — 2. Jeanne Holland, fille de Thomas Holland, comte de Kent, morte en 1384; — 3. Jeanne de Navarre, fille de Charles II, *le Mauvais* ; elle se remaria à Henri IV, roi d'Angleterre, et mourut en 1437. *Il eut de la troisième* : 1. Jean VI (qui suit); — 2. Arthur III (qui suivra après ses neveux); — 3 Gilles (1); — 4. Richard, comte d'Étampes, *qui continua la lignée des ducs de Bretagne;* — 5. Jeanne, morte enfant; — 6. N... de Bretagne, *idem.;* — 7. Marie, qui épousa Jean Ier, duc d'Alençon; — 8. Blanche, femme de Jean IV, comte d'Armagnac; — 9. Marguerite, mariée à Alain IX, vicomte de Rohan, morte en 1428.

(1) GILLES Ier DE BRETAGNE, SEIGNEUR DE CHANTOCÉ.

SERVICES.

| Prise de Fontenay | 1442 | Siége de Bourges | 1442 |
| Siége de Dun-le-Roi | 1442 | | |

Gilles, né en 1394, fut élevé auprès de Louis, dauphin et duc de Guyenne. Il suivit Charles VI dans son expédition contre les princes du sang révoltés. Gilles fut atteint des maladies qui désolèrent l'armée au siége de Bourges, et mourut sous les murs de cette ville en 1412.

XVII.
Jean V
DUC DE BRETAGNE.

SERVICES.

Guerre contre les Anglais...	1404	Guerre contre le duc d'Alençon...	1432
Combat près de Brest...	1404	Siège de Pouancé...	1432

DEVISE : A ma vie.

Jean V, né en 1389, avait dix ans quand il fut reconnu duc de Bretagne. Il obtint la main de Jeanne de France, fille de Charles VI. Il fit hommage au roi pour son duché, en 1404. Il se réconcilia avec Clisson, l'ennemi de son père, et s'entendit avec lui pour tenir tête aux Anglais. Jean les défit près de Brest, 1404. Brouillé de nouveau avec le connétable, il allait l'attaquer dans son château, lorsque celui-ci mourut, en 1407. Jean V conduisit un corps de six mille cavaliers à Azincourt, qui, arrivé trop tard, rejoignit les débris de l'armée. Les progrès de la domination anglaise effrayaient le duc et ébranlaient par degrés sa fidélité. Toutefois, il réussit, en inclinant tour à tour vers les deux partis, et en subissant, sans trop de résistance, la loi de la nécessité, à se maintenir assez tranquille au milieu des orages qui grondaient autour de lui : signant, d'une part, le traité de Troyes, qui dépouillait le dauphin de France, e de l'autre, autorisant son frère, le comte de Richemont, à combattre sous ses drapeaux.

Jean V s'était réconcilié avec les Penthièvres ; mais ceux-ci espéraient encore recouvrer la Bretagne. Ils invitèrent le duc à une fête dans leur forteresse de Châteauceaux ; Jean s'y rendit et fut arrêté, 1420. Les Penthièvres répandirent le bruit de sa mort. Chaque nuit ils le faisaient changer de prison, le conduisant tantôt à pied dans la fange, tantôt garrotté sur un cheval. Enfin la noblesse indignée prit les armes, et le captif fut délivré à grand' peine, à d'onéreuses et bizarres conditions.

Il eut quelques démêlés avec le duc d'Alençon, et mit le siége devant son château de Pouancé. Son oncle Richemont, qui l'avait suivi dans cette expédition, le décida à la paix.

Le duc Jean V était le plus beau prince de son temps : magnifique dans ses vêtements, dans ses meubles, dans sa dépense. Il mourut en 1442.

Femme : JEANNE DE FRANCE (*), fille de Charles VI, né en 1390, morte en 1433. Il eut d'elle : 1. FRANÇOIS Ier (qui suit); — 2. PIERRE II (qui suivra); — 3. GILLES (**); — 4. ANNE, morte jeune; — 5. ISABELLE, mariée à Gui XIII, comte de Laval, morte en 1442, — 6. MARGUERITE, morte enfant; — 7. CATHERINE, *Idem.*

Fils naturel : TANGUY, *bâtard de Bretagne, fut envoyé par son père, en* 1431, *pour défendre la Guerche contre le duc d'Alençon. Il fut fait chevalier au siége d'Avranches* (1439), *et mourut sans enfants.*

(*) Jeanne de France, par son énergie, parvint à délivrer son mari prisonnier des Penthièvres. Elle fit appel à tous les seigneurs de Bretagne, et elle assiégea les châteaux de ses ennemis. Elle s'en empara, contraignit la comtesse douairière de Penthièvre à capituler dans Châteauceaux, et la força, pour sauver sa vie, à faire mettre en liberté le duc de Bretagne et son frère.

(**) « Le duc Gilles, dit Math. de Coucy, estoit un beau chevalier, bien formé et puissant de corps; il avoit esté nourry et élevé durant sa jeunesse, avec son cousin germain le roy Henry d'Angleterre, lequel roy l'avoit fait son connétable; et à cette occasion, comme il en estoit commune renommée, il avoit du tout mis son affection à tenir le party de ce roy Henry et des Anglois. » Le duc François, faible, vicieux, jaloux, avait pris ce frère en grande haine ; Gilles avait ramené d'Angleterre d'adroits archers, et aimait à s'exercer avec eux. Le duc, sur ce prétexte, fit faire le procès de son frère devant les états de Bretagne. Le connétable de Richemont, leur oncle, accourut à cette nouvelle. « Monseigneur le connétable, dit l'*Histoire d'Arthur III*, requist au duc qu'il lui pleust voir son frère, et fut amené monseigneur Gilles au château de Dinan, et là vint le duc, et monseigneur le connestable, et monseigneur Pierre. Et monseigneur Gilles se mest à genoüils, et monseigneur le connestable et monseigneur Pierre, suppliant au duc qu'il lui pleust avoir mercy de son frère, en pleurant tous les trois en toute humilité ; mais le duc ne s'en fist que rire... »
François enferma son frère à Dinan, et convoqua les états, qui ne trouvèrent pas les preuves suffisantes pour le condamner. Gilles, conduit de forteresse en forteresse, livré à la garde de ses ennemis, outragé, frappé par ses gardiens, passa quarante-six mois dans les cachots; on répandit, à plusieurs reprises, dans sa soupe, un poison violent qu'Arthur de Montauban avait fait exprès venir d'Italie. Mais la forte constitution de Gilles en triompha. Alors les geôliers l'enfermèrent « au fond d'une tour, dans une salle basse, et défendirent qu'on lui portât à manger et à boire. Les cris de ce malheureux furent entendus par une pauvre femme, qui, se glissant chaque nuit dans les fossés du château, réussit à lui faire passer au travers des grilles du pain et de l'eau par une sarbacane. L'agonie de Gilles dura six semaines. » Ses geôliers attribuaient la prolongation de sa vie à l'assistance du diable; ils essayèrent alors de l'étrangler pendant le sommeil avec des serviettes; le prince réveillé se défendit quelque temps avec une flûte qu'il trouva sous sa main; mais ils parvinrent à l'étouffer sous des matelas. Le duc François fut poussé à cet odieux fratricide par son favori le bel Arthur de Montauban, « qui faisoit du duc et de la duchesse à son vouloir, dit Alain Bouchard, et que le duc avoit fiché en sa grâce, plus que raison et nature ne permettoient. » (Voir Gobineau, *Histoire de Bretagne*, t. 1, p. 364, et l'*Histoire lamentable de Gilles*, etc.)

Femme : FRANÇOISE DE DINAN, fille et héritière de Jacques, seigneur de Châteaubriant, née en 1436. Ce mariage ne fut que nominal, car Françoise avait treize ans lorsque Gilles mourut; elle épousa ensuite le comte de Laval, et mourut en 1499.

Fils naturels : 1. ÉDOUARD; — 2. GUILLAUME, *qui commandèrent tous deux des flottes contre les Anglais sous François II.*

XVIII.
François Iᴇʀ
DUC DE BRETAGNE.

SERVICES.

Conquête de la Basse-Normandie...	1449	Prise de Valogne............	1449
Prise de Coutances..............	1449	Prise de Fougères...........	1449
Prise de Saint-Lô...............	1449	Prise d'Avranches...........	1450
Prise de Carentan	1449	Prise de Tomblaine-en-mer...	1450

DEVISE : A ma vie.

François Iᵉʳ, né en 1414, prit une grande part à l'expulsion des Anglais de la Normandie. Il s'y jeta, en 1449, à la tête de six mille hommes, sous le commandement de son oncle le connétable de Richemont; il prirent Coutances, Saint-Lô, etc. Mais les services qu'il rendit alors ne sauraient effacer la tache hideuse dont il couvrit son nom. Il faisait le siége d'Avranches, quand la nouvelle du meurtre de son frère Gilles se répandit dans l'armée. Comme le duc se rendait au Mont-Saint-Michel, il fut abordé sur la grève par un cordelier qui avait confessé le malheureux Gilles. Le religieux l'ajourna à comparaître dans quarante jours devant Dieu. Frappé de terreur, de remords, François mourut quelques mois après, en 1450.

Femmes : 1. IOLANDE D'ANJOU, fille de Louis II, roi de Sicile, morte en 1440; — 2. ISABELLE STUART, fille de Jacques Iᵉʳ, roi d'Écosse. *Il eut de la première* : ROUAN DE BRETAGNE, comte de Montfort, mort avant sa mère. *De la seconde* : 1. MARGUERITE, qui épousa son cousin, François II, duc de Bretagne; — 2. MARIE, femme de Jean II, vicomte de Rohan. *Fille naturelle* : JEANNE, *bâtarde de Bretagne, épousa Jean Morhier, seigneur de Villiers.*

XVIII
Pierre II
DUC DE BRETAGNE.

SERVICES.

Conquête de la Basse-Normandie..	1449	Prise de Carentan.............	1449
Prise de Coutances..............	1449	Prise de Valognes.............	1449
Prise de Saint-Lô...............	1449	Prise de Fougères.............	1449

Pierre, né en 1418, succéda à son frère François Iᵉʳ; il avait fait avec lui et le connétable de Richemont, leur oncle, la grande campagne de Normandie. « Pierre de Bretagne, dit Mathieu de Coucy, alla mettre le siége devant la ville de Fougères, et fit construire autour quelques bastilles. »

Aussitôt qu'il eut le pouvoir, Pierre fit poursuivre avec rigueur les meurtriers de son frère Gilles de Bretagne. L'un d'eux, Arthur de Montauban, se fit moine et devint archevêque de Bordeaux. Pierre était encore plus faible et plus superstitieux que son frère aîné. Il mourut en 1457.

Femme : FRANÇOISE D'AMBOISE, morte prieure des carmélites en 1485. *Fille naturelle :* JEANNE, *bâtarde de Bretagne.*

XXVII.

Arthur III

COMTE DE RICHEMONT, DUC DE BRETAGNE, CONNETABLE DE FRANCE.

SERVICES.

Siége de Saint-Brieuc	1406		Prise de Bourg	1436
Prise de Saint-Denis	1411		Siége de Chavency	1436
Prise de Sillé-le-Guillaume	1412		Prise de Château-Landon	1437
Prise de Beaumont	1412		Prise de Nemours	1437
Prise de Laigle	1412		Prise de Terny	1437
Guerre contre le duc de Bourgogne	1414		Prise de Montereau	1439
Prise de Compiègne	1414		Prise de Meaux	1439
Prise de Noyon	1414		Siége d'Avranches	1439
Prise de Soissons	1414		Guerre contre La Praguerie	1440
Prise de Bapaume	1414		Prise de Cusset	1440
Siége d'Arras	1414		Prise de Charroux	1440
Guerre contre le sire de Parthenay	1414		Prise d'Escurolles	1440
Prise de plusieurs villes en Poitou	1415		Prise de Vichy	1440
Siége de Parthenay	1415		Prise de Saint-Haon-le-Châtel	1440
Guerre contre les Anglais	1415		Guerre contre les Anglais	1441
Bataille d'Azincourt	1415		Prise de Creil	1441
(Blessé et prisonnier.)			Prise de Pontoise	1441
Guerre contre le Dauphin	1422		Prise de Saint-Germain-en-Laye	1441
Prise de Meaux	1422		Prise de Dax	1442
Guerre contre les Anglais	1426		Prise de Saint-Sever	1442
Prise de Pontorson	1426		Prise de La Réole	1442
Siége de Saint-James de Beuvron	1426		Siége de Metz	1444
Prise de Garlande	1427		Prise du Mans	1448
Prise du château du Lude	1427		Conquête de la Normandie	1449
Prise de Rémefort	1427		Prise de Coutances	1449
Prise de Malicorne	1427		Prise de Saint-Lô	1449
Prise du Mans	1427		Prise du Pont-d'Euve	1449
Délivrance de La Gravelle	1427		Prise de Carentan	1449
Prise de Beaugency	1429		Prise de Valogne	1449
Bataille de Patay	1429		Prise de Gauray	1449
Prise de Marchenay	1429		Prise de Fougères	1449
Siége de Pouancé	1432		Bataille de Formigny	1450
Secours à Beauvais	1434		Prise de Vire	1450
Prise de Ham-en-Vermandois	1434		Prise d'Avranches	1450
Combat du pont de La Briche	1436		Prise de Tombelaine-en-mer	1450
Prise de Saint-Denis	1436		Prise de Bricquebec	1450
Guerre contre le damoiseau de Commercy	1436		Reprise de Valogne	1450
			Prise de Saint-Sauveur-le-Vicomte	1450
Prise de Nanteuil	1436		Prise de Caen	1450
Prise de Ham-en-Champagne	1436		Prise de Cherbourg	1450

Le nom de Richemont est associé à ceux de Jeanne d'Arc et de Dunois. Cet illustre Breton fut, au XVe siècle, ce qu'avait été, au XIVe, son compatriote Du Guesclin. L'épée de Richemont n'a point reposé pendant quarante ans, et il n'en est pas qui ait fait un meilleur service à la France (*).

Arthur, comte de Richemont, second fils de Jean IV, duc de Bretagne, et de Jeanne de Navarre, naquit en 1293. Soldat précoce, il fit d'abord une expédition contre Saint-Brieuc, en révolte contre le duc son frère. Après le meurtre de Louis d'Orléans, Richemont suivit la bannière des princes ses fils. Gilles, son frère, s'était tourné contre eux. Il prit d'assaut, en 1412, Sillé-le-Guillaume, Beaumont, et d'autres villes révoltées contre son beau-frère le duc d'Alençon. Arthur suivit, en 1414, la grande expédition dirigée contre le duc de Bourgogne, et se signala surtout devant Arras. On le trouve l'année d'après en Poitou, guerroyant contre un seigneur de Parthenay. Il lui prit quatre villes et assiégeait Parthenay, lorsque l'invasion des Anglais le rappela en toute hâte. Richemont commandait plusieurs compagnies de gens d'armes à Azincourt; il y fut si grièvement *blessé*, qu'il tomba parmi les morts; il ne fut reconnu qu'à sa cotte d'armes. Sa mère était alors reine douairière d'Angleterre; cependant il y subit une longue captivité. Après le traité de Troyes, Richemont acheta la liberté en servant dans l'armée anglaise, et prit part au siége de Meaux, 1422. Mais, ambitieux de commandements, mécontent des Anglais, il s'offrit à Charles VII, à la condition qu'il chasserait les meurtriers de Jean-sans-Peur. Après de longs pourparlers, Charles offrit à Arthur l'épée de connétable, 1425. Dès lors il mit son ambition, ses talents militaires, son activité, à relever les affaires de Charles VII; il s'entremit entre lui et le duc de Bretagne, son frère; mais son autorité, impérieuse et rude, heurtait sans ménagement les favoris du roi (**). Louis de la Trémouille, sa créature, devenu bientôt son ennemi, profita de son crédit pour renverser l'impérieux connétable, et leur haine faillit perdre Charles VII et son parti. Richemont grandit dans la disgrâce. Laissé sans secours, il prit Pontorson, échoua devant Saint-James, 1426, attaqua plusieurs châteaux du Maine, prit le Mans et délivra La Gravelle, 1427.

Ayant levé dans ses domaines quatre cents lances et huit cents archers, après le siége d'Orléans, il rejoignit l'armée devant Beaugency. Charles, qui n'avait de volonté alors que celle de ses favoris, lui fit défense d'ap-

---

(*) Les faits d'armes du connétable de Richemont sont très-nombreux ; nous abrégeons, toutefois, le récit de ses campagnes, pour ne pas répéter ce qui a pu être déjà raconté *Voy*. Dunois, Jean II, duc d'Alençon, etc.

(**) Le connétable de Richemont, dont la main était d'une singulière violence, fit mettre à mort deux favoris de Charles VII qui le contrecarraient ; puis il les remplaça près du roi par Louis de la Trémouille, qu'il crut diriger à son gré.

procher. Il répondit « qu'il s'étoit mis en campagne pour le bien du roi et du royaume, et qu'il verroit bien qui oseroit le combattre. » A peine fut-il arrivé que Beaugency capitula. Il combattit à Patay malgré l'ordre du roi. Pendant le voyage de Reims, d'où il fut encore évincé, Richemont, avec sa troupe, descendit la Loire et prit Marchenay. De retour en Bretagne, il secourut Jean V, son frère, contre le duc d'Alençon, fit le siége de Pouancé, et réconcilia les deux princes. Mais la disgrâce de Richemont paralysa longtemps les affaires de Charles VII. La Trémouille à son tour fut écarté; Richemont, 1434, reprit le commandement et se mit en devoir de réparer le temps perdu. Il courut avec Dunois en Picardie, secourut Beauvais, que défendait La Hire, et assiégea Ham, qu'il emporta. L'année suivante il fit mieux encore : il réconcilia Charles VII et Philippe de Bourgogne, et fut l'un des négociateurs du traité d'Arras.

Le connétable et Dunois (Voy. page 187) battirent les Anglais au pont de La Briche et prirent Saint-Denis. Paris enfin leur ouvrit joyeusement ses portes, et Richemont allait répétant aux bourgeois : « Mes bons amis, « le bon roi Charles vous remercie, et moi de par lui, de ce que si dou- « cement vous lui avez rendu la maîtresse cité de son royaume. » Puis il se mit en campagne et fit une rude chasse aux routiers qui désolaient encore le pays. Il attaqua le damoiseau de Commercy, lui prit plusieurs forteresses, et fut repoussé devant Chavency. La grande tâche de Richemont était de rétablir la discipline; il fit aux gens de guerre une justice âpre et dure : il chargea Tristan-l'Hermite, prévôt des maréchaux, de l'exécution de ses arrêts. C'est la première fois que ce gentilhomme de sombre renom apparaît dans l'histoire. Le connétable continua de prendre villes et châteaux avec Dunois; il conduisit le siége de Montereau, où le roi se rendit, 1437. Toujours actif à l'œuvre, Richemont voulait après se porter sur Meaux, et ne point donner de relâche aux Anglais; mais on le laissa se morfondre, sans argent et sans troupes. Il menaçait de renvoyer l'épée de connétable, quand Charles VII secoua enfin sa langueur, lui envoya des forces, et Meaux fut emporté d'assaut.

Après la nouvelle organisation donnée aux troupes régulières par Charles VII, le connétable et le comte de Vendôme voulurent enlever Avranches aux Anglais, 1439; mais le soldat encore mal affermi sous sa nouvelle discipline, refusa de combattre et se débanda. Lors de la

Praguerie, Richemont, fidèle au roi, le servit avec vigueur contre les seigneurs en révolte ; leurs forteresses furent prises ou firent leur soumission, 1440 ; après quoi Richemont intervint activement pour la paix.

Le connétable, toujours à cheval, conduisit, sous le roi, les siéges de Creil et de Pontoise, 1441, qui furent enlevés aux Anglais, après les plus rudes assauts. Une campagne qu'il fit au delà de la Loire coûta encore aux Anglais Dax, Saint-Sever, etc. Charles VII fit à la demande de René, duc de Lorraine, une expédition sur Metz, 1444, et le connétable y dirigea les opérations.

Ce rude Breton, qui depuis quarante ans n'avait pas laissé reposer son épée, ce connétable, qui avait dépensé ses exploits et ses talents dans une guerre de siéges et d'aventures, eut la chance de rencontrer sur la fin de sa vie une campagne qui résuma sa gloire, longtemps dispersée, et donna le sacre historique à son nom.

Charles VII, résolu à porter les derniers coups aux Anglais, chargea Richemont, avec le duc François, son frère, de prendre à revers la Normandie par la Bretagne ; ils attaquèrent d'abord Coutances, où les Anglais ne tinrent pas longtemps. Ceux de Saint-Lô se rendirent après cinq jours de siége ; à Carentan, « ils s'en allèrent bientôt le bâton au poing. » Tout le Cotentin, moins Cherbourg, fut bientôt repris par les princes ou par leurs détachements. Une seule place les arrêta longtemps, ce fut le fort de Fougères. « Tantôt alla le duc, dit Mathieu de Coucy, avec son oncle le connétable et toute leur puissance devant Fougères, lesquels s'approchèrent de ladite ville, et fit le duc asseoir son artillerie du côté de devant le château, laquelle battit très-fort la muraille. Firent les Anglois une sortie sur le guet du connétable... Se continua le siége par l'espace de neuf semaines, auquel furent faites de fort belles armes entre les parties... »

Le connétable était à Dinan quand l'Anglais Kyriel débarqua à Cherbourg et reprit Valognes. Richemont partit avec trois cents lances, et arriva à Saint-Lô. Les Anglais étaient en marche vers Caen, et le comte de Clermont (Voy. page 316) s'était posté sur la grève pour leur barrer le chemin. Richemont, averti par un courrier, joignit le comte entre Carentan et Bayeux. Le combat était déjà engagé près de Formigny, quand on aperçut « le connétable de France qui descendoit d'une montagne auprès d'un moulin à vent, avec toute sa puissance qu'il tenoit en belle ordonnance, et lequel tiroit et s'avançoit toujours. » Richemont alors précipita sa marche pour s'emparer d'un pont; il prévint les Anglais et fit sa jonction avec Clermont. « Combattirent là très-vaillamment les uns les autres par l'epace de trois heures ou environ. » La victoire de Formigny, qui fut complète, fit la gloire de cette campagne. Richemont de là assiégea Vire et le prit en six jours. Avranches et d'autres places résistèrent plus ou moins, et Richemont, la besogne achevée de ce côté, marcha sur Caen, où le roi s'était déjà rendu. Citons un passage du chroniqueur Mathieu de Coucy sur l'attaque dirigée par le connétable : « Si veux-je un peu déclarer aussi la conduite que tenoit en son quartier le connétable de France avec ceux de sa compagnie... Fut battue la muraille à coups de canon, depuis la porte qui va à Bayeux jusqu'à l'endroit de l'abbaye, qui est environ de la longueur du ject de deux pierres... A l'endroit de ladite abbaye, il y avoit une tour cornière sur laquelle il y avoit un boulevart construit de bois et de terre, par dessus laquelle la nuict de la feste de saint Pierre fut mis le feu audict boulevart... A cette heure estoient deux Anglois qui faisoient le guet au susdict boulevart, lesquels estoient appuyés contre deux cuves...., et par la conduite qui se faisoit en ladite mine, cheut cette tour... avec laquelle tour cheurent lesdicts Anglois, mais ils n'eurent garde de mort, dont plusieurs furent esmerveillés. Alors à l'endroit de ladicte tour il leur fust livré un assaut rude et aspre. »

Après la prise de Caen, Richemont fut envoyé devant Cherbourg, le dernier poste où les Anglais eussent encore pied. C'était une très-forte ville, où tous leurs détachements s'étaient concentrés. Le siége fut long, et l'artillerie surtout fit merveilles; la ville capitula après six semaines d'une vigoureuse défense (*). Ce fut le dernier exploit de Richemont.

Il devint duc de Bretagne, sous le nom d'Arthur III, à la mort de son neveu Pierre II, 1457. Les seigneurs bretons l'invitèrent à renvoyer l'épée de connétable, comme inconciliable avec son nouveau rang. « Je veux, dit-il alors, honorer dans mes vieux jours une charge qui m'a fait honneur dans ma jeunesse. » Il ne consentit toutefois qu'à l'hommage simple, et s'avança devant le roi l'épée ceinte, sur quoi le comte d'Eu s'écria : « Faites-lui ôter sa ceinture. — Il ne le fera point, dit le chan-

(*) Il a été donné quelques détails à l'article de Dunois, qui se rendit devant Cherbourg sur la fin du siége. (*V.* p. 489.)

celier de Bretagne, car il ne le doit. » Et le roi termina le différend en ajoutant : « Tel que vos prédécesseurs l'ont fait vous le faites. » Arthur ne porta qu'un an la couronne ducale. Il mourut sans héritiers, en 1458. La Bretagne perdit en lui le plus glorieux prince qu'elle ait possédé.

Femmes : 1. MARGUERITE DE BOURGOGNE, fille de Jean-sans-Peur, et veuve de Louis, duc de Guyenne et dauphin, morte en 1444 ; — 2. JEANNE D'ALBRET, fille de Charles II, sire d'Albret, morte en 1444 ; — 3. CATHERINE DE LUXEMBOURG, fille de Pierre de Luxembourg, comte de Saint-Paul, morte en 1489.

Fille naturelle : JACQUETTE, bâtarde de Richemont, fut *légitimée* et épousa Arthus Brecart, écuyer.

XVII.

Richard de Bretagne

COMTE D'ETAMPES.

SERVICES.

Guerre de Guyenne. 1419
Guerre contre le duc d'Alençon. 1432
Siége de Pouancé. 1432

ARMES : D'hermines au lambel d'azur à trois pendants semé de fleurs de lis.

Richard, né en 1395, quatrième fils de Jean V, était le frère cadet du connétable de Richemont. Il combattit en Guyenne les Anglais et fit une campagne contre le duc d'Alençon. Il mourut en 1438; comme ses neveux François Ier et Pierre II, de même que son frère Arthur III, ne laissèrent point de mâles, son fils François devint duc de Bretagne.

Femme : MARGUERITE D'ORLÉANS, fille de Louis, duc d'Orléans, morte en 1466. Il eut d'elle : 1. FRANÇOIS II (qui suit) ; — 2. N..., mort jeune ; — 3. MARIE, abbesse de Longchamp, morte en 1477 ; — 4. ISABELLE, morte jeune ; — 5. CATHERINE, mariée à Guillaume de Châlons, prince d'Orange ; — 6. MARGUERITE ; — 7. MADELEINE, religieuse à Longchamp, morte en 1462. *Fille naturelle* : JEANNE, *suivant* D. Lobineau.

XVIII.

François II

DUC DE BRETAGNE.

SERVICES.

Conquête de la Guyenne	1453	Guerre contre Louis XI	1467
Prise de Cadillac	1453	Prise d'Avranches	1467
Prise de Bordeaux	1453	Prise de Bayeux	1467
Guerre du Bien public	1465	Prise de Caen	1467
Siège de Paris	1465	Défense de Nantes	1487

ARMES : D'hermines.
DEVISE : A ma vie.

François II, né en 1435, fils de Richard, comte d'Étampes (*), petit-fils de Jean V, fut le successeur d'Arthur III. Il entra dans la ligue du Bien public, s'entendit avec Charles de Bourgogne, et se mit en route avec dix mille hommes pour se joindre à lui. Cette armée, grandement équipée, donna une haute idée des ressources et de l'état florissant de la Bretagne; « car vivoit sur ses coffres, dit Commines, toute cette compagnie. » Mais Louis XI lui barra le chemin près de Chartres, et le duc ne put se réunir

---

(*) Les comtés d'Étampes et de Mantes furent donnés, en 1424, à Richard, en récompense des services qu'il rendit au dauphin (Charles VII), surtout en enlevant de Paris la dauphine qui y courait alors des dangers. Charles, devenu roi, confirma ces donations en 1425. « Considérant, disent les lettres patentes, qu'il s'est employé en très-grant péril et soy exposé de grant et bon courage à retraire de la ville de Paris notre très-chère et très-amée compagne la dauphine de Viennois, laquelle y étoit demeurée en grant doubte de sa personne depuis que nous en fûmes parti, etc. »

aux alliés qu'après la bataille de Montlhéry. Il eut sa bonne part dans le traité de Conflans : il se fit payer ses frais de guerre et rendre le comté de Montfort ; il fallut que le roi le fît en outre son lieutenant général dans l'Anjou, le Maine et la Touraine. Mais Louis XI n'attendait que l'occasion de se relever de la dure extrémité où il s'était vu réduit : il saisit le moment où le Bourguignon, l'allié de François II, avait sur les bras une révolte des Liégeois, pour se jeter sur la Bretagne et s'emparer des places les plus importantes, menaçant de tout mettre à feu et à sang. Le duc, épouvanté, consentit à tout. Bientôt il recommença les hostilités, et prit quelques places en basse Normandie. Des lettres échangées entre lui et le roi d'Angleterre tombèrent entre les mains de Louis XI. Le duc, pris sur le fait et serré de près par le roi, s'humilia de nouveau et signa le traité d'Ancenis, 1468, sauf à recommencer bientôt ce jeu d'intrigues, où trempaient les adversaires de Louis XI. Il contraria aussi le gouvernement de sa fille Anne de Beaujeu, accueillit à bras ouverts le duc d'Orléans, et vit son armée détruite à Saint-Aubin-du-Cormier, etc.

Mêlé à toutes les disputes, à toutes les trames, inquiet, inconstant, il n'était guère plus scrupuleux dans sa foi que Louis XI et tous leurs contemporains. Il mourut en 1488. Sa fille Anne, son héritière, épousa Charles VIII, puis son successeur Louis XII, et porta à la couronne ce duché de Bretagne, qui en avait toujours été indépendant.

Femmes : 1. MARGUERITE DE BRETAGNE, fille aînée de François Ier, morte en 1469 ; — 2. MARGUERITE, fille de Gaston IV, comte de Foix, morte en 1486. *Il eut de la première :* N... DE BRETAGNE, morte enfant. *De la seconde :* 1. ANNE, duchesse de Bretagne, reine de France, née en 1476, et qui mourut en 1514 ; — 2. ISABELLE, morte en 1490.

Enfants naturels : 1. FRANÇOIS, *bâtard de Bretagne, comte de Vertus, fut la tige des comtes de Vertus ;* — 2. ANTOINE, *bâtard de Bretagne, mort jeune ;* — 3 et 4. *Deux filles dont on ne sait pas les noms.*

APPENDICE

MAISON DE DREUX.

Cette maison, issue du 5ᵉ fils du roi Louis-le-Gros, s'est divisée en : comtes de Dreux, seigneurs de Beu, de Beaussart et de Morainville. Les premiers seuls eurent de l'importance ; les branches cadettes, effacées, méconnues, se virent contester leur origine royale. Les Dreux comme les Courtenay commirent la faute de ne point conserver les fleurs de lis dans leurs armes. Bientôt on ne leur voit plus ni hautes alliances, ni postes importants dans l'État ; et l'histoire mentionne rarement les obscurs services de la plupart d'entre eux. On dit qu'il existe encore, dans la Beauce, quelques rejetons perdus de cette royale lignée.

IX. ROBERT DE FRANCE, COMTE DE DREUX.

Croisade...	1147	Siége de Damas...	1148
Combat sur les bords du Méandre.	1148	Campagne de Normandie...	1159
Combat près de Laodicée...	1148	Siége de Seez...	1159

ARMES : Échiqueté d'or et d'azur à la bordure de gueules.

Robert était le cinquième fils de Louis-le-Gros. Le roi Louis-le-Jeune lui donna pour apanage, en 1137, le comté de Dreux, dont sa postérité prit le nom. Il se signala soit à la croisade, soit après, comme un franc chevalier. Il fut le premier des seigneurs de France qui arrivèrent à Jérusalem. A son retour, il servit contre les Anglais. Il mourut fort âgé, en 1188. — *Fem.* : 1. Agnès de Garlande ; 2. Harvise d'Évreux ; 3. Agnès de Baudemont. *Il eut de la première* : Simon, mort avant son père. *De la deuxième* : Alix, mariée quatre fois. *De la troisième* : 1. Robert II (qui suit) ; 2. Henri, évêque d'Orléans, mort en 1198 ; 3. Philippe (1) ; 4. Guillaume, seigneur de Braye ; 5. Pierre, mort avant son père ; 6. Jean, mort enfant ; 7. Alix, femme de Raoul, sire de Coucy ; 8. Élisabeth, mariée à Hugues, seigneur de Broyes ; 9. Massilie, prieure de Wariville ; 10. Marguerite, religieuse de Fontevraud.

(1) PHILIPPE DE DREUX, ÉVÊQUE DE BEAUVAIS.

Croisade...	1170	Bataille d'Arsur...	1191	Croisade contre les Albigeois...	1210
Croisade...	1190	Siége de Jérusalem...	1191	Prise du château de Ternes...	1210
Prise de Saint-Jean-d'Acre...	1191	Guerre contre les Anglais...	1197	Défense du château de Halmes...	1212
Combat de Ptolémaïs...	1191	Combat de Milli. (Prisonnier.)...	1197	Bataille de Bouvines...	1214

Cet évêque mérite de figurer ici parmi les plus rudes chevaliers de son temps ; il tomba deux fois aux mains de l'ennemi, courut mille accidents de guerre, et reçut sans doute force blessures. Ce soldat mitré du XIIᵉ siècle, qui fait souvenir de la tradition carlovingienne de l'archevêque Turpin, alla deux fois guerroyer en Terre-Sainte, et resta la seconde fois *prisonnier* à Bagdad. Ne cherchant que rencontres et batailles, il se signala surtout aux combats de Ptolémaïs et d'Arsur. — Mais il ne s'en tint pas à combattre pour la gloire de Dieu ; il voulut se mesurer, entre autres, avec Richard d'Angleterre, et resta son *prisonnier* en 1197. Il fut gardé longtemps dans une étroite prison ; le pape se fit médiateur pour *son cher fils*... Mais Richard lui répondit en lui envoyant la cotte d'armes ensanglantée de l'évêque, ajoutant comme Jacob : « Voyez, saint père, si c'est là la tunique de votre fils. » Délivré en 1202, il n'en continua pas moins ses prouesses ; mais, pour qu'on ne lui reprochât plus le sang versé, il ne combattit plus que de sa masse d'armes. C'est ainsi qu'il assomma bon nombre d'hérétiques dans la croisade albigeoise. Dans une occasion meilleure, à Bouvines, il fit merveilles de sa massue, et fut un des héros de la journée. Il mourut en 1217.

ROBERT II, COMTE DE DREUX.

Croisade...	1190	Guerre contre les Anglais...	1196	Prise de Rouen...	1204
Prise de Saint-Jean-d'Acre...	1191	Prise d'Aumale...	1196	Croisade contre les Albigeois...	1210
Combat de Ptolémaïs...	1191	Prise de Nonancourt...	1196	Prise du château de Ternes...	1210
Bataille d'Arsur...	1191	Délivrance d'Arras...	1197	Prise du château de Halmes...	1211
Siége de Jérusalem...	1191	Prise de Falaise...	1204	Bataille de Bouvines...	1214

Robert II fut de la croisade (1191) ; il se signala devant Acre et à la bataille d'Arsur. Au retour, il fit la campagne contre Jean-sans-Terre, en Normandie. En 1210 il mena des troupes au siége de Ternes, à Simon de Montfort. Il aida l'évêque de Beauvais, son frère, contre un comte de Boulogne, et ils lui prirent le château de Halmes.

Il combattit bien à Bouvines, et mourut en 1218. — *Fem.* : 1. Mahaut de Bourgogne; 2. Iolande de Coucy. *Il eut de la seconde* : 1. Robert III (qui suit); 2. Pierre Mauclerc, duc de Bretagne (*voy.* page 490); 3. Henri, archevêque de Reims; 4. Jean (*); 5. Geoffroy, mort jeune; 6. Aliénor, mariée deux fois; 7. Isabelle qui épousa le comte de Roucy; 8. Alix, qui épousa Étienne de Bourgogne et puis Raynard III, seigneur de Choiseul, de qui descend la maison de Choiseul; 9. Philippe, mariée au comte de Bar-le-Duc; 10. Agnès, seconde femme d'Étienne II, comte de Bourgogne; 11. Iolande, qui épousa le comte d'Eu; 12. Jeanne, abbesse de Fontevraud.

(*)   JEAN DE DREUX, COMTE DE MACON.

Croisade................ 1239.

Jean, comte de Mâcon, par son mariage avec Alix de Vienne, prit la croix, passa en Palestine, où il mourut en 1239, sans laisser d'enfants.

XI. ROBERT III, COMTE DE DREUX, SURNOMMÉ GATE-BLED.

Guerre contre les Anglais...... 1212	Défense de Nantes........... 1214	Croisade contre les Albigeois... 1226
Prise du château de Malmes.... 1212	Combat contre Jean-sans-Terre.. 1214 (Prisonnier.)	Prise d'Avignon............. 1226

Robert accompagna avec son frère, le duc de Bretagne, Louis VIII, dans sa campagne sur la Loire contre les Anglais. Il se jeta dans Nantes, et la défendit contre Jean-sans-Terre; mais il fut fait *prisonnier* dans une sortie, et fut échangé, après la bataille de Bouvines, avec le comte de Salisbury. Il servit au siége d'Avignon en 1226. Le comte de Dreux fut un des fidèles champions de la reine Blanche. Il mourut en 1234. — *Fem.* : Énor de Saint-Valery. *Enf.* : 1. Jean Ier (qui suit); 2. Robert, *tige des seigneurs de Beu*; 3. Pierre, mort en 1250; 4. Iolande, qui épousa Hugues IV, duc de Bourgogne.

XII. JEAN Ier, COMTE DE DREUX.

Guerre contre les Anglais..... 1242	Prise de Fontenay-le-Comte... 1242	Bataille de Taillebourg....... 1242
Prise de Béruge........... 1243	Prise de Saint-Gelais......... 1242	Croisade................ 1249

Jean, fait chevalier par saint Louis, suivit ce roi dans son expédition contre les Anglais en Poitou et à sa première croisade. Il mourut à Nicosie en 1249. — *Fem.* : Marie de Bourbon, fille d'Archambaud VIII. *Enf.* : 1. Robert IV (qui suit); 2. Jean, chevalier de l'ordre du Temple; 3. Iolande, qui épousa Amaury II de Craon, et Jean de Trie, comte de Dampmartin.

XIII. ROBERT IV, COMTE DE DREUX.

Guerre en Languedoc......... 1272	Prise du château de Foix...... 1272

Il servit dans l'expédition de Philippe III en Languedoc, et à l'attaque du château de Foix en 1272. Il mourut en 1282. — *Fem.* : Béatrix, comtesse de Montfort. *Enf.* : Jean II (qui suit); 2. Robert (*); 3. Marie, première femme de Mathieu de Montmorency; 4. Iolande, comtesse de Montfort, qui épousa : 1º Alexandre III, roi d'Écosse, et 2º Arthur II, duc de Bretagne; 5. Jeanne, mariée deux fois; 6. Béatrix, abbesse de Port-Royal.

(*)   ROBERT DE DREUX, SEIGNEUR DE CHATEAU-DU-LOIR.

Guerre de Flandre.......... 1302	Bataille de Courtrai. (Il y fut tué.) 1302

Robert servit en Flandre en 1302, et fut *tué* à Courtrai.

XIV. JEAN II, DIT LE BON, COMTE DE DREUX.

Guerre de Flandre........... 1297	Prise de Bergues........... 1297	Combat au passage de la Lys. . 1304
Prise de Furnes........... 1297	Prise de Lille........... 1297	Bataille de Mons-en-Puelle.... 1304
Prise de Cassel........... 1297	Bataille de Courtrai......... 1302	Siége de Lille........... 1304

Jean fit les campagnes de Flandre sous Philippe-le-Bel. Il combattit à Courtrai où son frère fut tué, puis à Mons-en-Puelle, et fut un des négociateurs de la paix avec les Flamands. Il mourut en 1309. — *Fem.* : 1. Jeanne de Beaujeu; 2. Perronelle de Sully. *Enf. de la première* : 1. Robert V, comte de Dreux, qui épousa Marie d'Enghien, dont il eut deux filles; il mourut en 1329; 2. Jean III, comte de Dreux, qui épousa Ide de Rony et mourut sans enfants, en 1331; 3. Pierre Ier (qui suit); 4. Simon, sous-doyen de la cathédrale de Chartres; 5. Béatrix, morte jeune. *De la seconde* : Jeanne, comtesse de Dreux à la mort de sa nièce, épousa Louis, vicomte de Thouars.

XV. PIERRE Ier, COMTE DE DREUX.

Guerre contre les Flamands.... 1328	Bataille de Cassel........... 1328

Ce dernier comte de Dreux servit dans les guerres de Flandre; il est nommé à la bataille de Cassel. Il mourut en 1345. — *Fem.* : Isabelle de Melun. *Enf.* : Jeanne, comtesse de Dreux, morte enfant.

APPENDICE.

SEIGNEURS DE BEU.

XII. ROBERT Ier DE DREUX, SEIGNEUR DE BEU.

Croisade.............	1249	Combats dans le delta du Nil ...	1249
Débarquement en Égypte......	1249	1re bataille de la Massoure ..	1250
Prise de Damiette..........	1249	2e bataille de la Massoure....	1250

ARMES : Échiqueté d'or et d'azur, à la bordure engrelée de gueules.

Ce seigneur, second fils de Robert III, comte de Dreux, suivit saint Louis dans sa première croisade et mourut en 1264. — *Fem.* : 1. Clémence, vicomtesse de Châteaudun ; 2. Isabelle de Villebeon. *Enf. de la première* : 1. Alix, qui épousa Raoul de Néelle, connétable de France ; 2. Clémence, mariée deux fois. *De la seconde* : 1. Robert II (qui suit) ; 2. Isabelle, femme de Gaucher de Chatillon, connétable de France.

XIII. ROBERT II DE DREUX, SEIGNEUR DE BEU.

Expédition dans la Pouille.....	1282	Guerre en Flandre........	1302	Bataille de Courtrai.........	1302

Né posthume, en 1265, il fut élevé par le comte de Dreux. En 1282, il passa en Italie, au secours des Français, après les Vêpres Siciliennes, et fut nommé comte de Squilace par Charles II d'Anjou. Il fut encore de l'expédition de Flandre, et se trouva à la bataille de Courtrai en 1302. — *Fem.* : 1. Iolande de Vendôme ; 2. Marguerite de Beaumont. *Enf. de la première* : 1. Robert III (qui suit) ; 2. Jean, *tige des seigneurs de Beaussart* ; 3. Marie, femme du seigneur de Montbazon.

XIV. ROBERT III, SEIGNEUR DE BEU,

Fut un des exécuteurs testamentaires de Philippe VI. Il mourut en 1351. — *Fem.* : 1. Béatrix de Courlandon ; 2. Isabeau de Saquenville ; 3. Agnès de Thianges. *Enf. de la première* : 1. Robert IV (qui suit) ; 2. Isabelle, qui épousa le seigneur De Launoy ; 3. Béatrix, mariée au seigneur de Durestal ; 4. Marguerite, abbesse du Lis. *De la deuxième* : Jeanne. *De la troisième* : 1. Robert VI (qui suivra) ; 2. Marguerite, mariée à Roger de Hellenvillier.

XV. ROBERT IV, SEIGNEUR DE BAGNAUX,

Mourut après 1351. Il avait épousé Isabeau des Barres. — *Enf.* : 1. Robert V (qui suit) ; 2. Jean, qui épousa Jeanne de Plancy et mourut sans enfants.

XVI. ROBERT V, SEIGNEUR DE BAGNAUX.

Il fit la guerre contre les Anglais, et fut fait *prisonnier* à Poitiers. Il mourut en 1359 sans postérité.

XV. ROBERT VI, SEIGNEUR DE BEU,

Naquit vers 1347 et hérita des seigneuries de Beu, etc., après la mort de ses neveux Robert et Jean. Robert mourut sans enfants de sa femme Iolande de Trie.

SEIGNEURS DE BEAUSSART.

XIV. JEAN Ier DE DREUX, SEIGNEUR DE BEAUSSART.

ARMES : De Dreux, à la bande de gueules sur le tout.

Il était le second fils de Robert II, seigneur de Beu. Il épousa Marguerite de La Roche. — *Enf.* : 1. Étienne, dit Gauvain Ier (qui suit) ; 2. Philippe, qui épousa Nicolas, seigneur de Massigny, amiral de France, puis Jean de Pont-Audemer ; 3. Marie, qui épousa Amaury de Vendôme.

XV. ÉTIENNE, DIT GAUVAIN Ier, SEIGNEUR DE BEAUSSART.

Il épousa Philippe de Massigny. — *Enf.* : 1. Simon, seigneur de Beaussart, mort en 1420 sans enfants ; 2. Jean (qui suit) ; 3. Gauvain II (qui suivra) ; 4. Marie, qui épousa Guillaume Morin, seigneur de Loudon ; 5. Alix, mariée à Macé, seigneur de Gemages ; 6. Jeanne, mariée au seigneur de Chavigny.

APPENDICE.

XVI. JEAN DE DREUX, SEIGNEUR DE HOULBEC.

Combat de Saint-Remi-au-Plain.. 1412 — Défense de Paris............ 1414 — Bat. d'Aziocourt. (Il y fut tué.) 1415

Jean défendit, sous le duc d'Alençon, Paris contre les Bourguignons. Il combattit vaillamment à Azincourt, et y fut *tué*. — *Fem.* : Jeanne du Plessis.

XVI. GAUVAIN II, BARON D'ESNEVAL.

Guerre contre les Anglais............ 1415 | Bataille d'Aziucourt. (Il y fut tué.) .. 1415

Il servit contre les Anglais, et fut *tué* comme son frère à Azincourt. — *Fem.* : Jeanne, baronne d'Esneval. *Enf.* : Robert Ier (suit).

XVII. ROBERT Ier DE DREUX, SEIGNEUR DE BEAUSSART.

Combat contre les Anglais. (Prisonnier.).... 1449

Ce prince reprit les armes pleines de sa famille à la mort de son oncle Simon de Dreux (v. p. 484). Il servit contre les Anglais et fut fait *prisonnier* en 1449. Charles VII le nomma capitaine de Rouen. Il mourut en 1478. — *Fem.* : Guillemette de Segrie, fille et hérit. du seign. de Morainville. *Enf.* : 1. Jean, seign. de Beaussart, qui mourut en 1498. Il avait épousé Gillette Picart, dont il eut : Catherine, mar. à Louis de Brézé, c. de Maulevrier ; 2. Gauvin III (suit) ; 3. Louis, qui ép. Catherine d'Auxi et en eut 2 filles ; 4. François, m. sans alliance ; 5. Louis, m. sans enfants ; 6. Jacques, *tige des seign. de Morainville* ; 7. Jeanne, qui ép. Jean de Pisseleu, seign. de Heilly ; 8. Austreberthe, mar. à Étienne Du Tremblay ; 9. Madeleine ; 10. Catherine, femme de Henri de Carbonnel ; 11. Anne, religieuse ; 12. Marguerite, qui épousa Jacques de Guity.

XVIII. GAUVAIN II DE DREUX, SEIGNEUR DE MUSY.

Il mourut fort âgé en 1508. — *Fem.* : Marguerite de Fourneaux. *Enf.* : 1. Jacques (suit); 2. Louise, ép. le sire de Serquigny.

XIX. JACQUES DE DREUX, SEIGNEUR DE MUSY.

Il mourut en 1521.—*Fem.*: 1. Madeleine de Hames ; 2. Marguerite de Maricourt. *Enf. de la* 1re : 1. Nicolas (suit) ; 2. N. ; 3. Anne, qui épousa René de Prunelé ; 4. Charlotte, épousa Charles de Moüy, seign de La Mailleraye.

XX. NICOLAS DE DREUX, BARON D'ESNEVAL,

Il mourut sans enfants de ses deux femmes, Catherine de Brézé et Charlotte de Moüy, en 1540.

SEIGNEURS DE MORAINVILLE.

XVIII. JACQUES Ier DE DREUX, SEIGNEUR DE MORAINVILLE.

Armes : De Dreux ; la bordure de gueules chargée de 10 roses d'or.

Il était le quatrième fils de Robert, baron d'Esneval. — *Fem.* : Agnès de Mareuil. *Enf.* : 1. François (qui suit) ; 2. Robert, mort sans enfants ; 3. Jean, seigneur de la Loyère, mort en 1540 ; 4. Guillaume, mort jeune ; 5. Jeanne, qui épousa le seigneur d'Ermanville ; 6. Jacqueline, mariée deux fois ; 7. Blanche, qui épousa le seigneur de Villiers.

XIX. FRANÇOIS DE DREUX, SEIGNEUR DE MORAINVILLE,

« Fut assigné, dit le P. Anselme, avec Jean et Guillaume, ses frères, pardevant les élus de Lisieux pour prouver leur noblesse ; et ils déclarèrent être descendus *de l'estoc du roi Louis-le-Gros.* » — *Fem.* : 1. Jacqueline d'Ossencourt ; 2. Jeanne de Chambes-Montsoreau. *Enf. de la première* : 1. Gilles (qui suit) ; 2. Marguerite, mariée au seigneur Du Noyer, capitaine du château de Touques ; 3. Jacqueline, qui épousa Jean de Mascaron. *De la seconde* : 1. Jean (qui suivra) ; 2. Ivonne, qui épousa le seigneur de La Pommeraye.

XX. GILLES, SEIGNEUR DE MORAINVILLE.

Siège de Rouen. (Il y fut tué.)....... 1562

Il avait épousé Antoinette de Prêtreval, dont il n'eut point d'enfants.

APPENDICE.

XX. JEAN, SEIGNEUR DE MORAINVILLE.

Siége de Verneuil. (Blessé mortellement.).... 1590

Jean mourut des *blessures* qu'il reçut au siége de Verneuil. — *Fem.* : 1. Jeanne de Varennes; 2. Charlotte de La Fayette. *Fils naturel* : François, *légitimé* en 1606. Le fils de celui-ci, François, marquis de Morainville, fut *tué* à la bataille de Senef, en 1674.

MAISON DE COURTENAY.

La maison de Courtenay, issue de Pierre de France, septième et dernier fils du roi Louis-le-Gros, a décliné plus rapidement encore que la maison de Dreux. Élevés au trône de Constantinople, pendant la durée de l'empire latin, les Courtenay vendirent tout pour payer les frais de leurs expéditions. Ce fut la cause de leur décadence Les branches cadettes ne purent se relever par les alliances Réduites à quelques fiefs, à quelques seigneuries subalternes, n'ayant souvent d'autres titres que celui d'écuyers, les Courtenay se virent bientôt contester leur origine. Les seigneurs de Chevillon, les derniers survivants, sollicitèrent de Henri IV, mais sans succès, le rétablissement de leur rang ; ils prirent toutefois les fleurs de lis et le titre de prince. Cette maison s'est éteinte en 1730 (*).

IX. PIERRE DE FRANCE, SEIGNEUR DE COURTENAY.

Croisa le................	1148	Siége de l'amas...........	1148
Combat près du Méandre....	1148	Croisade...............	1179
Combat près de Laodicée......	1148		

Armes : D'or, à 3 tourteaux de gueules.

Ce prince, septième et dernier fils de Louis-le-Gros, né en 1125, prit le nom et les armes des seigneurs de Courtenay après son mariage avec l'héritière de cette maison. Pierre suivit le roi Louis VII, son frère, en Palestine, et prit part à tous les combats de cette croisade : il fut l'un des trois barons que le roi donna pour otages du traité conclu avec les Anglais en 1178. Il passa de nouveau en Terre-Sainte avec Henri, comte de Champagne, et son neveu le belliqueux Philippe de Dreux, évêque de Beauvais. Il mourut en 1183. — *Fem.* : Élisabeth, fille et héritière de Renaud, seign. de Courtenay. *Enf.*:1. Pierre II (qui suit); 2. Robert, *tige des seigneurs de Champignelles*; 3. Philippe; 4. Guillaume, *tige des seigneurs de Tanlay*; 5. Jean, *tige des seigneurs d'Yerre*; 6. Alix, mar. au comte de Joigny, puis à Aymar Ier, comte d'Angoulême; 7. N..., mar. à un seign. hongrois; 8. Clémence, qui ép. le vicomte de Thiern; 9. N..., mar. au seign. de Charrost; 10. Constance, mar. au seign. de Châteaufort, fut mère de Saint-Thibaut de Montmorency; 11. Eustachie, qui ép. Gauthier de Brienne, puis Guillaume, comte de Sancerre.

X. PIERRE II, SEIGN. DE COURTENAY, EMPEREUR DE CONSTANTINOPLE.

Croisade contre les Albigeois...	1211	Siége de Toulouse........	1211
Prise de Lavaur...........	1211	Bataille de Bouvines......	1214
Prise du château de Cassero....	1211	Siége de Durazzo.........	1217

Armes : De gueules, à la croix d'or cantonnée de 4 besants, chacun chargé d'une croix et accompagné de 4 croisettes d'or.

En lutte avec l'évêque d'Auxerre, Pierre II fut excommunié. Sa paix faite avec l'Église, il prit la croix contre les Albigeois. On le trouve à la prise de Lavaur, au siége de Toulouse, 1211. Il se distingua à Bouvines. Sa réputation militaire le fit élire empereur de Constantinople à la mort de son beau-frère, Henri de Hainaut, couronné à Rome par Honorius III, 1217; Pierre passa d'abord en Épire où il assiégea Durazzo. Selon la chronique de Jordan, il fut retenu prisonnier par Théodore Comnène, et mourut captif en 1218. — *Fem.*: 1. Agnès, comtesse de Nevers; 2. Iolande de Hainaut. *Enf. de la première* : 1. Mahaud, qui épousa Hervé, seigneur de Donzy, puis Guigues IV, comte de Forez; elle fut bisaïeule, par son premier mari, de Béatrix, dame de Bourbon, femme de Robert, comte de Clermont. *Enf. de la deuxième* : 1 Philippe (*); 2. Pierre, abbé; 3. Robert Ier (qui suit); 4. Henri, mort

(*) Les Courtenay d'Angleterre sont considérés par les généalogistes comme une branche cadette des premiers seigneurs de *Courtenay*, dont Pierre de France épousa l'héritière. Ils ont toujours porté les armes de Courtenay, brisées d'un lambel. Un Courtenay figure parmi les compagnons de Guillaume-le-Bâtard.

en 1229; 5 Baudoin II (suivra); 6. Marguerite, qui ép. Raoul, seign. d'Issoudun, puis le comte de Vianden; 7. Élisabeth, mar. au comte de Bar-sur-Seine et à Eudes de Bourgogne; 8. Iolande, mar. à André II, roi de Hongrie; 9. Marie, qui ép. Théodore Lascaris, empereur des Grecs; 10. Agnès, femme de Geoffroi de Villehardouin, prince de Morée; 11. Éléonore, mariée à Philippe de Montfort; 12. Constance; 13. Sybille, religieuse à Fontevraud.

(*) PHILIPPE DE COURTENAY, DIT A LA LÈVRE, MARQUIS DE NAMUR.

Guerre contre la France	1214	Guerre contre le duc de Limbourg vers	1224	Croisade contre les Albigeois	1226
Bataille de Bouvines	1214			Siège d'Avignon	1226

Il suivit le parti du comte de Flandre, et combattit contre Philippe-Auguste à Bouvines. A la mort de son père, il refusa le trône de Constantinople, et fit la guerre au duc de Limbourg qui prétendait au marquisat de Namur. Il se réconcilia avec Philippe-Auguste; suivit Louis VIII à la croisade contre les Albigeois, et mourut sans alliance au siège d'Avignon.

XI. ROBERT Ier DE COURTENAY, EMPEREUR DE CONSTANTINOPLE.

Guerre contre Jean Vatace	1224	Bataille de Pimarin	1224

Robert partit de France en 1219 pour Constantinople, et fut couronné à Sainte-Sophie en 1224. Il déclara la guerre à Jean Vatace, empereur de Nicée, et perdit la bataille de Pimarin. Il mourut en Achaïe, en revenant de Rome, 1228. Ce Robert n'était, ni par l'esprit, ni par le caractère, à la hauteur des grandes destinées où il était monté.

XI. BAUDOUIN II DE COURTENAY, EMPEREUR DE CONSTANTINOPLE.

Bat. navale contre Jean Vatace	1240	Prise de plusieurs places	1240	Prise de Trurulum	1240

Baudouin, frère du précédent, né en 1217, pendant la captivité de son père, lui succéda, et eut pour tuteur Jean de Brienne, qui le fit partir pour l'Italie en 1236, afin d'obtenir des secours contre les Grecs. Baudouin engagea le comté de Namur au roi de France, et parvint à ramener une armée vers la fin de 1239. Il prit Truruluum, plusieurs places dans la Thrace; sa flotte défit celle de Jean Vatace. Après avoir conclu un traité avec le soudan d'Iconium, il revint en France, assista au concile de Lyon, où on lui fit de grandes promesses. Mais il retourna sans avoir rien obtenu. Tandis que son armée assiégeait Daphnisi, Constantinople surprise tomba au pouvoir des Grecs (1261). Baudouin, obligé de fuir, s'embarqua précipitamment. Il mourut en Italie en 1274, après avoir vainement imploré des secours de tous les rois d'Europe pour recouvrer son empire. — *Fem.*: Marie de Brienne. *Enf.*: Philippe (suit).

XII. PHILIPPE Ier, EMPEREUR TITULAIRE DE CONSTANTINOPLE.

Né en 1243, Philippe fut donné aux Vénitiens comme otage pour les sommes prêtées par eux à son père, ne fut mis en liberté qu'en 1269, et épousa, en 1273, Béatrix de Sicile, fille de Charles Ier, roi de Sicile. *Enf.*: Catherine, qui épousa Charles, comte de Valois, frère de Philippe-le-Bel.

SEIGNEURS DE CHAMPIGNELLES.

X. ROBERT Ier DE COURTENAY, SEIGNEUR DE CHAMPIGNELLES.

Croisade contre les Albigeois	1214	Prise de Niort	1224
Prise de Lavaur	1214	Prise de La Rochelle	1224
Prise du château de Cassero	1214	Guerre contre Raymond VII	1226
Siège de Toulouse	1214	Prise d'Avignon	1226
Guerre contre les Anglais	1217	Guerre contre Thibaud VI	1229
Combat naval. (Prisonnier.)	1217	Croisade	1239

ARMES : D'or, à 3 tourteaux ou besants de gueules ; au lambel à 5 pendants d'azur.

Ce prince, deuxième fils de Pierre de France, seigneur de Courtenay, fut un très-pieux et très-vaillant chevalier. Croisé d'abord contre les Albigeois, on le trouve aux sièges de Lavaur et de Toulouse. En 1217 Louis, fils de Philippe-Auguste, assiégé dans Londres, demanda des secours; une flotte partit sous le commandement de Robert de Courtenay. Il rencontra l'ennemi près de la Tamise, et s'avança pour le combattre; mais mal secondé par les siens, il fut entouré et fait *prisonnier*. Une fois libre, il continua la guerre contre les Anglais. Il suivit de nouveau Louis VIII contre les Albigeois, et se montra fort dévoué à la couronne pendant la minorité de saint Louis. Il prit la croix, et mourut en Palestine en 1239. — *Fem.*: Mahaut de Mehun. *Enf.*: 1. Pierre Ier (qui suit); 2. Philippe, seigneur de Champignelles, mort en 1245;

APPENDICE.

3. Raoul (qui suivra) ; 4 Robert (qui suivra); 5. Jean, archevêque de Reims; 6. Guillaume Ier (qui suivra); 7. Blanche, mariée à Louis, comte de Sancerre ; 8. Isabelle, mariée à Renaud de Montfaucon, puis à Jean Ier, comte de Bourgogne.

XI. PIERRE Ier DE COURTENAY, SEIGNEUR DE CONCHES.

Croisade	1249	Prise de Damiette	1249	Bataille de la Massoure. (Il y fut	
Débarquement en Égypte	1249	Combats dans le delta du Nil	1249	tué)	1250

Pierre suivit saint Louis à la *croisade*, et fut *tué* à la Massoure. — *Fem.* : Perenelle de Joigny. *Enf.* : Amicie, qui épousa Robert II, comte d'Artois.

XI. RAOUL Ier DE COURTENAY, SEIGNEUR D'ILLIERS, COMTE DE CHIETTI.

Conquête du royaume de Naples	1266	Prise de Rocca-d'Arce	1266	Prise de Rocca-Janula	1266
Prise d'Aquino	1266	Prise de San-Germano	1266	Bataille de Bénévent	1266

Raoul servit avec valeur Charles d'Anjou dans sa conquête de Naples. Il eut pour sa part le comté de Chietti, et mourut en 1274. — *Fem.* : Alix de Montfort. *Enf.* : Mahaud, qui épousa Philippe de Flandre.

XI. ROBERT DE COURTENAY, SEIGNEUR DE DANVILLE, ÉVÊQUE D'ORLÉANS.

Croisade	1270	Prise de Carthage	1270	Combats contre les Maures	1270

Robert fut élu évêque d'Orléans en 1258, ce qui ne l'empêcha pas de porter les armes : ce fut, il est vrai, contre les Infidèles. Il fut de la dernière croisade de saint Louis, et mourut en 1279.

XI. GUILLAUME Ier DE COURTENAY, SEIGNEUR DE CHAMPIGNELLES.

Croisade	1270	Prise de Carthage	1270

Armes : D'or, à 3 tourteaux de gueules.

Guillaume, frère cadet des trois précédents, quitta l'Église pour les armes. Il prit la croix en 1270 et mourut en 1280. — *Fem.* : 1. Marguerite de Bourgogne ; 2. Agnès de Tocy. *Enf. de la première* : 1. Robert, archevêque de Reims ; 2. Pierre, mort en 1290 ; 3. Isabelle, mariée à Guillaume de Bourbon, seigneur de Beçay ; 4. Marguerite, qui épousa Raoul d'Estrées, puis Renaud de Tried. *Enf. de la seconde* : Jean Ier (qui suit).

XII. JEAN Ier DE COURTENAY, SEIGNEUR DE CHAMPIGNELLES.

Combat au passage de la Lys	1304	Bataille de Mons-en-Puelle	1304	Siège de Lille	1304

Jean fit la campagne de Flandre et d'autres sans doute, dont l'histoire ne parle pas. Il est nommé à Mons-en-Puelle, et mourut en 1318. — *Fem.* : Jeanne de Sancerre. *Enf.* : 1. Jean II (qui suit) ; 2. Philippe, *tige des seigneurs de la Ferté-Loupière* (*voy.* p. 492) ; 3. Robert, chanoine de Reims ; 4. Guillaume, *idem.* ; 5. Étienne, archevêque de Reims ; 6. Pierre, seigneur d'Autray, épousa Marguerite de la Louptière, et mourut en 1348 ; 7. Jeanne, religieuse à l'abbaye de Soissons.

XIII. JEAN II DE COURTENAY, SEIGNEUR DE CHAMPIGNELLES.

Il mourut en 1334. Il avait épousé Marguerite de Saint-Vérain. *Enf.* : 1. Jean III (qui suit) ; 2. Pierre II (qui suivra) ; 3. Alix.

XIV. JEAN III DE COURTENAY, SEIGNEUR DE CHAMPIGNELLES.

Guerre contre les Anglais	1356	Prise d'Agen	1370	Prise de Tonneins	1370
Bataille de Poitiers	1356	Prise de Moissac	1370	Prise de Montpezat	1374

Il servit le roi Jean contre les Anglais ; il était à la bataille de Poitiers. Par le traité de Brétigny, il fut livré en otage au roi d'Angleterre. On le trouve sous le duc d'Anjou en 1370. Il mourut en 1392. — *Fem.* : Marguerite de Thianges.

XIV. PIERRE II DE COURTENAY, SEIGNEUR DE CHAMPIGNELLES.

Campagne en Picardie........ 1369 | Guerre en Flandre.......... 1382 | Bataille de Rosebecq........ 1382

Pierre servit longtemps contre les Anglais sous le roi Jean, mais il n'y a rien de précis sur ses faits d'armes. Il suivit Philippe de Bourgogne, en 1369, avec dix-huit écuyers. On le voit longtemps après à la bataille de Rosebecq. Il mourut en 1349. — *Fem.* : Agnès de Melun. *Enf.* : 1. Pierre III (qui suit); 2. Jean, *souche des seigneurs de Blèneau* (voy. p. 473); 3. Marie, qui épousa Guillaume de la Grange; 4. Agnès, mariée au seigneur d'Autruy puis à Jean de Saint-Julien; 5. Anne, morte enfant.

XV. PIERRE III DE COURTENAY, SEIGNEUR DE CHAMPIGNELLES,

Fut conseiller et chambellan de Charles VI. Il mourut en 1411. *Fem.* : Jeanne de Braque. *Enf.* : Jean IV (qui suit).

XVI. JEAN IV DE COURTENAY, SEIGNEUR DE CHAMPIGNELLES.

Guerre contre les Anglais...... 1441 | Prise de Creil............ 1441 | Prise de Pontoise......... 1441

Jean était aux prises de Creil et de Pontoise. Ce dernier des seigneurs de Champignelles dissipa tout, vendant ses baronnies à Jacques Cœur et à Juvénal des Ursins, et mourut en 1472 sans postérité et sans biens. *Fem.* : Isabelle de Châtillon; 2. Marguerite David de Longueval, veuve du fameux La Hire. *Enfants naturels* : 1. Pierre, *tige des seigneurs du Chêne et de Changy*; 2. Laurence, *légitimée*, épousa le seigneur du Chêne, et ayant hérité de son mari, laissa cette terre à ses neveux.

SEIGNEURS DE BLÉNEAU.

XV. JEAN Ier DE COURTENAY, SEIGNEUR DE BLÉNEAU.

Armes : De Courtenay.

Était le second fils de Pierre II de Courtenay, seigneur de Champignelles. Il mourut en 1460. — *Fem.* : Catherine de l'Hospital. *Enf.* : 1. Jean II (qui suit); 2. Guillaume, qui se maria et n'eut que deux filles; 3. Pierre, *tige des derniers seigneurs de La Ferté-Loupière* (voy. page 489); 4. Renaud, mort sans postérité; 5. Charles, *chef de la branche d'Arrablay* (voy. page 491); 6. Agnès, mariée au seigneur d'Hebecourt; 7. Isabelle, mariée à Jean de Fours; 8. Catherine, qui épousa Simon d'Achey, seigneur de Serquigny.

XVI. JEAN II, SEIGNEUR DE BLÉNEAU,

Mourut en 1480. — *Fem.* : Marguerite de Boucart. *Enf.* : 1. Jean III (qui suit); 2. Marguerite, religieuse; 3. Louise, mariée à Claude de Chamigny; 4. Catherine, mariée à Jean de Longueau.

XVII. JEAN III DE COURTENAY, SEIGNEUR DE BLÉNEAU.

Conquête du royaume de Naples.. 1495 | Prise de Sarzane......... 1495 | Siège de Circello......... 1496
Prise de Rapallo.... .... 1495 | Prise de Monte-Fortino....... 1495 | Secours à Frangetto......... 1496
Prise de Vivizano......... 1495 | Bataille d'Eboli........... 1495 | Prise et défense d'Atella...... 1496

Jean fit ses premières armes sous Jean d'Amboise son parent; nous le retrouvons sous les drapeaux de Charles VIII, à la conquête de Naples. Après le départ du roi, Jean de Courtenay resta avec le comte de Montpensier, et combattit à Eboli, etc. Il mourut en 1511. — *Fem.* : 1. Catherine de Boulainvillier; 2. Madeleine de Bar. *Enf. de la seconde* : 1. François Ier (qui suit); 2. Philippe, chanoine d'Auxerre; 3. Edme (*); 4. Jean, chevalier de Saint-Jean-de-Jérusalem; 5. Antoinette, qui épousa le seigneur de Monceau.

(*) EDME, SEIGNEUR DE VILLAR.

Guerre d'Italie............ 1551 | Défense de Parme.......... 1551 | Défense de Montalcino........ 1553

Edme servit Henri II, particulièrement en Italie; il y seconda le maréchal de Termes. En 1551, il se jeta avec lui dans Parme attaquée par les Impériaux. Après la levée du siège, il y fut fait lieutenant du roi, tandis que de Termes faisait une descente en Corse. Il fut après gouverneur d'Ivoy. — *Fem.* : Vendeline de Nicey.

APPENDICE.

XVIII. FRANÇOIS Ier DE COURTENAY, SEIGNEUR DE BLÉNEAU.

Expédition en Lombardie....... 1515 | Bataille de Marignan........ 1515

François Ier le nomma gouverneur et bailly d'Auxerre. Il combattit à Marignan et mourut en 1561. — *Fem.* : 1. Marguerite de La Barre ; 2. Hélène de Quinquet. *Enf. de la première* : 1. Françoise, qui épousa le seigneur de Linières ; une de leurs filles épousa Georges d'Aubusson, de qui sont descendus les ducs de La Feuillade ; 2. Marguerite, morte enfant. *Enf. de la seconde* : 1. Gaspard Ier (qui suit) ; 2. Odet, seigneur de Parc-Vieil, mort sans enfants ; 3. Charles, mort sans alliance ; 4. Jean, qui épousa Madeleine d'Orléans, et en eut trois enfants morts sans postérité ; 5. Marie-Élisabeth, qui épousa le baron de Limanton ; 6. Susanne, mariée à Joachim de Châtenay ; 7. Madeleine, femme du baron de Thoigny.

XIX. GASPARD Ier DE COURTENAY, SEIGNEUR DE BLÉNEAU.

Mourut en 1610. — *Fem.* : 1. Edmée du Chênay ; 2. Louise d'Orléans, fille du seigneur de Rère. *Enf. de la première* : 1. François, mort jeune en Hongrie ; 2. Edme (qui suit) ; 3. Jeanne, prieure de Saint-Dominique ; 4. Edmée, *id.*; 5. Claude, mariée à Antoine de Brenne ; 6. Gaspare, mariée à Claude de Bigny, à Jacques de Bossu, puis à Paul de Thianges. *Enf. de la seconde* : Deux fils et une fille morts enfants.

XX. EDME DE COURTENAY, SEIGNEUR DE BLÉNEAU.

Mourut en 1640. — *Fem.* : Catherine de Sart. *Enf.* : 1. Gaspard II (qui suit) ; 2. Isabelle, religieuse à Saint-Dominique.

XXI. GASPARD II DE COURTENAY, SEIGNEUR DE BLÉNEAU.

Mourut en 1655 sans enfants légitimes, et fit donation de la terre de Bléneau à son cousin Louis, seigneur de Chevillon. — *Fem.* : Madeleine de Durfort. *Fils naturel* : 1. Gaspard, *gouverneur de Dunkerque*, mort en 1708 ; 2. Edme, *né en* 1632.

SEIGNEURS DE LA FERTÉ-LOUPIÈRE.

XVI. PIERRE Ier DE COURTENAY, SEIGNEUR DE LA FERTÉ-LOUPIÈRE.

Armes : De Courtenay, au lambel d'azur à trois pendants.

Il était le troisième fils de Jean Ier de Courtenay, seigneur de Bléneau. Il mourut en 1504. — *Fem.* : 1. Perrine de la Roche. *Enf.* : 1. Hector (suit) ; 2. Jean, *chef des seigneurs de Chevillon* (voy. p. 490) ; 3. Charles, mort sans enfants ; 4. Louis', *qui a fait les seigneurs de Bontin* (voy. p. 491) ; 5 Pierre, seigneur du Martroy ; 6. Edme, abbé ; 7. *Edmée*, mar à Guillaume de Quinquet ; 8. Blanche, mar. au seigneur de Marinville.

XVII. HECTOR DE COURTENAY, SEIGNEUR DE LA FERTÉ-LOUPIÈRE.

Épousa Claude d'Ancienville. — *Enf.* : 1. René Ier (suit) ; 2. Philippe, mort en 1554 ; Jeanne, mar. à Guillaume de Saint-Phale, et à Titus de Castellenau, puis à François de Verneuil ; 4. Barbe, mar. à Philippe de Boisserand ; 5. Marie, qui ép. Jean de Sailly ; 6. Charlotte, qui ép. en troisièmes noces le vicomte de Semoine.

XVIII. RENÉ Ier DE COURTENAY, SEIGNEUR DE LA FERTÉ-LOUPIÈRE.

Guerres de religion.......... 1562 | Siège de Bourges. (Il y fut tué.) 1562

Il servit sous Henri II. Il fut *tué*, au siège de Bourges, dans une sortie que firent les assiégés commandés par d'Ivoy. — *Fem.* : Anne de la Madeleine.

APPENDICE.

SEIGNEURS DE CHEVILLON.

XVII. JEAN Ier DE COURTENAY, SEIGNEUR DE CHEVILLON.

Armes : De Courtenay, brisé d'un lambel d'azur en chef et d'un croissant de gueules en cœur.

Il était le second fils de Pierre Ier, seigneur de La Ferté-Loupière. Il mourut en 1534. — *Fem.* : Louette de Chantier. *Enf.* : 1. Jacques Ier, mort en 1557 à Chypre; 2. Guillaume Ier (suit); 3. Marie, qui ép. le seigneur de Gastine; 4. Marthe, mar. au seigneur de Chastres.

XVIII. GUILLAUME Ier DE COURTENAY, SEIGNEUR DE CHEVILLON.

Mourut en 1592. — *Fem.* : Marguerite de Fretel. *Enf.* : 1. François, mort jeune; 2. Jacques II (suit); 3. René, abbé de Jumiéges; 4. Jean II (suiv.); 5. Catherine, mar. au seigneur de Chevry.

XIX. JACQUES II DE COURTENAY, SEIGNEUR DE CHEVILLON.

Siége d'Yssoire............	1577	Siége de La Fère. (Blessé.)....	1580

Ce seigneur, un peu plus marquant que ses ancêtres, commandait, très-jeune, un régiment d'infanterie au siége d'Yssoire. Il fut *blessé* dangereusement au siége de La Fère, et Henri III le fit, en récompense, gentilhomme de sa chambre. Il mourut en 1617 sans alliance.

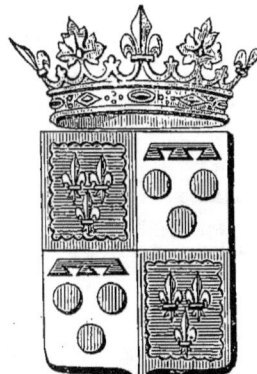

XIX. JEAN II DE COURTENAY, SEIGNEUR DE CHEVILLON.

Siége de Paris............	1589	Prise de Dreux............	1593
Bataille d'Ivry............	1590	Prise de Laon............	1594
Siége de Rouen............	1592	Prise d'Amiens............	1597

Armes : Écartelé aux 1 et 4 de France, à la bordure engrêlée de gueules; aux 2 et 3 de Courtenay, au lambel d'azur à trois pendants.

Ce seigneur, frère de Jacques II, servit Henri IV depuis son avénement jusqu'à la paix de Vervins, 1598. Il prit les fleurs de lis et prouva, lui aussi, qu'il était sorti de l'estoc de Louis-le-Gros. Il fit appel à la justice du roi, et réclama son rang de prince du sang; mais il échoua dans ses réclamations. Ses descendants ne furent pas plus heureux. Il mourut en 1639. — *Fem.* : Madeleine de Marle. *Enf.* : 1. Louis Ier (suit); 2. Robert, abbé de Notre-Dame-des-Eschalis; 3. Madeleine; 4. Amicie, mar. à Jacques Du Belloy.

XX. LOUIS Ier, PRINCE DE COURTENAY, SEIGNEUR DE CHEVILLON.

Combat du Pas-de-Suze.....	1629	Guerre contre l'Espagne......	1635	Prise de Saint-Mihiel.......	1635

Louis, né en 1610, débuta au combat de Suze. Il fit aussi la campagne de 1635. Il mourut en 1672. — *Fem.* : Lucrèce de Harlay. *Enf.* : 1. Louis-Charles (suit); 2. N..., mort enfant; 3. Roger, abbé des Eschalis; 4. Jean-Armand (1); 5. Gabrielle, morte jeune; 6. Chrétienne, morte sans alliance; 7. Lucrèce, religieuse de Saint-Benoît; 8. Élisabeth, morte jeune.

(1) JEAN-ARMAND DE COURTENAY.

Siége de Cambrai. (Il y fut tué.). 1677

Jean, né en 1652, reçu chevalier de Malte en 1656, fut nommé lieutenant des gardes françaises en 1674. Il se distingua au siége de Cambrai et fut *tué* à l'assaut de la citadelle.

APPENDICE.

XXI. LOUIS-CHARLES, PRINCE DE COURTENAY.

Expédition de Gigery........	1664	Campagne de Flandre........	1667	Campagne de Hollande......	1672
Combat naval près de Tunis....	1665	Prise de Douai, (Blessé......	667	Passage du Rhin...........	1672
Combat naval près d'Alger.....	1666	Prise de Lille..............	1667	Prise de Maëstricht........	1673

Louis-Charles, né en 1640, fit, sous le duc de Beaufort, la campagne de mer contre les Barbaresques. Dans celle de Flandre il fut *blessé* devant Douai. Il fit encore la campagne de Hollande, et mourut fort âgé, en 1723. — *Fem.* : 1. Marie de Lamet, fille du marquis de Bussy ; 2. Hélène de Besançon. *Enf. de la première* : 1. Louis (†) ; 2. Charles (suit). *Enf. de la seconde* : Hélène, née en 1689 et mar., en 1712, à Louis de Beaufremont, marquis de Listenois.

(*)   LOUIS-GASTON, PRINCE DE COURTENAY.

Prise de Mons. (Il y fut tué.)........ 1691

Ce prince, né en 1669, servit dans les mousquetaires du roi, et fut *tué* au siége de Mons.

XXII. CHARLES-ROGER, PRINCE DE COURTENAY.

Campagne sur mer............ 1690-1691

Charles, frère du précédent, né en 1671, fut le dernier du nom de Courtenay. Il servit dans la marine et fut fait, plus tard, colonel de dragons. Il mourut en 1730. — *Fem.* : Marie de Bretagne, fille de Claude, marquis d'Avaugour.

SEIGNEURS DE BONTIN.

XVII. LOUIS Ier DE COURTENAY, SEIGNEUR DE BONTIN.

Armes : De Courtenay, brisé d'un croissant d'azur au cœur de l'écu, et d'une bordure componnée d'argent et de gueules.

Il était le quatrième fils de Pierre Ier de Courtenay, seigneur de La Ferté-Loupière. Il mourut en 1540. — *Fem.* : Charlotte de Mesnil-Simon. *Enf.* : 1. François Ier (suit) ; 2. Claude, chevalier de Malte ; 3. Louis, seigneur de Beaulieu, mort en 1555 ; Barbe, mar. au seigneur de Thou et à François de Thianges ; 5. Jeanne, mar. à François de Rochefort.

XVIII. FRANÇOIS Ier DE COURTENAY, SEIGNEUR DE BONTIN.

Ce seigneur embrassa la réforme, et mourut en 1578. — *Fem.* : Louise de Jaucourt. *Enf.* : Françoise, mar. à Gui de Béthune, seigneur de Méreuil, morte sans enfants ; 2. Anne, dame de Bontin, qui ép., en 1583, Maximilien de Béthune, marquis de Rosny, duc de Sully, le célèbre ministre de Henri IV. Elle mourut en 1589.

SEIGNEURS D'ARRABLAY.

XVI. CHARLES Ier DE COURTENAY, SEIGNEUR D'ARRABLAY.

Guerre en Bretagne........	1487	Prise de Ploërmel..........	1487
Siége de Nantes...........	1487	Prise de Châteaubriant......	1487
Prise de Vitré.............	1487	Bat. de Saint-Aubin-du-Cormier.	1488

Armes : De Courtenay, brisé d'un croissant d'azur au cœur de l'écu.

Charles, cinquième fils de Jean Ier, seigneur de Bléneau, suivit le parti d'Anne de Beaujeu contre le duc d'Orléans, et fit la campagne de Bretagne.— *Fem.* : Jeanne de Chéry. *Enf.* : 1. François (suit) ; 2. Jeanne, qui ép. Jean de Guarchy.

XVII. FRANÇOIS DE COURTENAY, SEIGNEUR D'ARRABLAY.

Il mourut vers 1540. — *Fem.* : Françoise de Menipeny. *Enf.* : Gilberte, mar. à François de Champigny, gouverneur de Montargis.

ANCIENS SEIGNEURS DE LA FERTÉ-LOUPIÈRE.

XIII. PHILIPPE Ier DE COURTENAY, SEIGNEUR DE LA FERTÉ-LOUPIÈRE.

Guerre en Flandre	1328	Prise d'Escandœuvre	1340
Bataille de Cassel	1328	Prise de Thun-l'Évêque	1340
Siége du Quesnoy	1340	Secours à Tournai	1340

Armes : De Courtenay, au lambel d'azur à 4 pendants.

Philippe Ier, chevalier, seigneur de La Ferté-Loupière, deuxième fils de Jean Ier de Courtenay, seigneur des Champignelles, fut d'abord chanoine de Reims; il quitta l'église et suivit Philippe de Valois dans son expédition de Flandre, et se trouva à la bataille de Cassel. Il y fit, sous le prince Jean, une autre campagne en 1340. Il n'y menait point un train considérable, n'étant suivi que de trois écuyers. — *Fem.* : 1. Marguerite d'Arrablay; 2. N..., inconnue. *Enf. de la première* : 1. Marguerite, mar. à Raoul Le Bouteiller, de Senlis, tué à la bataille de Poitiers. *De la seconde* : 1. Jean Ier (suit); 2. Jeanne, mar. au seigneur de Bruillart.

XIV. JEAN Ier DE COURTENAY, SEIGNEUR DE LA FERTÉ-LOUPIÈRE.

Ne porta que le titre d'écuyer. Il mourut en 1492. — *Fem.* : 1. Perrenelle de Manchecourt; 2. Anne de Valery. *Enf. de la première* : Jean II (suit).

XV. JEAN II DE COURTENAY, SEIGNEUR DE LA FERTÉ-LOUPIÈRE.

Il embrassa la cause du dauphin (Charles VII); et, déclaré rebelle, eut ses biens confisqués. Mais Charles VII, affermi sur le trône, les lui rendit. *Fem.* : inconnue. *Enf.* : 1. Jeanne, qui ép. Guy, seigneur de Bonnelle; 2. Michelle, mar. à Michelet Bourdin, écuyer.

SEIGNEURS DE TANLAY.

X. GUILLAUME Ier DE COURTENAY, SEIGNEUR DE TANLAY.

Armes : De Courtenay, au lambel d'azur à 5 pendants.

Il était le quatrième fils de Pierre de France et d'Élisabeth de Courtenay. — *Fem.* : 1. Adeline de Noyers; 2. Nicole. *Enf. de la première* : 1. Robert Ier (suit); 2. Jean, seigneur de Joux, mort en 1248; 3. Baudouin, mort sans enfants; 4. Jeanne, mar. à Pierre Corail, chevalier; 5. Alix, mar. à Milon de Tonnerre, chevalier.

XI. ROBERT Ier DE COURTENAY, SEIGNEUR DE TANLAY.

Il mourut en 1260. — *Fem.* : Marguerite de Mello. *Enf.* : 1. Jean Ier (suit); 2. Marie, qui ép. Guillaume de Joinville, seigneur de Juilly.

XII. JEAN Ier DE COURTENAY, SEIGNEUR DE TANLAY.

Il mourut en 1285. — *Fem.* : Marguerite de Plancy. *Enf.* : 1. Robert II (suit); 2. Étienne, seigneur de Tannerre, mort sans enfants; 3. Philippe, seigneur de Ravières, mort sans postérité en 1300; 4. Jean, doyen de l'abbaye de Quincy, mort en 1300; 5. Marie, qui ép. Guy de Montréal.

XIII. ROBERT II DE COURTENAY, SEIGNEUR DE TANLAY.

Il mourut en 1310. — *Fem.* : Agnès de Saint-Yon. *Enf.* : 1. Guillaume II (suit); 2. Philippe, prieur de Juilly; 3. Agnès, mar. au seigneur de Rochefort.

APPENDICE.

XIV. GUILLAUME II DE COURTENAY, SEIGNEUR DE TANLAY.

Il avait épousé N... (nom inconnu). *Enf.* : 1. Robert III (suit); 2. Jean (1); 3. Philippe Ier (suiv.).

(1)   JEAN DE TANLAY, SEIGNEUR DE RAVIÈRES.

Guerre en Flandre......... 1328 | Bataille de Cassel......... 1328

Jean, comme son frère aîné, se trouva à la bataille de Cassel. Il mourut sans postérité, en 1340. — *Fem.* : Odette de Piépape.

XV. ROBERT III DE COURTENAY, SEIGNEUR DE TANLAY.

Guerre en Flandre......... 1328 | Guerre contre les Anglais..... 1340 | Prise d'Escandœuvre....... 1341
Bataille de Cassel.......... 1328 | Siége du Quesnoy........... 1340 | Prise de Thun-l'Évêque..... 1340

Robert III fit l'expédition de Flandre, en 1328, et combattit à Cassel. Il servit sous Jean, duc de Normandie, dans sa campagne contre les Anglais, 1340. Il mourut vers 1344. — *Fem.* : Laure de Bordeaux, dame de Chastellus.

XV. PHILIPPE Ier DE COURTENAY, SEIGNEUR DE TANLAY.

Guerre contre les Anglais..... 1346 | Bataille de Crécy.......... 1346

Il est nommé parmi les seigneurs qui combattirent à Crécy. Il mourut vers 1385. — *Fem.* : Philiberte de Châteauneuf. *Enf.* : 1 Pierre (suit); 2. Étienne (suiv.); 3. Jeanne; 4. Alixant, abb. de Notre-Dame de Crisenon.

XVI. PIERRE DE COURTENAY, CHEVALIER.

Guerre en Flandre........... 1383 | Siége de Bergues.......... 1383 | Siége de Bracbourg. (Il y fut tué.) 1383

Il servit sous Charles VI, en Flandre, et fut *tué* au siége de Bracbourg.

XVI. ÉTIENNE DE COURTENAY, SEIGNEUR DE RAVIÈRES.

Guerre contre les Anglais...... 1369 | Prise de Bergues........... 1383 | Siége de Bracbourg......... 1383

Étienne se trouva, comme son frère, aux siéges de Bergues et de Bracbourg; il mourut la même année. — *Fem* . 1. Jeanne de Marmeaux; 2. Marguerite de Valery. *Enf. de la première* : Jeanne, ép. Guillaume de Blésy, puis Robert de Chaslus, seigneur d'Entragues, morte sans enfants.

SEIGNEURS D'YERRE.

X. JEAN Ier DE COURTENAY, SEIGNEUR D'YERRE.

Armes : De Courtenay, brisé d'un lambel de sable à 3 pendants.

Il était le sixième fils de Pierre de France. — *Fem.* : (inconnue); *Enf.* : Guillaume Ier (suit).

XI. GUILLAUME Ier DE COURTENAY, SEIGNEUR D'YERRE.

Fem. : (inconnue); *Enf.* : Guillaume II (suit); 2. Jean, mort sans enfants; 3. Guillemette, mar. à Nargeaud de Fons, damoiseau.

XII. GUILLAUME II DE COURTENAY, SEIGNEUR D'YERRE.

Croisade................. 1249 | Combats dans le delta du Nil.... 1249 | Guerre contre le Comte de Foix. 1272
Descente en Égypte. ...... 1249 | Bat. de la Massoure. (Prisonnier.) 1250 | Prise du château de Foix..... 1276

Guillaume II prit la croix en 1248 et suivit saint Louis en Égypte. Il fut fait *prisonnier* à la bataille de la Massoure. Racheté par le roi, il suivit, avec son frère, l'expédition de Philippe III contre le comté de Foix. Il mourut en 1279. — *Fem.* : Jeanne de Grignoles. *Enf.* : 1. Jean II (suit); 2. Guillaume, *tige des seigneurs de Bondoufle* (*voy.* plus bas); 3. Robert (*); 4. et 5 Jacqueline et Jeanne, mortes jeunes.

(*) ROBERT DE COURTENAY.

| Expédition en Gascogne ...... 1296 | Combat près de Dax .... 1296 | Siége de Bourg .... 1296 |

Robert prit part à une campagne en Gascogne sous le comte Robert d'Artois; il mourut sans postérité au retour de cette expédition, en 1297.

XIII. JEAN III DE COURTENAY, SEIGNEUR D'YERRE.

Il épousa Isabelle de Corbeil. *Enf.* : 1. Pierre Ier (suit); 2. Simon, mort jeune; 3. Marguerite, abbesse d'Yerre, morte en 1312.

XIV. PIERRE Ier DE COURTENAY, SEIGNEUR D'YERRE.

Il mourut en 1333 —*Fem.* : Jeanne de Courpalay. *Enf.* : 1. Jean III (suit); 2. Marguerite, mariée au seigneur de Montgry, morte en 1360.

XV. JEAN III DE COURTENAY, SEIGNEUR D'YERRE.

| Guerre contre les Anglais .. 1340 | Prise d'Escandœuvre .... 1340 | Prise de Thun-l'Évêque .... 1340 |

Il servit sous le commandement de Jean, duc de Normandie, en 1340. — *Fem.* : Marguerite de Vincy. *Enf.* : 1. Jean IV (suit); 2. Guillaume de Courtenay, mort sans postérité.

XVI. JEAN IV DE COURTENAY, SEIGNEUR D'YERRE.

Il vendit sa seigneurie d'Yerre à Bureau, sire de la Rivière. — *Fem.* : Jeanne du Plessoy. *Enf.* : Isabelle, mar. à Geoffroy Tout-Outre, morte en 1428.

SEIGNEURS DE BONDOUFLE.

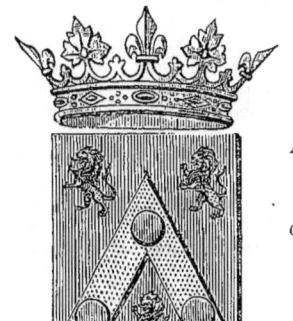

XIII. GUILLAUME Ier DE COURTENAY, SEIGNEUR DE BONDOUFLE.

ARMES : De gueules, au chevron d'or chargé de 3 tourteaux de gueules, accompagné de 3 lions d'or posés 2 et 1.

Il était le second fils de Guillaume II, seigneur d'Yerre. — *Fem.* : (inconnue). *Enf.* : Guillaume II (suit).

XIV. GUILLAUME II DE COURTENAY, SEIGNEUR DE BONDOUFLE.

Il fut déchargé, en 1329, d'une imposition pour frais de la guerre contre les Anglais, sous l'offre qu'il fit d'aller en l'ost avec armes et chevaux, comme il l'avait fait ci-devant — *Fem.* : (inconnue). *Enf.* : 1. Guillaume III (suit); 2. Pierre, est nommé dans les comptes de l'ordinaire des guerres, depuis 1371 à 1378; il servit aussi en Basse-Normandie sous le sire de la Rivière. Il avait épousé Jeanne de Bode, qu'il fit jeter dans un puits pour ses déportements.

XV. GUILLAUME III DE COURTENAY, SEIGNEUR DE BONDOUFLE.

Il fut garde du pont et de la ville de Saint-Cloud. — *Fem.* : (inconnue). *Enf.* : 1 et 2. Jean et André, chanoines de Saint-Jean-le-Rond, à Paris; 3. Jacqueline, bénédictine, prieure de Villarceaux. Les quatre autres sont inconnus.

APPENDICE.

COMTES DE VERMANDOIS.

VII. HUGUES-LE-GRAND, COMTE DE VERMANDOIS.

Première Croisade.	1096	Combat du pont d'Antioche.	1098
Bataille près de Nicée.	1097	Deuxième croisade.	1103
Prise de Nicée.	1097	Prise d'une ville de Lycaonie.	1103
Bataille de Dorylcum.	1097	Combat sur les bords de l'Halis.	1103
Prise d'Antioche.	1098	(Blessé mortellement.)	

ARMES : Échiqueté d'or et d'azur; au chef d'azur chargé de trois fleurs de lis d'or.

Hugues était le troisième fils du roi Henri Ier et d'Anne de Russie. Son mariage avec Adèle, comtesse de Vermandois, le rendit puissant. Il prit la croix avec Godefroy de Bouillon, et combattit avec lui à Nicée, à Dorylcum, etc. Après la prise d'Antioche, les chrétiens se voyant assiégés par les Turcs, Hugues, découragé, se chargea d'une mission, abandonna les croisés et revint en France sans avoir accompli son vœu. La prise de Jérusalem, après son départ, le couvrit de honte, et pour réparer sa faute, Hugues repartit pour la Palestine; mais aucun des croisés n'y parvint : Hugues fut *blessé* dans un combat sur les bords de l'Halis et mourut à Tarse, en Cilicie, 1103.
— *Fem.* : Adèle, fille de Herbert IV, comte de Vermandois. *Enf.* : 1. Raoul Ier (suit); 2. Simon, évêque de Noyon, prit la croix et suivit Louis VII; 3. Henri, *tige des seigneurs de Chaumont* (voy. plus bas); 4. Mahaud, ép. Raoul, seigneur de Beaugency; 5. N..., mar. à Boniface, marquis italien; 6. N..., mar. au seigneur de Gournay; 7. Élisabeth, ép. Robert, comte de Meulan, et Guillaume II de Varennes, comte de Surrey.

VIII. RAOUL Ier LE VAILLANT OU LE BORGNE, COMTE DE VERMANDOIS.

Combat près du Puiset.	1111	Prise du Puiset.	1117	Siége de La Fère.	1132
Siége du Puiset.	1112	G. contre le comte de Garlande.	1129	Guerre contre Thibaud IV.	1142
Guerre contre le seig. de Coucy.	1115	Prise de Livry. (Blessé.).	1129	Prise de Vitry.	1142
Prise de la tour d'Amiens.	1117	Siége de Coucy.	1130		

Raoul servit les rois Louis-le-Gros et Louis VII contre leurs barons rebelles. A la prise de Livry, il perdit un œil; il blessa mortellement Thomas de Marle, sire de Coucy, l'un des constants adversaires de Louis-le-Gros. Raoul fut fort dévoué à la monarchie, et Louis VII lui offrit d'épouser la sœur d'Éléonore d'Aquitaine, sa femme; il répudia Aliénor de Champagne, 1142, ce qui alluma entre le roi et Thibaud IV une guerre où ce dernier fut battu. Il y eut des siéges et des combats où sans doute le vaillant Raoul fit maintes prouesses. Après le désastre de Vitry, Louis prit la croix, et le comte de Vermandois fut nommé, avec Suger, régent du royaume. Il mourut en 1152.— *Fem.* : 1. Aliénor de Champagne ; 2. Alix ou Pétronille de Guyenne ; 3. Laurence d'Alsace, fille du comte de Flandre. *Enf. de la première* : Hugues (selon le P. Anselme), né en 1127, fonda l'ordre de la Trinité, mort en 1212 et canonisé, en 1677, par Innocent XI *De la seconde* : 1. Raoul II, comte de Vermandois, mort en 1168 sans enfants de sa femme, Marguerite d'Alsace; 2. Élisabeth, comtesse de Vermandois, ép. Philippe d'Alsace, comte de Flandre, et céda le comté de Vermandois à Philippe-Auguste, morte sans enfants en 1183; 3. Éléonore, mar. quatre fois : au comte d'Ostrevant, au comte de Nevers, à Mathieu d'Alsace, comte de Boulogne (il était frère de Laurence, Marguerite et Philippe d'Alsace), et à Mathieu III, comte de Beaumont-sur-Oise.

ANCIENS SEIGNEURS DE CHAUMONT-EN-VEXIN.

VIII. HENRI, SEIGNEUR DE CHAUMONT.

Henri, troisième fils de Hugues de France, comte de Vermandois, mourut en 1130. Sa vie n'est pas connue. — *Fem.* : N... *Enf.* : 1. Hugues (suit); 2. Gautier, que saint Bernard exhorta dans sa 104e lettre à quitter le monde.

IX. HUGUES Ier, SEIGNEUR DE CHAUMONT.

Il mourut vers 1170. — *Fem.* : N... *Enf.* : 1. Hugues II (suit); 2. Philippe, fut élevé par l'archevêque de Reims.

X. HUGUES II, SEIGNEUR DE CHAUMONT.

Guerre contre Richard d'Angleterre...... 1197 | Combat près de Beauvais. (Prisonnier.) 1197

Il fut fait *prisonnier* avec le belliqueux évêque de Beauvais. On ne sait point quand il recouvra la liberté — *Fem.* : N... *Enf.* : 1. Philippe (suit); 2. Renaud, mort sans enfants; 3. Robert, 4. Thibaud, 5. Mathilde, sont tous les trois mentionnés dans un titre de 1209.

XI. PHILIPPE, SEIGNEUR DE CHAUMONT.

Il fit une donation à l'église de Louvery, en 1209. — *Fem.* : N. . *Enf.* : 1. Guy (suit); 2. Jacques; 3. Renaud, vivait en 1266; 4. Marguerite, id.

XII. GUY, SEIGNEUR DE CHAUMONT.

Il vendit, en 1250, tous les biens venant de la succession de son père, et Jacques fut caution de cette vente.

PREMIÈRE MAISON DE BOURGOGNE.

La première maison de Bourgogne, issue de Robert-le-Vieux, fils de Robert II, roi de France, a duré depuis la première moitié du xie siècle jusqu'au milieu du xive siècle. Elle s'est éteinte en 1361. Les premiers ducs de Bourgogne ont été moins puissants et moins illustres que ceux de la seconde branche. Un prince de cette maison, Henri de Bourgogne, passa en Espagne, y conquit ce royaume et fonda la maison de Portugal.

ROBERT DE FRANCE, DIT LE VIEUX, DUC DE BOURGOGNE.

Guerre contre son père, le roi Robert VI............ 1031 | Prise d'Avallon............ 1031 | Guerre contre son frère Henri.. 1032
| Prise de Beaune.... .... 1031 |

Uni à son frère aîné, Henri se révolta contre le vieux roi Robert, leur père; ils lui prirent quelques châteaux et firent la paix. Après la mort de ce roi, Robert fut excité par sa mère, Constance, contre son frère, le roi Henri. Elle voulait placer Robert, son fils de prédilection, sur le trône au détriment de son aîné. Sa mère et lui soulevèrent les vassaux turbulents, s'emparèrent de quelques places. Robert, à la fin, fut trop heureux de recevoir, en échange de ses prétentions à la couronne, le duché de Bourgogne. Robert était d'un caractère violent et farouche. Il tua, dans un accès de colère, le seigneur de Semur, son beau-frère, avec qui il s'était pris de querelle dans un repas. Il fit en expiation un pèlerinage à Rome, et fonda, au retour, un prieuré sur les portes duquel il fit sculpter l'histoire de ce meurtre. Ce monument subsistait encore dans le siècle dernier. Robert abandonna son duché à des mains faibles ou infidèles qui laissèrent tous les désordres s'y introduire. Il mourut en 1075. — *Fem.* : Hélie de Semur. *Enf.* : 1. Hugues (suit); 2. Henri (suiv.); 3. Robert, mort sans enfants; 4. Simon, id.; 5. Constance, ép. Hugues II, comte de Châlons, puis Alphonse VI, roi de Castille, et mourut en 1092.

VII. HUGUES DE BOURGOGNE.

Guerre contre le comte de Nevers. 1057 | Prise de Saint-Briçon........ 1057 | Comb. contre le comte de Nevers. 1057

Hugues fit la guerre au comte de Nevers, s'empara de Saint-Briçon et mourut sans alliance, 1057.

VII. HENRI DE BOURGOGNE.

Guerre contre le comte de Nevers 1066

Il mourut pendant cette guerre, en 1066 — *Fem.* : Sybille, fille de Renaud, comte de Bourgogne. *Enf.* : Hugues Ier (suit); 2. Eudes Ier (suiv.); 3. Robert, évêque de Langres, mort en 1110; 4. Henri (*); 5. Renaud, abbé de Saint-Pierre de Flavigny; 6. Aldéarde, ép. Guillaume VIII; 7. Béatrix, ép. Guy, seigneur de Vignory; leur fille ép. Roger, sire de Joinville, et fut aïeule de l'historien de saint Louis; 8 Hélie.

(*)   HENRI DE BOURGOGNE, COMTE DE PORTUGAL.

Expédition contre les Maures en Espagne............ . | Prise de Lamego............ | Prise de Lisbonne............
Siége de Coïmbre............ | Prise de Braga............ | Guerre contre Alphonse-le-Batailleur................ 1112
Prise de Viséo............ . | Conquête des provinces Tras-os-montès-Bcira, 17 batailles... |

Henri-le-Jeune de Bourgogne, né en 1060, était petit-fils de Robert, roi de France. Ce prince, entreprenant et chevaleresque, ne pouvant se contenter de son modeste patrimoine, passa en Espagne, vers 1090, pour combattre les Maures. Les importants services qu'il rendit à Alphonse VI, roi de Castille et de Léon, lui valurent son affection. Il lui donna en mariage sa fille Thérèse (1094), la province de Beira et la ville de Porto pour dot, avec toutes les conquêtes qu'ils feraient sur les infidèles, à titre de comté. Ce pays prit le nom de Portugal, et Henri, dès lors, fit une guerre acharnée aux Maures, malgré leur vigoureuse défense. Ses conquêtes furent rapides : Coïmbre, Viseo, etc., tombèrent en son pouvoir; Lisbonne fut prise et reprise, et dix-sept batailles gagnées sur ses infatigables ennemis, assurèrent sa domination sur les provinces de Tras-os-Montes et de Beira. Il mourut en 1112 dans une expédition contre Alphonse le Batailleur, roi de Navarre. Henri fut un prince aussi habile que brave : fondateur d'une dynastie nouvelle dans un pays créé par lui, et avec peine arraché aux Maures, il laissa à son fils un État déjà puissant, et presque indépendant des rois de Castille. — *Fem.* : Thérèse, fille naturelle d'Alphonse VI, roi de Castille. *Enf.* : 1. Alphonse Ier, roi de Portugal ; 2. Urraque, troisième femme de Paez de Lima, comte de Trastamare ; 3. Sanche, mariée à Ferdinand Nunes ; 4. Thérèse.

Fils naturel : Pierre, *qui se signala à Santarem, et prit l'habit de Clairvaux.*

VIII. HUGUES Ier, DUC DE BOURGOGNE.
Expédition contre les Maures en Aragon........

Hugues Ier était enfant quand il perdit son père. Son aïeul, Robert le Vieux, vivait encore, et voulut donner la succession de Bourgogne à un de ses oncles, mais le jeune Hugues revendiqua ses droits avec tant de fermeté, que ses vassaux réunis à Dijon le proclamèrent avec acclamation. Les chroniqueurs vantent sa justice, sa fermeté redontable aux vassaux qui troublaient l'ordre et la paix du duché. Il alla en Espagne combattre les Maures ; selon quelques chroniques, d'autres révoquent en doute cette expédition. Hugues abdiqua en 1078, et mourut en 1093 au monastère de Cluny. — *Fem.* : Iolande de Nevers.

VIII. EUDES Ier, DIT BOREL, DUC DE BOURGOGNE.

| Siège du Puiset........ vers 1078 | Expédition en Espagne....... 1087 | Prise du château de l'Étoile... 1087 |
| | Prise de Tudèle....... ..... 1087 | |

Eudes Ier, dit *Borel*, succéda à son frère en 1078. Il aida le roi Philippe Ier contre ses vassaux, et partit pour l'Espagne à la tête d'une armée pour combattre une nouvelle invasion des peuples africains. Il y prit Tudèle et quelques places. Il mourut pendant un pèlerinage en Judée en 1102. Les chroniqueurs lui donnent un caractère violent et brutal, et des habitudes de rapacité qui s'exerçaient sur tous ceux qui passaient dans ses États.— *Fem.* : Mathilde, fille de Guillaume II, comte de Bourgogne. *Enf.* : 1. Hugues II (suit) ; 2. Henri, moine à Citeaux ; 3. Alix, ép. Bertrand, comte de Toulouse et de Tripoli, puis Guillaume III, comte d'Alençon ; 4. Fleurine, ép. le prince de Philippes en Palestine.

IX. HUGUES II, DIT LE PACIFIQUE, DUC DE BOURGOGNE.

| Guerre contre Henri Ier d'Angleterre.... .... 1119 | Bataille de Brenneville....... 1119 | Guerre en Champagne contre les Allemands.............. 1124 |

Hugues II lui succéda en 1102. Il marcha au secours de Louis-le-Gros contre le roi d'Angleterre, 1109, et contre les Allemands qui fondirent en Champagne, 1124. Il mourut en 1143. — *Fem.* : Mathilde, fille de Bozon Ier, vicomte de Turenne. *Enf.* : 1. Eudes II (suit) ; 2. Raymond, ép. Agnès de Thiern, dame de Montpensier, dont il eut Henri, mort jeune, et Mahaud, qui ép. en quatrièmes noces Robert II, comte de Dreux ; 3. Hugues, dit *le Roux*, père de Sybille, fem. du sire de Montréal ; 4. Robert, évêque d'Autun ; 5. Henri, id. ; 6. Gautier, évêque de Langres ; 7. Sybille, ép. Roger Ier, roi de Sicile ; 8. Mahaud, ép. le seigneur de Montpellier ; 9. Aigeline, ép. Hugues Ier, comte de Vaudemont, de qui descendent les comtes de Vaudemont, les seigneurs de Gondrecourt et de Dueilly ; 10. Aremburge, religieuse à Larey.

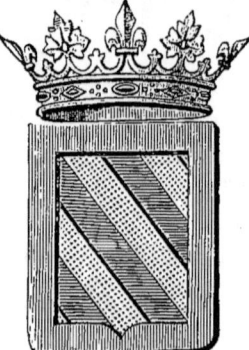

EUDES II, DUC DE BOURGOGNE.

Armes : Bandé d'or et d'azur de six pièces, à la bordure de gueules.

On a fait honneur à Eudes II, d'une expédition en Portugal, qui est contestée par l'*Art de vérifier les dates*. Il avait refusé de se reconnaître vassal de Louis VII ; mais un jugement sanctionné par Adrien IV, l'obligea à rendre hommage au roi. Il mourut en 1162. — *Fem.* : Marie de Champagne, fille du comte Thibaud IV. *Enf.* : 1 Hugues III (suit) ; 2. Mahaud, ép. Robert IV, comte d'Auvergne ; 3. Alix, mar. à Archambaud VII, sire de Bourbon.

XI. HUGUES III, DUC DE BOURGOGNE.

Guerre contre le comte de Châlons................ 1166	Nevers................. 1174	Siége de Ptolémaïs.......... 1191
Croisade................ 1171	Siége de Vergy............ 1185	Bataille de Césarée......... 1191
Combat contre Guy, comte de	Croisade................ 1191	Bataille d'Ascalon.......... 1192
	Prise d'Acre............. 1191	

Hugues III partit, 1171, pour la croisade ; mais une tempête l'assaillit, et il échappa à grand'peine au naufrage. Par sa vaillance et ses exploits en Terre-Sainte, il releva, dit Sismondi, la réputation des Bourguignons. A son retour, il seconda, en 1166, le roi Louis VII, contre le comte de Châlons, et eut des terres en récompense. Il fit la guerre au comte de Nevers et au sire de Vergy qui lui refusait l'hommage. Il aida Henri *au Court mantel* dans sa rébellion contre son père. L'insuccès de sa première croisade ne le rebuta pas ; il partit de nouveau avec Philippe-Auguste et Richard. Il commandait l'aile gauche à la bataille d'Ascalon. Philippe-Auguste, en partant, confia au duc de Bourgogne le commandement de tous les Français. Mais il se prit de querelle avec Richard, qui lui avait pourtant sauvé la vie à la bataille d'Ascalon. Joinville le juge ainsi : « Hugues fut moult bon chevalier de sa main et chevalereux, mais il ne fut onesques tenu à saige ne à Dieu ni au monde. » Il mourut à Tyr, 1193. *Fem.* : 1. Alix de Lorraine ; 2. Béatrix, dauphine de Viennois, fille et héritière de Guigues V. *Enf. de la première* : 1. Eudes III (suit) ; 2. Alexandre, *tige des seigneurs de Montagu* ; 3. Marie, ép. Simon Ier, seigneur de Semur. *Enf. de la seconde* : 1. André, dit *Guigues VI*, dauphin (*voy.* p. 502) ; 2. Mahaud, ép. Jean, comte de Bourgogne ; 3. Marguerite, ép. Amé IV, comte de Savoie.

XII. EUDES III, DUC DE BOURGOGNE.

Défense de Châtillon-sur-Seine. 1181	Prise de Chassencuil......... 1209	Croisade................. 1213
Croisade 1200	Prise de Béziers............ 1209	Bataille de Bouvines......... 1214
Croisade contre les Albigeois... 1209	Prise de Carcassonne......... 1209	(Cheval tué sous lui.)
Prise de Villemur.......... 1209	Siége du château de Cabaret... 1209	

Eudes III envoyé par son père contre Philippe-Auguste, défendit Châtillon contre le roi qui s'en empara. Il se croisa contre les Albigeois, montra beaucoup de valeur, et ce qui était plus rare, un noble désintéressement : il refusa les vicomtés de Béziers et de Carcassonne, disant : « Qu'il avait prou de terres et seigneuries, sans prendre celles-là, ne déshériter le vicomte ; et qu'il lui sembloit qu'on lui avoit déjà fait assez de mal, sans prendre encore son héritage. » Simon de Montfort se montra moins scrupuleux. Eudes III commandait l'avant-garde à la bataille de Bouvines, et faillit y périr. Il eut son *cheval tué* sous lui, et ne se releva qu'à grand'peine sous sa lourde armure. Il mourut en 1248, au moment où il se préparait à passer en Égypte à la tête d'un corps de croisés. *Fem.* : 1. Mahaud, dite *Thérèse* de Portugal, fille d'Alphonse Ier ; 2. Alix de Vergy. *Enf. de la seconde* : 1. Hugues IV (suit) ; 2. Jeanne, ép. Raoul II de Lusignan (Lesignem), comte d'Alençon ; 3. Béatrix, mar. à Humbert III, seigneur de Villars, de qui descendent les seigneurs de Villars ; 4. Alix , morte fille en 1266.

XIII. HUGUES IV, DUC DE BOURGOGNE, ROI DE THESSALONIQUE.

Attaque du comté de Champagne. 1229	Croisade................. 1249	Combats dans le delta du Nil.. 1249
Croisade................ 1239	Descente en Égypte......... 1249	1re bataille de la Massoure... 1250
Combat près de Gaza........ 1239	Prise de Damiette.......... 1249	2e bataille de la Massoure.... 1250

Hugues IV, né en 1212, ligué avec les grands vassaux pendant la minorité de Louis IX, attaqua le comte de Champagne. Il partit pour la Terre-Sainte en 1238, et en revint en 1241. Il y retourna dix ans après, lors de la croisade de saint Louis, en 1249, et partagea les revers du monarque dont il suivait la fortune. Il tomba comme lui aux mains des infidèles après le combat de la Massoure, il fut le compagnon de sa captivité, et recouvra la liberté avec lui. Un traité qu'il fit avec l'empereur Baudoin II lui donna le royaume de Thessalonique. Il mourut en 1273. *Fem.* : 1. Iolande de Dreux, fille de Robert III, morte en 1229 ; 2. Béatrix de Champagne, fille de Thibaud VI. *Enf. de la première* : 1. Eudes (1) ; 2. Jean (2) ; 3. Robert II (suit) ; 4. Alix, mar. à Henri III, duc de Brabant ; 5. Marguerite, mar. à Guy IV, vicomte de Limoges ; leur fille unique ép. Arthur II, duc de Bretagne. *Enf. de la seconde* : 1. Hugues ép. Marguerite de Châlons, dont une fille morte jeune ; 2. Béatrix, mar. à Hugues XIII *le Brun*, comte de la Marche ; 3. Élisabeth, ép. l'empereur Rodolphe Ier, et Pierre de Chambly ; 4. Marguerite, ép. Jean de Châlons, seigneur d'Arlay ; 5. Jeanne, religieuse.

(1) EUDES DE BOURGOGNE, COMTE DE NEVERS, D'AUXERRE ET DE TONNERRE.

Croisade................. 1267	Défense de Saint-Jean d'Acre... 1269

Eudes qui eut tous ces titres par sa femme, passa en Palestine pour secourir les chrétiens détruits par les Mamelucks. Il est probable qu'il prit une grande part aux nombreux combats de cette époque, mais on n'a point de détail sur ses faits d'armes. Il mourut à Saint-Jean-d'Acre en 1269. *Fem.* : Mahaud de Bourbon, comtesse de Nevers, etc.,

APPENDICE.

fille aînée et principale héritière d'Archambaud IX, sire de Bourbon, et d'Iolande de Châtillon, comtesse de Nevers, etc. *Enf.* : 1. Iolande, comtesse de Nevers, ép. Jean de France, dit Tristan, comte de Valois, puis Robert III, comte de Flandre, morte en 1280; 2. Marguerite, deuxième femme de Charles Ier d'Anjou, roi de Sicile; elle n'eut point d'enf., et fit donation du comté d'Auxerre et de Tonnerre à son neveu Guillaume de Châlons; 3. Alix, ép. Jean de Châlons; leur fils, fut la tige des comtes d'Auxerre, etc.; 4. Jeanne, morte sans alliance.

(2)   JEAN DE BOURGOGNE, SEIGNEUR DE BOURBON ET DE CHAROLAIS.

Il mourut avant son père en 1268. *Fem.* : Agnès, dame de Bourbon, deuxième fille et héritière d'Archambaud IX; elle se remaria à Robert II, comte d'Artois. *Enf.* : Béatrix, dame de Bourbon, ép. Robert de France, comte de Clermont, de qui descend la maison de Bourbon (*voy.* p. 289).

XIV. ROBERT II, DUC DE BOURGOGNE.

Expédition en Navarre	1276	Prise de Torteguenne	1297	Bataille de Courtrai	1302
Camp. défensive en Languedoc	1297	Prise de Lille	1297	Combat du Pont-à-Vendin	1304
Guerre en Flandre	1297	Prise de Douai	1297	Bataille de Mons-en-Poelle	1304
Prise du château de l'Écluse	1297	Prise de Courtrai	1297	Siège de Lille	1304

Robert II fut chargé d'importantes missions sous Philippe-le-Hardi et Philippe-le-Bel. Il y signala son zèle pour la couronne. Robert fit les guerres de Flandre sous le dernier roi; il surpassa en puissance et en crédit tous les princes de sa race qui l'avaient précédé. Dans l'assemblée convoquée par Philippe-le-Bel en 1303 pour délibérer sur les prétentions des papes au gouvernement temporel des États, Robert II déploya un grand zèle pour la défense du droit des princes. Il mourut en 1305. — *Fem.* : Agnès de France, fille de saint Louis, mort en 1327. *Enf.* : 1. Jean, mort avant son père; 2. Hugues V (suit); 3. Eudes IV (suivra); 4. Louis, roi de Thessalonique, son frère Hugues lui transmit ses droits à ce royaume. Il ép. Mathilde de Hainaut, et mourut sans enfants en 1316; 5. Robert (1) 6. Blanche, ép. Édouard, comte de Savoie; 7. Marguerite, première femme de Louis X, morte en 1315; 8. Jeanne, ép. Philippe de Valois, morte en 1348; 9. Marie, ép. Édouard Ier, comte de Bar.

(*)   ROBERT DE BOURGOGNE, COMTE DE TONNERRE.

Guerre contre Guigues VIII	1325	Bataille de Varey. (Prisonnier.)	1325

Robert combattit sous son beau-frère Édouard de Savoie, contre le dauphin de Viennois, et fut fait *prisonnier*. Il mourut sans enfants en 1334. — *Fem.* : Jeanne, fille de Guillaume de Châlons, comte d'Auxerre.

XV. HUGUES V, DUC DE BOURGOGNE.

Hugues V, enfant à la mort de son père, fut mis sous la tutelle de sa mère. Philippe-le-Bel l'arma chevalier en 1313, et il mourut deux ans après, 1315, sans avoir été marié.

XV. EUDES IV, DUC ET COMTE DE BOURGOGNE.

Guerre en Flandre	1328	Combat près de Saint-Omer	1340	Prise de Rennes	1342
Bataille de Cassel. (Blessé.)	1328	Guerre en Bretagne	1341	Prise de Saint-Aubin du Cormier	1342
G. contre le comte de Châlons	1336	Prise de Chantoceaux	1341	Siège d'Hennebon	1342
Bataille de Maicombe	1336	Prise de Carquefou	1341	Prise d'Auray	1342
Guerre contre les Anglais	1340	Prise de Nantes	1341	Prise de Carhaix	1342

Eudes IV succéda à son frère en 1315. Il prit en mains, contre Philippe-le-Long, les intérêts de sa nièce Jeanne, fille et unique héritière de Louis X. Mais Philippe une fois proclamé roi, Eudes se rapprocha de lui et épousa sa fille aînée. Il vendit à Philippe, prince de Tarente, son titre de roi de Thessalonique et de prince d'Achaïe; il hérita des comtés d'Artois et de Boulogne à la mort de la reine Jeanne, sa belle-mère. Eudes servit loyalement Philippe de Valois, fit la guerre de Flandre et fut *blessé* à Cassel. En 1340, il mena un renfort au roi contre les Anglais et les Flamands. Il concourut à défendre Saint-Omer contre Robert d'Artois, fit une vigoureuse attaque, et contraignit l'ennemi de s'enfermer dans Cassel. Eudes fit encore les guerres de Bretagne contre les Montfort. Il conduisit mille lances en Guyenne contre les Anglais, en 1346; mais on ne l'y voit pas au nombre des princes et seigneurs dont Froissart raconte les chevauchées. On s'étonne pourtant de ne pas le voir à la bataille de Crécy, ce qui donne à croire qu'en ce moment il pouvait être encore en Guyenne. Il mourut en 1350, après un règne long et brillant. — *Fem.* : Jeanne de France, comtesse de Bourgogne et d'Artois, fille de Philippe-le-Long et de Jeanne, comtesse de Bourgogne, etc., petite-fille de Mahaud, comtesse d'Artois (*voy.* p. 448), morte en 1347. *Enf.* : 1. Philippe (suit); 2. Jean, mort jeune.

XVI. PHILIPPE, COMTE D'ARTOIS ET DE BOULOGNE.

Guerre contre les Anglais..... 1340 | Combat de Saint-Omer..... .. 1340 | Siége d'Aiguillon. 1346

Philippe naquit en 1323 ; à dix-sept ans il combattait près de son père en Artois. Il mourut au siége d'Aiguillon, d'une chute de cheval. Froissart le raconte ainsi : « C'étoit un moult jeune chevalier et plein de grand'volonté, ainsi que là le montra; car si très tôt que l'escarmouche fust commencée, il ne voulut pas être des derniers, mais s'arma et monta sur un coursier fort et roide... pour plutôt être et venir à l'escarmouche... Mais en saillant un fossé, le coursier trébucha et chey, et jeta ledit messire Philippe dessous lui. » Il en mourut.— *Fem.* : Jeanne, comtesse d'Auvergne et de Boulogne, fille et héritière de Guillaume XII; elle se remaria au roi Jean et mourut en 1360. *Enf.* : 1. Philippe (suit); 2. Jeanne, morte en 1360 ; Marguerite, morte jeune.

PHILIPPE Ier, DUC ET COMTE DE BOURGOGNE.

Philippe Ier naquit en 1345. Sa mère se remaria au roi Jean, et le duc, encore enfant, trouva dans ce prince un appui. La Bourgogne aussi aida la France d'argent et de soldats. Après le désastre de Poitiers, les Anglais portèrent le ravage dans cette province. Le duc fut déclaré majeur à la mort de sa mère ; il avait quinze ans. Il tenait d'elle le comté d'Auvergne. Ayant épousé Marguerite, l'héritière de Flandre, il allait se trouver l'un des princes les plus puissants de l'Europe, lorsqu'il mourut subitement de la peste qui ravageait alors la France, 1361. En lui finit la première maison de Bourgogne. Ce duché fut réuni alors à la couronne, mais pour bien peu de temps. — : *Fem.* : Marguerite, comtesse de Flandre, fille unique et héritière de Louis III ; elle se remaria à Philippe de France, le Hardi, qui commença la seconde maison de Bourgogne.

SEIGNEURS DE MONTAGU.

XII. ALEXANDRE DE BOURGOGNE, SEIGNEUR DE MONTAGU.

Armes : De Bourgogne, brisé d'un franc quartier d'argent.

Il était le second fils de Hugues III, duc de Bourgogne, et d'Alix de Lorraine ; il mourut en 1205. — *Fem.* : Béatrix. *Enf.* : 1. Eudes (suit); 2. Alexandre, évêque de Châlons.

XIII. EUDES Ier, SEIGNEUR DE MONTAGU.

Il mourut vers 1245. — *Fem.* : Élisabeth de Courtenay, fille de Pierre II, empereur de Constantinople. *Enf.* : 1. Alexandre, mort sans alliance; 2. Guillaume Ier (suit); 3. Philippe, seigneur de Chagny, ép. Flore d'Antigny et en eut Jeanne, mar. à Thierry de Montbéliard; 4. Gaucher ou Gautier; 5. Eudes, qui vivait en 1255.

XIV. GUILLAUME Ier DE BOURGOGNE, SEIGNEUR DE MONTAGU.

Il vivait encore en 1263.—*Fem.* : Jacquette, fille et héritière de Hervé, seigneur de Sombernon, morte en 1259. *Enf.* : 1. Guillaume II (suit); 2. Alexandre, *souche des seigneurs de Sombernon*.

XV. GUILLAUME II DE BOURGOGNE, SEIGNEUR DE MONTAGU.

Il eut des démêlés avec le comte de Flandre en 1290.—*Fem.* : Alix des Barres. *Enf.* : 1. Eudes II (suit); 2. Alix ép. Guillamme de Joigny.

XVI. EUDES II, DIT ODOARD, SEIGNEUR DE MONTAGU.

Il encourut la disgrâce de Philippe-le-Bel, qui le fit arrêter; il parvint à s'échapper, et obtint sa grâce en 1312. — *Fem.* : 1. Jeanne de Sainte-Croix; 2. Jeanne de la Roche du Vanel. *Enf. de la première* : 1. Henri (suit) ; 2. Odoard, prêtre; 3. Jeanne, ép. Renaud des Ursins (Orsini); 4. Marguerite, mar. à Jourdain des Ursins, frère de Renaud; 5. Isabelle, ép. Robert II de Damas, vicomte de Châlons; 6. Jeanne, religieuse. *Enf. de la seconde* Agnès, ép. Jean de Villars.

APPENDICE.

XVII. HENRI DE BOURGOGNE, SEIGNEUR DE MONTAGU.

Campagne contre les Anglais...... 1340 | Combat de Saint-Omer........ 1340

Henri servit sous Eudes IV, duc de Bourgogne. Il mourut en 1347. — *Fem.* : N... ; *Enf.* : Huguette, morte enfant.

SEIGNEURS DE SOMBERNON.

XV. ALEXANDRE DE MONTAGU, SEIGNEUR DE SOMBERNON.

Armes : De Bourgogne, au franc quartier d'hermines.

Deuxième fils de Guillaume Ier, seigneur de Montagu. Il mourut en 1271. — *Fem.* : Agnès de Neufchâtel. *Enf.* : 1. Étienne (suit) ; 2. Eudes, seigneur de Marigny, ép. Jeanne de Dracy, et en eut des enfants.

XVI. ÉTIENNE Ier DE MONTAGU, SEIGNEUR DE SOMBERNON.

Il mourut en 1315. — *Fem.* : Marie de Bauffremont, dame de Couches. *Enf.* : 1. Étienne II (suit) ; 2. Philibert, *tige des seigneurs de Couches.*

XVII. ÉTIENNE II DE MONTAGU, SEIGNEUR DE SOMBERNON.

Il mourut en 1330. — *Fem.* : Jeanne de Verdun. *Enf.* : 1. Guillaume (suit) ; 2. Étienne, seigneur de Malain, ép. Marguerite de Chapes, dont il eut : Étienne, religieux, mort en 1347, et Marie, mar. à Henri de Sauvement et à Guy de Boval.

XVIII. GUILLLAUME DE MONTAGU, SEIGNEUR DE SOMBERNON.

Campagne contre les Anglais...... 1340 | Combat près Saint-Omer...... 1340

Il servit sous le duc Eudes IV dans la guerre contre les Anglais en 1340. — *Fem.* : 1. N... ; 2. Laure de Bordeaux, veuve de Robert III de Courtenay, seigneur de Tanlay ; elle se remaria avec Jean de Bourbon, issu des anciens sires de Bourbon, et mourut en 1384. *Enf. de la première* : 1. Jean (suit) ; 2. Pierre, seigneur de Malain, mort sans enfants.

XIX. JEAN DE MONTAGU, SEIGNEUR DE SOMBERNON.

Guerres en Flandre........ 1383 | Prise de Bergues.......... 1383 | Prise de Bourbourg........ 1383

Il servit dans l'armée du roi en 1383, et mourut en 1391. — *Fem.* : Marie de Beaujeu. *Enf.* : 1 Catherine, ép. Guillaume de Villiers-Seixel ; 2. Odette, mar. à Béraud II de Coligny ; 3. Jeanne, ép. Guy de Rougemont.

SEIGNEURS DE COUCHES.

XVII. PHILIBERT Ier DE MONTAGU, SEIGNEUR DE COUCHES.

Armes : De Bourgogne, au franc quartier d'hermines.

Philibert était le deuxième fils d'Étienne Ier, seigneur de Sombernon. — *Fem.* : N... ; *Enf.* : 1. Hugues (suit) ; 2 et 3 inconnus.

XVIII. HUGUES DE MONTAGU, SEIGNEUR DE COUCHES.

Campagne contre les Anglais... 1340 | Combat près Saint-Omer...... 1340

Il fit aussi la campagne d'Artois de 1340, et il vivait encore en 1381. — *Fem.* : Jeanne de Seignelay. *Enf.* : 1. Jean 1er, mort sans enf. ; 2 Philibert II (suit) ; 3. Alexandre, abbé de Saint-Pierre de Flavigny, mort en 1417.

APPENDICE.

XIX. PHILIBERT DE MONTAGU, SEIGNEUR DE COUCHES.

Campagne défensive contre les Anglais....... 1380

Armes : De Bourgogne.

Il servit dans l'armée royale en 1380, au moment de la mort de Charles V. — *Fem.* : Jeanne de Vienne, fille du seigneur de Longvy. *Enf.* : 1. Jean II (suit); 2. Oudot, mort sans alliance; 3. Catherine, mar. à Alexandre de Blésy; leur petite-fille Suzanne de Blésy, dame de Couches, ép. en 1508 Christofle de Rochechouart, *de qui descendent les ducs de Mortemart;* 4. Odette, morte sans enfants.

XX. JEAN II DE MONTAGU, SEIGNEUR DE COUCHES.

| Guerre contre les Armagnacs... | 1411 | Défense de Paris........... | 1411 | Prise d'Étampes............ | 1411 |
| Prise de Ham............... | 1411 | Prise de Saint-Cloud....... | 1411 | Prise de Dourdan........... | 1411 |

Ce descendant de la première maison de Bourgogne servit sous Jean-sans-Peur contre les Armagnacs avec deux chevaliers et soixante-huit écuyers. — *Fem.* : Jeanne de Mello, dame d'Espoisse. *Enf.* : 1. Claude (suit); 2. Philippa, ép. Louis de la Trémoille, comte de Joigny. *Fils naturels* : 1. Huguenin, *écuyer*; 2. Othenin, *id.*

XXI. CLAUDE DE MONTAGU, SEIGNEUR DE COUCHES.

G. contre Charles-le-Téméraire... 1471 | Combat de Bussi. (Il y fut tué.). 1471

Claude servit sous Gilbert, comte de Montpensier, dans la guerre contre la Bourgogne (*voy.* page 322), et *fut tué* à Bussi, 1471. — *Fem.* : Louise de la Tour-d'Auvergne, fille de Bertrand IV, morte en 1472. *Fille naturelle* : Jeanne, *légitimée en* 1460, ép. Hugues de Rabutin, écuyer, à qui son beau-père donna la terre de Bourbilly; de leur fils Claude de Rabutin descendent les barons de Chantal et de Bussy-Rabutin. Mme de Sévigné qui fut la dernière du nom de Chantal, et possédait encore la terre de Bourbilly.

DAUPHINS DE VIENNOIS.

XIII. ANDRÉ DE BOURGOGNE, DIT GUIGUES VI, DAUPHIN DE VIENNOIS.

André était le deuxième fils de Hugues III, duc de Bourgogne, et de Béatrix, dauphine de Viennois. Il hérita de sa mère, et prit le nom de Guigues en mémoire des précédents dauphins, ses aïeux maternels. On ne connaît de sa vie que des donations à plusieurs monastères. Il mourut en 1237. — *Fem.* : 1. Béatrix de Sabran, fille de Renier, seigneur de Castellard, comtesse de Gap et d'Embrun; 2. Béatrix de Montferrat. *Enf. de la première* : Béatrix, ép. Amaury V, comte de Montfort, connétable de France, et morte en 1248. *Enf. de la seconde* : Guigues VII (suit).

XIV. GUIGUES VII, DAUPHIN DE VIENNOIS, COMTE D'ALBON.

Guigues eut de grandes contestations avec Charles d'Anjou au sujet des comtés de Gap et d'Embrun. Ils firent un arrangement en 1257. Guigues prit le premier un dauphin pour armes. Il mourut en 1270. — *Fem.* : Béatrix de Savoie, fille et héritière de Pierre, comte de Savoie; elle se remar. à Gaston, vicomte de Béarn, et mourut en 1310. *Enf.* : 1. Jean Ier, dauphin de Viennois, mort en 1282. 2. Anne, dauphine, ép. Humbert Ier, seigneur de la Tour-du-Pin, qui prit le titre de dauphin (*); 3. Jeanne, morte enfant.

(*) Leur fils, Jean II, ép. Béatrix de Hongrie, et en eut deux fils successivement dauphins. Guigues VIII *fut tué* au siège du château de la Perrière en 1333, et ne laissa pas d'enfants. Humbert II, son frère, lui succéda; en 1349, il fit un traité avec Philippe de Valois, par lequel il céda à Charles de France, petit-fils du roi, et depuis Charles V, le Dauphiné en souveraineté pour le prix de deux cent mille florins d'or. L'héritier présomptif de la couronne prit depuis le titre et les armes de Dauphin.

ADDITIONS ET CORRECTIONS AUX SERVICES.

La difficulté de constater avec certitude la présence des rois dans les affaires peu importantes, a occasionné quelques lacunes dans leurs faits d'armes. On rétablira ci-après, pour plus de clarté, les services complets des rois Jean, Henri III et Louis XIII. Divers faits, recueillis pendant l'impression de ce livre, dans les services des autres princes, viendront après.

Page 50. — JEAN II, le Bon. Services : G. de Flandre, 1340. — S. du Quesnoy, 1340. — Pr. d'Escaudœuvre, 1340. — Pr. de Thun-l'Évêque, 1340. — G. de Bretagne, 1341. — Pr de Châteauceaux, 1341. — Pr. de Carquefou, 1341 — Pr. de Nantes, 1341. — Dél. de Rennes, 1342. — G. en Guyenne c. les Anglais, 1346. — Pr. de Miremont, 1346. — Pr. de Villefranche, 1346. — Pr. d'Angoulème, 1346. — Pr. de Damassan, 1346. — Pr. de Tonneins, 1346. — Pr. du port Sainte-Marie, 1346. — S. d'Aiguillon, 1346. — Pr. de Saint-Jean-d'Angély, 1351. — G contre le roi de Navarre. — Pr. de Tillières. — Pr. d'Évreux, de Breteuil, 1356. — Bat. de Poitiers. (*Deux blessures et prisonnier*) 1356.

Page 86. — HENRI III. Services : G. contre les protestants, 1569.—Bat. de Châteauneuf, 1559.—Bat. de Jarnac (*un cheval tué*), 1569. — S. de Cognac, 1569. — S. d'Angoulème, 1569. — Pr. de Mucidan, 1569. — Comb. de la Roche-Abeille, 1569. — S. de Châtellerault, 1569. — Bat. de Montcontour, 1569. — Pr. de Niort, 1569, de Saint-Jean-d'Angély, 1569. — S. de La Rochelle, 1573. — S. du Livron, 1575. — G. contre la Ligue, 1589. — Pr. de Gergeau, 1589. — Pr. de Pithiviers, 1589. — Pr. d'Étampes, 1589. — Pr. de Poissy, 1589. — Pr. de Pontoise, 1589. S. de Paris, 1589.

Page 103. — LOUIS XIII. Services : Pr. de Caen, 1620. — Pr. du Pont-de-Cé, 1620. — Pr. de Saumur, 1620. — G. contre les protestants, 1621. — Pr. de Saint-Jean-d'Angély, 1621, de Clérac, 1621. — S. de Montauban, 1621. — Pr. de Monheur, 1621 — Pr. de Tonneins, 1621. — Pr. de Négrepelisse, 1621. — Pr. de Saint-Antonin, 1621. — Comb. de l'île de Rié, 1622. — Pr. de Montpellier, 1622. — Pr de La Rochelle, 1628. — G c. le duc de Savoie, 1629. — Comb. du Pas-de-Suse, 1629. — G. contre les protestants, 1629. — Pr. de Privas, 1629. — G. c. la maison d'Autriche, 1632. — S. de Nancy, 1632. — Pr. de Saint-Mihiel, 1635. — Repr. de Corbie, 1636. — Prise de Hesdin, 1639. — Pr. de Perpignan 1642.

Page 27. — PHILIPPE-AUGUSTE. *Après* Châteauroux : *ajoutez*, Conquête de l'Auvergne, 1188; *après* Beaumont-le Roger : Prises de Gisors et de Pacy, 1193 ; *après* Fretteval : Prises d'Aumale et de Nonencourt, 1196.

Page 33. — LOUIS VIII. *Ajoutez avant* Expédition de Flandre : Prise d'Aire et de Saint-Omer, 1211 ; *après* Expédition de Flandre : Prise de Courtrai, Siège de Gand, Combat de Damme, Prise de Lille, 1213.

Page 35. — ALPHONSE, comte de Poitiers. *Ajoutez avant* Fontenay : Guerre contre le comte de La Marche, 1242; Prise de Montreuil-Bonnin, Béruge, Fontenay-le-Comte, 1242; *ajoutez à* Fontenay : Blessé, 1242. *Après* Avignon : Prise de Narbonne, de Nîmes, 1252; et Croisade, 1270; Prise de Carthage, Combats contre les Maures, 1270.

Page 35. — LOUIS IX. *Ajoutez après* Fontenay : Prise de Villiers, de Saint-Gelais, 1242 ; *après la* Bataille de Saintes : Prise du château de Gluy-sur-le-Rhône, 1248 ; *après* Bataille de la Massoure : 2e bataille de la Massoure, 1250 ; *après* Siège de Carthage, *rayez* Siège de Tunis, 1270.

Page 41. — PHILIPPE III LE HARDI. *Après*, Croisade, 1270 : *mettre*, *au lieu de* Siège de Tunis : Prise de Carthage; *après la* Prise d'Elne, *ajoutez* : Combat de Panissars ; Prise de Peralada, de Figuières, de Castillon 1285, *au lieu de* 1282.

Page 43 — PHILIPPE-LE-BEL. *Après* Campagne de Catalogne, *ajoutez* : Prise de Perpignan, d'Elne ; Combat de Panissars ; Prise de Peralada, 1285. *Ajoutez après* Figuières : Prise de Girone ; *après* Mons-en-Puelle (*blessé*) : Siége de Lille, 1304.

Page 48. — PHILIPPE DE VALOIS. *Avant* Expédition de Guyenne, *ajoutez* : Guerre contre les Visconti, 1320 ; *après* La Réole : Prise de Montpezat, 1324.

Page 52. — JEAN DE FRANCE, duc de Berri. *Ajoutez après* Sainte-Sevère : Prise de La Rochelle, 1372 ; Délivrance de Saint-Malo, 1378 ; *après* Rével : Prise de Redorte, Asillan, Bessan, 1382 ; *après* Rosebecque : Prise de Bergues, de Bruckbourg, 1383. *Otez après* Bourges : Prise de La Rochelle, 1372.

Page 55. — CHARLES VI *Ajoutez après* Damme : Expédition contre le duc de Gueldres, 1388.

Page 60. — CHARLES VII. *Après* Chartres, *ajoutez* Siège de Cosne, 1422 ; *après* Caen : Prise de Falaise, 1450, conquête de la Guyenne, prise de Cadillac, de Bordeaux, 1453.

Page 66. — CHARLES VIII. *Ajoutez* : expédition en Guyenne, prise de Blaye, 1487.

Page 68. — LOUIS XII. *Au lieu d'*expédition de Naples, 1495, *lisez* : Campagne en Lombardie, 1494 ; *au lieu de* bataille près de Gênes, 1495, *lisez* : bataille de Rapallo, 1494 ; *après* défense de Novarre, *ajoutez* : Campagne en Piémont, Combat du Belvédère et Prise de Gênes, 1507.

Page 81. — HENRI II. *Après* Barlemont, *ajoutez* : Siège de Binche, 1543, campagne défensive sur la Marne, 1544 ;

ADDITIONS ET CORRECTIONS.

après Montmedi, conquête du duché de Bouillon, 1552, prise de Bovines, de Dinan, de Binche, 1554; *au lieu de* siége et combat de Renti, 1553, *lisez :* 1554.

Page 137 — PHILIPPE DE BOURBON, duc de Parme. *Après* Démonte, *ajoutez :* Siége et bataille de Coni, 1744.

Page 183 et 184. — JEAN, comte de Dunois. *Ajoutez après* Lagny : Secours à Compiègne, 1434; *après* Blaye, Prise de Bourg, 1451.

Page 194. — LÉONOR D'ORLÉANS, duc de Longueville. *Au lieu de* bataille de Saint-Quentin, 1567 : *lisez :* 1557 ; *ajoutez avant* Montcontour : Prise de Châteauneuf, bataille de Jarnac, siége de Cognac, d'Angoulême, de Châtellerault, 1569; *après* Montcontour : Prise de Saint-Jean-d'Angély, 1569.

Page 195. — HENRI Ier, duc de Longueville. *Ajoutez avant* Senlis, prise de Pontoise, siége de Paris, 1589.

Page 263. — CHARLES DE FRANCE, comte de Valois. *Ajoutez après* Saint-Sever: Campagne de Flandre, 1297, prise de Lille, siège d'Ypres, 1297; *après* Courtrai, prise de Dixmude, 1300.

Page 273. — JEAN II, duc d'Alençon. *Ajoutez après* Paris : Siége d'Avranches, 1439.

Page 281. — PHILIPPE III, roi de Navarre. *Ajoutez après* Tournai : Guerre de Bretagne, 1341, prise de Châteauceaux, de Carquefou, du château de Valgarnier, de Nantes, 1341, délivrance de Rennes et de Nantes, 1342.

Page 293. — PIERRE Ier, duc de Bourbon. *Ajoutez après* Villefranche : Prise de Saint-Jean-d'Angély, 1346 ; *après* Crécy : Prise d'Évreux, de Breteuil, 1356.

Page 330. — JACQUES Ier, comte de la Marche. *Ajoutez après* Villefranche : Prise de Saint-Jean-d'Angely, 1346; *après* Crécy : Prise d'Évreux, de Breteuil, 1356.

Page 336. — LOUIS, comte de Vendôme. *Ajoutez après* Montereau : Siége d'Avranches, 1439.

Page 348. — LOUIS Ier, prince de Condé. *Après* Chartres, *ajoutez :* Prise de Saint-Jean-d'Angély et d'Angoulême, 1568.

ERRATUM.

Page 16, ligne 17, *après* Berthe, *ajoutez :* morte en 1432; et ligne 19, *au lieu de* 2. Henri, *lisez* 2. Eudes, etc.

Page 27, lignes 16 et 17, *lisez* 1185, *au lieu de* 1183.

Page 33, lignes 22 et 23, *lisez* 1216 *au lieu de* 1217 ; et lignes 23 et 24, *au lieu de* 1225, *lisez* 1224.

Page 35, ligne 20, *lisez* Carthage, *au lieu de* Tunis.

Page 40, lignes 21, 25, 29 et 32, *lisez* Carthage, *au lieu de* Tunis; et ligne 34, *lisez* il fut tué à Catona par les Almogavares, 1283, *au lieu de* il mourut à Salerne, en 1284.

Page 41, lignes 6, 7 et 8, *lisez* 1285, *au lieu de* 1282; et ligne 10, *lisez* Carthage, *au lieu de* Tunis; ligne 12 , *lisez* combats contre les Maures, *au lieu de* le siége de Tunis.

Page 45, ligne 19, *après* Jeanne, *ajoutez :* reine de Navarre et comtesse de Champagne.

Page 48, ligne 14, *lisez* 1246, *au lieu de* 1240 ; et ligne 16, *après* Philippe, *ajoutez :* Né en 1293.

Page 51, ligne 2, *après* Jean quitte la Normandie, *ajoutez :* Où il venait de prendre Tillières, Évreux et Breteuil; et ligne 3, *après* progrès, *effacez :* Il assiège Tillières et prend Breteuil.

Page 65, ligne 10, *après* les deux Bourgognes, *ajoutez :* Il attaqua lui-même la Picardie et l'Artois.

Page 70, ligne 8, *au lieu de* 1488, *lisez* 1494.

Page 83, ligne 24, *après* ce prince, *ajoutez :* Né en 1554.

Page 102, ligne 40, *après* Françoise de Lorraine, *effacez* toute la ligne, et *ajoutez cela après*, Anne, duchesse de Montpensier, ou la Grande-Mademoiselle qui fit tirer le canon de la Bastille sur les troupes royales en 1652.

Page 104, ligne 26, *après* Saintonge, *ajoutez :* Et surtout à la prise de Montpellier.

Page 114, ligne 8, *au lieu de* fille unique de, *lisez* fille aînée de.

Page 143, ligne 17, *au lieu de* 1693, *lisez* 1692 ; et ligne 18, *au lieu de* 1692, *lisez* 1693.

Page 180, ligne 31, *au lieu de* née en 1339, *lisez* née en 1389.

Page 194, lignes 21 et 27, *au lieu de* Saint-Paul, *lisez* Saint-Pol.

Page 195, ligne 4,   id.   id.   id.   id.

Page 206, ligne 15, *au lieu du* roi René, *lisez du* roi Louis III.

Page 207, ligne 13, *au lieu* d'Aquilo, *lisez* Aquila ; et ligne 28, *au lieu de* Fontercio, *lisez* Pontercio.

Page 267, ligne 20, *au lieu de* Reims, *lisez* Rennes.

Page 323, ligne 33, *au lieu de* François de Bourgogne, *lisez* François de Bourbon.

Page 436, ligne 17, *au lieu de* p. 44, *lisez* p. 446 ; et ligne 19, *au lieu de* p. 44, *lisez* p. 452; ligne 21, *au lieu de* p. 44, *lisez* p. 456.

Page 456, ligne 9, *au lieu de* cité Léonie, *lisez* cité Léonine.

FIN.

www.ingramcontent.com/pod-product-compliance
Lightning Source LLC
Chambersburg PA
CBHW071616230426
43669CB00012B/1950